AUS DER APOSTELZEIT

Friedrich Zündel

Aus der Apostelzeit

Neudruck der Ausgabe 1886

LEIBNIZ VERLAG · ST. GOAR

Blumhardt-Zündelsches Handbuch* zum Neuen Testament,
herausgegeben von Matthias Bernhard Dräger

Band II

www.blumhardt.com

* Zum Begriff „Handbuch“: J. C. Blumhardt und F. Zündel haben zeitlebens kein gemeinsames Werk veröffentlicht. Der vom Herausgeber gewählte Begriff „Handbuch“ für die hier von Blumhardt und Zündel vereinten Schriften möchte nicht als wissenschaftliches Handbuch im herkömmlichen Sinne verstanden werden, sondern als eine brauchbare Handreichung für Theologen und interessierte Laien, ganz im Sinne von Erasmus von Rotterdams *Enchiridion militis Christiani*, durch welches der Begriff „Handbuch“ bei uns geprägt wurde.

1. Auflage, 1. Tsd.

Schrift: StplGaramond/Linotype; Satzerstellung: m.
Lektorat und Korrektur:
Klaus-Jürgen Grundner und Hans-Henning Mey
Gesamtherstellung: Druck- und Verlagsanstalt Bietigheim mbH
Gedruckt auf säurefreiem, alterungsbest. Papier: EOS 1,3fach

ISBN 978-3-931155-32-2 Hln
ISBN 978-3-931155-42-1 kart.

INHALT

ANHANG

VORWORT

Zündel behandelt im geschichtlichen Teil das früheste „Christentum", er beleuchtet die Entstehungsbedingungen für Gemeinden im ersten Jahrhundert. Dazu gehörte zunächst das Judenchristentum, das noch ganz eingebunden war im weiterlebenden Judentum. Aus ihm entsprang, durch Paulus angestoßen und verbreitet, das Griechenchristentum, das unter vielen anderen Merkmalen ein uns heute unvorstellbares Kennzeichen hatte: Es waren Gemeinschaften ohne Buch, ohne Neues Testament, selbst ohne das Alte Testament (die *Septuaginta* existierte erst teilweise). Gemeinden entstanden durch mündliche „Tradition" im unmittelbaren Kontakt von Mensch zu Mensch, in der direkten geistigen Beeinflussung, d. h. der Weitergabe von nicht nur „guten Nachrichten", sondern einer hohen inneren Kraft, die den Worten Legitimität und Autorität verlieh und die in den besten, wohl raren Momenten gleichsam als Heiliger Geist empfunden und empfangen wurde – und, als Ergebnis solcher Gemeinschaft mit dem Vater, bis hin zu Wundern führte, Wundern, die selbst bei Abwesenheit der Apostel, wie z. B. in Korinth, gewissermaßen „an der Tagesordnung" waren (1. Kor. 12, 7, auch Jak. 5, 14-18).

Wenn wir Zündels Darstellung des Lebens der Apostel und der damaligen Zeitumstände lesen, die Berichte der Taten Gottes, der vielen bezeugten Wunder und Heilungen, stellt sich immer wieder *eine* Frage: „Warum haben wir das alles ganz offensichtlich heute nicht mehr? Wo sind diese Kräfte des Glaubens aus den Erdentagen Jesu und der Apostelzeit geblieben? Warum ist ein sich ereignendes Wunder, eine Heilung, eine auch für andere sichtbare Fügung Gottes heute eher ein verborgener „Spezialfall" als – wie damals – mögliche Wirklichkeit?" Es stellt sich damit generell die Frage nach dem Verständnis der Heilsbotschaft: Ist das aus der Schrift bekannte christliche Leben der ersten Gemeinden nur als historisches Geschehen zu sehen, abhängig von der Gegenwart der Apostel, oder dürfen wir selbst darauf hoffen, auch in unserer Zeit ähnliche Bekundungen und Wunder als Hilfe für unser Glaubensleben erfahren zu können?

Zündels geistiger Ziehvater, Johann Christoph Blumhardt, hat 1874 in seinen „Blättern aus Bad Boll“ unter dem Titel „Die Wunder“ hierzu eine Antwort gegeben, die auch für die heutige Zeit wertvolle Anregungen enthält. Diese Schrift über im Neuen Testament berichtete Augenblicksheilungen und andere wunderbare Taten eines unter den Menschen wohnenden und wirkenden Heiligen Geistes wurde, leicht gekürzt, im Anhang aufgenommen. Sie leitet so über zu den Schriften von und über Blumhardt, von denen dem Leser Zündels Blumhardt-Biographie und Blumhardts grundlegende „Besprechung wichtiger Glaubensfragen“ empfohlen werden.

Ferner, zur Frage der „Echtheit“ des Kolosserbriefes: Insbesondere Theologen mögen sich heute die Frage stellen, warum der Verlag scheinbar kritiklos Zündels Ausführungen zum Kolosserbrief erneut abdruckt, obwohl die neuere europäische Forschung Timotheus oder gar einen anderen Schüler des Paulus als Verfasser annimmt, diesen Brief also nicht dem Korpus der Protopaulinen* zuordnet. Folgendes spricht für die Wiedervorlage: Auch heute rechnen Exegeten den wichtigen Kolosserbrief aus guten Gründen zu den von Paulus selbst verfaßten Schriftstücken.** Vor allem darf man den Begriff der Urheberschaft nicht mit heute geläufigen Maßstäben messen, sondern muß die Umstände der Apostel und ihrer Schüler in der damaligen Zeit berücksichtigen. Udo Schnelle, Professor für Neues Testament, sagt zu den Briefen, bei denen die Urheberschaft des Paulus, trotz seiner Nennung im Präskript, gemeinhin als fraglich gilt:*** „Eine theologische Beurteilung darf nicht von den moralischen Kategorien der Fälschung oder des Betruges ausge-

* Zu den protopaulinischen Briefen mit unbestrittener Verfasserschaft des Paulus rechnet man heute den Brief an die Römer, den ersten und zweiten Brief an die Korinther, den Brief an die Galater, den Brief an die Philipper, den ersten Brief an die Thessalonicher sowie den Brief an Philemon.

** So z. B. William MacDonald: „Der wohl überzeugendste Beweis für die Echtheit ist die enge Verbindung zum Philemonbrief, dessen Echtheit niemand anzweifelt.“ In: „Kommentar zum Neuen Testament“. Christliche Literatur-Verbreitung, Bielefeld 2001, S. 983.

*** Udo Schnelle: „Einleitung in das Neue Testament“, Kapitel „Die deuteropaulinischen Briefe“. Vandenhoek & Ruprecht, Göttingen 2007, S. 325.

hen,[*] sondern sie muß den inneren Zusammenhang zwischen der zeitgeschichtlichen Situation und den Phänomenen der neutestamentlichen Pseudepigraphie bedenken. Die literarische Form der Pseudepigraphie war im letzten Drittel des ersten christlichen Jahrhunderts das wirksamste Mittel, um die neu aufgebrochenen Probleme aus der Sicht der Verfasser der Pseudepigraphen im Sinn der von ihnen jeweils in Anspruch genommenen Autoritäten zu lösen. Die moralische Kategorie der Fälschung ist deshalb ungeeignet, die Zielsetzung der Pseudepigraphie zu erfassen. Sachgemäßer ist von ‚*entliehenen Verfasserangaben*' zu sprechen, bei denen die apostolische Autorität als Bürge für die Gültigkeit des Gesagten auftritt.[**] Die neutestamentliche Pseudepigraphie muß als der theologisch legitime und ekklesiologisch notwendige Versuch angesehen werden, die apostolische Tradition in einer sich verändernden Situation zu bewahren und zugleich notwendige Antworten auf neue Situationen und Fragen zu geben. Dabei ist die gesamtkirchliche Perspektive für die pseudepigraphischen Schriften charakteristisch, sie entstanden aus ökumenischer Verantwortung."

Anläßlich der Erörterung des Briefes an die Hebräer, der uns im Text keinen Verfasser überliefert, nur den treuen Paulus-Begleiter Timotheus erwähnt, führt Udo Schnelle noch deutlicher aus:[***] „Für das theologische Verständnis der Schrift ist die Verfasserfrage unerheblich, der theologisch gewichtige Inhalt des Hebräerbriefes spricht für sich selbst." –

Diese Neuauflage folgt der Zündelschen Ausgabe letzter Hand, Zürich 1886. Einige Fußnoten, die sich vor allem mit Übersetzungsfragen aus dem Griechischen befassen und für die meisten Leser von geringem Interesse sein dürften, konnten entfallen – dabei wurden insgesamt mehr Fußnoten aufgenommen als in der „Neuen Ausgabe" von Georg Merz.

St. Goar *Leibniz Verlag, Matthias Bernhard Dräger*

---

* Vgl. dazu Norbert Brox: „Falsche Verfasserangaben. Zur Erklärung frühchristlicher Pseudepigraphie". KBW Vlg., Stutgart 1975, S. 81 ff.

** Vgl. Norbert Brox, a. a. O., S. 105, der für die Pseudepigraphie „das Motiv der Partizipation an der überlegenen Vergangenheit" betont. [...]

*** Udo Schnelle, a. a. O., Kapitel „Der Hebräerbrief", S. 407.

Vorwort zur Neuen Ausgabe von 1923

Friedrich Zündels Jesusbuch hat eine so offene, freudige Aufnahme gefunden, daß wir es seinen Freunden schuldig sind, auch die „Apostelzeit" neu darzubieten. Wir sind dabei freilich überzeugt, daß alle, die Zündel wegen seiner „vorkritischen" Einstellung ohne Verständnis gegenüberstehen, gerade an diesem Buche noch weniger Freude haben werden als am Jesusbuche. Der „geradezu massive Glaube", den schon die Miterlebenden erschrocken bei ihm wahrnahmen, tritt einem hier an allen Orten entgegen, verleitet ihn wohl zu Deutungen, denen man kaum folgen kann. Wer aber darf bei Einzelheiten hängenbleiben, wo das Wesentliche, Bedeutsame im Ganzen liegt. Christoph Blumhardt hat es so ausgesprochen: „Aus dem Drange, göttlich Tatsächliches gangbar zu machen in unserer zweifelnden Welt, kam Zündel meinem Wunsche entgegen, die unter uns gepflogenen Gespräche über das Leben Jesu zu veröffentlichen, wie auch das, was wir miteinander über das apostolische Zeitalter und die Apostel selbst dachten."* So wird ihm das Geschehen, von dem er berichtet, nicht zu einem Vergangenen, dem Historiker interessant und dem Biographen wichtig, sondern zu einem auch heute, auch uns Bedeutsamen. Man lese nur einmal, was er – Seite 371 – über die Bedeutsamkeit dieses „Heute" schreibt: „Oh, daß ihr heute Gottes Stimme hörtet! Verstocket eure Herzen nicht." (Hebr. 4,7.) Er achtet auf den „Augenblick" des göttlichen Geschehens, um dessen Erkenntnis er sich müht, und aus diesem Aufmerken heraus schreibt er seine Bücher. Fern von aller Schwärmerei. Es ist einer der nüchternsten, angeblich trockensten Theologen, dem er in seiner Schriftauslegung folgt: Hofmann. Ihm brachte er solche Hochschätzung entgegen, daß er ihn gelegentlich neben Blumhardt stellen konnte. Ja, wie er Blumhardts Wirken in seiner Biographie lebendig machte, so sollte seine Erklärung der paulinischen Briefe zur „Ehrenrettung des Schriftgelehrten Hofmann" beitragen. Daß er unerbittlich alle bloß hal-

* Christoph Blumhardt, in: „Einige Gedanken in Erinnerung an meinen Freund Zündel." Chr. Scheufele, Stuttgart 1891, S. 11.

ben Lügen abweise, „biblische Gedanken“ gegen „vermeintlich christliche“ mit peinlicher Sorgfalt und systematischer Genauigkeit geltend mache und dabei immer geradezu im Urtext lebe, erschien ihm eine Besonderheit, die Hofman über alle Schriftforscher seiner Zeit stellte. Dabei hat sich Zündel sein selbständiges Urteil durchaus gewahrt. Mit Recht rühmten seine theologischen Gegner bei seinem Tode, daß er die ihm entgegengesetzte Theologie mit dem gleichen Eifer studiert habe wie die seiner Gesinnungsgenossen. Er hat sich mit der Geschichtsbetrachtung der Tübinger Schule immer wieder ernstlich auseinandergesetzt und die damals in der Schweiz herrschende Theologie der Reformer gründlich beachtet; daß er auch die theologische Forschung aufmerksam verfolgte und ihre Ergebnisse mit seiner Auffassung verglich und so sein Urteil sich bildete, zeigt z. B. seine Beurteilung der „Lehre der zwölf Apostel“ (S. 296). Gewiß, wer die Grundsätze der modernen Theologie, vor allem die von ihr geübte Psychologie, als kanonische anerkennt, wird Zündel leicht abschätzen; aber man sollte doch im Blick auf die letzte Entwicklung gerade der modernsten Schule unter den neutestamentlichen Forschern sich fragen, ob Zündels Darstellung der Anfänge des Christentums mit ihrer beherrschenden Anerkennung der Leidensgeschichte und der Auferstehungstatsache der Eigenart der biblischen Quellen nicht in höherem Maße gerecht wird als viele der modernen Darstellungen.

Dazu kommt, daß Zündel aus innerer Bewegtheit heraus schrieb. Inmitten arbeitsreicher Tätigkeit entstanden kurz nacheinander seine Bücher – 1881 die Blumhardtbiographie, 1883 „Jesus“, 1885 „Aus der Apostelzeit“ – und sie bestätigen die von allen Zeitgenossen mitgeteilte Beobachtung, daß er überall als „Zeuge“ voll Lebens wirkte. Ja, man konnte von ihm sagen, daß seine Konversation eher noch fesselnder war als seine Bücher, und rühmte sie wegen ihrer „geistsprühenden, oft verblüffenden Improvisationen, die bald humoristisch tönten, bald einen fast geisterseherischen Gehalt annahmen“. Freilich waren s o l c h e Improvisationen nur dadurch möglich, daß er eine Gesamtschau der biblischen Welt hatte. Von ihr aus sah er die Gegenwart und fand hier wieder Bild und Gleichnis für die Gestaltung und Deutung der apostolischen Zeit. Wissend um das bewegte

Leben, vermag er dann zum Historiker zu werden und – um nur einige Beispiele zu nennen – die Zustände im Judentum zur Zeit des Stephanus, die Stephanusrede, die Einkehr bei Lydia getreuer und anschaulicher zu schildern, als wenn er nur ein Mann der Methode wäre.

Der persönliche Hintergrund, der manches an der Eigentümlichkeit der Zündelschen Bücher erklärt, ist es wohl wert, daß ich noch einen kurzen Abriß seines Lebens beifüge. Friedrich Zündels Eltern gehörten zu dem Kreise der Erweckungsbewegung, der sich in Schaffhausen um David Spleiß sammelte. Zwei seiner älteren Brüder studierten Theologie. Er selbst gedachte zunächst Ingenieur oder Architekt zu werden und ging achtzehnjährig – 1845 – auf das Polytechnikum nach Stuttgart. Eine Notiz in der Zeitung, die sich kritisch und ablehnend mit den Vorgängen in Möttlingen beschäftigte, machte ihn auf Blumhardt aufmerksam. Er wanderte zu ihm, kam wieder, wurde aufs tiefste ergriffen und fand eine neue Heimat. Nun gab er seine mathematischen Studien auf und ging zur Theologie über. Freilich, das mathematische und physikalische Interesse fesselte ihn auch weiterhin, noch als Pfarrer schrieb er ein Buch über das Ohr und die Gesetze des Tones, und die Wahl seiner Bilder weist vielfach in diese Richtung, aber seine eigentliche Aufgabe sah er nun in der Erforschung des göttlichen Wortes. Er holte die oberen Gymnasialklassen nach, ging 1848-50 nach Erlangen und dann nach Berlin. Hier wirkte Neander stark auf ihn, dort neben dem nie vergessenen Hofmann der Philosoph Schaaden. Nach der Universitätszeit war er an verschiedenen Orten Vikar, bis er 1859 die Pfarrei Sevelen im Rheintal übernahm. Einer seiner Nachbarpfarrer war hier der Führer der Schweizer Reformer, Heinrich Lang. Was die ihm nahestehenden Konservativen auch später noch befremdete – nach ihrem Urteil nahm er die Liberalen zu „optimistisch“ und „harmlos“ – zeigte sich schon damals: er kam mit Lang sehr gut zurecht. Verschiedene Anekdoten, die über ihren Verkehr umhergehen, weisen auf das Staunen hin, das Lang vor diesem Kollegen hatte, der „alles glaube“, dem er aber auch gerne seine geistige Bedeutung zugestand. Zündel blieb in enger Fühlung mit Blumhardt und seinen Freunden und wirkte über die Grenzen seiner Gemeinde hinaus, indem er einen Kreis jüngerer Pfarrer zur „Seveler Konferenz" zusammenschloß. Nach einer kurzen weiteren Pfarrtätigkeit zu Oberglatt im Kanton Zürich wurde er 1874 an die positive Minderheitsgemeinde in Winterthur berufen, der er als „Vereinshauspfarrer" bis zu seinem Tode (9. Juni 1891) diente. Damit war er in eine gewisse kirchenpolitische Aufgabe verwickelt, deren Lösung er auf andere Weise suchte, als die meisten seiner Gesinnungsgenossen wollten. Er betonte den Gegensatz, in den seine engere Gemeinde durch die siegreiche Mehrheit der Reformer gedrängt war, nicht. Ihm lag das Hochgefühl einer Sonderstellung, wie es Parteien und Sektengemeinschaften leicht überkommt, völlig fern. Er strebte vielmehr eine Arbeitsgemeinschaft mit den landeskirchlichen Pfarrern an und hielt schließlich jeden dritten Sonntag die Frühpredigt in der Hauptkirche. „Er glühte für Gott und nicht für eine Gesellschaft allein", sagte Christoph Blumhardt beim Rückblick auf dieses Wirken, und in einem Nachrufe bei seinem Tode wird festgestellt: „In landeskirchlichen Verhältnissen redete er freikirchlich, in freikirchlichen landeskirchlich." Er wollte eben dem Universalen und der Freiheit, wie er sie in der biblischen Welt erkannt hatte, auch hier die Ehre geben. So ist es sicher für die ganze Art seines Wirkens bezeichnend, daß es in seiner Gedächtnisrede heißt: „Ernstlich und anhaltend betete er für die *ganze* Stadt und für die *ganze* Kirche und *alle* ihre Diener."

Gewiß, Zündel hängt eng zusammen mit der Erweckungsbewegung, aber es hat doch seinen guten Grund, daß ihn die eigentlichen pietistischen Kreise nur schwer ertrugen. War er den Liberalen zu „gläubig", so war er ihnen zu weit; auch war sein theologisches Denken viel mehr auf das Objektive der Gotteswelt gerichtet als auf die persönlichen Empfindungen des frommen Gemüts. Schützte ihn das vor jeder gefühlsmäßigen Religion, so wahrte er kraft eines feinen Unterscheidungsvermögens immer die Grenzen zwischen unserer Wirklichkeit, die er weiter und offener bejahte als der Pietismus, und der Wirklichkeit der Gotteswelt. Dieser Mann, der wahrlich oft genug ganz unmittelbar von der Welt Gottes reden konnte, schrieb auch aus seiner Einsicht in die eigentümliche Dynamik göttlichen Geschehens heraus Sätze wie den: „Fremd, fremd – immer fremd, kaum je am Boden der Erde anwurzelnd, so schwebt hier vor unseren Augen das göttliche Heil in seinen menschlichen Trägern über die Erde dahin, und Stephanus tut es uns förmlich an mit seiner Vorliebe für das erste Symbol dieses Heils, für das *Wanderzelt*, die Stiftshütte“ (S. 89).

Es ist unmöglich, Zündel einer der bekannten theologischen Richtungen des 19. Jahrhunderts einzuordnen. Verschiedene Merkmale vereinigt er in originaler Weise, und wenn der Basler Theologe Auberlen einmal das geistvolle Wunschwort äußerte: „Wenn man aus Tobias Beck, Richard Rothe und Johannes Hofmann einen einzigen Menschen machen könnte, so wäre damit das Ideal eines Theologen hergestellt“, so kommt man schier in Versuchung, dies auf Zündel zu deuten. Aber nun gibt es ideale Theologen so wenig wie ideale Menschen; sicher aber treffen sich in Zündel genaue, ehrfurchtsvolle, scharfsinnige Erforschung des biblischen Textes mit einer umfassenden Gesamtschau der Bibel und einem merkwürdigen Bedürfnis, von ihr aus die ganze Welt in ihrer ganzen Weite zu einem Bilde zu umschließen, und diese Einigung ist nicht die erstrebte Synthese theologischer Bildung, sondern die fruchtbare Gabe lebendiger Glaubenserkenntnis, die ihm zuerst aufging, als er Blumhardt begegnete und das erahnte, was sich hinter und an ihm vollzog. Darum werden auch seine Bücher heute mehr noch als dem Theologen dem bewegten Bibelleser dienen.

Wir geben den Text der „Apostelzeit“ in seinem sachlichen Teil unverändert. Gestrichen sind manche kleinere und zwei größere Partien, die sich mit der theologischen Forschung seiner Zeit auseinandersetzen. Da das Stellenregister des Jesusbuches viel Beifall fand, ist auch diesmal eine ausführliche Übersicht beigefügt, die es ermöglicht, die ganze Auffassung der biblischen Welt, wie sie sich in den Kreisen um Blumhardt darstellte, kennenzulernen. Für reiche Mitteilungen aus dem persönlichen Leben Zündels danke ich seiner Witwe Frau Emilie Zündel-Pestalozzi. Ihr sei die Herausgabe dieses Buches ein Gruß voll Dankbarkeit.

München, um Juli 1923

Georg Merz

Einleitung

Bevor wir in die Besprechung der Apostelzeit eintreten, tun wir wohl, das Quellenmaterial, welches uns dafür zu Gebote steht, seine Entstehungsweise, seine Beschaffenheit ein wenig zu betrachten. Am Maßstab menschlicher Geschichtsschreibung gemessen, ist es von wundersam bescheidenem Charakter. In ihrem ersten Kindesalter entwickelte sich bekanntlich unsere christliche Kirche merkwürdig unscheinbar, als eine Bewegung, die meist in den niedersten Schichten der menschlichen Gesellschaft vor sich ging, in den Schichten des Sklavenstandes und des niederen Handwerks, vorderhand unbeachtet von den weltlich großen Geistern des Tages. Hinzu kam, daß, was man heute Schriftstellerei nennt, damals natürlich bei weitem nicht etwas so Geläufiges war wie heute. Es bedurfte schon eines großen Selbstbewußtseins, bis einer ein zusammenhängendes Werk in der Absicht und mit der Aussicht schrieb, daß es vielfältig abgeschrieben werden würde. Aus eben demselben Grund war auch die Grenze zwischen dem für sich selbst oder für engste Kreise verfaßten Aufsatz und dem für die Öffentlichkeit bestimmten Buch eine durchaus fließende.

Eigentliche, ausgesprochen schriftstellerische Produkte aus der Apostelzeit über dieselbe besitzen wir eigentlich keine, außer etwa der Offenbarung Johannis. Hingegen gehört das erste Material, das wir aus jener Zeit besitzen, zu einer Schriftgattung, welche dem Geschichtsschreiber mit Recht nahezu die willkommenste und wertvollste ist. Es sind Briefe, welche die Leiter jener Bewegung an ihre Kreise schrieben, nicht im entferntesten Lehrbücher, die mit Bewußtsein für die Zukunft berechnet waren, sondern durch Gottes Vorsehung dem Augenblick abgehascht, Photographien des apostolischen Denkens, wie wir etwa mittels unserer Augenblicksbilder eines Menschen augenblickliche Stimmung oder Handlung für immer und für jedermann fixieren. Diese Korrespondenzen sind durch Gottes weise, gnädige Führung nun für die Kirche Christi die Schatzkammer der Gedanken der Apostelzeit und also auch der christlichen Lehre geworden. Die Reformationskirche hat die nachherige Fortentwicklung des christlichen Gedankens auf ihr Zusammenstimmen mit jener Urschrift verglichen und aufgrund dieser Prüfung die Resultate jener Fortentwicklung größtenteils verworfen und sich verpflichtet, jede weitere Fortentwicklung demselben Richter zu unterstellen. Sie hat damit eine hohe Verpflichtung auf sich genommen, ein volles Verständnis des Lehrgehaltes dieser Urschrift, dieser Briefsammlung, zu gewinnen und zu diesem Zweck natürlich auch diese Briefe selbst zu verstehen, und zwar sowohl in ihrem eigenen inneren Zusammenhang als auch in ihrem Zusammenhang mit der ganzen Geistesgeschichte, deren Frucht sie war. Nur so kann das apostolische Denken in so voller Weise, wie es mit Recht die Reformationskirche angestrebt hat, zu dem maßgebenden Wort kommen, das ihm gebührt. Es gibt zwar noch eine andere, leichtere Art, sich für heutige Gedanken auf die Zustimmung der Apostel zu berufen, diejenige nämlich, daß man aus ihren Briefen einzelne Sätze herausschneidet und als Beweismittel verwendet. Dieses Verfahren hat einige Berechtigung, aber wie eng begrenzt dieselbe ist, fühlen wir sofort, sobald wir uns denken, ein Kläger oder ein Richter würde mit unseren Briefen so verfahren. Diese Art der Beweisführung ist denn auch schon längst durch die Überfülle ihres Könnens sprichwörtlich geworden und gerichtet, und wo sie auftaucht, ist sie das sichere Zeichen, daß dort die Kunst, diese Briefe zu verstehen, noch in den ersten Stadien der Entwicklung sich befindet.

Wir bedürfen also, um den Lehrgehalt der Briefe zu verstehen, einer Kenntnis und eines Verständnisses der Geschichte selbst, der Apostelzeit. Für diese selbst bieten uns die Briefe nur dürftiges Material, und was wir an Erzählung besitzen, ist ebenfalls staunenswert dürftig. Wie froh wären wir doch, eine Biographie des Petrus oder des Johannes zu besitzen; wie dankbar wären wir einem Barnabas oder Timotheus, hätten sie uns über das Wirken des Paulus ausführliche Berichte hinterlassen. Von alledem besitzen wir nichts. Es spricht sich darin wunderbar die Majestät der Heiligkeit Gottes aus, der die Apostel als die „Geringsten“ dargestellt und ihnen den himmlischen Schatz in irdene Gefäße gegeben hat. Wer war des Petrus Frau? Wer waren seine Kinder? Was ist aus ihnen geworden? Was haben die übrigen der zwölf Apostel geleistet? Wir wissen es nicht; für solche und noch eine Menge ähnlicher Fragen sind wir ohne Antwort. Um so unschätzbarer und unersetzlicher ist uns das einzige Aktenstück erzählender Art, das wir aus jener Zeit besitzen, eine Fortsetzung des Evangeliums Lukä, die sogenannte Apostelgeschichte. Es ist auch diese zweiteilige Schrift des Lukas nicht ein Buch im heutigen Sinn. Wir dürfen den Umstand, daß Lukas dieselbe dem Theophil schrieb, nicht als bloße Widmung heutiger Art betrachten. Theophil wurde dadurch wirklich Besitzer des einzigen Exemplars. Andererseits war doch sicherlich der Zweck der Schrift schon von Anbeginn weit mehr als bloß der: ein an Theophil geschriebener Brief zu sein. Theophil war der Eigenschaft nach, welche ihm die Anrede beilegt, ein höhergestellter Mann, und Lukas hat wohl mit allem Bewußtsein und nicht ohne Absicht sein Werk in die Hand dieses Mannes gelegt, insofern als ein solcher besser als andere befähigt war, auch für Vervielfältigung zu sorgen.

Es ist also ein Mittelding zwischen Buch und Privatschrift, und gerade der zweite Teil, die „Apostelgeschichte“, trägt das Gepräge jener Ungebundenheit und Freiheit, welche ein nicht geradezu für den größten Leserkreis bestimmtes Werk sich erlauben darf. So hat es auch z. B. aus demselben Grunde keine Überschrift, und die oben genannte Überschrift, die ihm später zufiel, hat keinen höheren Wert als den einer kurzen ungefähren Andeutung des Inhalts; ist es doch in der Tat keine Geschichte der Apostel. Der Schriftsteller stellte sich offenbar diese Aufgabe nicht, eine Geschichte der Apostel – auch nicht die, eine Geschichte der christlichen Kirche in der Apostelzeit – zu schreiben. Was schwebte ihm denn wohl als Aufgabe vor?

In einem ersten Teil schildert er in malerischer Ausführlichkeit und mit der Wärme der Freude am Erzählten die ersten Tage der Jerusalemskirche bis zu dem Moment, wo Petrus Jerusalem verließ.

Ein zweiter Teil, der noch mit dem ersten sich verschlingt, bringt uns, bis zum Schluß des Apostelkonzils, ein Bild des Übergangs, ein Bild davon, wie der Schwerpunkt des Christentums überging von dem Ort Jerusalem auf den Mann Paulus.

Ein großer dritter Teil schildert uns das selbständige Wirken des Paulus in liebevoll eingehender Weise. Mittlerweile war Paulus für das Judentum der gefürchtete und vielgehaßte Mann geworden, gleichsam der böse Feind seines Volkes, ein Gegner Mosis und seines Gesetzes, und zwar ein sehr gefährlicher; ja er war dadurch für das Judenchristentum, sofern es noch warm an der Volksgemeinschaft hing, ein Gegenstand peinlicher Verlegenheit geworden. Vom Standpunkt des Israeliten aus, des ungläubigen, aber auch des gläubigen, war durch Paulus eine schmerzliche Krisis für Israel eingetreten. Der christliche Israelit konnte sich darüber durch die wunderbaren Erfolge in der Heidenwelt versöhnen – aber schwer war es ihm, den Paulus gegenüber dem unchristlichen Israel zu rechtfertigen. Derjenige Israelit, der am allertiefsten und schmerzlichsten unter dieser Krisis litt, war (Röm. 9, 1-3) Paulus selbst.

Ein großer vierter und letzter Teil der Apostelgeschichte nun erzählt uns, wie der Apostel feierlich, und mit Vorahnung schwachen Erfolges, um Jerusalem wirbt und wie Jerusalem damit antwortet, daß es ihn vor Roms Richterstuhl verklagt.

Unser Erzähler, während er den Petrus, sowie derselbe Jerusalem verläßt, gänzlich aus seinem Gesichtskreis verschwinden läßt, vergißt nun umgekehrt den großen Gang des Evangeliums, die Gemeine Jesu, und folgt dem Apostel auf die verschiedenen Stationen seines Leidensweges, um ihm überall, wo er das Wort erhält zur Rechtfertigung gegenüber jenen Klagen, zuzuhören und uns darüber zu berichten, bis er uns schließlich noch erzählt, wie er auch mit der Judenschaft Roms einen ganzen Tag über sein Evangelium verhandelt habe. Welchen Urteilsspruch Rom in dieser Sache spreche, scheint ihm gleichgültig. Er will nur die Akten vorlegen, d.h. dem Paulus in seiner Selbstverteidigung das Wort lassen; als kompetenten Richter denkt er sich nicht Rom, sondern seinen Leser.

So ist das Angesicht des Erzählers sichtlich Israel zugewandt,* dem christlichen, aber noch mehr im Namen des

* Daß Lukas ein Heide gewesen sei, geht nicht notwendig aus Kol. 4, 11 und 14 hervor. Wenn Paulus dort zuerst einige Männer als seine einzigen Mitarbeiter aus der Beschneidung aufzählt und erst später Lukas, den „Arzt“, so ist es wohl möglich, daß Lukas damals wirklich nicht als Mitarbeiter im engeren Sinne, sondern nur als Arzt gedient hat.

christlichen – dem unchristlichen. Genauer wohl: Er will des Paulus Sache gegenüber den Anklagen Alt-Israels verteidigen, und zwar vor solchen, bei denen Alt-Israel in hohem Ansehen steht und bei denen deshalb Anklagen, die von dorther kommen, von großem Gewicht sind. Unter den vornehmen Römern fehlte es an solchen keineswegs, und so mag auch Theophil vielleicht zu denselben gezählt haben.

Die Apostelgeschichte ist also eine Erzählung, die einerseits absichtlich uns Lesern das Evangelium in immer neuen Weisen an unser Herz ertönen läßt, andererseits aber in der Wahl des Stoffes auch von der Absicht geleitet scheint, den über Paulus grollenden Israeliten versöhnend und umstimmend ans Herz zu reden. Sie erweckt uns den Eindruck, als rede in ihr ein warmer, dem Kreis des Paulus zugehörender Christ, aber zugleich ein treuer Israelit. So ist es denn durch Gottes Vorsehung gekommen, daß auch dieses einzige erzählende Aktenstück ein scharf individuelles Gepräge hat. Das Systematische, allgemein Erschöpfende in Lehre und Darstellung, wie wir es heute lieben, war und ist für den Unterricht, der uns Menschen zuteil werden soll, nicht Gottes Plan – wahrscheinlich weil dieses scheinbar Vollständige doch auf Täuschung beruht und zu Täuschung führt. „Unser Wissen ist Stückwerk.“

So werden auch wir diesem uns schon durch die Akten vorgeschriebenen Charakter folgen und uns mit Bruchstücken begnügen, mit Verzicht sogar auf eine irgendwie erschöpfende Ausbeutung des uns vorliegenden Materials. Wir werden die Apostelzeit betrachten nach den beiden Seiten, die uns unser Material bietet: der Erzählung und der Lehre.

Erster Teil

Erzählung

Erster Abschnitt

Die Gemeine in Jerusalem und die großen Tage des Petrus

1. Jesus gekreuzigt und auferstanden

Forschen wir geschichtlich nach den Anfängen der Christenheit und somit auch nach dem Anfang jener ersten Gemeinde, aus der sie entstanden ist, so gelangen wir zu einem für den, der weiter nichts wüßte, überraschenden und befremdenden Resultat. Denn die Wurzel, aus welcher dieser große Baum erwachsen ist, ja aus welcher er heute noch seine Kraft zieht, ist das jähe Ende des Erdenlebens Jesu, ist sein Kreuzestod. Dieser Kreuzestod Jesu war – auch rein weltgeschichtlich betrachtet – der Anstoß zu einer Krisis, die heute noch durch die Welt geht, ja im Verborgenen des Geistesgebietes arbeitet er stets als eine mächtige, richtende Kraft, als das „Salz der Welt". Wie wollen wir uns dies erklären? Mir gelingt es am besten, wenn ich mich der allergrößten Unbefangenheit, ich möchte sagen Unwissenheit, befleißige, mich allen anderen Wissens entschlage (ähnlich wie Paulus 1. Korinther 2, 2), und ich möchte den Leser bitten, mir einen Augenblick auf diesem Weg zu folgen. Entschlage dich allen anderen Einflusses auf dich, alles anderen Wissens – auch der Bibel! Denke vorderhand als einfacher Mensch, wozu doch jeder Mensch ein Recht, fast eine Pflicht hat; und so – lies das Leben Jesu und lies die Leidensgeschichte.

Frage dich: Was ist's eigentlich um uns Menschen? Woher? Wohin? Wozu? Wer . . . sind wir? Wie stehen wir zu Gott? Denn daß ein Gott sei, ist jedem Menschen auch ohne Bibel klar, und vorderhand kann nur die Frage offenbleiben, was der einzelne sich unter Gott denke.

Im allgemeinen und obenhin kann sich die Menschheit, die Welt, auf obige Fragen kaum eine andere Antwort geben als: so wie es ist und mit uns steht, wird's ungefähr recht sein. Steht ihr doch kaum ein anderer Maßstab zur Verfügung als – sie selbst. Es ist, als steuerten wir in einer hell erleuchteten, aber völlig verschlossenen Kajüte über den Ozean. Wer kann dann jenes Woher, Wohin beantworten? Der Geist, der die Welt regiert, wird – so denkt sie – ungefähr Gott sein. Und bei der Weisheit, die wir an Seinen Werken erkennen, und der Liebe, die wir Ihm zutrauen, wird schließlich alles noch gutgehen. Es ist Bedürfnis des Herzens wie der Vernunft, dies anzunehmen, und es liegt auch eine große Wahrheit darin.

Sehr zuversichtlich ist allerdings die Welt bei dieser ihrer Annahme nicht. Sie besteht eben aus einer Vielzahl, und jeder einzelne erlebt von allen übrigen ja schließlich doch auch an sich selbst genug von solchem, das ihm keineswegs den Eindruck erweckt, es sei alles zum besten bestellt. Ja neuerdings macht sich sogar eine krankhafte Sucht geltend, das ganze Dasein als etwas Verfehltes aufzufassen. Es ist dies die Frucht eines kranken Denkens, es ist logisch nicht möglich, sich selbst zu verneinen, sich gleichsam zu seiner eigenen Linken, links von sich selbst, zu stellen. Könnte einer das, so wäre er ja in der Tat im Geist „ver-rückt". Kann dies der einzelne für sich nicht, so soll er es auch für das Ganze, für das Gesamtdasein bleibenlassen.

Aber das Urteil des Christen stimmt doch zum großen Teil mit dieser schwarzen Auffassung überein. Ihm möchte ich nun, als einfacher Mensch, ans Herz legen: Lieber Christ, bedenkst du auch, was du sagst? Wir Menschen alle, so viele Milliarden unser nun schon sind seit Anbeginn unseres Geschlechts – wir alle verfehlt? Und weil verfehlt, darum auch verloren? Wie kannst du das mit einem göttlichen Weltplan reimen? Wie kannst du Gottes Verhalten begreifen?

Der Christ wird antworten: Nicht nur verfehlt, verloren, sondern auch gerettet und erlöst. Fragen wir ihn nach dem Beweis, so führt er uns für das erste zum Kreuz und für das zweite zum leeren Grab Christi.

Was war es denn um Jesus, um diese in aller Augen einzig dastehende Erscheinung in der Geschichte unseres Geschlechts? Was von ihm aus vor allem zuerst über die Zeiten und Länder strahlt, das ist seine Reinheit, schlicht gesagt: seine Tugend; jene Reinheit und Freiheit von alledem, dessen wir uns alle schämen, die selige Erhabenheit darüber, die uns allen den Eindruck des Ursprünglichen, Wahrhaftigen macht und uns mit hoffnungsvollem Heimweh danach erfüllt. Hierzu gesellte sich aber noch etwas völlig Neues, weit über unseren Begriff der Tugend Hinausreichendes, eine unwillkürliche, aus keinem anderen Beweggrund als eben wieder aus Liebe hervorgegangene Liebe zu allen, die uns wieder so heimatartig anmutet, eine Liebe, kraft deren er seine Wurzeln trieb in unser Leben, um mit uns zu leben, um das Lebenszentrum aller, samt aller ihrer Not, der sittlichen nicht zum mindesten, zu werden. Darin war er weit, weit mehr als ein kalt vorgelebtes Tugendmusterbild, war er eine in die Menschheit eingesenkte Kraft, eine Kraft, uns zu einem Ganzen zu gestalten, dessen Haupt er ist. Das war sein persönliches Gesinntsein gegen uns, seine freie Tat, sein eigenstes Eigentum als Menschensohn. Es war aber noch nicht das Höchste. Das Höchste war sein Glaube, seine unmittelbare persönliche Verbindung mit Gott, dem Allerhöchsten, dem Schöpfer des Himmels und der Erde, als seinem Vater, sein tatkräftiges, stets erfolgreiches Empordringen, hindurch durch alle Mittelschichten, hinauf zur obersten Quelle allen Seins und allen Geschehens, eine direkte Verbindung, die ihm eigen war, die ihn als nicht unseresgleichen, sondern als Gottes Geschenk an uns offenbarte, eine Verbindung, die in seinen Wundern widerstrahlte. Das war sein fester Punkt außerhalb, oberhalb der Welt, von dem versprach er sich für uns alle eine Errettung, zu der er uns vom Vater gegeben ist.

Was war sein Erfolg bei uns Menschen? Anfangs sonnten wir uns an diesem so überraschend freundlichen Licht, aber allmählich wurde uns dieses Licht zu stark, zu wirksam, es trat immer tiefer und tiefer ein Gegensatz zutage. Es hing mit unserer Unreinheit zusammen, daß jener feste Punkt über uns unerreichbar, ja unliebsam erschien, wir wollten lieber Welt bleiben.

Und jener Liebe gegenüber, die uns zu unserem Heil zu absorbieren, in sich aufzunehmen drohte, entwickelte sich Abwehr, Haß. Die Unwahrheit unserer Lage und der innere

Selbstwiderspruch in unserer Gesinnung trat in einer bunten Fülle von Lügen zutage. Die Welt bediente sich schließlich der ihr zur Verfügung stehenden Machtmittel, um diesen Jesus zu entfernen, zu beseitigen, womöglich zu vernichten, und zwar mit allen Zugaben des Schmerzes und allen Zutaten des Hohnes, die der Haß erfinden konnte.

Bei keinem ihrer eigenen Kinder konnte die Welt, auch wenn sie an demselben Gewalt und Unrecht verübte, völlig an den Tag kommen. Ein verhältnismäßiges, teilweise klares Gericht vollzog sie immer über sich, sooft sie wieder einen verhältnismäßig Unschuldigen bedrängte. Aber weil wir eben doch alle wieder gleicher Art sind, so konnte und kann dieses trübe Schauspiel doch, sooft es sich wiederholt, sozusagen als ein notwendiger Durchgangspunkt in den großen Entwicklungskrisen des Geistes oder als dergleichen mehr angesehen werden. Aber hier an dem Einen, an dem durch und durch anders als sie Gearteten, hier vollzog sich an der Welt ein entscheidendes Gericht. Es vollzog sich wie mit Naturnotwendigkeit; das Dasein des Heiligen nötigte sie, immer mehr ihr letztes inneres Wesen herauszukehren. Es zeigte sich, wie wir zwar eine bessere Anlage in uns haben, etwas Jesu Verwandtes, das ihn verstehen, mit ihm, für ihn fühlen kann, aber wie wir als Ganzes „Welt“ sind, ein kompaktes Ganzes, von Gott losgelöst, dessen Gesamtgeist in der Wahl der Zwecke dumm, mit Wollen dumm, in der Wahl der Mittel herzlos, verschmitzt, feige ist. Dieser Gesamtgeist, er wurde entlarvt, daß er nicht Gott sei, nicht der Gott, der der Vater Jesu Christi ist (Joh. 16, 11, der Beherrscher dieser Welt wurde gerichtet), die Welt selbst kam als verirrt, verloren an den Tag, nicht kalt theoretisch. Das Göttliche in uns zeigt sich darin als unverwüstlich, daß das damalige Gebaren der Welt in ihren eigenen Augen (im innersten Bewußtsein) als S c h l e c h t i g k e i t offenbart wurde.

Die Verborgenheit Gottes hängt zusammen mit dem Grundsatz, die Sünde, d. h. alles Abweichen von Seinem Gedanken, Seinem Willen, sich selbst und ihren eigenen Folgen zu überlassen, damit sie ihr Gericht an sich selbst vollziehe. So handelt Er auch hier, und gerade hier im vollsten Maß. Die Sünde sollte ihr letztes Wort sprechen; und Jesus, der uns trotz unserer

Sünde mit dem Vater wieder versöhnen wollte, sollte diesen Kelch austrinken. Gott, der Wahrhaftige, der Vater unseres Herrn Jesu Christi, schaute untätig zu, in Harmonie mit dem absolut liebenden, willenlos ergebenen, duldenden Jesu. Es schien, als wäre Er nicht, als wäre doch jener Weltherrscher oder Weltgeist das Allmächtige. Jesus blieb zwar immer Sieger, immer nicht nur der Unschuldige, sondern der, vor welchem alle Welt als Sünder an den Tag kam, ins Gericht kam; aber dies alles nur geistig. Nach der rauhen Wirklichkeit war er beständig und bis zum äußersten der Besiegte, der Verurteilte, Verdammte, fast (nur fast) der als Schwärmer Entlarvte.

Davon, daß über allem ein Erlösungsplan der Barmherzigkeit Gottes waltete, trat den Erlebenden mitten in den heißen Stunden des Erlebens nichts ins Bewußtsein. Eine Wolke des Zürnens Gottes schien vielmehr – begreiflicherweise – über dem ganzen dunklen Hergang zu schweben. So schildert es uns namentlich Lukas (Kap. 23), dessen Erzählung wir fortan deswegen folgen, weil er später in der Apostelgeschichte unser Führer sein wird. Schon Jesu eigene Angst um Jerusalem vor dem Zorn Gottes über diese Untat (23, 28ff.) stimmt diesen Ton mächtig an. Es folgt (V. 44) die unheimliche Finsternis, dann das Zerreißen des Vorhangs des Allerheiligsten, als werfe Gott Israel Seinen Bund zerrissen vor die Füße. Ja sogar Jesu Scheiden, mitten in voller Lebenskraft, sah aus wie ein Enteilen aus dieser Welt und konnte den Eindruck hervorrufen: „Er hat recht daran getan, wir waren seiner nicht wert."

Was soll nun folgen? Ist die Geschichte Jesu vielleicht hiermit abgeschlossen? Gott hat Israel seinen Sohn zum Messias gesendet, und Israel hat ihn gekreuzigt. Was wird nun Gottes Antwort sein? Wird er nicht (Mal. 3, 24) „das Erdreich mit dem Bann schlagen", oder doch auf jede weitere Beziehung zu den Menschenkindern verzichten?

Wie wunderbar und herrlich fiel aber die Antwort Gottes aus! Am Vorabend vor dem Sabbat war der Heiland ins Grab gelegt, und nach der kurzen Sabbatruhe ging er wieder aus demselben hervor. „Er lebt, er ist auferstanden!" – diese Kunde blitzt immer heller im Kreise der Seinen auf; bald da, bald dort spüren sie sein geschäftiges Tun, seine unsichtbare, aber auch oft sichtbare Nähe, und am Abend – steht er in ihrer Mitte, setzt sich zu ihnen, ißt* mit ihnen.

Welcher Umschwung! Was sind jetzt alle diese mächtigen Feinde Jesu ihm gegenüber! Wie unnahbar hoch ist er jetzt über sie erhaben! Ja, welche Erhöhung ist ihm nun selbst zuteil geworden! Es ist nicht mehr die Knechtsgestalt in Gleichheit des sündlichen Fleisches, es ist das vollendete Ebenbild Gottes, der Mensch vom Himmel. Welch einen unermeßlichen Fortschritt hatte doch diese kurze, schmerzliche Woche gebracht, einen Fortschritt, der sich auf dem Weg friedlicher Entwicklung, d. h. wenn dem Leben Jesu diese gewaltsame Verkürzung nicht widerfahren wäre, in Jahrzehnten, ja in Jahrhunderten kaum hätte ahnen lassen. „Es ist recht gegangen; habe Dank, daß du's auf dich genommen hast, durch diese schauerlichen Pforten hindurchzugehen", so mußten die Jünger denken. Ist er doch jetzt nicht nur über jene Feinde, die sichtbaren, sondern auch über die transzendenten, die jenseitigen, die unsichtbaren sichtlich erhaben. Der Tod liegt unter seinen Füßen und damit im Keim unter den Füßen der Menschheit. Als ein Urheber eines neuen Menschengeschlechts steht er vor ihnen. Was wird es nun weiter geben?

---

* Mit der eigentümlichen Doppelseite an der verklärten Daseinsform des Auferstandenen, daß bald mehr die geistige Natur seines Leibes, bald aber mehr das Wirkliche seiner Leiblichkeit zutage tritt, machen wir uns unnötige Mühe, solange wir uns unsere jetzige Sichtbarkeit als das an sich Klare, Verständliche, Feste, die himmlischen Dinge aber als etwas Verdünnteres und fast Fragliches vorstellen. Über das Maß der Festigkeit, „Undurchdringlichkeit" und dergleichen unserer sichtbaren Natur werden uns später die Augen aufgehen; das Wahrhaftige, d. h. das Urgöttliche, also in erhöhtem Sinn Seiende ist gerade im auferstandenen Jesus uns entgegengetreten. Das, was man sieht, hat seinen Ursprung und damit auch sein innerstes Wesen nicht wieder in solchem, das unseren Sinnen zugänglich wäre, sondern ist entstanden aus einem Wort Gottes (Hebr. 11, 13). Andererseits dürfen wir aus dem Umstand, daß Jesus aß, nicht zu große sinnliche Folgerungen ziehen. Wie die Allmacht Gottes ihren Höhepunkt darin kundgibt, daß sie sich zum Niedrigsten herunterzubegeben vermag und gewillt ist, so war es ein Akt der Herablassung Jesu, die er kraft seiner Allmacht vollzog, daß er mit den Jüngern aß, um ihnen den Eindruck voller Gewißheit zu geben davon, daß er, der Gekreuzigte und Begrabene, es sei, der nun in ihrer Mitte weile.

Nie hatten die Jünger ihren Meister müßig gesehen. „Vorwärts, vorwärts“ war immer die Art seines Wirkens gewesen. Und die beiden Elendsmächte, unter welchen die Menschheit seufzt, Sünde und Tod – samt ihrer gemeinsamen Verbindung, der Schuld – wie er diese bisher lebenslang bekämpft, so wird er sie fortan mit ungeahnt größeren Mitteln bekämpfen, die ihm nun zu Gebote stehen.

Am Anfang der Arbeitswoche war er auferstanden, um diese große Arbeit zur Hand zu nehmen, und so sehen wir ihn denn sofort als Meister im größten Stil seine Jünger über die Bedeutung des Momentes, über die Situation im Zusammenhang mit Gottes großem Plan unterrichten. Der Christus, als der große Mittler des Heils der Welt, mußte, das sagte seine ganze Vorgeschichte vom Sündenfall an, demselben scheinbaren Sieg des Bösen über das Gute unterliegen, wie fast alle seine Vorläufer; ja, es mußte in ihm dieser Sieg ein vollständiger werden und die Frage, ob an der Menschheit endgültig das Böse über das Gute und von Gott her die Schuld über die Gnade siegen werde, rein in Gottes Hand gestellt werden. Die Antwort Gottes wird zugunsten des Guten ausfallen, eine Begnadigung der Menschheit sein, ausgesprochen durch Auferweckung des getöteten Mittlers. Damit erst ist dieser Mittler jener Christus geworden, der so hell vor den Augen der Propheten steht, der Beherrscher der Menschheit in einer neuen Gnadenzeit, der König eines begnadigten Gottesvolkes. Der eine Teil der Weissagung ist erfüllt; ein mit allen Rechten und Kräften der Erlösung ausgestatteter Mittler des Heils steht da. Der andere Teil wird nun in Angriff genommen: die Erlösung der Welt, das Heranbringen „jener“ Zeit, von welcher die Propheten immer und immer wieder reden, der neuen Zeit. Es muß „im Namen des Christus, des Gekreuzigten und Auferstandenen, ausgerufen werden unter allen Völkern jener Gnadengerichtsruf, der in Johannes begann: Buße und Vergebung der Sünden“. Ein Heroldsruf ergeht von Gott her, im Auftrag Gottes, im Namen Jesu über die Erde: „Ihr Völker, kehrt um, Gott will euch vergeben.“ Der Gedanke wäre viel zu sehr ins kleinliche verstanden, würden wir dabei sofort nur an das denken, was man heute Predigt nennt. Es ist eine Aufforderung an die Menschheit, sich freiwillig einem Gnadengericht zu stellen. Richter ist einer der Unsrigen, eine Erscheinung der Erdengeschichte, ist der, der mit vollem Bewußtsein lebenslang die Sache der Menschheit zu der seinigen gemacht, infolgedessen auch für die Sünde der Menschheit gestraft worden ist und das Pfand der Vergebung in seiner Auferstehung erlangt hat. In seiner nunmehrigen Gottesherrlichkeit ist er der allwissende Herzenskündiger, vor welchem der Menschen Gewissen offenbar sind; als der Gekreuzigte ist er das personifizierte Strafgericht für jeden Sünder, und sein Auferstandensein wird, indem es der Welt vorderhand verborgen bleibt, von selbst die gerichtlich scheidende Kraft, welche alte, vorderhand unversöhnt bleibende Menschheit und neue, versöhnte voneinander scheidet, und zwar auf eine Weise, die sich wunderbar schlicht, einfach, den Gesetzen menschlicher Geschichte entsprechend, vollzieht. Denn indem Jesus, der Auferstandene, sich der Welt nicht offenbarte, ist über sein Auferstandensein ein Schleier des Geheimnisses geworfen, ein – sozusagen nur dem Glauben durchsichtiger. Damit schied Jesu Kreuzestod und Auferstehung sofort die Menschheit in zwei Teile. Der Welt schien durch Jesu Kreuzestod die Sache Jesu gerichtet, der kleinen Schar seiner Jünger war im Licht der Auferstehung die Welt durch Jesu Kreuzestod gerichtet, die Welt war derselben gekreuzigt und sie der Welt, und sie standen schon in einem neuen Dasein, dem Keim oder dem innersten Wesen nach in einer künftigen Welt, in der Auferstehung. So ist die Welt in milderer Weise unter das Gericht des Kreuzes Christi gestellt, als wenn er sich als der Auferstandene geoffenbart hätte. Denn der Auferstandene wäre durch sein Offenbarsein der Weltrichter, die Welt hingegen in einer Zwangslage gewesen. So aber soll von der kleinen Herde aus in geistiger Weise die Kraft und Gnade des Auferstandenen in die Welt strahlen.

Die Welt verbleibt in ihren scheinbaren Rechten und in ihrer bisherigen Macht; die Rechtslage, das Machtverhältnis der kleinen Herde zu ihr bleibt so, wie sie am Kreuze Jesu zum Ausdruck kam; wie da Jesus der Wehrlose, der Rechtlose, der scheinbar Schuldige war, der seinen Widerspruch gegen die Welt mit dem Tode zu büßen hatte, so ist die kleine Herde gestellt. Ist sie doch in gewissem Sinn auch vor Gott die schuldige, die all diese Not verdient; denn sie wünscht und hofft – und mit Recht – einmal nicht nur aller Strafe für ihre früheren Sünden ledig zu gehen, sondern ewiger Herrlichkeit teilhaftig zu werden; darum läßt sie sich gerne einstweilen diesen Rechtsausgleich, der für sie soviel günstiger ausfällt als für die ungläubig bleibende Welt, gefallen. Zugleich ist die Welt dadurch, daß Gott ihr die Macht und Freiheit läßt, in Seiner Hand das Werkzeug, um die kleine Herde zu heiligen, d. h. von allem inneren Zusammenhang, von aller geistigen Verknüpfung mit der Welt loszulösen.* Die Welt aber ist fort und fort der Steinbruch, welchem Jesus, der große Baumeister, das Material entnimmt zum Bau des Hauses Gottes, Seiner Gemeinde. Durch das Mittel der in seiner Auferstehungskraft lebenden Gemeinde will und wird er die Welt, soweit sie es irgend nicht unmöglich macht, absorbieren, in sich aufnehmen, seiner Gemeinde einverleiben. So ist er für diesen Zweck, und bis dieses große Ziel erreicht ist, mit seiner Gemeinde und sie mit ihm in einer wunderbaren Doppelgestalt des Seins. Er ist mit ihr auf Erden noch in der Rechts- und Machtlage (d. h. also in der Notlage) des Gekreuzigten – sie ist oder die Seinen sind mit ihm vor Gott in der Rechts- und Machtlage des Auferstandenen; denn wie sie mit ihm gekreuzigt sind, so kommt auch das, was er jetzt ist, ihnen allen zugute. Sie sind in ihm, und er ist in ihnen als ihr echter Urheber, dem gegenüber Adam nur ein einstweiliger Urheber war. Das wahrhaftige Menschsein, das sich auch der Allgüte Gottes freut, ist in ihm gewonnen.

So waltet Jesus fortan, in Gott verborgen, als der immer reicher werdende Anfang der künftigen Welt, welchem, ebenfalls im Verborgenen des Geistes, immer neue Bestandteile aus dem Menschengeschlecht hinzugefügt werden. Wie dieses werden soll, hat er den Jüngern an demselben Abend, in Worten, die uns Johannes wiedergibt, in kurzen Zügen gezeichnet. „Wie mich der Vater gesendet hat, so sende ich euch." In ähnlicher Weise, wie *sein* Erdenleben verlief, wie da von ihm aus Gottes rettende Güte in allen Farben ausstrahlte in die Mannigfaltigkeit des

* In diesem Sinne will auch 1. Kor. 3, 22 verstanden sein. Die Welt ist euer, d. h. sie gehört zu den „allen Dingen, die euch zum Besten dienen". (Röm. 8, 28)

menschlichen Elends, so soll es nun durch seine Sendboten geschehen. Die höchste Ausübung göttlicher Vollmacht, die er ihnen bisher noch nicht anvertraut, übergibt er ihnen nun zu diesem Zweck: „Welchen ihr die Sünden vergebt, denen sind sie vergeben; und welchen ihr sie behaltet, denen sind sie behalten." Sie gehen als die vollziehenden Beamten des göttlichen Gnadengerichts, als Boten des großen Königs des Heils unter die Völker, mehr handelnd als leidend. Ein königliches, ein richterliches Tun ist ihnen übergeben. Gott will in dem innersten Keim des Seins, im Gewissen, Seine Herrschaft beginnen, und zwar im Namen Jesu, zugunsten der Gnade. Die Art und Weise, wie Jesus dieses Vorhaben (Joh. 20, 23) schildert, weist darauf hin, daß er mehr an eine Arbeit des Gemüts in den Sendboten, an eine Arbeit des Verzeihens denkt als an einen rein richterlichen Machtspruch. Im Namen des Lammes Gottes, das die Sünden der Welt auf sich nahm, das sich als der Schuldige aller Schuldigen ansah, das sich auch alles gefallen und alle Schuld im Abgrund seines Verzeihens verschwinden ließ, das vor Gott aber der Strafe nicht entrinnen wollte, sollen sie hingehen.

So nahm der Heiland nun im Verborgenen des Geistes sofort das Zepter der menschlichen Dinge in die Hand als fortan der rechtmäßige Herrscher des Menschengeschlechts.

Blicken wir aus dem heiligen Raum, in welchem die Jünger an jenem Abend um Jesum versammelt waren, hinaus in die Weltgeschichte, so sieht der oberflächliche Blick allerdings noch wenig von der großen Wendung, welche sich in der Auferstehung Jesu in der Geschichte der Menschheit vollzogen. Wer aber tiefer zu blicken versteht, dem entgeht in der Tat die Wendung nicht, die in der Geistesgeschichte der Menschheit nun eintrat. Der Schwerpunkt derselben zog sich vom Äußeren der politischen Gestaltungen in die Sphäre der Gewissen zurück. Weltlich gesprochen, wird bald nach der Auferstehung Jesu die Frage nach der sittlichen Beschaffenheit des Ichs und nach seinem ewigen Lose zur brennenden Frage des Tages werden.

2. Himmelfahrt und Pfingsten

Geraume Zeit hindurch trat der auferstandene Heiland den Jüngern dann und wann, ihnen jedesmal unverhofft und unerwartet, näher und verkehrte mit ihnen in vertraulicher, wenn auch heilig abgemessener Weise. Wie fest hob dieser Umgang mit dem Auferstandenen sie selbst immer mehr ins himmlische Wesen, und wie tief wurzelte sich die Tatsache des auferstandenen Jesus ihrem ganzen Geistesleben ein! Es war dies um so wichtiger, da ihre spätere Hauptaufgabe ja einfach darin bestand, Zeuge von der Auferstehung Jesu Christi zu sein. Zugleich ward ihnen aus solchem Umgang unzweifelhaft kund und klar, daß seine Gegenwart durchaus nicht mit seiner Sichtbarkeit zusammenfalle; lehrte sie doch z. B. das Erlebnis des Thomas, daß er noch viel öfter, nicht nur, wenn sie ihn sahen, ihnen nahe war. Wie wandelten sich da in ihrem Geiste die Aussichten auch ihrer eigenen Zukunft; nicht eine Seligkeit des Geistes, die mit der Loslösung desselben durch den Tod herbeigeführt werde, wie die Griechen träumten, sondern ein wirkliches, wahrhaftiges, in höherem Sinne natürliches Fortleben sahen sie vor sich. Der Tod lag als bedeutungslos unter ihnen, und der Sieg Jesu über den Tod überhaupt war nur noch eine Frage der Zeit. Sie selber erfuhren sich nun als die Knechte, welche im Sichtbaren die Befehle zu vollziehen hatten, die der unsichtbare Herr und Meister ihnen gab. Wie weitschauend da die Feldzugspläne des neuen Kampfes mögen besprochen worden sein, sieht man einerseits aus dem Wort Jesu an Petrus (Joh. 21), wo er ihm das Hirtenamt übertrug über seine Schafe und Lämmer, und andererseits aus jenem Wort (Matth. 28, Schluß), in welchem die letzten Anweisungen Jesu zusammengefaßt sind, in denen die königliche Majestät und göttliche Absolutheit des Wollens und Könnens Jesu sich in dem immer wiederkehrenden Wort: „alle", „alles" widerspiegelt.

All diese großen, eine ewige Norm gebenden Eindrücke dieser wundersamen Zeit, wo sie, in der gewöhnlichen Welt wandelnd, doch in sichtbarem Verkehr mit dem sonst unsichtbaren

Herrn sich befanden, besiegelte Gott selbst und vollendete sie durch die feierliche Himmelfahrt, mit welcher der Herr diese schöne Zwischenzeit abschloß. Es war diese sichtbare Himmelfahrt vor allem eine Würdigung und Befriedigung des Verstandesbedürfnisses der Menschen, in welcher Würdigung auch eine Berechtigung des ehrerbietigen Zweifels nicht ausgeschlossen ist. Da sahen diese Männer nun in abschließender Klarheit und Gewißheit, woher dieser Jesus eigentlich stammte, wohin er nun zurückging, wo er nun weilt und von wo er wiederkommen wird. Zugleich entsprach diese Himmelfahrt gewiß einem Herzensbedürfnis des Heilands. Wäre er bei seiner letzten Erscheinung, wie bei den früheren, nur etwa nach einem Abschiedswort verschwunden, so hätte es fast ausgesehen, als hätte er kein volles Recht mehr, in dieser Welt sichtbar zu sein. So ging er denn mit seinen Elfen von Jerusalem auf den Ölberg, von ihnen gesehen, nicht aber von denen, die ihnen da begegneten. So erhob er sich vor ihnen über die Erde gen Himmel, immer die Erde, je weiter und weiter er sie übersah, segnend, bis ihn die Wolken den Blicken der Jünger entzogen.

Aber warum dauerte jene schöne Zeit nicht länger? Ja, warum ist jene Beziehung Jesu zu den Seinen, kraft welcher er dann und wann in sichtbare Gemeinschaft mit ihnen trat und so die lebendigste Fühlung mit ihnen wach erhielt, nicht bis heute geblieben?

Es war wohl zuallererst, wenn wir so reden dürfen, eine zarte Rücksicht Jesu gegen Gott, seinen Vater, die es ihn wünschen ließ, sich so bald als tunlich völlig in die Unsichtbarkeit zurückzuziehen, damit nicht *er*, vermöge seiner Sichtbarkeit, den Raum in den Herzen der Jünger einnehme, der doch schließlich Gott allein, dem ebenfalls unsichtbaren, gebührt. Solange Gott verborgen sein will, will er mit ihm oder vielmehr in ihm verborgen sein. Aber im weiteren duldete es wohl die Gotteswürde des Auferstandenen nicht, namentlich nicht für eine Zeit, in welcher der Kreis der Seinen sich erweitern sollte.

Eine sichtbare Verflechtung seiner Person mit der weltlichen Erdengeschichte war einerseits nicht verträglich mit der heiligen Herrlichkeit, in der er sich nun befindet, und andererseits hätte es dieser Erdengeschichte ihren gottgewollten Charakter menschlicher Freiheit genommen. Und hiermit hängt auch ein anderer Grund zusammen. Es war unerläßlich, daß nun einmal in der Person der Jünger Menschen im Glauben an Jesus wieder zu einer echten Selbständigkeit gelangen – wirkliche Menschen werden nach dem Ebenbild Gottes, gleichsam mit schöpferischer Ursprünglichkeit ausgestattet. Und der Glanz der sichtbaren Nähe Jesu hätte ihnen die Nötigung dazu, ohne die es nie geworden wäre, beständig erspart. Man mußte sie einen Moment „Waisen werden lassen". Es mußte an solche so überaus günstig vorbereitete Menschen einmal die Frage gestellt werden, wie sie sich nun in voller Freiheit zu der ganzen großen Tatsache der Sendung Jesu und damit infolge derselben zu Gott, dem Vater, verhalten wollen, ob sie dem Ruf Gottes, der aus dieser Tatsache an sie ergeht, folgen wollen, ob sie dies Anerbieten Gottes annehmen wollen, sich aus dieser Welt, in der wir eingewurzelt sind, durch Jesu Tod und Auferstehung heraus- und in des Vaters Herz hineinversetzen zu lassen. Es war eine Probezeit, durch welche nicht nur diese Jüngerschar, sondern die ganze Menschheit geehrt und gewürdigt wurde.

Man könnte hier stillstehen, sich einen Moment von der Kenntnis des Nachfolgenden lösen und sich fragen: Wie nun, wenn auf diese Gottesfrage ein freudiges Ja erfolgt, ist dann nicht in dieser Zustimmung das Werk Gottes und das Werk der Erlösung vollendet? Haben sie dann nicht jene heilige göttliche Ursprünglichkeit wiedererlangt? Ist dieses Ja dann nicht der erste Lebenslaut des aus Gott neugeborenen Kindes, und werden sie nicht befähigt sein, fortan im Namen Jesu neue Schosse im Menschengeschlecht zu treiben? Nur wer menschlich und nicht göttlich denkt, könnte so fragen, und die Antwort ergab sich verneinend von selbst aus der Betrachtung des Gebarens der Jünger in jener Zeit. Ohne eine weitere, ganz neue Gottestat wäre trotz der Auferstehung, ja trotz der Himmelfahrt die Sache des Herrn Jesu mit der Zeit im Sande verlaufen. Die Jünger wären liebe Leute geblieben, eine Gruppe interessanter Persönlichkeiten, die sich aber mit der Zeit wieder in einzelne Individuen aufgelöst hätte. Göttlich gedacht, war jenes Ja der Menschen nur die aufgehobene leere Hand derselben, um eine ungeahnt große Gabe Gottes zu empfangen, um von Gott her das Verheißene zu werden, und wir dürfen mit ihnen darauf gespannt sein, wie Gott sein Anerbieten in Vollzug setzen werde.

Und wie groß und hell kam diese Antwort! Aus Seinem Inneren heraus sandte Gott Seinen Geist, den Geist Seines Sohnes in ihre Herzen.

Welch ein Wunderbares ist es doch um den Geist Gottes, um dasjenige in Gott, das im besonderen dem menschlichen Geist zugewandt, ihn heilig zu leiten bestrebt war, und indem es Geist Seines Sohnes wurde, sich vollends als das kundgab, das persönlich dem Menschen innewohnen und ihn so in Wesensgemeinschaft mit dem Vater bringen will. Heiliger Geist heißt er, weil er in reinem Gegensatz zu dem, was an Geist aus der Naturwelt hervorströmt, der Geist des Schöpfers und des Vaters ist. Geist der Wahrheit – weil er nicht nur allein wirklich Geist ist im strengsten Sinne dieses Wortes, sondern weil er als der Geist, aus dem alle Dinge hervorgegangen, allein die Wirklichkeit erkennt, und namentlich auch, weil er, als der Geist Gottes, erst dem Menschen Gott selbst offenbart. Nächst dem Begriff des Reiches oder der Herrschaft Gottes gibt es kaum einen anderen, der neben diesem Begriff des den Menschen geschenkten Heiligen Geistes so überraschend einleuchtet als die einzige und über alle Maßen befriedigende Lösung des Rätsels: Mensch – Menschheit – Aufgabe und Ziel derselben. Ist ihr doch sichtlich eine Freiheit inne, ihre Ziele zu wählen und anzustreben, ihre eigene Geschichte zu gestalten, keineswegs aber in entsprechendem Grad das Vermögen, die rechten Ziele zu finden und zu wählen. Zur Erreichung des rechten Ziels bedarf sie Gottes, aber die Wahl des Zieles liegt in ihren Händen, und Gott erwartet ihre Wünsche und ihr Verlangen. Und um diese Wahl recht zu treffen, sich dieser Ziele klar bewußt zu werden und sie als Wünsche vor Gott, zu Gott empor sich zu verdeutlichen, dazu bedarf sie des Geistes von oben.

Ein Himmelreich, ein Reich Gottes, das, für äußerliche Augen senfkornartig verborgen, dem Wesen nach aber sofort in ganzer Fülle ins Dasein tritt, ist damit gegeben: eine Herrschaft Gottes, in welcher der Mensch nicht nur der Beherrschte ist, sondern in welcher er gewissermaßen an der Herrschermacht Gottes, und zwar an ihrer innersten, an der geistigen, sittlichen

Bewältigung des Daseins, Anteil bekommt. Der ganze weitere Verlauf der Geschichte, die wir betrachten wollen, wird uns dies in immer hellerem Licht zeigen. Es ist nicht ein Geist, der der Welt gegeben werden kann; nur wo die Welt in Christo gekreuzigt und untergegangen ist und etwas in Jesu Auferstandenes daraus hervorging, oder deutlicher gesagt: nur in dem wunderbaren, untrennbaren Ganzen, an welchem Jesus das Haupt und die Seinen die Glieder sind, hat er eine Stätte, da er wohnen kann.

Es befremdet uns Kinder der späteren Tage, daß die Ausgießung des Heiligen Geistes auf eine so massive, körperlich hörbare, sichtbare, spürbare Weise erfolgte. Unser Bedürfnis ginge ganz im stillen immer nach einer Weise des Geschehens, die sich auch als einfacher Denkprozeß im Menschen erklären ließe, d. h. als etwas, woran Gott nicht mehr beteiligt sein müßte, als es dem Gott der Weltweisheit zu sein ansteht. Es bleibt eben dabei: Wir als Welt sehen ihn nicht und kennen ihn nicht, und es wird uns gerade deshalb nie an der Gewandtheit gebrechen zu sagen, wir haben Ihn, weil uns die entsprechenden Denkprozesse immer zu Gebote stehen. Es war aber gewiß ein Gewaltiges, als die Erschütterung des senkrecht vom Himmel herniederfahrenden Sturmes den Aposteln kundgab, daß ein unerhört Neues geworden sei, und als sie zu ihrem Staunen einander leuchten sahen in einem Licht, das doch wiederum nur der sprechende Ausdruck dessen war, was in ihren Herzen vorgegangen.

Wir sehen sofort an der Wirkung des Heiligen Geistes ein Doppeltes: im Innersten, fast in den Tiefen des Unbewußtseins verborgen, eine sittliche Kraft, durch die überwältigende Macht der Wahrheit; es ist dies das dem Heiligen Geist selbst wesentlichste Tun desselben, sich so in uns zu verschlüpfen, daß er sich in unser eigenes Ich verbirgt und als unser Ich hinauf zu Gott strebt; andererseits aber eine souveräne, befreiende und mächtigstellende Einwirkung auf das Naturleben als Seelenleben, die wir in der Apostelzeit manchmal unabhängig von der ersten, wesentlich sittlichen Wirkung fortwirken sehen. In der Pfingststunde trat dieses zutage als jene Fähigkeit, nach der die Menschheit unbewußt sich sehnt, die Fähigkeit, unsere Gedanken und Gefühle in ganzer Fülle und in treuester

Genauigkeit und Lebenswahrheit dem anderen mitteilen zu können. Gab ihnen letzteres die Form der Mitteilung, so gab ihnen das erstere den Inhalt, den Stoff. Wie hat es wohl bis zu jener großen Stunde oft ihre Brust zersprengen mögen, von dem seligen Geheimnis des Auferstandenseins Jesu mitten unter einer Umgebung, die mitleidig auf seine und ihre Niederlage herabblickte, beständig schweigen zu müssen! Jetzt aber, in der Vollkraft des Geistes Gottes, der sie unwillkürlich mit klarster Überzeugung als Organe Gottes, des Schöpfers Himmels und der Erde, anderen gegenüberstellte, jetzt verkündigen sie das allem Volk widerfahrene Heil. Und Petrus erklärte der erstaunten Menge den ursächlichen Zusammenhang der wunderbaren Erscheinung, die sie alle hierhergeführt, mit der Person jenes Mannes, den ihre Oberen vor sieben Wochen gekreuzigt hatten. Er ist auferstanden, Gott hat ihn zu Seiner Rechten erhöht, Er hat auf sein Bitten hin nun die von den Propheten gegebenen Verheißungen (Apg. 2, 16ff.; Joel 3, 1ff.), daß Gott Seinen Geist über alles Fleisch ausgießen wolle, zu erfüllen begonnen. Daß damit zugleich der Welt als Welt ihr Untergang angekündigt und eine neue Zeit einer Herrschaft Gottes eröffnet sei, mußte eigentlich einem Israeliten kaum mehr gesagt werden.

Wer dann, wenn die Gerichtswolken über die Welt sich zusammenziehen, den Namen des Herrn anrufen wird, der wird gerettet werden. Dieses Schlußwort der großen Verheißungen Joels war nun der lichte Brennpunkt in dem, was als Schreckenskunde an die Ohren der Hörer tönte, und hier setzt nun der Höhepunkt des Momentes ein, wo Petrus sich als der Fels erweist, auf welchen Jesus seine Gemeinde bauen will. Er proklamiert Jesum, den Gekreuzigten und Auferstandenen und zur Rechten Gottes Erhöhten, als den, der fortan für die Menschen an Gottes Statt der Herr ist, jener Herr, der die zu ihm Rufenden rettet. Ihm hat Gott fortan die endgültige Verfügung über das Los der Seelen, das gerechte Gericht über sie, übergeben. Gott hat ihn zu diesem Herrn „gemacht“; aber dieser mit solch göttlicher Vollmacht von Gott ausgestattete Jesus ist von Ihm auch nun zum Christus gemacht, zum rechtmäßigen Herrscher Israels und einst – an der Spitze Israels – der Menschheit.

Christus, Messias, ist in der Bibel kein himmlischer, sondern ein irdischer Begriff; etwas anderes als den Leiter und Vollender der Erdengeschichte Israels konnte, ja durfte von Rechts wegen kein Israelit unter dem Namen Messias sich denken. Man weiß nicht, was kühner war: den Gekreuzigten als den mit Gottes Vollmacht ausgerüsteten Herrn auszurufen oder den Auferstandenen als den, der fortan das rechtmäßige Haupt Israels sei. Wir werden diesen beiden Rechtstiteln Jesu: Herr und Christus, im Verlauf noch in völlig neuem Licht wieder begegnen.

Schlicht, fast trocken hatte Petrus dies alles auseinandergesetzt; aber die Wirkung auf das Volk entsprach der völligen Tatsächlichkeit des Geschehenen; ihre Herzen waren durchbohrt (der Schuß traf mitten in das Gewissen), und aus Tausenden drang der Angstruf: Was müssen wir tun? Hier trat nun sofort der Johannesruf wieder in seine Rechte: Tut Buße, und laßt euch taufen zur Vergebung der Sünden, jetzt aber in dem hohen Namen des Heilands (oder des Christus) Jesus. Mit einer Kühnheit, die zwar gewiß selbstverständlich war, über der uns aber bei näherem Nachdenken der Verstand stillstehen möchte, versprach er den Hörern, sobald sie sich diesem Befehl unterzögen, dieselbe Gabe des Heiligen Geistes, welche sie, die Zwölf, die alten, getreuen Jünger Jesu, soeben empfangen hatten. So wurde die erste Ernte eingeheimst, der erste Fischzug getan, und sofort zeigten sich an den Getauften nicht nur jene sozusagen Naturwirkungen des Heiligen Geistes, sondern in überwältigendem Maße die sittliche Wirkung. Der Erzähler ist hier groß in seinem Schweigen, indem er schlicht die Tatsachen reden läßt, ohne in irgendeiner Weise auf das Unerhörte derselben, auf ihre gewaltige Bedeutung aufmerksam zu machen. Sofort erkennen sich diese alle, die einander bisher so ferngestanden, in einer Weise als Brüder, die weit über das natürliche Bruderverhältnis hinausging, so sehr, daß es der Reichere nicht mehr ertragen konnte, etwas vor dem anderen voraus für sich zu besitzen, daß ihnen also Gemeinschaft des Besitztums Herzensbedürfnis war. Es war keine Verabredung; es war nicht die Ausführung einer Anweisung; es war die unwillkürliche Übergewalt des Verwandtschaftsgefühls. Welchen

Verwandtschaftsgefühls? Es war offenbar nichts anderes, als daß sie davon, daß Gott nun ihr Vater sei, daß sie aus Gott, wie aus Vater und Mutter zugleich, herausgeboren seien (1. Petri 1, 3), voll waren. Über Jesus, von dem die meisten noch kaum viel mehr wußten, als daß er sie soeben gerettet habe und sie ihm ein neues, durch und durch ewiges Leben verdanken, über ihn, ihren Retter und ihren Herrn, nun mehr zu hören (der Apostel Lehre), das war nun ihr erstes Bedürfnis; dann aber auch: mit ihren Brüdern sowohl als auch – in Verbindung mit ihnen – mit dem Herrn Jesu (durch das Brotbrechen) in Gemeinschaft zu treten. So hatte Jesus mit einem Mal eine große Familie. Gereinigt von Schuld, losgelöst von der Erde, fühlten sie sich nun um ihren unsichtbaren Herrn und Meister versammelt, und fühlten sie die offene Tür zum Vater im Himmel, der ihnen in Jesus so nahe war, und harrten sie in heiliger, bangender Freude der Wiederkunft ihres Herrn zur Vollendung seines Reichs entgegen. Betreffs des letzteren müssen wir das Walten Gottes wohl verstehen, der auch diese Gemeinde nicht den Gesetzen des Werdens entzog; das Zukünftige ist nicht nur den Menschen unbekannt, sondern als noch nicht geschehen ist es noch in die völlige Freiheit des göttlichen Wollens gestellt. So kann das Allergrößte nach göttlicher Zeit ganz nahe sein, auch wenn es sich im Verlauf der menschlichen Zeit als fern herausstellt, und in der werdenden Gemeinde mußte, wie in dem Keim einer Pflanze, alles, auch das Ende, in engstem Rahmen beisammen sein.*

* Die Stunde, da das Ende dieser Weltzeit kommen soll, ist einem bestimmten Ort, einer Schlußziffer an einer Uhr zu vergleichen. Die derselben vorangehenden Ziffern sind Stufen, die durchlaufen, Reichsaufgaben, welche erledigt, Vorbedingungen, welche erfüllt sein wollen. Die Schnelligkeit aber, mit welcher der Zeiger diese Ziffern durchläuft, ist keine mechanisch gleichmäßige, sondern sie ist infolge der Freiheit des Menschen teilweise vom Menschen und seinem wechselvollen Gebaren abhängig. Es steht also die Schlußziffer mit Recht jedesmal dann als nahe vor unserem Geist, wenn der Zeiger, wie in der Apostelzeit, schnell läuft.

3. Jesus wieder tätig, zu retten und zu heilen

Derselbe Herr und Gott, der durch Seinen Tag der ungöttlichen Welt ein Ende machen wird, hat unscheinbar und voller Langmut geschichtlich als Erlöser in die Welt eingegriffen, in Abraham, Moses usw., und ist in Jesu nun vollends als Erlöser in die Welt eingetreten und will vor diesem abschließenden Gericht als erlösender Herr die dem Untergang reife Welt, soweit sie sich retten läßt, in seinen Bereich hinüberretten. Es ist also zweierlei Erscheinung Gottes, des Herrn: der Schöpfer und Richter am Tag des Herrn, und der Erlöser, der Herr, der die, die seinen Namen anrufen, rettet. Ob die Apostel in jenen ersten Tagen den „Tag des Herrn" und die Wiederkunft des Heilands so ganz als in eins zusammenfallend gedacht haben, kann fraglich sein. Die Wiederkunft des Auferstandenen und in den Himmel Gefahrenen war, so kurz nach diesen Ereignissen, etwas so Schlichtes, daß sie auch denken konnten: Er kommt wieder, immerhin als Richtender, aber zugleich, um die Erlösung vor dem großen Tag des Herrn noch bis zu ihrer äußersten möglichen Grenze zu vollenden.

In der Verheißung Gottes durch den Propheten Joel war einerseits eine Ausgießung des Geistes Gottes über alles Fleisch, andererseits eine gewaltige, schreckhafte Selbstoffenbarung Gottes, gleichsam ein göttlicher Religionsunterricht über alle Völker, ähnlich wie einst im kleineren über Ägypten, in Aussicht gestellt als Vorbereitung auf den großen schrecklichen Tag des Herrn. Jene Vorbereitungen sollen dazu dienen, daß möglichst viele „den Namen des Herrn anrufen" und so die Errettung, welche auf dem Berg Zion sein wird, in Anspruch nehmen und dadurch dem Verdammungsurteil des Tages des Herrn, das alle Welt treffen wird, entrinnen. Der Beginn der Erfüllung dieser Verheißungen durch die Ausgießung des Heiligen Geistes stellte also alle vom Heiligen Geiste Bestrahlten ins Licht des nahenden Gerichtes Gottes, und so trat nun eine Einsicht in ihr volles Licht, welche vorher in den Erdentagen Jesu noch keineswegs in den Vordergrund der Gedanken getreten war, nämlich: daß alle Welt ohne Unterschied angesichts des Tages des Herrn verloren sei. Der Heiland hatte mehr positiv vom Eingehen ins Himmelreich geredet, ohne jedesmal den Zustand, welchen man durch dieses Eingehen verließ, zu beurteilen; und wenn er sprach: „Ich bin gesandt, das Verlorene zu suchen und zu retten", so war die Frage, ob alle oder nur ein Teil zu diesen Verlorenen gehören, zum mindesten eine offene geblieben, und nur einmal entlockten ihm die Jünger durch ihren Angstruf: „Wer kann denn gerettet werden?" das Wort seines Geheimnisses: Niemand. Vor Eintreten der vollen Hilfe wäre auch niemand imstande gewesen, die volle Wucht dieser schauerlichen Wahrheit ertragen zu können. Jetzt aber war diese da, und im Licht des Heiligen Geistes beherrschte nun der Einblick in den ganzen Ernst der Lage die Gemüter. So tritt denn fortan in der Apostelzeit der Begriff des Gerettetseins oder, wie Luther sagt: des Seligseins in den Vordergrund. So sehen wir denn nun den Heiland, den Auferstandenen, nach dieser Seite hin, in der Rettung der Seelen vor dem künftigen Gericht, in weit größerem Maßstab tätig, als es in seinen Erdentagen der Fall war. Hatte er doch durch seinen Versöhnungstod das weitestreichende Recht zu retten erlangt und in seiner mit dem Geist Gottes erfüllten Gemeinde die Stätte gefunden, dahin er sie retten konnte, gleichsam die wahre Arche Noahs. Und so „tat er denn täglich hinzu zu der Gemeinde, die da gerettet wurden" (2, 47).*

Er begann sein Wort zu erfüllen: „Auf diesen Felsen will ich meine Gemeinde bauen." So sahen sie den Herrn, ihren auferstandenen Meister, walten, und wir merken hieraus wie aus dem Folgenden, wie sehr eigentlich dem Lukas die beiden Teile seiner Schrift (Evangelium und Apostelgeschichte) ein eng verbundenes, fortlaufendes Ganzes sind. Wir haben in der Einleitung nach dem Gesichtspunkt gesucht, von dem aus Lukas die Auswahl aus dem ihm zu Gebote stehenden Stoff getroffen haben mochte. Würden wir ihn aber nach dem Gegenstand fragen, der ihm als Mittelpunkt des ganzen Geschichtsinhaltes

* 2, 47 für Apg. 2, 47. Zitate in bloßen Zahlen beziehen sich fortan auf die der Betrachtung im allgemeinen zugrundeliegende Schrift, also im ganzen ersten Teil auf die Apostelgeschichte.

vorschwebe, ob es etwa die beiden Apostel Petrus und Paulus seien, so würde er uns vielleicht mit Zorn antworten: Habt ihr denn 1, 1 in meiner sogenannten „Apostelgeschichte" nicht gelesen: „Die erste Rede (Ev. Luk.) habe ich zwar getan – von alledem, was Jesus anfing, beides zu tun und zu lehren"? Ihm ist seine zweite Schrift, die Apostelgeschichte, eine Fortsetzung des Lebens Jesu, eine Schilderung dessen, wie und in welcher Weise Jesus fortfuhr, beides: zu tun und zu lehren. Dies bestätigt sich uns hier (2, 47) und wird sich uns fernerhin bestätigen.

Es war eine heilig große, himmlisch angewehte Zeit; gerade ihre göttliche Größe brachte es mit sich, daß den Jüngern noch keine Ahnung davon kam, sich als etwas anderes ansehen zu sollen denn einfach als nun erst rechte, fromme Juden. So hatte auch der Heiland sich in kindlichster und aufrichtigster Weise innerhalb der gottgegebenen Ordnung seines Volkes bewegt. „Wenn du deine Gabe auf dem Altar opferst; wenn du fastest", so hatte er am Anfang seines Wirkens Ratschläge an die Seinen eingeleitet, und sogar wo er in seiner späteren Zeit den Jüngern Anweisungen gibt über das Verhalten seiner künftigen Gemeinde, vernehmen wir das Wort: „Hört er diese nicht, so haltet ihn für einen Heiden und Zöllner", Begriffe, die offenbar in schlichtester Weise dem Wörterbuch der damaligen Anschauungen seines Volkes entnommen waren. Gerade darum war ja er, der von Gott in Israel ins Menschliche hineingelegte Stein, für die Bauleute so unverständlich, weil sich sein eigentümliches Neues so gar nicht in eine der alten Rubriken einfügen noch auch mit einem neuen Namen von denselben deutlich unterscheiden ließ. Darin liegt die Erhabenheit des Göttlichen, wo es sich dem Menschlichen naht, daß es sich allem nicht Unheiligen im Menschen anschmiegen, ja sich ihm gleichsam hingeben kann und will, um den Menschen zu heben; und das alles geschah bei dem Heiland und den Seinen nicht in kalter Berechnung des Bewußtseins, sondern in der heiligsten Natürlichkeit des Selbstverständlichen. So sehen wir denn nun hier auch die zwei Hauptapostel Petrus und Johannes vorderhand eigentlich nicht einmal mit erneuter Verkündigung Jesu, des Messias, sich befassen; ihnen genügte die übervolle Arbeit, die vom Herrn Hineingebrachten zu behandeln und zu unterrichten. Die große Verkündigung war getan; sie waren zu derselben veranlaßt und verpflichtet gewesen als zu einer Rechenschaft über das Ereignis der Ausgießung des Heiligen Geistes. „Tue, was dir unter die Hände kommt, denn der Herr ist mit dir!" Dieses Wort Samuels an Saul mag die innere Weisung bezeichnen, die der Geist ihnen gab, und so sehen wir sie denn auch (3, 1ff.) als gute, fromme Juden miteinander um die neunte Stunde, die Zeit des Abendopfers, in den Tempel gehen, um sich dort von dem Priester segnen zu lassen, der doch auch eine Hauptschuld trug an der Kreuzigung des Heilandes. Sie taten dies gewiß fern von aller vornehmen Herablassung, von allen kritischen Hintergedanken, in kindlichster Weise.

Aber siehe, an der Pforte des Tempels liegt einer jener Unglücklichen, deren sich Jesus nun nicht mehr annehmen kann, ein von Mutterleib an Lahmer. Nicht mehr annehmen? Diese Frage mußte in des Petrus Gewissen aufblitzen. Warum nicht? „Wie mich der Vater gesendet hat, so sende ich euch", das war die Antwort des Heiligen Geistes in ihm. Die Aufgabe war groß, denn eine förmliche Schöpfertat Gottes war es, was Petrus hier in Anspruch zu nehmen hatte, und man fühlt immerhin seinem Benehmen gegen den Lahmen an, daß er sich der vollen Größe dieser Aufgabe bewußt war. Aber hatte er nun schon Tausenden im Namen seines Herrn und Meisters durch die Taufe Sünde vergeben – und hatte sich diese Vergebung als eine tatsächliche, von Jesu vollzogene durch die Mitteilung des Heiligen Geistes ausgewiesen, so durfte er sich der Erinnerung nicht entziehen, daß der Heiland auch dem Elend gegenüber als Helfer aufgetreten war und ihnen eingeschärft hatte: „Was ihr in meinem Namen bitten werdet, das will ich tun." Er war verpflichtet, auch hier als das sichtbare Werkzeug seines unsichtbaren Gebieters sich verwenden zu lassen. In der Vollkraft des Heiligen Geistes spricht er zu dem Lahmen: „Im Namen des Jesus von Nazareth, des Christus, stehe auf und wandle!"

Wie, wenn er liegenblieb? Der Gedanke kam dem Apostel nicht mehr. Es war seitens Petrus wohl Glaube, aber ein Glaube, der dem W i s s e n weit verwandter ist als das, was man heute oft Glauben nennt, es war ein Bewußtsein des H a b e n s. Wie wandelte und sprang der Unglückliche! Man fühlt mit ihm, welch ein Hochgenuß ihm die bisher unbekannte Freiheit der Bewegung war; und wie lobte er Gott, der aus seinen Höhen herab sich seiner so wunderbar freundlich angenommen hatte! Dem staunenden Volk sagt Petrus: „Was seht ihr auf uns, als hätten wir durch unsere Kraft oder unsere Frömmigkeit solches zuwege gebracht?“ Beides menschlich sehr naheliegende Vermutungen! „Wer solches Wunder tut, der kann entweder mehr als andere, oder er gilt vor Gott mehr als andere, um ihn zu solchem Wunder zu veranlassen!“ so konnte man denken. Keins von beiden kommt dem Apostel von fern in den Sinn, und wie gerne setzt er dem Volk diese Wundertat als eine natürliche Folge der großen Dinge, die geschehen sind, auseinander! „Gott, der Gott Abrahams, Isaaks und Jakobs hat es getan, um seinen Knecht Jesus in Glanz zu setzen, zu verherrlichen, ihn, den ihr, wie einst auch ich (Petrus), verleugnet habt. Ihr habt den Fürsten des Lebens getötet, aber Gott hat ihn auferweckt – des sind wir Zeugen.“ So bittet er sie, brüderlich – eigentlich als der Mitsünder – Buße zu tun, damit ihre Sünden getilgt werden.

Es ist hier nicht gerade vorwiegend um ihretwillen, warum er dies wünscht; es ist seine brennende Sehnsucht nach den Zeiten der Erquickung vom Angesicht des Herrn, nach dem Wiederkommen des Herrn vom Himmel herab, der ihn aufgenommen hat: dann erst, so denkt er offenbar, kann das Werk des Herrn völlig vorwärtsgehen, wenn wieder der Feldherr sichtbar an der Spitze seines Heeres steht. Die Lage, da er stellvertretend für den unsichtbaren Herrn eintreten soll, scheint ihm trotz der Gottesnähe und Gotteshilfe, deren er sich freut, auf die Dauer unerträglich. Aber dieses Wiederkommen kann nur eintreten als Abschluß alles dessen, was die Propheten geredet haben. Alles, was sie der Wiederkunft Jesu Vorgängiges geschaut, muß „herwiedergebracht“ werden, und namentlich ein großes Hindernis steht diesem Wiederkommen entgegen: die unverziehenen Sünden Israels. Diese müssen vorher getilgt sein; und deshalb eigentlich bittet er die Juden um Buße, damit der Siegesgang des Reiches Gottes ein beschleunigter werde; und er hofft auf Erfolg, weil Jesus uns von Gott gesendet ist, uns zu segnen, „damit ein jeglicher sich bekehre von seiner Bosheit“.

Diese herzbewegende Rede wurde unterbrochen durch die

Verhaftung der beiden Apostel. Die Priester sowohl als der israelitische Tempelaufseher mochten sich verletzt fühlen, daß Bauern im Tempel unter so großem Aufsehen wirkten, die Sadduzäer aber über die fortgesetzte Behauptung, daß ein Gestorbener angeblich lebe, ja sich erdreiste, noch machtvoller als zuvor in die irdischen Verhältnisse einzugreifen. So steht die Sache des Heilands plötzlich wieder vor Gericht, vor demselben Gericht, das ihn des Todes für schuldig erklärt hatte. „Wie konnten diese Bauern sich unterfangen, jenem Urteil gegen Jesus nach so kurzer Zeit in so energischer Weise Trotz zu bieten!" „Aus welcher Kraft oder in welchem Namen habt ihr solches getan?" „Wie kann man nur so fragen?" so tönt es aus der Antwort des Petrus heraus, „als gäbe es eine Auswahl von Namen, in denen solche Hilfe möglich wäre." Ist es doch unerhört und dankenswert genug, daß es einen gibt. Statt es ihm übelzunehmen, daß er es kann, sollte man es ihm nicht vielmehr danken? „Wenn ihr uns denn zur Rede stellt über diese Wohltat an dem kranken Menschen, so sei euch allen und dem ganzen Volk Israel kundgetan: In dem Namen des Jesus von Nazareth, des Messias, den ihr gekreuzigt habt und den Gott von den Toten auferweckt hat – in diesem steht dieser vor euch gesund. Das ist der Stein, der von euch, den Bauleuten, verworfen, der zum Eckstein geworden ist, und ist in keinem andern das Heil, und ist auch kein anderer Name unter dem Himmel den Menschen gegeben, darinnen sie können gerettet werden."

So redete Petrus mit der ganzen Kürze, die ihm als geringem Volksmann anstand. Wie wunderbar hatte sich die Situation dieses Rates geändert! Wenige Wochen nach seiner Kreuzigung meldet sich der Gekreuzigte sowohl durch den Glanz seiner Taten als auch durch das eindringliche Wort des Zeugnisses seiner Knechte als Auferstandener wieder bei ihnen an, um ihnen – sofern sie Buße tun – die Hand der Versöhnung, der gnadenreichen Vergebung zu bieten. Umsonst! Noch hoffen sie, gleichsam notgedrungen, dieses Feuer so wundersamer Rache löschen zu können. Sie verbieten den beiden Aposteln, etwas verlauten zu lassen oder auch zu lehren vom Namen des Jesus von Nazareth. So standen sich nun eigentlich zwei geistige Obrigkeiten Israels gegenüber: der Hohe Rat einerseits und der Messias in seinen Knechten andererseits. Sie, die Apostel, gaben ihnen ebenso bescheiden wie männlich die Unmöglichkeit zu bedenken, einen Befehl Gottes auf ihr Geheiß hin unvollzogen zu lassen.

So war nun die Sache Jesu in ihren ersten Anfängen schon dahin gelangt, eine verbotene, irdisch heimatlose zu sein. Da wandte sich nun die heimatlos gewordene Gemeinde einmütig zu Gott, dem Schöpfer des Himmels und der Erde, mit der Bitte, „Er wolle Seinem Knecht Jesus Ehre geben und Seine Hand ausstrecken" – nicht etwa, um jene Feinde niederzuschmettern, das kam ihnen nicht in den Sinn – sondern daß er fortfahre, „Gesundheit und Zeichen zu tun zu Ehren Seines heiligen Knechtes Jesu". Eine wunderbar feierliche und in ihrer Einfachheit ebenso deutliche wie erhabene Antwort von seiten des Schöpfers war es, daß die Stätte, darinnen sie beteten, sich bewegte.

So war es Jesus, der Herr, gewesen, der durch Heilung des Lahmen seiner Sache eine neue Tür aufgetan und allem Volk gezeigt hatte, daß sein Tun durch seine Kreuzigung nur auf kurze Zeit unterbrochen worden sei, um – wie er es den Seinen verheißen hatte – nur in vergrößertem Maßstab sich wieder fortzusetzen. Reiht sich doch diese in die Augen fallende Tat an sein vorher berichtetes, seelenrettendes Tun an, das Lukas am Schluß des 2. Kapitels berichtet: „Der Herr tat hinzu täglich, die da gerettet wurden, zu der Gemeinde."

Von der Welt in aller Form ausgestoßen, von Gott noch feierlicher anerkannt und aufgenommen, wuchs die Schar der Gläubigen noch inniger in eins zusammen, so daß ihrer aller nur e i n Herz und e i n e Seele war, und auch nicht einer mehr sagte von dem, was ihm gehörte, das sei sein eigen, sondern alles ihnen gemeinsam war. Sehr bezeichnend für jene Zeit ist, was von dem Leviten Joseph (Luther: Joses) aus Zypern erzählt wird. Er besaß einen Acker in der Heimat Judäa. Offenbar hatte er ihn nur aus Liebe zur Heimat erworben, um sich als Besitzer eines Stückleins heimatlichen Bodens zu wissen. Aber er war – und das erwähnt Lukas sichtlich mit Nachdruck – L e v i t. Ein solcher durfte ja keinen Boden besitzen. Dieses Verbot hatte für den im Ausland Befindlichen allerdings allen Sinn verloren, und darum hatte er sich darüber hinweggesetzt. Aber jetzt als

Christ erinnerte er sich auch dessen, was ihm als Leviten obliegt – und er entäußerte sich des Ackers. Wir werden später noch von diesem Mann hören.

4. Jesus sichtend und beschützend Ananias; Gamaliel

Sehen wir nun den Heiland zuerst seelenrettend tätig, dann heilend und im Heilen seinen Namen verklärend, so werden wir nun in ernstester Weise von einer dritten Tätigkeit, der regierenden, der richtenden und sichtenden, überrascht. Die Sünde schlich sich in feinster Weise wieder in dieses neue Paradies, in die Gemeinde Jesu ein. Die Ehre der Frömmigkeit, eins der höchsten wahrhaften göttlichen Güter, war der Preis, um den sie zwei Menschenleben in den Abgrund der Lüge stürzt, einer äußerst verdünnten Lüge – es war nur ein Verschweigen der vollen Wahrheit, aber eben doch zu einer bewußten und absichtlichen Unwahrheit. Es war eine furchtbar ernste Anfrage an die neue Erscheinung der Gemeinde Jesu, ob sie nicht doch nur eine erhöht menschliche sei. Wird der Heilige Geist belogen werden können? Offenbar nicht, falls er existiert, falls er nicht bloß jener Denkprozeß ist. Wird Jesus, wird Gott, sein Vater, sich diesen Eingriff gefallen lassen? Letztere Frage wären wir nicht imstande, mit ja oder nein zu beantworten, wenn wir nicht wüßten, wie es gegangen ist. Als Ananias dem Petrus jene Gabe überreichte unter dem Schein, es sei der volle Erlös seines Ackers, da sagte ihm der Heilige Geist sofort, woran er mit diesem Mann sei; und ernst, aber ruhig, fast brüderlich legt er dem Ananias die Größe seines Vergehens vor Augen. Wie mag aber Petrus erschrocken sein, als der Mann sofort tot vor ihm niederfiel! Das war die Antwort Gottes. Wie willkürlich, und man möchte sagen fleischlich, ist doch die Annahme, Petrus habe das vorausgewußt, ja sogar er habe das gewollt und aus eigener Macht zuwege gebracht, während der Text auch nicht einen Schein von Berechtigung dazu gibt! Erst nachdem er dieses Urteil Gottes über Ananias gesehen, war er dessen gewiß, daß der gerechte Gott das Weib nicht milder behandeln werde, zumal Petrus demselben – was er dem Ananias nicht getan – noch Gelegenheit gegeben, ihre Lüge zurückzunehmen; aber erfolglos. Ihr konnte er sagen, welchem Schicksal sie entgegengeht. Wie mögen die beiden einander in der anderen Welt angesehen haben!

Wie ernst steht diese Denksäule des Gerichts am Anfang der Geschichte der Gemeinde Jesu und ruft: Hütet euch vor frommem Schein, vor feiner Lüge, wenn Gott unter euch wohnen will; Er ist ein verzehrendes Feuer!

Warum sehen wir dieses unmittelbare Gerichtsverfahren Gottes in der Folgezeit, die doch manche schwere Schäden zutage treten läßt, nicht mehr eintreten? Völlig verschwinden sehen wir es ja freilich nicht; denken wir nur an des Paulus Mahnung an die Korinther: „Darum“ (weil ihr das Abendmahl nicht würdig genießt) „sind so viele Schwache und Kranke unter euch, und ein gut Teil schlafen.“ Aber im allgemeinen steht unverkennbar dieser Fall in seiner Strenge einzig da. Die Antwort finden wir in einer Erwägung, welche uns nach dieser Seite hin über den ferneren Gang der Sache Jesu Licht geben dürfte. „Ich will unter ihnen wohnen, ich will ihr Gott sein, und sie sollen mein Volk sein“, diese Verheißung war in den ersten Tagen der Gemeinde Jesu nahezu erfüllt. Aber es war wie ein Versuch Gottes, den Er Seiner Treue gegen Jesum schuldig war und den Er aus Erwägungen teilweise wieder zurücknahm, die ebenso Seiner Barmherzigkeit wie Seinem Zürnen oder Seiner Gerechtigkeit und Heiligkeit zugeschrieben werden können. Wenn sich die Sünden mehrten, so zog Gott Seine Nähe, die den Sündern gegenüber verzehrend wirkte, allmählich wieder zurück. Der Versuch behielt seine volle Bedeutung als Aufrechterhalten der Verheißung, als Anzeichen dessen, was eigentlich in Gottes Augen das volle Christentum sei. Vorderhand bewirkte dieses Gericht Gottes als Antwort auf Satans List nur ein stärkeres Innewerden der Nähe Gottes in der Gemeinde; eine Furcht bemächtigte sich aller, unter deren Schutz Gott auch das Größte an Wundern leistete, was wiederum nur erneut auf Vermehrung der Furcht Gottes wirkte.

Was der Heiland an seinem letzten Abend seinen Jüngern vorausgesagt: „Wer an mich glaubt, der wird die Werke auch tun, die ich tue, und wird noch größere als diese tun, denn ich gehe zum Vater“, das erfüllte sich nun an Petrus in augenfälligster Weise. Als vom Lande her die Kranken gebracht wurden, die auf die Gassen gelegt wurden, welche Petrus durchschritt, damit der bloße Schatten desselben sie gesund mache, da sahen die Verständigen die Ehre, die Gott Seinem Sohn geben will unter den Menschen zu ihrem Heil, wie auch den Glanz, den Jesus seinem Knecht Petrus geben will, um seine Stellung und sein Zeugnis zu beglaubigen; Unverständige aber mochten stutzen, wie sehr dieser Schüler über seinen Meister emporgewachsen sei, denn so etwas hatte man denn doch bei Jesu nie gesehen.

Diese so überaus gewaltige Wirksamkeit des Petrus, die er ja immer ausdrücklich nur als Sendbote Jesu ausübte, stand denn doch für die Hohenpriester und den Hohen Rat in zu schreiendem Widerspruch zu ihrem Beschluß und Befehl, es müsse der Name und die Sache Jesu totgeschwiegen werden. Zum zweiten Mal wurden die beiden Apostel verhaftet, und zwar diesmal als Übertreter sofort in das Gefängnis geführt. Die Verhaftenden waren die Partei der Sadduzäer. War es von der Behörde, nachdem sie einmal solches Verbot erlassen hatte, nur folgerichtig, die Übertretung zu ahnden, so war es wiederum für Gott, insofern als die Apostel mit Recht sich gegenüber solchem Verbot auf Seinen höheren Befehl berufen hatten, eine Ehrensache, diese Behauptung Seiner Knechte dadurch zu bestätigen, daß Er als die höhere Obrigkeit die Maßnahme der Menschen, die Verhaftung, aufhob. Allgemein waren ja die Jünger durch Jesum auf ein völlig anderes vorbereitet, daß sie wie Schafe mitten unter den Wölfen alle Unbill der Menschen sich werden gefallen lassen – ja, sich auf das Schicksal, das ihren Meister traf, gefaßt machen müssen, und wie manches Mal erfuhren sie auch solches in der Folgezeit. Aber hier, gegenüber dieser Kriegserklärung seitens des Hohen Rates, war es eigentlich eine Tat der Barmherzigkeit Gottes gegen denselben, daß Er ihnen noch einmal, mittels feierlicher Befreiung der Apostel durch Seinen Engel, den ganzen Ernst der Lage und die volle Wahrheit des Zeugnisses der Apostel kundgab. Und etwas von solchem Eindruck spürt man denn auch dieser denkwürdigen Sitzung ab.

Versetzen wir uns in ihre Lage. Sofort nach der Verhaftung, die abends vorgenommen worden zu sein scheint, wurden Boten gesandt, auf morgen den Hohen Rat zusammenzurufen. Die Behörde sitzt und sendet ihre Diener, die Gefangenen vorzuführen. Aber siehe, diese berichten: „Das Gefängnis fanden wir verschlossen mit allem Fleiß, und die Hüter draußen stehen vor den Türen – aber da wir auftaten, fanden wir niemanden darinnen." Und während noch der Hohepriester und der Hauptmann des Tempels und andere hohe Priester darüber in Verlegenheit und Betretung sind, was doch das werden wollte, kommt ein neuer Bericht: „Seht, die Männer, die ihr ins Gefängnis geworfen habt, sind im Tempel, stehen und lehren das Volk."

„Gehet hin, tretet auf und redet im Tempel dem Volke alle die Worte dieses Lebens", so hatte der Engel zu den Aposteln geredet, als er sie befreite. Das Volk hat ein Recht an das Leben, und das Leben hat ein Recht an das Volk, und dieses Rechtes walteten sie im Tempel unter dem Volk. Dort regierte das Leben. Da kam der Hauptmann mit den Dienern und holte sie, „nicht mit Gewalt, denn sie fürchteten sich vor dem Volke, daß sie gesteinigt würden". So gewaltig hatte sich des Volkes die Überzeugung bemächtigt, daß die Apostel Knechte Gottes seien; denn Steinigung, das heißt Tötung eines Menschen in der Weise, die nicht nötigt, ihn anzurühren, war in den Augen Israels die Strafe für eine direkte Versündigung gegen Gott. Bei der Masse in Jerusalem scheint d a s die Grundstimmung gewesen zu sein: „Ich wollte, ich wäre auch ein Christ; ich bringe es nicht über mich, Buße zu tun, aber recht haben die Christen doch."

Freiwillig also, aus billiger Rücksicht gegen die Obrigkeit, folgten die Apostel dem Hauptmann und stellten sich dem Rat. Da sitzt dieser Hohe Rat, wohl in demselben Saal, in welchem Jesus vor ihnen gestanden. Ein Urteil Gottes ist unverkennbar kundgeworden, und auch das Urteil des Volkes lastet bedrükkend auf ihren Gemütern. In der Tat war ihre Lage allmählich eine peinliche geworden. „Ihr wollt dieses Menschen Blut über uns bringen", so ertönt ihre Klage wie aus dem bösen Gewissen eines Mörders, und malt es uns vor, wie man auf der Straße auf jeden von ihnen blickte. Ihnen standen Petrus und die Apostel gegenüber, wunderbar durch Gottes Hand – wie sich kaum einer mehr verhehlen mochte – aus dem Gefängnis befreit. Als Knecht Gottes, als V e r t r e t e r Gottes hat nun Petrus das Wort, und so redet er auch. Fest, aber bescheiden hatte er sie seinerzeit ihrem Verbot gegenüber darauf aufmerksam gemacht, daß das, was sie verbieten, ihm von Gott befohlen sei. So hatte sich ein Kampf der zwei Autoritäten entsponnen um den Besitz der Person des Petrus. Der Kampf ist in einem zweiten Stadium. Petrus hat der göttlichen Autorität gehorcht, die menschliche hat mit Bestrafung geantwortet und die göttliche wiederum mit Befreiung. Es war dem Petrus selbst zu gönnen, so klar allem subjektiven Meinen entnommen, so fest in diese Welt hinein als ein Absenker vom Himmel her gestellt zu sein. „Man muß Gott mehr gehorchen als den Menschen", ist sein erstes Wort, um sich und sein Tun als ein durchaus richtiges zu rechtfertigen. Er darf so reden. Ihm hat Gott einen Befehl gegeben, ja, ihn hat Gott vor den Menschen, denen er Gott zuliebe nicht gehorchte, tatsächlich beglaubigt. Wer etwa vorschnell seinen eigenen oder anderer Menschen Ideen göttliches Ansehen zuspräche und kraft dessen die Worte des Petrus in eigener Sache nachsprechen möchte, prüfe sich, ob er nicht umgekehrt damit in flagrantem Ungehorsam gegen ein Hauptgebot Gottes betroffen werde, gegen das Gebot: Du sollst den Namen des Herrn, deines Gottes, nicht mißbrauchen!

Obige Worte hatte er als der Gerichtete zu seinen Richtern gesprochen; die folgenden entfließen seiner wahren Stellung vor ihnen: als der Vertreter ihres Richters legt er ihnen nochmals die ganze Größe des Augenblicks, wie sie sich immer heller abklärt, dar. „Der Gott unsrer Väter hat Jesum auferweckt, den ihr getötet habt und ans Holz gehängt." Nun schon zum zweiten Mal, und immer unwiderleglicher, tönt diese Kunde in diesem Saal. „Den hat Gott zu Seiner Rechten erhöht" (als einen Fürsten und einen Retter), „Israel Buße zu geben und Vergebung der Sünden." Es ist ein wunderbares Anerbieten einer Amnestie an die Rebellen. Der vor kurzem in diesem Saal zum Tode verurteilte Jesus anerbietet nochmals vom Himmel her seinen Mördern die Verzeihung Gottes, wenn sie sich unterwerfen. „Und wir sind seine Zeugen über diese Dinge und der Heilige Geist, welchen Gott denen gab, die Ihm im Glauben Gehorsam leisten." Man sieht auch hier wieder, wie reell, ja auffällig die Gabe des Heiligen Geistes war – so sehr, daß der Apostel auch bei diesen zum höchsten Zweifel entschlossenen Männern ohne weiteres voraussetzt, daß sie das Vorhandensein dieser wunderbaren Erscheinung nicht im entferntesten zu leugnen vermögen.

Welche Wahl öffnete sich ihnen? Werden sie sich unterwerfen? Vorderhand war keine Aussicht dazu. Das Machtbewußtsein und das altgewohnte Gefühl, Hüterschaft des rechten Glaubens zu sein, behielten ihre Macht. „Sie wurden durchbohrt“, aber der Pfeil, der sie verwundete, reizte nur zu Zorn und entschlossenem Widerstand, und der erste Ratschlag ging dahin, die Widerspenstigsten kurzerhand abzutun.

Da kam, nicht ohne Gottes Vorsehung, ein zarter Keimling einer anderen Regung schüchtern ans Tageslicht. Gamaliel, eines der hochverehrten Häupter der Pharisäer, trat auf. Um die Bedeutung dieses Auftretens von vornherein richtig zu verstehen, müssen wir einen Rückblick auf die Geschichte des Widerstandes dieser Behörde werfen. Schon bei der ersten Verhaftung (4, 1) werden als Veranlasser derselben die Priester, der Tempelhauptmann und die Sadduzäer genannt; die Pharisäer verhielten sich also fast neutral, und die hier besprochene zweite Verhaftung geschah durch den „Hohenpriester und alle, die zu ihm sich hielten, welches ist die Partei der Sadduzäer“. Wir werden diese beiden Parteien bei Gelegenheit des Stephanus näher besprechen und wollen uns hier nur soviel merken: die Pharisäer kannten den Heiland persönlich; kaum jemand hatte so wie sie zu der beständigen Zuhörerschaft desselben gehört, und die unauslöschlichen Eindrücke seiner Größe wurden ihnen doch allmählich durch die immer lauter auftretende Kunde, er sei auferstanden, wundersam beleuchtet; und ihrer Glaubensrichtung war ein solches Wunder keineswegs undenkbar. In der alten Teilnahme des Hasses, die ihren Geist von der Beschäftigung mit ihm nie losließ, schien sich fast insgeheim allmählich eine Wendung zu vollziehen, vorderhand mehr in scheue Furcht, in ein Offensein gegenüber der Warnung des Heiligen Geistes: „Treibt's nicht zu arg!“ Ich gehöre nicht zu den vielen Bewunderern Gamaliels; aber wir fühlen doch mit ihm, welch einen Mut es kosten mochte, in diesem reißenden Strom feindseliger Stimmung, der jäh dem Falle zueilt, zuerst sich zu erheben, um eine leise Gegenströmung zu versuchen. Fast möchte ich sagen: es mischen sich in Gamaliels Brust, ohne daß es zu einer völlig glücklichen Lösung gelangt, zwei göttlich-menschliche Missionen auf Erden. Die eine ist die Mission der Obrigkeit; sie ist von Gott, schöpferisch; sie steht – als an zentraler Stellung der Geschöpfe stehend – zu Gott als dem Schöpfer in einer Beziehung, nicht in klar bewußter der Offenbarung, aber doch unter dem Schöpfersegen, und besitzt durch das göttlich Gewürdigte ihrer Aufgabe gewissermaßen eine instinktive Offenbarung, die sich mehr als Takt kundgibt; sie hat ein Recht, ja, eine Pflicht, alles, was ihr (natürlich immer von Menschen her) unter Berufung auf höhere, unmittelbar göttliche Autorität entgegentreten will, kritisch anzusehen und dem gegenüber auch die Rechte der menschlichen Selbständigkeit zu wahren. Kam ja doch auch die lange von der Kirche selbst versuchte „Reformation der christlichen Kirche (*ecclesiae christianae*) an Haupt und Gliedern" erst dadurch vorwärts, daß Luther stattdessen eine Reformation des *status christiani*, des christlichen Staates oder Zustandes verlangte – und zwar nicht mehr von der „Geistlichkeit", sondern vom „Adel deutscher Nation", also von den Vertretern der Staatsidee. Die andere Mission ist die der Heilsgeschichte Gottes auf Erden, deren Leiter zu Gott unmittelbar in Beziehung stehen und die von Gott deutlicher, ihnen selbst klarer, geführt werden. Diese letzteren aber sind der ersteren gegenüber ungünstig gestellt und sind ihr oft zur Verlegenheit. Das Göttliche erhebt sich, sowie es innerhalb der Heilsgeschichte sich unmittelbar kundgibt, in seinen Gedanken über das Niveau des allgemein Menschlichen und in seinem Geschehen über die Regeln des gewöhnlichen Geschehens. Letzteres dient ihm im Moment, wo es geschieht, und bei den Kreisen, vor welchen es geschieht, zur Beglaubigung. Jenseits dieses Kreises und dieses Moments kann es sich nur als Erzähltes fortpflanzen, und in dieser Form begegnet es einem fatalen Konkurrenten, der nicht nur ebensowenig – sondern noch viel weniger – an die Regeln des gewöhnlichen Geschehens gebunden ist – nämlich der dichtenden Phantasie, der Schwärmerei, sogar dem Betrug, und es muß sich nun mit vollem Recht gefallen lassen, von jenem oben genannten Richter mit diesen Irrlichtern vorderhand auf eine Linie gestellt zu werden, bis es ihm durch ein dem gewöhnlichen menschlichen Blick zugängliches, unterscheidendes Merkmal gelingt, seine Unverwandtschaft mit jenen krankhaften Gebilden nachzuweisen.

Es gereicht dem Gamaliel zur Ehre, daß er dieses unterscheidende Merkmal mit hellem Blick herausfand. Dieses Merkmal ist eigentlich das natürliche allgemeine Symptom der Gesundheit gegenüber dem Symptom der Krankheit. Jene Gebilde verraten ihren krankhaften Ursprung, ihren inneren Widerspruch in der Regel schnell durch raschen Zerfall, während im allgemeinen schon alles Gesunde, innerlich Berechtigte, mit realem Inhalt Erfüllte sich dadurch kennzeichnet, daß es wächst, erstarkt und sich entfaltet. Diesen allgemeinen Maßstab wandte hier Gamaliel scheinbar in kühler staatsmännischer Weise an. Er wies auf die mancherlei schwärmerischen Streber hin, welche in der damals eben verflossenen Vergangenheit auf die fieberhaft gesteigerte religiöse Stimmung des Judenvolks spekuliert hatten, und erinnerte daran, wie kurzlebig diese scheinbar imponierenden Erscheinungen gewesen seien. Als er dann damit das Christentum verglich, da stockt doch dem Staatsmann nahezu das Herz. Er hat es, das fühlt er, nicht mehr nur mit allgemeinen Regeln zu tun – er hat es mit *Gott* zu tun. „Ist das Werk aus Gott, so könnt ihr es nicht dämpfen, und ihr würdet als solche erfunden, die wider Gott streiten." Der Staatsmann verläßt ihn nicht ganz; sein erster Gedanke ist immer: Was wird das Volk denken, oder: wie würden wir „erfunden"? Aber doch spürt man ein Zittern vor Gott. O Gamaliel! – möchte man ihm zurufen –, habe doch den Mut, deinen Gedanken auszudenken, zu sagen: die Sache ist aus Gott –, zu beantragen: Laßt uns Buße tun und uns Jesus unterwerfen!* Aber so geht die

* Schauerlich geißelt Dante diese Richtung, die weder *für* noch *gegen* Gott sein will (Inferno III, 22ff.). Noch vor der Höllenpforte, noch diesseits des Acheronflusses, vernimmt Dante namenlosen Jammer:

22 Quivi sospiri, pianti e alti guai
Risonavan per l'aer senza stelle,
Perch' io al cominciar ne lagrimai.
Diverse lingue, orribili favelle,
Parole di dolore, accenti d'ira,
Voci alte e fioche, e suon di man con elle,

Weltgeschichte ihren Weg: die Leitenden sind geschoben. Ihre Weisheit genügte, sie auf diese Höhe zu stellen, auf der sie sind, aber dieser Höhe ist sie nicht gewachsen; und wie oft gelangen wir in den Berührungen der Weltgeschichte mit der Heilsgeschichte zu Momenten, wo wir uns sagen müssen: wie gar anders hätte alles werden können! Und aus lauter solchen Mißgriffen baut sich eine Weltgeschichte zusammen, die durch die reiche Zahl gleichartiger Fehler den Schein der Regelmäßigkeit und damit des Vernünftigen gewinnt und dem gedankenlosen Menschen das einschläfernde Gefühl gibt, es sei schließlich doch alles recht gegangen.

Schicken wir uns einmal in diese Halbheit des Gamaliel, die ja niemandem so sehr wie ihm selbst zum Verderben gereichte, so war sein Antrag allerdings vorderhand ein meisterhaftes Auskunftsmittel, das beiden Parteien Luft verschaffte – dem Christentum: denn die Last des obrigkeitlichen Verbots war tatsächlich von ihm genommen; es war wie auf Probe unter

---

Facevano un tumulto, il qual s' aggira
Sempre in quell' aria senza tempo tinta,
Come la rena quando turbo spira.

Dort klang solch Weinen, solche Wehlaute im Dunstkreis, dem kein Stern je leuchten könnte, daß mir von Tränen gleich das Auge taute. Aus Sprachgewirr und Schreckensruf ohn' Ende, aus Winseln, Wutgeheul und heisern Klagen und lautem Klatschen wie vom Schlag der Hände entstand ein Aufruhr, der mit seinen Plagen im ew'gen Düster stets wird umgeschwungen, dem Sande gleich, den Wirbelwinde jagen.

Dante fragte Virgil, was das sei.

34 Ed egli a me: Questo misero modo
Tengon l' anime triste di coloro,
Che visser *senza infamia e senza lodo.*
Mischiate sono a quel cattivo coro
Degli angeli, che *non furon ribelli,*
Nè fur fedeli a Dio, ma per sè foro.
Caccianli i ciel per non esser men belli,
Nè lo profondo *inferno* gli riceve,
Chè alcuna gloria i rei avrebber d' elli.

Dies sind die Seelen trauriger Farbe, welche ohne Schimpf und ohne Lob gelebt. Sie sind nun vermischt mit der schlechten Schar jener Engel, welche sich nicht empörten noch auch Gott treu waren, sondern für sich blieben. Der Himmel speit sie aus, und auch die Hölle will sie nicht.

ehrerbietige Aufsicht gestellt, und der Behörde: sie hatte sich damit bereitwillig erklärt, eine Mittelstellung zwischen Richter und Schüler einzunehmen. Es ist aber jammerschade, wenn man inmitten des großen ewigen Konflikts zwischen Gott und der Welt eine neutrale, zuschauende Stellung einnehmen will.

Es ist dies auch staatlich nicht von Nutzen; man wird von den beiden Gegensätzen zerrieben. Diese vermeintlich so helle Politik Gamaliels lenkte den Wagen der Geschichte Israels scheinbar mit großer Eleganz – aber auch mit unerbittlicher Folgerichtigkeit – direkt dem Abgrund zu. Die große Wendung, welche sich in der Stellung der Behörde zum Christentum vollzog, liegt mehr im Sinne als in den Worten der Rede Gamaliels ausgedrückt. Den Worten nach ging sein Antrag, der zum Beschluß erhoben wurde, nur darauf, die Apostel nicht zu töten. Er verschonte sich und die Behörde damit, den ganzen Gedanken, der zum Durchbruch kommen soll und der eben sein Demütigendes für sie hatte, förmlich in Worte zu fassen; aber er war doch klar zutage getreten. Das Losungswort war nun: „Wir wollen zusehen; vielleicht ist die Sache doch aus Gott", – mit anderen Worten: ob Jesus auferstanden sei oder nicht – das war ihnen fortan eine offene Frage.

Eine Folge dieser Halbheit im Erkennen und Unbestimmtheit im Beschließen war, daß man den Aposteln von all jenen Vorsätzen nichts mitteilte. Ja: man wiederholte das Verbot, und zwar mit der unschönen Zugabe, daß man die Männer, die man gütlich herbeigebeten hatte, körperlich züchtigte. Aber wie entzückte es die Apostel, daß sie in der Würdigung von seiten Gottes her schon so weit fortgeschritten waren, daß sie auch Schmach erleiden durften um des Heilands willen!

Zweiter Abschnitt

Übergang der Heilsbotschaft an die Völkerwelt

1. Stephanus

Bis jetzt war das Christentum eine Erscheinung Jerusalems und Judäas geblieben. Noch sah ihm kaum jemand an, daß und in welcher Weise es in nächster Zeit sich über das römische Reich ergießen werde; war es doch der Gemeinde Jesu jener Zeit eigentlich noch nicht erlaubt, sich vom Judentum oder Israelitentum als etwas Neues zu unterscheiden. Sie, die Christen, waren das rechte Israel, das Israel Gottes, die „echten Israeliten“ (Joh. 1, 48), wie sie ja auch die fleißigsten Tempelbesucher gewesen sein mögen. Aber rasch wächst der heranwachsende Sohn dem Moment entgegen, wo er im Haus nicht mehr Platz hat, wo er eine selbständige Stellung in seiner Zeit einzunehmen hat, wo er sich seiner eigenen Bedeutung innerhalb dieser Zeit bewußt werden soll und bewußt *wird*. Solche Entwicklungszeiten des Knaben zum Jüngling und zum Mann sind im Einzelleben ein wunderbares Gemisch von höherer Führung einerseits und andererseits von tastenden Versuchen der werdenden jungen Kraft, eine Zeit der Widersprüche oft und der Kämpfe. Ganz ähnlich ist es mit der Übergangszeit der Gemeinde Jesu bestellt, die wir jetzt betrachten werden.

Die leitenden Personen, ein Petrus, ein Saulus, sind wider Willen zu ihnen völlig unerwarteten Resultaten geführt, und die Gemeine selbst wird von Fall zu Fall durch Ereignisse in Verlegenheit gesetzt, die sie nicht versteht. *Ein* Element aber zieht sich durch diese Periode hindurch, das einigermaßen selbständig und selbstbewußt neue Ziele verfolgt; sein bedeutendster, wenigstens sein erster Vertreter ist Stephanus. Menschlich geredet, möchten wir sagen: ein fröhlicher Dilettantismus blüht in diesen Kreisen. Wie oft die tiefsten Geister in ihrer Gärungsperiode am allerunverständlichsten sich selbst und anderen sind, während minder tiefe mit beneidenswerter Klarheit und Sicherheit sich durchzuhelfen wissen, so half in dieser Zeit, als – menschlich geredet – die Geistesriesen in der Not des Werdens sich befanden, jene fröhliche Schar dem Schifflein der Sache Jesu frisch und glücklich vorwärts.

Man hat den Stephanus den Vorläufer des Paulus genannt, und nicht ohne Grund. Die Wahrheit dieser Bezeichnung hat indessen ihre engen Grenzen. Der glückliche Übergangstypus, der dem Stephanus und seinen Kreisen eignet, beruht darauf, daß dieselben kraft ihrer weltlichen Bildung den Überblick über ihre Gesamtheit besaßen, der auch nicht ohne Einfluß auf sie blieb. Sie fühlten schon als Israeliten instinktiv ein Doppeltes: etwas, das einem allgemeinen Bedürfnis aller Menschen entgegenkam und entsprach, und etwas anderes, das der universellen Bedeutung des ersteren hinderlich im Wege stand; und hierdurch brachten sie jener tief geistigen, wunderbar liberalen Auffassung des Gesetzes durch Jesus ein freudiges Verständnis entgegen. Es begegneten sich hier zwei Strömungen von Universalität und Liberalität von völlig verschiedener Herkunft: bei ihnen aus der geistigen Gesamtsituation der damaligen Zeit – bei Jesus aus den Tiefen Gottes, so daß sogar für jene Schichten die Gefahr nahelag, des Heilands Lehren aus anderen, minder tiefen Gründen anzunehmen als denen, aus welchen sie hervorgewachsen.

Wir haben hier die Art der mittleren oder vermittelnden Geistesrichtung, eine Vereinigung und Ausgleichung auseinandergehender Resultate, die nicht durch ein Erzielen derselben aus einer gemeinsamen Wurzel erreicht ist. Ganz anders werden wir es bei Paulus finden. Er, der die Wahrheit in ihrer e c h t e n, in der ihr e i g e n e n Gestalt findet, er überbietet weit jene Übergangsrichtung an Erkenntnis des universellen und in sich selbständigen, von früherer Überlieferung unabhängigen Gehaltes, den das Christentum in sich birgt. Aber er gelangt dazu ohne jegliche Spur griechischen, außerisraelitischen Einflusses. Er ist durch und durch Israelit; ähnlich wie Luther im Kloster vielleicht der beste und strengste Katholik seiner Zeit war, so war Saulus das Musterexemplar eines Juden, und die Umwandlung in Paulus vollzog sich, wie wir sehen werden, nur durch Jesus, unvermischt von allem anderen, fremden Einfluß.

Den Anfang dieser Übergangszeit, die Stephanus-Krisis, habe ich vor drei Jahren für kleinere Kreise selbständig bearbeitet, und der Leser möge mir erlauben, diese Arbeit ohne erhebliche Änderungen meiner Schrift einzuverleiben. Es herrscht zwar in derselben ein anderer – man möchte sagen: oberflächlicherer Ton; es stört das aber darum minder, weil derselbe nicht ganz ohne Zusammenhang ist mit der Natur des Gegenstandes, wie aus obigen Erörterungen von selbst hervorgeht. Auch eine Schilderung der verschiedenen damals in Jerusalem waltenden Geistesrichtungen, die ich in jener Arbeit brachte, mag hier gar wohl folgen, da sie eigentlich doch geschichtlich hier am rechten Ort angebracht ist, weil dieselben erst in diesem Geschichtsmoment in ihrer Vollzahl auftreten. Ich sende also hier einige Zwischenbetrachtungen voraus.

A. Die Geistesrichtungen des Judentums im damaligen Jerusalem

I. Das hebräische Judentum

a) Der Tempel und die Sadduzäer

Der geistige Mittelpunkt des ganzen Judentums und insbesondere Jerusalems war der Tempel – die Stätte des Kultus. Der Kultus war weder eine zarte Erweckung oder Darstellung von Gefühlen, wie etwa bei uns, noch auch die Blüte feineren Sinnen- und Kunstgenusses mit religiöser Folie, wie etwa bei den Griechen, sondern eine schlichte, in uralten Formen sich vollziehende Abhandlung der Rechtsverhältnisse zwischen Gott und seinem Volk – streng und ernst: „Deine Gerechtigkeit ist wie die Berge Gottes“ – das war der Eindruck, den er erweckte. Deshalb war auch dieser Kult auf die eine Stätte beschränkt, auf den Tempel, und in diesen hatte nur der amtende Priester Zutritt. Der Gefahr, daß dieser ehrwürdige Lapidarstil der Einfachheit und des Ernstes durch allerlei Streberei modernisiert oder sonst „verschönert“ werde, war dadurch gewehrt, daß die Verwaltung des Kults ein für allemal einem Familiengeschlecht erblich überbunden war, dem Hause Aarons, an dessen Spitze ein Hoherpriester stand, der Israel vor Gott vertrat.

In den Schicksalen der Hohenpriesterwürde spiegelt sich der Niedergang der jüdischen Geschichte seit dem Verstummen der letzten Propheten. Schon von den Seleukiden wurde der rechtmäßige Inhaber des Hohepriestertums und mit ihm die ganze legitime Linie aus dieser Würde verdrängt, die dann – allerdings noch mit viel weltlicher Machtbefugnis ausgestattet – um kolossale Summen, sozusagen an Meistbietende von beliebiger Abkunft, verhandelt wurde. Und als diese Kreaturen der syrischen Herrscher vor dem Heldengeschlecht der Makkabäer (oder Hasmonäer) verschwanden, da fiel die hohepriesterliche Würde dieser Priesterfamilie zu als Lohn für ihre rettenden Taten; immerhin nur wie provisorisch: „bis ein glaubhafter Prophet auftrete“ (1. Makkab. 14, 41) (der den rechten Hohenpriester bezeichne). In der Zeit nun der späteren Hasmonäer, denen mehr an der weltlichen Herrschaft lag, scheint sich unter den Priesterfamilien allmählich ein Patriziat herausgebildet zu haben, dem es gelang, sich den Zugang zur Hohenpriesterwürde vornehmlich zu wahren, sei es durch hohe Verwandtschaft, sei es durch ihre große und ziemlich grundsatzlose Gefügigkeit gegen die jeweiligen Machthaber. Ihren Anspruch auf diese Würde begründeten sie – wie es scheint – mit ihrer (wirklichen oder angeblichen?) Abstammung von Zadok, jenem um David und sein Haus so hochverdienten Hohenpriester. Nach ihm nannten sie sich (so wird heute vermutet) die Zadokskinder oder Zadduzäer.

Vornehm – wie etwa im Mittelalter ein römischer Kardinal – wachten sie über der strengen Einfachheit der alten Formen und Anschauungen, alle vermeintlich fortschrittlichen oder frommen Zutaten der späteren ablehnend; kritisch, ja nervös skeptisch gegen alles, was ihnen irgendwie nach Schwärmerei roch – gegenüber den bei ihren Gegnern, den Pharisäern, allerdings üppig aufblühenden genauen Schilderungen des Jenseits verbaten sie sich jedes Wissen über dieses Gebiet, ja jedes Interesse an demselben in einer Weise, die sie fast mit ihrem Haupt- und

Lieblingsbuch, der Thora (den 5 Büchern Mosis), in Konflikt brachte. Sollten sie – was freilich nur spätere, unzuverlässige Quellen ihnen zur Last legen – alle anderen Bücher des Alten Testaments geringgeschätzt haben, so wäre dies wohl mehr aus Abneigung gegen deren Verfasser, die Propheten, geschehen – Leute, die – weil nicht vom Hause Aarons – ihnen als geistliche *Parvenus*, als Freibeuter und Freikirchler, als Privatleute ein wenig zuwider gewesen sein mögen. Ihrer hohen gesellschaftlichen Stellung wie auch ihren Tendenzen gemäß suchten sie einerseits jederzeit freundschaftliche Fühlung mit jedem, der gerade auf dem Thron saß (auch einem Herodes), und verschmähten sie andererseits nicht, auch von der griechischen Bildung, die damals in der Luft lag, mit Maß und Anstand zu nippen.

Diese beiden Umstände: ihre Fühlung mit dem Fremdherrscher und ihr Angehauchtsein von griechischer Bildung, sowie auch überhaupt der erweiterte Blick, den ihnen ihre höhere gesellschaftliche Stellung und ihre Herrschergewohnheit gab, verbunden mit dem in Fleisch und Blut übergegangenen Bewußtsein, durch Geburt mit der heiligen Geschichte Israels, ja mit der Leitung derselben verwachsen zu sein, dieses alles zusammen ergab die eigentümliche Stellung, welche die Hohenpriester namentlich auch dem Pharisäertum gegenüber einnahmen. Diese wachten, so scheint es, eifersüchtig darüber, daß dem israelitischen Volksleben sein einfaches, gesundes, natürliches Gepräge, das es unbeschadet der Heiligkeit auszeichnete, erhalten bleibe, und verbaten sich namentlich jene spitzfindigen Ausgestaltungen des Gesetzes durch die Pharisäer als künstliche Übertriebenheiten. Hierdurch wurde in der Tat zugleich erzielt, daß Israels Weise auch den Heiden verständlicher, genießbarer und fruchtbarer wurde, wodurch man sich auch für gemeinsamen Verkehr Erleichterung verschaffte und die Verwirklichung der Aufgabe Israels an den Völkern möglicher machte. Im übrigen waren die Sadduzäer – ihrem geistlichen Erbadel gemäß – Herrschernaturen, geneigt, das Volk streng mosaisch zu regieren, ohne große Empfindsamkeit gegenüber blutigen Mitteln; mosaisch nannten sie dies wohl, es war aber mehr römische Härte als mosaische Strenge. Es war dies ein erstes Aufleuchten einer Erscheinung, die unmittelbar nach der Apostelzeit sich mit verhängnisvollen Folgen bis auf unsere Tage geltend zu machen begann. Ich meine jene merkwürdige Wendung, welche in der Fassung des Evangeliums und der Gestaltung der Kirche dadurch eintrat, daß Rom seinen menschlich harten Rechts- und Regierungsbegriff in der heiligen Strenge des Gesetzes Mosis wiederzufinden meinte oder doch vorgab und so seine Prinzipien im Namen Mosis, ja sogar Jesu, in die christliche Kirche einschmuggelte. In der Politik waren die Sadduzäer – echt aristokratisch – Diplomaten, nicht, wie die plebejischen Pharisäer, Agitatoren. Propaganda machen lag ihnen, der aristokratisch abgeschlossenen, fest und gut situierten Gesellschaftsklasse, gänzlich fern.*

Die in Galiläa durch Jesus von Nazareth entstandene Bewegung ließ sie anfangs gänzlich unberührt – schon aus Hauptstädterbewußtsein – denn draußen auf dem Lande begegnen wir dem Sadduzäer überhaupt nie. Betreffs der Möglichkeit oder Fähigkeit einer geistigen Initiative, eines für die innere Geschichte Israels denkbaren Fortschritts, existierte wohl für ihn das „Land" nicht. Dann hatte Jesus ja auch nichts wider die Opfer, sandte auch die genesenen Aussätzigen pünktlich den Priestern zu; – ja, auch seine erste Tempelreinigung mag ihnen hinterdrein nicht übel gefallen haben. Erst als Jesus öfter in Jerusalem erschien und dort zuletzt im Tempel offenbar die Sonne war, um die sich des Volkes Denken, Fragen und Suchen bewegte und neben der sogar das Licht des Hohenpriesters verblaßte, als er ihre Fragen, mit welchen sie den Bauernrabbi zuschanden machen wollten, in einer Weise beantwortete, die ihm – vielleicht nicht in ihren Augen, wohl aber in denen des Volkes – offenbar den Sieg zusprach, ja, als auch aus nächster Nähe die auffallendsten Wunder berichtet wurden, da merkten

* Paul E. Lucius („Der Essenismus", Straßburg 1881) bezieht wohl mit Recht eine Stelle der *assumptio Mosis* (Kap. 7) auf sie: „Es werden zu den Zeiten der Söhne des Herodes herrschen verderbenbringende, gottlose Leute, welche sich Gerechte (Zaddikim) heißen" usw. In südlicher Farbenglut malt dieser offenbar verbitterte Gegner ihre Falschheit, ihre Üppigkeit, ihren vornehmen Stolz, ihre grundsätzliche Charakterlosigkeit usw., eine Schilderung, die natürlich mit ebensoviel Vorsicht auf einen bescheidenen Wahrheitsrest zu reduzieren sein wird wie zum Teil auch die gekünstelten Darstellungen des Josephus.

sie die Größe der Gefahr, da gaben sie den inständigen Warnungen der Pharisäer Gehör, da nahmen sie die Sache schnell in ihre starke prompte Hand, um sie im Geiste der hohen Politik und nach der bei ihnen sehr beliebten Methode des „kurzen Prozesses" zu erledigen.* Wohl nicht gering war eine Zeitlang die Genugtuung und Befriedigung, den Traum von einem vermeintlichen Sohn Gottes vermittelst eines allerdings gewaltsamen, aber „durch höhere Rücksichten entschuldbaren" Experiments – nämlich der Hinrichtung des Betreffenden – kurz und bündig widerlegt zu haben.

Lassen wir hier Tempel und Sadduzäer und wenden wir uns zu einem anderen Bild!

b) Die Synagoge und die Pharisäer

In der tempellosen Zeit der Babylonischen Gefangenschaft war ein merkwürdiges Surrogat für den Kultus entstanden: die Synagoge. Hatten schon die Propheten (siehe Elisa und die Sunamitin**) vorzugsweise am Sabbat einen weiteren Kreis von Zuhörern um sich versammelt, so blieb dem Volke des Exils vollends dies allein übrig: sich am Sabbat vorzugsweise – und dann sooft es ihm sonst noch beliebte – um die heiligen Schriftschätze der Väter zu versammeln. Waren doch diese Schriften schon um ihres hohen Preises willen selten im Besitz des einzelnen, meist nur in dem von Korporationen, und war ja auch die

---

* Ängstigte sie vielleicht auch die oben erwähnte alte Klausel (1. Makkab. 14, 41), wonach der erste „glaubhafte Prophet", der komme, über die richtige Besetzung des Hohepriesterthrones zu bestimmen haben werde?

** Es sei hier noch ein Wort über die Essener erlaubt, die man meist – dem Josephus zu Ehren – neben Pharisäern und Sadduzäern mit aufzuführen für nötig hielt. Sollte Lucius Recht haben, wenn er, die künstlich aufgebüschelte Erzählung des Josephus reduzierend, in jenen eine Schar einfach Frommer erblickt, die – das damalige Hohepriestertum als illegitim verwerfend – sich vom Tempel emanzipierten und deren Anfänge die Chasidim oder Asidäer der Makkabäerzeit wären? Dann dürfte man vielleicht die allerersten Anfänge dieser Geistesrichtung in den Prophetenkolonien Elias erblicken. War es doch schon eine feine Idee von jenem Bauern (2. Kön. 4, 42), daß er seine Erstlingsfrüchte, statt in den – ihm, dem Sohne des Nordreichs, verschlossenen – Tempel, dem Propheten brachte!

Kunst des Lesens noch gar nicht so allgemein. So erstand die in Jesu Tagen in höchster Blüte stehende Synagoge. Sie diente der Bibelbetrachtung einerseits und der Pflege der Gemeinschaft andererseits, also etwa dem, was wir heutzutage „Erbauung" zu nennen lieben. Lange Zeit mußte diese Synagoge den Tempel kümmerlich ersetzen und fuhr auch nach Wiederherstellung desselben fort, sich zu entfalten, jedoch fortan ohne ihn im entferntesten ersetzen und verdrängen zu wollen. Reinlich und streng waren fortan die beiden Betätigungen der Frömmigkeit geschieden: der Synagoge blieb das Subjektive zugordnet, die Befriedigung des geistlichen Bildungs- und Gemeinschaftsbedürfnisses (an sie erinnert vorwiegend unser reformierter Gottesdienst) – dem Tempel das Objektive, der Kultus im engeren Sinn, das Sakramentale würden wir heute sagen (mehr an das Katholische erinnernd). Die Synagoge war die Stätte heiliger, freier, geistig gehaltener Geselligkeit, wie sie nur in einem geistig so lebendigen, mit solch großer Vergangenheit und solch reicher heiliger Literatur ausgestatteten, so einheitlich verbundenen und dabei so – redseligen Volke wie den Juden entstehen konnte. Ein „Oberster", unserem Pfarrer vergleichbar, präsidierte der Versammlung, aber er war freigebig und liberal in Erteilung des Wortes,* wie dies ja z. B. Jesus und Paulus reichlich zugute kam.

* Ein Beispiel davon aus unserer Zeit erlebte der selige Antistes Spleiß in Schaffhausen, und da dies leider in seiner Lebensgeschichte nicht zu lesen ist, so gebe ich's hier wieder, wie mir's der Selige erzählt hat: Ein edelgesinnter, aber streng pharisäisch gerichteter jüdischer Jüngling, dem Spleiß Privatunterricht in der Mathematik erteilt hatte, starb (Spleiß vermutete infolge seines übermäßig strengen Fastens), und Spleiß, der den Jüngling sehr liebgewonnen hatte, folgte dem Leichengeleit in die Synagoge. Es schmerzte ihn, als er sah, daß die Zeremonie ohne Trauerrede vorübergehen sollte, und er fragte schüchtern seine Nachbarn: ob ihm vielleicht ein Wort gestattet würde. „Ja freilich! Ja freilich!" war die Antwort, und schnell wurde der selbst lebhafte Mann von dem lebhaften Völklein zum Rednerpult befördert. „Wir haben – so sprach er – eine gemeinsame Trauer um den lieben Jüngling." Allgemeine laut schluchzende Zustimmung. „Wir haben aber noch eine gemeinsame Trauer: wir trauern um Jerusalem, das in Trümmern liegt." Große Bewegung, Weinen. „Wir haben aber auch eine gemeinsame Hoffnung: Wir hoffen auf den Messias – Ihr: der kommen – ich: der wiederkommen soll." Die Rührung und Bewegung stieg zum höchsten. Acht Tage lang wurde er daheim überlaufen von den Juden, die ihn baten, ihnen die Predigt gedruckt zu geben.

In der Tat eine fast ideale Verteilung der Befriedigung der verschiedensten Arten von religiösem Bedürfnis. Gerade auf den granitenen Fundamenten der ewig festen Gottesdienste des Tempels konnte sich dieses leichtere Stockwerk heiliger geselliger Unterhaltung in freiester Weise aufbauen. Nehmen wir die feine Art des Morgenländers, der zur Freude der Geselligkeit weder Befriedigung des Hungers noch auch des Durstes für nötig findet und dessen Gedankenwelt fast durchweg religiös gefärbt ist, nehmen wir nun vollends den Juden jener Tage, dessen Herz doch immer in den heiligen Schriften seines Volkes lebte, und bedenken wir ferner, wie vielfach solche Versammlung damals dasjenige bot, was uns heute die Presse bietet, so sehen wir bald, welch eine gemütliche heimelige Stätte, welch ein Herd gleichsam eines erweiterten Familienlebens diese Synagoge werden konnte. Wenn Jerusalem damals 480 Synagogen zählte und die Apostelgeschichte darunter diejenige der Libertiner, der Asier (Epheser), der Alexandriner usw. erwähnt, so sehen wir unwillkürlich in denselben das Spiegelbild unserer heutigen Kränzchen, Vereine, Klubs, Kasinos usw., aber freilich alles in einheitlicher und heiliger Form und in religiösen Rahmen gebracht, ähnlich etwa wie die geselligen Vereinigungen der anständigeren Jugend in den schottischen Städten, die ja dort gänzlich unter Schutz und Pflege der Kirche gestellt sind.

Schon damals war die Synagoge über die ganze gebildete Welt verbreitet und war so das geistige Einheitsband für das ganze Volk geworden und gewiß auch von unberechenbarem äußerem Vorteil für den geschäfts- und wanderlustigen Juden, eine Quelle der Überlegenheit gegenüber dem Auswanderer anderer Volksstämme.

In der Synagoge der Heimat oder besser: der hebräisch redenden Juden, herrschte fast unbestritten der Pharisäer.

Die Pharisäer, damals im heiligen Lande etwa 6000 an der Zahl, waren eine wohlgegliederte, streng disziplinierte religiöse Richtung, die sich stufenweise strengen und immer strengeren Verpflichtungen von vermeintlich religiös-moralischem Werte unterzog – fast einem Orden ähnlich (doch so, daß Zugehörigkeit zu der Partei und Rang in derselben nur Sache moralischer Wertschätzung war), jedenfalls einem Orden weit mehr ähnlich als einer Sekte. Diese strengen Leistungen knüpften an das an, was allein noch von dem Geist aus Israels großer Vergangenheit übriggeblieben war – an die Begeisterung für das Gesetz, in dessen strenger Schulung Israels Jugend nun seit Jahrhunderten gestanden und durch das sie ein Bedürfnis nach Begeisterung für ein sittliches Ideal, für einen strengen Imperativ bewahrt hatte. Die strengen Forderungen des Pharisäismus befriedigten dieses Bedürfnis um so mehr, als deren Erfüllung andererseits doch nur einen sehr minimalen Aufwand an Geist erforderte und somit eigentlich eine hohe Summe wenigstens vermeintlicher Tugendleistungen unschwer erzielt werden konnte. Dabei waren die Ehre und die Hochachtung, die ein Pharisäer bei seiner ganzen Umgebung genoß, nicht gering und auch einigermaßen „des Schweißes der Edlen wert". Für bürgerliche Ehren und Würden, Vertrauensämter, war pharisäische Musterhaftigkeit die beste Empfehlung. Von den Stellen in der Synagoge galt dies wohl am allermeisten; und der Schriftgelehrte oder Rabbi, der sich nicht unter die Pharisäer duckte, war jedenfalls nicht in beneidenswerter Lage. War doch ihr – wie wir heute sagen würden – kirchlicher Einfluß so mächtig, daß ein Proskriptionsbeschluß, eine Verrufserklärung seitens der Pharisäerhäupter hinreichend wirksam war, um den Verfemten von der Synagoge als allgemeiner Institution, also gewissermaßen von der Gemeinde Israels auszuschließen. Diese Häupter, namentlich die jeweiligen Oberhäupter (deren gegenseitige Stellung zueinander übrigens ziemlich unlieblich war), strengten sich sichtlich an, sich – namentlich auch durch wichtige Sentenzen – die Art eines Propheten oder eines Mannes Gottes zu geben; aber für den Unbefangenen mit schwachem Erfolg. Ihrem Geiste, soweit sie welchen hatten, gebrach es eigentlich an allem Verständnis der großen Gottesgedanken, welche die heilige Geschichte ihres Volkes durchwaltet und die Träger dieser Geschichte, die Männer Gottes, bewegt hatten. Den Niederschlag an religiöser Anschauung und frommer Sitte, den diese heilige Geschichte zurückgelassen hatte, den – mit allerlei eigenen Zutaten ausgeschmückt – in Glaubenssätze und Lebensregeln zu fassen und diese zu allgemeiner Anerkennung und gleichförmiger Ausführung zu bringen, das war eigentlich das Ideal, das sie verfolgten, und zwar immerhin mit nennenswerter technischer Fertigkeit und großem Erfolg, ihnen selbst zu nicht geringer Befriedigung und zur Bestärkung darin, daß in diesem ihrem Ideale doch wohl – wenigstens vorerst – die Summe der Wege Gottes ausgesprochen sein möchte. Allerdings, sooft sie irgendeinem religiös-politischen Fanatiker Erfolg wünschten oder selbst etwas politisch Religiöses durchdrücken wollten, so brachten sie dies jedesmal mit den Hoffnungen Israels, mit den Weissagungen der Propheten in Beziehung, als wandelten sie damit in den Fußstapfen jener, die doch gerade solches Tun so hoch verpönt hatten!

Für der Propheten tief innerliche Art und das große warme Hoffen und Vertrauen auf Gott und sein Tun, das eben Gott selbst in ihnen angezündet hatte, hatten sie keinen Sinn. Der äußere Erfolg war der Gott, dem sie unbewußt dienten, und dieser Gott drückte denn auch gleichsam mit der Notwendigkeit eines Naturgesetzes allen ihren Bestrebungen den Stempel des Obligatorischen, des Gemachten, des Äußerlichen auf und verschob den Sitz des geistigen Lebens aus dem Zentrum, dem Herzen, in die Peripherie, in die äußere Macht. Fromme Form, d.h. vermeintlich fromme (denn eine „fromme Form" gibt es ja nicht), darauf ging alles hinaus; fromme Nahrung (hauptsächlich periodisches Hungern), fromme Kleidung (lang und mit Bibelsprüchen verbrämt), frommer Gang („Stolperer" war der Ehrentitel einer der höchsten Stufen des Pharisäismus), fromme Art, sich auszudrücken – dies alles bildete eine Kruste, unter welcher der Mensch, der Mensch verdorrte und welche oft genug Hochmut und Beschränktheit, Roheit, Schlauheit und Leidenschaft in einer Fülle barg, die den Wert des äußeren Erfolges bedenklich in Frage stellte.

Im ganzen war dieser Bund oder diese geistliche Partei dem Alt-Israeliten eine völlig fremdartige Erscheinung. Einesteils die Absonderung vom übrigen Volk (Pharisim = die „Abgesonderten" scheint der Name gewesen zu sein, den das Volk ihnen gab, sofern es nicht etwa die „Exakten" bedeutet und dann als ihre eigene Bezeichnung ihrer selbst gefaßt werden muß) und andererseits diese fast berufliche Betreibung der Frömmigkeit, fast möchte man sagen: das Anstreben einer Gesamtwirkung im Großbetrieb, das waren Dinge, welche die heilige Geschichte nicht kannte. So hat auch Jesus diese ganze Erscheinung als eine

Pflanze bezeichnet, die sein himmlischer Vater nicht gepflanzt hat, und später werden wir noch (Gal. 4) des Paulus interessante Beleuchtung der Sache vernehmen, wo er diese ganze Gesamtleistung als Bestandteil der Geschichte Israels mit Ismael vergleicht, welcher ebenfalls sein Dasein dem Streben verdankte, Gotteszeiten durch menschliche Surrogate zu ersetzen. Wie schwer es Jesus hatte, inmitten dieses über das Land ausgespannten Netzes vermeintlicher Hirten aufzukommen, können wir uns denken, und bekannt ist auch, wie furchtbar er sie schließlich gezeichnet hat. Zu diesem klaffenden Zwiespalt war übrigens das Verhältnis zwischen Jesus und ihnen erst nur allmählich, dann aber rasch gediehen. Ihr Verhältnis zu ihm war – den Sadduzäern direkt entgegengesetzt – von Anfang an bis zum Ende das des gespanntesten Interesses. Anfangs schien er ihnen ein willkommener Nebenbuhler des durch seine Rücksichtslosigkeit gar zu lästigen Täufers Johannes. Und als er in der Folge ihnen durch die Zeichen, die er tat, einen ebenso tiefen wie heimlichen Respekt abnötigte, da entschuldigten sie wohl zuerst seine freie, natürliche, allgemein menschliche Art, die von der ihrigen so gänzlich abwich, als jugendlich gutmütige Oberflächlichkeit und verargten ihm nur, daß dem jungen Mann auch gar keine Ahnung davon aufdämmern wollte, wieviel er noch von ihnen zu lernen hätte und lernen könnte. Als aber Jesus, der sie anfangs nicht ohne Ehrerbietung behandelte, ihr Apartes nicht nur nicht ehrte, sondern immer lauter in seiner Hohlheit bloßlegte und richtete und demselben nicht – wie sie es bisher zu ihrer großen Genugtuung von anderer Seite her gewohnt waren – aus Weltsinn und Aufgeklärtheit, sondern aus Frömmigkeit entgegentrat, da reifte der Gedanke in ihnen, ihn zu töten. Und dieser Plan ward fortan immer ernstlicher von ihnen erwogen, immer energischer ins Auge gefaßt. Allein um für solche Tat das Schwert der Obrigkeit zu gewinnen, bedurften sie der machthabenden Sadduzäer, im besonderen der Hohenpriesterfamilie Hannas, Kaiphas und Genossen, und es ging – wie wir sahen – lange, bis sie diese aus der gegenüber Jesu wohlwollenden, gegenüber den Pharisäern schadenfrohen Gleichgültigkeit betreffs dieses Volkspropheten umstimmen konnten. Nachdem es ihnen aber endlich gelungen war, durch einen Justizmord die Stimme, die sie so furchtbar gerichtet hatte, verstummen zu machen, hatte sich damit ihre aktive Feindschaft gegen Jesum und seine Sache nahezu erschöpft, um so mehr, als ihnen das Gerede, Jesus sei auferstanden, je länger, desto glaubhafter werden mochte, was bei ihnen, die ihn auf Schritt und Tritt beobachtet und dadurch eben doch von der Außerordentlichkeit seines Wesens einen tiefen Eindruck bekommen hatten, um so weniger zu verwundern war, da denn doch der Tod eines solchen Zeugen immer eine mächtig versöhnende Wirkung wenigstens auf solche ausübt, die denselben im Leben mehr aus Unverstand verachtet oder gehaßt. Ja noch mehr: Der Gedanke, Jesus könnte auferstanden sein, war ihnen später in ihrem unglaublichen Eifer für dogmatische Glaubenssätze und für Siege der theologischen Richtung sogar noch von Wert als eine Tatsache des Jenseits, als Waffe gegen den Materialismus oder Skeptizismus der Sadduzäer.*

So ging denn von einem ihrer Häupter, Gamaliel, jener Beschwichtigungsantrag aus, den der Hohe Rat zum Beschluß erhob, ein Beschluß, der bis zur Stephanuskrise in Kraft blieb; und später sehen wir sogar – allerdings wohl kaum anders als durch schweren Mißgriff der christlichen Gemeinde – manche von ihnen in diese christliche Gemeinde eintreten, ohne ihre Qualität als Pharisäer aufzugeben, ja vielleicht auch, ohne sie in den Augen der anderen Pharisäer zu verlieren.

Wenden wir uns nun zu einer anderen, von den beiden geschilderten Richtungen völlig verschiedenen und geschiedenen Bevölkerung von Jerusalem!

II. Die „griechischen" (griechisch redenden) Juden

Zu jener Zeit war das Judenvolk schon über fast die ganze damals bekannte Welt verbreitet, vom Euphrat (und jenseits desselben) bis zu den Silberminen Spaniens und von Arabien und

* Wenn sie (Apostelgeschichte 23) infolge der Erklärung des Paulus, daß er „wegen Hoffnung und Auferstehung Toter" gerichtet werde, ihn gegen die Sadduzäer mit den Worten in Schutz nahmen: „Wenn aber ein Geist oder ein Engel mit ihm geredet hat" – so denken wohl sie so gut wie auch Paulus eben an den auferstandenen Jesus.

Ägypten bis zu den Gestaden des Schwarzen Meeres, ja wohl über alle Küstenstädte des Mittelmeers. Und von überall her war auch eine rückströmende Bewegung nach Jerusalem hin bemerkbar. Jerusalem war ihnen allen das heilige Mutterhaus, wie das „heilige Rom“ dem Europa des Mittelalters, ja, nicht nur wie jenes Rom der religiöse Herzpunkt, sondern auch der nationale. Wer es konnte, machte dann und wann seine Festreise nach Jerusalem. Welch kindliche Seligkeit mag den jüdischen Bankier aus Rom oder Marseille überkommen haben, wenn er nahe am Tempel sich ein Rind erstanden und mit demselben – gerade als wäre er noch ein Bäuerlein aus dem benachbarten Dorf – dem Altar zuwandelte, um sein Opfer zu bringen! Heimweh veranlaßte wohl viele, nachdem sie draußen ein Vermögen gemacht hatten, ihren Feierabend in Jerusalem zuzubringen. So entstand dort eine wohl durch höhere Bildung, Weltkenntnis und feinere äußere Gesittung unter sich verbundene Kolonie, deren Umgangssprache das Griechische war, die feine Konversationssprache der damaligen gebildeten Welt (wie heute teilweise das Französische). Diese griechisch redenden Juden nennen wir nach der Apostelgeschichte „die Griechischen“.

Die Mittelpunkte ihres gemeinsamen Lebens waren natürlich ihre Synagogen. Lukas erwähnt uns hier fünf: die der Libertiner, derer von Kyrene, von Alexandrien, von Kilikien und endlich von Asien (d. h. von Ephesus und Umgegend). Wir beschränken uns – obwohl sich auch betreffs der übrigen allerlei Interessantes sagen ließe – auf die Besprechung zweier dieser Namen, nämlich der Libertiner und der Alexandriner.

a) Die Libertiner

Das Wort „Libertiner“ ist lateinisch und bezeichnet einen echt römischen Begriff. Der *libertinus* ist der Nachkomme eines *libertus*, eines freigelassenen Sklaven, oder genauer wohl: des freigelassenen Sklaven eines Römers. Der Sklave (*servus, famulus*) des Römers gehörte als Bestandteil seiner *familia* zum römischen Staatswesen, freilich nur als Eigentum, als Sache. Machte ihn sein Herr frei, also zum *liber* oder *libertus*, so verblieb er von selbst demselben Staatswesen, aber nun als Freier, d. h.

als Bürger, war also durch seine Freilassung römischer Stadtbürger, d. h. Mitbeherrscher der Welt geworden.

Bekannt ist, welche bedeutende Rolle damals dieser Freigelassene spielte. Hatte der Römer am Anfang sich nur als Soldat und Staatsmann gefühlt und die Sachen feinerer Bildung, die des Griechen Stolz waren, sich gerne von seinen Sklaven oder Freigelassenen mundgerecht machen lassen: Poesie, Wissenschaft, Philosophie, so gab es nun in den Tagen der Verweichlichung auch solcher genug, die auch Geschäftliches in Politik, Handel und dergl. durch jene für sich verwalten ließen; und so erblicken wir in jener Zeit den Freigelassenen (der in dienstlicher Stellung zu seinem Herrn blieb) überall, bald als Arzt oder Schriftsteller, bald als Bürochef im Handel oder als Verwalter des riesigen Grundbesitzes oder als politischen Geheimsekretär oder sonst als Faktotum. Lebensgeschichten, wie wir eine solche aus früherer Zeit und aus dem Fernen Osten und in heiligerer Weise von dem freien Sklaven Daniel kennen, finden wir hier – ins Kleine und Profane übersetzt – vielfach wieder.

Als Sklaven nun hatte anno 63 v. Chr., also weit über 100 Jahre vor dem Tode des Stephanus, Pompejus Tausende von Juden auf den Markt gebracht, und daß gerade das jüdische Naturell für eine solche Libertenkarriere sich besonders eignete, muß den Kindern unserer Tage nicht mehr gesagt werden.

Der Libertiner nun hatte von seinem Vater oder Vorfahren nicht die Schmach des Sklaventums, sondern nur Ehre, Rang und Macht geerbt – nämlich das römische Bürgerrecht. Wie verwundert steht doch jener Hauptmann (Apostelgesch. 22, 28), den sein römisches Bürgerrecht ein schönes Kapital gekostet, vor dem Libertiner Paulus, der ihm antworten kann: „Ich aber bin römisch geboren!"

Ein solcher jüdischer Libertiner stand seinen Volksgenossen gegenüber als der Bürger der Herrscherfamilie gegenüber dem Untertan, dem Unterdrückten, eine Stellung, die wohl selten ganz ohne Einfluß auf Gesinnung und Weltanschauung blieb.

Aber dieser Libertiner hatte wohl überhaupt noch ein anderes von seinen Vorfahren geerbt als nur den Vorzug äußerer Stellung. Er war wohl auch meist in anderen als den streng jüdischen Sitten aufgewachsen, und insofern hatten die *libertins* zu Calvins

Zeit wenigstens einiges Recht, sich ihn zu ihrem Heiligen zu erküren. Gewiß hat im allgemeinen der Jude auch als Sklave das Gesetz Mosis so pünktlich als möglich gehalten – und kostete es auch Martyrium. Wenn sogar ein feiner Welt- und Hofmann wie Horaz seinem Freund die freilich halb scherzhaft angebrachte Ängstlichkeit zudichtet, am großen Versöhnungstag der Juden jede Arbeit zu meiden, so sieht man, wie gewaltig der Jude mit seiner Gesetzes- und Bekenntnistreue auch in Rom imponiert hat. Aber möglich war's eben doch kaum, ja vielfach absolut nicht, als Sklave eines Heiden das Gesetz Mosis unverkürzt zu halten. Und da wird die bekannte Elastizität und Spitzfindigkeit des Juden sich wohl zu helfen gewußt haben; und so entstand unwillkürlich eine größere Freiheit gegen die Sitten Mosis, die sich auch im Stande der *libertas* fortgepflanzt und fortgeerbt haben wird – eine Art Reformjudentum.

Die Libertiner, welche sich in Jerusalem angesiedelt hatten, bildeten dort wohl (mit den anderen Griechischen) die vornehme Kolonie. Ihre Sprache war Griechisch oder Latein. Die Sitten Mosis mögen sie mit vornehmer Pietät wieder zu halten versucht haben – aber „von des Gedankens Blässe angekränkelt" und vom Zweifel an ihrer universellen Bedeutung und ewigen Gültigkeit angesteckt; und auf die peinliche Mischung von Hochmut und Beschränktheit, die der mustergültige Pharisäer zur Schau trug, sahen sie doch wohl mitleidig herab – sie, die in anderen Himmelsstrichen so manches Tüchtige, Brave, Helle und Edle gesehen, das denn doch den Vergleich mit dieser Tugendkarikatur aushielt. So waren sie in einem inneren Zwiespalt: der Religion nach mit geflissentlicher Kindlichkeit den Hoffnungen Israels, den Sitten Mosis zugetan – der Weltanschauung nach, vielleicht halb unbewußt, von der Stimmung getragen: „Wir ‚Römer' haben mittlerweile – bis all das vom Messias etc. geschehen mag – die Welt in guter und fester Hand." Es war die innere Zerklüftung, die wir bei den edleren Humanisten vor der Reformation und bei manchen edlen Denkern unserer Zeit finden: der Verstand ein Heide, der Christ ein Kind. Das Christentum war ihnen der Mehrzahl nach wohl noch fast unbekannt. Das war ihnen zu sehr nur hebräisch, Sache der Bauern und des geringen Volkes, und kam wohl kaum weiter als bis zu ihrem Hausgesinde.

Wir wenden uns zu einem anderen Bestandteil der griechischen Kolonie in Jerusalem und betrachten

b) Die Alexandriner

Der Alexandriner war dem Libertiner nur teilweise verwandt; er war nicht Jude und Römer, er war nur Jude, er vertrat nicht das im Praktischen emsige, gegen alle Theorie aber gleichgültigere Abendland oder Rom, sondern das philosophierende Morgenland. Er war wohl auch meist Kaufmann, meist reich, aber er hatte dabei ein studierendes Wesen.

Alexandrien war, wie bekannt, die Station des Verkehrs zwischen dem produktenreichen Indien und dem genußsüchtigen Rom, eine Handelsstadt im großen Stil, die bedeutendste ihrer Zeit; und in derselben hatte sich die jüdische Kolonie zu Ansehen und Bedeutung ersten Ranges, ganz wie in unseren heutigen Handelsstädten, emporgeschwungen. Diese Kolonie hatte sich warm mit der ganzen griechischen Literatur befreundet. Welch eine neue Welt war ihnen da aufgegangen! Diese Griechen, wie waren sie doch ganz andere „Heiden" als die Philister, Moabiter etc.! Welche Fülle von Gedanken, in bestechendster Feinheit der Form! Welche Grazie, welche Klarheit, oft auch – welcher Adel der Gesinnung! Und zugleich sah der Jude mit freudiger Genugtuung, wie gerade die feinsten und erhabensten Schlüsse und Ahnungen, mit welchen die größten Denker der Griechen sich aus der niederen Atmosphäre ihres allerdings bedenklichen Volksglaubens emporarbeiteten, sich auffallend mit dem berührten, was ihm, dem Juden, schon sein Urahn Abraham als Geisteserbe vermacht hatte: die Einheit, die Geistigkeit, die Alleinherrschaft Gottes und sein sittliches Wollen und Walten über den Menschen.

Es war ihnen bei dem Anschauen dieser Geisteswelt wohl, wie wenn zwei fern voneinander aufgewachsene Jünglinge sich begegnen, sich finden, sich kennen- und liebenlernen – das unerwartet Gemeinsame entzückt, das gegenseitig Neue, Fremdartige belebt und befruchtet, und ein seliger, auch im Kampf noch lieblicher Austausch beginnt. Solcher Art war diese Geistesbewegung, wenn auch nicht in allen ihren Äußerungen, so doch in ihrem innersten Wesen.

Der Alexandriner nahm theoretisch feste Stellung. Er war Jude, aber er wollte ganz leise das Judentum mit griechischen Mitteln ins Universelle umgestalten, die Gedanken des Alten Testaments ins Griechische, die der griechischen Philosophie ins Israelitische übersetzen und so durch Kombination beider ein Neues gewinnen.

Gegen Jerusalem verhielt sich die alexandrinische Judenschaft sehr selbständig. In ihre griechische Bibel (Übersetzung des Alten Testaments), die Septuaginta, hatten sie auch solche späteren Erzeugnisse der hebräischen Literatur in Übersetzung aufgenommen, deren Originale Jerusalem vom Kanon ausgeschlossen hatte (Apokryphen). Ja, sie hatten sogar ihren eigenen Tempel (in Leontopolis), eine Freiheit, die nur durch die ihnen auch sonst geläufige Willkür bei der Deutung des Schriftwortes wenigstens scheinbar zu rechtfertigen war, obwohl allerdings die mindere Legitimität dieses Heiligtums teilweise aufgewogen wurde durch den zweifellos auf Aaron zurückgehenden Stammbaum des dem Heiligtum vorstehenden Hohenpriesters, ein Dokument, dem z. B. ein Hannas und Kaiphas schwerlich ein gleichwertiges gegenüberstellen konnten.

Soviel über die „die Griechischen in Jerusalem“. Gelegentlich der übrigen von Lukas erwähnten griechischen Synagogen ließe sich eine andere Art Beeinflussung des Judentums durch das Heidentum erwähnen, nämlich der Einfluß jenes tollen Aberglaubens, der z. B. laut Lukians meisterlichen Schilderungen namentlich in Kleinasien üppig wucherte. Allein von diesem Einfluß, der später in Schriften verkommener Judenchristen (Pseudoclementinen) zutage tritt, ist in unserer Geschichte, der Stephanuskrise, nichts zu bemerken. Wir wenden uns daher nun dieser Geschichte selbst zu und betrachten zuerst die Christen, d. h. Jesum und die Gemeinde seiner Jünger, dann die Anklage gegen Stephanus in ihrer Ursache und in ihrer Formulierung und endlich des Stephanus Verteidigung.

III. Die Stephanuskrisis

a) Die Armenpfleger

Folgen wir nun nach diesen vorbereitenden Schilderungen wieder dem Fortgang der Geschichte und wenden wir uns wieder der neuen Geistesrichtung zu, die neben den obigen sich geltend machte – den Christen. Über diese wollen wir uns nur das noch vergegenwärtigen in bezug auf ihre äußere Lage: Sie waren eine stille, vom Schatten der Armut und der Geringschätzung bedeckte Schar. Die „Armen" – das war ihr Name, den wohl der Spott ihnen gab. „Synagoge" nennt Jakobus (2, 2) einfach ihre Versammlung; und das Aufsehen, das es erregte, wenn in diese Versammlung ein Mann kam „mit einem goldenen Ring am Finger!" – das beleuchtet hell, wie sehr sich das junge Christentum vorzugsweise aus den untersten Schichten der Bevölkerung rekrutierte; und zwar wohl meist aus den hebräischen Juden.

Einen wohl nur kleineren Bruchteil, Hunderte von den Tausenden, lieferte immerhin auch die griechische Kolonie, wohl meist ebenfalls Ärmere, doch – wie es den Anschein hat – auch Vereinzelte aus den sogenannten „besseren" Ständen. Dieser griechische Bestandteil hielt sich bescheiden im Hintergrund, wohl in dieser heiligen Sphäre sich seiner Weltbildung fast als einer Krankheit schämend – bis ein Umstand Änderung brachte. Ihre Witwen wurden nämlich, weil man sie weniger kannte, wohl auch, weil das arme Volk den Mangel nicht ahnt, der oft hinter feinerem Gewand (Überrest aus besserer Zeit) und feineren Sitten haust, in der täglichen Unterstützung übersehen. Dies veranlaßte die Gemeinde, auf Antrag der Apostel dem Apostelrate für die Armenbesorgung eine neue Behörde bei- oder unterzuordnen: eine Dienerbehörde (Diakon heißt Diener), aus sieben Mitgliedern bestehend. Und zu solchen Dienern wählten sie – wie aus den Namen zu vermuten – lauter Griechische, ja sogar einen geborenen Heiden.

Die Wirkung dieses organisatorischen Fortschritts war nach außen noch größer als nach innen. Jerusalem sah, soweit es noch nicht christlich war, bisher zwar mit hoher Achtung, aber doch wohl nicht ohne das Wohlwollen der Geringschätzung auf die Christen, auf diese von Bauern geleitete Armenkorporation herab; das griechische Element unter ihnen war wohl bisher kaum bemerkt worden. Nun aber dürfen wir uns unter diesen sieben griechischen „Dienern" wohl dem Stande nach das vorstellen, was wir heute „Herren" nennen. Wie etwa heute in Spanien oder Portugal jeder Engländer, so galt wohl damals in Jerusalem jeder Griechische als ein „Herr". Namentlich dürfen wir uns wohl unter dem Erstgewählten, gleichsam dem Präsidenten, Stephanus, einen sogenannten „gebildeten Mann" denken, vielleicht auch einen Mann von ökonomisch günstigerer Stellung, da man für die Verwaltung des Ökonomischen doch vielleicht auch nach Männern sich umsah, denen die Ordnung ihrer Privatangelegenheiten hierin mehr Übung und Erfahrung verschafft hatte.

Mit Staunen sah man nun in Jerusalem diese sieben Männer von Stand walten unter Hebräischen und Griechischen, und sie selbst, die Neugewählten, gewannen durch den Segen und die Würde und Ehre ihres Amts und durch die ihnen hierfür gewordene besondere Geistesgabe Vertrauen auch zu ihrer besonderen Mission, ja vielleicht auch zu dem eigentümlichen Wert, den nun gerade ihre Bildung für sie gewinnen konnte.

Ein neuer Zuwachs aus der Schar der Einwohnerschaft Jerusalems war die Folge. Aber siehe – auch eine große Schar von P r i e s t e r n „ward dem Glauben gehorsam"! Diese Priester, wohl nicht gerade Sadduzäer, aber doch ihrem Einfluß ausgesetzt, hatten längst Gelegenheit gehabt, die Christen zu beobachten, wenn sie sich in einer Tempelhalle versammelten, und tiefe Eindrücke von der Realität des Neuen, Göttlichen, das über sie gekommen war, zu gewinnen. Aber man denke sich einerseits die Feinheit des Geschmacks und der Sitte, die in Fleisch und Blut übergegangene Vornehmheit, die in einem uralten priesterlichen Erbadel sich allmählich anhäuft, und andererseits diese Fischer vom See, kaum des Lesens kundig, vielleicht von bäuerlichen Sitten! Und unter diese sollten sie sich begeben? Bisher hatten sie es nicht über sich gebracht. Aber wie sie jetzt diese feinen griechischen Herren so sicher und schlicht neben und unter den Aposteln walten sehen, da gelangt auch ihr besseres Wissen zum Durchbruch, und sie werden dem Glauben gehorsam.

Aber die Wirkung sollte noch eine ganz andere werden. Sie reifte zu dem heran, was wir eigentlich unserer Betrachtung zum Ziel gesetzt haben, zur Stephanuskrise, die wir in zwei Phasen – Anklage und Verteidigung, abhandeln.

b) Anklage gegen Stephanus

Stephanus, der bedeutendste dieser sieben, stand wohl von früher her, infolge seiner – wie wir vermuten – gesellschaftlich günstigen Stellung, in Beziehung zu den Angeseheneren der griechischen Kolonie, z. B. der Alexandriner und Libertiner, während sein Christentum bisher unbekannt geblieben oder doch nachsichtig ignoriert worden sein mag. Jetzt waltet er unter den Armen und Kranken, und siehe! – auch er tut Wunder, ähnlich wie Petrus, wie früher Jesus, und ist dadurch schon auf den Leuchter gestellt als ein Zeuge des Auferstandenen! Das war zuviel für seine Herren Freunde, deren Umgang und deren Versammlungen er wohl jetzt erst recht nicht vermied! Er wird in diesen feinen Versammlungen zur Rede gestellt: Wie kannst du auf diese Bauernschwärmerei dich einlassen? Es wäre interessant, die Gespräche, die sich da entspannen, zu kennen. Was fanden diese Herren?

Die Anklage sagt es uns. Sie war allerdings falsch, Stephanus hatte diese Ansichten, die sie ihm in den Mund legt, nicht geäußert; sie aber, die Griechischen, hatten diese Gedanken doch nicht ohne viel Grund aus des Stephanus Worten geschlußfolgert. Was fanden sie? Sie erwarteten ein wunderliches Gemisch von Dummheit, Unwissenheit und Phantasterei, und anfänglich schienen sie wohl darin nicht ganz getäuscht, denn es trat ihnen (siehe Stephanus' Rede) eine Kindeseinfalt, eine Art der Unmündigen entgegen, die ihrer Weltgescheitheit wohl verächtlich war. Alle Gedanken – so kühn sie waren – trugen die Tracht des Volkstümlichen, Massiven, andererseits der Bescheidenheit, zum Teil der Selbstverständlichkeit, auch der Unwillkürlichkeit, ja fast der Unbewußtheit. Es war alles so kindlich, daß sie gewiß oft meinten, mit einem einzigen Schlag ihrer Weltbildung diese Gedanken niederschlagen zu können. Aber dann ging's wieder nicht. Immer mehr schaute sie aus diesem kindlichen Gedankenleben Verstand an, heller Sinn, weiter Blick; all die großen Früchte ihrer Bildung, die Begriffe von Humanität, Universalität, Freiheit, Geistigkeit, die sie, die Griechischen – unreif genug – keck und radikal sich vom Baum der Erkenntnis (dem verbotenen) gerissen, die fielen wahrhaftig diesen „Christen" reif und in ungeahnter Schöne, wie von selbst und ihnen unbewußt, vom Baum des Lebens in den Schoß! Schauten sie, die Griechischen, religiös vielleicht mit schlechtem Gewissen, aber dem Verstand nach mit stolzem Bewußtsein, hoch herab auf das beschränkte hebräische Jerusalem, auf jene Hohenpriester und Schriftgelehrten, Pharisäer und Sadduzäer, so sahen sie sich nun von diesen innig frommen, bescheidenen Bauern in vermeintlich radikalstem Fortschritt, in Verständnis der in der Luft liegenden Ideen der Zukunft (ich rede hier nach ihrer oberflächlichen Art, Religion und göttliche Dinge zu beurteilen) weit überflügelt.

Litt doch der griechisch Gebildete jener Zeit unter einer merkwürdigen Spannung zwischen Philosophie und Religion! Die Religion der Griechen und Römer war ihre *partie honteuse*, dem Geiste mehr ein Druck, eine Verlegenheit, eine Fessel, und nur insofern wahr, als sie das Bedürfnis nach etwas, das ihnen fehlte, konstatierte. Die Philosophie aber mühte sich umsonst, es redlicherweise zur Religion zu bringen. Darunter litt auch der heidnisch gebildete Jude, besonders wenn er im Ausland lebte. Die bloßen Speisegesetze einerseits und der bloße Gedanke an den fernen Tempel befriedigte doch das Herz nur halb und weckte ein ahnungsvolles Sehnen nach einem dem Menschenbedürfnis entsprechenden Gottesdienst.

Und was sahen sie hier? Eine Religion, welcher all das, was bisher zu den wesentlichen, unentbehrlichen Bestandteilen der Religion gerechnet wurde, ja aus denen sie nahezu bestand: Tempel, Priestertum, Opfer, Speisegesetze u. dgl. –, welcher all das nur noch äußerlich anklebt, kaum mehr als Gewand – nein, nur als die Eierschale, die noch die Herkunft des jungen Geschöpfes bekundet; sie kann es und wird es fortwerfen und bleibt – das war das Wunderbare – doch Religion, und zwar in einer Tiefe, Innigkeit, Realität und Idealität, wie sie alles Ahnen weit überstieg. Eine Religion, deren äußere Form gänzlich in den Formen menschlicher Geselligkeit aufging, deren heiligster Kult ein geselliges Mahl war mit Brot und Wein!

Während ihnen für den inneren Gehalt, das Wesentliche des Christentum, jedes Verständnis abging, imponierte ihnen gerade all das Äußerliche in Ritus etc., das im schlechten Sinne sogenannt Religiöse, das den Christen völlig gleichgültig war, oder vielmehr gerade diese Gleichgültigkeit war es, die ihnen imponierte. Die strafbaren Sätze, welche die Anklage dem Stephanus in den Mund legte, lauten:

Jesus, dieser Nazarener da (ὁ Ναζωραῖος οὗτος), wird

1. diese Stätte (den Tempel) zerstören,
2. ändern die Sitten, die uns Moses gegeben hat.

Die Anklage war falsch. Dennoch enthalten diese Sätze einen echt Stephanischen Bestandteil von hohem Wert, der ihm aber gewaltig verübelt wurde, nämlich: dieser Jesus *arbeitet* fort und wirkt auf den Gang der Geschichte auf eine Weise und mit einer Macht ausgerüstet ein, die ihm jeden Erfolg, den er sich wünscht, *gewährt*. Das war es, was wohl fast am meisten die Griechischen abstieß und empörte, dieses konkret, massiv-Persönliche: ein unsichtbar regierender Messias, und – wie sie hinzudichteten – fortwirkend als Vaterlandsverräter, als Zerstörer des Nationalheiligtums und der väterlichen Sitten. Freilich, über diese beiden letzteren Gedanken war ihre „sittliche Entrüstung“ doch mehr künstlich; so sehr, daß dieselben in der Tat weit eher in ihren Köpfen ausgeboren sein mögen (als Schlußfolgerungen aus Äußerungen des Stephanus) denn in Stephanus selbst.

Stephanus wird gegen den damaligen Tempel eine ähnliche Gesinnung gehegt haben wie einst Jeremia gegen den früheren. Es stimmt ganz zu seiner Rede, wenn wir vermuten, er habe bei den Hohenpriestern und Schriftgelehrten seiner Zeit den nämlichen Irrtum erblickt, den einst in Jeremias Tagen die falschen Propheten mit so beifallsbelohnter Begeisterung und so trügerischem Schein echter Gläubigkeit verfochten: „Jehova kann und wird seinen Tempel nimmermehr preisgeben.“ Dem tragikomischen Hochgefühl gegenüber, dessen ganzer Inhalt der Tempel war (oder die Staatskirche um jeden Preis), gleichviel, ob dieser

Schale noch irgendein lebendiger Kern innewohne oder lauter Tod und Wurmfraß –, diesem eitlen Prälatentum gegenüber mag Stephanus an Jesu Voraussicht eines gerade über dem Tempel sich entladenden Strafgerichts nicht nur gedacht, sondern sich auch erinnert haben. Aber diese Tränen Jesu über diese voraussichtliche Katastrophe waren ihm heilig, sie schützten ihn vor der Roheit, ihn sich bei derselben gleichsam als Henker fungierend zu denken – oder ihm überhaupt irgendeinen Wunsch, daß diese Katastrophe hereinbreche, zuzutrauen.

Über die Sitten Mosis mag sich Stephanus kaum viel Gedanken gemacht haben, auch nicht kritische. Aber man fühlte, bei ihm und seinen Genossen, es dem ganzen Menschen an, daß seine Sittlichkeit nicht im entferntesten in der Schablone äußerer Vorschriften aufging, daß da ein ganz anderes, aus einem inneren Quellpunkt herausquellendes Leben war, etwas aus einem Guß – und alles hatte Sinn und Geist, war selbstverständlich und hatte das Gepräge der Freiheit, des Herzlichen, Natürlichen, ja des Unwillkürlichen. Einem solchen hingen die Sitten Mosis nur noch zufällig an wie ein Kleid. Stephanus und seinesgleichen sahen dies nicht an sich, aber die Griechischen sahen es.

Es war wohl – wie wir andeuteten – bei den Griechischen erst ein unfreiwilliges Staunen der Bewunderung über die Großartigkeit und enorme Tragweite der in diesem „Christentum" schlummernden Ideen. Krankten am Zweifel über den ewigen Wert der Sitten Mosis die Libertiner und an ketzerischen Gedanken über die ausschließliche Würde des Jerusalemstempels die Alexandriner und wußten beide nicht, wie sich hierin ihrer vermeintlich heidnischen Anschauungen erwehren, so trat ihnen hier eine in vollem Einklang mit der Weissagung der Propheten aus dem innersten Lebensmark des Baumes der heiligen Geschichte Israels herauswachsende Erscheinung entgegen, die nicht, wozu sie versucht waren, das alternde Judentum vermittelst „etwas Heidentum" aufbesserte, sondern die aus dem innersten Geiste des Israelsglaubens heraus das Zelt der Gottesgemeine in einer Weise erweiterte, daß alle Menschen sich in ihm heimisch fühlen und finden konnten.

Konnten sie nicht weitergehen zu Entzückung und Begeisterung und sich dieser Bewegung annehmen oder zu bemächtigen versuchen, um im Bund mit ihr eine neue libertinisch-alexandrinische Jesus-Weltreligion anzubahnen? Jawohl, wenn die Religionen so würden, wie manche meinen, und wenn das Christentum auch nur so – wie man heute oft meint – ein oberflächlicher neuer Leitartikel wäre in der Zeitung der Weltgeschichte!

Ihrer etwaigen Lust, sich der Sache anzunehmen, stand eisern fest ein großes Hindernis entgegen: die massiv tatsächlichen Fundamente, auf denen das ganze Christentum ruhte. Weder waren die christlichen Gedanken Produkte menschlichen Grübelns, noch war der Friede der Christen Resultat einer Gefühlsanstrengung – nein, alles beruhte auf großen göttlichen Tatsachen und einem fortgehenden Tun des lebendigen Gottes. Die Fundamente dieser schönen Erscheinung eines gleichsam verjüngten Menschengeschlechts – sie lagen nicht im Innern dieser Menschen, sondern im Himmel, in Gott, dem lebendigen, und auf Erden wurzelten sie in den großen geschichtlichen Errungenschaften Jesu, seines Kämpfens, Leidens, Sterbens. Die Ideen waren weder von den Gläubigen noch sogar von Jesu *erfunden* oder entdeckt, sondern von diesem erkämpft und ihm vom Himmel her – nicht als Ideen, sondern als *Tatsachen* – *geschenkt*. Und auf ihn, auf Jesum, waren alle aufgebaut, an ihn – nicht den Verstorbenen, sondern den Auferstandenen, Fortlebenden, waren alle gebunden. Er war und blieb gleichsam das ganze Christentum: Buße im Glauben an ihn – wohl selten ohne Sündenbekenntnis – war der Weg zu ihm, Vergebung der Sünden hieß der Eingang zu seiner Gemeinde. Man konnte das Christentum nicht nur so „annehmen" – man *wurde* angenommen. Und diesem regierenden Haupt der Gemeinde, als dessen Sklaven sich die Apostel bezeichnen – wie gar nichts galten ihm jene Götzen der Griechischen, nämlich: Stand, Bildung, Reichtum etc.

Durch diese enge Tür vermochten sie nicht zu gehen. Darum verwandelte sich bei ihnen, wie einst bei Potiphars Weib, die Liebe der Bewunderung in Haß; und gerade, was sie bewunderten, wurde in ihren Augen die schärfste Anklage gegen das Christentum. „Oh, unsere Hochwürden, die Hohenpriester und Schriftgelehrten, wie haben die doch keine Ahnung davon, was für ein Herkules in der Wiege dieses junge Christentum ist, das im Schoß Jerusalems emporwächst! Wie werden sie von diesem naiven Bauernvolk, zumal wenn sich nun auch die Griechischen der Sache bemächtigen, übertölpelt!"

So signalisieren sie diesen Hütern des Glaubens, bei denen sie sonst gerade im Punkte der Rechtgläubigkeit nicht am besten angeschrieben standen, diesen gefährlichen Feind. Nicht die Christengemeinde klagen sie an – nur Stephanus. Mit den hebräischen Christen wollten sie nichts zu tun haben und schrieben wohl mit Vorliebe all das Geistreiche und Fortschrittliche, das eben doch ihre Sinne bestach, auf Rechnung des griechisch gebildeten Stephanus.

Der Hohe Rat hatte sich durch den Pharisäer Gamaliel bestimmen lassen, sich mit dem Christentum – in Erwägung, daß es möglicherweise doch aus Gott sei – nicht weiter zu befassen, sondern seine weitere Geschichte gleichsam als ein Experiment, dessen Ausgang die Göttlichkeit oder Nichtgöttlichkeit desselben erweisen werde, abzuwarten. Und nun kommt diese Klage, und aus so unverdächtiger Quelle! Die Alexandriner klagen für den Jerusalemstempel, die Libertiner für Mosis Sitten! Es war wie ein Gottesurteil wider das Christentum! Im Wort „Tempel" war der Sadduzäer, im Wort „Sitten Mosis" der Pharisäer an seiner empfindlichsten Seite berührt, und damit waren sie im Handumdrehen wieder mitten in die gärendsten Prozesse dieses Experiments hineingerissen!

c) Die Verteidigung des Stephanus

Stephanus – wohl lange in stiller Bescheidenheit fast sich selbst verborgen – wie schnell hat er sich entwickelt! Das ermutigende Bewußtsein des Amtes, die Geistesgabe von oben, der segensvolle Wirkungskreis bei den Armen, die Wunder, die er erleben durfte – das alles hob ihn mehr und mehr; und als nun gar die Interpellationen der Griechischen gleichsam alle Truppen seines Geistes unter die Waffen riefen, da wurde er erst seiner innersten Gedanken bewußt, ja auch ihres Wertes, da sah er sich mehr und mehr von Gott als Werkzeug anerkannt und verwendet; und nun sieht er sich plötzlich im Zenit und – wie er sich wohl kaum verbarg – am Ende seines Erdenwirkens vor den Hohen Rat gestellt!

Hier lernen auch wir ihn kennen in seiner Rede. Eine merkwürdige, wunderbare Kindlichkeit tritt uns zuerst entgegen. Er lebt ganz in jenen biblischen Geschichten, die wir von der Kinderstube her kennen; die sind seines Geistes Nahrung und Erquickung und auch jetzt sein einziger Schirm und Schild. Er ahnt wohl nicht, wie beleidigend es sich ausnimmt, solchen gelehrten hochwürdigen Herren statt aller Antwort diese Repetierschulgeschichten zu erzählen; – er ist so voll von denselben und von dem, was sie ihm sagen, daß er meint, er brauche sie nur zu erzählen, so werde jeder andere dieselben Gedanken und Lehren, die sie ihm geben, auch vernehmen. Aber in der Tat – er täuscht sich hierin doch nicht. Gerade in der gewaltigen Unmittelbarkeit, mit der er diese Geschichten erzählt, liegt die Macht, den Hörer durch bloßes Erzählen mit dem Denken derselben Gedanken anzustecken, die er sich dabei denkt; und je mehr uns diese Gedanken klarwerden, desto heller und größer leuchtet uns der Geist und die Weisheit, womit er redete, entgegen.

Was den Inhalt im allgemeinen betrifft, so hatte ich immer den unwillkürlichen Eindruck, hier erfülle sich, was Jesus seinen Knechten für den Fall versprach, daß sie vor Verhör gestellt würden: „Nicht ihr seid's, die da reden, sondern der Heilige Geist."

Die Rede geht von vornherein über den Angeklagten, über Stephanus, hinweg. Der wird von vornherein aufgegeben und geopfert. Seine Schuld oder Unschuld, ob er das Eingeklagte gesagt habe oder nicht, und wenn nicht, was er gesagt habe – das wird als völlig bedeutungslos übergangen. Auch der indirekt angeklagte Jesus wird nicht gegen diese Bezichtigungen in Schutz genommen. „Ob Jesus diese Stätten zerstören und die Sitten Mosis ändern werde oder nicht?" Stephanus mag diese Frage überrascht haben. „Gesagt hab' ich's nicht, auch nicht gedacht – aber etwas könnte an der Sache sein, es leuchtet mir ein, sie könnten teilweise recht haben." So dachte er wohl. Aber der Größe des Moments, der Stunde, die jetzt für Israel geschlagen hat, sind diese Fragen nicht angemessen. Ob der Tempel und die Sitten Mosis fortdauern oder nicht, das sind Nebensachen, das ist gleichgültig. Judentum und Jesus, das sind die großen

Parteien des Prozesses, der hier verhandelt wird; und darum wird Stephanus zum Verteidiger Jesu und zum Ankläger des Hohen Rates, ja schließlich zum Organ des Gottes Israels, der mit seinem Volk rechten will.

Man sieht, wie er, seit er *selbst* heilige Zeiten erlebt hat, Zeiten gnädiger Heimsuchung Gottes, Zeiten des Eingreifens der Hand des Allmächtigen, wie er von da mit ganz neuen Augen die Bibel, die Erzählungen früherer heiliger Zeiten liest. Er findet – so sieht man – wie überraschend gleich es damals im Uraltertum zuging wie heute. Immer gab es solche, die die heilige Geschichte der Vergangenheit annahmen, verehrten, verfochten, aber das heilige Geschehen der Gegenwart – fast vermeintlich aus Respekt vor der heiligen Vergangenheit – verkannten, verachteten, befehdeten. Wie gar andere Anforderungen stellt doch Gottes Heilsgeschichte auf Erden an uns, wenn sie *heute* zum Geschehen kommen möchte und mit der Not des Werdens ringt, als wenn sie als ein fertiges, „gestern" oder noch lieber „voreinst" geschehenes Resultat dem Inventar der „Religion", der Summe dessen, „was man glaubt", einverleibt ist!

Er, Stephanus, sieht sich und seine Geistesfamilie, wie einst Abraham, ohne alles nennenswerte eigene Tun von Gottes hoher Hand dem Zusammenhang mit dem Bisherigen, der Schablone des Alltäglichen entrissen und in eine neue Sphäre versetzt. Ähnlich wie einst dem Abraham „jeder Fußbreit" eigenen Bodens versagt war, so ist heute ihnen, den Christen, der staatsrechtliche Boden unter ihren Füßen weggezogen; als „verbotene Erscheinung" haben sie zu existieren, freilich mit ebenso sicherer Gewähr einer gewissen Zukunft wie einst Abraham. Wie oft hat sich dies seither wiederholt und ward jedes Mal als Beweismittel dafür verwendet, daß die dergestalt Unterdrückten unrecht hätten! In Stephanus' Augen dagegen stellte das Verdikt der vermeintlichen Inhaber der Autorität über die Christen *diese*, die Christen, auf Abrahams Seite, und nicht ihre Verkläger. Auch daß Gott (V. 6) Abrahams Volk nochmals aus der Fremde (Kanaan) eine Zeitlang in eine wie potenzierte Fremde (Ägypten) verpflanzen, gleichsam den Wein ein zweites Mal von seiner Hefe abziehen will, stimmte ihm nicht zu der Begeisterung seiner Gegner für Jerusalems altgewohnte warme Stubenluft.

Die heilige Geschichte führt ihn weiter zu Isaak, zu Jakob – zu Jakobs Söhnen, gleichsam dem ersten Auftauchen des Problems der Massenkirche. Ein edles Problem, denn Gott sehnt sich nach den Massen. Aber gefährlich in der Ausführung, sobald (was bei den Sekten so oft vorkommt wie bei den Landeskirchen) aus dem Schoße dieser Masse ein schlecht menschliches Forum herausgeboren wird mit vermeintlicher Kompetenz, „Religion" und „Göttliche Wahrheit" – sei es bejahend oder verneinend – „zu beschließen".

Hiermit ist er vollends in die Gegenwart, in den Moment, in welchem sich alle befinden, versetzt. Er sieht vor sich die vermeintliche Elite des Volkes Gottes – ja in Wahrheit die richtige Elite der Nachkommen jener „Erzväter". „Erzväter", „Patriarchen", auch „unsere Väter" nennt er sie wiederholt und absichtlich, mit dem Schmerze tiefer Wehmut, wohl nicht ganz ohne Anflug von zornigem Spott. Er erzählt: „Die Erzväter neideten Joseph" – kein Mensch war wohl im Saale, der nicht sofort spürte: jetzt redet er von uns und von Jesus – „und verkauften ihn in Ägypten", – d. h. töteten Jesus. „Aber Gott war mit ihm und errettete ihn aus aller seiner Trübsal ....", d. h. erhob Jesus zu seiner Rechten als den Herrn, der seinen bösen Brüdern helfen will und kann. Und andererseits: „Nicht Jesus ändert die Sitten Mosis, sondern ihr verkauft heute euren Messias in Ägypten, d. h. an die Heidenwelt. Dort wird er mächtig werden und einmal in teurer Zeit eure Missetat durch Wohltun rächen, wenn euch die geistige Verarmung zwingt, eure Geistesnahrung in dem mittlerweile durch ihn reich gewordenen Ägypten zu kaufen; und dann wird sich einst auch noch an euch, vielleicht so freundlich wie bei Josephs Brüdern – erfüllen," was nun weiter erzählt ist: „Und zum zweiten Male ward Joseph von seinen Brüdern erkannt."

Eine weitere Gestalt des Altertums tritt auf, um mit dem heutigen Geschlecht zu rechten: Moses, der als Kind nur drei Monate in seines Vaters Hause bleiben darf, der – bei den Heiden aufgewachsen und von ihnen gebildet* – als scheinbar vaterloser, mächtiger, wohlwollender Herr von unbekannter Herkunft sich seiner Brüder ritterlich annehmen will, freilich auf blutige Weise (was Luther auf eigene Faust mittels des im

Urtexte nicht begründeten feinen „überhalf" leise tadelt). Er meinte aber – sofort fühlte man, daß Stephanus wieder von Jesus redet –, seine Brüder sollten es merken, daß Gott ihnen durch seine Hand Heil gäbe, aber sie merkten es nicht!! Sondern derjenige, der sich durch Moses in seinem Unrechttun gehemmt sah, bestritt dessen Kompetenz und vereitelte seine Erlösungspläne, indem er ihn zur Flucht zwang. Moses mußte fliehen und ward ein Fremdling.

Fremd, fremd – immer fremd, kaum je am Boden der Erde anwurzelnd, so schwebt hier vor unseren Augen das göttliche Heil in seinen menschlichen Trägern über die Erde dahin, und Stephanus tut es uns förmlich an mit seiner Vorliebe für das erste Symbol dieses Heils, für das Wanderzelt, die Stiftshütte.

Doch bevor wir zu dieser kommen, folgen wir noch dem Stephanus im Betrachten des Lebens Mosis! In der Wildnis am Sinai erschien ihm – wie ein selbst von der Erde Verbannter – der Gott Abrahams**. Aber diese Offenbarung war nicht so gemütlich wie die spekulative und theologische Produktion des Gelehrten oder Schriftgelehrten. – Moses zitterte, und auch der Herr verwies ihn zu tiefster Ehrfurcht. Auch nicht aus dem Hochgefühl, „wie wir's zuletzt so herrlich weit gebracht" – diesem Todesschatten, der sich über falsche oder absterbende Religion lagert – ging dieses Erlebnis hervor, nein, gen Himmel schreiender Notstand war der Anlaß, Behebung desselben der Zweck dieser Offenbarung. Das ist euer Moses: Diesen Moses, welchen sie (d.h. diesen Jesus, welchen ihr) verleugnet und gesagt: Wer hat dich zum Obersten und Richter über uns gesetzt? – den sandte Gott zu einem Herrscher und Erlöser! Und dieser Moses hat auch auf einen zweiten Moses hingewiesen!

* Die Worte „und ward gelehrt in aller Weisheit der Ägypter" sind eine – allerdings sehr naheliegende und für den Zweck der Rede sehr wirksame – Hypothese, womit Stephanus die geschichtliche Quelle (2. Mos. 2, 10) ergänzt. Man erkennt hierin den für seine Bildung wieder dankbar gewordenen Griechischen, speziell wohl – wie der Verlauf zeigen wird – den Alexandriner, bei welchem letzteren gerade Ägyptens Kulturgeschichte in gutem Andenken stand.

** Es ist ausgesprochen alexandrinisch, daß – aus Ehrfurcht vor Gottes Geistigkeit und Erhabenheit – hier und im Verlauf wiederholt jede in die Sinne fallende Selbstoffenbarung Gottes ausdrücklich als „durch Engel vermittelt" dargestellt wird.

„Und diesem Moses gehorchten unsere (Luther irrig: eure) Väter nicht, sondern stießen ihn von sich .... und machten ein Kalb.“ Hier begegnen wir bei Stephanus einem Worte, das danach aussieht, als wäre es ein Leibstück aus der Waffenkammer seiner Begriffe, ja als stammte es vielleicht aus seiner eigenen Werkstätte: – dem Wort Moschopoesie, Kälberfabrikation (Apg. 7, 41). Der ganze Zorn seines Geistes über diese ebenso beliebte wie sündliche, ertötende und verdummende Liebhaberei des menschlichen Geistes macht sich in diesem Worte Luft, und wir täten wohl daran, für manches, was diese Woge unserer unerschöpflichen Presse uns an den Strand wirft, diese Rubrik „Kälberfabrikation,“ „Religionssurrogat“ offenzuhalten. Wie manche Frucht spekulativer oder theologischer Produktion positiver oder negativer Farbe, wie manche reiche Frucht für unser novellen- und anekdotenhungriges Publikum wäre oft – gerade bei religiösem Anstrich – in Stephanus' Augen vielleicht Moschopoesie! Und unsere Poesie? Ja freilich, wenn die Silben silberhell dahingleiten und blank und schlank der Reim sich darauf schaukelt und ein feiner Rhythmus uns in süßes Träumen wiegt – dann Herz, was willst du noch G e d a n k e n ? Ja, dann werden unsere Ansprüche auf Gewicht, Klarheit und Zusammenhang der Gedanken wundersam bescheiden. Sei das Gefäß nur feinstes Porzellan, so bringst du jeden Inhalt an! Moschopoesie!

Noch ein Kabinettstückchen aus seiner Privatsammlung bringt – so scheint es – Stephanus. Es lebt nämlich wohl überall im Volke punkto Aberglauben eine ebenso heimliche wie zähe Tradition, über deren vermeintliches Nichtvorhandensein der „Gebildete“ beständig mystifiziert ist. Aus dieser Konterbandetradition in Israel nun hat uns – so scheint es – der Prophet Amos, seines Zeichens ursprünglich ein Kuhhirte, also recht eigentlich aus einem jener Herde des Volksaberglaubens stammend, eine denkwürdige Notiz kundgegeben, nämlich, daß es auch beim Auszug aus Ägypten nicht an Leuten solcher Art fehlte, die denn auch Moses beständig hinters Licht führten, d. h. hinter seinem Rücken ein ägyptisches Götzenkästchen, gleichsam eine Afterbundeslade, mitnahmen und in der Wüste mit sich herumtrugen (Amos 5, 26). Moses mag wohl immer Unrat gewittert haben, aber der Sache nie auf die Spur gekommen sein.

So ist wohl das Schweigen der offiziellen Quellen über dieses unheimliche Schmuggelgeschäft zu verstehen. Daß diese Notiz dem Stephanus wichtig war, begreifen wir, wie auch, daß er sie hier verwendete. Ob er nicht noch besondere Gründe dafür gehabt? Wer weiß es! Vielleicht traute er auch aus Gründen manchen der versammelten Herren in diesem Punkt nicht recht.

Wir kommen zur Stiftshütte, von der er noch betont, sie sei nach dem Vorbilde gemacht, das Moses gesehen: „Salomo aber baute ihm ein Haus." Es klingt hier wie ein leiser Zweifel an, ob die Pracht, mit der der Tempel gebaut wurde, nicht schon – und zwar vorwurfsweise – auf die Rechnung des Salomo zu schreiben sei, dessen Bausucht später ja auch Götzentempel gebaut hatte.

„Aber der Allerhöchste wohnt nicht in Tempeln, die mit Händen gemacht sind." Hiermit tritt Stephanus ganz und voll in die Gegenwart ein, in den jetzigen Moment. Er redet nicht mehr vom Tempel Salomos, sondern von dem Tempel, betreffs dessen er – ob auch fälschlich – angeklagt ist und den die Anklage, wie die ganze Stimmung der Richter, als etwas hingestellt, wovon Gott nahezu abhängig gedacht werden müsse. Von da an wird seine Rede wie zum Posaunenton des Gerichts. Es ist, als sähe er im Geiste die Geister der Vergangenheit alle im Saale versammelt und sich wider ihn auflehnen, die Geister der Götzendiener, die in der Wüste gestorben, und derer, die die Propheten verfolgt; und als rede er zu dem ganzen bösen Israel der Vergangenheit und der Gegenwart.

„Ihr Halsstarrigen" – so nennt Gott sie fast konstant in Moses und den Propheten – und „Unbeschnittenen" (V. 51), so nennen sie in ihrem Stolz die „übrigen Menschen", aber er fährt fort – „an Herzen und Ohren", wofür der jetzige Moment den flagrantesten Beweis liefert. „Empfangen habt ihr das Gesetz – aber nicht gehalten." „Durch der Engel Geschäfte", d.h.: „Jesus war doch wahrlich eine deutlichere, unmittelbarere, adäquatere Offenbarung Gottes als alle Schrekken des Sinai." Für die „Sitten Mosis" eifert ihr, aber das Gesetz, das Grundgebot, das Zehngebot, habt ihr nicht gehalten, habt ihr am schrecklichsten übertreten, als ihr „dieses Gerechten Verräter und Mörder geworden seid".

Engelgleich hat er ausgesehen bei dieser Rede, und es durchwaltet auch die ganze Rede eine hehre, lichte, kindliche Klarheit und Wärme, im Anfang nicht ohne Freundlichkeit. Es weht ein Ewigkeitsgeist in ihr, als würden uns hier die Erlebnisse des Altertums von einem vorgeführt, der bei allem dabei war und mittat und der noch fernerhin dabeisein will. Jene fortwährenden ausdrücklichen Hinweisungen auf die Gegenwart, auf Jesum, die wir uns zur Verdeutlichung erlauben mußten – sie sind in der Rede selbst sorgfältigst vermieden. Es wird nur Vergangenes erzählt, um der Rede ihre hohe richterliche Objektivität zu bewahren – jene Kraft, die den Gegner vernichtet, aber nicht verletzt. Im Anhören dieser Worte wurden sie in ihren Herzen durchbohrt (V. 54); es war alles mitten ins Gewissen gezielt – und traf.

Es gebührte ihm für die selbstlose, mutige und demütige Gesinnung, mit der er sich dieser Aufgabe, dieser Rede hingegeben hatte, daß er für sich und, wo immer möglich, auch zu Händen seiner Hörer noch ein großes Amen zu all dem, was er erzählt und geredet hatte, erlebte. Die Hülle, die unserem Auge die himmlischen Tatsachen und Wirklichkeiten verbirgt, wurde ihm teilweise gelüftet, er sieht – vielleicht eine Stunde bevor er sie für immer sehen darf – die Herrlichkeit Gottes und Jesum stehen zur Rechten Gottes, und in seliger Vergnügtheit muß er es der Versammlung, als wären es lauter liebe Brüder, mitteilen.

Das aber war diesen zuviel. Jeder schrie laut, damit wenigstens sein Nachbar nichts mehr verstehe von diesen gefährlich wirkenden Worten, und endlich hielt noch jeder seine eigenen Ohren zu, damit auch er nichts mehr höre; denn – so kann es Momente geben – die Gefahr fühlte jeder nahe, daß er jetzt vor dem neuen Joseph Jesus niederfalle und ihn um Vergebung bitte.

In stürmischer Hast wird er zur Stadt hinausgejagt und gesteinigt. Seinen Geist Jesu, dem Herrn, und eben demselben in sein verzeihendes Erbarmen die Feinde befehlend, entschlief er unter ihren Steinen.

Der meisterliche „Maler“ Lukas zeigt uns noch im Hintergrund eine Gestalt, den pharisäischen Jüngling Saul, sichtlich gehoben darüber, daß auch er sich an diesem Gott geleisteten Dienste der Hinrichtung eines Lästerers beteiligen darf. Ihn hat sich Jesus aus der Mitte dieser seiner Feinde heraus zum Opfer der Rache an ihnen für seinen treuen Zeugen Stephanus ausersehen. Wofür Stephanus hier blutet, das wird vornehmlich durch Saul Europas, ja der Menschheit Glaube werden.

Mendelssohn-Bartholdy hat bekanntlich in seinem Oratorium „Paulus“ die Stephanusszene ergreifend geschildert. Zum Schluß läßt er den Choral ertönen: „Wachet auf, ruft uns die Stimme.“ Warum diesen? Ich glaube: nur wegen der Schlußzeile: „Wach auf! Wach auf, Jerusalem!“ Wollte er nicht seinen Volksgenossen, die solche Oratorien gern besuchen, hiermit ein Wach auf! zurufen? Hier – das will der Ruf an solcher Stelle sagen – hier ist der Scheideweg in unserer Geschichte, wo unser Volk endgültig den Irrweg betrat. Wach auf, Jerusalem, und kehre um zu Joseph, den du den Heiden verkauft hast und der dort nun doch ein mächtiger Herr geworden ist!

2. Philippus

a) Samaria

Bisher war das Werk des Herrn immer noch eine Jerusalemserscheinung geblieben und schien es bei seiner großartigen Innerlichkeit noch ferner bleiben zu wollen. Immer noch mußte fast pflichtgemäß der Hoffnungsblick der Apostel betreffs eines großen Fortschritts darauf gerichtet sein, daß endlich doch Jerusalem in seinen geistigen Spitzen sich dem Evangelium Jesu unterwerfe. Jener denkwürdige Beschluß des Hohen Rates, fortan eine abwartende und zusehende Stellung dazu einzunehmen, ob der Rat oder das Werk nicht doch aus Gott sei, er war doch ein großartiger Waffenstillstand, welcher der Fürbitte, ja der Hoffnung neuen Antrieb gab. Die Stephanuskrisis war wohl geeignet, diese Hoffnungen zu trüben, nicht aber sie zu zerstören, denn sie hatte mehr nur die Christen der griechischen Kolonie betroffen; die Apostel und die ansässigen, die hebräischen Christen schienen mehr oder minder unbelästigt und unbehelligt zu sein. Anders als so läßt sich (auch wenn man sich Petrus noch abwesend denkt) der Umstand kaum erklären, daß die Apostel völlig unangefochten in Jerusalem bleiben konnten.

Da trieb dann jener Seitenzweig des Jerusalemschristentums,

das Christentum der griechisch-jüdischen Christen, auf welche sich nun der Zorn der Behörden entladen hatte, von sich aus – gleichsam aus eigenem Naturtrieb, ja teilweise ohne eigenen Vorsatz, nur durch den Drang der Umstände, neue Früchte, und zwar außerhalb Jerusalems. Es gehört zu der von den Gesetzen der Weltgeschichte abweichenden göttlichen Leitung der Dinge in jener Zeit, daß diese neuen Früchte das Resultat zweier Wirkungen waren: einmal der inneren Reife, andererseits aber vornehmlich eines äußeren Zwangs. Der Zwang ihrer Notlage traf sie in einem Zustand innerer Reife; nur dadurch war der Erfolg verbürgt. Aber es war nicht so und durfte nicht so sein, daß sie sich dieser inneren Reife und der Tragweite derselben bewußt geworden und kraft dieses Bewußtseins gleichsam mit kühner Genialität von sich aus vorgegangen wären. Eine höhere Hand veranlaßte und zwang sie zu dem, was nun geschah.

Wenn die Verbannten da und dort im Lande herum mit Weib und Kind ein Unterkommen suchten, so erregten sie, wohin sie in diesem ihrem kläglichen Zustand zu Bekannten kamen, Schrecken, ja ihre Lage erregte den Verdacht einer begangenen Missetat. Man fragte sie: Warum hat man euch verjagt? Da blieb ihnen keine Wahl: sie mußten von den großen Dingen, die seit der Kreuzigung Jesu in Jerusalem geschehen waren, Zeugnis geben, das heißt: die Freudenbotschaft von der Auferstehung Jesu verkündigen.

In planmäßiger Weise tat dies der gewiß ebenfalls aus Jerusalem verbannte Philippus, der nun nach des Stephanus Tod der Oberste jener Behörde war, welche die Gemeinde für mehr geschäftliche Zwecke den Aposteln beigegeben hatte. Diese geschäftliche Aufgabe war durch die Verbannung gegenstandslos geworden; die ebenso glänzende wie kurze Zeugenlaufbahn des Stephanus aber wies seinen Genossen von selbst das Feld an, auf welchem die besonderen Geistesgaben, die sie empfangen hatten, zu verwerten waren.

So ging denn Philippus in jenes halb heidnisch angehauchte Samaria, wo ein griechischer Jude weit eher als ein hebräischer Gehör zu finden hoffen durfte. Er verkündigte ihnen den Christus, und einmütig hörten und schauten ihm die Massen zu (οἱ ὄχλοι), denn „durch eine Fülle von Zeichen und Wundern wurde seine Predigt beglaubigt, und es ward eine große Freude in jener Stadt". Wir begreifen es. Noch sind viele da von jenen, die in Jesus den Retter der Welt geahnt, und ihr Samariterpatriotismus mag sich mit empört haben ob der Kunde, daß die Juden diesen ihren Besten, auch den einzigen, der die Samariter seiner Liebe gewürdigt, gekreuzigt hatten.

Wie wundersam spiegelt sich die Kunde der Auferstehung und des Fortwirkens dieses Jesus und seiner Pläne für die ganze Welt in diesem Völklein! Keines war wie dieses geeignet, gleichsam das Versuchsfeld zu sein oder ein Weissagungsbild zu werden für die Ausdehnung des Evangeliums über alle Welt. Hatte es doch den Heiland verstanden, obwohl es ihm, nach menschlichen Begriffen, an den richtigen Vorkenntnissen und an der sittlichen Vorbereitung dafür gebrach. Aber wir treffen hier auch sofort die großen Hindernisse, welche das Christentum im Heidentum zu bewältigen haben wird, jene Giftpflanzen, welche aus dem Sumpf geistlicher Unbildung emporwuchern, jene Gebilde des Aberglaubens; denn so wie hier wird es das Evangelium überall im Heidentum finden. Es trifft nicht auf einen leeren Raum, es findet den Platz schon besetzt. Die geistigen Früchte, welche aus dem immer fruchtbaren Acker der Menschenherzen wild emporwachsen, bilden zusammen eine Macht geistiger Art, die sich dem Evangelium energisch entgegenstellen wird.

Das kurze Verweilen des Heilandes hier hatte höhere Ansprüche und Bedürfnisse in den Samaritern geweckt, und in die Leere, die im Verlaufe seiner Abwesenheit entstanden war, war ein geistliches Aftergebilde eingetreten. Ein Mann, namens Simon, „zaubernd das Volk in Bewunderung setzend und behauptend, er sei ein Großer, wie es denn auch alle, vom Kleinen bis zum Großen, sagten: dieser ist die Kraft Gottes, die man die große nennt."*

* Es tritt uns hier vielleicht ein Zweig des abergläubischen Denkens entgegen, der namentlich auch in Schaffung des Polytheismus und der polytheistischen Mythologie tätig war, nämlich die Tendenz, allgemeine Begriffe möglichst in Personenbegriffe umzuwandeln. Oft hat Gott den Kindern Israel gegenüber die große Macht betont, mit der Er sie aus Ägypten erlöst, so namentlich auch 5. Mos. 4, 37; und es scheint, die Samariter – vielleicht unter Anleitung Simons – haben diese „große Macht Gottes" als selbständigen Begriff vom Begriff Gottes abgelöst und personifiziert.

So hatte er sie lange Zeit mit seinen Zaubereien in Staunen versetzt: „Als sie aber nun von Philippus die Freudenbotschaft vom Reiche Gottes und vom Namen Jesus hörten, ließen sie sich taufen, Männer und Weiber.“ Auch Simon selbst wurde gläubig, ließ sich taufen und „bestaunte die großen Zeichen und Wunder, die da geschahen“. Ob Philippus in solchen Taufen, namentlich auch des Simon, nicht zu vorschnell vorgegangen, das zu beurteilen steht uns Spätlingen wohl kaum mehr zu.

Als die in Jerusalem hörten: „Samaria hat das Wort Gottes angenommen“, schickten sie Petrus und Johannes zu ihnen. – Was war das: „das Wort Gottes?“ Es war das Wort, welches Gott durch die Auferweckung Jesu, durch die Ausgießung des Heiligen Geistes und durch alle die Zeichen und Wunder an die damalige Mitwelt gesprochen; als ein Wort an die Völker mußten es die Apostel gerade in dem Moment erkennen, als Samaria es annahm. Man sieht, es war ihnen völlig unerwartet, daß das Evangelium ohne sie neue Gebiete in Angriff nehme, und die Apostel mußten hin, um diese neue Erscheinung zu besichtigen und unter ihre pflegende Hand zu nehmen; und sie fanden denn auch die Frucht keineswegs völlig reif. Die Wirkung der Taufe blieb hier, wie der Augenschein sofort zeigte, weit hinter den Wirkungen derselben in Jerusalem zurück, denn die Getauften empfingen den Heiligen Geist nicht, dessen Mitteilung doch bisher als selbstverständliche Frucht und Beglaubigung ihrer Gültigkeit eingetreten und dessen Vorhandensein – so sehen wir hier neu – an jedem, der ihn besaß, so deutlich bemerklich war.*

Es war also auch vom Himmel her das wohlgemeinte Tun des Philippus nur teilweise und in gewissen Schranken anerkannt, und ohne die Apostel wäre diese Philippustaufe nur das

* Es ist doch sehr beherzigenswert, daß dieses Ausbleiben des Heiligen Geistes sofort wahrgenommen wurde. Es war also in jener ersten Zeit der Besitz des Heiligen Geistes in gewisser Beziehung wahrnehmbar. Wie wunderbar schön muß doch das gewesen sein, wenn die Helle und Lebendigkeit, die dem Geiste Gottes ja selbstverständlich eignet, so aus dem herausstrahlte, in welchem er wohnte, daß man keinen Augenblick über die Ursache dieser Helle in Zweifel sein konnte. Genau betrachtet, führt uns der Zusammenhang des Textes eigentlich zu einer anderen Vermutung, nämlich zu der, daß die Apostel etwas sahen, was andere nicht sahen, vielleicht etwas dem Ähnliches, das am Pfingstfest an ihnen zu bemerken gewesen.

geblieben, was die Taufe leider heutigen Tages gewöhnlich zu sein scheint: eine keineswegs unkräftige Gnadenmitteilung Gottes, aber nicht diese Einwohnung eines persönlichen Göttlichen, des Heiligen Geistes, wie sie es in Jerusalem gewesen, wo man sofort sah, ob diese Wirkung der Taufe eingetreten sei oder nicht.

Wie sollen wir uns diese Erscheinung erklären? Es bedarf großer Sorgfalt und Vorsicht, dies nicht in willkürlicher Weise zu tun, und andererseits verspricht uns gerade diese unerwartete Erscheinung ein neues Licht über den inneren Gang der Entwicklung der Sache Jesu in jener Zeit.

„Euer und eurer Kinder ist diese Verheißung" (des Heiligen Geistes), hatte Petrus am Pfingstfest zu den Juden, und zwar ausschließlich zu ihnen als Juden, gesagt; und auch ein Zusatz: „aller, die ferne sind, welche Gott, der Herr, etwa noch herzurufen wird", bezieht sich der von ihm zitierten Verheißung nach ebenfalls auf Israel, auf das Israel der Zerstreuung. Es kann immer noch der Gedanke zugrunde liegen: Israel wird nun in seine Stellung als Knecht des Herrn eingesetzt. Wir dürfen sogar an die Parallele mit der Taufe Jesu denken; Israel, d.h. der einzelne Israelit, der Buße tat, erhielt ähnlich wie Jesus zur Vollausrüstung für seinen Beruf, für den Beruf, Jesu Werk auf Erden weiterzuführen, den Heiligen Geist. In diesem Sinne hätte damals die Mitteilung des Heiligen Geistes an den Täufling weniger den Zweck gehabt, dem Erlösungswerk an dem Betreffenden die bestätigende Krone aufzusetzen, als vielmehr, ihn beruflich zu der Mitarbeit bei der Erlösung des Menschengeschlechtes auszurüsten.

Vorderhand schwebt also dem Apostel nur Israel vor als Empfänger des Heiligen Geistes, obwohl ihm gewiß die allgemeine Bedeutung der Vergebung der Sünden für das ganze Menschengeschlecht keinen Augenblick verborgen war. Es liegt im Begriff der Vergebung der Sünden nichts, was ihrer Verbreitung über alle Menschen Grenzen setzte; doch es liegt in ihrem Wesen, ein allen Menschen anerbotenes Gut zu sein. Solche für die Samariter zu erhoffen, hatte also Philippus von Anfang an volle Freudigkeit. Anders aber stand es mit dieser besonderen Ausrüstung mit dem Heiligen Geist. Ob sie auch sofort mit in diese Knechtesstellung Israels einverleibt werden dürfen, das war eine neue, von der ersten unabhängige Frage – und diese Frage, die nur vom Himmel her beantwortet werden konnte, an Gott zu stellen, dazu hielt sich Philippus wohl nicht einmal für befugt; auch war die sittliche Lage, in welcher er seine Täuflinge vorfand, vollends dazu angetan, zu solcher Bescheidenheit zu stimmen. Dieser Frage mußte sich die Gemeinde bewußt werden, und in ihre Hand war es zuerst gelegt, den Gedanken zu wagen, ob dieser große Fortschritt erhofft werden dürfe, und zwar lag dies denen ob, deren Händen der Heiland die Fortführung seines Werkes anvertraut hatte.

Die Samariter waren „verzaubert“ gewesen; ihr ganzes Herz, ihr ganzes Denken und Gesinntsein war dadurch von Fäden aus der Hölle durchwoben. Wie sehr durch solches der gesunde Verstand erkrankt, das Denken zerrüttet wird, davon gibt uns sofort Simons, des Getauften, Denkweise ein schlagendes Beispiel. War es nicht Erlösung genug, wenn solche Leute, vorderhand nur der Last der Sündenschuld entledigt und von den Geistesketten der Finsternis befreit, gleichsam nur passiv, ohne daß sie zugleich zu aktiver Tätigkeit berufen wurden, das Heil in Jesu erfuhren, wenn nicht sofort in die eben gereinigte Stätte der Heilige Geist Gottes persönlich zu wohnen kam?

So stand die Geschichte der Sache Jesu vor einer unermeßlich wichtigen Frage. Werden die Völker, wenn sie hereinkommen, vorderhand Christen zweiten Ranges sein? Der Heiland hatte in seinem Gleichnis von der Hochzeit des Königssohnes Israel ans Herz geredet, es habe ursprünglich den Beruf, einst, wenn Jesus die Menschheit sich erwirbt, an seiner Seite – als zur Verwandtschaft des Bräutigams gehörend – an dieser Freude teilzunehmen, und hatte davor gewarnt, es könnte dieses Vorzugs verlustig gehen und derselbe anderen zugewendet werden. Am Pfingstfest ist es teilweise diesem Rufe gefolgt, aber seither hat sich mehr und mehr herausgestellt, daß Israel im großen und ganzen bei jener ablehnenden Haltung verblieb, die Jesus voraussah. Wird nun auch das andere, was Jesus – für diesen Fall – vorausgesagt, in Erfüllung gehen? Wird „der Weinberg den Heiden gegeben“ werden?

Vom Himmel her wurde diese Frage, wie wir sehen, auch keineswegs sofort zugunsten der vollen Gemeinschaft entschieden.

Wir dürfen dies wohl in Zusammenhang bringen mit dem Worte Jesu an Petrus sowie auch mit dem allgemeinen Grundsatz, der sich darin ausspricht: „Was du auf Erden binden wirst, soll auch im Himmel gebunden sein." Auch die Entwicklungsgeschichte der Gemeinde Jesu soll eine wahre, menschliche Geschichte sein, eine göttlich-menschliche. Die handelnden Personen sind nicht von Gott willenlos wie bloße Maschinenteile in Bewegung gesetzt, sondern der Mensch handelt bei bewußtem Gehorsam doch in gewisser Selbständigkeit als Knecht Gottes und veranlaßt durch sein Tun das göttliche Tun. Es lag offenbar an den Aposteln, diese Frage Gott zur Entscheidung vorzulegen. So kam es denn auch hier; die Apostel sandten, als sie hörten, daß Samaria das Wort Gottes angenommen, Petrus und Johannes dorthin, und diese nun wagten die Bitte an Gott, daß auch diese Getauften Heiligen Geist empfangen möchten; dann legten sie ihnen die Hände auf, und sie empfingen Heiligen Geist.

Als Simon diese Wirkung sah, die offenbar auch in seinen Augen alle Wunder des Philippus weit übertraf, da bot er den Aposteln Geld dar, damit sie ihn der Kunst, solche Gabe den Menschen mitzuteilen, teilhaftig machten. Solche uns unbegreiflich erscheinende Denkweise ist der Fluch des praktischen Aberglaubens. Er wird es sich immer höchlich verbitten, und vermeintlich aus Überzeugung verbitten, daß man sein Denken und sein Verfahren als Aberglauben kennzeichnet; dafür aber hat er andererseits den Sinn verloren, Göttliches zu verstehen; er wird es immer nach seinen abergläubischen Normen beurteilen. Freundlicher, fast brüderlicher, als es bei Luther aussieht, antwortete ihm Petrus: „Dein Geld samt dir würde (uns?) zum Verderben sein, weil du gemeint hast, Gottes Gabe werde um Geld verkauft. Du wirst weder Teil noch Erbe haben an diesem Wort, denn dein Herz ist nicht gerade vor Gott; darum tue Buße!" (8, 20 - 22)

Diese Worte scheinen nicht ohne Wirkung auf Simon geblieben zu sein. Immerhin steht sein Bild fast wie eine schlimme Weissagung da; es weist auf die Gefahr hin, die dem guten Samen des Menschensohnes auf dem Acker der Heidenwelt droht von nur halb ausgerodeten Dornen altheidnischer Anschauungen und

Denkweisen her, d. h. vom Aberglauben her, welcher Gottesgedanken in seine, des Aberglaubens Denkungsart und damit auch ins grob Menschliche übersetzen wird.

b) Der Kämmerer aus Mohrenland

Ähnlich verheißungsvoll, aber insofern noch in höherem Grade, als sie direkt in das Heidengebiet hineinreichte, war die zweite Ernte, die Philippus nach der Erzählung des Lukas einheimsen durfte; um so bedeutungsvoller, als sie nur durch unmittelbare göttliche Leitung zustande kam. Philippus wurde vom Geist angewiesen, sich auf die alte eingegangene Straße von Jerusalem nach Gaza zu begeben, welche verödet war (wüste liegt), weil eine neue Straße für diesen großen Verkehr Jerusalems mit Ägypten und den Küsten des arabischen Meerbusens hergestellt war. Bald sollte ihm der Zweck dieser seiner Sendung klarwerden. Ein Reisewagen kam von Jerusalem hergefahren; ein schwarzer Herr saß in demselben und las nach guter alter Sitte laut aus einer Schrift. Es war, wie wir alle wissen,* der Kämmerer der Königin Kandake aus Mohrenland (aus Äthiopien), offenbar ein jüdischer Proselyt. Daß dieser Mann in so fernem Lande sich dem Gott Abrahams zugewandt hatte, läßt schon auf eine reiche Vorgeschichte seines Herzens schließen, und wie ernst es ihm war, sehen wir daraus, daß er diese lange, beschwerliche, teure, ja nicht ungefährliche Reise gewagt hatte, um in der Stadt Gottes, im Hause des Herrn, etwas für Herz und Geist zu gewinnen. Was hat der arme Mann dort wohl bei Hannas, Kaiphas, Gamaliel usw. an Nahrung für Geist und Gemüt empfangen? Befriedigt war sein Herz wohl kaum, aber schwerlich wurde er sich dieser Unbefriedigung oder vollends der Ursache derselben klar. Einen Schatz nahm er mit heim, den Text des Propheten Jesaja, und um diesen ungestört genießen zu können, dazu hatte er offenbar diesen ungewöhnlichen Weg gewählt.

---

* Man beachte Z.s Hinweis anno 1886! – was wissen wir Heutigen noch? Was haben wir vom N. T. gelesen, geschweige denn innerlich verarbeitet? *Vlg.*

Gott hörte das unbewußte Schreien dieses nach Wahrheit und Heil hungernden Herzens. Als der Wagen in Sicht kam, mahnte der Geist den Philippus, sich demselben zu nahen, und bald vernahm er aus dem Munde des Insassen die Worte aus dem denkwürdigen 53. Kapitel Jesajas: „Wie ein Lamm wurde er zur Schlachtung geführt, und wie ein Lamm vor seinem Scherer stumm ist, so öffnete er seinen Mund nicht. In seiner Erniedrigung wurde sein Gericht erhaben. Sein Geschlecht – wer wird es ausreden (auserzählen)? Denn von der Erde weg ist sein Leben erhoben (oder weggenommen)." – „Verstehst du auch, was du liest?" rief er in den Wagen hinein – eine nicht ganz höfliche Frage, die manchen verletzt hätte. „Natürlich nicht", war der Sinn der Antwort; denn sie lautete: „Wie kann ich denn, wenn mich niemand anweist?" Offenbar war die Frage ihm als Hilfe in günstigem Moment an die Ohren gekommen, denn in der Tat, er befand sich in Not. „Von wem redet hier der Prophet? Von sich selbst oder von einem anderen?"

Philippus, aufgestiegen, erzählte ihm geradewegs von Jesus, dem Gekreuzigten. „Ja", so mag die Antwort gewesen sein, „mit dem war es ja nichts; vor dem haben mich die Hohenpriester gewarnt, er habe sich für den Christus gehalten, aber durch das einfache Mittel der Kreuzigung sei es gelungen, seinen Wahn als Täuschung bloßzulegen." „Ja", konnte Philippus antworten, „er wurde als ein Lamm zur Schlachtbank geführt, aber wer will nun seines Lebens Länge ausreden?" Welch helle Schlaglichter warf nun gerade dieses Kapitel Jesajas 53 auf all das, was der Kämmerer aus den Kreisen der Hohenpriester und Schriftgelehrten über Jesum gehört. „Von Gott geschlagen und gestraft." „Wir haben ihn für nichts geachtet." „Es war keine Gestalt, die uns gefallen hätte" – alles schlug ein. „Aber er ist um unserer Missetat willen verwundet, um unserer Sünde willen zerschlagen; die Strafe lag auf ihm, auf daß wir Frieden hätten, und durch seine Wunden sind wir geheilt." Die Kunde von der Auferstehung, ihm nun so glaubhaft mitgeteilt, bestätigte ihm, daß in der Tat hier das Prophetenwort in Erfüllung gegangen sei. Wie wurde diesem Manne wohl! Vielleicht hatte er doch einige Eindrücke von Christen erhalten, die er zufällig beobachten konnte, und alles erschien ihm in neuem Licht, der Heilige Geist tat das übrige, und alles wurde ihm klar. „Die Strafe lag auf ihm, auf daß wir Frieden hätten“ – wie ergreifend wirkt dieses Wort auf jeden, der es zum ersten Mal erfaßt, und wirkte es damals noch mehr, als eben jene Strafe noch ein lebendiger Bestandteil der letzten Tagesgeschichte war. Was ihm bezüglich der Christen als eine Sonderbarkeit mitgeteilt worden war, die Taufe der Buße, das war ihm jetzt ein angebotener Trank der Erquickung, als Philippus wohl auch davon sprach.

Emsig blickte der Kämmerer umher: Wenn sich nur Wasser fände! „Hier ist Wasser; was hindert's, daß ich getauft werde?“ „Wenn du von Herzen glaubst, so kann es geschehen.“ Alsbald verließen sie den Wagen, Philippus taufte den Kämmerer und war, als dieser sich aus dem Wasser erhob, verschwunden.

Wie nötig, ja unerläßlich mag sich dieses Wunder dem Kämmerer in der Folgezeit herausgestellt haben. So fern von allen Glaubensgenossen, in einem Lande, wohin lange noch nicht einmal eine Kunde drang über die ferneren Siege des Evangeliums, wohin höchstens etwa durch Juden immer wieder neue Entstellungen oder Anklagen gelangen mochten, wie oft mag er sich da gefragt haben: War es denn ein Traum, oder hat es dir der Mann sonstwie durch die Wärme seines Herzens angetan? Und immer wieder war ihm das Verschwinden des Sendboten eine unzweideutige, göttliche Bestätigung, und ebenso war auch dem Philippus dieselbe göttliche Bestätigung dafür zu gönnen, daß er richtig gehandelt habe, indem er den ersten Heiden ohne weiteres der Gemeinde Jesu einverleibt.

3. Gesamtergebnis der Petruszeit
Des Petrus Rundreise

Neben dem Wirken der verjagten Griechischen sehen wir etwas anderes Verheißungsvolles am Ende der Petruszeit allmählich offenbar werden. Es ist wie ein neues Lied, das in dem Meisterwerk des Erzählers sich erst in kurzen Tönen, dann in immer volleren Melodien ankündigt. Saulus ist das Thema dieses Liedes. Wir überspringen vorderhand, was es uns von einer neuen Zeit, die noch anbrechen wird, erzählt, und wenden uns zu jenen weiteren Erzählungen (9, 31ff.) über den Abschluß jener ersten Zeit, deren Träger Petrus ist. In Kapitel 9, 31 stellt uns der Apostel auf die Höhe und läßt uns das Gesamtergebnis des nachherigen Wirkens Jesu und des Heiligen Geistes überblicken. „Die Gemeine nun durch ganz Judäa, Galiläa und Samaria hatte Frieden, erbauet und wandelnd (oder fortschreitend) in der Furcht des Herrn, und ward erfüllt von der Tröstung des Heiligen Geistes.“ Es ist hier zuerst die äußere Ausdehnung genannt, die Verbreitung über Judäa, Galiläa, Samaria usw., also über das ganze Gelobte Land (das Erbe des Gottes Jakobs); dann ihr inneres Gut. Erstens: „Sie hatten Frieden“, sie waren und fühlten sich innerlich und äußerlich – der einzelne sowohl als die Gesamtheit – in Ordnung, in einem Zustand des Menschseins, der einem unwillkürlich sagt: So ist's recht.

Zweitens: „Sie waren gebauet“, ein Begriff, den wir um so mehr ins Auge fassen müssen, als er durch den heutigen verschwommenen Begriff von Erbauung bis zur Unkenntlichkeit entstellt ist. Woher stammt der Begriff, über welchen Petrus in seinem ersten Brief (1. Petr. 2, 5) so warm und großartig spricht und welcher uns auch bei Paulus immer begegnet? Das Nächstliegende ist: Er stammt von dem Spruche Jesu an Petrus: „Auf diesen Felsen will ich meine Gemeine bauen.“ Sie fühlten das machtvolle, liebevolle, planvolle Tun dieses Baumeisters; ein jeder war hineingesetzt als lebendiger Stein an seinen Ort, als Glied eines Ganzen. Er, der Baumeister Jesus Christus, war zugleich der Eckstein, der lebendige Stein, von den Menschen verworfen, aber immer heller durch den Heiligen Geist als der Auserwählte offenbar. An diesen Stein wuchsen die anderen heran, so daß es nur ein großer Gesamtstein, ein Wunderhaus des lebendigen Gottes wurde, demgegenüber der steinerne Tempel nur als schwache sinnbildliche Verheißung erschien. Befestigung, Gliederung, Ordnung, Wachstum im ganzen und im einzelnen, und das alles von einer Meisterhand, die vom Himmel her waltet und nach einem göttlichen Plan, in welchen dann und wann sich überraschende Blicke öffneten, das alles war mit dem Wort „gebaut“ gesagt.

Hierher gehört auch, was Lukas 6, 7 als Frucht der Würdigung des griechischen Elementes in der Wahl der Diakone und 12, 24 als Schlußergebnis der Petruszeit berichtet, dort: „Und das

Wort Gottes wuchs, und die Zahl der Jünger ward sehr groß." Und hier kürzer: „Und das Wort Gottes wuchs und ward sehr groß." Es ist beide Male ein doppeltes Wachstum bezeichnet – ein inneres, an Inhalt, ein Zuwachs an neuen Gedanken, und ein äußeres, an Zahl derer, die das Wort glaubten und verstanden. Der Begriff „lebendige Steine" (1. Petr. 2, 4) bietet sich als Übergangsbegriff dar zu einem anderen Bild, mit welchem Paulus in innerlicherer Weise dieses organische Ganze bezeichnen wird, dem Bild des Leibes Christi, dessen Haupt Er ist, dessen Glieder wir sind. Ohne schon hier auf dasselbe einzugehen, dürfen wir doch vielleicht uns die Sache noch verdeutlichen durch ein Mittelbild zwischen dem beseelten Leib und dem toten Haus, durch das Bild der Pflanze. Der künftige Bau einer Pflanze wohnt als Zweck, mehr oder minder unbewußt, dem Lebendigen in jeder einzelnen Zelle inne.

Drittens: „Sie wandelten in der Furcht des Herrn." Es ist dies der Widerglanz der außerordentlichen, wunderbaren Nähe Gottes, die von selbst Furcht wirkte und für deren Möglichkeit auch Furcht unerläßliche Bedingung ist. Wir sind dieser Furcht als einer Wirkung des Innewerdens Gottes und Seiner Nähe schon zweimal begegnet. Kapitel 2, 43 begegnet sie uns zuerst, unmittelbar nach dem Pfingstfest: „Es kam auch viele Seelen Furcht an, und geschahen viele Wunder und Zeichen durch die Apostel", und wiederum in Kapitel 5, 11 und 12 nach dem Gericht über Ananias: „Es kam eine große Furcht über die ganze Gemeinde und über alle, die solches hörten. Es geschahen aber viele Zeichen und Wunder durch der Apostel Hände." Beidemal steht sie mit den Wundern und Zeichen in fast ursächlichem Zusammenhang, als würde mit derselben ein Hindernis für Gott weggeräumt, tatsächlich aus seiner Verborgenheit herauszutreten, im Sinne von Jesaja 57, 15: „Denn also spricht der Hohe und Erhabene, der ewiglich wohnet, des Name heilig ist: Der ich in der Höhe und im Heiligtum wohne und bei denen, so zerschlagenen und demütigen Geistes sind, auf daß ich erquicke den Geist der Gedemütigten und das Herz der Zerschlagenen." In dieser Atmosphäre ist auch ein eigentlicher Fortschritt erst möglich, aber auch innerlich notwendig, denn der Herr ist der Lebendige, aus welchem jeder Moment der Zeit neu herausgeboren wird, und so gestaltet sich in Seiner Nähe das Leben notwendigerweise zu einer Entwicklung. Wem dieser Begriff etwa zu wenigsagend, gleichsam zu alttestamentlich wäre, der hätte wohl noch nie die Nähe Gottes empfunden.

Viertens: „Sie wurden erfüllt mit der Tröstung des Heiligen Geistes." „Tröstung" gibt das griechische Wort nicht vollständig wieder. Dieses drückt allerlei Zuspruch aus, nicht nur tröstenden, auch ermunternden, ermahnenden, ja strafenden; aber gerne behalten wir das Wort Trost bei, sofern es uns das Wirken des Heiligen Geistes als die andere Seite der Gottesnähe, gegenüber der Furcht des Herrn, kennzeichnet. Die Furcht des Herrn entsprießt dem Gedanken an die Rechenschaft vor dem Richter und macht arm, ängstlich in bezug auf das Verantwortungsvolle unseres Tuns. Im Heiligen Geist ist Gott in uns und macht Mut und bringt das Tun hervor, das vor der Nähe des richtenden Gottes bestehen kann. So sind diese beiden Doppelbeziehungen zu Gott: unser Verhalten zu Ihm in der Furcht, Sein Verhalten zu uns im Trost, die nähere Auseinandersetzung des Wortes „Friede". Mit solchem Trost waren sie erfüllt. An Klarheit und Gewißheit des Friedens, an hellem Einblick in die göttlichen Dinge, in deren Zusammenhang sie gestellt waren, an Antrieb und Kraft zu allem dementsprechenden Tun gebrach ihnen nichts.

Im folgenden Vers wird uns zur Vervollständigung des Gesamtbildes der Zeit, die sich nun abschließt, Petrus geschildert, wie er kraft seines ihm einst von Jesu gewordenen Auftrags – „Weide meine Schafe!" – überall umherzog, die zerstreuten Häuflein und Glieder der großen Familie zu besuchen; und ein Einzelbildchen dieser seiner Wirksamkeit wird zuerst herausgegriffen. In Lydda findet er einen seit acht Jahren lahm im Bett liegenden Mann namens Äneas. Der Mann war also schon zu einer Zeit krank gewesen, in der er noch die Hilfe Jesu hätte in Anspruch nehmen können. Es fehlte gewiß damals nirgends an solchen, welche derartige Hilfe einfach als etwas ihrem Verstand und Gemüt nicht Zusagendes ablehnten. In diesem besonderen Fall aber tritt noch der erklärende Umstand hinzu, daß Jesus die vom römischen Wesen beeinflußte Mittelmeerküste sozusagen nicht besucht hatte.

In der Weise, wie Petrus diesen Mann behandelt, tritt ein merkwürdiger Unterschied hervor zu seinem Benehmen bei seinem ersten Wunder. Damals sehen wir die ganze Energie, welche für eine erste Tat, für ein Aufbrechen der Türen nötig war. Jetzt sehen wir den Mann, der wunderreich das fortwährende Tun seines unsichtbaren Herrn erfahren hat. Kein Machtbefehl an den Kranken, um seine Geisteskräfte zum Mittun im Glauben zu den Waffen zu rufen, auch nicht etwa eine Bitte zu Gott im Namen Jesu kommt ihm in den Sinn. Er weiß sich als die unbedeutende Nebenperson, den Dienstmann, der seines Herrn Geschenk überbringen soll – als den Knecht, der bloß ins Sichtbare zu übersetzen hat, was im Unsichtbaren geschieht. „Äneas, Jesus Christus macht dich gesund!" sagt er zu ihm. Er weiß, daß Jesus Christus jetzt da ist und sein Tun beginnt, und macht den Äneas darauf aufmerksam, und seine Aufforderung, nun aufzustehen und sich selber zu betten, gibt sich schon durch diesen Zusatz als etwas ganz anderes kund denn als einen solchen Machtbefehl, als eine schlichte Zumutung: „Du hast jetzt lange genug nichts getan und dich von anderen pflegen lassen; damit hat es nun ein Ende." „Und alsobald stand er auf"; und das Umherwandeln dieses Mannes machte die – wie gesagt – dem Wirken Jesu entfernter gelegene Saronebene staunen.

An diese Geschichte reiht sich, ursächlich damit verbunden, das erhabenste Wunder, dessen Werkzeug Petrus sein durfte, als abschließendes Bild dieser seiner Tätigkeit, für ihn selbst gewiß äußerst lehrreich und fruchtbar in Erkenntnis dessen, welchen Zugang er in Christo für die Gemeine zu Gott habe. In dem Lydda benachbarten Ort Joppe war eine Jüngerin gestorben, eines jener flinken, rührigen weiblichen Wesen, die in dem erfinderischen Fleiß ihrer Liebe scheinbar mit lauter Kleinigkeiten so außerordentlich segensreich zu wirken verstehen. „Gazelle" (Dorkas) war der Ehrentitel, den man ihr gab. Sie starb, und hinterließ eine Lücke, die absolut unerträglich schien. Nicht nur das Wirken ihrer Hände fortan zu entbehren mochte fast unmöglich erscheinen, sondern sie war offenbar durch ihre tätige Liebe ein so brennendes Liebeszentrum geworden, daß diese örtliche Familie Jesu wie verwaist dastand, ihres zusammenfassenden Haltes entbehrend. Die Kunde, Petrus sei in der Nähe, weckte in den Trauernden einen über alle Maßen großen Hoffnungsgedanken, den aber niemand laut werden läßt. Man schickt zwei Männer zu ihm, er solle ohne Zaudern herüberkommen. Er kommt, und muß sich von den weinenden Witwen alle die Kleidungsstücke zeigen lassen, welche Dorkas gemacht hatte. Sonst sagten sie ihm nichts. Aber er verstand sie wohl. „Er jagte sie (warf sie) alle hinaus." Warum denn? Wäre es nicht feierlicher gewesen, sich mit allen diesen gemeinsam vor dem allmächtigen Gott auf die Knie zu werfen? Ich glaube, der bloße Gedanke daran, Gott auf solche Weise zu einem großen Tun gleichsam herausfordern zu wollen, hätte ihn schaudern gemacht. Gebetet haben gewiß alle, aber nur Gott sollte es hören und kein Mensch, um was gebetet wurde. So kniete er im Leichenzimmer nieder, betete, wandte sich zu dem Leichnam und sprach: „Tabea, stehe auf!" „Und sie tat ihre Augen auf, und da sie Petrus sah, setzte sie sich wieder; er aber gab ihr die Hand, richtete sie auf, und stellte sie den Heiligen und Witwen lebendig dar."

4. Cornelius

Nicht umsonst hatte Petrus gerade unmittelbar vor der Aufgabe, die ihm jetzt bevorstand, eine solche Siegeskraft bis in die Kammern des Todes hinein im Namen seines Herrn Jesu erleben dürfen. Er bedurfte solcher Erfahrung, um auch nur einigermaßen Mut zu gewinnen für den neuen Fortschritt, welchen sein Herr durch seine Vermittlung im Sinne hatte. Denn der Tod als bloßes über uns verhängtes Widerfahrnis erschien kaum ein so großes Hemmnis für die rettende Hand Jesu wie der grauenhafte, jahrtausendealte Abfall von Gott, Heidentum genannt. Wie oft mag Petrus, angesichts des Befehls seines Herrn, einmal das Evangelium unter die Völker zu bringen, im Geiste sinnend, ratlos vor dieser Mauer gestanden haben, gegenüber welcher Jerichos Mauern ein Kinderspiel waren – vor diesem Kerker, in dem das Heidentum gefangenlag!

Durch den letzten Sieg der alten Aristokratie Roms war in der Person des Cornelius Sulla eine Zeitlang die Familie der Cornelier in den Besitz der Alleinherrschaft über Rom gelangt. Zur Befestigung derselben hatte Sulla Tausende seiner Anhänger in die Familie der Cornelier aufgenommen. Ob der Mann, der uns jetzt beschäftigt, vom Blute der Cornelier war oder aus jenen Aufgenommenen stammte, wissen wir nicht. Immerhin mag er seinen Rang als Centurio in der Italischen Legion seinem hohen Namen verdankt haben. Es war an sich schon etwas Großes, wenn ein solcher Vollblut-Römer, den das Geschick in eine „barbarische“ Provinz verschlagen hatte, in der Religion der Eingeborenen, das heißt in den Offenbarungen, die Israel besaß, den lebendigen Gott so fand wie er; und wir ersehen aus allem, was über ihn erzählt ist, daß er daraus ganzen und vollen Ernst machte. Rührend ist es zu sehen, wie brüderlich er mit seinen Sklaven sowohl als auch mit seinen Soldaten in der Furcht des Herrn, ja in der Sehnsucht nach immer mehr von oben her verbunden war. So steht er vor uns, einer jener ursprünglichen, dem Abraham, auch dem Hauptmann von Kapernaum verwandten Geister, denen etwas echt Menschliches bewahrt geblieben ist, eine Freiheit des Denkens, eine hellere Ahnung der wahren Bedürfnisse und Rechte des Menschen; und darum ist ihm auch ein klarerer Blick nach oben geschenkt. In der Erde, in seiner Mitwelt wurzelnd durch seine großartige Liebestätigkeit, auf die man sogar im Himmel aufmerksam wird („deine Gebete und deine Barmherzigkeiten sind hinaufgekommen ins Gedächtnis vor Gottes Angesicht“), ist er andererseits als ein Fastender der Erde fremd, und ist sein Geist betend gen Himmel gewandt. Das Fasten war bei ihm schwerlich die Übung einer obligatorischen Pflicht, sondern im Zusammenhang mit dem Beten der Ausdruck des Unbefriedigtseins mit dem, was die Erde bietet, ein Sehnen nach m e h r. Was ihm die Synagoge und in ihr die Heilige Schrift bot, weckte in ihm offenbar noch mehr und höhere Bedürfnisse, als sie zu befriedigen vermochten. Nach einem Mehr, über dessen Wesen er sich kaum klare Rechenschaft zu geben vermochte, hungerte sein Herz, und er sandte seines Herzens Begehren beständig im Gebete zu Gott empor. So arbeitete er von innen her mit mehr oder minder Bewußtheit daran, die Mauern des Kerkers, in welchem die Völkerwelt gefangen war, zu durchbrechen. Um die neunte Stunde, die Stunde, die als Betzeit, als die Zeit des Abendopfers, über den ganzen damaligen Erdkreis hin, wo nur immer Juden wohnten, eine feierliche

Stimmung erweckte, um diese Stunde sieht er einen Boten Gottes zu sich hereinkommen mit der Anrede: „Cornelius!" „Was ist es, Herr?" fragt er erschrocken, und die Antwort lautet: „Dein Gebet und deine Almosen sind heraufgekommen in das Gedächtnis vor Gott, und jetzt schicke Männer nach Joppe und laß holen einen Simon mit dem Zunamen Petrus, der bei einem Gerber Simon wohnt, dessen Haus am Meere ist." Nur eine Adresse – diese in sorgfältigster Ausführlichkeit – darf der Engel ausrichten.* Die Verkündigung des Evangeliums ist Sache der Menschen, aber die Heiden und die Sendboten Jesu zusammenzubringen, das war ohne Eingreifen Gottes, ohne Vermittlung der Engel damals nicht möglich. Wie unbegreiflich groß und selig war doch diese Erfahrung für Cornelius! Also der Gott Abrahams, zu dem er sich nun jahrelang in stillem, kräftigem Sehnen gewandt, hat sich ihm – dem Heiden – zugewandt in derselben heiligen traulichen Weise, die ihm aus den Tagen Abrahams erzählt ist. War doch Abraham damals sozusagen auch ein Heide gewesen in dem Sinne, daß man seine Religion nicht hätte bezeichnen können.

Alsbald merken wir, daß sich Cornelius schon längst in echter Geistesgröße mit einem Kreise von Hoffenden und Bittenden umgeben hatte; er war kindlich genug gewesen, auch seinen Untergebenen dieselben Herzensbedürfnisse, ja auch dasselbe kühne Vertrauen auf Gott, wie sie ihm innewohnten, zuzutrauen, und so werden nun auch diese sofort Genossen seines Glücks und durften nun teilweise mit behilflich sein, damit das Große, dessen man nun harrt, werde.

Unterdessen ist Petrus wohl immer noch voll von seinem großen Erlebnis und bestrebt, es in seinem Geiste zu verarbeiten. Er hat sich auf das Dach hinaufbegeben, von den Menschen entfernt, dem Himmel nahe. Er empfindet Hunger und bestellt sich zu essen, welches er sich vorher verbeten zu haben scheint. Es kommt eine Entzückung über ihn; er sieht den Himmel sich öffnen und ein Gefäß wie ein großes Tuch, an vier Zipfeln

* Auch der Zusatz: „Der wird dir sagen, was du tun sollst", ist einem späteren Abschreiber entflossen und beeinträchtigt die majestätische Kürze und die scharfe Abgrenzung der Kompetenzen der sichtbaren und der (für gewöhnlich) unsichtbaren Knechte Gottes.

gehalten, auf die Erde herabkommen, in welchem alles vierfüßige und kriechende Getier der Erde und alle Vögel des Himmels sich befanden. „Und eine Stimme geschah zu ihm: Stehe auf Petrus, schlachte und iß!“ „Der Petrus aber sprach: Nimmermehr! Keineswegs, Herr! Denn noch nie aß ich irgendein Gemeines oder Unreines.“ In der Tat, in welcher peinvollen Lage befand sich Petrus! Noch war er rein im Sinne des Gesetzes Mosis, das er gewiß seither als Christ mit doppelter Sorgfalt zu beobachten beflissen war. Und diese seine Gottesehre soll er auf Befehl Gottes preisgeben! Zwei Stimmen Gottes schienen einander zu widersprechen: die von den Vätern überlieferte, welche sagte: Tue es nicht – und die heutige, jetzige, die da sprach: Tue es. Die Antwort Gottes war: „Was Gott geheiligt hat, das mache du nicht gemein.“ Jene beiden Stimmen hatten sich also nicht widersprochen. Was von Gott herunterkommt an Petrus mit dem Befehl, er solle es essen, das hat Gott geheiligt.

Bedenken wir dabei den Sinn der Einteilung der Tiere in reine und unreine (3. Mose 11). Gott hat eigentlich nicht absolut die einen für rein, die anderen für unrein erklärt, sondern aus dieser ganzen an und für sich als Speise für den Menschen unreinen Tierwelt einzelne mit Rücksicht auf den Israeliten, der sich um seines heiligen Zusammenhangs willen mit Gott der unreinen Speisen enthalten sollte, für rein erklärt. Sie waren es geworden durch seine Erklärung, und so konnten es auch die anderen werden. Es spiegelte sich in dieser Scheidung das Verhältnis Israels zur Völkerwelt wider; war doch Israel auch nicht von sich aus rein, sondern durch eine Gnadenerklärung Gottes; warum sollten es nicht die anderen auch werden können? Daß Petrus die Beziehung der ersten Wahrheit auf diese zweite sofort merkte, können wir von ihm nicht erwarten; noch war seine Verlegenheit und Ratlosigkeit groß, und als das Tuch sich gen Himmel erhob, mag er sich wohl halb Vorwürfe gemacht haben, daß er nicht gehorcht habe, aber gewißlich löste sofort eine andere Empfindung diese erste ab, als gleichsam als Antwort auf seinen Gedanken das Tuch wiederkehrte und mit ihm der Befehl: So tue es jetzt! Wie erschrocken war er! Wie kann ich? Und wieder erhält er dieselbe Antwort, und wieder kann er sich nicht entschließen, und wieder erhebt sich das Tuch; und der Kampf von Selbstvorwurf und von Beruhigung, daß es nun vorüber sei, wiederholte sich, und o Schreck – das Tuch kehrte nochmals zurück und sieht ihn noch ebensowenig imstande, der Aufforderung Folge zu leisten!

Wer vermag es, sich in das Herz des Petrus hineinzudenken in jenem Augenblick! Wie unnütz, wie unbeholfen, ja fast trotzig mag er sich gegenüber solcher Offenbarung aus den Tiefen des Himmels herab vorgekommen sein! Was wollte Gott? Was will Er? Von den Nöten, in welchen in solchen Momenten die großen Männer Gottes sich je und je befanden, haben wir kleinen Leute auch nicht die Spur einer Ahnung, wie klein, wie nichtig der Mensch vor Gott ist. Petrus ist wie eingeklemmt zwischen zwei große Aufgaben, die sich in diesem Moment berühren, zwischen sich als letztem normalem Produkt der Vergangenheit Israels und sich als Ausgangspunkt eines völlig Neuen. An solchen großen Wendepunkten des Geschehens kommt der Mensch, Staub und Asche, als völlig unzulänglich zutage. Er sollte Subjekt göttlichen Tuns sein, aber er kann es nur, wenn er reines Objekt ist. „*On ne s'appuie que sur ce qui résiste*", sagt der Franzose: „Nur an dem, was Widerstand leistet, hat man eine Stütze." Das kann man, menschlich gesprochen, von der Bedeutung des Apostels für Gott in diesem Momente sagen. Wir hätten vielleicht rascher zugegriffen, vielleicht aber hätte Gott hierin mehr die Schwäche gesehen als in des Apostels Zaudern. –

Da hört man die Tritte der Krieger und einen Ruf: Wohnt ein Simon hier, mit dem Zunamen Petrus? Und sofort befahl ihm der Geist, hinabzugehen und ohne Zweifeln ihnen zu folgen: „Ich habe sie gesandt." Und nun vernahm er auch von ihnen, wie Cornelius, der Centurio, von einem heiligen Engel bedeutet worden sei, ihn in sein Haus zu bestellen, um „Worte von ihm zu hören". Er ließ sie bei sich übernachten. Bedurfte er vielleicht noch dieser Nacht, um sich mit klarem Bewußtsein und vollem Entschluß in diese so unerwartete Aufgabe zu schikken? Was er jetzt zu tun von oben her beordert war, das war bis heute in seinen Augen ein Verstoß gegen die heiligen Sitten und Satzungen Gottes gewesen. Unterdessen rief Cornelius seine Verwandten und Freunde zusammen; so fern war er von aller Feigheit sowohl als von allem selbstsüchtigen Eigendünkel, daß er sofort so viele Leute wie immer möglich des großen Heils, das ihnen bevorstand, teilhaftig zu machen wünschte. Wir begreifen die übermächtige Ehrfurcht, mit welcher er Petrus, den im Himmel so hoch angeschriebenen, empfing und ebenso die heilige Spannung, in welcher sie alle „vor Gott versammelt sind, zu hören alles, was ihnen von Petrus aufgetragen ist".

Aber auch Petrus, nachdem er, von Cornelius bestätigt, vernahm, was die Soldaten erzählten, daß er einer unmittelbaren Botschaft vom Himmel gewürdigt war, um endlich einen Knecht Christi in sein Haus zu bekommen, auch er bekam hinwiederum einen offenbar ihn überraschenden und beschämenden Eindruck von dem inneren Werte dieser Heiden vor Gott. „In Wahrheit werde ich nun inne, daß Gott die Person nicht ansieht, sondern in allerlei Volk ist, wer Ihn fürchtet und Gerechtigkeit wirkt, Ihm angenehm." Ein wunderbares Wort, das mit einem Mal die Schranke zwischen Israel und dem Heidentum aufhebt und den Menschen als solchen nicht nach dem, was er als Religionserbe seiner Väter hat, sondern nach dem, was er ist, vor Gott stellt.

Person im heutigen Sinne ist nicht der richtige Ausdruck, sondern Angesicht. Es ist das Äußere, wonach wir Menschen einander gewöhnlich beurteilen. *Persona* war das künstliche Antlitz, die Larve, welche der Schauspieler auf dem Theater trug; das Wort in diesem Sinne wäre eine zu äußerliche Wiedergabe des Wortes Angesicht; Person in heutigem Sinne aber eine viel zu innerliche. Nach dem Wandel, der in der Bedeutung dieses Ausdrucks sich vollzogen hat, könnte man heute sagen – statt: „Gott siehet nicht die Person an" –: Gott sieht nur die Person an, das heißt nur die innere Persönlichkeit, mit Absehen von allem, was als Äußeres sie umgibt. Es wäre sehr unvorsichtig von mir, zu meinen, Gott sehe mir nicht an, wer ich sei. Vergleiche 1. Sam. 16, 7. „Ein Mensch sieht, was vor Augen ist, der Herr aber siehet das Herz an."

Daß auch die Religion, in der ein Mensch geboren ist, zu diesem Äußeren gehöre, das war die Offenbarung, die dem Petrus durch sein ganzes Erlebnis geworden, und in der Tat, wenn dem Juden nichts anderes übrigblieb, als gerettet zu werden, so hob ihn also sichtlich sein äußerer Besitz an Religion nicht wesentlich über den Heiden empor. Auch der Jude mußte gerettet werden, das wußte Petrus schon längst; auch der Heide kann und darf gerettet werden, das war seine neue Einsicht. Das große Geheimnis Gottes, daß die Heiden Miterben seien, die Gleichheit aller Menschen gegenüber dem Heilstun Gottes, blitzte zum ersten Mal durch den Schleier hindurch, durch den es verborgen war. Kann Gott auf die Dauer gegenüber der Gesamtsünde des Heidentums, dem Abfall von Ihm, eine andere Stellung einnehmen als gegenüber der Sünde des einzelnen Israeliten, der beständig seine Gebote übertritt, oder gegenüber der Gesamtsünde Israels, die in der Kreuzigung Jesu ihren Ausdruck fand?

Damit, daß Israel seinen Heiland kreuzigte, hat es sich auf das Niveau der übrigen Völker erniedrigt, und damit war auch an den Tag getreten, daß der Besitz von dem, was man so auf Erden Religion nennt, eine mehr oder minder günstige Einrichtung ist, dem Menschen sein richtiges Verhalten gegen Gott zu erleichtern, aber vor Gott kein Wertmesser sein kann zur Beurteilung der sittlichen Beschaffenheit eines Menschen. Nur wer Ihn fürchtet und recht tut (und dies kann nach Röm. 1 auch der Heide), ist Ihm angenehm. Gott faßt einen solchen auch zu weiterem Heil ins Auge. Mit dem Angenehmsein war die Notwendigkeit der Buße und Vergebung der Sünden zur Rettung dieser Gott fürchtenden Heiden nicht aufgehoben. Sein Wohlwollen gegen diese Heiden hatte Gott dazu bewogen, mit so großem Aufwand von Wundern ihnen die Gelegenheit, durch Buße gerettet zu werden, zu verschaffen.

Es ist lieblich, wie es des Petrus Herzensbedürfnis war, der Versammlung zuerst das zu bekennen, was Gott ihn durch sie gelehrt hat. Nun aber hatte die Stunde für sein heiliges Heroldsamt geschlagen. Wie gespannt horchte die Versammlung auf das, was er zu sagen haben werde! Er knüpfte seine Verkündigung an sein Bekenntnis an: „Was ich jetzt gelernt habe, stimmt zu der Rede, welche Gott den Kindern Israels gesandt hat, indem Er ihnen Friede anbieten (verkündigen) ließ durch – Jesum, den Messias; dieser ist ein Herr aller.“ Damit war das lösende Wort für die Versammlung gegeben. Ein wenig mochten die Hörer darauf vorbereitet sein, daß des Apostels Verkündigung auf diesen Namen abzielen werde; aber wohl kaum war jemand da, der nicht ein eingewurzeltes, von den Juden sorgfältig genährtes Vorurteil gegen diese neueste kirchliche Erscheinung in sich zu überwinden hatte. Dies spiegelt sich denn auch in der weiteren Rede des Apostels wider; in der Vorsicht, mit welcher er an den weit allgemeiner anerkannten Täufer Johannes anknüpft, und in der absichtlichen Bescheidenheit, mit welcher er von Jesus redet. Lukas malt uns die Lage obendrein noch dadurch aus, daß des Apostels Rede im Griechischen in grammatisch kaum zusammenfügbaren Sätzen vorwärtsschreitet. „Ihr wisset ja alle das Wort, welches durch ganz Judäa ergangen ist, er fing an von Galiäa durch die Taufe, die Johannes verkündete, Jesus von Nazareth, wie ihn Gott sandte mit Heiligem Geist und Kraft, der umherging, wohltuend und heilend alle, die vom Teufel überwältigt (niedergetreten) waren, denn Gott war mit ihm."

Wie Wunderbares mag in diesen wenigen Minuten in den Gemütern dieser Versammlung vorgegangen sein. Wie schnell ergoß sich ein befreiendes Licht der Wahrheit über die Dämmerhüllen der Verleumdung, in denen ihre Seelen gefangen gewesen. Also mit dem viel verschrienen, gehaßten, verachteten Jesus war's doch etwas!! Jene sonderbaren Heilungsgeschichtlein, die wir ihm halb übelgenommen haben, in wie großem Zusammenhang stehen sie hier! Wir müssen jenen vom Teufel Überwältigten abbitten, daß wir so herzlos die Wohltat, die ihnen widerfuhr, geringgeschätzt, und wie groß steht doch der Heiland vor uns, der uns so planvoll von der Tyrannei des Teufels zu befreien begonnen hat, und wie konnten wir verkennen, daß die Kraft, in der er wirkte und mit der er von Gott gesalbt war, Heiliger Geist war und daß Gott mit ihm war! Wie kam es doch dem Apostel sowohl als auch seinen Zuhörern zustatten, daß er vor ihnen so fest beglaubigt war! Denken wir uns, er wäre aus eigenem Antrieb nach Cäsarea gekommen und hätte zufällig Gelegenheit erlangt, vor dieser Versammlung zu reden, und derselben das nämliche gesagt, was wäre die Antwort gewesen? „Ja" – hätten sie erwidert – „das ist eben die Frage, darüber ist man verschiedener Ansicht." Aber wie groß wirkte nun dieses fortgesetzte Tun Gottes! „Und wir sind Zeugen alles dessen, was er getan hat im Lande der Juden und in Jerusalem. Sie haben ihn auch ans Holz gehängt und getötet; diesen hat Gott am dritten

Tage auferweckt und hat ihn lassen offenbar werden, nicht allem Volke, sondern den von Gott vorauserwählten Zeugen, uns, die wir mit ihm aßen und mit ihm tranken, nachdem er auferstanden von den Toten.“

Wie wunderbar ändert sich vor dem Geiste der Versammelten von neuem die Sachlage! Eine weitere Hülle war gefallen, die letzte, und die Sache Jesu, des Verachteten, Verkannten, stand in unerhörtem Siegesglanz vor ihren Augen. „Er ist also wirklich auferstanden! Das erzählt dieser Petrus, und er wähnt es nicht, wie wir dachten, infolge krankhafter Nervenreize, sondern er hat mit ihm gegessen und getrunken und war – das begreifen wir – mit anderen von Gott zu eben diesem Zwecke auserwählt, damit es Männer gebe, welche diese Freudenbotschaft durch die Welt tragen.“

So haben nun diese Versammelten in raschen Zügen das im Geiste miterlebt oder nacherlebt, woraus des Petrus Lebensgeschichte bestand seit der Taufe Johannes' des Täufers bis zur Auferstehung Jesu Christi. Aber rasch rückt die Geschichte vorwärts ins Heute. Hier ist es, wo die beiden Lebensgeschichten, die Jesu und die der Versammelten, durch Petrus aufeinanderstoßen. „Und er hat uns beauftragt“, fährt er fort, „auszurufen dem Volk und zu bezeugen, daß er der von Gott bestimmte Richter ist über Lebende und Tote.“ So nahe und eingreifend war Gott noch nie in die Geschichte der Menschheit eingetreten. Johannes der Täufer hatte allerdings auch innerhalb gewisser Grenzen ein Richteramt von Gott bekommen, insofern als er Vollmacht und Auftrag hatte, Sünden, die man ihm bekannte, zu vergeben. Gewiß war auch ihm für solches Tun vieles in sein eigenes heiliges Ermessen gestellt, aber er war doch nur der Kanal, durch welchen ein allgemeines Erbarmen Gottes fließen sollte, und im Zusammenhang mit dieser seiner Unselbständigkeit war auch sein Amt ein einseitiges und beschränktes. Sünden, die man ihm nicht bekannte, Menschen, die ihm nichts bekannten, gingen ihn nichts an. Er hatte nur eine Barmherzigkeit Gottes über den wirklich Bußfertigen zu konstatieren. Aber dem Herrn Jesu hat Gott das Los aller Menschen, ob diese wollen oder nicht, zu freier, selbständiger Verfügung übergeben. Damit ist dasjenige, was Gott keimartig und verheißungsweise in Johannes gegeben, zur vollen, göttlichen Entfaltung gelangt. Ein Mensch, einer der Unsrigen war es, dem unsere Sachen übergeben sind, daß er sie vor Gott endgültig in Ordnung bringe. Das ist ein personifizierter Bund Gottes mit uns.

Wir verkümmern und verstellen uns gewöhnlich diesen großen Begriff der Richterstellung Jesu, indem wir dem Zusatz „für Lebende und Tote" von uns aus noch ein Weiteres hinzufügen: „am Jüngsten Gericht". Dadurch wird das Richtertum Jesu aus dieser Zeit hinaus an die Grenze zwischen ihr und der Ewigkeit gerückt, auf einen Zeitpunkt, an welchem für uns, für unseren Eindruck, fast jeder Unterschied zwischen dem verschwindet, ob Jesus oder ob Gott unser Richter sei. Des Heilands Bedeutung ist eine menschheitsgeschichtliche, und sein Tun dieser Entwicklungszeit, dieser Werdezeit entrücken heißt, ihn überflüssig machen. Jener Zusatz „am Jüngsten Gericht" verliert schon dadurch bedeutend an Berechtigung, daß im Urtext der Artikel fehlt (Lebender und Toter heißt es, nicht: der Lebenden und Toten).

Er ist aber auch sonst durch den Zusammenhang, den er empfindlich stören würde, ausgeschlossen; denn der Heiland ist durch den Mund des Petrus in vollem Begriff, seines Richteramtes jetzt zu walten. „Lebende und Tote" kann überdies kaum heißen: solche, die das Jüngste Gericht erleben, und solche, die dann auferstanden sind; denn auch letztere leben dann (sind zur Auferstehung des Gerichts auferstanden). Dieser Unterschied ist gerade am Jüngsten Gericht ein verschwindender oder verschwundener. Die Lage aller ist dann die nämliche. Um so größer ist er innerhalb der Geschichte.

Näher liegt mir der Gedanke, mit Bezug auf Joh. 5, 25 (vgl. meine Schrift „Jesus", S. 278 [Leibniz Verlag]) „auch die Toten werden die Stimme des Sohnes Gottes hören", daß der Apostel es nicht für unmöglich hielt, auch unsichtbare Zuhörer zu haben. Jedenfalls aber will der Apostel das richtende Tun Jesu hier nicht nur als erst in ferner Zukunft eintretend, sondern auch als sofort wirksam ankündigen, denn auch das Vergeben der Sünden ist ein richtendes Tun.

Die Botschaft des Apostels hatte also rasch eine furchtbar ernste, auf die Gewissen gewendete Spitze gefunden, und die Versammlung fühlte sich vor Gericht, vor dem Richter.

Dieser Richter ist – das ermutigt sie – jener freundliche, wohltuende, allen aus des Teufels Bedrückung heraushelfende Jesus; aber es stimmt zu der Würde der Gerichtsverhandlung, daß Petrus, der nun nicht mehr als Erzähler, sondern als Beamter des Richters vor ihnen steht, nun nicht etwa eine beruhigende Versicherung im Namen seines Herrn sich erlaubt hat, daß es nach dem, wie er persönlich Jesum kenne und erfahren habe, nicht so schlimm gehen werde. Er hat keine Vollmacht, dem Urteil seines Herrn irgendwie vorzugreifen, und Richterstellung ist immer eine ernste, abwartende. Aber auf etwas anderes darf Petrus als allgemeines Menschenkind zurückgreifen zur Beruhigung seiner Hörer, auf das, was der Heilige Geist der Weissagung schon längst über diesen Richter vorausverkündigt. „Ihm", fährt er fort, „geben alle Propheten das Zeugnis, daß durch seinen Namen alle, die an ihn glauben, Vergebung der Sünden erhalten." Hatte Petrus geschlossen, oder hatte er im Sinn, noch weiterzureden? Wir wissen es nicht. Es war, als hätte der Heilige Geist sich nach dem Moment gesehnt, den Petrus beiseite schieben zu können und sich unmittelbar dieser lieben Versammlung zu eigen zu geben. Die Verkündigung von der Vergebung der Sünden war wie ein Regen auf dürres Erdreich gefallen, und sofort fiel der Heilige Geist über alle, die das Wort hörten; und die Gläubigen aus der Beschneidung, welche mit Petrus gekommen waren, entsetzten sich, daß auf Heiden das Geschenk des Heiligen Geistes ausgegossen sei, als würde es gleichsam irrigerweise und unrechtmäßig verschüttet. „Denn sie hörten sie in Zungen reden und Gott hoch preisen."

5. Abschluß des Wirkens des Petrus

In der Bekehrung der Heiden in Cäsarea hat die heilige Geschichte zwischen Gott und den Menschen, deren Protokoll die Bibel ist, einen neuen, herrlichen Zuwachs erhalten. Sorglich und zugleich feierlich eingeleitet, schloß dieses große Gotteserlebnis auf Erden mit himmlischer Feierlichkeit, durchglänzt von göttlicher Herzlichkeit, mit einem Gottesgruß, der sich sichtlich neben den Gottesgruß des Pfingstfestes stellen sollte.

Der große Abfall des Heidentums war hiermit im Prinzip verziehen. Das Tun Gottes übersprang ohne weiteres die Gedanken seines Knechtes, des Petrus. Mit einer Großherzigkeit, die sich, menschlich gesagt, nur Gott erlauben kann, eben weil Er Gott ist, wurde auch die Taufe übersprungen, und zwar um des Petrus willen, weil er sich nicht getraut hätte, dieselbe einem Unbeschnittenen zu erteilen.

Wir sind heute in Gefahr, dem Petrus unrecht zu tun in Beurteilung seiner Schüchternheit gegenüber den Befehlen seines Herrn und Meisters, das Evangelium unter die Völker (Heiden) zu tragen. Der Befehl war ja allerdings gegeben, er war auch durch allerlei Gleichnisse des Heilands, welche sich auf die nächsten erdengeschichtlichen Folgen seiner Kreuzigung bezogen, vorausgesagt; ja, er war eine unabweisbare Konsequenz der Tatsache des Auferstandenseins Jesu, gehört doch ein Auferstandener nicht mehr einem einzelnen Volke an.

Es läßt sich darüber auch folgendes denken: Wenn ein Mann wie Cornelius oder irgendeiner seiner Gefährten über seine Vergangenheit und seinen ganzen sittlichen Zustand vor Gott ins Gericht kommt, in ein erlösendes, bereinigendes Gnadengericht – ein Mann, dessen ganzes Geschlecht seit Jahrtausenden ohne bewußte Beziehung zu Gott geblieben war –, so tritt doch kaum wohl nur sein Einzelbild ins Licht des Angesichtes Gottes. Ist er doch nur das letzte Resultat einer großen Vorgeschichte, der letzte Ausdruck derselben. Es gibt in jedem Geschlecht und Volk sittliche Wegebahner, fast sittliche Erfinder, zum Bösen und zum Guten, die der Nachwelt ihr geistiges Gepräge aufdrücken. Es ist gottlob dafür gesorgt, daß die Nachwirkung der Guten dauerhafter sei, aber auch diese sind selten ganz gut. Wenn aber nun die ganze Vorgeschichte des Cornelius ins Licht des Gerichtes treten darf, vor Gott, der in Taten denkt, so bekommt jener Wink des Petrus, der Zusatz „und der Toten", eine besondere, einleuchtende Bedeutung.

Das Kindesalter der Gemeine Jesu hatte auch hierin die Art eines geistig gesunden Kindes. Ein solches ist schüchtern. Diese Schüchternheit erweckt in uns fast Ehrfurcht; sie ist wie die innere Schale, welche die sich im stillen vorbereitende Zukunft vor äußeren Einflüssen schützt. Ein solches Kind beschäftigt sich nur mit sich selbst, es will nicht auf andere wirken; vielleicht hat es einen sehr großen Einfluß auf andere, aber ohne seine Absicht und ohne sein Bewußtsein und nur dann, wenn es ohne seine Absicht und ohne sein Bewußtsein geschieht. So ist auch die Expansionskraft, der Ausdehnungstrieb einer geistigen Bewegung meist um so größer, je unbewußter und unwillkürlicher sie arbeitet, und es ist ein Stadium des Siechtums, wenn der naturnotwendige Trieb der inneren Kraft durch bewußte Absicht ersetzt wird, wie es bei manchen heutigen Erscheinungen des christlichen Lebens oft der Fall zu werden scheint, wo zum Zielpunkt der Kraft mehr das Du als das Ich gewählt wird, das heißt, wo man sich emsiger um das Heil und die sittliche Beschaffenheit der anderen als um das eigene Richtigstehen bekümmert.

Demgegenüber steht die den Stempel des Petrus tragende Anfangszeit des Christentums in majestätischer Erhabenheit da, gerade in ihrer Stille, in ihrer Kindlichkeit, in ihrer Gesammeltheit und Abgeschlossenheit. Von Gott her war dem Christentum zuallererst die Aufgabe zugewiesen, zu sein, nicht die, sich gleichsam um jeden Preis auszudehnen.

Wie im Keime das, was einst im Baum einen unermeßlich größeren Raum einnehmen wird, dem Prinzip nach im engsten kleinsten Raum beisammen ist, und zwar mit dem ganzen Duft ungetrübten Lebens, lauter Zukunft atmend, so sehen wir diese stille, feierliche Gemeine des Herrn im Vollbesitz der Gemeinschaft mit Gott. Petrus, durch den persönlichen Umgang mit dem Herrn nicht ohne gewaltige Krisen, aber doch wieder allmählich aus dem Weltlichen ins Göttliche herausgezogen, ward nun durch die Auferstehung des Herrn und durch seinen Umgang mit ihm in den vierzig Tagen vollends ins himmlische Wesen emporgehoben, „von dem Gott und Vater unseres Herrn Jesu Christi wiedergeboren zu einer lebendigen Hoffnung" (1. Petri 1, 3); und „heilig sein", das war das Licht, welches als Bedürfnis seines Herzens und Gewissens ihm leuchtete. An der Vergebung der Sünden, die nun in Christo zu den Menschen kam, fühlte er vielleicht wärmer und lebendiger die Größe der Gemütstat Gottes als die Erleichterung, die dadurch den Sündern widerfuhr.

So war er eine hehre, heilige, priesterliche Erscheinung, die das, was nach dem Willen Gottes der Heilige Geist an den Menschen wirken kann, durch ihr ganzes Wesen zu erkennen gab, ein Priester, der vielleicht mehr mit Gott über die Menschen und für die Menschen als mit den Menschen über Gott verhandelte, wie er auch (6, 2 u. 4) der Gemeinde sagt: „Wir müssen Zeit haben für das Wort Gottes", das heißt: horchen auf das, was Gott uns an neuen Aufschlüssen gibt, „und für das Gebet". Darum war er denn auch von Gott bestimmt, nach allen Beziehungen hin dem Christentum, nämlich dem, was der Mensch jetzt durch Jesum ist und was Jesus durch die Seinen tun will, die Bahnen zu brechen, die Türen aufzuschließen. Die erste Heilung, die Auferweckung der Toten, die Bekehrung des Cornelius, das waren Türen zu großen Gebieten, die ihm aufgingen; seine allergrößte Tat hierin war aber seine Pfingstrede.*

Das weitere Beschreiten dieser Bahnen durch die gebrochenen Türen, das „und so weiter" war ihm nicht als Aufgabe zubeschieden. Dafür hat Gott andere Werkzeuge, oder genauer: ein anderes Werkzeug, im stillen bereit.

Die Bekehrung des Cornelius ist in der Apostelgeschichte die letzte Gottestat, deren Werkzeug Petrus war, und stellt uns insofern den Schluß seines Wirkens dar, da sie harmonisch, wie das O dem A, seiner Anfangstat am Pfingstfest entspricht. Sie war auch der krönende Schlußstein derselben, das abschließende Gegenstück zum Pfingstfest. Seine Pfingstrede, sein A, rief die Gemeinde Jesu ins Dasein – seine Corneliuspredigt, sein O, öffnet die Kerkertür der Völkerwelt. Damit war denn auch s e i n e Arbeit getan. Überraschend, ja schreckhaft ist nun der Schluß, der plötzlich seinem Wirken und damit der Zeit, die seinen Namen trägt, gesetzt wird. Aber so unvermittelt und erschrekkend er eintritt, so unverkennbar sehen wir doch darin ein göttliches Wollen, namentlich auch in der merkwürdigen Feierlichkeit, die ihm eignet und die denn auch Lukas in sorgfältiger Ausführ-

---

* Die Schlüssel des Himmelreichs, die Jesus dem Petrus gab, sind in des Petrus Hand nach den Worten: „Klopfet an, so wird euch aufgetan" – auch die Schlüssel der Zukunft. Sein Anklopfen öffnete. Insofern ist das Bild des Schlüssels dem Bild der Siegel in der Offenbarung (Kap. 5) verwandt, welche das zukünftige Heil verschließen, das heißt, das Eintreten desselben verhindern. Das Lösen eines solchen Siegels ist ähnlich dem Öffnen eines Schlosses.

lichkeit schildert. Der weltliche Staat ist es, der dem ferneren Wirken des Petrus Einhalt gebietet oder seiner stillen, geistig königlichen Stellung ein Ende macht.

Petrus ist die verkörperte Hoffnung auf Israels Bekehrung, und gerade um dieser Bedeutung willen wohl ist er Israel lästig, ja verhaßt und unerträglich geworden. Denn offenbar ist in der Stimmung des Jerusalemsbürgers gegen die Sache Jesu eine Umwandlung eingetreten; denn während nach unseren bisherigen Berichten die Apostel bei dem Volk als Knechte Gottes hohe Verehrung genossen, so „gefiel" es diesmal dem Volk, daß Herodes den Jakobus hinrichtete. Es überrascht uns dies keineswegs; das Gewissen eines Menschen kann nicht jahrelang in der Schwebe bleiben. Eine Zeitlang hielt jene uns bekannte Stimmung vor: „Ich bringe es zwar heute noch nicht über mich, ein Christ zu werden, aber eigentlich sollte ich ein solcher sein." Aber solche Zwitterstimmung endete über kurz oder lang entweder in Bekehrung oder in Haß, und das letztere scheint massenhaft eingetreten zu sein. Herodes aber, jederzeit bereit, den Juden eine Gefälligkeit zu erweisen, sofern es ihn nichts kostete, und Staatsmann genug, um die Volksstimmung herauszufühlen, will dem Volk zuliebe Petrus hinrichten. Gleichsam versuchsweise, als Fühler, wird Jakobus' Hinrichtung vorgenommen, und als das „dem Volk gefiel", wird Petrus für die nämliche Bestimmung verhaftet. Es ist seit Pilatus das erste Mal, daß der Staat sich – und zwar feindselig – in die Sache Jesu mischt. Daß er es aus freier Hand, von sich aus tat, geschieht hier überhaupt zum ersten Mal. Es ist aber diesmal nicht Rom, sondern Herodes, jener „Fuchs", wie Jesus sagt, das heißt jener unberechtigte Eindringling in den Weinberg Gottes. Herodes ist ein Typus jener Günstlinge des Weltglücks, welche die Menschen rein nur für ihr Interesse ausbeuten; und wir sind gespannt darauf, wie Gott den Eingriff eines solchen in die Sache Jesu aufnehmen und beantworten wird. Er selbst, Herodes, nahm die Sache nicht leicht – wußte er doch von der wunderbaren Befreiung der Apostel. Vier Vierschaften (also sechzehn) Kriegsknechte haben den Petrus zu bewachen, und er ist mit zwei Ketten gebunden, damit er alsbald nach Ende der heiligen Festtage dem Volk „vorgestellt", das heißt hingerichtet werde.*

Dem Herodes persönlich war, wie wir nachher sehen, sein Urteil von Gott schon gesprochen; aber wie wird es dem Petrus ergehen? „Unaufhörlich betet die Gemeinde seinetwegen zu Gott." Seinetwegen, nicht für ihn. Die Gemeinde bangt wohl schwerlich um Petrus, wohl aber um sich. Soll sie des Petrus beraubt werden? Sie befürchtet einen Beschluß Gottes nach dieser Seite hin. Sie hat sich wohl auch gefragt: Haben wir das nicht etwa verdient? Und mit wieviel Grund sie sich so frugen, wissen wir natürlich nicht mehr. Die Art, wie sie die Bekehrung des Cornelius aufgenommen und dem Apostel über dieses sein schönstes Erlebnis Vorwürfe gemacht hatten, gibt uns vielleicht einen Einblick in viele verborgene Nöte des Apostels mit ihnen, die etwa Gott gleichsam zu dem Vorschlag veranlaßten: Ich will dir Urlaub geben. Aber – ob infolge des Betens der Gemeine oder sonstwie – die Sache wendete sich freundlich; und mit majestätischer Feierlichkeit holt der Engel Gottes den Apostel aus dem Gefängnis.

Lebendig fühlen wir mit Petrus, wenn er wie ein Kind und wie im Traume dem Engel folgt und, als er schon draußen an der Gassenecke stand, noch gewärtig ist, durch die eiserne Wirklichkeit seiner Kette aus dem Traum geweckt zu werden, bis er sich endlich von der seligen Wirklichkeit: „Gott hat Seine Engel gesandt" überzeugt.

Recht bezeichnend ist es auch für uns Menschen, wie die vielen, die bei der Mutter des Markus noch in später Nacht vereinigt sind, um für die Befreiung des Petrus zu beten, es rein für unmöglich halten, daß der leibhaftige Petrus vor der Tür stehe.

Das war die Antwort Gottes an Petrus oder vielmehr an die Gemeine über Petrus. Urlaub hat er übrigens doch bekommen; er ging an einen anderen Ort, überließ also die Zentralstellung in Jerusalem dem Jakobus, dem Bruder des Herrn, und auch als er bald wieder nach Jerusalem zurückkehrte, scheint er in stillerer Stellung geblieben zu sein. Das alles läßt uns übrigens Lukas nur vermuten, infolge der auffallenden Gleichgültigkeit, welche bei ihm, wie bei den Christen jener Zeit überhaupt, bezüglich

---

* Das verschönernde Wort „vorstellen" für hinrichten erinnert an ein noch verschönernderes aus der Zeit der spanischen Inquisition für Hinrichtung: *Autodafe*, das heißt: „Glaubenstat", „Glaubenshandlung".

der Rangstellung und der Regierungsverhältnisse der Gemeinde herrschte.

Die Antwort Gottes an Herodes selbst blieb nicht aus und wird uns von Lukas noch ausführlich erzählt. Die Erzählung bildet einen seltsamen Bestandteil der Apostelgeschichte; sie steht wie ein Fremdling da. Es ist die einzige Erzählung, welche innerhalb ihrer selbst keinerlei Beziehungen zum Christentum enthält. Vielleicht denkt der Erzähler schon an Paulus, welcher vielleicht – als Lukas dies schrieb – noch am Leben, aber immerfort gefährdet war. Sei dem, wie ihm wolle – jedenfalls will Lukas all den Geistesgenossen des Herodes einen Wink geben, von der Sache Jesu die Hand wegzulassen. Herodes, ein Lebemann durch und durch, will eine große Tat tun; er will Tyrus und Sidon bekriegen. Vorausgesetzt, daß Rom es erlaubt, ist der Gedanke weltlich so übel nicht, denn da sitzt ein im Reichtum alt und bequem gewordenes Kaufmannsvolk. Ein Krieg mit diesem wäre ebenso leicht wie lohnend; aber diese Herren wissen sich zu helfen. Sie wenden sich an Blastus, nicht etwa ein Minister, sondern in der Tat ein Kämmerer oder Kammerherr des Fürsten, der nur mit den persönlichen Vergnügungen usw. seines Herrn, nicht mit den Staatsgeschichten zu tun haben sollte. Diesen überreden sie; womit? – das findet Lukas nicht nötig zu sagen. Eine feierliche, schmeichelnde Deputation an den Fürsten mußte das übrige tun, und der Empfang dieser Deputation durch den Fürsten gestaltete sich (wohl nicht ohne des Blastus Bemühen) zu einer unerhörten Schmeichelei gegen jenen. In einem – wie uns Josephus berichtet – in Gold und Edelstein glänzenden Kleide saß er auf dem Thron, und das wohlvorbereitete Volk begrüßte ihn als einen Gott. „Alsbald schlug ihn der Engel des Herrn, darum daß er die Ehre nicht Gott gab, und wurmgefressen gab er den Geist auf.“

6. Antiochia

So neigt sich ein großer Abschnitt der Lebensgeschichte der Gemeinde Jesu in der Person des Petrus, der dieser Jugendzeit der Gemeine das Gepräge gab, einem gewissen Abschluß zu. Er ist nach der Natur der menschlichen Geschichte kein voll befriedigender, ein gleichsam nur provisorischer. Die Frucht, auf die seine ganze Anlage abzielte, hatte er nicht hervorgebracht, denn die ganze Situation der Urgemeinde war darauf angelegt, dem Moment entgegenzuharren, wo Israel Jesum als seinen Messias, seinen Fürsten anerkennt und wo dann in natürlichster Folge von Zion Gesetz ausgehen wird über die Völker, das immer mehr Anerkennung und Nachachtung findet. Dieser Gang der Geschichte Jesu im großen Stil, dieser Herrlichkeitsweg zur Herrschaft über die Völker wurde sistiert, ja man möchte sagen: wurde von oben her aufgegeben, wie es ja eigentlich Jesus schon in seinen Gleichnissen vorausgesehen. Diese Wendung der Dinge wurde vom Himmel her ausgeführt durch eine neue, unerwartete Herrlichkeitstat des Herrn, durch die Bekehrung des Apostels Paulus.

Dieses Ereignis war eigentlich, wie uns ja allen bekannt, ungefähr gleichzeitig mit der Bekehrung des Cornelius und der Auferweckung der Tabea und der Rundreise des Petrus geschehen. Wir haben aber die Betrachtung desselben auf später verschoben, um die Geschichte des Apostels Paulus in ununterbrochenem Zusammenhang überschauen zu können. Wir konnten dies ohne Schaden tun, weil es vorderhand in Jerusalem bei weitem nicht in der Bedeutung erkannt wurde, welche die Folgezeit an ihm offenbarte. Man freute sich dort mit Bewunderung und Lobpreisung Gottes über die göttlich erhabene und göttlich freundliche Wendung, die es mit dem argen Feinde Saulus genommen; das war vorderhand alles. Wir werden nachher sehen, daß man im Verlaufe wie von einer Beklemmung entledigt war, als man ihn in Tarsus wußte.

Wie man in einem Feldzug aus einer Anzahl weit entlegener und scheinbar völlig unzusammenhängender Bewegungen plötzlich den einheitlichen Plan des Generalstabs entdecken kann, so sehen wir es hier mit der Anbahnung zum Vollzug jenes himmlischen Beschlusses. Wir lesen die Bekehrung des Saulus, des künftigen Apostels der Heiden, wir lesen nachher die Bekehrung der Heiden in Cäsarea in feierlicher Weise – aber schon vorher, zwischen diesen beiden Ereignissen, ist das Evangelium – den Zwölfen ganz unvermerkt – zu den Heiden gelangt, und zwar in der großen syrischen Handelsstadt Antiochia, etwa vier bis fünf Stunden oberhalb der Mündung des Orontes, der nördlich von Phönizien sich ins Mittelmeer ergießt. Diese Stadt, in welcher die damalige Neuzeit in bunter Mannigfaltigkeit oder Mischung syrischen, griechischen, römischen Denkens vertreten war, war zu einem notwendigen und wohltätigen Herd des neuen Heilsplans für eine Übergangszeit ausersehen. Aber der Gedanke eines selbständigen, nicht-israelitischen, nach Israels Sprache also heidnischen Christentums war etwas so Neues, daß er in der Tat – sollte der Zusammenhang mit der Vergangenheit nicht geradezu reißen – der sorgfältigsten Vermittlung bedurfte. Und so sollte dieser Gedanke, ehe ihn Paulus als der Apostel der Völkerwelt selbständig vertrat, wie in einem Frühbeet gehegt und gezeitigt werden in einer Gemeinde, die nach Gottes Absicht ohne Wissen Jerusalems, ja auch ohne Zutun der Apostel entstand, die aber von Anfang an in natürlicher kindlicher Abhängigkeit unter Jerusalem sich stellte, aber in Abhängigkeit reiner Pietät und Dankbarkeit. Es war dies zugleich das Frühbeet, in welchem ein anderes Pflänzchen erstarken sollte: Saulus – Paulus.

Wir haben über Antiochia in der Apostelgeschichte nur dann und wann gleichsam gelegentliche Notizen, einen freundlichen Seitenblick von Jerusalem dorthin. Aber durch alle diese Notizen geht von Anfang an ein lieblicher Grundton: es ist ein fröhliches, jugendfrisches Aufblühen unter einer selbständigen Gnade Jesu. Der Unterschied dieser jungen Gemeinde von der Muttergemeinde entspricht auch dem Unterschied der Handels- und Großstadt von dem abgeschlossenen, isolierten Hort des Judentums. Dann und wann sehen wir einen der bedeutenden Männer Jerusalems nach Antiochia ziehen, um dieses neue Leben in Augenschein zu nehmen, und meist kehrt er nicht wieder zurück; es gefällt ihm dort besser. Entsprechend dieser göttlichen Bedeutung der Gemeine in Antiochia war auch ihre Entstehung.

Es mag uns verwundern, daß auch die Bekehrung des Cornelius ohne Folgen blieb für das Verhalten der Apostel zur Heidenwelt. Es gehört dies zu der oben erwähnten heiligen Schüchternheit und der abwartenden Stellung der ersten Gemeinde, hat aber allerdings nebenbei noch zur Ursache eine Eigenart der Jerusalemsgemeinde, die sich später ungünstig entwickelte, ein fast gedankenloses Ausruhen auf dem Gesetz. Daß Petrus den Cornelius taufte, nachdem derselbe den Heiligen Geist empfangen hatte, das wurde von dieser Gemeinde fast mehr nur verziehen oder entschuldigt, als daß sie Gottes gewaltiges Wort, mit dem Er die Beschneidung übersprang, verstanden, zu Herzen genommen und mit Jubel begrüßt hätte. Und das war dann für Petrus eine neue Veranlassung, ohne weitere Winke Gottes nicht unmittelbar ein neues Gebiet anzugreifen.

Das Evangelium kam an die Heiden eigentlich unversehens durch zyprische Christen, welche gleichsam in fröhlicher Unbedachtsamkeit, aus unwillkürlichem Antrieb ihres Herzens und ohne Ahnung, etwas Besonderes zu tun, den Griechen die Freudenbotschaft von Jesu, dem Herrn, verkündigten. Diese Unvorsichtigen waren – und das ist für die ganze künftige Geistespersönlichkeit Antiochias von hoher Bedeutung – geistige Enkelkinder der Stephanuskrise. Von den aus Jerusalem Verjagten gingen (11, 19) manche bis nach Phönizien, bis nach der benachbarten Insel Zypern und bis nach Antiochien. Noch völlig in ihre Jerusalemserlebnisse eingehüllt, redeten sie selbstverständlich zu niemand über Jesus, d. h. mit der Zumutung, an ihn zu glauben, als zu Juden. Diese Juden aber, namentlich in Zypern (11, 20), hatten mit den Heiden in ihrer Jugend als Knaben gespielt, hatten als Männer mit den Männern verkehrt und in Freud und Leid genügend Gelegenheit gehabt zu merken, daß sie doch auch Menschen sind, daß auch in ihren Herzen höhere Bedürfnisse schlummern. Der Zusammenhang ihres Judentums mit Israels heiliger Vergangenheit hatte sich durch ihr Aufwachsen in der Heidenwelt insofern vorteilhaft gelockert, als ihnen dadurch der ewige, der immer wieder „heutige“ Wert des Glaubens Abrahams und seine Bedeutung für alle Menschen heller wurde. Solche redeten dann von dem, wovon ihr Herz voll war, in aller Einfalt und ohne eine Ahnung davon, welche Lawine sie damit in Bewegung setzten, auch zu Heiden, und zwar in Antiochien. Aus reinem Brudertrieb brachten sie das Evangelium zu ihren heidnischen Genossen. „Und die Hand des Herrn war mit ihnen, und eine große Zahl ward gläubig und bekehrte sich zum Herrn.“ Also auch hier wieder haben wir einen unmittelbaren

Eingriff des Herrn Jesu, ähnlich wie nach dem Pfingstfest „der Herr täglich hinzutat zu der Gemeinde, die da gerettet wurden". „Recht so!" Das war die rasche Antwort vom Himmel her auf die liebenswürdige Unvorsichtigkeit dieser Zyprier.

In Jerusalem erregte diese unerwartete Neuigkeit gewiß bei manchen ängstlichen Gemütern Angst und Schrecken, als sei das Christentum in Gefahr, in etwas ihm eigentlich Fremdes auszuarten. Jedenfalls erforderte die Sache ernste Prüfung und sorgliche Leitung, und wieder wird – ähnlich wie bei dem Sieg des Evangeliums in Samaria – ein Mann gesandt, die Sache zu untersuchen. Die Wahl fiel nicht auf einen Apostel, sondern auf einen Mann, welcher geistig zu Antiochia parallel steht; war Antiochia der Ort, so war er der Mann der Übergangszeit. Es ist Barnabas, oder seines Namens Joseph (4, 36), ebenfalls ein zyprischer Jude, jener Levit, den wir schon (S. 49) kennengelernt. Er hatte von den Aposteln den Ehrennamen „Bar Nabas" – „Sohn des Trostes oder des Zuspruchs" – erhalten. Die Kunst, mit Erfolg zu trösten oder zuzusprechen, beruht auf der Gabe, sich in des anderen Lage und Gemüt hineinzudenken und hineinzuleben, mit ihm zu fühlen, zu leiden, zu denken; und diese Kunst hatte er in einer für die Apostel fast beschämenden Weise darin erprobt, daß er früher als sie in dem bekehrten Saulus das Echte erkannte. Es war wohl eine Demutstat der Apostel, daß sie zu ihm sagten: Du bist für Antiochia der rechte Mann. So scheint auch er bange hingegangen zu sein, denn er „freute" sich, als er die Sache in Ordnung fand, aber er sah „die Gnade, die von Gott war" (τὴν χάριν τὴν τοῦ θεοῦ). „Er ermahnte sie alle, dem Vorsatz ihres Herzens getreu, im Herrn zu bleiben." Es ist uns wichtig, hier schon jener Hauptsache zu begegnen, auf welche später Paulus den Ton legen wird: „im Herrn, im Heiland sein". Barnabas fand sie schon versorgt in dem lebendigen Heiland.

Von jenen Christen, die – von Jerusalem aus Antiochia besuchend – nicht mehr nach Jerusalem zurückkehrten, ist Barnabas der erste. Es wird ihn hierzu nicht nur die Freude an dem großen Volk, das dem Herrn zugetan war, und an der Gnade Gottes, die über ihnen waltete, bewogen haben, sondern auch die Einsicht, wie wichtig es sei, daß dieses neue Volk des Herrn von erfahrener Hand geleitet werde. Barnabas war (11, 24) „ein guter Mann, und voll Heiligen Geistes und Glaubens." Das bestätigt sich auch darin, daß er für diese Aufgabe: Heiden, die an Jesum glaubten, richtig zu leiten, gerade auf jenen bekehrten Pharisäer verfiel, der es sich eigentlich in den Kopf gesetzt zu haben schien, er würde am besten verwendet als Zeuge unter seinen früheren Gesinnungsgenossen. Es bedurfte der Güte, des Geistes, des Glaubens, die Barnabas eigen waren, um zu ahnen, wie trefflich dieser des Pharisäismus übersatte Mann zu der ganz neuen Aufgabe passe, die sich dem Christentum auftat. So zog er nach Tarsus, Saul zu suchen, und da er ihn fand, „führte" er ihn gen Antiochia. Man sieht schon hier die militärische Weise, über neue Jünger zu verfügen, der wir nachher bei Paulus begegnen werden. „Und es geschah ihnen, daß sie auf ein ganzes Jahr in Antiochia aufgenommen (beherbergt) wurden und gewaltig viel Volk lehrten." In Jerusalem war es bei der äußerst einfachen Lebensweise und bei der Gütergemeinschaft kaum der Rede wert, über die ökonomische Stellung der Gemeindeleiter zur Gemeinde sich Gedanken zu machen; hier aber treffen wir zum ersten Mal eine Gemeinde, welche es dankbar annimmt, daß ihr der Herr von auswärts her Männer zuführt, denen er es zum Lebensberuf machte, sich ihr zu widmen, und bei dem Reichtum der Handelsstadt und der Freigebigkeit der Gemeinde ist es nicht zu verwundern, daß sie sofort auch die geschäftliche Seite ins Auge faßte, daß sie sich nicht dabei beruhigte, nur die Empfangende zu sein. Lukas erwähnt dies, malerisch die freudige Überraschung der Empfangenden wiedergebend, aber zugleich auch in der knappen Kürze, mit welcher das Ökonomische immer als rein Nebensächliches behandelt wird.

Der Aufenthalt der beiden in Antiochia scheint viele Jahre gedauert zu haben; ein ganzes Jahr lang – so verstehen wir Lukas – ließen sie sich diese an Besoldung erinnernde Unterhaltung gefallen, voll Dank für die Größe der Gabe; in der übrigen Zeit hat wohl Saulus, seiner späteren Maxime gemäß, sein Brot mit seiner Hände Arbeit verdient.

---

* Sie wurden vom abergläubischen Volk vielfach neben die Christen gestellt, um der beiden gemeinsamen Verachtung der Götter willen. „Hinaus mit den Christen und den Epikuräern!" riefen z. B. die abergläubischen Schwindler vorsorglich, bevor sie Wunder tun wollten.

Wir begreifen, daß die Bevölkerung Antiochiens nicht recht wußte, wie sie dieses aus ihrer eigenen Mitte ausgeschiedene große Volk, das Jesu, dem Herrn, zugetan sich nennt, bezeichnen – in welcher Rubrik sie dasselbe unterbringen sollte. Dieses Volk hatte ihre Götter verlassen und war dadurch den Juden verwandt, daß sie fortan nur dem Einen, unsichtbaren Gott dienten; aber Proselyten der Synagoge waren sie nicht, sie blieben im übrigen Heiden (Nicht-Israeliten). Als eine neue Religion im heutigen Sinn wurden sie kaum schon erkannt. Man beurteilte sie ähnlich wie die volkstümlich gewordenen philosophischen Richtungen jener Zeit. Ich denke an Epikur, der neben einer unlöblichen, peinlich berührenden Frivolität doch wieder durch seine schneidige Bekämpfung des Aberglaubens immerhin auf viele denkende Geister eine befreiende und dadurch hinreißende Wirkung ausübte. Seine Anhänger nannte man Epikuräer.* So nannte man nun dieses Volk Anhänger des Christus, „Christianer“.

Das erste, was uns vom Leben dieser Gemeinde erwähnt wird, ist der Beweis ihrer dankbaren Liebe zu der armen Muttergemeinde in Gestalt der Geldsteuer, die sie vorsorglich derselben zusandte für eine vorhergesagte Teuerung. Sie schickten dieselbe durch die Hand des Barnabas und Saulus.

7. Saulus

Nachdem wir so durch Philippus die Laufgräben in die Gebiete der Völkerwelt eröffnet sehen und bevor wir die feierliche Aufschließung dieser Völkerkammer in der Bekehrung des Cornelius durch Petrus vernehmen, erzählt uns Lukas den Sieg Jesu über seinen Verfolger Saul. Mit Vollmachten vom Hohenpriester ausgerüstet, sehen wir diesen Jüngling eine Art Raubzug nach Damaskus unternehmen, um womöglich von dorther eine Herde gebundener Männer und Weiber, die er „als dieses Weges seiend“ fände, nach Jerusalem heimzutreiben. Eine seltsame Kriegsführung; seltsam im Objekt, seltsam in den Beweggründen, seltsam in den Mitteln, d. h. in den Begriffen von Recht und Gerechtigkeit in bezug auf die Wahl derselben. In allem verrät sich eine aufs äußerste gesteigerte hitzige Krankheit eines großangelegten Geistes. Von dem, was der Heiland seinen Jüngern voraussagte: „Es wird die Zeit kommen, daß, wer euch tötet, wird meinen, er tue Gott einen Dienst daran" (Joh. 16, 2), sehen wir hier die genaueste Erfüllung. Saulus ist ein Repräsentant, ja vielfach ein Produkt des Pharisäismus jener Zeit. Die neutrale, ja fast versöhnliche Stimmung gegen das Christentum, welche in dem Antrage Gamaliels ihren Ausdruck fand und welche uns später wieder begegnen wird, war durch die Stephanuskrise vorderhand völlig gewichen, sowohl durch die überraschende Warnung seitens der Griechischen vor den Gefahren, die in dem jungen Christentum dem Judentum und gerade dem Pharisäismus drohten, als auch durch die königlich sichere, fast möchte man sagen: Richterzorn atmende Antwort des Stephanus. Unschuldig vergossenes Blut übt gewißlich auf seinen Ursächer zuerst eine verfinsternde Kraft aus. So waffneten sie sich von neuem mit erkünsteltem Stolz auf vermeintliche Gesetzestugend und auf ihren Ehrentitel, die „Hüter des guten alten Glaubens" zu sein.

Die Vergebung der Sünden im Namen Jesu, die seit Pfingsten in stetig steigender Wirkung eine Macht geworden war, eine Gotteskraft, welche die Seelen zur Gemeinde Jesu herüberzog, sie war es wohl vornehmlich, wogegen sich ihr angeblich heiliger Haß richtete. War ihnen Jesu Verhalten zu den Sündern in seinen Erdentagen, milde gesagt, unklar, unvorsichtig gutmütig vorgekommen, so erschien ihnen nun diese Proklamation der Vergebung der Sünden vollends als eine Umkehrung aller echt sittlich religiösen Begriffe (ähnlich wie später dem heidnischen Philosophen Celsus). An die Stelle des bisherigen Hauptunterschieds unter den Menschen, des Unterschieds von Gerechten und Ungerechten, war der Unterschied von Bußfertigen und Unbußfertigen, Gläubigen und Ungläubigen getreten, und das schien ihnen den Wertunterschied zwischen einer reinen und unreinen Vergangenheit allzusehr umzustoßen. „Christus", so sagten sie (Gal. 2, 17), „ist ein Diener der Sünde", „ein Religionsstifter, der den Ernst des Sündenbegriffs aufhebt und damit notwendigerweise der Sünde aushilft." (Über die Bedeutung des Wortes „Sündendiener", das von Luther nicht verstanden wurde, werden wir im zweiten Teil in der Erklärung des Galaterbriefes reden.) Diese scheinbar hochsittliche Stellungnahme gegen das Christentum hängt mit der innersten Krankheit des Pharisäismus aller Zeiten zusammen. Er kennt eigentlich jene Unterschiedslosigkeit der Menschen, wie das Christentum sie voraussetzt, nicht; er glaubt eigentlich nicht, daß sie alle Sünder sind. Er geht aus von der Voraussetzung einer besonderen Klasse von Gerechten, in welche der Übertritt aus der Klasse der Sünder höchstens durch eine schwere Gerechtigkeitsleistung erfolgen könne. Daß dieser vorteilhafte Unterschied jener besonderen Klasse auf Selbsttäuschung beruhe, verhehlt er sich beständig, und es kann vorkommen, daß, wenn ein solcher vermeintlicher Frommer eine Ahnung bekommt von seiner Selbsttäuschung, er sich, im Interesse der Sache, der Ehre der Frömmigkeit, verpflichtet fühlt, eher sich selbst in Heuchelei und Verstockung der guten Sache zum Opfer zu bringen, als derselben solche Schande zu bereiten, daß er durch öffentliches Begehren der Gerechtigkeit sich selber als Sünder erfinden läßt (Gal. 2, 17).

Hierzu kam noch eine andere Verstimmung, die ebenfalls durch die Stephanuskrise, d.h. durch die Warnung seitens der Griechischen, aufs höchste verschärft war: die patriotische. Ihr Glaube an den Gott Abrahams war Nationalstolz geworden; er hatte durch ihr Schoßkind, die Synagoge jener Zeit, bedeutende Nahrung gewonnen, denn in der Tat leuchtete die Synagoge schon in allen Handelszentren als eine hervorragende Zeiterscheinung, als ein sittlich geistiges Institut, eine Organisation, Menschen und Familien unter dem Banner einer sittlichen Idee zu verbinden, der die gesamte damalige Mitwelt nichts Ähnliches zur Seite zu stellen hatte, und dies konnte die Pharisäer nicht ohne Grund zu unbestimmten, aber doch zuversichtlichen Hoffnungen auf weitere Erfolge stimmen. Sie sagten sich: Wir sind die Krone des Judentums, und das Judentum ist die Krone der Welt, nicht nur die Krone, sondern etwas über die anderen Völker dem Wesen nach Erhabenes. Sie waren dadurch im besten Begriff, wirklich die Krone der Welt – der Welt des Abfalls – zu werden, und gerade diese Einsicht (Ahnung wäre zuwenig) verwandelte ihre Furcht in Haß, die Einsicht nämlich, daß sie, wie sie sind, durch das Christentum von ihrer höchsten Höhe herab nicht nur auf das Niveau der anderen Menschen erniedrigt, sondern fast als die allertiefst Stehenden ans Licht gestellt werden. So sahen sie in Jesu nicht nur den angeblichen Sündendiener, sondern auch den gefährlichen Feind – angeblich ihres Volks und seiner zukünftigen Geschichte – eigentlich aber ihrer eigenen vermeintlichen sittlichen Ehrentitel. Um diesen Standpunkt festhalten zu können, bedurfte es einer immer entschlosseneren Verstockung gegen die Gottessprache der Wunder, ja allmählich wohl fast einer bewußten Verstockung gegen die vernehmliche Sprache des Heiligen Geistes.

In dieser Luft ist unser Jüngling Saulus aufgewachsen, und die Verachtung Jesu, der Haß gegen ihn, der ihm von seinen Lehrern eingeimpft wurde, war deswegen entschuldbarer, weil er schwerlich Jesum persönlich gekannt hatte. Der Schülerhochmut, der Parteieifer, die Freude am Haß, von welcher der Mensch, wenn er einmal davon genippt, so bald berauscht wird, die Hoffnung, sich große Verdienste vor Gott und Ehre vor den Menschen zu erwerben, halfen mit, die Giftfrucht zu zeitigen, in welcher diese ganze Stimmung wie naturnotwendig ihren Ausgang suchte, und so sehen wir denn diesen für Gesetz und pharisäische Gerechtigkeit begeisterten, auf sich und sein Volk stolzen Jüngling in vermeintlich edlem Ehrgeiz jenem angeblichen Feinde seines Volkes, jenem Diener der Sünde einen Krieg bis zur Vernichtung erklären. Ein erschütterndes Seelenbild! Sich einbildend, von lauter Eifer, Gott zu dienen, erfüllt zu sein, ist er durch die oben geschilderte Krankheitsentwicklung auf eine Stufe der Entmenschlichung gelangt, die uns schaudern macht. Wie viele Blutschulden hatte er schon auf dem Gewissen, Blutschulden ernstester Art, nicht nur solcher, die durch seine Schuld ihre Bekenntnistreue mit dem Tode gebüßt, sondern schwächerer Seelen, die er – offenbar mit Erfolg – zu lästern und damit also auf die Seligkeit ihrer Seele zu verzichten gezwungen hatte.

Was wird nun sein großer Gegner, der Heiland, tun? Er hat die Seinen gesandt wie Schafe mitten unter die Wölfe, ohne alle Gewähr, sie vor den Wölfen zu schützen; sie sollen denselben gegenüber in der gleichen Lage bleiben, in der er sich befand. Unermeßlich groß und verheißungsvoll ist darum um so mehr die große Gottestat, die nun eintritt. Er, Jesus, der Verherrlichte, der sich der Welt nicht zeigen durfte noch wollte, offenbart sich dieser letzten Ausgeburt bewußter Feindschaft gegen ihn, um damit, wie mit einem Posaunenstoß, sein Evangelium an alle Sünder zu verkündigen. Schon war Saulus dem Ziel seines Raubzuges nahe. Da, mitten auf dem Weg, umstrahlte ihn plötzlich ein Licht, heller als der Sonne Glanz, aus dem Himmel herab, das ihn und seine Begleiter zu Boden warf, und eine Stimme, die alle hörten, nur er aber verstand, rief: „Saul, Saul, was verfolgst du mich?" Daß er den, der also rief, sah, erzählt er uns in 1. Kor. 15, 8; merkwürdigerweise schweigt Lukas hierüber sowohl in seiner eigenen Erzählung des Vorfalls als auch in der zweimaligen Wiedergabe der Erzählung des Apostels (Kap. 22 u. 26). Es zeichnet dies den maßvollen, feierlichen, heilig schüchternen Charakter der genaueren Erzählung des Erlebnisses. Man ist nicht aufgelegt, mehr, sondern man ist stark gehalten, minder zu erzählen, als man erlebt hat. So ist es auch hier dem Erzähler für Paulus zumute. Es lag in dieser Frage Jesu dieselbe Art, die wir an ihm in seinen Erdentagen kennen. Kein Wörtlein von Kritik, von Urteil, von Tadel oder Vorwurf, reine kurze Darlegung des Sachverhalts; „alles, was offenbar wird, das wird Licht." Die Sünde darf bloß genannt, ins Licht gestellt sein, um auch sofort verurteilt zu sein. Doch, wer der Fragende sei, mochte Saul wohl ahnen; wissen konnte er es nicht, und er schauderte wohl vor dem Gedanken, seine Ahnung möchte die richtige sein. Das wußte er: der, der mich so fragt, ist über alle Maßen hoch, ist der Herr, und ich bin in seinen Händen, und wie heilig, wie hell göttlich, als aus dem Wahrhaftigen, allein Richtigen heraus die Stimme klang, davon können wir uns keine Vorstellung machen. Zitternd fragte er: „Wer bist du, Herr?" Er aber: „Ich bin Jesus, den du verfolgst." Welch eine Offenbarung! Mit einem Schlage ist Saulus ins Licht der ganzen Wahrheit gestellt, wer Jesus ist, den er verfolgt – und wer er, Saul, ist. Von der höchsten Höhe, vermeintlich eines der nützlichsten Werkzeuge Gottes zu sein, ist er zur tiefsten Tiefe herabgestürzt, und ein Abgrund von Verwerflichkeit, von Schuld, von verdienter grauenhafter Zukunft gähnt ihm in seinem Innern entgegen. „Was soll ich tun, Herr?" ruft er, gewiß zu allem, zum Erniedrigendsten, Schmerzlichsten bereit.

Welche Gänge der Abbitte, der Selbstdemütigung standen wohl vor seiner Seele! Ja, auch daran, Qualen selbst über sich verhängen zu wollen, denkt in solchen Fällen der Mensch. Aber diese Gedanken waren das Werk eines Augenblicks, sie wurden so rasch durch ein weiteres Wort des Herrn unterbrochen, daß jene seine Frage in der Haupterzählung gar nicht erwähnt ist. „Gehe hin in die Stadt, da wird man dir sagen, was du tun sollst.“ Überfließend tröstlich war diese Antwort nicht. Sie war königlich abgemessen, gleichsam in jenes feierliche Gewand des Schweigens gehüllt, das sowohl dem Richter als dem Erzieher geziemt, jenes Schweigens, dem eine so außerordentlich wirksame, durch nichts anderes ersetzbare Beredsamkeit innewohnt. Das Licht verschwindet für Saulus vollständig, er sieht sich in Dunkel und Finsternis gehüllt – er ist blind!

Erschüttert, gedemütigt zieht die Schar in die Stadt; seine Begleiter ohne volles, wenn auch wohl nicht ohne alles Verständnis des Hergangs, den er wohl, gedemütigt genug, ihnen erzählte. Drei Tage schwebt Saulus in vollständiger Ungewißheit, drei Tage auch dauert es, bis es von ihm heißen kann: „Siehe, er betet.“ Was mag alles in ihm vorgegangen sein! Oft hatten ihm wohl jene Opfer seines Hasses versichert, Jesus sei ganz gewiß auferstanden, und sich auf das Zeugnis der Apostel berufen, die ihn gesehen hatten, ja sie hatten wohl teilweise beteuert, selbst mit unter den Fünfhundert gewesen zu sein, die ihn gesehen hatten, und immer wieder wähnte er sich verpflichtet, sich jenes sogenannte „Sehen“ ähnlich zu deuten, wie die heutigen Zweifler nun das seinige zu deuten versuchen: als die Wirkung eines aufs höchste gesteigerten Nervenlebens oder dergleichen. Aber wie beschämt, vernichtet steht er nun vor der überwältigenden Macht der Wirklichkeit! Die Wirklichkeit des Göttlichen hat, wo sie ins Offenbare tritt, eine Macht der Klarheit und Gewißheit, der gegenüber unsere sinnliche Wirklichkeit, als das minder sichere, fast wie ein Traumbild in den Schatten tritt. Was wird ihm werden? Noch ist, so scheint es, nichts über ihn beschlossen. Das Buch seiner Taten läßt ihn nichts anderes als nur das Allerschlimmste befürchten, und doch: Warum hat ihn Jesus nicht ohne weiteres zerschmettert und in die äußerste Finsternis geschleudert? Warum lebe ich noch? Warum ist mir überhaupt

Jesus erschienen? Jener Sündendiener, als den ich ihn lästerte, ist er nicht. Aber die Wahrheit, die wir in solche Lästerung verdreht haben, die ist mein – die ist unser aller einziger Trost und einzige Rettung. Dieser Jesus – er ist auferstanden; er ist aber vorher gestorben, gestorben für die Sünden der Sünder. Weil es wahr ist, daß er auferstanden ist, so ist auch alles wahr, was meine Opfer über ihn gesagt. „Es wird dir schwer werden, wider den Stachel zu löcken", war einer der ersten Gedanken, die Jesus bei seiner Erscheinung in seine Seele sandte. Damit ist allerdings angedeutet, daß Saul von Anfang an jenem untrüglichen Kennzeichen der Wahrheit nur mit Aufgebot aller Kraft der Verstockung widerstanden. Jetzt war diese Kraft gebrochen. Er versuchte es, das Angesicht Gottes zu suchen, aber lange wollte es ihm nicht gelingen. Wieviel, ja wie überreichlich hatte er wohl schon in seinem Leben, wie er meinte, „gebetet", gewiß auch, sooft er wieder zu seinen blutigen Gängen auszog; aber jetzt war es wie Schuppen von seinen Augen gefallen: Das war ja nicht gebetet! Er versucht es, zu beten, als der arme, fluchwürdige, verworfene Sünder vor seinen Schöpfer zu treten. Am dritten Tage gelang es ihm. „Siehe, er betet!" hieß es da von ihm im Himmel.

Ginge nun unsere Geschichte nach der gewöhnlichen Weise heutiger Bekehrungsgeschichten vorwärts, so vernähmen wir nun, wie er nach langem, heißem Ringen vielleicht plötzlich ein Licht süßen Friedens in seinem Herzen empfunden habe. Ferne sei es von uns, über alle jene Erlebnisse der heutigen Zeit als über Selbsttäuschung einen Schatten zu werfen; aber aus der Apostelzeit – und dies ist immerhin bedeutsam – ist uns nichts dergleichen erzählt. Da begab sich alles in der Vollkraft des Lebens, des Verkehrs, gerade wie andere Dinge. Es war nicht ein stummes, in tausend Herzen einsam sich vollziehendes Geschehen – es war ein Geschehen, das im Licht unseres Lebens von Herz zu Herz, von Mensch zu Mensch sich vermittelte, wie auch Johannes (1. Joh. 1, 3) sagt: „Daß ihr mit uns Gemeinschaft habet; unsere Gemeinschaft aber ist mit dem Vater und mit seinem Sohne Jesu Christo."

Einen Jünger aus Damaskus, mit Namen Ananias, beauftragt der Herr, zu Saul zu gehen. Die rührend naive Art, mit welcher Ananias zuerst den Heiland in dessen vermeintlicher Unkenntnis über den wahren Sachverhalt aufklären will, wirft ein helles Licht auf die ebenso traute wie heilige Gemeinschaft des Verkehrs, in der die damalige Gemeinde mit Jesu noch stand. So tritt Ananias in demselbem Moment, wo Saul seiner im Geiste gewahr wird, zu Saul ins Zimmer und legt ihm die Hände auf im Namen Jesu von Nazareth, damit er wieder sehend werde. Das ist das einzige, was Ananias zu tun hat: einen ersten Gruß der Gnade zu überbringen von seinem nunmehrigen Herrn, die Fesseln der Blindheit, in die er für gänzlich unbestimmte Zeit geschlossen war, ihm wieder abzunehmen. Aber schon in der Anrede: „Lieber Bruder" liegt verheißungsweise die ganze Verzeihung Gottes sowie auch in der Weisung, die er ihm nun geben darf: „Jetzt laß dich taufen und abwaschen deine Sünden!" Wie froh war er nun, daß die Taufe für den Sünder, für niemand anders als den Sünder bereit war! Gewiß war auch solche Taufe damals nicht nur das, was wir heute unter einer „liturgischen Handlung" verstehen, sondern sie hatte ein seelsorgerliches Gepräge, so daß einerseits sie der Seelsorge und andererseits die Seelsorge ihr – Inhalt, Kraft, Wirklichkeit verlieh. So ist wohl mit dem „Abwaschen seiner Sünden" auch an ein mehr oder minder ins einzelne gehendes geistiges Tun zwischen dem Täufling und dem Taufenden gedacht.

Diese Bekehrungsgeschichte des Saulus ist ein wunderbarer Wendepunkt in der Geschichte des Evangeliums, denn in ihr wendet sich die Heilsgeschichte zu dem, was der Heiland in den Pharisäern Israel angedroht hat: „Der Weinberg wird von euch genommen und anderen gegeben werden", oder auch: „Gehet hin auf die Landstraßen und bringt herein, wen ihr findet, damit mein Haus voll werde." Das Reich Gottes verzichtet wieder einmal darauf, unmittelbar auf ein Offenbarwerden in Herrlichkeit hinzuzielen, um nicht durch ein gleichsam verfrühtes Völkergericht die Ernte der Gnade zu verkümmern. Noch einmal begibt es sich in Knechtsgestalt und steigt von der Höhe einer fremdlingartig, aber majestätisch in dieser Welt einherschreitenden Gottesmacht in die Sphäre des Privatlebens hinab, um sich vorderhand nicht mehr in erster Linie mit der Anbahnung der Wiederkunft Jesu in Herrlichkeit, sondern fast ausschließlich mit dem zu befassen, was uns am Pfingstfest mit einem Mal als neues Ziel auftauchte: die Rettung der einzelnen Seelen. Dieser neue Gang, den das Evangelium durch die Welt antritt, verhält sich zu seinem ersten Anfang am Pfingstfest in manchem ähnlich wie der Wiederbeginn des Menschengeschlechts in Noah zu dem Urbeginn desselben in Adam. Neben dem in unbewußter Unschuld strahlenden und wie von Gottesglanz umleuchteten Adam steht der bußfertige, in bescheidene Verhältnisse gestellte Noah mit seinem durch mancherlei Erfahrungen bereicherten Bewußtsein ähnlich wie der arme Sünder Saulus zu den Lichtgestalten Johannes und Petrus. Indem das Evangelium vorderhand darauf verzichtete, sich Israel als Volk zu erwerben und so in Gestalt eines organisierten Gottesvolkes auf Erden zu leuchten, gewann es zugleich einen gewaltigen Fortschritt in bezug auf das Feld seiner Wirksamkeit.

Wie Adam einst strafweise aus dem sorgfältig gepflegten Paradies hinaus auf den wilden Acker der Erde verpflanzt wurde, so ähnlich, wenn auch aus ganz anderen Gründen und zu anderen Zwecken, übersprang nun das Evangelium die früher dem Geiste vorschwebenden Mittelstufen zwischen Israel und der Heidenwelt. Über Israel, diesen schon längst sittlich zubereiteten Garten hinaus, griff der Heiland mit *einem* Griff in den wilden Acker der Heidenwelt und streckte seine Hand aus nach dem Sünder, wie er ist, das heißt, nach dem *Menschen*, wie er ist. Wir begreifen, daß dieser Schritt nur von Jesus selbst unmittelbar getan werden konnte, und wir staunen anbetend immer wieder über die Art und Weise, wie er dies tat, und über das Werkzeug, das er sich für diesen neuen Feldzug erkor. Das Werkzeug wählte er sich nicht aus dem Kreise seiner auserwählten Getreuen, sondern aus dem Kreise jener seiner zähesten, engherzigsten Gegner, die ihm einst das Leben sauer gemacht, jener Gegner, die vor seinem Geiste immer als die unbezwinglichste Burg der Finsternis gestanden, und aus diesem Kreise nahm er den vielleicht Giftigsten, Aufgeblasensten, Verbissensten, einen wahren Pharao des Neuen Testaments; und um ihn zu gewinnen, ging er über die göttliche Regel, die er den Jüngern einst kundgetan, sozusagen fast hinaus, über *die* Regel, daß er sich *nur* den *Seinen*, *nicht* der *Welt* offenbaren werde.

Seine Erscheinung vor Saulus war einerseits ein feierlicher Eingriff vom Himmel herab in die Erdengeschichte, dieses Neue mit der hier nötigen königlichen Vollmacht zu eröffnen. Es war andererseits ein Voraus aus seiner Wiederkunft, ein Voraus, das auch auf diese seine Wiederkunft ein freundlich verheißendes Licht wirft. Eine völlige Ausnahme von jener Regel war diese seine Erscheinung nicht. Denn unmittelbar durch dieselbe wurde Saulus als Kind Gottes geboren, wie er es 1. Kor. 15, 8 sagt. Aber gerade darin liegt ein Verheißendes, daß der Heiland, wo Erfolg vorbereitet und verbürgt ist, sich an jene Regel der Welt gegenüber nicht für gebunden hält.

Von jenem Rohstoff der Sünderwelt, der nun in unmittelbaren Angriff genommen werden soll, ist Saulus das bezeichnendste Exemplar, wie er es denn auch selbst wiederholt bekennt. Er ist die verkörperte Darstellung dessen, was Gott durch Jesum den Menschen erweisen kann und will, was Er aus den Menschen und aus was für Menschen Er etwas machen will. Man kann sagen: wie Jesus die verkörperte Erlösung im Aktiv ist, der Erlöser in Person, so sah die Heidenwelt in Saulus die verkörperte Erlösung im Passiv, den Erlösten, wie Paulus (2. Kor. 2, 14) sagt: Gott führt uns allezeit im Triumph umher* (gleichsam als einen kriegsgefangenen Rebellen). Ganz anders als in den Zwölfen malte sich denn auch in Saulus das Gesamtbild des Evangeliums. Waren die Zwölf durch die Gegenwart ihres Herrn und Meisters von Stufe zu Stufe aus dem Irdischen ins Himmlische, aus dem schlicht Menschlichen ins Göttliche gehoben, so war es bei Paulus, das sehen wir, buchstäblich so, wie er es 2. Kor. 5, 17 sagt: „Ist jemand in Christo, so ist er eine neue Schöpfung; das Alte ist vergangen, siehe, es ist alles neu geworden.“ Und waren die Zwölf durch den Umgang mit Jesu so an sein Menschsein gewöhnt und von dem furchtbaren Ereignis seines Todes so niedergebeugt, daß ihnen die Auferstehung um so größeren, gewaltigeren Eindruck machte und als das unvergeßliche, siegverheißende Ereignis vor ihnen stand, das ihren

* Luther übersetzt irrig: „Der uns allezeit Sieg gibt“, als hieße es: „triumphieren macht“; es heißt aber: „Der uns allezeit triumphiert“, das heißt „im Triumph aufführt“, wie Luther dasselbe Wort (Kol. 2, 15) richtig wiedergibt: „einen Triumph aus einem machen“.

Hoffnungssinn auf noch größeres, in die Sichtbarkeit hereinragendes Wirken Gottes richtete, so war in Saulus das erste, was ihm an Jesu klar und mit allergrößter Selbstverständlichkeit klarwurde, sein Auferstandensein, seine göttliche Herrlichkeit; was ihm aber gewiß anfangs unfaßlich war und sein Gemüt je länger, desto tiefer erschütterte, war ihm das, daß dieser hat sterben können, hat sterben müssen, hat sterben wollen und gestorben ist, und sein Geist war dadurch auf die Größe der Innerlichkeit dessen, was im Geistesgebiet geschieht, gerichtet, so daß ihm jenes Bedürfnis der Zwölf nach einem raschen Offenbarwerden der verborgenen Herrlichkeit Jesu etwas mehr in den Hintergrund trat.

Darin ist die Bekehrung des Paulus von weltgeschichtlicher Bedeutung, darin sieht er mit Recht den Zweck seines Daseins, daß sie ein helles Muster, eine personifizierte Lehre von der Gnade Jesu ist, und dies hängt mit etwas anderem zusammen, was mit Paulus in die Geschichte des Reiches Gottes eingetreten ist, mit der Heilsbedeutung der Lehre, man könnte sagen: der Theologie. Paulus ist der erste Theologe, ja vielleicht überhaupt der Theologe im Reiche Gottes und Christi. Bietet doch eigentlich die Heilige Schrift des Alten Testaments vorzugsweise Geschichte und nicht, wie man zu sagen pflegt, „Lehre". Was man gewöhnlich als geoffenbarte Lehre betrachtet, wird ja in der Heiligen Schrift einfach vorausgesetzt. Auch das Gesetz ist zwar Offenbarung des Willens Gottes, aber weder zum Zweck noch im Ton der Lehre, sondern als Gebot des Herrschers, und ebenso ist die Verheißung nicht als Lehre über die Zukunft gegeben, sondern als Versprechen. Außer diesen beiden Gedankenreihen (Gesetz und Verheißung) bieten uns aber die Worte Gottes, die uns die Heilige Schrift überliefert, nichts von Lehre. Die eigentliche Lehre von Gott, den eigentlichen Religionsunterricht über Ihn, hat uns Gott in der heiligen Geschichte durch Seine Wunder gegeben, in denen Er sich selbst, nicht die Lehre über Ihn, offenbart.

Es war eigentlich schon ein Symptom des Niedergangs, als im Pharisäismus der Ertrag der heiligen Geschichte sich in Lehre niederzuschlagen begann. In seinen großen, heiligen Zeiten bedurfte Israel der Lehre nicht; die heiligen Ordnungen Gottes und der lebendige Wechselverkehr zwischen Gott und Seinem Volk waren weit mehr als bloß Ersatz für Lehre. In diesem selben Element der Unmittelbarkeit des Erlebens wuchsen denn auch die Zwölf auf. Fast möchte man, um sie mit Paulus zu vergleichen, ein triviales Beispiel aus dem Leben wählen: Ähnlich wie ein gesunder Mensch keine Ahnung hat von seinen Nerven, wie wir uns überhaupt der Organe unseres Leibes erst durch ihre Fehlerhaftigkeit oder durch ihre Schmerzen bewußt werden, so war das erste Christentum über eine Beschreibung seiner selbst erhaben; es bedurfte derselben auch nicht, und nach dieser Seite hin war es wieder das Merkmal eines Herabgestiegenseins auf eine bescheidenere menschliche Stufe des Seins, daß nun das Bedürfnis nach einer solchen bewußten Selbsterkenntnis erwachte. Andererseits war aber dieses Bedürfnis doch die Folge eines Fortschritts. Jener Reichtum äußerer Formen, welche Israel beständig an Gottes Vaterverhältnis zu ihm erinnerten, kam auch dem Christentum zugute, solange es sich ausschließlich innerhalb Israels befand. Jetzt wird es aller dieser äußeren Hilfsmittel und Hüllen entkleidet und wird sich auf sein innerstes und eigenstes Wesen, auf das Geistige, konzentrieren. Um dieser rein geistigen Haltung willen bedurfte die Sache Jesu fortan des Lehrelements, bedurfte sie eines in Worte gefaßten Prinzips. Was im Alten Bund die Ausgestaltung des Volks- oder Staatslebens und die Gottesdienstordnung und das Gesetz überhaupt war, eine Form, um den geistigen Inhalt von Geschlecht zu Geschlecht intakt aufzubewahren, das ist fortan für die Sache Jesu, wie oben erwähnt, ein in Worte gefaßtes Prinzip, genauer: das Prinzip der G n a d e.

Paulus bekam durch seine ganze spätere Lebensgeschichte die Nötigung, eine Aufgabe zu lösen, die er auch ganz allein gelöst hat: sich über das Ganze der Umwandlung, des Umschwungs der Dinge, wie er durch Jesum eingetreten ist, Rechenschaft zu geben und so in seinen Erörterungen darüber ein wunderbares Bindeglied zwischen alter und neuer Zeit, oder wie man heute sagt, zwischen Altem und Neuem Bunde, darzustellen. Damals geschah es, um einerseits den Heiden, andererseits auch Israel die göttliche Berechtigung des Christus unter den Heiden klarzumachen. Es gehört ja überhaupt zu der Stellung,

Aufgabe und Macht des Mannes als Ebenbild Gottes, daß er dem Heute seiner Zeit, das sich dem Gestern seiner Väter anreiht, nach seinem Ermessen sein Gepräge zu geben hat. Der eine wird sich da in ängstlicher Ehrerbietung oder in Bequemlichkeit an die Überlieferung der Väter halten, darüber wachend, daß alles im früheren Stil fortgeht, eine Geistesrichtung, die in dem Gebot: Ehre Vater und Mutter – ihre hohe Berechtigung hat, die aber doch nicht auf der Höhe dieser Aufgabe steht. Sie glauben jene Väter zu verstehen; wer aber vom Gestern lebt, versteht das Gestern nie, denn seinerzeit war es ein Heute, und jede Zeit hat ihr Gepräge von denen, die für das Heute und im Blick auf das Morgen gelebt. Die andere Richtung genießt in vollen Zügen die Werdelust der Menschheit, die jetzt in ihr vorderhand ihre letzten Blüten treibt, und unbekümmert um das Gestern sucht sie nicht nur dem Heute, sondern womöglich schon dem Morgen ihr höchsteigenes Gepräge aufzudrücken. Selten ist auch im bürgerlichen Leben und im Einzelleben überhaupt der Mann zu finden, der den ganzen Ernst und die ganze Schönheit der Aufgabe versteht, der das Neue, das werden will, im Geist organisch aus dem Alten hervorkommen sieht; aber wie selten erst sind Männer zu finden, die je und je für eine ganze Zeit diese Aufgabe auch nur ins Auge fassen. Es hat aber kaum je einen Mann gegeben wie Paulus, den Gott so verpflichtet und begabt hätte, für die ganze Geschichte der Menschheit in seiner Zeit das Gestern, das Heute, das Morgen in ihrem Zusammenhang miteinander zu erfassen und eins aus dem andern zu begreifen, und er selbst ist sich dessen nicht unbewußt, denn Hebr. 11 führt er eigentlich gerade das seinen allzu konservativen jüdischen Mitchristen zu Gemüte, daß glauben jeder Zeit, für jede Generation, darin bestanden habe, mit dem Kiel des Heute den Ozean der Zukunft zu durchfurchen, neuer Aufgaben bewußt zu sein, Neues zu glauben.

Paulus fiel diese Aufgabe zu durch seine hohe geschichtliche Stellung. Er war durch den Willen Gottes der Apostel oder Gesandte Jesu Christi an die gesamte Völkerwelt, an die Menschheit außerhalb Israels. Er war der Diener des großen Geheimnisses Gottes, daß die Heiden Miterben, das heißt daß alle Menschen Erben seien. Den Zwölfen in ihrer heiligen

Unmittelbarkeit konnte und mußte die neue Aufgabe nicht ins Bewußtsein treten, aber er mußte bald lernen, daß dieser Christus unter den Heiden eine völlig neue, nicht ans Bisherige gebundene Gestalt gewinnen wird, und seine oben erwähnten Studien und Erörterungen gingen dahin, diese Gestalt Christi gegen die Vergangenheit abzugrenzen und ihr ihre Berechtigung zu wahren. Sein Geist lag beständig zu Felde gegen jene beiden oben erwähnten fehlerhaften Einseitigkeiten des Mannes, und zwar in geistlicher Beziehung, gegen geistlichen Konservativismus, der nicht fassen wollte, was Gott „heute" Großes getan, und nicht verstand, dasselbe aus dem Gestern heraus zu begreifen, und gegen den geistlichen Radikalismus, der das Heute frischweg als einen Raub, unbekümmert um allen Zusammenhang mit dem Gestern, an sich reißen wollte. Den einigenden Punkt fand er, wie wir später ausführlicher sehen werden, nicht in sich, sondern in Gott, „der da war, der da ist, der da kommt, dem Lebendigen". Es hatte das, wie gesagt, für die damalige Zeit eine hochwichtige Bedeutung, und es darf hier zur Verteidigung des Apostels gesagt werden: das macht seine Briefe dem Laien heute minder verständlich und minder genießbar, daß dieselben sich mit Problemen befassen, die gerade dank ihrer gründlichen und endgültigen Erledigung durch Paulus uns heute gleichgültig, ja unverständlich geworden sind. Wüßten wir es nicht alle anders, so könnten wir meinen, bei solchem Sachverhalt würden diese Erörterungen für uns überhaupt nur noch geschichtlichen Wert haben. Warum ist das so gar nicht der Fall? Warum sind sie dennoch immer und immer wieder der wunderbare Quell geistiger Erfrischung, Aufklärung und Aufhellung? Darum, weil in jenem Alten und Neuen, deren Verhältnis zueinander er studierte, Prinzipien sich ausgeprägt, die von bleibender Bedeutung sind; denn auch dem Alten, dessen Abgetansein der Apostel immer wieder klarlegt, liegt ein Prinzip von weit mehr als nur geschichtlichem Wert zugrunde: Es ist ein alter Bund, man könnte sagen, eine alte Religion oder, was der einzig göttlich richtige Begriff von Religion ist, ein altes Verhältnis Gottes zum Menschen, wie es Gott festgesetzt hat. Von Gott her ist es durch Christum abgetan, aber seitens der Menschen ist immer die Möglichkeit vorhanden, daß Christus ihnen zwar hinreicht, sie auf Gott aufmerksam zu machen, daß sie aber doch nicht dahin gelangen, die ganze Bedeutung Christi selbst zu verstehen und zu erfassen, so daß sie in Gefahr sind, zu Gott nach dem von Gott selbst abgetanen Prinzip stehenbleiben zu wollen.

Bekanntlich ist die ganze Christenheit einigermaßen in dieses alte Prinzip zurückgesunken, und in der Reformation gewann Paulus von neuem Beruf, durch seine Briefe das Prinzip der Gnade wieder hell auf den Leuchter zu stellen. Dadurch ist nun freilich in unserem Gemeindeleben, namentlich unter dem Machteindruck Luthers, eine eigentümliche Auffassungsweise jener Lehre uns gleichsam in Fleisch und Blut übergegangen, *die* nämlich, als hätte Paulus gleichsam gegen den Katholizismus geschrieben, wodurch doch leicht den Worten des Apostels sich da und dort ein Gedanke unterschiebt, den er so, wie wir ihn jetzt aussprechen, nicht als den seinigen anerkennen würde.

So ist der Apostel auch innerlich eine wunderbare Erscheinung von allgemeiner Bedeutung für das Reich Gottes. Sein Geist ist in besonderem Sinn der Ort, in welchem Gott Sich und Seinen Sohn für alle Zeiten offenbart, in welchem der *menschliche* Geist in echt menschlicher Weise *Gottes* Geist vernimmt und sich beständig über alles dies Rechenschaft gibt. Nie vorher war die Erkenntnis zu solcher göttlichen Bedeutung erhoben, und wenn sie später kraft des großen Gehaltes, den sie durch den Apostel gewonnen, ein für sich selbständiges, vom Leben abgelöstes und darum sieches Dasein als bloßes Wissen gefristet hat, so war das bei ihm nicht der Fall. Es war bei ihm wunderbar mit einem Leben der Praxis, der Tat, wie kaum ein zweites zu finden ist, verbunden. Die Großzahl seiner Erkenntnisse, namentlich in bezug darauf, wie die menschlichen Verhältnisse im Licht des Göttlichen zu verstehen seien, entstand ihm nicht monologisch – dazu hatte er keine Zeit –, sondern in der Not, in der Bedrängnis der Arbeit an den Gemeinden und des Kampfes für dieselben, am meisten in Briefen, die er im Drange des Augenblicks diktierte. Warum hat er sie diktiert und nicht geschrieben? Gewandtheit im Schreiben besaß er doch gewiß. Wahrscheinlich geschah es, um seine Arbeit am Webstuhl nicht unterbrechen zu müssen. Er nimmt sich in diesen Briefen nicht einmal Zeit, sich zu korrigieren. „Ich danke Gott, daß ich niemand getauft habe, als Crispum und Gajum", schreibt er den Korinthern (1. Kor. 1, 14). Sofort kommt ihm in den Sinn, daß er sich hierin geirrt, aber der Satz bleibt stehen. Diese Briefe entstehen mitten im heißesten Arbeitsdrange, in Stunden, dem Schlafe geraubt, in Zeiten, wo er des Nachts sein Brot verdient und des Tages Seelen wirbt, wo er zu Fuß merkwürdige Länderstrecken durchwandert und wo die Zeiten vielleicht nicht häufig waren, da seine Haut von Schlägen und Wunden gänzlich heil war. Dabei hatte er keine Ahnung, daß er damit Schriftsteller werde, ja daß diese seine Korrespondenzen einst der Bibel einverleibt werden, daß eine neue Sammlung heiliger Schriften, derjenigen parallel, die Israel besaß, im Werden sei und daß das, was er hier im Fluge hinwarf, zu den köstlichsten Kleinodien derselben gehören werde.

Ein unansehnlicher Mann, Handwerker, mit demütigenden Krankheitsanfällen behaftet, von niemandem groß geachtet, von vielen gehaßt, so zieht er durch die Lande wie ein Unkraut, das nicht verdirbt, ganz in die Erde sich einwühlend, und eigentlich immer im Himmel daheim – ein in der Weltgeschichte einzig dastehendes Bild: ein Mann, der jeden Tropfen seines Blutes und jeden Atemzug der Aufgabe hingibt, eines anderen Mannes Namen auf Erden großzumachen, eines Mannes, den er nie persönlich gekannt, dennoch aber aufs giftigste gehaßt – und mit welchem Erfolge! Weltgeschichtlich betrachtet, für die groben Augen des natürlichen Menschen, hat kein Mann auf das heutige Europa im entfernteste einen so großen Einfluß ausgeübt wie Paulus, und so lästerlich es ist, so fehlt es doch nicht an dem Schein der Wahrheit, wenn die Ungläubigen sagen: Erst Paulus habe das eigentliche Christentum erfunden und aus dem, was der edle Rabbi aus Galiläa gebracht, etwas von geschichtlicher Bedeutung zu machen verstanden. In der Tat – und das ergibt sich vielleicht manchem Leser aus unseren weiteren Betrachtungen – das, was wir heute Christentum nennen, enthält nicht mehr die ganze Fülle aller der dem Christentum angehörigen Gottesgedanken in gleichmäßiger Helle oder Betonung, sondern diese Gedanken sind in demselben ausgewählt und geordnet nach dem Gesichtspunkt spezieller und teilweise vorübergehender Zwecke und nach dem Bedürfnis der Völkerwelt; sie haben sich darauf eingerichtet, sich mitten in Volksganzheiten, die heidnisch-weltlich organisiert bleiben, eine Heimat zu erringen, und dies alles geschah von Christus durch Paulus.

Der Apostel war sich dieser seiner Bedeutung gleichsam von der ersten Sekunde seines Werdens an im Keime bewußt. Es ist ungemein feierlich und erhebend und in hohem Grade für das Verständnis seines Wesens belehrend, wie er sich darüber (Gal. 1, 15 - 16) ausspricht: „Als es Gott, der mich vom Mutterleibe an bereitet hat, gefiel, mir Seinen Sohn zu offenbaren, alsbald besprach ich mich nicht mit Fleisch und Blut.“ Daß er vom Mutterleibe an zur Verkündigung des Evangeliums bereitet war, dessen wurde er sich wohl mehr und mehr im Verlaufe seines Lebens bewußt. Es ist ein Großes, die Planmäßigkeit Gottes in der Bereitung Seiner Werkzeuge für die Geschichte der Menschen zu erkennen, wie schon Samuel sagt: „Gott, der einen Moses *gemacht* hat.“ Der Apostel dachte vielleicht auch an die mancherlei reichen natürlichen Begabungen an hellem, scharfem Verstand, an Gedächtnis, die ihm für sein Werk unentbehrlich waren, ja sogar an seine körperliche Konstitution, die, jenen Satansengel ausgenommen, der ihm erst nachher kam und nicht zu seiner Natur gehörte, durchaus nicht, wie gefabelt wird, eine so nervös zarte, reizbare gewesen zu sein scheint, sondern eine zähe, wie wir sie noch heute bei so manchen Kindern seines Stammes sehen. Es war auch eine Gnade, für die er mit Recht dankt, daß er geschlechtlichen Anfechtungen gegenüber fest, wie gefühllos war; auch für seine wissenschaftliche, spekulative Aufgabe war sein Ledigsein, seine ewige Jünglingschaft, sehr wichtig, wie er es (1. Kor. 7, 32) sagt: „frei, nur dem Herrn dienend“. Aber auch überhaupt hätte die Arbeit, die der Apostel vollbracht, von einem Familienvater nimmermehr geleistet werden können. Bei seiner Tätigkeit war es dem Paulus unmöglich (1. Kor. 9, 5), eine Schwester als Weib herumzuführen. Also auch diese großartige Fähigkeit, auf häusliches Glück total zu verzichten, kann den höheren Naturanlagen beigezählt werden.

An alles dies dachte er wohl, aber wir würden ihn bei weitem nicht ganz verstehen, würden wir glauben, es sei dies das Wesentliche gewesen. Wir müssen an Johannes den Täufer denken. Es kann eine Bewahrung geben in den allerersten Wendungen, welche das keimende Bewußtsein, noch im Unbewußten, nimmt. So schrecklich sich auch Saulus nach einer Seite versündigt hat, so blieb er doch nach anderer Seite hin wahrscheinlich von Kind auf vor solchen Befleckungen des Geistes bewahrt, welche ihn für die ganze, volle Reinlichkeit, Schärfe und Klarheit der Überzeugung unfähig gemacht hätten, die ihm in so einziger Weise zu eigen war. Er war ein ehrlicher Mensch. Der Phrase war er unzugänglich; für sie fehlte ihm das Organ, fast möchte ich auch sagen: für das, was man heute „Andacht" nennt, sofern darunter sich die Phrase verbirgt, was dann allerdings alles andere eher ist, als was das Wort eigentlich sagen will: denken an die Sache. Er besaß eine Notwendigkeit der Konsequenz, oder wie es Newton von sich sagt: die Geduld des Gedankens; er litt auch, wie Luther, unter der Krankheit des Warum; er wollte den Dingen auf den Grund gehen und konnte sich nicht mit halben Antworten begnügen. Ein Wort, das Luther ihm oft auf Kosten richtiger Übersetzung in den Mund legt, schadet dem richtigen Verständnis des Apostels; es ist der Gebrauch des Wortes „Vernunft" im tadelnden Sinn (2. Kor. 10, 5): „Wir nehmen gefangen alle Vernunft"; dort sagt der Apostel: „Wir haben Geisteswaffen", und kraft des Geistes, der in uns ist, zwingen wir ohne viel Worte jedes rebellische Denken; er meint nicht sein eigenes Denken, sondern das schiefe Denken des anderen, das ihm entgegensteht. In Ephes. 2, 3 wäre für „die Vernunft in bösen Werken" wahrlich das Wort Unvernunft noch die richtigere Übersetzung. Was wir Vernunft nennen als Naturanlage, das besaß der Apostel in hohem Grade, und er läßt sie in seinen Briefen keinen Augenblick untätig. Natürlich rechnet er sie zum Fleisch und läßt ihr keine selbständige Stimme gegenüber dem Heiligen Geist; aber wie oft läßt er sie doch mit der Einleitung: „Ich rede nach Menschenweise" – dienend und mithelfend zu Worte kommen. Es ist dies nur ein Bruchstück der Bestandteile des geistigen Wesens des Apostels, von denen wir vermuten dürfen, daß über ihrem Werden schon im Mutterleibe ein Schutz und Segen gewaltet habe. Wie sorglos ließ doch Gott dieses auserwählte Werkzeug seine sonderbaren Wege gehen, wie ließ Er ihn auch seine Wut ausschnauben, bis „es Ihm gefiel, ihm Seinen Sohn zu offenbaren". Als Paulus dies erlebte, da blieb er nicht bei der schon an sich so überwältigenden Erscheinung Jesu und der darin liegenden Freundlichkeit Jesu gegen ihn stehen – nein, mit aller Vollkraft trat der Eindruck in sein Gemüt: Das ist eine persönliche Tat Gottes gegen mich, „Gott selbst hat mir Seinen Sohn geoffenbart.“ Die Majestät dieser Tatsache war ihm so groß, daß wir ihre Wellenschläge sein ganzes Leben hindurch an ihm bemerken, und gerade in der Art, wie er sich gegen dieselbe verhielt, fühlen wir seine Vorbereitung vom Mutterleibe an. Er fühlte sich durch dieselbe aufs heiligste sofort zu einer Selbständigkeit gegenüber allen anderen Menschen verpflichtet; „er besprach sich nicht mit Fleisch und Blut“, sondern ging (nicht nach Jerusalem, sondern) nach Arabien. Luther hat von sich aus zur Erklärung die Worte eingeschoben: „fuhr gleich zu“, Worte, welche übrigens ebensoleicht zum Mißverständnis der Stelle führen könnten. Die Worte: „Fleisch und Blut“ erinnern auffallend an den Ort, wo sie in völlig ähnlicher Situation vorkommen, an den Glückwunsch Jesu an Petrus: „Selig bist du; Fleisch und Blut hat dir das nicht geoffenbart“; im weiteren an ihr Vorkommen Eph. 6, 12: „Unser Kampf geht nicht gegen Fleisch und Blut.“ Schon in jenen Worten an Petrus denkt der Heiland mehr an andere Menschen überhaupt als an des Petrus Fleisch und Blut; in Ephes. 6 vollends und bei unserer Stelle sind unter „Fleisch und Blut“ einfach die Menschen verstanden. Das, was dem eigenen Fleisch und Blut des Saulus das nächste, heißeste Herzensbedürfnis war, das sich versagen zu müssen erschien ihm als heiligste Pflicht gegen die Größe der Offenbarung. Wie gerne wäre er gewiß jetzt sofort zu Petrus geeilt, sich ihm zu Füßen zu werfen, bei ihm und all den lieben Brüdern abzubitten, zu seinen Füßen zu sitzen, um zu lernen, wie, welcher Art und Weise eigentlich sein großer Erlöser auf Erden gewesen sei, was er geredet, was er getan habe, um sich die vielen Zerrbilder von verdrehten Worten und Taten und Geschichten, die in seiner Seele hafteten und deren unglaubliche Verzerrung er nur ahnen konnte, korrigieren, berichtigen zu lassen. Aber es bezeichnet die ganze Größe sowohl der Anlage seines Geistes als auch die Größe seines Erlebnisses, daß er sich die Befriedigung dieses so hochberechtigten, natürlichen Bedürfnisses versagte. Er war es der hohen Offenbarung schuldig, sie, durch jeden menschlichen

Einfluß völlig ungetrübt in sich arbeiten zu lassen, derselben ihre volle Ursprünglichkeit und Selbständigkeit zu wahren. Wie wichtig ist es doch auch für uns, Lichtblicke und Eindrücke von Gott her, die wir etwa auch durch Menschen empfangen, voll und ganz in uns arbeiten zu lassen bis zum Ende, damit wir uns nicht nur mit halb gefühltem, halb gedachtem, halb beherzigtem und somit auch nur halb wahrem Stoff erfüllen und am Ende nichts werden als ein weiterer Abdruck der gang und gäbe christlichen Ansichten.

Darum flüchtete er sich, wenigstens für einige Zeit, in ein Land, dessen Sprache er nicht und das seine Sprache kaum verstand, wo ihn niemand kannte, wo ein Mensch besser als sonst irgendwo einsam sein kann. Nicht für drei Jahre; die drei Jahre beziehen sich auf seinen Aufenthalt in Damaskus; von da aus ging er nach Arabien, von Arabien aus nach Damaskus zurück. Die drei Jahre sind dasselbe, was Lukas (Apg. 9, 23) eine gewaltig lange Zeit nennt. Wie groß ihm die Entsagung war, sehen wir an den bald nachher folgenden Worten: „Nach drei Jahren ging ich nach Jerusalem, Petrum zu schauen“, das heißt: „zu erforschen“, zu studieren; es ist ein Wort gewählt, dessen sich z.B. Herodot bedient, der eine langjährige Reise wagte, um Ägypten zu studieren.

Man fühlt die freudige Ehrfurcht vor Petrus und den erhebenden Genuß, den er von seinem Umgang mit ihm hatte. Aus dieser heiligen Quelle ist jene Klarheit und Schärfe des Gedankens, die auch Andersgesinnte an Paulus als Schärfe der Dialektik bewundern, ist jener universelle Weitblick und jener gewaltige Zusammenhang, jene Einheitlichkeit seines Systems entsprungen. Es ist nicht nur Klarheit des Verstandes, es ist Klarheit der Buße, Ganzheit der Liebe, es ist ein durch und durch in Überzeugung aufgegangener Glaube. Über seinen Stil beklagen sich mehr oder minder schüchtern manche, die sich ein eigenes Urteil nicht völlig versagen können, er sei dunkel, verworren und überhaupt schwer verständlich. Ganz vermögen wir diesen Schatten von Paulus nicht zu entfernen; zwar einen großen Teil der Schuld trägt unsere immer noch mangelhafte Kenntnis des Griechischen, speziell aber der Umstand, daß diese Kenntnis zu jener Zeit, als Luther ihn übersetzte, eben doch noch in den

Windeln lag. Wir harren noch einer richtigen Übersetzung seiner Briefe, ein Ideal, das C. H. v. Weizsäcker für das Publikum in dankenswerter Weise angestrebt, wenn auch schwerlich erreicht hat. Wieviele Erklärer haben sich abgemüht, dem Paulus solche Gedanken in die Feder zu geben, womit er so ungefähr Satz für Satz den Durchschnittssinn träfe, den ihm seine künftigen Erklärer zugeschrieben, wodurch die Verständlichkeit scheinbar gewinnt, aber allerdings der arme Paulus die so strenge Folgerichtigkeit seines Gedankengangs völlig einbüßt. Eine Hauptursache für diesen Übelstand ist aber, glaube ich, die, daß Paulus in der Tat in dem, was er wirklich schrieb, die Pfade des gewöhnlichen Denkens weit mehr verläßt, als wir es merken, und er dem Leser sehr, sehr viel Verständnis zumutet, und das ist der Schatten, den wir auf seinem Stil lassen müssen. Zu der Weitläufigkeit, deren es bedurft hätte, um sich uns in bequemster Weise verständlich zu machen, gebrach es ihm an Zeit; ein Römerbrief z. B., in eine für alle verständliche Breite ausgedehnt, hätte mindestens einen Band gefüllt. Der Apostel schrieb, vergessen wir das nicht, an Griechen, die von Kind an griechisch verstanden und die, was heute fast nirgends mehr der Fall ist, griechisch dachten; aber noch ein anderes: er setzte Geist voraus, Heiligen Geist, und hiermit rechtfertigte er sich auch selbst darüber, daß er so vielen unverständlich sei. „Wir setzen", sagt er (1. Kor. 2, 13 - 15), „geistlichen Menschen geistliche Dinge auseinander; der Seelenmensch aber vernimmt nichts vom Geiste Gottes, denn es will geistlich verstanden sein. Der geistliche Mensch hingegen versteht alles, wird aber – von niemand verstanden." (Worte, die auch Luther nicht völlig verstand.) Nach der Volkssprache heißt es: Der geistliche Mensch kommt aus allem, aber niemand kommt aus ihm.

Sosehr übrigens die Art und Weise der Offenbarung des Sohnes Gottes in Paulus, der Blick in die Gnade Jesu, in die Bedeutung des Heilands neu und selbständig war und im Keime schon alles enthielt, was wir später im großen ausgeführt sehen, sowohl in den entstehenden Gemeinden einerseits, als auch andererseits im Geiste des Apostels, so wäre es doch eine völlig unmenschliche Annahme, würden wir glauben, in dem bekehrten Saul sei nun der ganze Paulus und damit in ihm die volle

Erkenntnis des Wesens des Heidenchristentums im Unterschied vom – wo nicht gar im Gegensatz zum – Judenchristentum fix und fertig dagestanden. Sosehr er sich auch der Größe und Bedeutung der ihm zuteil gewordenen Offenbarung bewußt war, so können wir doch wohl, auch mit Anstrengung, kaum uns die gehörige Vorstellung machen von der Demut, der Zerknirschung, dem Gefühl der Un- oder Nichtswürdigkeit gegenüber den Mitchristen, das ihn ja überhaupt nie verließ (1. Kor. 15, 9), das ihn aber gewiß am Anfang besonders gewaltig beherrschte. Er dünkt sich wohl kaum für mehr gut genug als dafür, so bald als möglich um des Namens Jesu willen denselben Tod zu erleiden, den er aus demselben Grunde über andere verhängt hatte. So schwebte es ihm noch später (2. Kor. 11, 33) unter den schmerzlichen, demütigenden Erinnerungen vor, daß er es sich gefallen lassen mußte, in Damaskus als Flüchtling in einem Korbe über die Stadtmauer hinabgelassen zu werden. Wieviel lieber hätte er sich dem Schwert des Henkers überliefert; und dieselbe Stimmung wie in Damaskus beherrschte ihn noch in Jerusalem, wie wir bald sehen werden. Es war rührend, wie er sich in Jerusalem an die Apostel zu machen suchte, und begreiflicherweise anfangs vergebens. Die Apostel trauten ihm nicht; völlig unglaublich klang auch die Nachricht, daß diesem Saul der Heiland erschienen sei und daß er nun in der Tat ein begeisterter Jünger desselben geworden sei. Die Apostel waren von einem Visionär, mit dem manche sie zu verwechseln belieben, sicherlich gerade das Gegenteil. Was sie gesehen hatten, war keine Vision. „Kann man – so mochten sie anfangs denken – diesem Manne glauben, wenn er behauptet, Jesus gesehen zu haben? Ist es nicht eine neue List, um die Liste treuer Jünger Jesu zu Händen des Gerichts sicherer und reichlicher zu vervollständigen? Und wenn es auch nicht so arg, nicht bewußter Betrug ist, wenn er auch das alles redlicherweise glaubt, ist etwas dran? Ist er nicht ein ungesunder Schwärmer, mit dem man sich am besten gar nicht befaßt?“

Da war aber ein Mann, der eine eigentümliche Gabe des Heiligen Geistes besaß, jener uns bekannte Levit aus Zypern mit dem Ehrennamen Barnabas (s. S. 127). Dieser Mann nahm sich des Verscheuchten an, nahm ihn an den Arm und führte ihn zu den Aposteln. Da durfte er „Petrum schauen“. Was lag dem Apostel nun näher, als zu glauben, daß er jetzt ein ganz vortrefflicher, so günstig wie irgend denkbar angelegter Zeuge der Gottheit Jesu sei in den Kreisen der Juden, der hebräischen sowohl als auch der griechischen. Bei den hebräischen, den Pharisäern, scheint es von vornherein nicht gegangen zu sein. Da mag die Entrüstung über seinen Abfall allzu groß gewesen sein, und sofort kam wohl hier der Stolz der Oberen gegenüber dem jungen, unreifen Schüler zur Geltung. Er wandte sich an die griechischen, an die Kreise des Stephanus; aber diese halfen sich mit dem bekannten letzten Beweisgrund. Sie suchten ihn zu töten. Das wäre ihm, wie wir oben aus 2. Kor. 11 vermuteten, willkommen gewesen, nicht aber den Christen, die wohl nicht ohne einen Wink des Heiligen Geistes ahnten, daß man für dieses Werkzeug Sorge tragen müsse. Sie „führten“ ihn nach Cäsarea und „schickten“ ihn fort nach Tarsus. Beide Zeitwörter wollen aussagen, wie unfreiwillig das seinerseits geschah. Sie scheinen über den feurigen Jüngling seiner Pläne halber erst beruhigt gewesen zu sein, als sie ihn auf dem Schiff wußten. So himmelweit geht menschliches – auch klug menschliches – und göttliches Denken auseinander. Welcher Strafgang war das für ihn; wie mag ihn sein pharisäisch gesinnter Vater empfangen haben! „Warum kommst du heim?“ Was mußte der Vater hören über diesen Sohn, der zu so schönen, großen Hoffnungen berechtigt, der sich die glänzendste Laufbahn eröffnet hatte? Alles ist aus! Wie ein Jüngling, der sich durch tolle Streiche seinen Lebenslauf für immer verdorben hat, so brachte er wohl seine erste Zeit im Elternhaus zu. Lange mag das Licht, das in ihm strahlte, nicht wirkungslos geblieben sein, aber gewißlich fühlte er sich als Verbannter, wie Moses bei Jethros Schafen, in eine jener Wartezeiten versetzt, die uns aus dem Alten Testament bei Gottesmännern so wohlbekannt sind. Daß er für die Verkündigung des Evangeliums untätig geblieben wäre, können wir übrigens nicht denken, und was er uns (Gal. 1, 21) berichtet, bezieht sich wohl teilweise schon auf eine Tätigkeit von Tarsus aus. Aus dieser Wartezeit wurde er, wie wir sahen, durch Barnabas erlöst. Die beiden göttlich gewirkten Lebensgeschichten des jungen Antiochiens einerseits und des bekehrten Saulus andererseits münden hier zusammen. Dem Saulus ist eine Stätte gefunden, in der er nicht nur wirken, sondern in der er sich auch entwickeln kann.

8. Aussendung zur Verbreitung der Heilsbotschaft

In Antiochien finden wir an der Spitze der Gemeinde fünf „Propheten und Lehrer"*, obenan natürlich Barnabas, Saulus aber zuletzt, was wohl meist seiner Jugend, teilweise aber auch seiner anrüchigen Vergangenheit zuzuschreiben sein mag. Als diese fünf „dem Herrn dienten", auch „fasteten", das heißt wohl: in irgendwie sinnlich ihnen selbst spürbarer Weise ihren ernsten Wunsch, von Gott ein mehreres zu erhalten, kundgaben, da sprach einmal der Heilige Geist (in welcher Weise das geschah, ist uns leider verborgen): „Sondert mir doch Barnabas und Saulus zu dem Werk aus, dazu ich sie berufen habe!"

Das war ein überraschender, spannender Aufruf. Von neuem fasteten sie und beteten sie, und „sie legten ihnen die Hände auf und ließen sie gehen."

Barnabas nahm seinen Neffen (Kol. 4, 10) Markus mit sich, jenen Jüngling aus Jerusalem, in dessen Mutterhaus die Gemeinde versammelt war, um für des Petrus Befreiung zu beten. Ohne nähere Anweisung des Geistes über das Ziel ihrer Reise folgen sie dem Antiochia durchströmenden Orontesstrom in die benachbarte Hafenstadt Seleucia an der Mündung desselben, und sehen wir sie die gleiche Richtung, die sie nach Seleucia gebracht, weiter westwärts verfolgen, nach Zypern, dem Geburtsland des Barnabas und dem Land, von wo aus jene Männer nach Antiochia gekommen, die dann von dort aus auch zuerst Heiden das

---

* Von den fünf Namen sind vier hebräisch, einer lateinisch (mit Zurechnung des Beinamens „Niger" zwei), keiner griechisch; letzteres ein zufälliges, aber treffendes Bild davon, daß jene syrischen Städte fast mehr von Roms Macht in seinem Beamtentum als von Griechenlands Weisheit beeinflußt waren. Auffallend aber ist das Vorwiegen der hebräischen Namen. Entweder bestand, so muß man schließen, die Gemeinde der überwiegenden Mehrzahl nach aus Juden, oder aber, was wahrscheinlicher ist, die Griechen standen in ähnlicher Ehrerbietigkeit wie in Jerusalem hinter den Juden zurück und übergaben ihnen gerne die Leitung.

Evangelium verkündeten. Nachdem sie die Insel von Ost nach West durchzogen hatten, gelangten sie in die Stadt Paphos, wo der römische Gouverneur Sergius Paulus, ein Mann aus Roms höchsten, namentlich auch geistig gebildetsten Kreisen, residierte.

Die römischen Großen liebten es, an ihrem Hofe etwa einen Hausphilosophen zu halten, der für geistige Belebung zu sorgen hatte. Etwas Ähnliches, wenn auch ganz anderer Art, sehen wir hier. In Rom war man, wie wir aus Horaz ersehen, schon sehr aufmerksam geworden auf die Geistesschätze des Volkes Abrahams, namentlich wohl auf das geistig Überlegene ihres Glaubens, und die Juden, namentlich die Pharisäer, waren, wie auch der Heiland sagt, rührig, Land und Wasser zu durchziehen, um einen Judengenossen zu machen. Sie trieben also in ihrer Weise auch eine Art Heidenmission, freilich wohl oft, wie nun in diesem Falle, weniger aus Interesse für die Seelen als aus geistlichem Ehrgeiz, geistlicher Herrschsucht und vielleicht auch Gewinnsucht.

So treffen wir bei diesem Sergius einen Mann, der sich für einen Propheten ausgab, Bar-Jesus oder Elymas genannt. Sergius hatte vernommen, daß Männer ein Wort Gottes, das ergangen sei, verkündigen, und ließ die Sendboten zu sich kommen. Barnabas führte, mit Recht, das Wort. Bar-Jesus widersprach ihm, anfangs wohl nur im Hochgefühl eines längst großen und zu einer bedeutenden Stellung in seinem Kreise gelangten Mannes gegenüber einem vermeintlichen wandernden Glücksritter gleichen Schlags, der mit neuen Ideen anzukommen suche. Im Verlauf aber tat er dies gegen den unwiderstehlichen Eindruck der Wahrheit, aus schlimmeren Beweggründen und aus schlimmerer Gesinnung, und kämpfte gegen sie mit der Schlauheit, die dem Heuchler unbewußt zur Gewohnheit wird. Diesem Manne war Barnabas, der gute, nicht gewachsen. Mit welchem Aufwand von Demut und Langmut, von liebreichem Eingehen auf die Einwendungen mag er ihm geantwortet haben, und wie schlau mag dieser gemalte Prophet die Demut und Gutmütigkeit seines Gegners verwendet haben, um die Fragen immer neu zu verwickeln! Gibt es doch heute noch unter denen, die aus der Frömmigkeit und ihrer Pflege an anderen ein Gewerbe machen, eine hohe Kunst, „die geraden Wege des Herrn krumm zu machen"

(V. 10), d. h. das schlichte, gerade Gnadenanerbieten Jesu so zu verklausulieren und zu verbarrikadieren mit allerlei Forderungen einer höheren Kunst der Frömmigkeit, daß die armen Gemüter vor lauter Barrikaden den Heiland nicht mehr sehen.

Das konnte so nicht fortgehen. Saulus hörte wohl in steigender Unruhe, aber demütigst und gehorsamst zu, bußfertig daran erinnert, wie er eigentlich nicht weit davon gewesen, ein ähnlicher Held zu werden. Da plötzlich drang ihn der Geist, und Barnabas unterbrechend und ablösend, sprach er: „O du Kind des Teufels, voll aller List und aller Schalkheit, der du nicht aufhörst, die geraden Wege des Herrn krumm zu machen!“ Wie mag doch die gewiß wirklich fromm gestimmte, demütig und gespannt der Debatte zuhörende Versammlung entsetzt gewesen sein über diese unfromme Sprache und Taktlosigkeit dieses jungen Mannes, und auch Barnabas erschrak wohl und dachte sich, jetzt sei alles verdorben. Aber der junge Mann fuhr fort: „Die Hand des Herrn über dich! Du wirst eine Zeitlang blind sein und die Sonne nicht sehen!“, indem er kühn seinem Gegner dasselbe Mittel verordnete, das der Heiland an ihm mit so großem Erfolg angewandt hatte. Und als Bar-Jesus mit einem Mal tastend mit den Händen suchte, da war die Antwort vom Himmel herab gegeben und der Betrüger entlarvt, und alles dankte wohl dem Herrn, daß man nun einmal in das Gewühl der verwirrenden Menschenworte hinein ein beglaubigtes Wort Gottes vernahm; und Sergius wurde gläubig mit seinem ganzen Hause.

Nicht am wenigsten wohl war Barnabas von dieser Sprache Gottes ergriffen. Was er wohl schon längst geahnt, daß eigentlich Saulus weit über ihn hinaus das von Gott erwählte Rüstzeug sei, das wurde ihm nun klar und gewiß, und es gehört zu seiner Größe, daß er dies sofort rund und ganz anerkannte und nun die leitende Stellung ihm, dem Jüngeren an Geburt wie an Christentum, abtrat und in zweiter Linie zurückstand.

Sofort fühlt man den Wechsel der Leitung. Die eng begrenzte Insel wird verlassen und hinüber nach Kleinasien geschifft. Markus scheint darüber erschrocken zu sein, und die Verehrung für seinen Onkel mochte es ihm noch mehr verwehren, sich in die neue Wendung der Dinge zu finden. Aus Angst wohl, sei es davor, die Sache möchte fortan eine ungesunde Richtung einschlagen, sei es auch davor, sie möchte für das Fleisch allzu gefährlich werden, kündigte er den Dienst und kehrte nach Jerusalem zurück. Wir wollen es ihm nicht zu sehr verargen. Barnabas und Saulus waren zu diesem Werk berufen – er war freiwillig, als Volontär, mitgezogen, ähnlich wie einst Lot dem Abraham gefolgt, und es gebrach ihm deshalb, ähnlich wie jenem, an der inneren Ausrüstung und wohl auch an dem Maße göttlichen Schutzes, deren sich die Berufenen getrösten konnten. Es ist eben immer eine zweifelhafte, unsichere Sache um die Volontäre, das heißt um die, die sich selbst berufen.

Der erste Ort, an dem die Sendboten sich länger aufhielten, war Antiochien in Pisidien (eine weit kleinere Stadt als das uns schon bekannte syrische Antiochien). Hier geht der Apostel in die Synagoge. Es veranschaulicht das äußerst Gemütliche und Liberale dieser Institution in jener Zeit, wie die Synagogenvorsteher, sobald sie der fremden Herren in der Versammlung ansichtig werden, bei ihnen nach Beendigung der vorgeschriebenen Bibellektüre anfragen ließen, ob sie nicht ein Wort der Ermahnung an das Volk hätten.

Barnabas mochte nach der ersten Probe, die Paulus von der Art seines Redens abgelegt, immerhin nicht ohne Angst gewesen sein, welche Sprache er in der Synagoge führen werde. Aber siehe, er ist wie umgewandelt! Mit zarter Liebe und feinem Verständnis versetzt er sich in die geistige Situation seiner Zuhörer. Das Ansehen Jerusalems und des Hohenpriesters stieg damals, ähnlich wie heute das Ansehen Roms und des Papstes, mit der Entfernung. Paulus wußte also, wie äußerst schwierig es sein werde, hier einen Mann anzupreisen, der auf Anstiften der Hohenpriester hingerichtet, dessen Sache auch nachher von Jerusalem im großen ganzen verworfen und verdammt war. Er beginnt, ähnlich wie Stephanus, mit einer kurzen Skizze dessen, wie Gott das Volk Israel geführt, und zwar von der Rettung aus Ägypten an bis auf jenen Höhepunkt der Davidszeit, die Gott dadurch herbeiführte, daß Er, den bisherigen Verlauf der Geschichte unterbrechend und den vorhandenen Herrscher Saul aufgebend, aus niederem Stande heraus einen Mann nach Seinem Herzen erwählte, der Seinen Willen ausführen sollte, den König David. War dies doch eine Parallele, ein geschichtliches Beispiel, das den Wechsel in der geistigen, göttlichen Leitung Israels, der sich heute vollzogen, beleuchtete. Die Hohenpriester waren Saul, David aber war dem Heiland zu vergleichen. Wie vielverheißend war jener Höhepunkt! Aber der erhoffte Fortschritt zur Erfüllung der größten Hoffnungen Israels kam schon bei Salomo ins Stocken, und von da an war bis auf die damalige Gegenwart Israels Geschichte in beständigem Niedergang begriffen. „Aus dessen Samen aber", so fährt der Apostel fort, „hat Gott nach der Verheißung dem Israel einen Retter gebracht, Jesum. Johannes hat vor dem Angesicht seines Kommens voraus eine Taufe der Buße dem ganzen Volk Israel verkündet." Die Kunde von der Johannesbewegung war weit deutlicher, einmütiger und lauter durch das Israel der Zerstreuung gedrungen als diejenige von dem eigentlich so stillen und unscheinbaren Wirken Jesu, wie wir das aus Josephus ersehen können. Der Apostel konnte hier an etwas seinen Zuhörern Bekanntgewordenes anknüpfen, das alle Gemüter seit Jahren in gespannter Erwartung eines großen Neuen hielt. „Ich bin's nicht, sondern nach mir kommt einer, dem ich nicht wert bin, die Sohlen seiner Füße abzulösen." So hat Johannes am Ende seiner Laufbahn gerufen.

An diese Worte des Johannes knüpft Paulus an. „Wer ist dieser, der da kommen soll?" Und hier setzt nun der Punkt ein, wo der Apostel der verwundbaren Seite seiner Zuhörer aufs sorgfältigste Rechnung getragen hat. Sobald er ihnen jenen erwarteten Retter als erschienen verkündigt, werden sie sofort fragen: Was sagt Jerusalem, was sagen die Hohenpriester zu ihm? Und er wird ihnen antworten müssen: Sie haben ihn gekreuzigt, sie haben auch nachher die Predigt von ihm verworfen, verboten, ja einmal dieselbe mit dem Tode bestraft. Wie hilft er sich? Hören wir ihn. „Liebe Brüder, Söhne des Geschlechtes Abrahams, und ihr anderen auch, die ihr Gott fürchtet (Zugetane aus den Heiden), für u n s, das Israel in der Zerstreuung (zu dem er sich ja als geborener Kleinasiate ebenfalls rechnen durfte), ist das Wort des Heils ausgesandt; denn die Einwohner von Jerusalem und ihre Herrschenden haben ihn verkannt und haben die Stimme der Propheten, die jeglichen Sabbat vorgelesen werden, durch ihr Gericht erfüllt. Ohne daß sie irgendeine Ursache des Todes an ihm fanden, verlangten sie von Pilatus, daß er hingerichtet werde.

Nachdem sie aber alles, was über ihn geschrieben steht, erfüllt hatten, nahmen sie ihn vom Kreuz und legten ihn in ein Grab." Das erste also, was er ihnen hier vorbereitend ans Herz legte, war: „Nehmt diese Verwerfung nicht in falschem Licht; nehmt sie als etwas, was von vornherein euch zum Vorteil geordnet war!" Das andere war: „Bedenkt, daß mit dieser Wendung der Dinge, so furchtbar sie war, es doch nur so ging, wie es die Propheten vorausgesagt!" Hiermit war der Apostel über den schwierigen Punkt glücklich hinübergelangt, denn so stand es vorderhand mit dem Tode Christi. So wunderbar die Verkündigung desselben später unter den Heiden wirkte – bei den Juden mußte man ihn nahezu entschuldigen.

Nun aber kam er zu dem großen gewaltigen Gotteswort, das jedem, der es zum ersten Mal vernahm, wie eine Posaune aus der Höhe ertönen mußte: „Gott hat ihn auferweckt aus dem Tode; er ist viele Tage denen, die mit ihm umgegangen, von Galiläa bis Jerusalem erschienen, und wir sind jetzt seine Zeugen an das Volk; und wir verkündigen euch die Freudenkunde, die als Verheißung an die Väter geschehen, daß Gott sie ihren Kindern erfüllt hat, indem er Jesum auferweckte." Es ergeht dem Worte heiliger Schrift und speziell dem Wort der Verheißung sonderbar. Was es Neues, Großes verheißt, solches, was vorher kein Auge gesehen und kein Ohr gehört hat,* das bleibt von uns unverstanden und unbeachtet liegen, wie ein Weizenkorn, das –

* Kein Auge gesehen usw. In diesen Worten spricht Jesaia (64, 3) den Wunsch und die zuversichtliche Hoffnung aus, es sollen noch Dinge geschehen, nicht für den einzelnen je nach seinem Sterben, im Jenseits etwa, sondern hier innerhalb der Erdengeschichte und für einen segensvollen Abschluß derselben, Dinge, für welche diejenigen, die sie erleben, keine Anhaltspunkte in der Vergangenheit finden, weder von Taten Gottes, welche die Bibel bisher hat verzeichnen können, noch auch nur von Verheißungen, die ein solches in Aussicht gestellt hätten; denn wo wir uns des Wortes „lesen" bedienen, bedient sich der Israelit des Wortes „hören". Verheißungen, von denen wir Kenntnis haben, hat doch einmal wenigstens ein Ohr gehört, und sie waren einmal in eines Menschen Herz gekommen. Der Prophet, und der Geist Gottes durch ihn, tritt mit diesem kühnen Wort der so gerne sich einschleichenden Auffassung Gottes und Seines Wortes entgegen, als wäre Er durch dasselbe insofern gebunden, daß Er in Zukunft ja nicht mehr tun dürfte, als er schon getan oder doch in Aussicht gestellt hat. Das Wort will unsere Herzen aufwecken zu einer großen Auffassung der vollen Freiheit des lebendigen, allmächtigen Gottes.

sorgfältig aufbewahrt – keine Frucht bringt; und erst wenn die Erfahrung kommt, stutzen wir und sehen mit Erstaunen, daß das heute Geschehende ja längst verheißen war, oder auch es wird uns Vergangenes erst lebendig verständlich durch heutiges Geschehen. So mochte es dem Apostel einmal gegangen sein, als er im Lichte der Auferstehung Christi den sechzehnten Psalm las und die kühnen Worte Davids: „Du wirst meine Seele nicht der Unterwelt preisgeben noch deinen Heiligen oder Geliebten die Grube (faktisch also auch die Verwesung) sehen lassen"; Worte, in denen David, gestützt auf seine innige Beziehung zu Gott, einen Sieg über den Tod erhofft. Und wie dem Paulus wohl erst im Lichte der Auferstehung Christi die ganze Tragweite der Gedanken Davids klarwurde, so verwendet er nun hier umgekehrt letztere, um seinen Hörern die ihnen sonst fast unverständliche Größe der Auferstehung Jesu verständlicher zu machen und ihre große Bedeutung im Zusammenhang der Gedanken früherer Gottesmänner zu beleuchten. Er macht darauf aufmerksam, daß ja auch David, eben jener letzte Höhepunkt der heiligen Geschichte, nichts Geringeres als einen Sieg über den Tod und das Grab ins Auge gefaßt habe, und von der Höhe des heutigen (damaligen) siegreichen Standes des Reiches Gottes erkühnt er sich, zu sagen, daß David diesen Sieg, den er zuversichtlich erhofft, nicht erlebt habe. So hat Jesus im größten Stil die Kampfesarbeit des Helden David zum Siege fortgeführt. So ist er nun Israels Fürst vom Himmel herab, und „so sei euch nun bekanntgegeben, ihr Männer, lieben Brüder, daß durch Diesen Vergebung der Sünden angekündigt wird. Unabhängig von allem, worin ihr im Gesetz Mosis nicht konntet gerecht werden, wird in diesem jeder, der glaubt, gerecht." So schließt er seine Verkündigung von Jesu mit jenem Johannesruf, mit dem er sie eingeleitet: „Mit ihm ist nun der Johannesruf an euch gelangt, und zwar vom Himmel her." Es war vielleicht schon eine Rückwirkung der abwehrenden Stimmung der Hörer, was ihn zu einem Nachwort veranlaßte: „Schon durch die Propheten hat Gott gesagt: Sehet, ihr Verächter, und staunet und werdet zunichte, denn ein Werk werde Ich tun in euren Tagen, ein Werk, das ihr (weil es so gar wundergroß ist) durchaus nicht glauben werdet, wenn es einer euch auseinandersetzt."

Als sie die Synagoge verließen, bat man sie, sie möchten diese Dinge am nächsten Sabbat noch einmal vortragen. Die Bittenden dachten offenbar, diese Dinge möchten auch vielen solcher Heiden wichtig sein, welche sonst von der Synagoge sich fernhielten, und sie täuschten sich nicht, denn am nächsten Sabbat „versammelte sich die ganze Stadt, um das Wort Gottes zu hören". Es ist dies eine der schlagendsten Stellen, um den durchgängigen Unterschied im Neuen Testament zwischen dem Ausdruck „Wort Gottes" (das gehört wird) und „Heilige Schrift" (die gelesen wird) zu beleuchten. Auch die Betrachtung der Heiligen Schrift wurde nicht Wort Gottes genannt. Seit Jahren wurde nun zu Antiochien die Heilige Schrift in der Synagoge betrachtet und besprochen, aber als die Apostel mit ihrer neuen Kunde kamen als Herolde der Freudenbotschaft des Auferstandenen, der nun die Menschen richten will, da durchdrang es die Stadt: Gott hat geredet, und wir haben Gelegenheit, dieses Wort Gottes zu hören.* Da war denn auch die Ernte groß. Die in der Synagoge erbsässigen Juden freilich und ihr Anhang, insbesondere auch die vornehmen Damen, welche wohl das Aristokratische eines Minderheitsinstituts liebten, „wurden voll Neid und widersprachen dem, was von Paulo gesagt war, widersprachen und lästerten". Es war gewiß für Paulus und Barnabas ein wunderbarer Moment, einer der Silberblicke (so nennt man bekanntlich jenen wunderbaren Glanz, den das Silber in dem Moment wirft, wo es über dem Feuer flüssig wird), durch welche sich ankündigt, daß eine neue Zeit, eine alte abzulösen kommt. Sie sehen gewissermaßen eine „verkehrte Welt": die Heiden in hellen Scharen glücklich über Gottes große Tat und freundliches Wort – die alten, zähen, treuen Hüter des Glaubens, wenigstens in einer Minderheit, voll Neid. Sie standen an einem

* Der Unterschied deckt sich nicht völlig mit demjenigen, welchen man heute etwa zwischen „Wort Gottes" und „Heiliger Schrift" nicht ohne Grund zu machen liebt. Es ist wahr, die Heilige Schrift (in biblischem Sinn als Altes Testament) ist in erster Linie eben „Heilige Schrift"; sie enthält aber Worte Gottes (λόγια τοῦ δεοῦ, vergl. Röm. 3, 2 u. a.), wie Paulus zu sagen pflegt. Aber in der Apostelgeschichte heißt Wort Gottes nicht das schon in Schrift fixierte, sondern das neue, gegenwärtige, durch die unmittelbaren Sendboten Jesu von Ort zu Ort getragene.

großen Wendepunkt; bisher hatte man gewagt, das Evangelium „auch" den Heiden zu verkündigen, jetzt ist es ihnen fast zumute wie etwa einer Braut, die das Haus ihrer Eltern für immer verläßt, um ihrem Bräutigam in völlig neue Verhältnisse zu folgen. „Die Gäste waren es nicht wert"; dieser Gedanke Jesu erfüllte sich in diesem Moment.

So nehmen denn die Apostel feste, klare Stellung in der jetzigen Lage. Sie verabschieden sich von jenen neidenden Juden mit den Worten: „Es war nötig, daß euch zuerst das Wort Gottes gesagt werde; nun ihr es aber ablehnt und euch selbst des ewigen Lebens nicht wert achtet (ihr verurteilt nicht die Sache, sondern euch), siehe – so wenden wir uns zu den Heiden." Und diese Wendung vollzog Paulus sofort, indem er den Heiden zurief: „Also hat uns der Herr geboten" usw. Das Gebot faßt er in ein Wort des Propheten Jesaja (49, 6), das ihm wohl eben als seliges Licht von oben zur Hand geboten war: „Gott hat den Heiland zum Licht der Heiden gestellt bis an der Welt Ende", und es ließen sich taufen, „so viele ihrer zum ewigen Leben verordnet waren". Letzteres Wort will schwerlich philosophisch oder dogmatisch verstanden sein; dazu war der Augenblick nicht angetan; es ist, ich möchte sagen, geschäftlich zu verstehen. Es zeichnet den Drang vorwärts: „Wir betteln nicht um Anerkennung, wir haben keine Zeit; wir rufen, und wer verordnet ist, hört es; die anderen können uns nicht aufhalten."

So ließen sie sich fröhlich verjagen und zogen weiter nordwärts nach Ikonien, wo sich ihnen offenbar ein ganz besonders gesegnetes Feld der Wirksamkeit auftat; denn trotz des steigenden Widerspruchs und Widerstandes seitens einiger Juden fanden sie doch Anklang bei Scharen von Juden sowohl als von Griechen – durften auch sehr lange unter ihnen weilen, „und der Herr bestätigte das Wort Seiner Gnade, das sie verkündigten, indem Er Wunder und Zeichen gab, die durch ihre Hände geschahen." Man wüßte gerne mehr von diesem Geschichtsbild. Hier konnte Paulus offenbar zuerst ermutigende und belehrende Erfahrungen machen, wie seine Verkündigung Gemeinschaftsleben wirkte; und wie gewaltig die Wunder hier mithalfen, dieses fröhliche neue Leben zu einem klaren und gewissen zu gestalten, können wir uns denken. Hier bekam wohl der Apostel das Vertrauen, daß überall die junge Saat, auch wenn er sie sofort wird verlassen müssen, lebenskräftig sei und in hoher Pflege sich befinde.

Von da schließlich durch die Juden verjagt, kamen sie nach Lystra und Derbe in Lykaonien. Hier waren sie freilich wunderlich seltsam gestellt; sie verstanden nicht Lykaonisch, und nur eine kleine Elite der Einwohner mochte etwas Griechisch verstehen. Wie ging es da wohl zu? Paulus erhaschte wohl durch die Gewandtheit des Geistes, die die Liebe gibt, und unter dem Segen des Heiligen Geistes, der in der Hülle menschlicher Gewandtheit in unscheinbarster Weise nachhalf, die nötigsten lykaonischen Ausdrücke; von dem, was er griechisch sprach, wurde einiges von einigen verstanden und freundlich verdolmetscht; es schwebte ein Wunder des Heiligen Geistes in der Luft: man verstand. „Gott", sagt der Apostel (2. Kor. 2, 14, 15), „offenbart durch uns den ‚Geruch' Seiner Erkenntnis an allen Orten, denn wir sind ein Wohlgeruch Christi vor Gott", und Gott selbst tat das Größte hinzu, Er wirkte mit. Wie immer hat das Elend die geschärftesten Sinne für das Evangelium („selig seid ihr Armen").

Da saß ein von Mutterleibe an Lahmer, immer funkelnderen Blickes dem Apostel zugewandt. Der Apostel sieht ihm in die Augen, dieser wieder ihm in die seinigen; ein wunderbares Zwiegespräch der Augen zwischen zwei Menschen, auf welchen das Verhängnis der Sprachverschiedenheit liegt. Der Apostel versteht, daß er verstanden ist, und ruft: „Stelle dich aufrecht auf deine Füße! Und er sprang auf und wandelte." Gewiß hat das Wunder namentlich auch noch in der Folgezeit gewaltig gewirkt, auf die Verkündigung des Apostels aufmerksam zu machen und die Wahrheit derselben zu beglaubigen.

Wie außerordentlich fördert es uns doch im Glauben und in der Erkenntnis Gottes, wenn wir nicht nur immer hören und hören, sondern dann und wann etwa auch sehen! Allein es zeigte sich doch auch hier, von welch ausschließlicher Bedeutung für den geistigen Verkehr unter uns Menschen das Wort ist, wie Wunder ihres Zweckes nahezu verlustig gehen können, wenn sie nicht von soviel Wort begleitet sind, daß sie in Wahrheit als Bestätigung eines Gedankens erscheinen können. Man möchte wirklich, um das Folgende zu erklären, annehmen, der anwesende Haufe habe aus Mangel an Sprachkenntnis den Apostel nicht hinlänglich verstanden. Sie sahen ein Wunder und wußten es nicht zu deuten. Was lag näher, als es aus ihrem kindischen Götterglauben zu erklären? Jupiter, der große Himmelsbeherrscher, kam einst nach der Sage mit seinem Diener, dem Götterjüngling Merkur, in Menschengestalt verkleidet, in ein Dorf, um die Gesinnung der Bewohner zu erproben, und wurde mit seinem Gesuch um gastliche Aufnahme überall schnöde abgewiesen, mit Ausnahme des armen Ehepärchens Philemon und Baucis; des anderen Morgens war das Dorf untergegangen, ein See bedeckte dasselbe, und die Hütte des Ehepärchens war eine Insel darin. Ich kann mich der Vermutung nicht erwehren, daß die Sage nichts anderes sei als eine allmählich nach dem Geschmack der Heiden verwandelte Kunde von dem Besuch der Engel in Sodom und Gomorra. Glauben an diese Sage vorausgesetzt, lag es in der Tat nahe, das Wunder durch diese Annahme zu erklären, es sei Jupiter, den man in der ehrwürdigen, schweigsamen Gestalt des Barnabas vermutete, mit Merkur, dem lebhaften Paulus, zu ihnen gekommen; und möglichst musterhaft wollten sie sich nun diesem hohen Besuch gegenüber verhalten.

Welch ein Schreck für den Apostel, als der Oberpriester mit den geschmückten Opferstieren auf ihn zuschritt, um seine feierlichen Zeremonien zu beginnen! Mit Mühe und Not erwehrte er sich der Anbetung. „Sie zerrissen ihre Kleider, sprangen unter das Volk und schrieen: ‚Ihr Männer, was macht ihr da? Auch wir sind schwache Menschen wie ihr, verkündigen euch aber eine Freude, daß ihr euch von diesen nichtigen Göttern zu einem lebendigen Gott hinwenden dürft, welcher den Himmel und die Erde und das Meer und alles darin gemacht hat. Er hat in den vorübergegangenen Geschlechtern es zugelassen, daß alle Völker ihre eigenen Wege gehen. Dennoch aber ließ Er sich nicht unbezeugt, denn Er gab vom Himmel her Regen und fruchtbare Zeiten und erfüllte eure Herzen mit Nahrung und Frohsinn.‘“ Eine wunder-liebliche, kindliche Anpreisung Gottes für das Heidenvölklein. Wie bald änderte sich die Szene! Juden von Antiochien, denen die Sprache schon geläufiger war, klärten die Bewohner auf über die Bedeutung dieser Gottesverkündiger.

Was mögen die gelogen haben, daß das Volk, erbittert, vielleicht beängstigt, so schnell wie möglich den Mann, der das Wunder getan, zu töten suchte! Sie steinigten ihn und schleppten den vermeintlichen Leichnam zur Stadt hinaus, ihn den Tieren des Feldes und den Vögeln des Himmels zur Speise zu überlassen.

Wundern wir uns nicht allzusehr über diesen Umschlag. Hätten sie sich irgendwie jene göttliche Verehrung gefallen lassen und damit dem Weltenthusiasmus, der sich so gern für irgendeinen vermeintlich übermenschlichen Menschen entflammt, einen willkommenen Gegenstand dargeboten, so hätte man gewiß mit Begeisterung auch dann noch auf sie gehört, wenn sie in weltkluger Vermischung die Geister allmählich aufgeklärt hätten über den wahren Sachverhalt und sich als Sendboten Gottes kundgetan. Aus dem seligen Traum der Götternähe, in dem sie schwelgten, waren sie rücksichtslos und jählings geweckt worden, und der helle Tag des Gottesglaubens war ihnen vorderhand jenem Traum gegenüber viel zu nüchtern, um sie über diese Enttäuschung trösten zu können. Für fleischliche, seelische Begeisterung, für jene wundersame Sucht des Menschen, eines menschlichen Heros Eigentum und Bestandteil zu werden, war ihnen die üppigste Nahrung geboten gewesen, und an deren Statt stand plötzlich vor ihnen eine Aufgabe für den Geist, den sie noch nicht besaßen.

Weinend gingen die wenigen neuen Jünger dem Zuge nach – da stand Paulus wieder auf und kehrte in die Stadt zurück und erklärte den ob seines Mißgeschicks Entsetzten da und dort: Das ist ganz in Ordnung; „wir (in erster Linie wir Boten Jesu) müssen durch viel Trübsal in das Reich Gottes eingehen." Das Reich Gottes steht in diesem Bilde gleichsam vor uns als ein herrliches Schloß, voll aller Freude – die Trübsal als ein Sumpf, der zwischen uns und diesem Schloß liegt; er muß fröhlich durchwatet werden. In solchen Lagen hat der Apostel erfahren (2. Kor. 4, 10), wie „das Leben des auferstandenen Jesus in uns offenbar werden kann." Da wurde er inne (Phil. 3, 10) „die Kraft seiner Auferstehung", innerlich und äußerlich; innerlich als einen Gegensatz gegen alle Wehleidigkeit, als entschlossenen Mut, auch in Krankheit gesund zu sein, äußerlich als wunderbaren Genesungssegen.

So war dieser erste Feldzug zu Ende. Sie bestellten noch, heißt es, hin und her den Gemeinden Älteste und befahlen sie unter Fasten dem Herrn. Das Wort „unter Fasten“ ist so recht geeignet, uns den Ernst der Lage, ja die Verlegenheit, in welche die Apostel gerade durch ihre Ernte kamen, zu vergegenwärtigen. Sie mußten wieder weiterziehen. Was konnten sie diesen Christen, deren geistliches Alter nach wenigen Tagen zählte, hinterlassen? Zählt man das Alter vom Datum der Wiedergeburt in Jesu, so macht uns das Wort „die Ältesten“ einen wehmütig erheiternden Eindruck. Was besaßen die Gemeinden, was besaßen ihre Ältesten an christlicher Erkenntnis und Erfahrung? Eine Bibel oder so etwas konnte ihnen nicht gegeben werden; war doch das Neue Testament noch gar nicht geschrieben. Von Jupiter und Merkur war ihr Gedächtnis noch voll – von einem Abraham, Moses usw. wußten sie nahezu oder vollends nichts; nichts von der Bergrede, hatten kaum die dürftigsten Grundbegriffe zum Verständnis des Heilands. Es gehört zu den größten Wundern, daß diese Gemeinden sich hielten und sich mehrten; dies ist einer der lebendigsten Beweise für die Tatsächlichkeit des Heiligen Geistes; ja nicht nur dies ist ein Beweis dafür, sondern auch der Umstand, daß der Apostel überhaupt an die Haltbarkeit eines solchen Zustandes zu glauben wagte. Die Tatsache der Auferstehung Jesu läßt sich etwa in Zweifel ziehen; Gott selbst hat über dieselbe gewissermaßen eine Hülle geworfen dadurch, daß Jesus sich der Welt nicht offenbart hat. Aber wie man über diese unleugbare Tatsache so getrost zur Tagesordnung schreiten kann, ist mir unverständlich. „Sie befahlen die Gemeinden mitsamt den Ältesten unter Fasten dem Herrn“; so gar leicht also nahmen sie die Sache allerdings nicht; es war den Aposteln ein ernstes Anliegen vor dem Herrn, daß Er sich der Gemeinde selbst annehme; und sie übergaben ihm die Seelen in weit einfältigerer, massiverer Weise, als wir heute uns denken, die wir des Ausdrucks „dem Herrn befehlen“ uns zwar gerne noch bedienen, aber leider fast den Mut verloren haben, ihn so wirklich und greifbar zu nehmen, wie Paulus es tat.

Man nennt oft die Reisen des Apostels Missionsreisen und demzufolge diese seine erste uns bekannte Predigtreise seine „erste Missionsreise“. Es ist ein nicht unglückliches Bild und kann erlaubterweise dazu dienen, auf die heutige Mission ein verklärendes Licht zu werfen; aber es ist keineswegs ein in allem zutreffendes Bild, und es birgt dasselbe die Gefahr in sich, den großen Unterschied zwischen diesen Reisen des Apostels und den heutigen Missionsreisen auf Kosten der ersteren zu unterschätzen; ist doch überhaupt der Unterschied meist ein großer zwischen einem ersten Anfang und den Fortsetzungen, z. B. zwischen der ersten Reise des Columbus nach Amerika und den heutigen Reisen dorthin. Und ähnlich verhält es sich in der Tat mit Paulus. Seine Arbeit bestand nicht in der Fortsetzung einer begonnenen Arbeit, sondern in lauter Schöpfungen eines bisher noch Ungekannten. Der heutige Missionar ist gesandt und nach seinen leiblichen und geistigen Bedürfnissen getragen und geleitet von einem großen christlichen Organismus. Antiochia aber betrachtete die Boten als vom Heiligen Geist entsandt, und auch darüber, ob sie auch nur leiblich für dieselben auf die Dauer gesorgt haben, ist gar nichts gesagt, von einer geistigen Leitung, die sie sich gar nicht erlaubt hätten, ganz zu schweigen.

Dem heutigen Missionar steht bald die Druckerpresse und die christliche Literatur zu Gebote – der Apostel hatte nichts dergleichen; eine eigentlich christliche Literatur sollte ja erst noch, und vorzugsweise durch ihn, geschrieben werden, und auch mit dem Alten Testament konnte er nur sehr allmählich, fast kümmerlich, seine Gemeinden vertraut machen. In dem heutigen Missionar tritt dem Heiden ein Doppeltes entgegen: erstens das Produkt einer langen christlichen Geschichte in christlicher Sitte und christlichem Pflichtgefühl, und zweitens das Erbe der ganzen Kulturgeschichte der Menschheit, von der Kultur Babylons, Ägyptens, Roms und Griechenlands bis zur heutigen, und gerade durch diese erscheint er dem Farbigen als ein Wesen höheren Ranges, oft fast noch mehr als durch das spezifisch Christliche. Wie schwer hat es aber die Mission, gerade jene Produkte eines durch Jahrhunderte regierenden christlichen Geistes verhältnismäßig rasch dem Heiden einzuimpfen, und in dieser Arbeit liegt eigentlich heute ihre Größe und meist auch ihr Erfolg. Dem Apostel stand eigentlich von jenen beiden Faktoren keiner zur Verfügung. Der römische Staatsmann, der griechische Weise sah auf den Asiaten, also auch auf den Juden, ähnlich herab wie der Europäer zu Beginn der Kolonialzeit auf den Farbigen. In erster Linie sah er im Asiaten Material für seinen Sklavenbestand, und der Kleinasiate fühlte sich dem Juden doch wenigstens ebenbürtig.

Vergleichen wir nun aber die Erfolge: Welcher Zahl von Missionaren hätten wir heute bedurft, um die „Stationen", die Paulus gegründet hat, nur zu versehen, geschweige denn zu gründen! Es stand ihm offenbar ein anderes in ungleich höherem Maße als uns in heutiger Zeit zu Gebote; seine ganze Arbeitsweise wäre unmöglich gewesen und hätte sich nach kürzester Zeit als rein erfolglos ausgewiesen ohne die Mitwirkung Gottes, die er immer betont, ohne das Walten des auferstandenen Jesus, ohne das Vorhandensein des Heiligen Geistes in den Getauften. Kaum hat er eine Gemeinde gegründet, so muß er sie verlassen. Wem soll er sie übergeben? Dem Herrn Jesu! Er tut es, und mit Erfolg.

9. Das sogenannte Apostelkonzil

Mit welcher Freude verkündigten die nach Antiochia Heimgekehrten, „wie Gott den Heiden die Türe des Glaubens aufgetan"; denn das mußten sie sich sagen: Daß die Heiden dieser Kunde lauschten, auf sie Wert legten, sie glaubten und sie verstanden, das war bei aller Größe des Inhalts der Kunde ein neues Wunder, eine unmittelbare Wirkung des lebendigen Gottes. Der Aberglaube und die Blindheit der Heiden war in höherem Sinn, als man es meinen könnte, ein geistiger Kerker, welcher Menschen in unmenschlichem Denken gefangenhielt, und die Tür dieses Kerkers hatte Gott aufgetan. Das echt Göttliche zu glauben gelingt ja auch uns (so nahe es uns zu liegen scheint) erst dann, wenn Gott die Tür aufbricht.

Mitten in die Freude der antiochischen Gemeinde hinein kam ein schreckhafter Mißton. Etliche, die von Judäa herabgekommen waren, lehrten: Man muß sie beschneiden. Es waren, wie uns Paulus (Gal. 2) sagt, Pharisäer, die nebeneingedrungen waren in das Christentum, das heißt, die Jesum wohl als den von Gott gesandten und durch die Auferstehung beglaubigten Messias Israels anerkannten, aber ohne ihre spezifisch pharisäische

Anschauung sonst zu ändern. Der Apostel schildert uns solche lebendig (Phil. 3), indem er sie und ihre Weise, zum Christentum überzutreten, mit sich und seiner Weise des Übertritts vergleicht. Pharisäer waren ursprünglich beide, er noch mehr als sie; sie bildeten sich alle, und teilweise nicht ohne Grund, etwas ein auf scheinbar geistliche, in der Tat aber natürlich-menschliche Vorzüge, er noch mehr als sie. Muß er doch gestehen, sich auch darauf etwas eingebildet zu haben, daß er die Gemeine Gottes verfolgte! Während aber jene das ganze Gepäck ihrer Vorzüge ins Christentum mit hinübernehmen zu können glaubten und auf dasselbe zu verzichten weder imstande noch auch willens waren, achtete er es alles für Schaden und wurde, wie er wörtlich schreibt, alles dessen beraubt oder: für dies alles von Gott „gestraft", damit er als einer, der aller eigenen Gerechtigkeit entbehre, umsonst und ohne Grund, rein um Jesu Christi willen, bei Gott zu Gnaden komme. Aber was wurde bei der sonderbaren geistlichen Habsucht jener anderen „christlichen" Pharisäer, in der man von allen geistigen Tischen möglichst viel sich aneignen will, den ganzen Heiland ergreifen und doch alle seine eigenen angeblichen Vorzüge behalten will, was wurde in der Folge aus ihnen? „Böse Arbeiter", ja „Hunde" nennt er sie dort; Hunde, jene Plage des Morgenlandes noch zu heutiger Zeit, gewiß viel mehr in der damaligen, die alles anbellen, ja vor deren Bissen man nicht sicher ist. In solchem letzten Stadium befanden sich jene Pharisäer in Antiochien noch nicht, aber im Keime war die innere Roheit vorhanden, jene Verknöcherung in hergebrachtes, vermeintlich heiliges Denken, welche für Gottes geheiligtes Tun unempfindlich macht, die Sinne des Geistes für Höheres abstumpft, was sie fast unwillkürlich antrieb, auch andere Gemüter in die innere Zwangslage, in der ihr eigenes Gemüt sich befand, zu bannen.

Energisch wiesen die Leitenden, gewiß Paulus voran, die Zumutung der Beschneidung der Heiden zurück, aber ebenso energisch wurde an ihr, und nicht ohne Schein des Rechts, festgehalten. Wie peinlich und hinderlich sind doch solche heimlichen Tyrannen, welche sich aus Mangel an eigenem Leben so gebieterisch um das Heil anderer bekümmern und mit ihrer angelernten, vermeintlichen Erfahrung und höheren Erkenntnis die jungen Pflanzen an das gradlinige System ihrer Regeln binden wollen! Zwei Autoritäten standen den Pharisäern scheinbar zur Seite: erstens die Heilige Schrift, soweit man sie bis jetzt besaß, und zweitens die, wie sie behaupteten, gewiß sichere Zustimmung der Apostel zu ihrer Forderung. Wohin sollte das führen, daß das Zeichen des Volkes Gottes, welches Gott so streng zu beachten anempfohlen, nun mit einem Mal aufgehoben sein sollte? Sollte der Heiland, der Messias Israels, in der Tat die Ursache sein, wie falsche Zeugen dem Stephanus in den Mund legten, daß die Sitten Mosis geändert werden? War die Beschneidung dem Abraham nicht auferlegt als ein Siegel des Bundes Gottes mit ihm und seinen Nachkommen, also doch wohl als ein Zeichen des Volkes Gottes? Wo stand geschrieben, daß dieser Beschluß je einmal zurückgenommen werden sollte? Auf den ersten Anschein konnte geantwortet werden: Israel soll die Beschneidung beibehalten, auch das c h r i s t l i c h e, die H e i d e n aber bedürfen derselben nicht. Aber es bedurfte keines besonders großen Weitblicks, um zu sehen, daß dies auf die Dauer nicht gehen wird, daß erstens die Beschneidung ihre wahre Bedeutung einbüßen wird, wenn sie von der Stufe eines religiösen Merkmals zu der eines bloß nationalen herabsinkt, eine Scheidung von religiös und national, die überhaupt dem Begriff des Volkes Israel als Volk Gottes und dem des Bundes Gottes mit ihm widersprach; und andererseits war es eine Herabwürdigung der Gnade Jesu, wenn auf Kosten der Einheitlichkeit der Gemeine es dauerhaft zwei Klassen Christen gegeben hätte, beschnittene und unbeschnittene. Kurz, die Frage, ob die Geschichte Israels als der nationalen Gemeinde Gottes begraben werden solle, stand plötzlich vor der Tür. Hier rächte sich an den Pharisäern, daß in ihnen der Abrahamsglaube in weltlichen, heidenartigen Patriotismus ausgeartet war. Sie, die Christgewordenen, standen nun aufs neue vor der drohenden Gefahr, an dem Stein des Anstoßes und am Fels des Ärgernisses zu scheitern.

Angesichts jener oben erwähnten, scheinbar so einleuchtenden Gründe für die Beschneidung lag ein gewisser Schein von Wahrscheinlichkeit auf der Versicherung der christlichen Pharisäer, daß gewiß die Jerusalemsgemeinde, die Apostel mit inbegriffen, ähnlich denken wie sie. Der Gedanke, sich dorthin gleichsam als an ein Schiedsgericht zu wenden, lag in der Luft. Paulus befand sich demselben gegenüber gewiß in großer innerer Not; er hat sich seiner Zeit, seinem eigenen Fleisch und Blut entgegen, nicht mit Fleisch und Blut besprochen, und aus diesem Grundsatz heraus war all sein Tun im Namen Jesu hervorgewachsen. Über die richtige, systematische Begründung der Sache war er sich vielleicht noch nicht klar, wenigstens lange nicht so wie später, aber die Tatsache, daß die Heidenchristen ein heiliges Recht hätten, sich diese Zumutung der Beschneidung zu verbitten, ja daß es eine Verunehrung Jesu Christi und seiner Gnade wäre, wenn man der Beschneidung auch nur ein gewisses Mehr an Gnade zuschriebe, das war ihm unmittelbar gewiß. Soll er sich nun in dieser Frage mit Fleisch und Blut, mit eben jenen besprechen, deren Belehrung er sich einst so ernstlich versagt hatte? Hätte er dies abgeschlagen, so wäre der Verlauf der Sache schwerlich ein wesentlich anderer geworden; denn wir wissen ja schon, wie Petrus darüber unterrichtet war, daß Gott die Beschneidung der Heiden nicht fordert. Die Einheit des Heiligen Geistes hätte sich sowieso kundgetan, aber der Schein der Schroffheit, ja einer sektenmäßigen Rücksichtslosigkeit gegen die Gesamtgemeine wäre auf Paulus geblieben, und seinem gewiß zarten Gemüt mußte dieser Gedanke weh tun. Wir haben absolut kein Recht zu der sonst schon so unwahrscheinlichen Annahme, daß Paulus irgendwie kriegerisch gegen die Zwölf gestimmt gewesen sei. Umgekehrt, jener göttlichen Gewißheit gegenüber, daß er zur Selbständigkeit verpflichtet sei, daß er dafür, worin er göttliche Bezeugung hat, sich keinem menschlichen Schiedsgericht unterwerfen dürfe, gegenüber diesem Pflichtbewußtsein stand das zarte Herzensbedürfnis der Demut und der Liebe, und dies war es, was ihn in Not brachte.

Aus dieser Not half ihm, gewiß auf ernstliches Bitten, Gott selbst. „Ich zog dahin“, schreibt Paulus (Gal. 2,) „aufgrund einer Offenbarung“. Den Inhalt dieser Offenbarung nennt er uns nicht, er läßt sich aber leicht erraten: „Gehe nur! Glaube nicht, daß die Apostel in Jerusalem vom Geiste verlassen oder demselben unzugänglich seien, und glaube nicht, daß Ich ihnen in Jerusalem ein anderes sage als dir in der Heidenwelt; es wird recht werden!“ So zog denn eine interessante Gesandtschaft die Küste entlang nach Jerusalem, schon unterwegs verkündigend, wieviel Gott mit ihnen getan; denn das trat ihnen nun doppelt ins Bewußtsein, wenn sie sich immer wieder fragen mußten, ob sie denn für ihr Tun Gottes völlige Zustimmung besäßen. Die Abgesandten waren Paulus und Barnabas und die Gegenpartei; aber auch ein Heide, ein *corpus delicti*, Titus, wurde in ausgezeichneter Vorsicht mitgenommen. Es mußte doch ein Exemplar vorhanden sein, an dem man die Gnade Christi sehen konnte, ob sie denn nicht so völlig sei wie in Jerusalem, ob ihr noch an etwas gebreche. Ein Heide mußte aus Jerusalem zurückkehren können mit lebendigem Selbstzeugnis: „Die Apostel haben nicht verlangt, daß ich beschnitten werde." „Er wurde nicht genötigt, sich beschneiden zu lassen", sagt der Apostel, das heißt wohl, es kam ihm in Jerusalem von allen Orten her mehr oder minder deutlich der Wunsch entgegen, er möchte sich beschneiden lassen, wenn auch vielleicht nur, um in der Hitze der Stimmung des Augenblicks („auf eine Stunde", Gal. 2, 5) den Widerstreit der Gegensätze nicht unnötig zu verschärfen, und Titus andererseits war nicht entschlossen, dieser Zumutung absolut zu widerstehen. Er war aber dennoch sehr froh und dankbar, wenn sie ihm erlassen blieb.

Als man aber sah, daß er sich dieser Handlung ohne jedes innere Bedürfnis, nur aus Gefälligkeit, unterziehen würde, da diente das wohl mit dazu, empfänglicheren Gemütern den Glanz, in welchem ihnen dieses Sakrament des Abrahamsbundes schon um seines hohen Alters willen strahlte, gegenüber dem Glanz der Gnade Jesu erbleichen zu lassen, und man stand von der Zumutung ab und nahm auch Titus gegen andere, die noch auf der Zumutung bestanden, in Schutz. Zum Verständnis des Ausdrucks „genötigt" (ἠναγκάσθη) dient die Verwendung desselben Ausdrucks im folgenden, wo Paulus dem Petrus sagt: damit, daß du (in bezug auf die Tischgemeinschaft mit Heiden) jüdisch lebst, „nötigst" du meine Heidenchristen, ebenfalls jüdisch zu leben. Das will offenbar heißen: Dein Ansehen unter den Heidenchristen ist so groß, daß du von keinem erwarten oder keinem zumuten kannst, er werde sich aus deinem Beispiel nichts machen; du magst wollen oder nicht, dein Beispiel ist ihm Befehl. So herzlich standen die Christen zueinander, und offenbar auch die Apostel; wenn auch Petrus immerhin genötigt war, stetsfort auf die Stimmung enger gesinnter, beschränkterer Christen der Jerusalemsgemeinde Rücksicht zu nehmen.

Die Berichte der Apostelgeschichte einerseits und des Galaterbriefes andererseits decken sich übrigens nicht. Paulus erwähnt nur kurz die allgemeine Versammlung, berichtet aber Genaueres von einer Privatunterredung mit den „Geltenden“. „Ich besprach in Jerusalem mein Evangelium, privatim (κατ’ ἰδίαν) aber mit den Geltenden, ob ich denn ins Leere laufe oder gelaufen sei.“* Er legte ihnen die Frage vor, war aber der Antwort durch seine Offenbarung gewiß, was ihm allein erlaubte, dieselbe vorzulegen. Die weiteren Ergebnisse dieser Privatverhandlung wollen wir später besprechen; Lukas berichtet über die Ergebnisse der Privatverhandlung nichts. Er ist überhaupt zwar in der Schilderung der Gegenstände, die er zur Mitteilung wählt, ausführlich, reich an malerischen Einzelheiten, aber in der Auswahl der mitzuteilenden Gegenstände äußerst sparsam; und Privatverhandlungen sind ihrem Wesen nach so geartet, daß man sie nicht ohne Not öffentlich mitteilt.

In der Versammlung der Gemeine erhob sich sofort die Stimme: „Man muß sie beschneiden.“ In der Verhandlung, die sich daraus entspann, scheint es nicht an israelitischer Lebhaftigkeit gefehlt zu haben. Die Maßgebenden, auch die Apostel, hörten anfangs schweigend zu. So auch Petrus. Er war noch in weit größerer Not als Paulus. Im Verhältnis zu ihm war Paulus gut daran; sein Beruf und seine Lebensgeschichte hatte ihm klar und einfach seine Stellung in dieser Sache angewiesen, er stand

* Hieße „μήπως“, was auch Luther annimmt, hier „damit nicht“, so müßte notwendig statt des Indikativs „ἔτρεχον“ ein Konjunktiv stehen. Der Gedanke stände aber auch sonst zu dem ganzen Denken des Apostels in direktem Widerspruch. Er nimmt absichtlich den Indikativ: „Ich bin nicht vergeblich gelaufen“, er weiß es. Daß es noch einer Unterredung mit den Aposteln bedürfe, damit er nicht vergeblich gelaufen sei, diesen Gedanken hätte er sich höchlich verbeten. Aber ein solches Zeugnis seitens der Geltenden, daß er nicht Nichtiges erarbeitet, war ihm für die richtige Behandlung der Beschneidungsfrage unerläßlich. Es mußte bei Behandlung derselben zum voraus feststehen, daß man mit einer von Gott beglaubigten, ja von Gott gewirkten Tatsache zu rechnen habe: mit dem Bestand echter Gemeinen Jesu, deren Glieder Kinder Gottes sind, obwohl sie nicht beschnitten sind.

für seine Heiden da. Petrus stand für alle da, für beide Parteien, wenn man so sagen darf, und über welche der beiden ihm um dieses Moments willen das Herz schwerer war, läßt sich wohl kaum ermessen. Er stand eigentlich vor einem Doppelgrab. Er sah vor sich das Grab Israels; Israels Geschichte als eine heilige Volksgeschichte wird heute zu Grabe getragen werden. Das war schwer, auch um der Verantwortung willen. Aber gewiß viel schmerzlicher war ihm, daß er noch ein anderes Grab sah: das Grab seiner großen, wohlbegründeten Hoffnungen für die ganze Christenheit, für das Königreich Jesu. Die Seinsgestalt, welche dem Königreich Jesu wesentlich eignet, wird von heute an – wer weiß, ob für immer – unmöglich sein. Es ist das so sehr eingetreten, daß wir uns anstrengen müssen, das Bild jener Gestalt uns wieder zu vergegenwärtigen. Aus dem Leben Israels heraus gewann Petrus gewiß mit Recht die Umrisse und die Farben für sein Bild des Königreichs Jesu; Israels Geschichte ist auch hier ein weissagendes, schwaches Vorbild des Königreichs Jesu, ein Schattenriß, den das Kommende, der herannahende Körper Christus, in die Gegenwart warf. Wir könnten es kurz in einem Wort andeuten: es ist die Volksgestalt der Sache Jesu, die durch die heutige Krisis für immer in Frage gestellt wurde.

Das wunderbar Schöne, echt Menschliche an Israels Volksleben war, daß sein Gesamtverhältnis zu Gott das Element war, in dem es lebte, so daß es von demselben so wenig ein gesondertes Bewußtsein hatte wie wir etwa von der Luft, die uns umgibt. So war das, was wir das Geistliche nennen oder das Religiöse, nicht etwas Gesondertes, wie wenn die Seele neben dem Leibe als etwas Gesondertes zu bemerken wäre. Auch die Stände, in denen sich die Religion einigermaßen verkörperte, waren dementsprechend geartet. Der Priester war das Mitglied der hierzu geordneten Familie und diese für diesen Zweck Eigentum Gottes und Eigentum des Volkes; hatten doch auch des Priesters Leistungen einen geschäftlichen Charakter und mit dem, was wir im besonderen Erbauung nennen, nichts zu tun. Der Prophet, der Mann Gottes, war als solcher ein schlichter Mann des Volkes, ein Glied des allgemeinen Lebens, von dem, was wir heute Pfarrer nennen, völlig unterschieden. Ähnlich hatte der Heiland auch seine Zwölf gestellt; die Bilder und, mehr als die Bilder noch, die Ausdrücke, die er wählt, um ihre Stellung in seinem Reich zu bezeichnen, sind dem bürgerlichen, dem Staatsleben entnommen: Herolde sollen sie sein und richten die Stämme Israels. Es ist damit etwas weit Helleres, Größeres und Freundlicheres gesagt, als wir uns heute vorstellen können. Die Königsherrschaft Jesu soll das ganze Gesellschaftsleben, ähnlich, aber geistiger und mächtiger, wie das Vorbild Israels uns sagt, beherrschen; nicht klerikal, nicht was wir heute geistlich nennen, wonach der eine Beruf geistlich wäre und der andere nicht; auch nicht, was wir heute kirchlich nennen. Gerade durch die Realität seiner Oberherrschaft und das steigende Bewußtsein und die Machtwirkung derselben soll diese seine Herrschaft einfach der Gesamtzustand sein, in dem wir uns bewegen. Etwas der Art empfand Luther, als er sich von den geistlichen, klerikalen Kreisen zu den bürgerlichen, adligen wandte und als er von dem Gottesdienst sprach, den die Magd am Kochherd feiert; aber es war das natürlich nur wieder ein kleiner Schimmer von dem, was wohl vor des Petrus Geiste stand. Denn die Hoffnung, daß das Christentum in das ganze Erbe der Volksgestalt des Lebens des Volkes Gottes eintrete, diese Hoffnung mußte nun, wie wir sagten, begraben werden. Die Frage zwang eben durch ihre plötzliche Fälligkeit zu einer Ernte, deren Frucht noch völlig unreif war.

Petrus konnte sich gewiß seit der Bekehrung des Cornelius des Nachdenkens über die Beschneidung nicht mehr entschlagen, aber er war genötigt, im Geist zu warten und die Frucht reifen zu lassen. Welche Frucht denn? Erstens: daß ganz Israel, wenigstens im allgemeinen, sich bekehre, und zweitens – und dies wurde ihm wohl erst heute durch die Frage klar – daß es sich ganz bekehre, daß es sich ganz auf den Boden der neuen Tatsache stelle und die Beschneidung als etwas, was durch das Kommen des Verheißenen gegenstandslos geworden war, fallenlasse.* Dann ist die Zwischenwand zwischen Israel und der

* Die Beschneidung hatte durch ihre ganze Besonderheit die Bedeutung, an dem Betreffenden den Wunsch nach Nachkommenschaft zu heiligen, ihm den Zweck voranzustellen vor dem Mittel, so daß auch das Mittel durch den Zweck geheiligt wird. Sie war einem Volk von Hoffenden auferlegt, die auf ein nachkommendes Geschlecht hofften, dem das Große und Größte zuteil würde. In

Menschheit auch äußerlich gefallen, und sie werden beide ein Volk, ein wirkliches Volk, wie es nur Israel war. Den Christen aus den übrigen Völkern wird es nie gelingen, zu einem solchen Volk Christi in göttlicher Volksgestalt zusammenzuwachsen; ihre Sondervolksgestalten sind nicht heilig.

Israel, von Gott ins Dasein gerufen, von Anbeginn von Ihm sorgfältig gehegt und gepflegt und durch die Gesetzgebung heilig organisiert, heißt mit Recht im Alten Testament „das Volk“ in einzigem Sinne. Wir übrigen Völker können uns nie zu einem Volk in diesem Sinne organisieren. Immer wird unserer Organisation unser heidnischer Ursprung, ja die bloße Zufälligkeit desselben im Vergleich zu dem von Gott geplanten und gewirkten Werden Israels, und die Unabhängigkeit unserer Volksgeschichte von unmittelbar göttlicher Leitung, von Offenbarung Gottes, anhaften. Bestrebungen, jene sogenannte Theokratie Israels nachzuahmen, sei es dadurch, daß der Staat – wie im Mittelalter – klerikal bevormundet wurde, sei es dadurch, daß derselbe die Gesamtaufgabe des Christentums von sich aus selbst und unmittelbar zu lösen versuchte, sind verfehlt; sie entbehren der göttlichen Zustimmung und Hilfe. So haftet denn nun, nicht ohne Gottes Willen, der Macht das Merkmal des Unheiligen – dem Heiligen das der Machtlosigkeit an; was – nebenbei bemerkt – den Schein erweckt, als bestände in der Welt eine Macht, welche diejenige des heiligen Gottes überrage. Das Wahrhaftige, das Göttliche unter uns, das Christentum, es kann und darf nicht zu seiner vollen, ihm entsprechenden äußeren Gestaltung als Fülle alles dessen, was der Menschheit frommt und gebührt, gelangen – es behält ein Fremdlings- und Knechtsgewand; seine Macht ist nicht null, ist nur um so konzentrierter, ist die Macht des Geistes; aber die Lebensgestalt, die gesellige oder Gemeinschaftsform, die es sich bildet, kann nicht das Ganze in der menschlichen Gesellschaft werden, sondern ein Etwas im Ganzen darin. Das ist die Kirche. Sie ist jetzt der unentbehrliche Hort und Herd des Heiligen in der Welt, mitten in Zusammenhängen, die unlöslich mit Unheiligem verknüpft sind.

---

diesem Sinn lehnte sich die Beschneidung an die Verheißung an und verlor durch die Erfüllung und mit derselben ihre Bedeutung.

Die Form des Seins, die dem Christentum zuerst in Aussicht stand, war eine andere, war die: organisch aus dem Organismus Israels heraus- oder doch an ihn heranzuwachsen. Jetzt mußte dieselbe durch die richtige Entscheidung der Beschneidungsfrage aufgegeben und begraben werden.

Das Christentum muß fortan im Menschheitsleben sich damit begnügen, irgendwie eine Sondergemeinschaft zu sein, etwas Vereinsmäßiges zu haben, eine Nebenseele zu sein neben der großen Volksseele im Körper des großen Volkslebens, mit anderen Worten: Was wir in minder geistigem Sinn unter kirchlich und geistlich verstehen im Gegensatz zum Laien, zum Bürgerlichen, das wird eine unvermeidliche Nebeneigenschaft der Sache Jesu werden und dadurch den königlichen, echt menschlichen Glanz derselben verkümmern lassen. Das war des Petrus Kummer. Er konnte nicht sagen: Du christliches Israel, laß dich beschneiden; der Gedanke kam ihm auch schwerlich in den Sinn; man kann einer Frucht nicht gebieten: sei reif; überdies durfte er nicht dadurch den unheilbaren Riß zwischen dem christlichen und dem noch nicht christlichen Israel herbeiführen. Der Gedanke kam ihm, sage ich, kaum in den Sinn; er stand wohl mitten drin in der Gärung der Zeit; seine Ahnung, daß die Bedeutung der Beschneidung eigentlich seit Cäsarea (Apg. 10: Cornelius) schon der Vergangenheit angehöre, war wohl nicht in bestimmte Gedanken gefaßt, und so hatte auch er eben für diesen Moment gerade Klarheit genug, um das für den Moment mögliche Richtige zu treffen. Sein Schweigen kam also weniger aus Mangel an sofortiger Klarheit als aus dem Gefühl der Schwere des Moments. Jetzt aber trat er auf und erinnerte daran, wie Gott diese Frage durch s e i n e Vermittlung schon entschieden habe bei der Bekehrung des Cornelius. Er tat es nicht, ohne ein äußerst schlichtes Bekenntnis im Namen des ganzen Israel, auch des christlichen, abzulegen, daß sie ja eigentlich alle Übertreter des Gesetzes gewesen, womit gleichsam gesagt war, daß sie ja alle eigentlich nicht des Segens, sondern des Fluchs des Gesetzes teilhaft seien. In schlichter Weise erinnerte er sie daran, wie sie ja alle keine andere Rettung erhoffen als durch die Gnade Jesu Christi. Diese Aussage kennzeichnet die Art des Denkens des Petrus in ihrem völligen Unterschied zu der des Paulus. Der

Inhalt des Gedankens ist derselbe, aber bei Paulus ist er bewußterweise in Lehre gefaßt – bei Petrus schlichter Ausdruck seiner persönlichen Stellung zu seinem Meister und Heiland. Die freundliche, milde Gesinnung Jesu überhaupt und gegen ihn im besonderen, „die Gnade Jesu, des Herrn", die er in Jesu Erdentagen so reichlich erfahren – sie ist ihm für sich selbst und alle Glaubenden die Gewähr, einst am Tage der Entscheidung durch dieselbe gerettet zu werden.

„Es wäre", sagt er weiter, „von uns eine Versuchung an die Heiden, würden wir ihnen dieses (fast trügerische) Joch des Gesetzes auferlegen." Daraufhin wurden alle diese lebhaften Leute still. Es ist ja an und für sich um die Lebhaftigkeit nichts Sündliches, aber groß und eine Wirkung des Heiligen Geistes war es, daß alle diese Leute nun plötzlich zu schweigen und über das Gehörte nachzudenken sich genötigt fühlten. Und nun hatten Paulus und Barnabas Gelegenheit, dem vollen frischen Leben zum Rechte zu verhelfen und der Gemeine zu erzählen, was geschehen sei und wie große Dinge Gott mit ihnen getan. Und abermals tiefes Schweigen.

Da erhob sich endlich eine uns bisher fast unbekannte Gestalt, Jakobus, „der Bruder des Herrn", der als der nächste Verwandte Jesu, wohl auch als sein Nachfolger in der Ehre des Davidssohnes, aber namentlich als Bruder Jesu, offenbar ein unberechenbares Ansehen genoß – eine Herrschernatur. Sein Brief steht stilistisch in der Literatur fast einzig da; ist doch der Eingang desselben, so mancherlei er auch sonst bringt, durch zehn Verse hindurch in lauter Imperativen, beständig in Form des Befehls geschrieben, und derselbe Ton geht, wenn auch nicht immer in dieser grammatischen Form, durch den ganzen Brief hindurch. Er war es offenbar, der sich ganz besonders für Israel verpflichtet fühlte, gewissermaßen weil er der Sohn Davids war; und das, was über die Bedeutung seines Hauses, des Hauses Davids, in der Bibel geschrieben stand, schwebt ihm denn auch in diesem Augenblick vor. „Gott, dem alle Werke von der Welt her bewußt sind", so sagt er, „hat ja schon längst verheißen, wenn er die zerfallene Hütte Davids wieder herstellen werde, so werde es geschehen, damit auch die Heiden unter derselben Zuflucht finden." „Darum", so fährt er fort, „beschließe ich."* Wir Kinder der Neuzeit staunen; „beantrage ich", hätte er nach unserer Meinung sagen sollen; nein: er sagt: „beschließe ich." Es geschah sicherlich nicht in weltlicher Anmaßung, sondern in schlichtester Brüderlichkeit, gewiß, daß – was der Heilige Geist ihm an Licht gegeben – auch sofort allen durch denselben Geist einleuchten werde, teilweise auch in der nicht unbegründeten Voraussetzung, daß er derjenige von den Geltenden sei, welchem man am ehesten eine Zustimmung zu der Meinung der Pharisäer zutrauen möchte.

Was beschließt er? Aufs erste, daß die Forderung der Beschneidung falle. Hiermit ist diese äußere Form des Werkes Christi, die wir heute eigentlich Christentum nennen, im Unterschied zum Anfangschristentum Jerusalems, besiegelt. Israel ist nicht mehr das Volk Gottes in dem Sinn, daß, was aus den Völkern zu Gott kommt, förmlich dem Israel als Volksganzem einverleibt werde und so die christliche Geschichte eine ununterbrochene Fortsetzung der Geschichte Israels sei. Wenn Gott dem Israel einen neuen Bund verhieß, so war derselbe so geistiger Natur, daß sich gar wohl denken ließ, er werde die äußeren Rahmen des Alten Bundes nicht sprengen, sondern sich denselben einfügen. Mit diesem Beschluß aber hat der Neue Bund die Rahmen des Alten gesprengt und sich selbst eine ihm entsprechende äußere Form wenigstens insoweit gegeben, als er die alte Form beseitigt hat. Die Scheidewand ist abgebrochen, und an Stelle Abrahams ist nun Jesus allein die heutige Wurzel des Volkes Gottes.

Was für eine Ordnung soll nun für diese neugestaltete Gemeine aufgestellt werden? Soll nicht etwa das Gesetz Mosis nun daraufhin angesehen werden, was in demselben von universeller, sittlicher Bedeutung sei und was von bloß nationaler oder zeremonieller, so daß dann dieser zweite Teil ausgeschieden und der erste als allgemeines gemeinsames Statut festgehalten würde? Genaugenommen hat man dies später in der sogenannten altkatholischen Kirche (altkatholisch nicht im heutigen Sinn;

* So Luther richtig; genauer heißt es allerdings: „richte ich", daß heißt aber in Israels Sprache: „Ich spreche als Richter das abschließende Wort." Richten ist ja in Israel so sehr die Hauptbefugnis des Herrschers, daß richten gleich beherrschen und Richter gleich Herrscher gesetzt ist.

altkatholisch nennt man die Kirche der ersten Jahrhunderte) bis auf den heutigen Tag so gemacht, nicht ohne Berechtigung. „Gesetz und Evangelium“ – ist unser Motto geworden. In jenem Moment aber wäre es eine Inkonsequenz gewesen, und dieser machte sich Jakobus nicht schuldig. All das Vorschreibende war, um mit den Worten der Gründungsurkunde zu sprechen (Jer. 31, 31), im Neuen Bunde nun ins Herz geschrieben. Christus in uns, der Heilige Geist in uns, liebt, und die Liebe ist des Gesetzes Erfüllung. Es wäre wie eine Verunehrung des waltenden Christus, ein Mißtrauen in seine Zulänglichkeit gewesen, hätte man ein System sittlicher Vorschriften neben dem Glauben an Christus aufstellen wollen, eine Tautologie, etwa wie wenn man von einem runden Kreise spräche. Es wurde also nach dem Worte des Petrus von einem Auflegen eines solchen Joches auf der Jünger Hälse abgesehen.

Sollten nun den Heidenchristen gar keine Bedingungen gestellt werden? Uns Fernerstehenden könnte es diesen Anschein haben. Wir wissen eben einerseits nicht, welche Abstumpfung und Verwilderung des sittlichen Gefühls eine jahrtausendealte Verarmung an göttlichen Erkenntnissen im Heidentum wirkt, und andererseits haben wir nicht mehr jenes zarte Gefühl, wie es Israel durch seine jahrtausendealte Verbindung mit Gott, durch die ernste Zucht des Gesetzes und noch mehr durch die heilige Offenbarung erhalten hatte, ein heiliges Anstandsgefühl. „Ihr sollt heilig sein“, sprach Gott (3. Mos. 11), „denn Ich bin heilig“; darum „esset nicht alles.“ Der Mensch soll sich seines Adels, seiner Verwandtschaft mit Gott bewußt bleiben und darum auch körperlich seine Würde wahren. Auf diesem Gebiete mußte den Heiden gleichsam eine göttliche Anstandslehre gegeben werden. Von vier Dingen sollen sie sich enthalten, und alle diese vier beziehen sich auf unser Körperleben und auf die heilige Beziehung zwischen Leib und Seele. Drei beziehen sich auf das Essen: Erstens: keine Teilnahme an Götzenopferessen, bei denen man gleichsam des Götzen Gast ist. Zweitens: nichts in seinem Blute essen. Dies führt uns zum Noahbunde zurück. Es ist ja an und für sich eigentlich unwürdig und beschämend, daß wir Tiere töten und essen, und vor der Sündflut war das nicht geschehen. Es bezeichnet die niedrigere Stufe des Menschengeschlechts, die mit Noah begann, daß ihm nun fortan auch das zugestanden wurde. „Nur“ – das war der Sinn des betreffenden Verbots – „macht es nicht wie die Raubtiere; eßt die Tiere nicht blutig.“ Den Sinn des Verbots hat der Heiland in den Worten ausgesprochen: „Alles muß mit Feuer gesalzen werden.“ Es muß das individuelle Tierleben vorher durchs Feuer getötet und dadurch der individuelle Leib in allgemeine Speise verwandelt werden. Auch Blut ist darum, sobald es gekocht ist, nicht mehr Blut im Sinn des Verbots. Die Juden allerdings haben gemeint, den Genuß des Blutes überhaupt sich versagen zu müssen, teils infolge ihres Zuges, alles ins Kleinliche und Enge zu deuten, teils wohl besonders deswegen, weil der Opferkultus ihnen eine ehrfürchtige Scheu vor dem Blut einflößen mußte. Drittens: nichts essen, was gestorben ist, keine Leiche. Der Leib des geschlachteten Tieres stammt noch aus dem Bereiche des Lebens, der Leib eines gestorbenen aus dem des Todes, er ist ein Leichnam. Das Vierte bezieht sich auf ein anderes körperliches Tun als das bloße Essen und erstreckt sich so tief ins sittliche Gebiet, daß es uns verwundert, demselben hier zu begegnen. Ist denn das Verbot der Hurerei nur eine Anstandslehre und nicht ein Sittengebot ersten Ranges? Allerdings ist es das letztere, aber es gehören in dieses Gebiet Dinge, welche der Heide anfangs nicht in diesem hohen sittlichen Ernst zu würdigen verstand; sein sittliches Urteil war hierin ein wenig dem tierischen nahe gesunken.

Die Geschichte, die wir soeben in kürzesten Zügen betrachtet haben, hat für uns heute etwas Trockenes, minder Erbauliches; sie ist aber außerordentlich groß. Das unmittelbare Walten Gottes, die Unterwürfigkeit aller unter Gott, sowie auch die unbestrittene Herrschaft des Heiligen Geistes gibt sich darin kund, daß diese große Umwälzung so ohne alle menschliche Selbstherrlichkeit, ohne ein Stäublein Radikalismus, ohne irgendwelchen frechen Bruch mit der Vergangenheit, ohne irgendwelchen Widerspruch mit solchem, was bisher als göttliche Offenbarung vorlag, vor sich ging. Wir haben kaum mehr eine Ahnung davon, in wie riesengroße Aufgaben die Apostel, die Zwölf und Paulus, hineingeworfen waren dadurch, daß der Schatz überlieferter Offenbarung, die ihnen heilig und unverbrüchlich war, mit einem Mal einen solchen Zuwachs neuer

Offenbarung, ja neuer Gottesgeschichte erhalten hatte und weiterhin noch erhielt, einer Offenbarung, die sich dem menschlichen Verstand gar nicht von selbst aus der bisherigen ergab oder verständlich machte, sondern welche an Größe des Inhalts und an Weite der Bedeutung alles Bisherige weit hinter sich zurückzulassen schien. Paulus wird später nicht satt davon, zu staunen über die Verschwiegenheit Gottes bis zu ihren Tagen. Gerade darin, daß er in seinem Heidenevangelium ein bisher verschwiegenes Geheimnis Gottes erkennt, sah er die Lösung des scheinbaren Widerspruchs, und werden wir heute darauf aufmerksam gemacht, wie unerwartet einem, dessen Denken nur im Alten Testament emporgewachsen war, diese Wendung der Dinge war. Diese unermeßlich, ja übermenschlich schwierige Aufgabe haben die Apostel gelöst, richtig gelöst. Daß sie dieselbe immerfort in einer für sie persönlich glänzenden Weise lösten, das war nicht möglich und auch nicht nötig. Es mußte und durfte hier die Beschränkung des menschlichen Individuums teilweise zutage treten. Die Verhältnisse sind größer als wir, wenigstens da, wo der Gang der Dinge Gottes auf Erden neu in Fluß kommt und wir in die Strömung gestellt sind.

In diesem großen Umschwung sehen wir jede der drei hauptsächlich maßgebenden Personen von Gott her zu einem typischen Stellvertreter einer der großen berechtigten Richtungen oder Interessen gestaltet, ähnlich etwa wie in einem großen Staate ein Minister des Äußeren die Aufgabe hat, die Verkörperung eines besonderen Prinzips und eines besonderen Interesses zu sein. Dies tritt uns in einer Szene entgegen, die wir hier noch anhangsweise betrachten können, obwohl sie einer etwas späteren Zeit angehört, und über die uns Paulus (Gal. 2, 11ff.) berichtet, in dem Streit zwischen Petrus und Paulus in Antiochien. Die große Frage war vorderhand nur in ihren Grundsätzen gelöst. Von der Tragweite dieser Lösung im einzelnen hatte Jerusalem, seiner ganzen heilig isolierten Stellung nach, noch kaum eine Ahnung. Die Jerusalemsgemeine blieb nach wie vor in den ihr lieben Schranken des Gesetzes Mosis. Draußen wird, so konnte man sich denken, diese Jerusalemsgemeine ihre Absenker haben in den christlichen Israeliten, und neben ihr blühen dann, eng verschwistert, aber selbständig, die Heidengemeinden. Daß die Liebe Christi stärker sein werde als die Schranken des Gesetzes, verbarg man sich wohl nicht; der jüdische Christ wird den heidnischen nicht mehr als einen Heiden betrachten, mit dem er z.B. nicht Tischgemeinschaft pflegen durfte, ohne unrein zu werden. So weit hatte man wohl in Jerusalem schon gedacht, ja nicht ohne Blick hierauf jene vier Anstandsvorschriften entworfen; jene Tischgemeinschaft, die man mit dem nichtchristlichen Volksgenossen aus Israel aufrechterhielt, durfte und wollte man dem christlichen Bruder aus den Heiden nicht versagen.

Aber der Heidenchrist hatte vielleicht seine noch nicht christlichen Vettern, Brüder, Eltern, ja einen Gatten, eine Gattin, und ihm kommt es nicht im entferntesten in den Sinn, wäre es auch nicht möglich, die Tischgemeinschaft mit diesen abzubrechen. Wie wird es da dem jüdischen Bruder gehen? Es konnte gar nicht anders kommen, als daß in kurzer Zeit in der Gemeinde Christi draußen die Frage der Tischgemeinschaft ein überwundener Standpunkt war. Dies trat wohl zuerst und am klarsten im syrischen Antiochien, jener so fröhlich emporblühenden Muttergemeine des Heidenchristentums, ins Leben. Nun sahen wir in der Apostelgeschichte immer einen merkwürdigen Herzenszug von seiten Jerusalems nach Antiochia hin. Es ist, als wollte jeder einmal dort gewesen sein, um dieses neugeartete christliche Leben zu schauen, und so ist schließlich auch Petrus hingegangen, wohl keineswegs nur aus menschlicher Neigung, sondern nach der Hirtenpflicht, mit der ihn Jesus im besonderen betraut. Da war er denn mit einen Mal in einer ganz anderen Luft; man bewegte sich in einer anderen Weise, das gesellige Leben aufzufassen, und diese freiere Weise leuchtete ihm sofort als echt christlich ein. Als aber etliche aus der Umgebung des Jakobus nach Antiochien kamen, da bestürzten ihn, so scheint es, ihre erschrockenen, ängstlichen Mienen. Mit einem Mal war Jerusalem wieder vor seinem Auge, und was ist nun Petrus vor Jerusalem, vor dem getauften nicht nur, sondern auch vor dem ungetauften? Er ist unrein, seine Gesetzesgerechtigkeit ist dahin, er hat mit Heiden gegessen.

Wie es kam, daß gerade die unsichtbar im Hintergrund befindliche Gestalt des Jakobus auf Petrus so gewaltigen Eindruck nach dieser Seite hin machte, darüber wissen wir ja eigentlich nichts und sind auf Vermutungen angewiesen. Sein Bild, wie wir es uns nach solchen Vermutungen oben gezeichnet haben, macht es uns erklärlich.* Er fühlte sich nach Obigem wohl im voraus dazu verpflichtet, seinem Bruder Jesus das Vertrauen von ganz Israel zu bewahren. Dabei war er wohl zugleich derjenige, der am wenigsten weit außerhalb der Tore Jerusalems gelangt war, und sein Geist war deshalb in eine ehrwürdige, seiner Aufgabe entsprechende Beschränkung eingehüllt.

Der Standpunkt, der von Gott dem Petrus angewiesen war, stand eigentlich über den beiden, dem des Jakobus für Israel, dem des Paulus für die Heiden, und darin bestand die Not der Lage für Petrus. Es war, könnte man sagen, weder nötig noch möglich, daß er ihr völlig gewachsen sei, „auf daß sich Fleisch nicht rühme." Wir Menschen sind keineswegs zu gut dafür, daß uns der liebe Gott nicht auch dazu verwenden könnte, in eine Lage manchmal auch durch unsere Inkonsequenz Licht zu bringen. So erging es hier dem Petrus. Aus reinem Drang des Herzens und mit fröhlicher Überzeugung hatte er sich einer Tischgemeinschaft hingegeben, die gar nicht, weder nach der Religion, noch nach der Abstammung der Anwesenden fragte; war es doch die einzig mögliche Auskunftsweise, wollte ein Judenchrist nicht irgendeinmal plötzlich in die Lage gebracht sein, zwar mit einem unchristlichen Juden, nicht aber mit einem christlichen Heiden zu essen. Jetzt aber trat das Interesse Israels vor seine Seele, zuallererst dasjenige des unbekehrten – dieses nicht, wie man zu sagen pflegt, vor den Kopf zu stoßen und ihm den Weg zur Bekehrung unnötigerweise zu erschweren –, dann aber auch das Interesse des bekehrten, das zum großen Teile mit so hoher Verehrung am Gesetz bis in seine letzten Ausläufer

---

* Auch den späteren, zur Sekte entarteten Judenchristen scheint Jakobus bei weitem als der Strengere, ihren engen Anschauungen Verwandtere in Erinnerung gewesen zu sein, während umgekehrt des Petrus Ansehen und geschichtliche Gestalt sie insgeheim geniert haben mag; denn sosehr sie auch bemüht waren, sein Ansehen gegenüber dem des Paulus hochzuheben, so suchten sie es andererseits doch gegenüber dem des Jakobus zu mindern und ihn als einen darzustellen, der in einem Abhängigkeitsverhältnis zu Jakobus gestanden, ihm z. B. seine schriftlichen Arbeiten zur Einsicht vorgelegt habe.

hing. Er hielt sich für einen Schuldner auch dieser beiden Parteien des Menschengeschlechts und – zog sich von jener freieren Tischgemeinschaft zurück.

„Er heuchelte damit", sagt nun Paulus. Paulus ist seinerseits wieder eine Spezialität; er vertritt die Heiden, und wie eine Henne über ihre Küken, wacht er über sie und über ihre Rechte. Darum legt sich auch in des Paulus Wort eine Schroffheit, ja Schärfe der Präzision, in welcher uns fast eine menschliche Schwachheit entgegentritt, gerade wie in des Petrus Handlung. Die menschliche Schwachheit aber, jenes Wortes wie dieser Tat, ist menschlich in höchstem Grade erklärbar, liegt in der Begrenzung der menschlichen Kraft, in der Begrenzung der Stellung eines jeden. Rücksichtslos und genaugenommen, widersprach ja wirklich diese zweite Handlungsweise des Petrus seiner Überzeugung, und heute sind wir leider in der Lage, dem Paulus gerade für diese schroffe Bezeichnung dankbar sein zu müssen, denn damit hat Paulus, der Petrum so genau kannte, uns unzweideutig bezeugt, daß Petrus mit ihm in der Frage der Tischgemeinschaft aus voller Überzeugung eins gewesen sei.

Warum Paulus des Petrus Benehmen so scharf beurteilt, haben wir oben schon berührt. Petrus genoß bei den Antiochia-Christen aus Juden und Heiden offenbar, und nicht ohne Pauli Mitwirken, so hohes, ungetrübtes Ansehen, daß seinem Handeln gegenüber kein Wort, weder des Petrus noch des Paulus, hingereicht hätte, den Heidenchristen die Meinung zu benehmen, es wäre doch besser, christlicher, sich der unbedingten Tischgemeinschaft mit Petrus zu enthalten. Hat doch dies Benehmen des Petrus in der Tat noch weite Wellen geschlagen bis in die Mitte von Kleinasien hinein, so daß offenbar die Galater, durch das Sichberufen der Irrlehrer auf jenes Benehmen des Petrus beunruhigt, den Apostel Paulus fragten, wie es sich denn eigentlich damit verhalte. Wir dürfen auch nicht unbeachtet lassen, daß dieser schroffe Ausdruck des Paulus uns keineswegs als ein Wort bekannt ist, dessen er sich gegen Petrus oder überhaupt in Antiochien bedient hätte. Nur gegenüber den Galatern hat er sich dieser Bezeichnung für das Benehmen des Petrus bedient; und diesen gegenüber war er – sogar dem Petrus zuliebe – zu rücksichtslosester Klarheit, Deutlichkeit, Schärfe gezwungen. Es war für die Galater hochwichtig, zu wissen, daß Petrus in seiner innersten Überzeugung mit Paulus einigging. Das einzige, was Paulus in Antiochien dem Petrus gegenüber tat, war, daß er „ihm unter die Augen widerstand" und ihm vor allen sagte: „Wenn du, der du doch ein Jude bist, heidnisch lebst und nicht jüdisch, wie nötigst du die Heiden, jüdisch zu leben?" Er tat dies offenbar aus demselben Grunde, aus dem er des Titus Beschneidung nicht zuließ und „nicht für eine Stunde" nachgab (Gal. 2, 5), „damit die Wahrheit des Evangeliums hindurchbleibe auf euch (Heiden)." So bleibt allerdings immerhin eine Wolke vorübergehenden Zwiespalts zwischen den Aposteln übrig, aber wir können, obigen Betrachtungen gemäß, keinem derselben eine große Schuld beimessen. Die Verhältnisse waren ihrem Wesen nach größer als sie. Des Petrus erstes Tun war, wie wir im Galaterbrief sehen, unermeßlich wichtig, fast unentbehrlich für die Heidenkirche, und sein zweites Tun war es kaum viel minder für den damaligen Zustand der Jerusalemskirche.

So schließt dieser große, merkwürdige Abschnitt der Übergangszeit, einer Zeit, wie wir sahen, voller Gärung, voll Werdens, voll des Unerwarteten. Die Frucht, die sie gezeitigt hat, ist teilweise eine herbe, wie wir sahen, aber sie birgt den Samen einer großen Zukunft in sich. Das unscheinbare Dekret (15, 23-29), das in seiner Schlichtheit und amtlichen Kürze an Jakobus erinnert – es ist eigentlich der große Freibrief der Jerusalemskirche für das Heidenevangelium, die Beglaubigung des Paulus als eines „in ihrer Gemeinschaft stehenden", aber selbständigen Sendboten Jesu. Zwei Männer aus Jerusalem wurden als Träger dieses Briefes erwählt, Lehrer unter den Brüdern, ja auch (V. 32) Propheten: Judas, mit dem Zunamen Barnabas, und – Silas (abgekürzt aus Sylvanus), ein Name, der hier ähnlich weissagend hineinklingt wie der Name des Saulus, der bei der Steinigung des Stephanus die Kleider der Zeugen hütete. Silas gehört (V. 34) zu den Männern, die, von Jerusalem nach Antiochia gehend, es nicht über sich brachten, wieder zurückzukehren.

So haben wir denn nun die Beratungen der Gemeine bis zu ihren letzten Beschlußnahmen verfolgt, ja noch zur Beleuchtung derselben den späteren Vorfall zwischen Paulus und Petrus in den Kreis der Betrachtung hineingezogen. Es bleibt uns nur noch, jene

Privatverhandlungen zu betrachten, die mit diesen Beratungen Hand in Hand gingen und deren Paulus in Gal. 2 Erwähnung tut.

Vergegenwärtigen wir uns noch einmal die Sachlage, namentlich auch unter Einbeziehung des Galaterbriefes. Der Jerusalemsgemeinde oder dem christlichen Israel im allgemeinen war sicherlich der Gedanke, die Bedeutung der Beschneidung sei durch das Christentum hinfällig geworden, noch zu neu, um sich in denselben finden zu können; hatte ihr doch ihre eigene Lebensgeschichte wenig Anlaß zu Erwägungen nach dieser Seite hin gegeben. Das war einerseits zu bedauern, andererseits aber war es aus Rücksicht auf das noch unbekehrte Israel für jenen Zeitpunkt die geschichtlich vorteilhafteste Geistessituation. Aus der Gesamtgemeinde empor erhebt sich (nach Gal. 2, 6) eine Gruppe solcher, „die da galten, etwas zu sein". „Welcherlei sie vormals gewesen seien, ist mir gleich; Ansehen eines Menschen gilt Gott nichts." Unter dieser Gruppe waren also noch viele andere als die Apostel, nämlich solche, die nur vorübergehend etwas waren; die Apostel waren immer Apostel, und das wußte Paulus. Zu dieser Gruppe mochten wohl auch manche von jenen Pharisäern gehören, die auch die Beschneidung des Titus gefordert hatten und die wohl durch den Gemeindebeschluß mehr überstimmt als – wenigstens auf die Dauer – überzeugt worden waren. Über dieser Gruppe aber stehen vornehmlich jene drei „Säulen", die Paulus (Gal. 2, 9) in bemerkenswerter Reihenfolge aufführt: Jakobus, Kephas (Petrus) und Johannes. Sie sahen gewiß heller als die meisten in die weittragende Bedeutung des Wortes, das Jesus durch die Bekehrung der Heiden gesprochen, wenn auch vielleicht nicht so hell wie Paulus, und nicht alle drei gleich hell. Das Licht wurde jedem nach Maßgabe seines geschichtlichen Berufes zuteil, also auch nach Maßgabe der Herden, die sie zu weiden hatten, damit sie nicht – in abgesonderter Höhe über dieselben erhaben – aufhörten, lebendige Bestandteile dieses Ganzen zu sein. Ich denke hierbei namentlich an Jakobus, der wohl – um dem Folgenden vorzugreifen – am ehesten gedacht haben mag: „Ich bin froh, daß *ich* dieses Evangelium nicht an die Heiden verkündigen muß."

Versetzen wir uns nun in die Lage einerseits dieser drei und andererseits des Paulus und Barnabas *nach* dem

Gemeindebeschluß, so würde sich uns, auch wenn uns nichts davon erzählt wäre, der Gedanke aufdrängen, daß es nun sehr ernster Privatverhandlungen unter den Leitenden bedürfen werde, um aufgrund dieses Beschlusses das Werk des Evangeliums zu ordnen. In der Tat, wie gewaltig hatte sich doch die Sachlage des Evangeliums in kurzer Zeit geändert, und welch ein unerwartetes Bild bot es den Aposteln dar. Wie ratlos waren sie, je mehr sich Israels Bekehrung verzögerte, vor dem Befehl ihres Meisters gestanden, das Evangelium auch den Völkern zu verkündigen! Und jetzt kommt ihr früherer Verfolger vor sie, im Geist an der Spitze einer Schar von Heiden, deren Dasein es laut verkündet, daß Jesus selbst die Sache in die Hand genommen. Hatten sie bisher gedacht, wenn ganz Israel bekehrt sei, dann müßten sie unter die Heiden gehen, so sehen sie nun, daß die Sache vom Himmel her abgekürzt wird, mit Übergehen ihrer Person, und daß ihnen diese Aufgabe abgenommen ist. Es war für sie menschlich wohl einerseits ein schwerer Verzicht. Das Evangelium wird also fortan zweierlei Ausgestaltung haben: eine für die Juden, die andere für die Völkerwelt. Das Evangelium an die Beschneidung wird fernerhin alles, was die heilige Geschichte Israels Schönes, Göttliches an Sitten und Geboten der Nachwelt überliefert hat, dankbar annehmen und christlich ausbauen, erfüllen – das Evangelium an die Vorhaut wird wesentlich demselben Ziel der Erfüllung des göttlichen Willens auf ganz anderem Wege zustreben, nämlich mit Verzicht auf allen Beistand aus der vorchristlichen Vergangenheit, rein aus dem Prinzip der Gnade Jesu heraus.

Es ist nicht zweierlei Evangelium,* sondern es ist ein und dasselbe Evangelium, aber an zwei Adressen gerichtet und um derselben willen verschieden ausgeprägt. Es standen sich also die beiden Ausgestaltungen nicht gegenüber wie Ja und Nein, sonst hätten sie ja auch nicht sehen können, daß Paulus mit dem Evangelium an die Vorhaut so betraut sei wie sie mit dem an die

---

* Wie fern dieser Gedanke damals lag, tritt uns doppelt ins Bewußtsein, wenn wir „Evangelium" in seinem eigentlichen Sinne als „Freuden*nachricht*", Bericht über ein erfreuliches Ereignis (das geschehen *sei*, oder das geschehen *werde*) fassen, wozu wir hier, bei dem fast ältesten neutestamentlichen Fundort dieses Wortes, am meisten verpflichtet sind. Die Nachricht, oder das Ereignis, war aber für Heiden und Juden dasselbe.

Beschneidung, denn Gott wird doch nicht dem einen gebieten: Predige Ja, und dem anderen: Predige Nein! Darum konnte auch fernerhin Paulus gar wohl den Juden und die Zwölf den Heiden predigen im weiteren Verlauf ihres Lebens. Aber das ging doch mit Notwendigkeit aus der Verschiedenheit hervor, daß beiderlei Aufgabe nicht ein und desselben Trägers Lebensberuf sein konnte, und sie vernahmen auch aus der Lage der Dinge die Sprache Gottes, daß dem nicht so sei. Sie waren Gott dankbar für das wunderbare Auskunftsmittel, mit welchem er ihnen aus einer unlösbaren Verlegenheit geholfen. So gaben sie dem Paulus und Barnabas die Rechte der Gemeinschaft, als Sinnbild dafür, daß sie fortan bei – den Gebieten nach – getrenntem Wirken eine Person bleiben wollen, und vereinbarten mit ihnen, daß jene (Paulus und Barnabas) unter die Völker, sie aber zu den Juden, zu der Beschneidung, gehen wollten.

Welch eine Teilung der Welt: sich – das Judenvölklein, ihnen – die Menschheit! So hatte nun der Heiland zweierlei Heerführer, die fortan nach verschiedenen Richtungen hin seine Sache zum Siege führen sollten. Sie begnügten sich aber nicht damit, diese von Gott geordnete Sonderung der Aufgabe einzusehen, anzuerkennen und gleichsam in vertragliche Worte zu fassen. Getragen von dem Bedürfnis nach fernerer Gemeinschaft der beiden großen Kreise von Jüngern Christi und wohl auch geleitet von der Angst, sie möchte in der Zukunft gefährdet sein, sannen sie offenbar darauf, ein tatsächliches Gemeinschaftsband auch für die Zukunft zu finden, und hierin mag ihnen jene liebliche Steuer Licht gegeben haben, welche seinerzeit die eigentliche Muttergemeinde der Heidenkirche, das syrische Antiochien, gerade durch diese beiden, durch Paulus und Barnabas, der großen armen Muttergemeinde Jerusalem gesandt. Dieses Band – darin fanden sie sich – wollen wir weiter pflegen: Gedenket der Armen, das heißt der Muttergemeinde Jerusalem (Gal. 2, 10), das war der Wunsch, den sie den beiden – wer weiß, vielleicht auf Vorschlag derselben – auf den Weg gaben. Von der Heidengemeine sollen fortan tatsächliche Lebensgrüße nach der israelitischen Muttergemeine gesandt werden. Wie sehr sich das Paulus angelegen sein ließ, ja, und wie verhängnisvoll diese Bemühung schließlich für ihn wurde, werden wir später sehen.

Dritter Abschnitt

Paulus der Apostel in der großen Zeit seines Wirkens

1. Zweite Reise durch Kleinasien

Von der ganzen Erdoberfläche, so wie sie sich dem darstellt, der sie bereist, ist das Mittelmeer mit seinen Küsten gewissermaßen ein Abbild im kleinen, ein Miniaturbild. Wie auf jener die großen Erdteile in das sie umspülende Weltmeer hineinragen, so ragen in das südlich und südöstlich vom großen Festland umsäumte Mittelmeer die vier Halbinseln hinein, durch das Meer ebensowohl verbunden als getrennt. So war das Mittelmeer naturgemäß gleichsam die Kinderstube der Weltgeschichte. Zu dem großen Weltverkehr unserer Zeiten bildete der alte Völkerverkehr des Mittelmeers die Vorschule. Namentlich die beiden günstigst gelegenen Halbinseln, die mittleren: Griechenland und Italien, waren die Pflanzstätten, in denen unsere heutige Kultur in ihrem ersten Stadium heranwuchs.

So hat denn der geistige Stammbaum des heutigen Europa oder der heutigen Welt eigentlich zwei Wurzeln oder Urstämme im Altertum, die, getrennt voneinander heranwachsend, sich später zu einem Stamm vereinten: einerseits die heilige Geschichte, die Geschichte Israels, und andererseits, weltgeschichtlich, die Kulturgeschichte Griechenlands und Roms.

Bis zu dem Zeitabschnitt, den wir nun betreten, kannten diese großen Geistesmächte einander nicht oder nahmen kaum voneinander Notiz. Wohl hatte die Hand Roms mächtig und hart in die heilige Geschichte eingegriffen – hat sie doch Jesus gekreuzigt! –, aber das Christentum nahm solche Dinge von dieser Seite her so hin, wie wir Unbilden der Witterung, Sturm und Regen hinnehmen; und andererseits gebrach es Rom und Griechenland noch an jeglichem Verständnis für die Bedeutung der jungen Bewegung; Rom ahnte nicht im entferntesten, daß es sich einmal unter diesen Jesus beugen, ja daß es einst von seinem Namen den ihm verlorenen Rechtstitel zur Beherrschung der Welt erborgen werde.

Der Abschnitt der Apostelzeit, den wir nun betreten, hat darin seine hohe Bedeutung und seinen wunderbaren Reiz für uns, daß in demselben diese beiden Ströme ineinandermünden, oder vielmehr: daß nun der Strom der Heilsgeschichte sich über die Gebiete der alten Kulturwelt ergießt. Die Namen, von denen uns die heilige Geschichte erzählt: Jerusalem, auch Antiochien, die Namen des Übergangs, verschwinden uns wie ferne Küsten, und neue Namen kommen in Sicht, von denen uns die heilige Geschichte nichts, die Weltgeschichte aber sehr viel erzählt hat: Athen, Korinth, Ephesus.

Wir fühlen uns auch sofort menschlich verwandter angehaucht, wir fühlen uns in unserem menschlichen Heimatland besucht, wir merken: hier beginnt im speziellen unsere Geschichte; wir werden inne, daß die Wellenringe jenes großen Wirkens des Apostels Paulus noch heute unser Leben bewegen.

Es ist doch wunderbar, wie Jesus das, was er einst in dem kleinen Galiläa begann, nun vom Himmel her durch seinen Knecht Paulus binnen weniger Jahre über die Landkarte der damaligen Kulturwelt ausbreitet und in diese Kulturwelt hinein einen Bau stellt, der – beständig wachsend – heute die Nationen der Erde immer vollständiger in sich zu bergen beginnt. Paulus war im Sinne von Sacharja 9, 13 ein Zionskind, von Gott erweckt „über deine Kinder, Griechenland", und von Ihm gestellt zum „Schwert der Riesen".

Den größten Teil dieser Arbeit leistete Paulus in seiner sogenannten „zweiten Missionsreise", welche uns in diesem Abschnitt zuerst und überhaupt vorzugsweise beschäftigen wird. Sie ist in dem großen Feldzug seines Lebens die entscheidende Schlacht. Die erste Reise gehörte der Zeit seiner Entwicklung im engeren Sinn an; es war eine Lehrzeit, in welcher er, angelehnt an das bisherige israelitische Christentum, zugleich durch die Heiden, zu denen er sprach, seiner besonderen Bedeutung für sie und noch mehr der Art, wie der Heiland die Heiden betrachtete, sich bewußt wurde. Von entscheidender Bedeutung für die Fruchtbarkeit seines weiteren Wirkens und für die Freiheit seiner eigenen Entwicklung war es, daß nun durch den Gemeindebeschluß in Jerusalem die geistige Besonderheit der Heidenkirche und das göttliche Recht derselben erkannt und beschlußweise in Worte gefaßt war.

Zu dieser großen Frucht, die nicht ohne schmerzliche Wehen geboren war, gesellt sich nun ein anderes, was – ebenfalls nicht ohne peinliche Beigabe – zu dem unerläßlichen Zweck dienen mußte, ihn völlig von seiner bisherigen Abhängigkeit loszulösen und unabhängig auf sich selbst zu stellen. Es war sein Zerwürfnis mit Barnabas. Als er nämlich eine Rundreise vorschlug, um die Brüder in Kleinasien zu besuchen, wollte Barnabas auch den Markus mitnehmen; Paulus aber urteilte: der sei nicht mitzunehmen, da er sie in Pamphylien verlassen habe und nicht mit ihnen in die Arbeit gegangen sei. Offenbar wehrte sich Barnabas für seinen Neffen und bat um Nachsicht, und dem Anschein nach mit äußerst gewichtigen Gründen; denn welcher Nachsicht hatte einst Paulus bedurft, und wem hatte Paulus die Einführung bei den Aposteln zu verdanken als gerade dem Barnabas, gerade dieser seiner stets verzeihenden Güte, welcher er, Paulus, sich nun widersetzt? Wem sein Wirken in Antiochien, also scheinbar seine ganze bisherige Laufbahn, als eben diesem Barnabas? Barnabas mochte den Paulus mit großen Augen ansehen, als derselbe ruhig und fest bei seiner Meinung blieb: Markus darf nicht mit. Paulus b l i e b aber fest.

Barnabas drohte: „Dann gehe ich auch nicht mit." Mir ist immer, da sei dem Apostel ein Lichtblick geworden, des Sinnes: um so besser!, und es habe diese Drohung das Gegenteil von dem bewirkt, was sie beabsichtigt – aus Achtung und Liebe gegen Barnabas, nicht aus Mangel daran, auch wohl mehr kraft eines Lichtes des Heiligen Geistes als kraft persönlicher individueller Stimmung. Barnabas war der Ältere von Geburt und der Ältere, ja früher ungleich Höhergestellte in der Gemeinde Jesu, und es hat wohl schon auf der ersten Reise den Apostel manchmal bedrückt, wenn Barnabas in den großen Momenten nur der stumme ehrwürdige Zeuge sein sollte; andererseits bedarf es aber in allen solchen Unternehmungen, wie in den militärischen, einer klaren Über- und Unterordnung, eines einheitlichen Willens, der von dem Oberen ausgeht und dessen Werkzeuge die anderen sind, und es war für beide Teile auf die Dauer ein unhaltbares Verhältnis, daß der Jüngere und überhaupt menschlich minder Berechtigte dem menschlich Höheren gebieten solle.

Es war aber auch vom höchsten Gesichtspunkt aus an der Zeit, daß diese Arbeitsverbindung sich löse, denn Barnabas war bei all seiner Güte oder vielleicht infolge derselben wieder ein durchaus selbständiger Typus, der Typus des Antiochiachristentums oder der Stephanuszeit; und fast möchte man sagen: wie einst Abraham seine heimische Familie verlassen mußte, um von ihren sittlich gewiß nicht gerade schlimmen Eindrücken völlig frei zu sein, so sollte auch der Apostel Paulus dieses Einfusses entledigt werden.

Aber warum wollte Paulus denn den Markus nicht? War es seinerseits Empfindlichkeit, Mangel an Verzeihung? Gewiß nicht. Es ist auch eine Barmherzigkeit, einem Menschen – und wäre es auch wider seinen Willen – nicht mehr zuzumuten, als er in der Tat auszuführen imstande ist. Bei den Klettertouren im Hochgebirge ist es, wie die Erfahrung entsetzlich genug gelehrt hat, einfach unbarmherzig, einem Mann mit schwachen Knien zu gestatten, eine gefährliche Tour mitzumachen; es wäre sein und der anderen Ruin.

Der Apostel hat nun Erfahrung genug, um zu wissen, was seiner wartet. Stellen wir einmal zusammen, was der Apostel selbst über seine Erlebnisse auf seinen Reisen überhaupt uns erzählt; lesen wir z. B. 1. Kor. 4, 9 - 13 den Gesamteindruck seiner Lebens-, Leidens- und Arbeitsgeschichte: „Ich halte aber, Gott habe uns Apostel für die Allergeringsten dargestellt, wie dem Tode übergeben. Denn wir sind ein Schauspiel geworden der Welt, und den Engeln, und den Menschen. Wir sind Narren um Christi willen, ihr aber seid klug in Christo; wir schwach, ihr aber stark; ihr herrlich, wir aber verachtet. Bis auf diese Stunde leiden wir Hunger und Durst, und sind nackend, und werden geschlagen, und haben keine gewisse Stätte, und wirken mit unseren eigenen Händen. Man schilt uns, so segnen wir; man verfolgt uns, so dulden wir's; man lästert uns, so flehen wir. Wir sind stets wie ein Fluch der Welt, und ein Fegopfer aller Leute.“

Lesen wir ferner 2. Kor. 11, 23-33 das spezielle Verzeichnis seiner Leiden. Der Apostel vergleicht sich dort vor den Korinthern offenbar nicht mit den Zwölfen, sondern mit jenen, die er (11, 5) „übermäßig Apostel“ und (11, 13) geradezu „falsche“ oder „Lügenapostel“ nennt, Männer, die nicht nur ohne allen göttlichen Beruf, sondern auch ohne irgendeine menschliche Leistung sich den Korinthern gegenüber den Titel von „Aposteln“ anmaßten. Vielleicht waren sie dazu geradezu durch den Vorgang des Paulus verleitet; sie sagten sich wohl: Wenn ein solcher Pharisäer, der nie ein Wort mit Jesus gesprochen, aufgrund eines Erlebnisses, von welchem kein Christ Zeuge war, sich Apostel nennen darf, warum sollen wir uns nicht auch so nennen dürfen? Ihnen gegenüber rühmt er sich, und zwar, wie er (11, 30) sagt: nur nach der Seite der Schwachheit, des Leidens. „Sind sie Diener Christi (ich rede töricht) – ich mehr; an Mühsalen weit mehr, an Schlägen weit mehr, an Gefängnissen überschwenglich mehr“; so beginnt er wie mit einer Generalüberschrift und geht zu seinen Todesgefahren über. „An Todesgefahren (eigentlich an „Toden“) oft; von Juden habe ich fünfmal empfangen vierzig weniger eins“ (nach dem Gesetz durften nie mehr als vierzig Streiche gegeben werden, und deshalb gaben die Juden in ihrer Gesetzesängstlichkeit nie mehr als vierzig weniger eins, und nicht ohne Humor kombiniert Paulus diese ängstliche Subtraktion mit der überreichen Multiplikation); „dreimal wurde ich mit Ruten gestrichen, einmal gesteinigt; dreimal litt ich Schiffbruch, Nacht und Tag brachte ich in der Tiefe zu“; von diesen Schiffbrüchen, zu denen ja derjenige seiner Romreise noch nicht gehört, ist uns kein einziger bekannt, ein Zeichen, welch ein kleiner Bruchteil seiner Lebensgeschichte das ist, was wir von ihm wissen. Bei einem jener Schiffbrüche wohl geschah es, daß er Tag und Nacht vielleicht mit den Wogen zu kämpfen hatte, oder vielleicht, daß er von den Wogen im Scheintod angespült wurde. Er fährt fort: „Auf Reisen oft in Gefahr.“ „In Ströme-Gefahren, in Räuber-Gefahren, in Gefahren vom Volk (Israel) her, in Gefahren von Heiden her; Gefahren in Städten (eigentlich in der Stadt), Gefahren in der Wüste, Gefahren im Meer.“

Auf diese äußerlichen körperlichen Strapazen folgen die Plagen des Gemüts: „Unter falschen Brüdern, an Mühe und Arbeit, in Nachtwachen, oft in Hunger und Durst, in Fastungen, oft unter Kälte und Blöße.“ Seine weitere Schilderung erstreckt sich auf die übermäßigen Anforderungen, die von seinem eigenen Herzen sowohl als von der Not seiner Brüder an seine Seelsorge gestellt werden, und er schließt das Bild, wie wir oben einmal erwähnt, mit jener Flucht im Korbe über die Mauern von Damaskus, die offenbar seinem Heldensinn große Überwindung kostete. Dieses Verzeichnis ist ein beredter Beweis für das, was er uns 2. Kor. 4, 7-12 erzählt: „Wir haben aber solchen Schatz in irdenen Gefäßen, auf daß die überschwengliche Kraft sei Gottes, und nicht von uns. Wir haben allenthalben Trübsal, aber wir ängsten uns nicht. Uns ist bange, aber wir verzagen nicht. Wir leiden Verfolgung, aber wir werden nicht verlassen. Wir werden unterdrückt, aber wir kommen nicht um; und tragen um allezeit das Sterben des Herrn Jesu an unserm Leibe, auf daß auch das Leben des Herrn Jesu an unserm Leib offenbar werde; denn wir, die wir leben, werden immerdar in den Tod gegeben um Jesu willen, auf daß auch das Leben Jesu offenbar werde an unserm sterblichen Fleisch. Darum so ist nun der Tod mächtig in uns, aber das Leben in euch.“

Und nach dieser Schilderung dürfen wir wohl noch beherzigen, wie er uns zur Nachfolge ermahnt (2. Kor. 6, 4-10): „In allen Dingen lasset uns beweisen als die Diener Gottes, in großer Geduld, in Trübsalen, in Nöten, in Ängsten; in Schlägen, in Gefängnissen, in Aufruhren, in Arbeit, in Wachen, in Fasten, in Keuschheit, in Erkenntnis, in Langmut, in Freundlichkeit, in dem Heiligen Geist, in ungefärbter Liebe; in dem Wort der Wahrheit, in der Kraft Gottes, durch Waffen der Gerechtigkeit zur Rechten und zur Linken (d. h. Schwert und Schild, oder: zum Angriff und zur Verteidigung); durch Ehre und Schande, durch böse Gerüchte und gute Gerüchte; als die Verführer, und doch wahrhaftig; als die Unbekannten, und doch bekannt; als die Sterbenden, und siehe, wir leben; als die Gezüchtigten, und doch nicht ertötet; als die Traurigen, aber allezeit fröhlich; als die Armen, aber die doch viele reich machen; als die nichts innehaben, und doch alles haben.“

Zur Vervollständigung dieses Bildes gehört noch, was der Apostel 1. Kor. 9 bespricht. In V. 19-22 schildert er seine wunderbare Maxime, die er befolgt, um ja überall viele zu gewinnen, das heißt (V. 22 Schluß): zu retten. Er wird allen alles, den Juden ein Jude, den Schwachen ein Schwacher, denen aber, die ohne Gesetz sind, einer, der ohne Gesetz ist, obwohl er innerlich im Heiland in einem Gesetz ist. Diese wunderbare Art, sich jedermann zum Knechte zu machen, verlangte, wenn sie nicht geradezu gefährlich werden wollte, gebieterisch ein neues Opfer vom Apostel, nämlich: daß er das Evangelium umsonst verkündigt, denn sonst hätte diese Gewandtheit, sich jedermann gefällig zu machen, einen äußerst üblen Schein erweckt. Der Apostel betrachtet dies, daß er das Evangelium umsonst verkündige, nicht als ein Opfer, sondern als seinen Lohn dafür, daß er „wider Willen" Apostel sein müsse, ja als seinen Ruhm; und er sagt: „Es wäre mir besser, ich stürbe, als daß mir jemand diesen meinen Ruhm sollte zunichte machen."

Seine Erlebnisse in Philippi, seine Abschiedsrede an die Ältesten von Ephesus (20, 33 - 35) und seine Worte an die Thessalonicher (1. Thess. 2, 9; 2. Thess. 3, 7 u. 8) beweisen uns, wie hochernst er es mit dieser Maxime genommen. Wie hat der Apostel sich denn durchgebracht? Er traf nicht überall sofort einen Webstuhl; auch Aufträge, Rohstoff und dergleichen waren nicht sofort zu finden, und wie oft war sein Aufenthalt überhaupt für solche Arbeit zu kurz. Allerdings hat er sich wohl von Freunden und Gemeinden, soweit sie ihm gegenüber nicht mehr Empfänger, sondern Genossen des Evangeliums waren, beistehen lassen, so z. B. aus besonderen Gründen von Philippi, vielleicht auch von der Muttergemeinde Antiochien, wie er (2. Kor. 11, 8) sagt: „Ich habe von anderen Gemeinden Sold genommen für den Dienst an euch Korinthern." Aber das enthebt uns wohl schwerlich der Notwendigkeit, anzunehmen, daß er manchmal doch ökonomisch in peinliche Not gekommen sein mag, sich vielleicht zu harten und niedrigen Dienstleistungen verstanden habe, um Brot zu erwerben, und jedenfalls wirft es ein helles Licht darauf, daß in obigen Schilderungen oft auch der Hunger erwähnt wird, ja die Blöße, was ja immerhin auf eine oft äußerst bedenkliche Beschaffenheit seiner Kleidung schließen läßt.

Soweit dieses Gesamtbild des Charakters der Reisen des Apostels, das gar wohl der Schilderung seiner Hauptreise voranstehen darf. Den eigentlichen Anlaß zu demselben gab uns aber die Frage, warum Paulus sich so entschieden das Mitgehen des Markus verbeten habe. Wir können, ohne von Markus gering zu denken, doch wohl Paulus völlig begreifen, wenn er daran zweifelte, ob Markus solcher Aufgabe gewachsen sei. So schieden denn die langjährigen, treuen Arbeitsbrüder, Barnabas und Paulus, voneinander. Barnabas besuchte mit Markus sein altes Wirkungsfeld, seine Heimat Zypern. Paulus wählte sich den einen jener zwei Propheten und Lehrer aus Jerusalem, die von dort nach Antiochia gesandt worden waren, den Silas. Derselbe ersetzte aber eigentlich Barnabas, und nicht Markus. Ein Dritter, für die untergeordneteren Dienste, war wohl Bedürfnis; einen solchen fand er in Derbe und Lystra, in dem Jüngling Timotheus. Eines Griechen Sohn, ist er der erste uns bekannte Heide,* der im Dienste des Evangeliums steht, denn von Titus ist, als er Paulus nach Jerusalem begleitete, noch nicht gesagt, daß er damals schon als Diener am Evangelium tätig gewesen.

Es war dem Apostel offenbar wichtig, für seine neue Tätigkeit einen echten Heiden zum dienenden Gehilfen zu haben. Dieser Heide genoß aber andererseits ungetrübt die wesentlichen Vorzüge des Israeliten, denn (2. Tim. 1, 5) von seiner Großmutter Lois und seiner Mutter Eunike her, die jüdischer Abstammung waren, „kannte er (2. Tim. 3, 15) von Kind auf die Heilige Schrift", das heißt das Alte Testament, befand sich also doch nicht in jener heidnischen Unwissenheit, welche fast unfähig machte zu jenem reifen Verständnis des Evangeliums, das von einem Verkündiger desselben zu erwarten war. Um die Vorzüglichkeit dieses Werkzeuges noch zu vervollständigen, beschnitt Paulus noch den Timotheus um der Juden willen, ganz nach obiger Maxime, daß man allen alles sein müsse, wie auch nach Gal. 6, 15: „In Christo Jesu ist weder die Beschneidung etwas noch auch die Vorhaut, sondern ein neues Geschöpf." Gerade

* Vergessen wir nicht, daß im ganzen Neuen Testament und in den Briefen Heide nie Nicht-Christ heißt, sondern Nicht-Israelit. Stellen, wie 1. Kor. 12, 2 und Eph. 2, 11, sind von Luther auf praktische Weise in unsere Verhältnisse und Anschauungen übersetzt; aber gerade letztere Stelle heißt eigentlich: „Ihr, Heiden nach dem Fleisch, die ihr die Vorhaut genannt werdet von denen, die man die Beschneidung nennt, waret einst fern von Christo."

aufgrund der völligen Klarheit über die fortan bloß geschichtliche Bedeutung der Beschneidung durfte er solches umso eher tun. Aus späteren Worten des Apostels an Timotheus (1. Tim. 1, 18 u. 4, 14) läßt sich übrigens schließen, daß der Apostel keineswegs leicht zur Wahl dieses Dieners geschritten sei, was wir ja nach seinen Erfahrungen mit Markus von vornherein erwarten können. Es war ihm sicherlich ein Anliegen, ein völlig zuverlässiges und daher womöglich ein göttlich berufenes Werkzeug zu erlangen. Nach obigen Stellen zu schließen, erhielt er hierüber eine Weissagung, daß Timotheus ein rechter sei; vielleicht wurde sie ihm durch Silas, der ja ein Prophet war, vermittelt.

Wie karg Lukas eigentlich in der Wahl seiner Stoffe ist, wie wenig vollständig auch in der Schilderung des Lebens des Paulus, erkennen wir auch hier wieder, wo er der gewaltigen Wirksamkeit des Apostels in Galatien nur nebensächlich (V. 6) Erwähnung tut. Eine Krankheit scheint den Apostel (Gal. 4, 13) irgendwie veranlaßt zu haben, seiner Reise die Seitenrichtung nach Galatien zu geben, d. h. nach dem Lande der Kelten, eines vom Norden her eingewanderten Völkerstammes. Die Krankheit war nach Gal. 4, 14 derart, daß sie einen abschreckenden, für die äußere Würde ihres Trägers entschieden ungünstigen Eindruck machte, denn er rechnet es den Galatern hoch an, daß sie ihn um derselben willen nicht verachtet hatten. Aber davon war keine Rede. Die Kunde von dem gekreuzigten Jesus, den ihnen Paulus (Gal. 3, 1) vor die Augen malte – sie fand alsbald Glauben und zündete gewaltig unter ihnen; der Geist fiel auf sie, und große Machtwirkungen Gottes erlebten sie (Gal. 3, 4 u. 5), und aus Freude über dieses alles wären sie imstande gewesen, vor lauter Dank ihre Augen auszureißen, wenn es nötig wäre (Gal. 4, 15), und dem Paulus zu geben. Um so majestätischer, daß ich so sage, erscheint es mir, wie kurz Lukas solche Erlebnisse übergehen kann. Jene Krankheit hängt möglicherweise schon mit einem Zwiespalt im Innern des Apostels zusammen, der ein lautes Zeugnis ist von der Objektivität, mit der er vom Heiligen Geist geführt wurde, und zu dessen Verständnis unsere heutigen Herzenserfahrungen nur schwache Anhaltspunkte bieten.

Den Apostel nämlich zog sein eigenes Herz nach Asien, aber „der Geist ließ es ihm nicht zu“. Unter Asien haben wir die Provinz Asien zu verstehen, deren Hauptstadt Ephesus war. Warum zog es ihn wohl nach Asien? Diese Westküste Kleinasiens war seit uralten Zeiten von Griechen (Joniern) bevölkert und durch die Gunst des Klimas sowohl als der geographischen Lage zur höchsten Stufe der Bildung und des Wohlstandes gelangt; war sie doch z.B. die Heimat der meisten der Sieben Weisen, und wissen wir doch, welch hohen Rang in der Geschichte der Baukunst und der Musik der Name „jonisch" einnimmt. Den Apostel konnte zweierlei dorthin ziehen: erstens, seinen Erfahrungen in Lykaonien nach zu urteilen, ganz einfach der Wunsch, einmal aus dem bäuerlichen Binnenlande, in welchem sprachlich vorzugsweise das jeweilige Volksidiom regierte, in eine Gegend zu kommen, wo Griechisch die Landessprache war, wo er ohne weiteres verstanden wurde und verstand; zweitens aber auch vielleicht die Hoffnung, bei höhergebildeten Klassen der menschlichen Gesellschaft schneller und ausgiebiger Verständnis zu finden. Der Heilige Geist (16, 6) war anderen Sinnes: „Er wehrte ihm, nach Asien zu gehen", nach demselben Asien, das doch bald durch die Wirksamkeit dieses Apostels der Hauptherd des Christentums werden soll, denn in diesem Asien befanden sich auch Sardes, Pergamon, Smyrna, Laodicea u.a. War Asien noch nicht reif, oder war es der Apostel noch nicht? Beides ist möglich; am wahrscheinlichsten ist es mir betreffs des Apostels. Er sollte erst die Schule seiner Erfahrungen in Athen und Korinth durchmachen, bis er die selbständige Klarheit und Gewißheit gewinnen wird, die ihn hernach zu seiner gewaltigen Wirksamkeit in Ephesus befähigt.

Wohin nun? Er sucht, durch Mysien nach Bithynien an die Küste des Schwarzen Meeres zu dringen, aber – „der Geist Jesu" läßt es nicht zu.

Es fehlen uns heute in unserem Inneren die Anknüpfungspunkte völlig, um den feinen Unterschied zwischen „dem Heiligen Geist" und „dem Geist Jesu" zu verstehen. So sind sie denn eigentlich an die Nordwest-Ecke Kleinasiens gedrängt, in die Troas, und gewiß völlig ratlos, wohin sie sich denn nun wenden sollen. Da erschien dem Paulus in der Nacht ein Gesicht; ein Mazedonier stand vor ihm mit der Bitte: „Komm herüber nach

Mazedonien, und hilf uns.“ Es war schon an und für sich eine wehmütige Erscheinung. Woran erkannte er den Mazedonier? Das war die Kriegertracht, die durch Alexander den Großen über Asien bis jenseits des Euphrat bekannt war – eine jetzt völlig dahingeschwundene Größe. Auch das stolze Mazedonien war jetzt von dem eisernen Fuß Roms zertreten, war das Grab einer großen Vergangenheit. Wie mochte da dem Apostel die Ahnung aufdämmern, wie weit hinaus die Völker unbewußt nach Erlösung aus ihren Grabeskammern sich sehnen, nicht des Grabes der Fremdherrschaft, sondern des Grabes der Obrigkeit der Finsternis!

„Alsbald“, so fährt der Erzähler fort, „fuhren wir.“ Wie geht das zu, daß der Erzähler von der Reisegesellschaft, die er bisher immer in dritter Person aufgeführt, mit einem Male in erster spricht? Manche nehmen an, er füge hier einfach eine Berichterstattung eines anderen, nämlich eines Reisegenossen, ein; dazu aber tritt dieses „wir“ doch allzu schlicht und unvermittelt, einfach in einem Nachsatz in den Gang der Rede ein. Weit näher liegt es, anzunehmen, in der Troas sei der Erzähler, Lukas, mit Paulus bekanntgeworden und habe die Vergünstigung erlangt, ihm fortan zeitweise als Begleiter zu folgen. Es mag wohl sein, daß er diese Vergünstigung seiner Kunst als Arzt verdankte, namentlich als Wundarzt (Kol. 4, 14: „Lukas, der liebe Arzt“); war doch der Apostel schon lange mit dem Gedanken vertraut, daß er dann und wann wieder werde um des Evangeliums willen verwundet werden (Gal. 6, 17: „ich trage die Narben Christi an meinem Leibe“), und da war für ungestörtes Weiterwirken bei allem Segen Gottes doch auch eine verständige Pflege durch fachkundige Hand angezeigt, und vielleicht hatte er um so lieber einen Mann hierfür bei sich, da diese Pflege sonst gewöhnlich weiblichen Händen anvertraut wird und er sich einer solchen, seinen hierüber äußerst strengen Ansichten gemäß (1. Kor. 7, 1), gerne entzog. Vermuten wir recht, daß mit diesem „wir“ das Mitreisen des Lukas ausgesagt sei, so sehen wir hier in besonders heller Weise, wie heilig karg, wie rücksichtslos streng Lukas in der Auswahl dessen, was er erzählen oder aber nicht erzählen soll, verfährt. Wie nahe wäre es seinem Herzen gelegen, hier etwas auch von Lukas zu erzählen, aber er geht mit militärischer Selbstverleugnung darüber hinweg.

2. Philippi

Die erste Stadt Mazedoniens, in welcher der Apostel sich länger aufhielt, war Philippi, eine Stadt, deren Name in der damaligen neuesten Weltgeschichte einen ernsten Klang hatte, denn dort war die Schlacht geschlagen, durch welche die Weltherrschaft der Stadt Rom endgültig in die Hände der Familie Cäsar überging. Gespannt, wie ihm wohl die Sehnsucht des mazedonischen Volksgeistes nach Hilfe, die sich ihm so merkwürdig kundgetan, entgegentreten werde, war er wohl nicht wenig überrascht, dort nur äußerst spärlich mazedonisches Wesen zu finden. Alles war römisch, italienisch; die Stadt war eine Kolonie, die teils aus ausgedienten römischen Soldaten bestand, welche durch Besitztum in Philippi für ihre Dienste belohnt wurden, teils auch aus unruhigen Politikern italischer Städte, die man durch eine für sie wohl fast vorteilhafte Verbannung hierher unschädlich gemacht. Wiederholt sind wir an römisches Wesen erinnert (z. B. 16, 21), am meisten durch die Liktoren (V. 35). Das Vorkommen derselben läßt uns auch die Obersten und Hauptleute in römischem Licht erscheinen; ja auch, daß der Purpur, das gesuchte Ehrenzeichen des Römers, hier gehandelt wird, erinnert uns an Rom.

Der Apostel war wohl in bezug auf Gottes Wege das Unerwartete längst gewöhnt; „der Geist weht, wo er will!" Es ist gegenüber manchen Erscheinungen unserer Tage auffallend und lehrreich, wie still und unscheinbar die Sendboten hier „ihr Wesen hatten". Von einem lauten öffentlichen Auftreten irgendwelcher Art, von einer Tendenz, die Menge auf sich aufmerksam zu machen, merken wir nichts. Am Sabbat wandeln sie den Fluß entlang oberhalb der Stadt, in der Hoffnung, dort irgendetwas Jüdisches zu finden, und sie täuschten sich nicht. Es ist eine Einrichtung da für die gesetzlichen Waschungen, und es finden sich dort wenigstens etliche Frauen zusammen, und mit diesen entspinnt sich ein Gespräch, und siehe, hier griff wieder – wie einst im syrischen Antiochien – der Herr selbst ein. Einer dem Judentum zugeneigten Heidin, der Purpurhändlerin Lydia, „tat der Herr das Herz auf, daß sie auf das, was von Paulus geredet wurde, acht hatte."

Es bedarf heute, im Zeitalter der Phrase, einiger Anstrengung, um dieses Wort so eigentlich zu verstehen, wie es der Erzähler meint. Wir schreiben heute – vermeintlich schon aus Pflicht der Frömmigkeit – alles beliebig dem Herrn zu. Das war des Lukas Weise nicht. Hier verzeichnet er eine Herrschertat Jesu, durch welche er Europa dem Evangelium aufschloß. „Als sie nun getauft wurde", fährt Lukas fort; so selbstverständlich ist ihm alles übrige, sobald Lydia ein offenes Herz hatte für die Worte des Apostels, und als ebenso selbstverständlich fügt er hinzu: „und ihr Haus".

Damit ist aber viel gesagt. Lukas findet es nicht für nötig, da eine besonders günstige Zusammensetzung des Hauses in betreff des Alters seiner Glieder oder auch in betreff ihrer Stimmung zur Erklärung dieser uns heute so befremdlichen Erscheinung beizufügen; er hätte es auch schwerlich gekonnt. Eine Purpurhändlerin war gewiß wohlhabend und hatte schon darum und um des Geschäftes willen eine Anzahl Angestellter und Diener, auch Kinder mag sie gehabt haben, (ob sie einen Mann hatte, ob sie Witwe war? Wie gerne wüßten wir das!). Aber das war alles gleich – alles wurde hereingerufen, die Bevölkerung des Kontors, der Küche, der Kinderstube, und auf alle im Namen Jesu Beschlag gelegt; alles war beisammen und hörte des Apostels gewiß nicht lange Rede, und alles wurde getauft.

Hier begegnen wir in besonders anschaulicher Weise jener Macht des Tatsächlichen, die das Fundament des ganzen Wirkens Paulus' war, jener Objektivität des Heils, die wir im zweiten Teil als den wesentlichsten Kern der Erfahrungen des Apostels wiederfinden werden. Es war um den Apostel herum gleichsam eine Luft von Himmelreich, von göttlicher Tendenz, die Menschen zu retten, und er war nur das winzige, sichtbare Werkzeug, um die ganze Macht göttlichen Tuns sofort dadurch in Bewegung zu bringen, daß er die Menschen darauf vorbereitete, solches göttliche Tun zu verstehen. Sahen wir in diesem Zusatz „und ihr Haus" diese Lebendigkeit göttlichen Tuns nach ihrer extensiven Seite, nach ihrer Ausdehnung über die Zahl, so sehen wir sie nun sofort im folgenden nach ihrer intensiven Seite, nach der Größe ihrer Wirkung auf den einzelnen.

„So ihr mich achtet", sagt sie sofort nach ihrer Taufe, „daß ich gläubig geworden, so kommt in mein Haus"; „und" – fährt Lukas fort – „sie zwang uns."

Hiermit ist doch gewaltig viel gesagt. Die Handelsfrau durchschaut mit ihrem geschäftlichen Scharfblick und mit ihrer Sicherheit und Festigkeit im Verkehr mit anderen die ärmliche Lage der drei oder vier Männer. „Wo wohnt ihr?" mag sie gefragt haben, und die Antwort mag kläglich genug gelautet haben. „Das geht nicht an, ihr wohnt bei mir." „Wir danken herzlich", mag Paulus gesagt haben, „aber das geht wieder nicht an; es ist mein Grundsatz, auf meinen Reisen von niemandem etwas anzunehmen." „Warum? Gibt es also zweierlei Klassen von Christen – solche, die etwas opfern und leiden dürfen für ihren Herrn, und solche, die nur zu empfangen haben, und bin ich nur in diese zweite Klasse aufgenommen?" „Ach, liebe Frau, beruhige dich und laß mir meinen Ruhm; es wäre mir besser, ich stürbe, als daß mir jemand diesen Ruhm zunichte machte." Aber da fand er seinen Meister. „Ob du sterben willst", mochte sie denken, „das ist deine Sache; aber entweder ihr kommt in mein Haus, oder ihr habt durch eure Weigerung erklärt, daß ich nicht gläubig geworden sei." So mußten sie wie Kriegsgefangene in ihr Haus.

Bloßer Eigensinn war es bei ihr nicht, sondern jener brennende Trieb nach vollständiger Gemeinschaft im Herrn, der auch die ersten Christen zur Gütergemeinschaft antrieb. Paulus mag im stillen anbetend vor dieser Macht des Heiligen Geistes gestanden sein, die diese Seele so schnell zu voller Klarheit und Selbständigkeit entwickelt hatte. So hat Lydia dem Philippi für immer das Recht erobert, mit Paulus im Bunde der Gastfreundschaft zu stehen, zumal er bald darauf – wider Willen – noch eines anderen Philippers Gast geworden, eines nicht minder bedeutenden künftigen Mitgliedes der Gemeinde. So waren nun Paulus und seine Genossen gewissermaßen Einwohner Philippis geworden. Die Stille, die nun einzutreten drohte, wurde seltsam, aber auf echt griechische Weise unterbrochen.

Eine Sklavin hatte einen Geist, einen Python (πνεῦμα πύθωνα), die ihren Besitzern großen Gewinn eintrug durch Wahrsagen. Der Name (πύθω) führt uns nach Delphi. In wie hohem Ansehen stand doch das Orakel zu Delphi in der ganzen alten Welt, und namentlich in Griechenland. Als einst ein Grieche dort die Frage einreichte, wer der weiseste Mann seiner Zeit sei, erhielt er bekanntlich die Antwort: „Weise Sophokles, weiser noch Euripides, doch aller Männer weisester ist Sokrates" – und wir wissen, wie sehr sich Sokrates selbst durch diese Wahrsagung gehoben und gewürdigt fühlte. Diese Gesamterscheinung des Heidentums hat etwas furchtbar Wehmütiges und gehört zu den schwersten Rätseln des Fluches, der auf demselben lastet; und ergreifend ist es namentlich, zu sehen, in welcher Weise es hier zum ersten Mal mit dem Licht des Evangeliums in Berührung kommt.

Der unselige Geist sieht alle Seelen der Philipper in ähnlicher Weise verloren, wie er es selbst ist. Er sieht sich, wohl mit kaum mehr Klarheit als die heidnischen Menschen, in Gewalt unverständlicher, dunkler, böser Mächte, ohne eigentlich über die Lage, in der er sich befindet, eine Erklärung zu suchen; sie ist ein Zustand, in dem er sich selbstverständlich befindet, und ebenso hat er es wohl bisher als selbstverständlich hingenommen, wenn er die Menschen alle in gleicher Lage sah. Jetzt aber sieht er Männer umhergehen, die sind Knechte Gottes, „des Allerhöchsten". Das Selbstverständliche des dunklen Zustandes hat aufgehört; die Mächte, unter deren Bann er sich weiß, sind Mittelschichten, und j e n s e i t s ihrer, ü b e r ihnen, ist Gott, der A l l e r h ö c h s t e, und diese Männer sind S e i n e Knechte, und sie verkündigen den Philippern einen Weg empor dort hinauf. Und die Philipper? – sie haben von alledem keine Ahnung.

Dies macht das Weib unruhig und immer unruhiger, und sie geht den Aposteln nach und ruft, was sie weiß, und zwar immer wieder, viele Tage hindurch. Sollte Paulus nicht froh sein über diese wunderliche Beihilfe, die doch wenigstens die Totenstille unterbrach? Hatte sie nicht recht? Durfte er nicht ähnlich wie Sokrates sich auf dieses Zeugnis berufen? Solche Versuchung lag schon manchem nahe, wie uns heute der Spiritismus sattsam beweist, auch wenn derselbe nur scheinbar etwas außerhalb des eigenen Ichs Entnommenes vernimmt; dem Paulus sicherlich nicht. Ihm tut das weh; er duldete es eine Zeitlang, wohl weil er sich überhaupt ungern mit der Sache befaßte; aber endlich war er derselben müde, und in schlichtester, aber bestimmtester Weise, befahl er dem Geist im Namen Jesu, auszufahren.

Aber nun kommt die andere Seite des Unglücks des Heidentums, das in Fleisch und Blut übergegangene Vergessen der Menschenwürde des Sklaven. Die Sklavin ward gesund und hatte gerade dadurch weitaus den größten Teil ihres Kaufwertes eingebüßt, und dies erregte den Zorn ihrer Besitzer. Es erinnert an den Weheruf des 14. Psalms über die, welche, mitten im allgemeinen sittlichen Elend und begünstigt durch dasselbe, „mein Volk fressen wie Brot", die aus dem sittlichen Elend Nutzen und Gewinn ziehen. Die Besitzer schleppen Paulus und Silas vor die Behörden (sie scheinen in der Tat eher militärischer als bürgerlicher Art gewesen zu sein), mit einer interessanten Anklage: Diese Menschen erstens: „erschüttern unsere Stadt". Daran war gewiß viel Wahres, und auch die Rufe der Sklavin hatten dazu beigetragen. Zu dieser ersten Anklage gesellt sich als verschärfendes Moment: „und sie sind doch Juden!" Das heißt, sie gehören, römisch gedacht, jenem eigensinnigen Asiaten-Volk an, das sich in keiner Weise in die übrige menschliche Gesellschaft eingliedern läßt. Es ist doch merkwürdig, wie alt und verbreitet das Urteil ist, es sei eigentlich eine Sünde, ein Jude zu sein. Zweitens: „Sie verkündigen uns Sitten, welche uns nicht geziemt anzunehmen, sintemal wir Römer sind." In der Tat ein schlagendes Urteil über den Unterschied zwischen Roms Geist und Christi Geist in diesem Moment, wo die beiden zum ersten Mal einander berühren: Roms Geist, das verkörperte Prinzip des Kampfes ums Dasein, des Imperativs: Siege! – und der Geist des Heilandes, der von diesem Kampf ums Dasein sich zermalmen ließ, um die Elenden und Untergegangenen zur Herrlichkeit zu führen, Jesus, der Sanftmütige, der durch seine Sanftmut die Erde erobern will und wird (Matth. 5, 5). Welchen Eindruck mußte es auf Römer machen, wenn sie zum ersten Mal die Worte vernahmen: „Liebet eure Feinde." „Wer dir einen Streich gibt auf den einen Backen, dem biete den anderen auch dar"; „wer dir den Mantel nimmt, dem gib auch den Rock"; oder das große Wort: „Tut Buße, daß eure Sünden vergeben werden!" Der Römergeist bäumte sich unter dieser Zumutung um so stärker, je mehr er eine innere Berechtigung derselben empfand. „Und der Haufe stand ihnen bei wider sie“, und die Obersten (wir nehmen zur Entschuldigung ihres kurzen Verfahrens gerne an, daß sie Offiziere waren) – was taten sie? Untersuchen sie die Sache nach römischer Weise? Keineswegs! Eine Begeisterung für die verletzte Ehre des Vaterlandes hatte sich aller bemächtigt. Die Ruhe war dahin; sie rissen eigenhändig den Aposteln die Kleider ab und befahlen, sie mit Ruten zu streichen.

Warum ließ sich Paulus dieses gefallen? Bedurfte es doch nur des Wortes: „Ich bin ein Römer“, um alsbald vor jeder ferneren Mißhandlung sichergestellt zu sein; und wer weiß, einem Markus wären vielleicht schnell die Worte entschlüpft: „Er ist ja ein Römer.“ Hier sehen wir tief in des Paulus Stellung zu dem Herrn Jesu hinein, wie er sie oft, wenn auch nur gelegentlich, in seinen Briefen erwähnt; z.B. Phil. 2, 20, 21: „Ich habe keinen wie ich, sie suchen alle das Ihre, nicht, was Christi Jesu ist“; Röm. 14, 7 u. 8: „Unser keiner lebt ihm selber“ usf. und 2. Kor. 5, 14, 15: „Wenn er, einer für alle, gestorben ist, dann sind ja alle gestorben; und er ist dazu für alle gestorben und auferstanden, damit die Lebenden nicht mehr sich selber leben, sondern ihm, der für sie gestorben und auferstanden ist.“ Der Apostel verlangt für sich selbst in der Tat nichts, gar nichts; er denkt nur an die Sache seines Herrn, an das Heil der verlorenen Menschenseelen. Was dient am meisten, das Evangelium auf den Leuchter zu bringen und viele Seelen zu retten? Er hat eine Ahnung: „Es könnte von Nutzen sein, wenn ich mißhandelt würde, es geht doch etwas; es ist immerhin besser, als wenn gar nichts geht. Dies Unrecht, das mir geschieht, erwirbt mir einen Anspruch, etwas von Eigentumsrecht vor Gott auf meine Mißhandler.“ Er schweigt also und erlangt so fast mit List eine Mißhandlung.

Sie gaben ihm „viele Schläge“, das heißt: Jeder der Beteiligten war von besonderer Begeisterung getragen und wollte auch das Seine in Fülle beitragen zur Rettung der Ehre Roms. Sie warfen ihn und seine Gefährten ins Gefängnis und beauftragten den Kerkermeister, sie „sicher“ zu verwahren. Dieser „nahm den Auftrag an“, das heißt, nahm ihn mit Freuden an, warf sie ins innerste Gefängnis und befestigte ihre Füße (wohl von sich aus, aus freien Stücken) in den Stock. Da lagen sie, wie einst Josef in Ägypten, im dunklen Gefängnis, den wunden Rücken an der Mauer, die Füße im Stock, eine Lage, die in kurzer Zeit eines jeden Menschen Leben aufreiben mußte.

Was haben sie für Aussichten? Das rechtlose Verfahren, das sie hierher befördert hat, läßt ihnen nicht eine Spur von Hoffnung, daß man sich fortan überhaupt um sie bekümmern werde; menschlich beurteilt, scheint ihr Lebenslauf hier am Ziel angelangt zu sein. Ist doch für solche gewalttätigen Männer, wie ihre Verfolger waren, der Tod ihrer Opfer eine äußerst angenehme Sache, gerade um des Unrechts willen, das ihnen widerfahren war – die Toten sind stumm. Kamen wohl dem Paulus und Silas ähnliche Sorgen? Gewiß nicht. Dazu standen sie in zu fester Verbindung mit ihrem unsichtbaren Herrn; sie waren wie Offiziere, die nicht ohne Wissen und Wollen ihres Feldherrn einen verwegenen Streich ausgeführt, der für das Ganze von großer Bedeutung sein soll, sofern derselbe zum Siege kommt, der sie aber augenblicklich in eine Lage geführt, wo sie der Hilfe des Hauptkorps bedürftig sind. Sie sind lediglich gespannt darauf, was nun ihr Herr tun wird, nicht gerade um sie zu retten, aber um ihre bisherigen Leiden aufs höchste zu verwerten; ob sie leben oder sterben, das kann ja in der Tat ihnen gleichgültig sein, aber sie haben ein Gefühl: Die Dinge marschieren, es geht vorwärts! Um Mitternacht hören wir sie – wohl erst einfach in herzlichem Zwiegespräch – Gott preisen, dann aber auch singen; und jetzt sind wir daran erinnert, daß sie nicht allein sind. Eine bunte Sammlung gewißlich verworfener Missetäter sitzt mit ihnen im Dunkel; man sah einander nicht, aber jetzt hört man, und mit wunderbarer Ergriffenheit hört diese unterirdische Bevölkerung den unerhörten Tönen und Worten zu. Eine merkwürdige Lage! Lauter Lebensläufe wildester, verkehrtester Art mündeten durch die strafende Hand der Gerechtigkeit unfreiwillig an diesem Ort zusammen; vielen steht durch den Richterspruch ein nahes, gewaltsames Ende sicher bevor, und jetzt hören sie, gleichsam aus dem Unsichtbaren, die Gedanken der Gnade des großen Gottes über sie.

Da plötzlich geschah ein großes Erdbeben, so daß die Grundfesten des Gefängnisses erschüttert wurden; mit einem Schlag wurden alle Türen geöffnet und aller Fesseln abgetan. Wir tun wohl, bei solchem Ereignis uns aller Vergleichung mit solchem Geschehen, das naturgemäß erfolgt, zu entschlagen. Ein natürliches Erdbeben hätte der Apostel Beine zerbrochen. Es war eine Tat Gottes, es war, als wären Engel an jeder Tür und jeder Fessel gewesen, des Winkes harrend, da sie das Befreiungswerk vollziehen durften. Wie mancher der so wunderbar Befreiten harrte in nächster Zeit der sichere qualvolle Tod, und durch dieses Ereignis war ihnen nicht nur plötzlich die Möglichkeit zu entfliehen gegeben, sondern es lag darin scheinbar die beredteste Aufforderung, es zu tun; schien doch offenbar Absicht in diesem Ereignis zu liegen, und wenn ja – welche andere? Keiner ging. Sie waren von höheren Banden gefesselt; ihr Geist war der Erde entrückt und von der Ewigkeit umweht.

Oben ist der Kerkermeister unterdessen erwacht, und nachdem er die geöffneten Türen gesehen, zieht er sein Schwert, um in echt römischer Weise sich aus dieser Lage der Schmach und der Gefahr für ihn herauszuziehen; sah er doch nicht ins Dunkel, wohl aber sah man aus dem Dunkel hinaus. Da rief ihm denn Paulus mit lauter Stimme: „Tue dir nichts Böses an, denn wir sind alle hier!“ So traulich beruhigend klang wohl der Ruf, daß der Angerufene das Unglaubliche doch fast zu glauben begann. Er forderte ein Licht, sprang hinein, Zittern befiel ihn, und er fiel dem Paulus und dem Silas zu Füßen und führt sie heraus, denn die Bitte, die er anzubringen hat, läßt ihn Antworten – läßt ihn überhaupt ein Gespräch erwarten, zu welchem er sich keine Zeugen wünscht.

Er fragt sie: „Ihr Herren, was muß ich tun, daß ich gerettet werde?“ „Gerettet“ – wer hat ihm denn gesagt, daß er verloren sei? So hatte die Wahrheit Gottes im Unsichtbaren fortgearbeitet, und das wunderbare Ereignis hatte auf alle seine Befürchtungen über die eigentliche Lage seiner Seele das bestätigende Siegel aufgedrückt. Er weiß nur noch das: Ich bin verloren! Am unmittelbarsten knüpft sich diese Gewißheit wohl an den Gedanken daran, was für Unrecht er diesen beiden Männern noch aus freien Stücken zugefügt, denn diese stehen jetzt vor seinem Geist im allerhöchsten Rang, womöglich noch höher, als die Philipper es durch die Wahrsagerin zu vermuten gelernt. „Herr“ – sagte damals nur der Sklave zu seinem Besitzer. Noch brachte es der Römer nur schwer über sich, den Kaiser so anzureden.

„Ihr Herren" – klang in damaliger Sprache und in der Situation des Kerkermeisters fast wie: „Ihr Götter". „Ihr Herren meines Schicksals", so können wir es übersetzen, „was verlangt ihr?" „Was muß ich tun, daß ich gerettet werde?" Er hat ein großes Zutrauen zu ihrer Barmherzigkeit und erwartet von ihnen nicht Wünsche, ihre Rachsucht zu befriedigen, sondern Ratschläge, wie der Zorn Gottes über ihn versöhnt werden könnte. Gewiß macht er sich, wie einst Saulus in ähnlicher Lage, auf alles, auf das Schrecklichste und Schmählichste gefaßt, und war auch zu allem bereit. Wie wunderbar mag es doch die beiden Sendboten ergriffen haben, den ebenso einfachen wie majestätischen Eingriff ihres Herrn in ihre Lage zu erleben, und wie wunderbar mag es Paulus berührt haben, jenen ihm so wohlbekannten Notruf nun aus dem Munde des Kerkermeisters zu vernehmen!

„Vertraue", so war seine Antwort, „verlaß dich auf Jesus, den Herrn, so wirst du und dein Haus gerettet werden."

Verstehen wir dieses Wort recht! Der Apostel verkündigt nicht einen Glaubenssatz, den der Fragende annehmen soll; hätte derselbe doch vorderhand noch kaum einen Sinn, solange der Kerkermeister von Jesus fast nichts wußte, ihm also dieser Name keinen anderen Wert hatte als irgendein anderer. Es heißt darum auch absichtlich nicht: „Glaube an" (εἰς) – sondern „vertraue auf" (ἐπί). Es war, kurz gesagt, nicht ein Glaubenssatz, den er ihn lehrte, sondern eine Adresse, die er ihm gab. „Wir sind nicht Herren" (in dem hohen Sinn der damaligen Zeit), „aber darin irrst du nicht: Du hast fortan einen Herrn, es gibt einen Herrn, den Herrn, und an diesen wende dich getrost und mit Vertrauen, er wird dir helfen."

Gerettet werden war wohl bei dem Apostel nach seinen reichen Erfahrungen ein weit reicherer Begriff, als uns gewöhnlich der Begriff „selig werden" ist und auch als er es vorderhand in den Gedanken des Kerkermeisters war. Mit solchem Reichtum dieses Begriffs hängt es auch zusammen, daß er sofort dem ganzen Haus des Bittenden Hilfe verspricht. Die Lebensgeschichte eines heidnischen Mannes, eines heidnischen Hauses – wieviel an verborgener oder öffentlicher Zerrüttung mochte sie aufweisen, entstanden durch Verkehrtheit, unverschuldete Torheit, die Leib und Seele verdarb, aber auch durch Sünde und Greuel; wieviel an Verstimmung, an gegenseitigem Haß und Neid, an heimlicher Lüge und dergleichen mochte ein solches Haus beherbergen! Da hülfe ein Glaubenssatz nie. Aber wenn du dich mit allem vertrauensvoll Jesu, dem Herrn, übergibst, dann beginnt sofort an all diesen Mißständen das Himmelreich zu arbeiten, dann wird eins ums andere derselben in Gottes Licht gerückt und aufgelöst im Namen Jesu. Die große, entscheidende Errettung, wodurch ein Mensch der Obrigkeit der Finsternis entzogen und in den Bereich oder das Reich Jesu Christi versetzt wird, geschah ja ein für allemal durch die Taufe, aber wir fühlen doch einen organischen und ursächlichen Zusammenhang zwischen dieser einmaligen Errettung und jener soeben geschilderten Vollziehung derselben im einzelnen.

„Sie sagten ihm nun das Wort, die Lehre vom ‚Herrn', und allen, die mit im Hause waren." Wir hoffen, die Gefangenen, die von ihrer Zuverlässigkeit einen so schönen Beweis abgelegt, haben dabeisein dürfen. In der Lehre vom „Herrn" begegnet uns hier zuerst eine neue Verwendung dieses Begriffs, die nachher in Ephesus zu voller Ausgestaltung kommen wird. „Gott hat Jesum zu einem Herrn und Christus (Messias) gemacht"; das hatte Petrus am Pfingstfest verkündet. Der Begriff des Messias nun war dem Heiden vorderhand völlig unverständlich; die Not lehrte den Apostel zuerst, von dem Begriff „Messias" abzusehen, den Begriff „Herr" zu wählen, diesen voll auszubeuten und zu verwerten; aber bald brachte ihm auch die Erfahrung die folgenschwere Einsicht, daß der Reichtum des Begriffs „Herr" dem Heiden jenen ersteren Begriff „Messias" vorderhand entbehrlich mache. Wir werden bald sehen, wie dies des Apostels große Erfahrung in Ephesus bilden wird. So schilderte er denn nun dieser Heidenschar einfach die Herrschermacht Jesu, wie er zu derselben gelangt und welchen Gebrauch er von derselben zu machen im Sinne hat, mit Absehen von aller Vorgeschichte auf Christum hin.

Hierauf erst scheint das Gefängnis völlig verlassen worden zu sein; der Kerkermeister nahm sie hinauf und wusch zuerst ihre Striemen; sosehr er sich nach der Taufe sehnte, so mußte er doch zuerst diese schmerzlichen Spuren des Unrechts von den Werkzeugen seiner Rettung so gut als möglich entfernen, „und er und alle die Seinen miteinander (καὶ οἱ αὐτοῦ ἅπαντες παραχρῆμα) wurden auf der Stelle getauft." Diese Ausnahmslosigkeit ist offenbar dem Erzähler selbst merkwürdig. Was für widerspenstige Geister können unter einer solchen Zahl Zusammengehöriger sich befinden? Aber sie wurden alle durch die Erlebnisse dieser Nacht überwältigt. Dies alles ging noch in den Räumlichkeiten des Kerkers vor sich. Jetzt aber führte der Kerkermeister sie hinauf in seine Wohnung und setzte ihnen ein Mahl vor und „freute sich, jubelte, daß er mit seinem ganzen Hause an Gott gläubig geworden war." Wir müßten das Dunkel seines bisherigen Heidentums und die Helle der freundlichen Nähe Gottes in jener Stunde mitempfinden, um diese seine lebendige, laute Freude an Gott gehörig zu würdigen. So waren Paulus und Silas einerseits, der Kerkermeister und die Seinen andererseits in dieser Nacht gleichsam der Erde und ihrer Gewöhnlichkeit entrückt, in eine andere Welt versetzt.

Aber rasch naht der Tag, in welchem diese Gewöhnlichkeit ihre alten Rechte in Anspruch nehmen wird. Mit welchen Sorgen mag der Kerkermeister diesem Morgen entgegengeblickt haben? Seine Pflicht verlangt, daß er seine Retter wieder gefangensetzt und wer weiß für welchen Urteilspruch bereithält. Aber er hat umsonst gesorgt. Am Morgen sandten die Obersten ihre Liktoren mit dem Befehl, „jene Männer loszulassen". Auch sie scheinen also nicht gut geschlafen zu haben. So hat denn in diesem denkwürdigen ersten Kampf zwischen dem Geist Jesu und den Sitten Roms der Geist Jesu eigentlich auf der ganzen Linie gesiegt, und zwar – das dürfen wir wohl sagen – vornehmlich durch jene rührende List der Sanftmut des Apostels.

Wie froh war wohl der Kerkermeister für seine Gefangenen und für sich und dachte wohl kaum anders, als daß auch die Apostel über diese freundliche Wendung der Dinge vergnügt sein werden.

Aber jetzt ist Paulus wie verwandelt. Wohl nicht am wenigsten um des Kerkermeisters und seines Hauses willen, dessen Stellung fortan durch sein Christentum eine schwierige werden konnte, schickte sich Paulus an, den ganzen Gewinn einzuziehen, der ihm einerseits durch sein römisches Bürgerrecht, andererseits durch die ungerechte Mißhandlung zugefallen war; wohl eben um das Christentum in Philippi möglichst vor weiteren Vergewaltigungen zu schützen. „Sie haben uns, die wir doch Römer sind, ohne Rechtsverfahren öffentlich gepeitscht", sagt er. Das letztere hätte er an und für sich nicht geltend machen können: daß er gepeitscht wurde, obwohl er ein Römer war, hatte er sich selbst zuzuschreiben; die Richter waren dadurch, daß er dies nicht gesagt, aller Verantwortung enthoben. Aber die Rechtlosigkeit des ganzen Verfahrens wurde nun dadurch, daß sie zufällig einen Römer zum Gegenstand hatte, für die Richter förmlich verhängnisvoll, und wir begreifen ihren Schreck, ihre Angst, ihre Demut. Der Apostel verlangte eigentlich, daß sie *in corpore* kämen, um sich zu entschuldigen, schwerlich ohne innigen Wunsch und sichere Hoffnung, nun auch mit ihnen ein munteres, freundliches Wort über den Heiland reden zu können. Es ist der Siegeshumor nach verdientem Sieg. Man besuchte noch die Lydia. Welche Schmerzensnacht hat diese wohl durchwacht, und wie mag sie gestaunt haben, als ihre Gäste, wohl in Begleitung des glücklichen Kerkermeisters, frei und vergnügt bei ihr eintraten. Das waren Freudenstunden des Himmelreiches, denen die Erde nichts auch nur von ferne Gleiches zur Seite zu stellen vermag.

Paulus war nun also, wie wir sahen, unfreiwillig der Gastfreund der beiden Stammfamilien der Gemeinde Philippi geworden und dadurch in ein besonders enges Verhältnis, in ein gewisses Ausnahmeverhältnis zu dieser Gemeinde geraten. Sie hatte das Recht erlangt, ihn als ihr Hausglied zu betrachten und zu unterstützen (vergleiche Phil. 4, 15). So standen die Philippichristen (Phil. 1, 5) „vom ersten Tage an bis jetzt", das heißt bis zu des Paulus Gefangenschaft in Rom, in Gemeinschaft für das Evangelium, d. h. in einer tätigen, opfernden, gebenden Gemeinschaft. Anfangs wohlhabend, scheinen sie später – wohl durch Verfolgungen – ihr Vermögen verloren zu haben, so daß sie eine Zeitlang genötigt waren, auf dieses ihr Vorrecht zu verzichten. Damals gehörte diese Gemeinde wohl zu jenen Gemeinden in Mazedonien (2. Kor. 8, 1 - 6), welche, obwohl sie sehr arm waren, doch zum Gesamtgeschenk der Heidengemeine an Jerusalem „reichlich, nach allem Vermögen, ja über Vermögen, gaben." Später besserten sich ihre Verhältnisse wieder, und sie sandten dem Apostel Gaben aller Art nach Rom, und zwar durch Epaphroditus, welcher sich freiwillig dafür hergegeben zu haben scheint. Paulus freute sich (Phil. 4, 10) höchlich darüber, daß sie wieder in den Stand gekommen seien, für ihn sorgen zu können (so richtiger als Luthers: „daß ihr wieder wacker geworden seid"), während es eine Zeitlang vorher „die Zeit nicht hat wollen leiden".

3. Thessalonich und Beröa

Die Reise ging nun weiter, quer durch Mazedonien, bis zu der großen See- und Handelsstadt Thessalonich, dem heutigen Saloniki. Dort trafen sie wieder auf eine Synagoge, Paulus im besonderen noch fand – wie aus 1. Thess. 2, 9 zu schließen ist – eine Arbeitsgelegenheit, wahrscheinlich einen Webstuhl, was es ihm erleichtert haben mag, sich auf einen längeren Aufenthalt einzurichten. So kann er hier planmäßig vorgehen, wie nach einem Feldzugsplan, und tut es auch. Man sieht, er ist durch seine schmerzlichen Erfahrungen in der Synagoge vorsichtig geworden und bietet alles auf, um minder ungünstige Erfolge als bisher zu erzielen.

Er geht stets am Sabbat in die Synagoge und redet daselbst, aber anfangs nicht von Jesus, sondern nur von Christus, vom Messias, das heißt von dem Messias der Verheißung; bestand doch nach seiner Erfahrung für den Juden das größte Hindernis, der Kunde von dem Heiland Jesus zu glauben, darin, daß das damalige Israel eigentlich aus sehr begreiflichen Gründen von dem Kommen des Messias keine andere Vorstellung hatte, als daß sie ein Erscheinen in Macht und Herrlichkeit und zum Siege sein werde, die Erscheinung eines von Gottesglanz umleuchteten Königs. Um sie gerecht zu beurteilen, müssen wir daran denken, daß in der Tat die Andeutungen einer ganz anderen Form seines Kommens, einer anderen Natur seiner Schicksale im Alten Testament nur in verhüllter und wirklich mehr angedeuteter Weise, namentlich weniger in Form der Weissagung, auftreten. So redet der Apostel nun über den Messias und wendet die Blicke der Hörer mehr und mehr auf jene andeutenden Winke, wohl immer noch vom Messias redend, so daß er die Frage, ob er schon gekommen sei oder noch nicht, gänzlich beiseite läßt. Das sucht er ihnen beizubringen, daß nach der Weissagung der Messias werde leiden müssen, und zwar bis zum Tode, denn er solle auferstehen.

So war es also auch hier, wie wir schon früher anderswo sahen: Der Tod des Heilandes mußte mit Vorsicht mitgeteilt werden und bedurfte der Entschuldigung. Der Glaube, daß Jesus „trotz seines Todes" der Messias sei, und vollends der Glaube an die tröstliche Bedeutung seines Todes stieß eben bei ihnen auf mancherlei Hindernisse. Die „Genauigkeit und Sicherheit", mit welcher sie sich ihr Bild von der Zukunft aus der Heiligen Schrift heraus gestaltet zu haben meinten (ihre „Eschatologie"), machte sie unempfänglich für solches unerwartete Geschehen der Gegenwart und blind für ein Verständnis desselben: „Unbiblisch!", das war ihr abwehrendes Verdammungswort. Zu diesem formalen Hindernis gesellte sich ein materielles – das Richtende und Strafende, welches gerade der tröstlichen Bedeutung des Todes Christi zugrunde lag, das Urteil über sie, die Juden, daß auch sie um ihrer Sünde willen einer Versöhnung durch das Blut ihres Messias bedurften.

Vielleicht hatte Paulus mit solchen Erörterungen einigen Erfolg; genug, am dritten Sabbat sagt er ihnen: „Und dieser Jesus, den ich euch verkündige, ist der Messias." Es ist das wohl so zu verstehen, daß er wohl an den vorigen Sabbaten und im geselligen Verkehr nebenbei auch von Jesus als von einer offenbar höchst bedeutenden Zeiterscheinung in Israels Geschichte geredet hatte, ohne aber mit der Behauptung hervorzutreten, Er sei der Messias. Jetzt läßt er die beiden Heeresspitzen seiner Gedanken, die er getrennt hatte arbeiten lassen, das Wort von dem Christus der Verheißung und das Wort von „Jesus" zusammenstoßen und zu einem Ganzen sich verbinden, indem er ihnen verkündet: „Dieser Jesus ist der Messias, der Christus." Einige aus ihnen (17, 4) glaubten und gesellten sich zu Paulus und Silas, von den gottesfürchtigen Griechen aber eine große Menge, und von den vornehmen Frauen nicht wenige (im Gegensatz zum pisidischen Antiochien).

So war nun hier eine Gemeinde entstanden, wie der Apostel deren wohl wenige hatte; sie bestand nämlich ihrem

Grundstock nach aus Griechen, aber vorerst der Mehrzahl nach aus solchen Griechen, die in der Synagoge geschult waren, also eine Vorkenntnis des Alten Testaments besaßen. Deshalb konnte er z. B. mit ihnen, wie aus dem 2. Brief Pauli an sie hervorgeht, so eingehend über Weissagungen Daniels reden. Wir dürfen jedoch aus dem ersten Thessalonicherbrief vermuten, daß auch hier, wie im pisidischen Antiochien, den gottesfürchtigen, das heißt der Synagoge befreundeten Griechen bald eine Menge solcher ihrer Stammesgenossen sich anschlossen, die bisher der Synagoge und dem Glauben an Gott völlig ferngestanden; denn das schildert Paulus dort als einen der Haupteindrücke, die er von Thessalonich hat: daß sie sich „bekehrten (1. Thess. 1, 9, 10) von den Götzen zu Gott, um einem lebendigen und wahrhaftigen Gott zu dienen und seinen Sohn zu erwarten aus den Himmeln, den Er auferweckte von den Toten, Jesum, der uns errettet von dem bevorstehenden Zorn." Und auch das mahnt uns an jenes Antiochien, wenn er schreibt: „Ihr habt unser Wort aufgenommen nicht als Menschenwort, sondern, wie es denn auch ist, als ein Wort Gottes."

Aber sofort kam auch hier der uns wohlbekannte Neid der Juden, und zwar hier in einem Stadium tiefer sittlicher Erniedrigung. Mit Hilfe von „schlechten Männern", die sie dazu gewannen, machten sie einen Auflauf, in welchem sie schließlich die Christen vor der Obrigkeit verdächtigten, sie wollten Jesus als den Gegenkönig gegen den Cäsar aufstellen, eine Verdächtigung, welche immerhin andeutet, wie stark sich die Christen von dem Heiland regiert wußten.* Die Apostel verließen die Stadt

* Diese Anklage hatte immerhin einen tiefen Sinn, und in der Tat bemächtigte sich der römischen Kaiser in der Folgezeit in stetig steigendem Grad die Angst, Jesus sei eine Macht, welche ihnen die Weltherrschaft streitig machen, ja wohl endlich aus der Hand winden werde; und zwar waren es gerade die weisesten, staatsmännisch tüchtigsten unter denselben, die diese Angst zu dem Versuch antrieb, das Christentum mit eiserner, blutiger Strenge zu unterdrücken. Das Wort, das dem letzten dieser kaiserlichen Verteidiger des Heidentums, Julian dem Abtrünnigen, in den Mund gelegt wird: „Galiläer, du hast gesiegt", gibt diesem Angstgedanken bezeichnenden Ausdruck. Es war eben etwas an der Sache, insofern als das Fundament des römischen Regiments auch ein religiöses war. Die Cäsarenherrschaft über die Welt war die höchste Entwicklung des Heidentums als Prinzip.

und kamen nach Beröa und gingen dort sofort in die Synagoge der Juden. Diese Juden zu Beröa aber waren „edler gesinnt als die in Thessalonich“, denn „sie nahmen das Wort mit aller Bereitwilligkeit auf und untersuchten täglich die Schriften, ob es sich also verhielte.“ Es war dies bei dem hohen Preise und der unhandlichen Größe der Schriftrollen in der Tat keine kleine Sache; man trug wohl zusammen, was man an Schriften der Propheten usw. besaß, und verglich gemeinsam hin und her. Es gibt eine Leichtgläubigkeit und ebenso ein abschätziges Verwerfen, die beide insgeheim aus derselben Wurzel hervorwachsen – aus der Trägheit des Denkens; und der Edelsinn der Beröenser bestand darin, daß sie sich mit keiner Halbheit, weder für Ja noch für Nein, beruhigen wollten. Auch hier wird wieder der vornehmen Frauen (und Männer) eine Ehrenerwähnung getan: daß nicht wenige von ihnen glaubten.

4. Athen

Immer südlicher reisend, gelangte Paulus, und zwar vorerst allein, nach Athen. Hier befand er sich also im Zentrum der philosophischen Aufklärung jener Zeit. Denken wir jedoch nicht zu hoch von der durchschnittlichen Geisteshöhe des damaligen Athen. Die große Philosophie war, wie zu allen Zeiten, so damals noch im besonderen, das Eigentum nur äußerst weniger. Die Mehrzahl der Gebildeten war im Besitz einer Anzahl für den Kleinhandel zurechtgeschnittener und zur Unkenntlichkeit reduzierter philosophischer Begriffe, obendrein im bunten Gemisch mit dem alten Aberglauben, dessen Vorschriften sie sich fast alle, immerhin mit dem Lächeln der Verlegenheit und unter allerlei Ausreden, pünktlich unterzogen, wie das in Plutarchs philosophischen Schriften, ja sogar in denjenigen Lukians uns entgegentritt.

Wie war denn dieser Aberglaube beschaffen? Die ganze Eigentümlichkeit dieser Erscheinung zeigt sich in dem Prädikat, welches Paulus den Athenern gibt, und in unserer Verlegenheit, wie wir dasselbe übersetzen sollen. „Allzu abergläubisch“, übersetzt es Luther; Leander van Eß: „Es ist euch recht daran gelegen, die Götter zu verehren"; identisch mit der kürzeren Fassung unserer Zürcher Übersetzung: „daß ihr überaus die Götter fürchtet." Die genaue lateinische Übersetzung wäre sicherlich: ihr seid allzu „religiös", denn *religio* bedeutet ungefähr ein moralisches Gebundensein aus geheimnisvollen, unbestimmten Beweggründen. Es wurde oft einfach als Beweggrund erwähnt für eine Handlung, für die sich aus ihrem natürlichen Zusammenhang kein Beweggrund ersehen ließ: „Deisidämonie" heißt das Wort, oder Scheu vor den Dämonen. Die Dämonen waren in der Götterwelt Griechenlands und Roms gleichsam der niedere Adel, sich anlehnend an die „*Dii minorum gentium*", und zählten ins Unendliche. Haftete den oberen Göttern noch irgendein allgemeiner Sinn an aus dem Gebiete der Moral oder Unmoral, der Natur oder der Geschichte, so hörte das bei den Dämonen nahezu auf, wenn man sie auch vielleicht in einige Verwandtschaft stellen mochte zu jenen sonderbaren Seelensurrogaten, womit man die Einzelerscheinungen der unbeseelten Natur, z. B. den Boden, den Fluß etc. bedachte; sie waren bloße Individuen der Geisterwelt. Als solche waren sie in der Meinung des Volks überall nahe; klagt doch auch Lukian – sei es auch spöttisch – es sei von dem Sterblichen kaum zu verhüten, daß ihm nicht irgendein Dämon einen Streich spiele.

Der Grieche und auch der Römer beurteilten übrigens diese Erscheinung mit leichtsinniger Harmlosigkeit. Der Grieche sprach von seinem Dämon oder Dämönchen, der Römer von seinem Genius als von etwas, dem er allerlei zu verdanken zu haben meint oder auch wünscht; und bekanntlich war auch Sokrates hierin keineswegs der letzte. Der Bibel, namentlich dem Neuen Testament, ist die Vorstellung von solchen Wesen bekanntlich gar nicht fremd, und in der Tat, wenn man nicht geradezu Materialist ist, so hat es keinen Sinn, die Existenz einer großen Zahl von Geistwesen außer den körperlich organisierten als etwas zu betrachten, worüber jedes Nachdenken, das mit ihrem Vorhandensein Ernst macht, von Übel sei. Die Bibel beurteilt diese Wesen nicht so schroff, wie es nach Luthers Übersetzung („Teufel") scheinen könnte. In unserem Kapitel ist Luther selbst zur Unhaltbarkeit seiner Übersetzung gelangt, denn er läßt die Philosophen von Paulus sagen: „Es sieht aus, als wolle er neue Götter verkünden.“ Bliebe er seiner Übersetzung treu, so müßte er sagen: „Es sieht aus, als wolle er neue Teufel verkündigen.“

Die Bibel sieht mit hochsittlichem Ernst dieses Gebiet an als ein für die Menschen gefährliches und als ein an und für sich in unendlichem Elend befindliches und verbietet uns, genaugenommen, schon im ersten der Zehn Gebote jede Beziehung der Abhängigkeit zu demselben, während Jesus andererseits eine sieghafte Beziehung seiner Person und – in seinem Namen – seiner Knechte zu demselben äußerst wichtig genommen hat. Wollen wir uns nun nach diesen Anhaltspunkten unsere eigenen Gedanken über dieses Gebiet machen und unsere richtige Stellung zu demselben finden, so mahnt mich dieses ganze griechisch-römische Vorstellungsgebiet von Dämonen von ferne – nur von ferne – ein wenig an Kants „Ding an sich“, von welchem man sich in Kants Sinn – aber populär – sagen möchte: „Was es ist, weiß man nicht, aber es ist etwas daran.“ Es lohnt nicht der Mühe, das Gewirr von Selbsttäuschung, von bewußtem Betrug, von Sonderbarkeiten des Geschehens zu dem Zweck zu untersuchen, daß man daraus ein detailliertes Resultat von Wahrheitskraft gewänne; es ist eben ein Gebiet der Nacht und damit auch der Täuschung; aber um als Gesamtresultat unseres Denkens doch im großen und ganzen die Wahrheit zu gewinnen, tun wir gut daran, frühere Geschlechter, wie z. B. die Griechen und Römer, uns doch nicht als allzu dumm vorzustellen und uns nicht allzu erhaben im Gefühl der Überlegenheit des Denkens unserer Zeit über das Denken der früheren zu wiegen.

Ich las z. B. unlängst das Wort eines nicht unbedeutenden Mannes von der freieren Richtung: „Die Ägypter dachten sich das Los der verstorbenen Seelen so und so; wir wissen heute, daß dem nicht so ist.“ Das hat mich doch verwundert. Woher „wissen“ Sie denn das? – hätte ich ihn fragen mögen, und: Was wissen Sie darüber? Die Meinung, etwas Derartiges sei nicht, verwandelt sich vielleicht wohl ebensooft ohne alle Belege in vermeintliches Wissen wie die Meinung, es sei etwas.

Suchen wir nun doch näher dieses unser „Ding an sich“ zu präzisieren, so kommen wir zu einem Überblick über das Wesen des Polytheismus, des „Vielgötterglaubens“. Wenn ich nicht irre, so zeigt er sich überall, wo man ihn tiefer erforschen kann, bei den Rothäuten Amerikas sowohl und den Schwarzen Afrikas wie in der alten Kulturwelt, als eine zweite Schicht der Ablagerungen menschlichen Denkens, und zwar – bildlich geredet – als eine transparente, durchscheinende; die Urschicht schimmert durch: diese Urschicht ist der Glaube an einen obersten Gott, an eine vernünftige, heilige, persönliche Allmacht. Was in diesem Gleichnis der Ablagerung der Gedankengebilde zuunterst lebt, ist natürlich im Geiste objektiv das Oberste, und zwischen dem Allerhöchsten und dem Sterblichen lagert sich wie eine Dunstregion die Mittelschicht des höheren und niederen Adels einer gleichsam verwilderten, sich selbst überlassenen (ich rede aus den Gedanken des Heiden heraus) Geisterwelt. Die Wurzel des Polytheismus wäre dann vorzugsweise eine moralische: Das schlechte Gewissen. „Gott ist zu hoch, zu heilig, zu unnahbar für mich; ich muß mich an solche halten, die mehr meinesgleichen sind, auch sittlich." Allmählich verlor sich natürlich im Heidentum das Bewußtsein von diesen Übergangszeiten aus dem Monotheismus in den Polytheismus, ja die Erinnerung daran, und auch von einem obersten Gottwesen blieb nur noch die dunkle Ahnung.

Nun aber ist – gesetzt, wir wären in bezug auf Wesen und Anzahl der die Welt beherrschenden Geistesmächte auf Vermutungen angewiesen – an und für sich in der Einheit die Vernunft, das Gesetz, in der Mehrzahl die Willkür, der Zufall. Solange man die Allmacht in einer Einheit konzentriert wußte, war sie auch eins mit Vernunft und Gerechtigkeit; zerbröckelte sie aber in eine bunte Fülle von Mächten und Mächtlein, so war damit sofort auch diesen allen der Stempel der Willkür und Laune aufgeprägt. Es spiegelt sich dies z. B. auch im Wunderbegriff. Wunder als planloses, beliebig individuell auftretendes, außerordentliches Geschehen einerseits und Polytheismus andererseits sind unzertrennlich verbunden, auch wenn ein solches Wunderdenken sich monotheistisch zu kleiden suchte. Wunder als Tun Gottes ist gewissermaßen nie Wunder, ist eingereiht in den großen Plan und folgt nur, wie man mit Recht sagt, höheren Gesetzen des Geschehens.

Der Kampf des Evangeliums gegen dieses Heidentum war

ein doppelter, ein Kampf gegen das, was darin Täuschung – und ein Kampf gegen das, was darin Tatsache war. Beiderlei Kampf und Sieg können wir uns etwa an der Freude des Kerkermeisters zu Philippi vergegenwärtigen, darüber daß er „an Gott" gläubig geworden sei. Es war offenbar in erster Linie Freude darüber, daß er einer düsteren, drückenden Täuschung ledig geworden, daß er durch den ganzen Dunstnebel von Wahnvorstellungen hindurch Gott erkannt. Eine unsägliche Freude über Gott bemächtigte sich gewiß der Heiden, als der Begriff von ihm in ihrer Seele wie eine Sonne aufging. Aber der einzige Grund seiner Freude war dies nicht. Er freute sich auch über die tatsächliche Änderung seiner Lage, im höchsten Sinne darüber, daß er nun im Schöpfer einen Vater habe und in Ihm ewig geborgen sei. Denn zu meinen, die Beseitigung jener Wahnvorstellungen sei der einzige Kampf gewesen, das ist uns in unseren Tagen etwa möglich, den Kindern jener Zeit war es dies nicht (und darin hatten sie recht, nicht wir). Glauben wir nicht, daß bloß auf diesem ersten Wege der Aufklärung das Christentum zum Siege gelangt wäre, nur als ein Sieg des Monotheismus über den Polytheismus; hierzu hätte ja das alexandrinische Judentum alle erforderlichen Mittel gehabt. Der Sieg des Evangeliums hätte dann hauptsächlich in einer Umwälzung der Zahlenverhältnisse bestanden, in einer Subtraktion oder Division, kurz in einer Reduktion der Vielzahl auf die Einheit.

Diese Reduktion war wichtig; es wurden eine Menge Wahnexistenzen durch das Evangelium einfach auf nichts reduziert – Wahnexistenzen, welche die Menschen in jenem geistigen Dunstnebel zu erblicken wähnten; aber dieser Dunstnebel bestand doch nicht nur in der Einbildung, irgend etwas Tatsächliches entsprach ihm doch, und dies führt uns auf den Kampf des Evangeliums gegen die Tatsachen. Wenn der Heide das Evangelium hörte, so fühlte er sich an den geistigen Ursprung des Heidentums zurückversetzt, an jenen ersten Abfall infolge schlechten Gewissens; er sah in Jesum einen, der es siegreich anders macht als er, der sich um keinen Preis das Recht nehmen ließ, in unmittelbarer Beziehung zum allerhöchsten Gott, sei es auch durch alle Schichten hindurch, zu stehen. Es blitzt ihm außerordentlich verständlich auf, daß Ihm dies nur deswegen gelang, weil Er vom Allerhöchsten herab durch diese Schichten hindurch zu uns gekommen sei, und ebenso leuchtet es ihm ein, daß Er durch Seinen Tod, Seine Auferstehung, Seine Himmelfahrt gewissermaßen einen Tunnel gebrochen habe von den Menschen hinauf zum Allerhöchsten, der nicht mehr geschlossen werden könne. „Ich bin der Weg (zwischen dem Allerhöchsten und den Menschen) und die Wahrheit und das Leben!“ In dem Bild, das Jesus in diesen Worten von sich entwirft, stand Er vor den Heiden. Nicht bloß als belehrende Erklärer, sondern als Boten des Siegers kamen die Apostel zu den Heiden, und das war das Geheimnis ihres Erfolges.

Wenden wir uns nun von dieser Betrachtung wieder nach Athen und beschauen wir mit Paulus die Stadt, so werden wir bald innewerden, wie stark jene Dunstwelt in ihrem vermeintlichen und ihrem wirklichen Wesen das ganze Völkerleben beeinflußt hat. Athen war damals einerseits die Hochschule der Welt, der Sammelpunkt der Größen der Weisheit und der Gelehrsamkeit, andererseits aber auch das Archiv der Kunst, das größte und einzigartige Museum (im Sinne unserer Zeit), das die Welt je sah. Das griechische Volk hatte bekanntlich eine wunderbare Glanzperiode – eine äußerst kurze, aber von welchem Glanz! Auf den Glanz der Taten folgte der Glanz der Gedanken und der Glanz, dieselben auszudrücken und zu versinnbildlichen: der Glanz der Kunst. Die Taten schwanden dahin; auch die Denker schwanden, und Gedanken vererben sich minder, aber was Fleiß und Genie der Kunst in den schönsten Tagen geschaffen, das blieb, und Geschlecht um Geschlecht trug mit immer noch nennenswertem Können dazu bei, die Stadt mit neuen Schöpfungen der Kunst zu bereichern. Gebilde, für deren eines wir heute Hunderttausende zahlen würden, waren in den Tempeln als Weihgeschenke förmlich aufgestapelt, von den eigentlich klassischen Schöpfungen nicht zu reden, die in Marmor, in Elfenbein und Gold die vermeintlich großen Ideen des Volks oder die Heroen der Vergangenheit darstellten und sozusagen auf Schritt und Tritt das Staunen des Fremdlings herausforderten. Wie manche bedeutende Meister unserer späteren Zeit hätten sich das als schönsten Traum ihres Lebens gewünscht, einen Tag neben Paulus oder an seiner Statt dort gewesen zu sein.

Paulus war es gar anders zumute. Bevor wir darauf eingehen, was er denken mag, vergegenwärtigen wir uns noch den Zusammenhang, in welchem diese Wunderwelt der Kunst zu dem stand, was wir oben besprachen. Sie verdankte ihr Dasein keineswegs nur der bloßen Freude am Schönen; diese hätte es nicht vermocht, zu solcher Fülle von Arbeit und Opfer die Antriebe zu liefern. Der Zweck der meisten dieser Werke war, günstig auf jene Mächte einzuwirken, und der Erfolg war, jene Mächte in überwältigender Lebendigkeit der Phantasie vorzustellen; und im Zusammenhang mit dieser Wechselwirkung entstand, neben der Kunstbegeisterung, eine Begeisterung für diese Mächte, für Ideen, die man sich personifizierte – Ideen, welche, man denke an Venus, ja an Bacchus, Merkur, den Gott der Kaufleute und Diebe, keineswegs den höchsten Regionen des Geistes entsprungen waren. – Soviel über die Geistesstimmung der Schöpfer dieser Kunstwerke. Versetzen wir uns nun in den Geist der Beschauer derselben. Wir würden uns der Erkenntnis des größten Teils der Wahrheit in dieser Beziehung berauben, meinten wir, diese Bilder seien in reinem Kunstinteresse bewundert worden. Der eigentliche, volle Hochgenuß, den diese Bilder boten, erwuchs aus dem Zauber der Identifikation, den wir kaum mehr nachfühlen können. Das Bild wurde mit der Person, die es darstellte, und also mit der Idee, die diese Person repräsentierte, verwechselt; das ist der Zauber der Anbetung der Bilder. Es war dies ein Hochgenuß, aber ein mörderischer, ein selbstmörderischer.

Dem Apostel war das ein großer Schmerz; sein Geist empörte sich in ihm, als er die Stadt so „unter die Bilder getan" sah. Er, der halb im Himmel lebte, ohne Unterlaß im Geist mit Gott verkehrend, und zwar nicht in müßigen Gedanken, sondern mit Bezug auf die große Heilsaufgabe, die in so hervorragender Weise gerade ihm oblag, in bezug auf das große Evangelium, das der Menschheit verkündet werden sollte – er, der dadurch einen so hellen Eindruck bekommen hatte von der hohen Würde des Menschen, von seiner schönen Stellung zu Gott, mit Ihm in vollem Bewußtsein als Kind mit dem Vater zu verkehren, er war empört um der Menschen willen über diese Knechtung derselben unter solchen giftsüßen Wahn und empört um Gottes willen über den Raub, der Ihm darin angetan wird, daß man die alleredelsten Kräfte der Begeisterung, des Aufschwungs, ja der Liebesempfindung, die Er für Sich in unsere Herzen gelegt, an Holz und Steine vergeudete. Dieser Schmerz im Herzen des Paulus war wie der Schmelzpunkt, in welchem das harte Metall dieser tausendjährigen Verirrung zum ersten Mal schmolz. Wenn wir uns heute des hellen Denkens Europas im Vergleich zu früheren Zeiten freuen und rühmen, so dürfen wir nie vergessen, daß die Geistesentwicklung, die dazu geführt hat, nie eingetreten wäre, wäre nicht die damalige gebildete Welt einmal aus jenem Fiebertraum, ja Fieberrausch erwacht, und daß es eines tapferen Ernstes der Nüchternheit bedurfte, den ganzen Glanz, mit dem jener Rausch sich umgab, zu verachten – ja daß zu dieser Nüchternheit ein menschlicher Geist sich nie emporgeschwungen hätte, wäre er nicht von der ganzen Größe des Sieges Christi getragen gewesen.

Der Apostel redete in der Synagoge zu den Juden und den Gottesfürchtigen und auf dem Markte jeden Tag zu denen, die sich herzufanden, und zwar rückte er, so scheint es, sofort mit dem Kern seiner Verkündigung heraus, mit „Jesus und der Auferstehung", was er ihnen als eine Freudenkunde (V. 18) verkündete. Er überwand also den Leuten zuliebe seinen Unmut und verkündigte den Armen sofort die große Hilfe, die sie aus solcher Dämmerung emporheben soll. Da wurden auch die Philosophen auf ihn aufmerksam. Die Namen „Epikuräer" und „Stoiker" erinnern uns an philosophische Arbeit von großer Tüchtigkeit. Das Verdienst der ersteren im Versuch, die Menschen aus den Fesseln des Aberglaubens zu befreien, haben wir früher erwähnt; das Verdienst der Stoiker bestand darin, der etwas leichtsinnigen Moral der Epikuräer einen stolzen Ernst entgegenzustellen. Lassen wir uns übrigens von dem hohen Klang dieser Namen insofern nicht allzusehr beeindrucken, daß wir von diesen Epigonen, mit denen Paulus es zu tun hatte, zu groß dächten; es war mit ihnen sicherlich, wie es Lukas (Apostelg. 17, 21) von allen damaligen Athenern, auch von den herbeigeströmten Lehrern oder Jüngern der Wissenschaft, sagt: Immer noch etwas „noch Neueres" zu sagen oder zu hören – darauf waren sie aus. Eine Macht begann über das Denken Herrschaft auszuüben, die auch heute außerordentlich groß ist: die

Mode, der Gehorsam unter den neuesten Schnitt, nicht nur in der Kleidung, sondern auch in den Ansichten. Über Paulus brach sich die Meinung Bahn: Es sieht aus, als sei er ein Verkündiger fremder Dämonen, das heißt solcher Dämonen, die in fremdem Lande angebetet werden, oder auch, die dort ihre Macht beweisen. Er wurde auf die Stufen des Areopags geführt, jenes berühmtesten Richtplatzes der Alten Welt, ob bloß, damit er besser verstanden werde, oder ob als leiser Wink, daß er sich darüber zu rechtfertigen habe, wissen wir nicht.

Es war ein merkwürdiger Moment seines Lebens, in welchen Paulus nun plötzlich gestellt war. Als ihn einst sein Herz nach der Westküste Kleinasiens zog, da vermuteten wir in ihm eine Sehnsucht, den großen Heilsrat Gottes einmal den Gebildeten und Weisen auseinanderzusetzen. Es ging ihm nun aber, wie es uns oft geht, wo unsere Gedanken einen anderen Gang gehen als die Gedanken Gottes und die Gedanken Gottes sich nach Seiner väterlichen Weisheit, Barmherzigkeit und Geduld den unsrigen zuneigen. Sein sehnlicher Wunsch ist ihm erfüllt, fast in Gestalt einer Strafe. Die Erfüllung versetzt ihn in peinliche Verlegenheit. Er soll eine Bresche schießen in eine Mauer, die für die Tragweite seines Geschützes noch viel zu entfernt liegt. Der ganze Jammer der Welt in ihrer Gebundenheit unter die Einflüsse der Finsternis steht vor seiner Seele. Verspricht er sich wohl eine Erleichterung des Erfolges davon, daß diese Finsternis in den Spitzen der sogenannten Bildung, die ihn umgeben, einen gewissen Glanz hat? Es kann sein; wenigstens bot er alles auf, was ihm irgend an Klarheit, Deutlichkeit und Verständlichkeit gegenüber diesem Wirrsal des Irrtums zu Gebote stand; ja man darf wohl sagen, man fühlt aus seiner Rede G o t t heraus, der selbst in väterlicher Einfachheit seine längst verirrten Kinder über den wahren Sachverhalt aufklären will.

Mit großer Barmherzigkeit und zarter Würdigung alles Richtigen in den verkehrten Bestrebungen richtet Paulus seine Rede ein. Wir erwähnten oben, wie jene Philosophen dem sogenannten Volksaberglauben durchaus nicht frei und männlich gegenüberstanden; sie rechneten mit demselben, angeblich aus Menschenfurcht, insgeheim vielleicht, weil sie selbst nicht über denselben erhaben waren. Plutarch z. B. sucht für jede dieser abergläubischen Handlungen einen philosophischen Sinn zu gewinnen; wie praktisch das für ihn war, brauchen wir nicht auszuführen. Da mag es ihnen doch einen merkwürdigen Eindruck gemacht haben, als dieser „Wachtelhändler", wie sie ihn nannten (Luther: „Lotterbube"), seine Rede an die Athener damit begann: „Ich sehe, daß ihr in allen Stücken zu religiös (zu abergläubisch, dämonenfürchtig) seid." Das war ein Ausspruch, der an Schärfe der Verneinung und Bekämpfung des Aberglaubens alle die „freigeistigen" Äußerungen ihres Aufklärungsstolzes weit hinter sich zurückließ; das war der Mut der Klarheit und Wahrheit. Der Apostel knüpft dann seine großen Gedanken an den Umstand an, daß er in Athen einen Altar gefunden hatte, gewidmet „einem unbekannten Gott" (nicht „Dämon"). Der Beweggrund, dem dieser Altar sein Dasein verdankte, war wohl der Gedanke: Ein solcher unbekannter Gott werde für die ihm gewidmete erste Verehrung weit dankbarer sein als die bekannten Götter, die ihre Verehrer nach Tausenden zählten; es lohne sich also weit mehr, ihm einen Altar zu bauen, als einem der anderen. Obwohl der Apostel gerade diese Erscheinung als Beweis anführt für übertriebene Götterdienerei, knüpft er nun doch an dieselbe an, um ihnen Gott zu verkündigen.*

Er verkündigt ihnen nun eigentlich Gott nicht, wie er es angekündigt, sondern in ganz neuer Wendung redet er von Gott als etwas Selbstverständlichem, Allbekanntem (ganz im Sinn von Röm. 1, 19 u. 20): „Gott, welcher die Welt und alles, was in ihr ist, erschuf, Er – weil Er ein Herr ist Himmels und der Erde – wohnt nicht in von Händen gemachten Heiligtümern, noch wird Ihm von menschlichen Händen gedient, als bedürfte Er etwas, da Er doch selbst allen Leben und Atem und alles gibt." Welch ein Glanzgedanke, schon bloß philosophisch betrachtet, gegenüber der Vorstellung von einem Jupiter, der die Herrschaft über

* In dieser Wendung lag auch ein juridischer Vorteil, von dem es jedoch sehr zweifelhaft ist, ob Paulus an denselben gedacht habe. Rom, unter dessen Botmäßigkeit sich Athen ja damals befand, sah nämlich der Verkündigung neuer Götter keineswegs gleichgültig zu; sagt doch Tertullian spottend darüber: „Kein Gott darf existieren, bevor es ihm der Senat nicht gestattet hat." Der Apostel war aber durch seine Wendung dem Vorwurf, einen neuen Gott zu verkündigen, entronnen.

die Welt seinem Vater geraubt, seinem Vater, dessen Rechtstitel zur Beherrschung der Welt vollends sich im Dunkel verlor, also gegenüber einer Weltanschauung, die überall da, wo eine Lösung des Rätsels angezeigt war, das Denken absolut stillstellte. In der Tat, dieses einfache Verhältnis von Gott und Welt, daß die Welt das Werk Gottes sei, ein Verhältnis, das auch allein über das Verhältnis von Geist und Stoff Licht gibt, blieb der Heidenwelt verborgen. Auch der edle Plato kam mit seinem forschenden Geist zwar nahe an dieses Geheimnis, das alle Geheimnisse erklärt, aber es enthüllte sich ihm nicht. Aber Paulus lehrt, wie gesagt, das nicht, sondern er setzt es voraus, um seinem Unmut über die Tempel in edler, die Gemüter erhebender Weise Ausdruck zu geben. Wie mag es den Redlichen zumute gewesen sein, als sie das Wort hörten: „So Er doch selbst jedem Leben und Atem und alles gibt"; da spürten sie etwas von der allgegenwärtigen Güte Gottes.

Der Apostel setzt sofort mit einem neuen Gedanken ein, der uns zuerst überrascht, weil er durch die Lage des Moments nicht nahegelegt zu sein scheint. „Er, dieser Gott, hat alles Geschlecht der Menschen aus Einem gemacht." Neben die Einheit Gottes und den Ursprung der Welt aus Seinem Machtwort stellt er die Einheit der Menschheit und ihren Ursprung aus Gott. Mehrzahl, sagten wir oben, ist Willkür, Zufall – Einheit ist Plan und Zusammenhang. Zu der gedankenlosen Vielgötterei paßte die ebenso gedankenlose Meinung, die verschiedenen Völker seien – wie Gewächse des Waldes – Kinder des Zufalls und ohne Zusammenhang. Hat aber die Welt einen Schöpfer, dann hat die Menschheit eine Geschichte, eine Gottesgeschichte voll Ziel und Plan. Neben der Entwürdigung Gottes hatte der Apostel in den Tempeln und Götzenbildern eine Entwürdigung des Menschen gesehen, und dieser stellt er diesen zweiten Satz entgegen von der Einheit des Menschengeschlechts und von der göttlichen Leitung desselben. „Die Völker sollen Gott suchen, ob sie Ihn denn nicht betasten und finden möchten, und wahrlich," so rief er, und gewiß mit feierlichem Erfolg, „Er ist nicht fern von jedem unter uns, denn in Ihm leben wir und bewegen wir uns und sind wir", was er mit einem Zitat aus ihren Dichtern belegt: „Wir sind Seines Geschlechts." „Sind wir nun ein Geschlecht

Gottes“, so fährt er fort, „so sind wir nicht angehalten zu glauben, das Göttliche sei Gold oder Silber oder Stein, Kunstwerk und Menschenerfindung gleich.“ Mit diesen beiden Gedanken: erstens: Ein Gott, Schöpfer – zweitens: Eine Menschheit, alle Menschen Brüder – hat der Apostel ein für allemal die Grundlinie von Europas künftigem religiösem Denken umschrieben.

Soweit wurde Paulus vielleicht mit Entzücken und mit Bewunderung angehört. Welche sieghafte Einfachheit und Klarheit lag in diesen Gedanken! Sie waren gewissermaßen so kühn radikal, und dabei doch von höchster religiöser Klarheit, und sie taten dem Menschen so wohl, den sie aus seiner dunklen Zufälligkeit mit einem Mal emporhoben in die innigste Beziehung der Verwandtschaft sogar zu dem Schöpfer der Welt. Viele Empfänglichere fühlten gewiß auch die Nähe Gottes, und eine selige Ahnung ging ihnen auf von Seiner Güte, und beschämt standen sie vor diesem so einfachen und hellen Licht, das ihnen, den vermeintlich Klugen, so lange verborgen war.

Aber hier war der Apostel wohl in seinen Worten an der Grenze dessen angelangt, was mit einigermaßen ungeteilter Bewunderung angehört wurde. Das Ganze konnte noch als eine neue Ansicht aufgefaßt werden, und damals eine hochinteressante; in diesem Sinne nur halbverstanden, lief sie parallel zu der Geistesströmung der Athener. „Welches ist die schönste, die interessanteste Ansicht?“ so fragen sich die Menschen oft und fallen derselben dann zu, als wäre es selbstverständlich, daß diese dann auch wahr sei. Es handelt sich aber jederzeit – so auch hier – nicht um Ansicht; Gott selbst war es, der hier väterlich die damalige Kulturwelt, wie sie nun durch Athen vertreten war, vor Sein Gnadengericht zog. „Ihr habt Mich suchen können, und nicht gefunden“ (wir denken wieder an Röm. 1); nun aber naht der Augenblick, da die Zeiten der Unwissenheit zu Ende sein sollen. „Nun“, so sagt der Apostel als Gerichtsbote Gottes, „gebeut Gott den Menschen, daß sie alle allerorten Buße tun (das heißt: ihren Sinn umwandeln), wie Er denn einen Tag festsetzte, an welchem Er den Erdkreis in Gerechtigkeit richten will, in einem Manne, welchen Er bestimmt hat und ihn allen beglaubigt dadurch, daß Er ihn von den Toten auferweckte.“

Das war den Athenern und ist der weisen Welt aller Zeiten zuviel. Gott ist der Welt recht als Inhalt eines Begriffs, welcher alle anderen Begriffe in ein Zentrum zusammenfaßt und das Dasein und Geschehen, so wie es ist, dem Verstande einigermaßen erklärt; aber aus dieser Beschränkung darf er nicht heraustreten. Ein lebendiger Gott im vollen Sinne des Wortes bleibt der Welt eine Störung des Verstandes und des Gewissens, die sie ablehnt. In der Tat, wenn wir dem Paulus zuhören, so zittern wir für ihn, sobald er von Gott redet, der in die Geschichte eintreten will und eingetreten ist. Es ist, als hätte er vorher dem unsichtbaren Gegner nur die Haare geschnitten und jetzt ginge sein Messer demselben an das Leben. „Auferstehung!" Oh, wie haben sich doch die Menschen in die Ketten des Todes geschickt und die Sterblichkeit als etwas zu ihrem Wesen Gehörendes anerkannt. „Da die Athener von der Auferstehung hörten, da lachten sie."

Ohne Erfolg war diese Rede nicht, und wo sie einschlug, da schlug sie gewiß mächtig ein; sie war ihrer ganzen Anlage nach auf einen großen Erfolg angelegt und doch eigentlich zu einem großen Erfolg berechtigt; dieser allgemein durchschlagende Erfolg aber blieb völlig aus.

Mir ist immer, als ständen wir hier an einem der Wendepunkte im inneren Leben des Apostels. Diese so einleuchtenden Grundgedanken, die wir in der Rede vernahmen, einmal dem griechischen Denken in seinen berufenen Vertretern vorzulegen war – so vermuteten wir (s. S. 197) – schon lange seines Herzens Sehnsucht gewesen, und diesen seinen Herzenswunsch hat ihm Gott plötzlich und reichlich gewährt, und er sieht sich geschlagen. Er sieht sich vor einer Burg, die vorderhand unbezwinglich erscheint; die Mauer, die sie gegen die Wahrheit schützt, ist die Unfreiheit und Unfähigkeit, Empfindungen vom lebendigen Gott an sich herankommen zu lassen.

Irren wir nicht, so trat in des Apostels geistiger Beziehung zur Welt, namentlich zum Heidentum, eine Wendung ein, die er uns vor allem in den ersten Kapiteln des 1. Korintherbriefes schildert. „Weil die Welt in der Weisheit, die ihr Gott gegeben hatte (im Urtext heißt es: „in der Weisheit Gottes"), Gott in Seiner Weisheit nicht erkannte, so beschloß Gott, durch die Torheit der Verkündigung die zu retten, welche sie glauben." Der Apostel sagt sich damit: Ich hätte ein Recht, an die in der Welt vorhandene Weisheit zu appellieren; Gott hat ihr dieselbe gegeben (um Ihn zu suchen); er sagte es sich wohl gerade auch in Athen: Ich mußte einmal diesen Versuch machen, auch auf Gefahr einer Niederlage; aber er sagt sich auch: Gott hat schon längst gewußt, was ich nicht wußte: wie der Sinn der Welt in dieser Beziehung gerichtet ist; sie ist auf diesem Wege nicht zu retten. Erst im Verlauf seiner weiteren Siege, wohl gerade in Korinth, kam er dazu, Gottes Weisheit und Güte zu bewundern, welche nun das rettende Wort der Verkündigung – ja noch mehr: welche die rettende Tat in das Gewand der Torheit kleidet.

Es war wohl dem Apostel nicht nur um der Weisen willen, sondern um der Welt und der Sache des Evangeliums willen anfangs ein herber Schmerz, in diese Lage der Dinge hineinzublicken; denn wären die Weisen gewonnen, so hätte sich von ihnen aus und mit ihrer Hilfe eine weit raschere und ausgiebigere Verbreitung des Evangeliums über die Massen erhoffen lassen. Aber bald wohl wurde ihm klar, daß diese ganze Lage der Dinge mit dem Kreuzestod Jesu im innigsten Zusammenhang stand, daß die Welt – und sie ist überall dieselbe – schon durch die Kreuzigung Jesu diese böse Seite ihres Wesens geoffenbart habe. So standen auch jene Oberen dieser Welt, die Jesum gekreuzigt, schon mit dieser Tat unter dem Urteilsspruch Gottes, daß Er die Weisheit der Welt zur Torheit machen wird. „Karriere", glänzende Laufbahn – das ist eigentlich das Losungswort der praktischen Weisheit dieser Welt, und die Herren derselben bringen es dazu, Obere dieser Welt zu sein; jene Oberen aber haben die Herrlichkeit, die Gott Seinen Kindern bereitet hat, also die glänzendste Laufbahn, die einzig erstrebenswerte, nicht erkannt; sonst hätten sie den Herrn der Herrlichkeit nicht gekreuzigt (1. Kor. 2, 7, 8). Man denke sich nur, wie sie nun heute, wo immer sie jetzt sich befinden mögen, über ihre damalige „Klugheit" denken!

Die Erfahrung, daß das große Evangelium Gottes von den Weisen, von den Vornehmen, von den Gewaltigen dieser Welt allgemein nicht verstanden und nicht gewürdigt, ja abgelehnt wird, hat auf das Fleisch einen niederdrückenden, entmutigenden

Einfluß, und unmöglich ist es nicht, daß Paulus in völlig unbestimmter Weise anfangs auch unter diesem Einfluß litt, insofern wenigstens, als er – wie oben erwähnt – darin eine ungeahnte Verzögerung des endlichen Sieges erblickte. Aber tiefgehend war seine Niedergeschlagenheit darüber nicht, und davon war er weit entfernt, in diesem Urteil der menschlich Hohen einen Schaden oder eine Demütigung für das Evangelium zu erblicken. *Sie*, die Hohen, sind die Verkürzten, von ihnen sind eben wenige auserwählt, und zwar aufgrund eben jenes göttlichen Ratschlusses, den wir oben betrachtet.

5. Korinth

Korinth und Athen, die beiden Kleinodien des damaligen Griechenlands, waren in vielem Gegensätze. Athen hieß die Vergangenheit, die Theorie, das Wissen – Korinth die Gegenwart, der Handel, der Reichtum. Auf einem Bergrücken gelegen, der die zwei sonst durchs Meer getrennten Hälften Griechenlands verband und dessen Fuß in Ost und West das Meer bespülte, war es ein äußerst lebhafter, verkehrsreicher Durchgangspunkt zwischen dem reichen, genußsüchtigen Rom einerseits und dem fruchtbaren Osten andererseits; denn der im Verhältnis zu heute kümmerliche Stand der Schiffahrtskunst ließ diese Abkürzung weit erwünschter erscheinen, als es heute der Fall ist. So wimmelte es in Korinth von Handelsleuten, von Fuhrleuten, von niederem Handwerk aller Art, auch von Matrosen, die ihr Geld auf kürzeste und ausgiebigste Weise loswerden wollten. Es war ein Ort reichen Geldverdienstes und unbeschreiblicher Liederlichkeit.

Es war eine wunderbare Fügung Gottes, daß Paulus aus Athen gerade nach Korinth kommen sollte, von dem Felde, auf welchem nach *Menschen*gedanken eine Ernte zu hoffen war, auf das Feld, wo eine solche nach *Gottes* Rat bereitstand. Vergleichen wir 1. Kor. 1 und 2 mit Apg. 18, 1 usf., so drängt sich uns eine wunderbare Übereinstimmung beider Berichte darin auf, wie entmutigt und niedergeschlagen der Apostel nach Korinth kam. Es ist, als wäre er vorderhand seiner lieben Heidenwelt satt, ja fast, als wäre er des Apostelseins müde. Hier erfahren wir zuerst und allein, daß Paulus eigentlich ein Teppichmacher sei, und fast sieht es aus, als wollte er sich vorderhand einmal mit diesem Beruf begnügen. Er findet einen Juden, einen Menschen, der doch noch von Gott etwas weiß, und dieser Aquilas ist ebenfalls Teppichmacher. Sein Weib, Priscilla, scheint eine bedeutende Persönlichkeit gewesen zu sein, denn ihr Mann wird nie ohne sie, ja mitunter erst an zweiter Stelle erwähnt.

Hier arbeitete er also einige Zeit als ein stiller Mann; an den Sabbaten redete er in der Synagoge und beredete Juden und Griechen. Die weitere Erzählung (18, 5) legt uns die Vermutung nahe, er habe in diesen Unterredungen zwar von Jesus geredet, aber ohne zu erwähnen, daß er der Christus sei, ja er habe vielleicht nicht einmal wie in Thessalonich planvoll die Laufgräben eröffnet, indem er über den Begriff des Christus oder Messias im Alten Testament gesprochen hätte; sondern er habe frei aus dem reichen Schatz alttestamentlicher Erbauung geschöpft. Er schuf sich, so sieht es aus, damit eine Ruhezeit; er konnte sich sagen: mit der Nennung Jesu wird dieselbe aufhören, und als bloße Vermutung dürfen wir wohl den Gedanken wagen, eine solche Ruhezeit sei ihm innerlich Bedürfnis gewesen, um seine Erfahrung, die er in Athen gemacht, zu verarbeiten, um sich in das ganze Geheimnis Gottes hineinzuleben über jenen Ratschluß, der ihm offenbar geworden. Es war, könnte man vielleicht sagen, eine Zeit menschlicher Schwachheit, aber auch ausruhen kann dem Geist Bedürfnis werden, und hierzu gehört das, daß man das Müdesein anerkennt und ihm gewissermaßen das Recht gestattet, sich geltend zu machen.

Aber als Silas und Timotheus kamen, wurde er „vom Worte“ (Luthers „vom Geiste“ ist spätere Lesart) geängstigt, den Juden zu bezeugen, daß Jesus der Christus sei. Das große Wort, das er besaß, das Wort vom Gekreuzigten und Auferstandenen, das doch die Seelen rettet, quälte ihn gleichsam vorwurfsvoll. „Wer Korn zurückhält“, heißt es Sprüche 11, 26, „dem fluchen die Leute.“ Es kann wohl sein, daß auch die Ankunft von Silas und Timotheus eine beschämende Wirkung auf ihn ausübte. „Was werden diese darüber denken, daß ich noch gar nichts für das eigentliche Evangelium getan?“

Wie beschaffen nun sein Verkündigen Jesu war und was die Ruhe in ihm gezeitigt hatte, das sagt er uns im Anfang des ersten Korintherbriefes: „Ich hielt nicht dafür (1. Kor. 2, 2), daß ich unter euch irgend etwas wüßte ohne allein Jesum Christum, und zwar den Gekreuzigten.“ Er verzichtet von vornherein auf alle Kunst des Denkens und Kunst der Rede. Das Juden und Griechen Häßlichste und Anstößigste (1. Kor. 1, 22, 23), das Wort vom gekreuzigten Christus, stellt er vornean. Er weiß, daß es den Juden zum Anstoß ist, denn sie fordern – und zwar mit Recht, Gott hat sie hierzu erzogen – Zeichen, göttliche Beglaubigung, und dieses schmachvolle Lebensende sieht ja aus wie eine Sprache des Zornes Gottes, des Mißfallens Gottes. Er weiß auch, daß die Griechen – ebenfalls nicht ohne Berechtigung, ja nicht ganz ohne göttliche Erziehung dazu – nach Weisheit fragen, und ein allmächtig siegreicher Helfer, der selbst gekreuzigt wurde, scheint eine Torheit zu sein. Er tut es dennoch, weil er Gottes Ratschluß verstanden hat. Aber wie tut er es? „Mit Schwachheit (1. Kor. 2, 3) und mit Furcht und mit großem Zittern.“

Vergegenwärtigen wir uns den Apostel, wie er auf solche Weise den Namen seines Heilandes und den Kreuzestod desselben herausbringt aus seinem Munde, so sehen wir, in welche Tiefe menschlicher Schwachheit der Apostel gesunken ist, wie alle Kraft eigener Vernunft, eigenen Mutes ihn völlig verlassen hat und wie er sich mit klarem Mute einem nach Menschenurteil unbesieglichen Weltsystem gegenüber fühlt. Aber siehe da, trotz des nicht fehlenden Widerspruchs fiel ihm hier die schönste Ernte zu, die er je bisher erlebt hat. Wir dürfen hier wohl ein wenig bei dieser Predigtweise des Apostels verweilen. Lukas in seiner schlichten Weise läßt uns allerdings nicht ahnen, daß Paulus hier in neuer, hervorragender Weise den gekreuzigten Christum vorangestellt, und andererseits sagt uns Paulus, daß er schon den Galatern Christum als den Gekreuzigten vor die Augen gemalt; aber der Anfang von 1. Kor. 2 macht uns doch den Eindruck, Paulus habe, „als er zu den Korinthern kam“, aus besonderem Armutsgefühl heraus und mit besonderem Entschluß, sich auf Christum, den Gekreuzigten, zu konzentrieren, geredet, so daß wir diese seine

Weise wenigstens zu der in Athen beobachteten einigermaßen in Gegensatz setzen können.

Er verzichtete darauf, durch Weisheit zu Christo zu führen. Wir kommen (1. Kor. 1, 30) nicht durch die Weisheit zu Christus, sondern durch Christus zur Weisheit, infolge jenes Ratschlusses Gottes; denn kraft desselben ist uns Christus von Gott zur Weisheit gemacht. Ziel und Gegenstand dieser Weisheit ist mit dem Ziel und Gegenstand der Weisheit dieser Welt nach einer Seite hin nahe verwandt. Nach beiderlei ist mein praktisches Ziel, eine möglichst große Summe von Glück, von Ehre usw. zu erlangen. Aber der Inhalt der weltlichen Weisheit, das Ziel von Glück, das *sie* mir malt, ist trügerisch;* der Inhalt der Weisheit, die *Christus* ist, besteht aus dem Wahren und Ewigen; er ist meine Gerechtigkeit, Heiligung und Erlösung.

Die Sache dieser Predigt ist also, im Bilde geredet, voller Aussicht auf Erfolg; sobald einmal eine Flamme brennt, wird sich das Feuer rasch vermehren; aber woher soll das Feuer kommen, um diese Flamme ins Dasein zu rufen? Wie soll diese törichte Predigt ihr erstes Verständnis finden? Oder mit anderen Worten, *weil* sie es gefunden hat, wie ist dieser Erfolg zu begreifen? Die Antwort bietet sich mir teilweise aus dem Vergleich mit der Athener Predigt sowie mit der Predigt in Thessalonich und im pisidischen Antiochien, also mit den Predigten, die uns Lukas ausführlicher erzählt, Predigten, in welchen er – im Unterschied zu der hier betrachteten – sich an unsere Vernunft wendet und das Evangelium ihrem Urteil unterbreitet.

Wir Menschenkinder hören, betrachten und beurteilen alles, was an uns herankommt, insgeheim als Unsterbliche. Der plötzliche, jähe Schluß, der diesem unserem Denken, Wollen und Treiben bevorsteht, wird gleichsam aus dem Zimmer der inneren Seelendiskussion entfernt; so sind wir die Selbstherrlichen,

---

* Sie bietet dem äußeren Anschein nach nur dasselbe, was nach den Worten der Hanna 1. Sam. 2, 6, 7 der Herr uns bietet, aber – in umgekehrter Reihenfolge: „Der Herr tötet und macht lebendig, führt in die Hölle und wieder heraus“ – sie macht zuerst lebendig und dann tot, führt ins Glück und dann in die Hölle; „der Herr macht arm und macht reich, Er erniedrigt und erhöht“, sie leistet auch hier dasselbe, aber wieder vorher das Gute, nachher das Schlimme.

die Götter – eigentlich eine Situation, die uns ursprünglich gebührt, die unserem Wesen unentbehrlich ist. Es bleibt unnatürlich, daß Wesen wie wir, voll bewußten Werdens, voller Anlagen zu beständigem geistigem Wachstum, einem Moment entgegengehen, der uns plötzlich in einen Zustand versetzen wird, von dem wir gar nichts wissen, als daß er allem, was wir jetzt an uns sehen, ein Ende macht. Solange wir also diesen Moment in unserem Bewußtsein in den Hintergrund treten lassen, sind wir wie Götter und nehmen zu dem, was wir hören, eine richtende Stellung ein.

Wenn aber der Apostel von einem Weltheiland redet, der als Gottes Sohn unter uns lebte und nun siegreich im Himmel waltet, wenn er diesen uns vormalt, in wieviel Jammer und Not er freiwillig in den Tod und ins Grab sank, dann tritt dem Hörer sein eigenes Ende in den Vordergrund, und zwar als eine natürliche Folge alles seines Tuns. Im Licht dieser furchtbaren Wahrheit wird ihm all sein Tun und Denken als verfehlt, verkehrt und verwerflich gerichtet; er sieht im Tode ein Gericht Gottes über sich, ein völlig sachgemäßes, und er begreift: in diese Gerichtstiefe hat mein Heiland für mich hineinmüssen, und fühlt sich mit ihm – fühlt ihn für sich – im Gericht. Er ist nicht mehr ein Richtender, sondern ein Gerichteter. Seine Gedanken haben plötzlich den Charakter jener oberflächlichen Götterdiskussion verlassen und sich in seinem Ewigkeitsgrund eingefunden.

Hier wird ihm nun in dem Sohne Gottes, der sich kreuzigen läßt, jene wunderbare Schwachheit Gottes kund, die stärker ist als die Menschen, diese allergrößte Krafterweisung Gottes, die sich darin erwies, daß Er Sich im Sohne schwach machte und Sich von den Sündern bis zum Tode mißhandeln ließ, ganz wie es in Offenb. 5 dem Seher ergeht: „Weine nicht“, sagt man ihm, „es hat überwunden der Löwe“, und wie er nach dem Löwen sich umsieht, erblickt er statt des Löwen ein Lamm, und obendrein ein geschlachtetes. Und gerade hierin wird ihm nun auch jene Torheit Gottes kund, die weiser ist, als die Menschen es sind.

Kehren wir wieder zur Erzählung des Lukas zurück, so sehen wir vorderhand von jener großen Ernte, die der Apostel gewann, wenig; sie scheint ihm erst zuteil geworden zu sein, als er sich freier in der von ihm selbst gegründeten Versammlung bewegte. Die erste Wirkung seines Wortes in der Synagoge war, daß sie sich widersetzten und lästerten. „So?" mag es geklungen haben, „auf diesen Jesus will es hinaus, der von unseren Hohenpriestern, schwerlich ohne Grund, zum Tode verurteilt und von den Römern gekreuzigt wurde? Er soll der Messias sein?" Und was für Lästerworte dem Namen Jesu beigefügt worden sein mögen, läßt sich eher denken als sagen.

Da war der Apostel kurz entschlossen: „Er schüttelte seine Kleider aus." Einer Stadt gegenüber, in der man hin und her geht, wie gegenüber dem pisidischen Antiochien, tat er buchstäblich, was der Heiland seine Boten in dem Fall zu tun angewiesen, wenn ihre Botschaft verachtet würde: er schüttelt den Staub von den Füßen, damit nichts, was Eigentum der Stadt sei, an ihm bleibe, damit er derselben auch nicht für ein Stäublein zu danken verpflichtet sei. Es zeugt nebenbei von dem feinen geistigen Verständnis des Apostels für das Wort Jesu, daß er hier in dem Saal, in dem er sich öfter aufgehalten, den Staub von den Kleidern schüttelt. „Euer Blut sei über euer Haupt!" So sprach er, wie einst David (2. Sam. 1, 16) zu jenem Mann, der vorgab, Saul getötet zu haben. Für diese vorgebliche Missetat wurde er hingerichtet; er zog sich die Todesstrafe, die ihm eigentlich gar nicht gehörte, mutwillig selber zu.

In ähnlicher Lage sind hier die Juden. Hatte jener die Schuld für eine Sünde auf sich genommen, die er gar nicht begangen hatte, so haben sie eine Begnadigung für ihre Sünde und Tilgung ihrer Schuld, die ihnen angeboten wurde, mutwillig von sich gewiesen. „Rein (von eurem Blut) gehe ich fortan zu den Heiden" (auch Luther ist so zu verstehen; „rein" ist dort nicht Adverb, gleich „nur", sondern Adjektiv, gleich „als ein reiner"). „Und er machte sich von dannen und ging in das Haus eines Justus (oder Titius Justus? – so haben es einige ältere Handschriften), der Gott fürchtete und dessen Haus an die Synagoge stieß." Der Apostel machte also von der damals selbstverständlichen Freiheit Gebrauch, eine eigene jüdische Versammlung oder Synagoge zu bilden. Und siehe, der Oberste der Synagoge selbst, Crispus, ging ihm nach; „er glaubte dem Herrn mit seinem ganzen Haus, und viele der Korinther, die zugehört (also wohl Griechen), glaubten und ließen sich taufen."

Auf denkwürdige Weise erhielt diese Zeit einer Wendung im inneren Leben des Apostels einen Abschluß. Nachts sprach der Herr in einem Gesicht zu ihm: „Fürchte dich nicht, sondern rede, und schweige nicht!" Welch eine Erquickung war das für Paulus! Nicht etwa nur ein Mazedonier oder ein Korinther, sondern niemand Geringeres als der Heiland selbst trat ihm im Gesicht nahe. Wir gehen viel zu leicht – manche fast in kritischer Ängstlichkeit, wie über eine gefährliche Brücke – über solche Erzählungen hinweg; aber wie den Aposteln war, wenn irgendwie wieder die Hülle der Unsichtbarkeit sich lüftete, wenn sie wieder etwas von dem hatten, was sich einst Moses erbat: „Laß mich Deine Herrlichkeit sehen" (2. Mos. 33, 18) – welche Stärkung es für ihren Glauben und ihre Überzeugung war, das stellen wir uns zuwenig vor; war es doch bei weitem nicht nur die bloße Gewißheit der Existenz, was sie stärkte; sondern die Größe des Existierenden, ja des Erscheinenden selbst, die Größe des Heilands trat gewiß in überwältigend wohltuender Weise vor sie, daß sie erkennen mußten, wie das Himmlische so viel höher ist über das, wie wir dasselbe uns denken, als der Himmel über der Erde ist.

Wie in den ersten Worten, die Jesus zu Saulus sprach, so finden wir auch in diesen Worten zu Paulus des Heilands Art aus seinen Erdentagen wieder. Von süßlicher Liebe, von Eingehen auf Bedürfnisse der Empfindsamkeit keine Spur. Die Worte mögen ein liebender Vorwurf sein, aber ein Vorwurf sind sie, und sie klingen fast militärisch. Einem Soldaten im Feld läßt man manches durchgehen, aber zwei Dinge an ihm wären unverzeihlich: wenn er sich fürchtete und wenn er, wo es gilt, nicht schießt, ja nicht erforderlichenfalls emsig schießt. Mit letzterem Fehler vergleicht sich bei einem Apostel das Schweigen. Was nützt ein Sendbote, wenn er schweigt? Der Vorwurf war milde; er kam erst, als das Schweigen schon gebrochen war, er kam als Ermutigung, aber als eine Ermutigung männlicher, kriegerischer, befehlender Art: „Warum hast du geschwiegen? – Du fürchtest dich!"

Ja, die Furcht! Verstehen wir den Heiland nicht falsch. Der anmaßliche, aufdringliche Schwärmer nennt manches an anderen Menschen Furcht, was nur Gegenwehr des Gewissens und des gesunden Verstandes gegen unnatürliche Zumutungen ist. Wenn ein Mädchen sich scheut, öffentlich zu beten oder seine Sünden zu bekennen – wenn wir uns scheuen, dem Bruder öffentlich den Splitter aus dem Auge zu ziehen –, so ist das nicht die Furcht, die der Heiland hier an seinem Knecht straft; diese ist eine – man möchte sagen – menschlich weit, weit begründetere Furcht, eine Furcht aber, die nicht aus dem Göttlichen in uns hervorgeht wie die erstere, sondern aus dem Bewußtsein, daß wir, die wir Staub und Asche sind, in diesen stolzen Bau der Weltburg eine Bombe zu werfen haben, die sie auseinandersprengen soll. Man hat ein Gefühl, als wäre der Gegner ein unendliches, eng verbundenes, stark organisiertes Reich, das mit einer Stimme uns entgegentrete: Untersteh' dich!

Wie oft fleht der Apostel später seine Gemeinden hierin um Hilfe an, sie sollen für ihn beten, „daß ihm das Wort gegeben werde mit freudigem Auftun des Mundes.“ Diese Bombe, sie sieht dann vor Menschenaugen, namentlich in desjenigen Händen, der sie handhabt, so lächerlich winzig aus, dieses törichte, schwache Wort; aber es gilt, sie zu schleudern, das heißt das große Evangelium des lebendigen Gottes zu verkündigen, das Wort von dem gekreuzigten und nun mit unendlicher Siegeskraft ausgestatteten Heiland, das Wort von der Erlösung, die allen Sündern ohne weiteres offensteht. Dieses Wort, das Wort von der Gnade, es ist das, was sich unserem Mund am schwersten entringt. Es ist die beständige Winzigkeit der kleinen Herde, des Würmleins Jakob, im Vergleich zu den heilig anmaßlichen Hoffnungen derselben, Sieger über die ganze Welt zu werden.

Dieses Mißverhältnis zwischen der sichtbaren Kleinheit und der unsichtbaren Größe ist die Ursache solcher Furcht. Schon Abraham mag oft fast zaghaft vor der großen Alternative gestanden sein: Entweder ist die ganze Welt verrückt, und ich allein bin klug, oder es ist am Ende doch umgekehrt. Das ist die selige Not, die dem Senfkorn „Glauben“ innewohnt und mit der Kraft desselben innig verwandt ist; darum ergeht dieser Feldherrnruf von oben: Fürchte dich nicht! von Anfang an an die Träger des Glaubens an einen lebendigen Gott, an Abraham und so namentlich auch an das nach Babylon verbannte Israel; und derselbe Heiland, der hier dem Apostel dies sagt, rief es in seinen Erdentagen dem Jairus zu, als es galt, die scheinbar unumstößlichen Ansprüche des Todes einer trotzigen Prüfung zu unterziehen. „Fürchte dich nicht!" ist bald gesagt, möchte man je nach der Lage, in der man sich befindet, sagen, wenn Staub und Asche gegen die Welt stehen soll; aber der, der es sprach, hat Macht, es zu sagen, und er belegte auch hier sein Verbot der Furcht mit dem gewaltigen Grund: „Denn ich bin mit dir, und niemand wird sich unterstehen, dir zu schaden." So redet der Auferstandene in der Allgewalt, die er nun hat.

Da wird denn Staub- und Aschesein bloßer Schein; der Knecht ist das Ende eines unsichtbaren Hebels, der vom Himmel her in Bewegung gesetzt wird. Dem Apostel wurde wohl durch dieses Gesicht in besonders großer Weise das klar, worin eigentlich schon bisher die Kraft und der Segen seines Wirkens gelegen und was er später im Kolosserbrief (Kol. 3, 1) uns einschärfen wird, daß es nämlich fortan unter der verborgenen Herrschaft Jesu nicht darauf ankommen wird, was wir von uns aus, wenn auch in allerbester Meinung und mit größter Anstrengung und Aufopferung, für ihn tun, sondern auf das, was er mit uns und durch uns tut (was er wörtlich und eigentlich meint), also auf das Mitwirken Gottes, wie er es eben tatsächlich – einerseits in den Wundern, andererseits in der Mitteilung des Heiligen Geistes an den Getauften – immerfort erlebte. „Suchet, was droben ist", wird er uns im Kolosserbrief sagen; ziehet Himmelskräfte herab! Nur Himmelskräfte erneuern die Welt. So hat der Knecht Werkzeug zu sein in der Hand des lebendigen Gottes. Ein Werkzeug, das neben den Bewegungen, welche die Hand ihm mitteilt, noch selbständige Bewegungen auf eigene Rechnung ausführen wollte, wäre nicht nur untauglich, sondern schädlich.

Der Heiland schließt sein Mahnwort an Paulus mit den Worten: „Ich bin mit dir, und niemand wird sich unterstehen, dir zu schaden", eigentlich nicht um deinetwillen, sondern weil „ich ein großes Volk in dieser Stadt habe." Ein jedes Glied dieses „Volkes" ist natürlich dem Heiland gerade so lieb wie Paulus.

Wir werden auf dieses große Volk zurückkommen, wenn wir die Ernte des Apostels in Korinth einer weitläufigeren Betrachtung unterziehen. Daß dieselbe von ganz besonderer Beschaffenheit war, können wir aus dem vermuten, daß die göttliche Vorsehung, die den Apostel sonst immer, sogar mit Zwang, sorglich wieder weitertrieb, ihn hier anderthalb Jahre bleiben ließ, so daß wir ihn hier zum ersten Mal, um in Bildern unserer Zeit zu reden, nicht als Missionar, sondern als Pfarrer walten sehen.

Der Schluß dieses Wirkens wurde veranlaßt durch einen immerhin vollständig mißlungenen Verfolgungsversuch der Juden. Sie schleppten Paulus vor den Richterstuhl des Prokonsuls Gallion. Die ganze Kraft der Anklage beruhte auf einem unwürdigen, verfälschenden Spiel mit der Sprache. Er überrede die Menschen, sagten sie, Gott zu verehren „wider das Gesetz". Für sich verstanden sie darunter das Gesetz Mosis, und da fehlte der Anklage nicht aller Grund, denn auch den getauften Juden wird nach und nach fast unbemerkt der Gedanke an gewohnte Schuld- und Dankopfer, der Herzenszug zum Tempel in Jerusalem und zum Priestertum Aarons aus dem Sinn gekommen sein; aber Gallion, den ja das Gesetz Mosis nichts anging, sollte nach ihrer Absicht es anders verstehen: Die Verehrung Gottes, welche Paulus verkündige, widerstreite dem Gesetz R o m s . Auch darin hatten sie recht, denn die von ihm verkündete Gottesverehrung erklärte jede andere Religion für Sünde; aber das Gemeine in dieser Anklage lag darin, daß die Ankläger sich in diesem Sinn ganz der nämlichen revolutionären Stellung gegen Roms Gesetz bewußt waren, welcher sie den Gegner beschuldigten.

Wir bekommen sofort zu sehen, daß das Christentum in Korinth bei hoch und nieder eine beliebte Erscheinung war. Die Gründe dafür werden wir später besprechen. Es war ebenso human wie staatsklug, daß Gallion sich durch die scheinbare Beziehung der Anklage auf Roms Gesetz nicht irremachen ließ, auf dieselbe nicht einging, sondern – direkt den inneren Sinn der Anklage ins Auge fassend – sie als etwas, was den römischen Richter nichts angehe, von sich wies. „Er vertrieb sie vom Richterstuhl."

Diese Worte lassen auf einen Widerstand der überraschten lebhaften Juden schließen. Draußen aber vor der Einfriedung, welche die im Freien um den Richterstuhl stehenden Rechtsparteien umschloß, erfaßten „sie" alle den Sosthenes, den Synagogenvorsteher, und schlugen ihn angesichts des Richterstuhls, und Gallion erlaubte sich nun auf eigene Rechnung die Inkorrektheit, nichts davon zu bemerken.

Wer sind die „sie", welche den Sosthenes schlugen? Das Wort: die Griechen, das Luther las, ist zwar bloße vermutende Erklärung eines späteren Abschreibers, wird aber doch wohl das Richtige getroffen haben. Wir fänden dann hier wieder die nämliche Stimmung der Masse wie seinerzeit in Jerusalem: eine Ahnung der Wahrheit des Christentums, die doch noch nicht hingereicht hat, den Entschluß zur Buße reifen zu lassen. Sie wollten gleichsam auf ihre Weise dem Heiland eine Freude machen und sich ein wenig in seine Gunst setzen. Dieser Sosthenes war wohl sofort nach dem „Abfall" des Crispus, also im erregtesten Momente des Widerspruchs gegen Jesum, zum Vorsteher gewählt worden, man kann sich denken, aufgrund welcher Eigenschaften und Gesinnungen! Rührend ist es, in dem ersten Brief Pauli an die Korinther diesem selben Namen unter den Mitarbeitern Pauli wiederzubegegnen: „Es grüßt euch Paulus ... und Bruder Sosthenes." Da er nur in diesem Brief erwähnt wird, so ist es allerdings sehr wahrscheinlich, daß er, an und für sich von minderer Bedeutung, wohl nur um seiner Beziehung zu den Korinthern willen an so hervorragender Stelle genannt wird, und dies verstärkt die Wahrscheinlichkeit der Vermutung, daß es in der Tat derselbe Sosthenes gewesen sei. Jene ungeschlachte Belehrung, welche ihm die korinthischen Heiden über die Weltbedeutung des Heilandes beigebracht, hätte dann also doch Früchte getragen.

„Lange Zeit danach", heißt es, verabschiedete sich Paulus von den Brüdern und schiffte sich nach Syrien ein. In der Hafenstadt Korinths, in Kenchreä, „beschor er noch sein Haupt, denn er hatte ein Gelübde." Also hatte er vorher längere Zeit, als ein Verlobter des Herrn im alttestamentlichen Sinn, kein Schermesser über sein Haupt gehen lassen, das heißt, seiner leiblichen Erscheinung ein für den Mann nach Israels Anschauung demütigendes Aussehen gegeben, ja geradezu ihr eine Unehre angetan (1. Kor. 11, 14). Ohne mir ein entscheidendes

Urteil über die Bedeutung dieser Handlung des Paulus anzumaßen, wozu es großer Gelehrsamkeit bedürfte, erlaube ich mir doch die Vermutung, sein Gelübde sei in jenen Stunden geistlicher Armut entstanden und einem Bedürfnis entsprungen, seinem zuerst unwillkürlichen und dann immer freiwilligeren menschlichen Schwachheitsgefühl einen äußeren Ausdruck zu geben. Es war gewissermaßen eine weitere Abart des Fastens. Jedenfalls ist es völlig überflüssig, sich hierbei darüber Gedanken zu machen, ob diese Handlung nicht mit der Freiheit des Apostels vom Gesetz im Widerspruch stehe. Es kennzeichnet gerade die Freiheit, auch den heiligen Sinn des Apostels, daß er die heilige Poesie, welcher solche gesetzliche Anordnung entsprang (4. Mos. 6, 5) und welcher sie Ausdruck gab, zu würdigen und sie in freier Weise zu verwenden wußte.

Wir dürfen wohl bei der Ernte der Predigt des Apostels in Korinth, das heißt bei dem Bild der korinthischen Gemeinde länger verweilen. Dieselbe vorsehende Hand Gottes, die den Apostel bisher jedesmal fast sofort von dem lieben Herdlein, das er um sich gesammelt, fortgetrieben hatte (meist durch das Mittel der Juden), diese selbe waltende Gotteshand ermöglichte es in Korinth dem Apostel (vielleicht im Zusammenhang mit der inneren Krisis, die er durchgemacht), einmal nicht bloß Gründer, sondern längere Zeit auch Hirte einer Gemeine zu sein. Die Entwicklung jener blutjungen, sich selbst überlassenen Häuflein war gewiß gerade in der Not ihrer Unbeholfenheit rührend schön und zeugte von außerordentlichem Segen Gottes; aber es ist uns doch, als hätte dieses urwüchsig aus dem Heidentum emporwachsende Christentum noch einer Stätte bedurft, wo es unter göttlich organischer Leitung sich nicht nur zum Notwendigen, sondern in seinem vollen Reichtum entfalten konnte.

Die Gemeine zu Korinth war die Stätte, die Gott hierzu erwählt. Das große Geheimnis Gottes, welches ist Christus in den Völkern, offenbart sich hier in dem Reichtum seiner Herrlichkeit (Kol. 2, 2): Christus der Weltheiland, Christus, eine eigentlich in der Sprache des Alten Testaments heidnische Erscheinung, Christus, das große Eigentum der Menschheit. Hier sollte es sich zeigen, daß Christus sich selbst genug ist, unendlich größer als all die auf ihn vorbereitende Vorgeschichte des Heils, und hier entfaltet er seine Gestalt unter uns, den Völkern, den Menschen, unabhängig von allen seinen Beziehungen zur Vergangenheit, also aus seinem eigensten, innersten Wesen heraus. Es war der Heiland selbst, der hier sein Sein unter uns zu gestalten oder (Gal. 4, 19) eine Gestalt unter uns zu gewinnen begann. Die Korinther waren, sagt der Apostel (2. Kor. 3, 2 u. 3), ein Brief Christi, geschrieben mit dem Geist des lebendigen Gottes, so daß der Apostel selber sich nur als den Zuschauer und ersten Erleber und Schüler fühlte.

Die Bekehrung der Korinther war eine typische, verheißende Erfüllung des Gleichnisses vom Verlorenen Sohn. Der Verlorene Sohn im größten Sinn, das Heidentum, kehrte hier in rührender Weise in das längst vergessene Vaterhaus zurück, und noch ergreifender tritt die Antwort vom Himmel ein, die Freude des Himmels, der Jubel desselben, der sich in der Ausgießung einer Fülle von himmlischen Gaben über die Gemeinde kundgibt; diese heilig große Erscheinung ist aber die Wurzel des europäischen Christentums und schon deshalb der Betrachtung in hohem Grade wert, und es ist sichtlich durch Gottes Vorsehung geschehen, daß der Apostel zweimal aus inneren oder äußeren Gründen verhindert war, die Mißstände, die sich in Korinth einstellten, durch einen persönlichen Besuch daselbst zu beheben, und gezwungen war, dies schriftlich zu tun, wodurch uns ein Bild jener Zustände überliefert ist.

Vergegenwärtigen wir uns einmal das Entstehen der Gemeine, so sehen wir ein rührendes Bild. Auf der einen Seite der Apostel im Tiefpunkt der Schwachheit, der mit Furcht und großem Zittern von dem gekreuzigten Christus erzählt – vor ihm eine bunte Versammlung, hoch und nieder, Geistesgrößen in jüdischem Sinn, Geistesgrößen aus den Griechen; von diesen her, namentlich von den ersteren (nicht von allen, vergl. Crispus), erhebt sich Widerspruch, Lästerung, wohl nicht ohne Hohn und Spott über den ärmlichen Redner. Aber siehe! In der Masse sind andere: „Das, was töricht ist vor der Welt, schwach vor der Welt, unedel vor der Welt, das verachtet, ja, das da nichts ist" (1. Kor. 1, 27, 28), und diese horchen auf, sind zerschlagen, bewegt; es ist, als wiederholte sich der Kreuzestod Christi in ihnen, und das ganze Metall ihres Wesens wird in der Feuersglut dieses Evangeliums umgegossen.

Aber noch war es nicht jenes „große Volk in dieser Stadt“, das der Heiland sein wußte. Das kam wohl erst in die selbständige Versammlung, die nun Paulus gründete. Welcherlei waren diese? Es waren wohl meist Sklaven und solche Handwerker niederen Ranges, wie wir sie oben als Bestandteil der Bevölkerung Korinths aufgeführt. Wie es unter diesen aussah, schildert der Apostel (1. Kor. 6, 9-11), wo uns die ganze schauerliche Verwilderung des heidnischen, namentlich des großstädtischen Wesens (eigentlich auch unserer Tage) geschildert wird. „Etliche unter euch sind Ungerechte gewesen, Hurer, Abgöttische, Ehebrecher, Weichlinge, Knabenschänder, Diebe, Geizige, Trunkenbolde, Lästerer, Räuber.“ Ehe und Religion – die irdische und die himmlische Ordnung, um unser Wesen zu bereichern – nicht als Gottesordnung, sondern als freies Jagdgebiet des Genusses betrachten, das in unbändiger Ausgelassenheit ausgebeutet wird, rücksichtslos auf Kosten der anderen ein Knecht der Lüste seines Fleisches sein, Geld auf alle Art und Weise an sich raffen, um es wieder zur Schändung und Schädigung seiner selbst zu verbrauchen, gewalttätig des anderen guten Namen wie des anderen Wohlstand berauben und zertrümmern, das alles ist die Nachtseite jenes Kampfes ums Dasein. „Solche“, sagt der Apostel, „sind euer etliche gewesen.“

Woher weiß er das? Auf Hörensagen, auf Klatschereien zu hören, dazu war er gewiß nicht der Mann; auf solche Zuträgereien antwortet er einmal (2. Kor. 13, 1): „Jede Sache, jedes Wort soll bestätigt werden durch den Mund zweier oder dreier Zeugen.“ „Ich höre, heißt dies, auf niemand, der nicht das Eingeklagte gesehen hat, und ich glaube es ihm nicht einmal, bis es ein oder zwei andere, die es ebenfalls gesehen haben, bestätigen, weil ein einzelner als Kläger nicht mehr Gewicht beanspruchen darf als der andere einzelne, der Beklagte.“ Woher weiß er es also? Offenbar, weil sie es ihm bekannt haben; schwerlich infolge einer Forderung des Apostels – solche Anwendung von Zwang und Druck lag ihm fern – sondern aus Not des Gewissens; sie mußten beteuern: „Dein Evangelium geht mich nichts an, kann mich nichts angehen.“ „Ja warum denn?“ „Ja, ich darf’s fast nicht sagen", und so kam eigentlich die ganze Nachtseite ihrer Lebensgeschichte an den Tag. „Aber", so redet der Apostel ebendaselbst (1. Kor. 6, 11), „ihr wurdet abgewaschen, aber ihr wurdet geheiligt, ihr seid gerecht geworden."

Diese Herzen waren der Stoff, in welchen der Heiland seinen Brief schrieb; ihre Umwandlung war nicht ein bloßer Ansichtenwechsel oder ein bloßer Entschluß zu neuer Gesinnung; sie waren mit Christo gekreuzigt und auferstanden, sie waren ein Wunder, eine neue Kreatur. Wollen wir uns den Eindruck davon nicht abschwächen durch die Einwendung, der Apostel habe doch so gar vieles an den Korinthern auszusetzen. Denken wir näher nach, welche Umwandlung der Sitten hat eintreten müssen und eingetreten ist – wie die heidnischen Anschauungen in bezug auf das Geschlechtsverhältnis, auf allerlei Genuß, ja auch auf die Art und Weise des Erwerbs dadurch verwildert waren, daß ihre Götter, das heißt ihre Religion, ferne davon, den Ausschreitungen Schranken zu setzen, sie oft vielmehr begünstigten. Denken wir uns nun ferner den Menschen, der in solchen Voraussetzungen aufgewachsen ist, daß er vieles, was uns sofort als sündlich erscheint, als selbstverständlich erlaubt ansieht, und sehen wir nun nach, was eigentlich der Apostel an ihnen auszusetzen hat, so dürfen wir eher darüber staunen, wie klein der heidnische Überrest ist, der sich für uns ergibt. Ein entsetzlicher Greuel muß verzeichnet werden, der Greuel, daß einer mit seiner Stiefmutter ehelich lebt. Aber den übrigen Korinthern hat er nur vorzuwerfen, daß sie in diesem Fall, vielleicht aus Verlegenheit, nichts getan. Daß sie prozessierten, war ja eine mißliche Sache, aber ein klein wenig aus den komplizierten Geschäftsverhältnissen der großen Handelsstadt zu begreifen und immerhin etwas, was doch nicht so klar unter die Kategorie der Sünde gehört, daß die Schwere eines solchen Mißgriffs einem ordentlichen Menschen momentan nicht hätte verborgen bleiben können.

Die neue Sitte war, dies müssen wir uns in dem Wirkungsgebiet des Paulus immer wieder sagen, nicht das Produkt eines Systems von Vorschriften; solches zu bringen vermied der Apostel; sie war die Frucht des Geistes, das unmittelbare Ergebnis der Heilandsfreude. Man war in die Klarheit Gottes gestellt und ließ das Häßliche von selbst bleiben. Darin erwies sich der Heiland als Sohn Gottes, Sohn des Schöpfers, daß zuallererst die schöpferischen Ordnungen wieder wie von selbst in ihre Rechte traten.

Der Mann würdigte sein Weib, seine Kinder. Das Weib, seine Lage, seine Wertung in der Gesellschaft gibt einer Volkssitte ihr Gepräge. Es war ein unverkennbares Zeichen der niedrigen Auffassung der geschlechtlichen Verhältnisse, daß das Weib auch in dem so hochgerühmten Griechenland so verachtet war. Als Sokrates den Giftbecher trank, kam sein Weib in Tränen herbei, um noch von ihm Abschied zu nehmen. Auch nicht ein Wort gönnte er ihr; „schaffe mir das Weib nach Hause", sagte er zu einem anderen, und dafür muß die arme Xanthippe noch immer im Ruf eines bösen Weibes stehen. Nun erkannten die Brüder, daß das Weib eigentlich auch ein Mensch sei; es durfte aus dem Hinterhaus hervor mitsamt ihren Kindern, die eigentlich doch auch des Vaters Kinder waren – ja, es durfte mit den Männern in die Versammlung. Wir können es bedauern, aber wir können es ihnen kaum verargen, wenn die Frauen in ihrem Glück anfingen, lebhaft zu werden und sich an den Verhandlungen zu beteiligen.

Wie mögen nun vollends Sklave und Herr, sofern sie beide Christen wurden, einander ganz anders angesehen haben. Es ist wahr, es kam dem Apostel nie in den Sinn, gewiß auch dem Heiland nicht, sich über Berechtigung oder Nichtberechtigung der Einrichtung der Sklaverei auch nur Gedanken zu machen. Aber es war ähnlich wie beim Weibe: Die Ewigkeit des einzelnen, des Menschen, stellte sofort alles in anderes Licht. In Christo war Herr und Knecht ein in Christo Gekreuzigter und Auferstandener.

Den Glanzpunkt des christlichen Lebens in Korinth bildeten wohl, wenigstens nach einer Seite hin, jene geselligen Zusammenkünfte, die der Apostel 1. Kor. 11 u. 14 bespricht. Sie waren die Wirkung jener Tatsache, die der Apostel oft, zuerst in Gal. 3, 28, betont: „Da ist nicht mehr Jude oder Grieche, da ist nicht mehr Sklave oder Freier, da ist nicht mehr männlich oder weiblich, denn in Christo Jesu seid ihr allzumal Einer"; oder wie es uns in der Apostelgeschichte aus der ersten Jerusalemszeit erzählt wurde: „Sie hatten zusammen nur ein Herz und eine

Seele.“ Es wiederholten sich hier die Herzensbedürfnisse der ersten Jerusalemsgemeinde, wenn auch nicht in der vollen göttlichen Wärme jener Zeit. Von Gütergemeinschaft konnte in der Geschäftsstadt von vornherein nicht die Rede sein, aber wie jene ersten Christen das Brot hin und her in den Häusern brachen, so hatten auch sie das Bedürfnis, die Mahlzeit, dieses nächstliegende Band der Geselligkeit für den Menschen, zum Sammelpunkt der ganzen großen Gemeindefamilie zu gestalten, auch wenn vielleicht diese Vereinigung sich auf verschiedene Lokale verteilen mußte. Die damalige Sitte war hierzu besonders günstig. Die Hauptmahlzeit, die Coena (κοινή = die Gemeinsame), wurde des Abends, am Feierabend, eingenommen. Diese Mahlzeiten gestalteten sich in origineller Weise zu einem Familienmahl der ganzen Gemeinde. Es brachte nämlich ein jeglicher (1. Kor. 11, 21) sein Essen mit, um es zwar nicht (wie es etwa in Jerusalem geschehen wäre) in Gemeinschaft mit dem anderen, was übrigens wohl auf unüberwindliche Schwierigkeiten gestoßen wäre, aber doch in Gesellschaft des anderen zu genießen.

Interessant wäre es für uns, namentlich auch in bezug auf die Feier des heiligen Abendmahls, zu wissen, wie es da mit den Kindern gehalten wurde. Daß man der größeren Gemeinschaft zuliebe auf die natürliche Gemeinschaft, die der Familie, verzichtet und die Kinder für die Hauptmahlzeit daheim sich selbst überlassen hätte, läßt sich doch kaum denken. Es werden wohl Mütter mit ganz jungen Kindern zurückgeblieben sein, aber im allgemeinen wird gekommen sein, was hat kommen können.

Und hier bewundern wir wieder die Weisheit und Liebe des Meisters, in dieser einfachen Form geselliger Sitte und in der Darbietung von Speise und Trank sich als den stetsfort Gekreuzigten und doch Lebenden in der Mitte der Seinen zu erhalten. Wir sehen aber auch bei allem Leichtsinn der Korinther ihre Geisteshöhe und die Macht ihrer Heilandsliebe, wie sie sich täglich wieder in so stärkstmöglicher Weise um das Kreuz Christi vereinigten. Dieses Gemeindemahl wurde nun ganz nach dem Vorbild des ersten Abendmahles, wie es Jesus gefeiert hat, gestaltet. Jesus nahm damals vor dem festlichen Mahl das Brot und bot es als seinen Leib den Jüngern. Nach dem Mahl aber (1. Kor. 11, 25) (nicht nach dem Abendmahl im engeren Sinn, was ja widersinnig wäre), anknüpfend an den gewöhnlichen Schluß eines Mahles, nahm er den Kelch und ließ ihn bei den Jüngern herumgehen, mit der Bitte, sie sollen alle daraus trinken: „Das ist der Neue Bund in meinem Blut, das für viele vergossen wird zur Verzeihung der Sünden."

Daß es die Korinther ebenso gehalten, daran erinnert uns auch 1. Kor. 11, 27: „Wer etwa das Brot auf unwürdige Weise ißt, oder den Kelch des Herrn auf unwürdige Weise trinkt..." Dieses „oder" beweist uns, daß der Apostel sich den Fall für möglich denkt, daß einer den einen der beiden Bestandteile des Sakraments würdig – den anderen unwürdig genieße, eben weil zwischen dem Genuß beider ein erheblicher Zeitraum, und zwar ein Zeitraum des Genießens und des geselligen Lebens verflossen ist, ein Zeitraum, in welchem die Stimmung aufsteigend eine würdigere oder absteigend eine unwürdigere werden konnte. So begannen und schlossen sie jedes Mahl damit, daß sie sich im Geiste am Fuße des Kreuzes Christi einstellten und der Nähe des Auferstandenen sich bewußt wurden und durch den Genuß der Gedächtnisse seines Todes „den Tod des Herrn verkündigten". War doch Er das mächtige Band, das sie alle zu so inniger Vereinigung umschlang.

Schwerlich waren diese Mahlzeiten die einzigen Versammlungen, schon um der Sklaven willen, denen diese Zeit doch kaum gelegen war; wahrscheinlich gab es namentlich für solche auch, wie uns Plinius von Ephesus erzählt, Zusammenkünfte vor Tagesanbruch; auch konnte diese Art, das ganze Menschenleben einheitlich und gemeinsam unter den Einfluß Jesu zu stellen, ohne eine Sonderung in kirchliches, erbauliches Tun und in Befriedigung der natürlichen menschlichen Bedürfnisse, nicht auf Dauer festgehalten werden; der Apostel selbst mußte ihnen das abraten und ihnen empfehlen, die Abendmahlsfeier von der gemeinsamen Mahlzeit zu scheiden.

Aber denkwürdig bleibt dieser großartige Versuch doch. Durch denselben wäre, wenn er gelungen wäre, jene Volksgestalt des Königreiches Jesu teilweise wiedergewonnen gewesen, auf welche infolge des Eintritts der Beschneidungsfrage vor der Bekehrung Israels verzichtet werden mußte. Ob nun, was uns der Apostel von den heiligen Zusammenkünften der Korinther

(1. Kor. 14) erwähnt, sich auf jene abendliche Geselligkeit oder auf andere Zusammenkünfte beziehe, müssen wir dahingestellt sein lassen; aber wen hat es nicht schon erhebend angemutet, im Geiste in solcher Korintherversammlung zu sein, wo einer eine Weissagung bringt, der andere sie beurteilt, das Wichtige in derselben hervorhebt, anderes richtigstellt, wo ein dritter ein neues Lied gedichtet hat und bringt, ein vierter in Zungen singt und wo etwa auch das Sprudeln des Geistes so lebendig wird, daß der Apostel zur Ordnung mahnen muß. Kopieren können wir solches heute nicht; es ist nichts ärmlicher, als Geist treiben zu wollen ohne Geist, ohne göttlichen Impuls und ohne göttliche Darreichung des Geistes.

Über die Gabe, welche uns am meisten auffällt – die Gabe des Zungenredens – rede ich nicht, aber gerne vergegenwärtigen wir uns den Gesamtorganismus dieser Gaben. Was beim verlorenen Sohn der Ring, das Feierkleid, das festliche Mahl im Bilde war, das kommt hier tatsächlich als ein Regen des Heiligen Geistes von oben. Es fehlte bei den Korinthern, wie wir nachher sehen werden, ihrerseits an mancherlei, aber von der Seite Gottes her waren sie gut gestellt. Die Gnade Gottes in Christo Jesu waltete wie ein Sonnenschein über der Gemeinde; wie der Sonnenschein als millionenfache Arbeit in der Pflanzenwelt sich fortsetzt, so sah man eine lebendige Tätigkeit Gottes in Christo Jesu in den Gemütern. Ein Licht von oben hatten sie, ein Licht, das in einzelnen Gliedern kundwerden durfte als formulierte, ausdrückliche Offenbarung oder in anderen als eine Kraft, die in die Wirklichkeit eintrat – Gaben, gesund zu machen, schwerlich um alle und jede Krankheit ohne weiteres zu beheben, aber doch um der Gemeine Jesu ihr Stehen auf der Tatsache der Auferstehung Jesu – die ja eine körperliche Sache ist – je und je auch körperlich kundzutun und so derselben ihre verborgene königliche Stellung klarzumachen; ebenso auch Wunder zu tun, das heißt auch in anderen Fällen, die nicht gerade den menschlichen Körper betrafen, mit Beispielen die Anbahnung einer anderen Weltordnung tatsächlich zu weissagen.

Es waren dies, nach der Reihenfolge, die der Apostel 1. Kor. 12, 8-10 innehält, die untergeordnetsten Gaben; über ihnen war die Gabe des Regierens, Präsidierens, Verwaltens, also die verschiedenen Fähigkeiten und Tätigkeiten der einzelnen zweckmäßig zu ordnen und zu verwenden; und die oberste war, zu reden von der Weisheit: selbständig fruchtbares Denken, und zu reden von der Erkenntnis: empfangendes Denken.

Bemerkenswert ist hierbei, wenn wir die Macht, die der Heiland den Jüngern übergab, vergleichen, daß eine Macht über die Dämonen nicht erwähnt ist, wie überhaupt der Apostel einer solchen in seinen Briefen nirgends Erwähnung tut. Es war diese Macht eine heilige, zarte Sache, gleichsam eine der schwierigsten Obliegenheiten des Richteramts; und der Heiland hat diese Obliegenheit wohl im besonderen den Aposteln vorbehalten. Mit tiefer Wehmut stehen wir in unserer Armut vor solchem Reichtum. Wenn es uns auch an manchem nicht mehr fehlt, das uns wieder zu trösten beginnt: mein individueller Eindruck ist, es gebreche uns an den obersten Gaben – zu reden von der Weisheit und zu reden von der Erkenntnis (nämlich in heiliger Weise) – am allerempfindlichsten, wenn auch allerdings keinem gewehrt werden kann, zu meinen, er besitze dieselben zur Genüge.

Hand in Hand mit den verschiedenen Gaben des Geistes stand die Verwendung der Begabten durch den Herrn (1. Kor. 12, 5) in verschiedenen Ämtern. Es war eine organisierte Nähe des Herrn nach seiner Verheißung: Ich bin bei euch alle Tage bis ans Ende der Welt. „Es fehlt uns nichts“, konnten sie sagen; gesundmachen ist dem gegeben, Wunder tun jenem; der Gesamtheit fehlte nichts, denn was der einzelne hatte, machte ihn zum Diener der anderen. Es war, weit über das Figürliche hinaus, die Gemeinde der Leib und Christus das Haupt; das gab sich in allen diesen Wechselbeziehungen zwischen Himmel und Erde kund. Die Erde bietet die Fragen – der Himmel die Antworten; die Erde die Aufgaben – der Himmel die Lösung; die Erde die Bitten – der Himmel die Hilfen; und die Hilfen und Antworten des Himmels – sie werden vom Haupt aus durch die Glieder ausgerichtet. So war die Gnade Gottes in Jesu Christo eine lebendige, geistige Macht, eine beständig wirksame Liebe, ein Anbieten von allerlei Licht und Kraft, und der Herr Jesus, der Heiland, war so nahe in aller Fülle seines Seins, daß sie nur noch darauf warteten, daß er noch offenbar werde. So nahe fühlten sie ihn, daß dort von seinem Kommen nicht mehr die Rede war (1. Kor. 1, 7), sondern nur vom Offenbarwerden. Wo er so nahe ist, können wir uns denken, da möchte es denen, die dessen innewerden, das Herz zersprengen, daß er nicht offenbar ist. Es erscheint wie ein Zwangsverhältnis, und ich denke mir, gerade daraus entspringt das dringende Bedürfnis nach der Wiederkunft des Herrn, das Harren auf dieselbe. Die Sehnsucht nach der Wiederkunft kam weniger aus Mangel, wie es den Anschein haben möchte, sondern aus dem Kosten der Herrlichkeit.

Darin, daß so tatsächlich die Gemeinde der Leib und Jesus das Haupt war, hatte eines jeden Einzelleben schon jetzt eine ewige Bedeutung gewonnen, eine Bedeutung für das Ganze, und gerade jene Lebendigkeit und jener Ehrgeiz, die der Apostel zu bekämpfen hat, geben uns einen Blick in die Glückseligkeit, die sich ihrer bemächtigte beim Blick in eine ganz neue wunderbare Welt, die hinauf in den Himmel ragte. Es war wie eine Pyramide bis zum Haupte Christus empor, es war etwas von dem Königreich Gottes – völlig verschieden von der Hierarchie der späteren Jahrhunderte, die nur eine Abschattung ins Fleisch war. Übte doch noch jene Hierarchie auf strebende Jünglinge einen wunderbaren Reiz aus – oft abgesehen von den christlichen Ideen –, weil sie sahen: diese Hirten – und nicht mehr die Gewalthaber Roms – regieren die Mitwelt. Aber wie gesagt, das war eine Übersetzung ins Fleisch.

Dasjenige dagegen, was wir bei den Korinthern sehen, es ist zwar sichtbar, aber es hat sein Bürgerrecht im Unsichtbaren, im Himmel. Wie ist es doch dem Menschen ein Bedürfnis, für sein Leben und sein Dasein einen Zweck zu wissen, eine fruchtbare Verwendung, und wie herrlich wird dieses Bedürfnis erfüllt im Leibe Christi, wo jedes eine Bedeutung für das Ganze hat. Auch jener Unart, kraft welcher jeder die höchste Gabe besitzen wollte, liegt eine schöne Strebensfreudigkeit zugrunde, ein Hochgefühl, wie wir nun nicht nur als Einzelperson, sondern als Gesamtperson eines ewigen Lebens und ewigen Berufes gewürdigt sind. In der Idee des Leibes Christi hat die sonst in den Lüften schwebende, nicht so leicht ins Gemüt tretende Idee der Menschheit eine faßbarere Gestalt gefunden; fast möchte man sagen, der Leib Christi verhält sich zur Menschheit wie das Paradies zur Erde.

Schon in des Heilands Erdentagen hatte sein Leib die Bedeutung, der Anfang einer Umwandlung der Schöpfung ins Göttliche zurück (aus Welt in Schöpfung) zu sein, ein erster Teil Erde, der wieder ganz in Gottes Besitz, durch freien Gehorsam des ihm innewohnenden Ichs Gott untertan war. Dieses große Ich erweitert nun sein Herrschaftsgebiet, das heißt also seinen Leib, durch uns, die er als die lebendigen Steine dem großen Bau seines Leibes einverleibt. Diese wunderbare himmlisch-irdische Organisation, durch welche Gaben von oben dem einzelnen zuflossen und ihnen entsprechend auch Beruf und Auftrag, sie zu verwenden und mit denselben dem Ganzen zu dienen, diese individualisierte Gemeinschaft mit Jesu gab denn auch dem christlichen Denken und Streben eine gemeinsinnige Art, einen Zug aufs Ganze, fast im Gegensatz zu mancher heutigen, mehr monologischen Weise, wonach das ganze Verhältnis zwischen der Seele und Jesu aufgehen soll in der Selbstausbildung dieser Seele zum einzigen Zweck ihrer eigenen Seligkeit.

Das lag dem Korinther so ferne, daß er, wenn er sich nicht in bedeutender Weise von Jesu für das Ganze verwendet sah, an seinem Zusammenhang mit Jesu überhaupt zu zweifeln begann. Der Apostel muß sie in rührender Weise darüber beschwichtigen (1. Kor. 12), so daß wir sehen, der minder Begabte kam in Unruhe über seine Seligkeit, weil er so verkürzt sei. So sagt der Apostel (12, 16): „Und wenn das Ohr sagt: Ich bin kein Auge, also bin ich nicht des Leibes Bestandteil“ (eigentlich „nicht aus dem Leib entstammend“), so ist es deswegen (weil es solches sagt) doch nicht „nicht vom Leibe“ – das heißt: Was du hierüber denkst oder sagst, darum handelt es sich nicht, und danach fragt man im Himmel nicht; du bist des Leibes, ob du es glaubst oder nicht. Und am Schluß (28-38) sagt er: „Und diejenigen, welche Gott gesetzt hat der Kirche zum ersten als Apostel, zum zweiten als Propheten, zum dritten als Lehrer, ferner Machtwirkungen, ferner Gaben von Heilungen, Stärkungen, Leitungen, Arten von Zungen – sind diese sämtlich Apostel, sämtlich Propheten, sämtlich Lehrer? Haben sie sämtlich Kräfte? Haben sie sämtlich Gnadengaben von Heilungen? Reden sie alle in Zungen? Legen sie alle aus?" Es muß also, sagt der Apostel, jeder dieser Begünstigten, weil er nur eines ist, ebenso wie du auf alles übrige verzichten.

Obige, immerhin nur bruchstückweise sich darbietende Gedanken über die Gemeine als den Leib Christi erinnern uns daran, wie dem Gesamtgeist der Gemeine als Wurzel und als Bestand ihres Lebens zwei Zentralgedanken sich ergeben: Das Blut Christi als Wurzel, denn durch dasselbe ist ihre böse Vergangenheit bereinigt und ist sie der Welt genommen – und als Bestand der Leib Christi; er ist der Anfang des ewigen Seins, die in diese gegenwärtige Welt hineinragende künftige.

Es ist offenbar von großer Bedeutung, daß gerade diese beiden Gedanken sich im Abendmahl gleichsam verkörpern. Diese große Weise, sich nicht bloß durch gemeinsame Ansichten oder Bekenntnisse, sondern durch einen starken, wirksamen, gemeinsamen Lebenszusammenhang unter sich und mit dem Haupte verbunden zu wissen, sie blickt uns heute aus der Vergangenheit wie ein himmlisches Luftgebilde an; aber rührend ist es, zu bemerken, wie lange diese große Tatsache nachgewirkt hat und wie sie namentlich auch dem Geist unseres deutschen Volkes von alters her das irdische Leben durch Eingliederung in die Herrschaftssphäre Christi verklärte. Davon zeugen noch manche Ausdrücke unserer Sprache, die wie alte Denksteine in derselben stehengeblieben sind. Der Bäcker z. B. ist Bäcker von Beruf; er tut es nicht nur willkürlich, Gott hat ihn dazu berufen; das Wort ist der himmlischen Berufung entnommen. Seine himmlische Berufung spiegelt sich ihm fürs Erdenleben in seinem irdischen Beruf ab.* Der Lehrer höheren

---

* Nach einer ganz anderen Seite hin und auf völlig andere Weise drängt sich uns die Beziehung einer Erscheinung unserer Zeit zu den Lebensgestaltungen dieses Urtypus der Heidenkirche, also unseres europäischen Christentums, auf. Die Erscheinung, die wir meinen, ist das Wirtshaus in seiner edleren Gestalt. Die gemeine Kneipe, welche Gelegenheit zu einem Sinnengenuß bot, den das eigene Haus nicht bieten konnte, existierte auch im Altertum, aber die moderne Stätte freier allgemeiner Geselligkeit kannte das Altertum nicht. Sie ist, möchte man sagen, von jenen geselligen Abenden eine ähnliche Abschattung ins Fleisch wie die Hierarchie von jener Organisation – ja vielleicht mehr der zurückgebliebene Niederschlag, nachdem der Geist entwichen. Wie jene ihr Abendessen

Ranges ist ein „Professor", ein „Bekenner"; er hat Gedanken von allgemeiner Bedeutung, die er zu bekennen hat; aber auch jener Bäcker redet von seiner „Profession", sie ist sein „Bekenntnis". Zu allen diesen Tätigkeiten hat der Mensch „Gaben" empfangen: der eine ist mehr, der andere minder „begabt". Dieses Wort ist den Gaben des Heiligen Geistes entlehnt; oder er hat „Talente" – es sind die Pfunde, die der Heiland seinen Knechten gibt.

Es ist bemerkenswert, wie eigentlich die Gedanken des Paulus oder noch mehr die gemeinen Gedanken der christlichen Gemeinde auf die zwei Mittelpunkte zurückzuführen sind, die uns im Abendmahl entgegentreten, den Leib Christi und das Blut Christi: Das Blut Christi als die Scheidung von dieser Welt und unserer Verwurzelung in ihr; der Leib Christi als die Organisation des neuen Lebens.

Mit diesem Reichtum des geistigen Lebens hängt nun auch die Schattenseite des schönen Bildes zusammen. Schon den Worten, in welchen der Apostel die Korinther wegen der Größe dessen beglückwünscht, was Gott ihnen gegeben, läßt sich ein Kummer des Apostels abfühlen. Zwar eine bloße *captatio benevolentiae*, ein vorausgesandtes Kompliment, gleichsam ein Zucker, um Boden zu gewinnen für einen späteren Tadel – das ist sein Glückwunsch nicht. Es ist ihm ernst damit, oder wie er sagt: Er dankt in der Tat Gott für das ihnen Gewordene, aber

---

in den Versammlungsort trugen, so auch wir, wenn auch nur im Prinzip, im Geld. Freilich ist schon darum, auch weltlich genommen, der Niederschlag ein dürftiger, weil wir unsere Frauen und Kinder nicht mitnehmen. Verhehlen wir es uns nicht: nur durch ein geistiges Gesamtvermögen gemeinsamer Anschauungen und Ideen konnte dieses moderne Bedürfnis gemeinsamer Geselligkeit hervorgerufen werden, und diese Anschauungen sind weit mehr christlichen Ursprungs und haben weit mehr christlichen Grund gehabt, als die Inhaber derselben manchmal sich gestehen. Auch sie sind ein Niederschlag; jede größere freie Gemeinschaft der Menschen aber, die sich nicht bewußt unter ihrem Haupt Christus zusammenschließt, entbehrt der lebengebenden, wie auch der wahrhaft gemeinschaftsbildenden Kraft. Darum nährt sich jene Geselligkeit von den der Familie gehörenden Kräften und wirkt zehrend, nicht nährend, an unserem allgemeinen Leben. Es hängt aber mit dem Zerfall des organischen Zusammenlebens der Gemeinde mit ihrem Haupt zusammen, daß das Wirtshaus in solchem edleren Sinn auch ein weltliches Surrogat der Kirche und eine Geistesmacht neben ihr hat werden können.

allerdings schon diesem Dank sehen wir im Hintergrund seine Betrübnis an, denn er hält die Schilderung dessen, wofür er dankt, in sehr gemessenen Schranken. Er dankt, nicht wie etwa bei den Thessalonichern oder Kolossern, für etwas, was im Herzen oder Gemüt geworden ist, sondern nur für Gaben, die dem *Erkenntnisgebiet* angehören, als wollte er sagen: Von seiten *Gottes* her ist es in Korinth gut bestellt, besser als von seiten der *Korinther* her; als wollte er ihnen von vornherein sagen: „Wie seid ihr um der großen Gaben willen verantwortlich, euch entsprechend zu verhalten und zu gestalten!“ Gott hat das Seine getan, aber sie nicht.

In der Tat, überblicken wir das ganze Bild einmal im Hinblick auf jenes doppelte Walten des Heiligen Geistes, das wir bei der ersten Ausgießung desselben besprochen (S. 39), so sehen wir, daß dasselbe hier mehr nach jener Seite des Naturlebens hin, wo unser Geist nicht mitwirkt, zum Wirken kam als nach der sittlichen Seite hin, wo es sich unseres innersten Wesens bemächtigt und sich in uns gleichsam als Charakter ausprägt. Ich rechne hier natürlich auch die Intelligenz zur Naturseite. Die Korinther waren vielleicht mehr geistreich als heilig geworden. Schon was der Apostel über Unzukömmliches an ihren Abendmahlen zu klagen hat, weist darauf hin, und auch in ihren Gottesdiensten trat beides zutage; von dem, was Jakobus uns anrät: „Ein jeder sei schnell zu hören, langsam zu reden“ – zeigt sich hier das Gegenteil; auch war man stark zu Kritik aufgelegt, worunter ja der Apostel selbst am meisten zu leiden hatte, weil die Erinnerung an sein ärmliches Auftreten infolge des Redeglanzes des Apollos sogar einen Schatten auf die wirkliche Bedeutung des Apostels zu werfen drohte. Der Apostel muß (1. Kor. 12, 3) ihren kritischen Geist beschwichtigen, erstens gegenüber solchen Rednern, die ihnen unverständlich waren und denen sie nicht trauten, ob nicht hinter diesem Unverständlichen Lästerliches sich verhülle, weil es sich ihrer Kritik entzog; da sagt der Apostel: „Niemand, der im Geiste Gottes spricht, sagt: Jesus ist ein Fluch“; zweitens konnten sie einen einfachen, in ihren Augen langweiligen Redner zu Unrecht verachten; da sagt er: „Und niemand ist imstande zu sagen: Jesus ist ein Herr, als durch den Heiligen Geist.“ Die Redenden waren in Gefahr, durch möglichsten Glanz der Rede Effekt zu machen und die Aufmerksamkeit der Gemeinde bleibend auf sich lenken zu wollen, und wiederum waren die Hörer in Gefahr, das Gehörte ähnlich aufzunehmen und zu beurteilen, wie es in Konzerten den Leistungen der Virtuosen widerfährt, und hieraus entwickelt sich auch wohl jener – es scheint fast: halb spielerische – Kampf der Ansichten und jene Parteiungen nach großen Namen.

Von einer ernsthaften Zwietracht in bezug auf wichtige Lehrgedanken, namentlich in bezug auf das Verhältnis von judenchristlich und heidenchristlich, finden wir merkwürdigerweise keine Spuren; denn die Irrtümer, vor denen Paulus die Korinther im besonderen warnen muß, wuchsen offenbar wie von selbst aus ihrer Mitte empor, ohne Anhaltspunkt an irgendeinem der Namen, die sie auf ihre Fahne schrieben, weder des Apollos noch des Kephas-Petrus. So stand es zur Zeit des ersten Korintherbriefes.

Wie milde, fast harmlos damals noch die Gegensätze waren, so daß auch das „Richten" fast mehr kunstrichterlichen Charakters war, erhellt aus 1. Kor. 4, 1-5, wo der Apostel V. 5 die Erwartung ausspricht, wenn der Herr komme, welcher auch das im Dunkel Verborgene mit seinem Licht bestrahlen und die Ratschläge der Herzen offenbaren werde, dann werde jedem von Gott her Lob widerfahren. Er versichert damit aufs gewissenhafteste die Korinther, daß es in seinem Herzen richtig stehe; aber er erwartet auch, daß von Gott her auch seinen Gegnern das Urteil zukommen werde, sie hätten es gut gemeint.

Ganz anders steht die Sache in der Zeit des zweiten Korintherbriefes, wo er falsche Apostel zu Gegnern hat, Lügenapostel, deren Frömmigkeit gleichwertig ist mit dem Licht, in das sich Satan kleidet, Falschwerber, welche die Seelen – statt für Christum – für sich zu gewinnen suchen. Daß denselben von Gott einmal Lob widerfahren werde, davon konnte im Geiste des Paulus nicht die Rede sein.

Die Irrtümer, die in Korinth auftauchten, neigten nach einer gar eigenen Seite hin, nach der ihrer heidnischen Volksgenossen, und knüpften an jene schwächliche Feigheit an, die sich eines durch die einmütige und fortdauernde Bewunderung seiner Mitwelt verwöhnten Geistes bemächtigte. Solche Bewunderung wurde ihnen aber seitens ihrer nichtchristlichen Mitbürger reichlich zuteil; von der Schmach Christi bekamen sie nicht viel zu fühlen. Wenn der Apostel (1. Kor. 4, 10) ihnen sagt: „Ihr seid klug in Christo (während wir Apostel töricht sind um seinetwillen), ihr seid stark (wir schwach), ihr seid in Glanz (wir wertlos, unbedeutend)", so ist das in bezug auf die Korinther keineswegs ironisch gemeint; es ist etwas daran. Wenn die Apostel die häßliche Gestalt der Wurzel hatten, so prangten jene im Schmuck der Blüte.

Bei dem feinsinnig angelegten und der Weisheit zugänglichen griechischen Volk machte doch diese klare, bewußte Überlegenheit über seine ganze verworrene Götterwelt einen großen Eindruck, und ebenso die nächste Folge der Erkenntnis Gottes und des Waltens Jesu, diese so höchst einleuchtende, herzliche, natürliche Gestaltung des Familienlebens, dieses freudige Selbstbewußtsein, diese Würdigung des eigenen Wertes der Persönlichkeit, die sich auf Weib und Kind und auf den Sklaven erstreckte, ohne irgendwie der Botmäßigkeit Eintrag zu tun. Solchem Aufklärungsselbstbewußtsein ist auch jenes Wort entsprungen, das sie dem Apostel schrieben und das er in seinem Brief (1. Kor. 8, 1), um es zu beantworten, wiedergibt: „Über die Götzenopfer aber wissen wir, denn wir haben alle das Wissen." Deshalb muß er sie nun anklagen: „Schon seid ihr gesättigt, schon wurdet ihr reich, ohne uns kamt ihr in den Stand königlichen Herrschens, und wäre dem doch so, damit auch wir mit euch in solchem Stande wären." Es ist dieselbe Verirrung, die er auch bei ihrer Feier des Abendmahles rügt und um derentwillen er ihnen sagt: „Sooft ihr dieses Brot esset und diesen Trank trinket, verkündiget ihr ja den Tod des Herrn, bis daß er kommt." Die Gemeine Jesu ist ja, bis er kommt, noch unter dem Zeichen des Gekreuzigten, nicht des königlich Herrschenden. Jenes „schon" ist also ein anmaßliches und unwahres Vorausnehmen eines Standes, in dem wir uns erst befinden können, wenn Er gekommen ist. Wie sehr der Apostel recht hatte, wenn er diesen ihren Reichtum und Königsglanz als hohl und nichtig im Verdacht hat, das zeigte sich nun eben in jener schwächlichen Empfindlichkeit, die sich da zeigte, wo es galt, wirklich um Christi willen allerlei, auch Schmach zu leiden.

Den Hauptanlaß hierzu boten die das ganze Volks- und Familienleben durchflechtenden Götzenopferfeste. Daß die korinthischen Christen Götzenopferfleisch aßen, wie die Ärmeren unter den Opfernden es verkauften, das war in Ordnung. Nur schärfte ihnen der Apostel ein, die Rücksicht der Liebe gegenüber Ängstlicheren nicht zu vergessen.* Aber andere gingen – oft wohl nur vermeintlich aus großer Aufgeklärtheit – auch wieder zu den Festen, mit der Ausrede, es sei ja doch nichts mit den Götzen, fast ähnlich wie die früher erwähnten griechischen Philosophen allen Aberglauben unter allerlei wissenschaftlicher Ausrede mitmachten. Festen sittlichen Schutz gegen den Aberglauben bietet eben der Unglaube nie, nur der Glaube, und jener Weg, unter der Firma des Unglaubens auch allerlei Gaben, die der Aberglaube anbietet, anzunehmen, wird auch heute noch begangen. Das Schlimmste aber an dieser vermeintlichen aufgeklärten Gleichgültigkeit oder Freiheit war, daß manche auch gegenüber den unsäglich liederlichen Begriffen des Heidentums bezüglich der geschlechtlichen Verhältnisse nicht mehr festblieben, sondern in alte Laster zurücksanken (2. Kor. 12, 21). Gebrach es ihnen hier an Treue der Ablehnung der Glaubenslehre des Heidentums, so gebrach es ihnen andererseits auch an Treue der Festhaltung der christlichen Glaubenslehre gegenüber dem Angriff des Heidentums. Es machte eben doch nicht alles, was zu der Gedankenfülle des Christentums gehörte, denselben glänzenden Eindruck von wahrhafter Aufklärung und heller Weisheit auf die Griechen, und namentlich gegenüber der Auferstehung der Toten hatten sie kein anderes Gefühl als die Athener: sie war ihnen, so schien es, einfach lächerlich, und dieser Sachlage gegenüber waren die verwöhnten Korinther in Versuchung, diese Partie des Christenglaubens zu streichen.

Sie betraten damit eine abschüssige Bahn, welche leider fortan reichlich begangen wurde, wie wir später sehen werden. Sie begnügten sich mit d e r Auferstehung, die sie schon an sich

* Es ist bezeichnend für den Apostel, daß er sich dieser Ausartung gegenüber nicht auf die Beschlüsse des Apostelkonzils berief. Er lehnt mit eiserner Konsequenz die Anschauung oder die Zumutung ab, daß das Tun des Christen irgendwie durch Vorschrift bestimmt sei. Es ist alles Frucht des Geistes; auch jene Vorschrift war es, und so bedarf es derselben nicht, wo der Geist tätig ist.

erlebt, und näherten sich für ihr Los im Jenseits der Anschauung der Griechen, die sich anscheinend sehr glücklich mit der erlebten geistigen Auferstehung kombinieren ließ. Die Seelen der so Auferstandenen gelangen nach ihrem Tode ins Elysium oder in den Himmel. Das Bedürfnis einer Auferstehung fällt damit dahin.

In dem Ehepaar Aquilas und Priscilla sehen wir ein originelles Einzelbild aus der Apostelzeit. Erst waren sie in Rom, dann wurden sie durch das Edikt des Kaisers, das alle Juden aus Rom vertrieb, genötigt, nach Korinth zu übersiedeln; von da siedelten sie, wohl ausschließlich dem Evangelium und dessen Diener Paulus zuliebe, nach Ephesus über, und später, nachdem dies Edikt wieder aufgehoben war, finden wir sie (Röm. 16, 3) wieder in Rom. So sehen wir in ihnen den schon damals allzeit wanderfertigen Juden vertreten. Ihr Gewerbe, Teppichweberei, erleichterte ihnen offenbar diesen mannigfaltigen Wechsel ihres Wohnsitzes.

In Korinth hatte ihr Haus dem klammen Paulus zur willkommenen Zufluchtsstätte gedient; durch ihn selbstverständlich christlich geworden, war ihr Haus fortan offenbar einer jener hellen Lichtherde, von denen aus das Evangelium sich wie von selbst verbreitete.

Ihrem Einfluß in Ephesus verdanken wir den Gewinn eines eigentümlichen Lehrers der Apostelkirche, des Apollos. Dieser junge Mann war in Alexandrien gebildet, dort, wo die jüdische Bildung sich der griechischen bemächtigte und durch dieselbe sich teils bereicherte, teils auch verflachte. Er war offenbar theologisch gebildet und durch Natur und Kunst zu bedeutender Beredsamkeit gelangt, schon ehe er Jesum kennenlernte. Er hatte aber noch über die rabbinische Theologie hinaus etwas anderes, Größeres in sein Gemüt bekommen, was uns ebenfalls wieder auf eine eigentümliche Einzelerscheinung geistlicher Natur in jenen Zeiten führt. In den Evangelien sehen wir, wie sonderbarerweise die Johannisjünger auch nach dem Tode ihres Meisters sich nicht entschließen konnten, ihre Sonderstellung aufzugeben. Sie bildeten gewissermaßen eine besondere Schule, die sich weder dem alten Israel, viel weniger noch dem Christentum einreihen ließ, eine Schule mit einem fast seltsamen Programm; hatten sie doch nichts anderes mehr als den Befehl: „Bereitet den Weg des Herrn“, als das Warten auf einen, der kommen solle.

Wohl mochte mit der Zeit dieser zweite, für sie so lästige Punkt in den Hintergrund getreten sein und mehr einer selbständigen Moral mit der vermeintlichen Unterschrift Johannes' des Täufers Platz gemacht haben, so daß die Taufe der Buße dadurch sich von ihrer Beziehung auf ein kommendes Neues loslöste und als etwas behandelt wurde, das an und für sich die Leute auf den Weg des Herrn bringe.

Diesen „Weg des Herrn" scheint Apollos mit seiner Gewandtheit in Ephesus verkündet zu haben und, wie es scheint, nicht ohne Erfolg. Zwölf Johannisjünger trifft Paulus später dort, die soviel Liebes und Gutes zu haben scheinen, daß nur die Abwesenheit des Heiligen Geistes es ihm fraglich macht, ob sie eigentlich auch Christen seien. Diesen jungen Gelehrten hörten denn auch Aquilas und Priscilla. Sie sahen einander offenbar fragend an: Weiß er etwas von Jesus, oder nicht? und nahmen ihn nachher beiseite und „legten ihm den Weg Gottes fleißiger aus." Es ist vielleicht das größte Verdienst, das dem Apollos zugeschrieben werden kann, daß er sich nicht von Gelehrtenhochmut abhalten ließ, sich von diesen Handwerkersleuten belehren zu lassen.

Er wurde Christ, wurde mit einem Zeugnisschein seines Christentums (der ersten Spur von Zeugnissen dieser Art) nach Korinth gewiesen und schwang sich da bald zu einer fast bedenklich hohen Stellung empor. Es hat dem Apostel offenbar bald bittere Mühe und Not verursacht, daß die Rede des Apollos, wohl gerade weil sie weniger vom Heiligen Geiste eingegeben als von Sorgfalt der Kunst bei glücklichen Naturanlagen produziert war, den Korinthern weit mehr einleuchtete und von ihnen mit weit mehr Behagen und scheinbarem Verständnis aufgenommen wurde als die seine. Das war schwer; es war der Schadenn der Korinther sowohl als auch der des Apollos; wollte aber der Apostel dieser Not steuern, so sah es aus wie verletzte Eitelkeit. Wir bewundern, wenn Bewunderung dem Heiligen Geist gegenüber erlaubt ist, die zarte Weise, mit welcher er in den ersten Kapiteln des 1. Korintherbriefes dieses Verhältnis behandelt, sowohl die Korinther warnt als auch den Apollos (vergleiche 1. Kor. 3) ebenso ernst wie rücksichtsvoll auf das Verantwortliche seines Weges aufmerksam macht.

6. Ephesus

Der Apostel hatte auf seiner zweiten Reise Ephesus nur im Heimkehren über Jerusalem* nach Antiochia vorübergehend gesehen. Erst als er sich von dort wieder aufmachte, um seine kleinasiatischen Gemeinden wenigstens teilweise wieder zu besuchen, gelangte er nach Ephesus (19, 1). Das erste, was ihm da geschenkt wurde, war die Bekehrung jener zwölf Johannisjünger zu Jesu. Dann wirkte er ein Vierteljahr in der Synagoge, mit aller Freudigkeit redend und überzeugend, wie es sich mit dem Königreich Gottes verhalte (19, 8) (τὰ περὶ τῆς βασ.).

Seine besondere Freudigkeit wie auch die verhältnismäßig lange Zeit, in welcher er ohne wesentlichen Widerspruch in der Synagoge reden durfte, hängt vielleicht mit diesem Zentrum zusammen, das er hier zum ersten Mal seinen Gedanken gab. Er redete nicht mehr bloß vorbereitend vom Messias, daß er werde leiden müssen – um für ein richtiges Verständnis des Todes Jesu den Boden zuzubereiten, sondern er stellte die großen Siegespläne Gottes in ihr volles Licht, vielleicht im Zusammenhang mit dem, was er im pisidischen Antiochien und Petrus am Pfingstfest so nachdrücklich betont, daß in Jesu Auferstehung ein Sieg über den Tod erfolgt sei, den schon David erhofft habe; ja, wir möchten sagen, vielleicht schon in jener großen Auffassung der Königsherrschaft Gottes, die er uns in Röm. 5, 12-21 malt und deren Schluß ist: „Wie die Sünde zum Tode königlich geherrscht hat, so wird auch die Gnade königlich herrschen durch Gerechtigkeit zum ewigen Leben durch Jesum Christum, unsern Herrn“, welche Herrschaftszeit der Gnade durch V. 17 ein helles Licht erhält: „Wir werden (der Gedanke ist nicht: nach unserem Tode, sondern: wenn Jesus vollends gesiegt hat) nicht mehr durch den Tod beherrscht

---

* Heimkehr nach Jerusalem (Kap. 18, 22) ist so zu verstehen: „Und er kam nach Cäsarea hinab und ging hinauf (nach Jerusalem) und grüßte die (Mutter-) Gemeine und ging hinab (von Jerusalem) nach Antiochien.“ Dem Israeliten war hinaufgehen und herabkommen gleichbedeutend mit: nach Jerusalem gehen, von Jerusalem herkommen. Ebenso heißt die Jerusalemsgemeinde in der Apostelzeit schlechthin „die Gemeine.“

werden, sondern vielmehr herrschen im Leben durch Jesum Christ." Das war auch eine Vorbereitung, die Bedeutung des Todes Christi ins Licht zu stellen.

Sie unterschied sich aber von der bisherigen dadurch, daß sie von den zwei großen Bestandteilen der Verheißung, demjenigen, welcher die großen Pläne und Ziele Gottes ins Auge faßt, und demjenigen, welcher sich auf die Person bezieht, durch welche jene Pläne in Erfüllung gehen sollen, nicht mehr den zweiten, sondern den ersten zum Ausgangspunkt nimmt. Dadurch erzielte er für sich und seine Hörer den großen Vorteil, daß sie sich miteinander an einem ihm und ihnen gemeinsamen herrlichen Stoff erquicken konnten, an den Endzielen der Wege Gottes, deren Erfüllung in der Zukunft liegt, dem Kern der Hoffnung Abrahams und der Propheten, den Heilsgedanken Gottes für die ganze Welt; das war vorderhand ein erhellenderes und erleuchtenderes Thema für den echten Israeliten, als wenn Paulus sofort und unvermittelt Weissagungen besprach, die sich nach seiner Überzeugung auf schon Geschehenes bezogen und die deshalb sofort zu der mißlichen Verhandlung der das ganze Judenvolk beherrschenden Streitfrage führten, in welchem Licht die Hinrichtung Jesu zu betrachten sei. Von jenen großen – man möchte sagen transzendenten – Zielen aus aber, die einen Sieg über den Tod ins Auge faßten, ergab sich ein Blick rückwärts auf den Tod Jesu im Zusammenhang mit seiner Auferstehung, gewaltig einleuchtend und ergreifend.

Als aber dann doch „etliche sich verstockten und sich ungläubig verhielten und böse redeten von dem Wege vor der ganzen Menge", da schlug der Apostel einen völlig neuen Weg ein. „Er fiel oder stand von ihnen ab und sonderte die Jünger aus und redete täglich in der Schule eines Tyrannos."

Offenbar haben seine großen Erfahrungen in Korinth über das, was der Heiland aus dem Heidenchristentum machen will, ihn zu diesem Schritt ermächtigt und ermutigt. Er redet nicht mehr in einer Synagoge, auch nicht so, daß er, wie in Korinth, noch neben der bestehenden Synagoge eine weitere gründete, sondern, wie er sich bisher an die jüdischen Formen der Erbauung angelehnt, so wagt er es nun mit den heidnischen, natürlich nicht mit irgend etwas, was mit dem Götzendienst in Zusammenhang stünde, sondern mit einer eigentümlichen Erscheinung des Heidentums, die ebenso wie die jüdische Synagoge einer neueren Zeit angehörte.

Die Philosophie war eine Macht geworden. Unter dem Titel eines Philosophen oder philosophischen Lehrers verstand man einen, der den Kommenden alle nur irgend wünschenswerte Bildung beizubringen bereit und imstande sei, sei es wirkliche Philosophie, sei es Musik oder Rechtskunde oder Beredsamkeit – eine gar eigentümliche und in ihrer Art schöne Institution. Der Apostel benutzt ein solches Institut und tritt, offenbar ähnlich wie in seiner Rede in Athen, jedoch nunmehr gewitzt durch seine dortige Erfahrung, als philosophischer Lehrer auf.

Die völlige Unabhängigkeit des Evangeliums vom Judentum war ein wunderbar kühner Gedanke. Wie er bei den Heiden eine Kenntnis der heiligen Vergangenheit nicht voraussetzen konnte, so bot er ihnen nun auch die ganze Frucht dieser Vergangenheit in Jesu, gewissermaßen losgelöst von derselben, in der vollen Frische des Gegenwärtigen dar. Dementsprechend wandelte sich nun auch die Verkündigung des Evangeliums; es löste sich für den ersten Anfang von allen fesselnden Beziehungen zur Vergangenheit und hat nur Jesum so, wie er heute ist, zum Inhalt; nicht als den Messias, denn das hätte gelehrter Erörterungen bedurft in bezug auf Israels Vergangenheit, welche – so sagte sich Paulus – die Heiden vorderhand nichts anging. Jesus ist auch ohne dies verständlich; er kann schließlich nur durch sich selbst würdig erklärt werden. Nicht, daß er der *Messias* sei, verkündigt er, sondern daß er der *Herr* sei. Jesus, ein Mensch, ist Herr geworden.

Damit war eigentlich der innerste Kern des Messiasgedankens ausgesprochen, daß Gott uns Menschen eine aus uns emporwachsende Spitze schenken wolle, einen Herrn, nicht nur über uns Menschen, sondern an unserer Spitze über unsere Feinde, durch den *für* uns und nun auch *von* uns der Schlange der Kopf zertreten wird. Der Apostel hatte nicht nötig, die Heiden mit dem Begriff der Schlange oder überhaupt mit jenem Bibelwort bekanntzumachen; er hatte Anknüpfung genug an der religiösen Situation des Heiden. Jener Welt von zufälligen und willkürlichen Geistesmächten, sogenannten Göttern und

Dämonen, denen sich der Heide unterstellt fühlte, tritt unter dem Namen „Jesus, der Herr“ zweierlei entgegen, wie in Athen: einmal Gott über allen, und dann der Mensch, nicht mehr unter ihnen, sondern göttlichen Geschlechtes. Herr über alles konnte ein Mensch nicht werden, der es nicht schon vorher dem Wesen nach war; der Mensch Jesus, der Herr geworden ist, war und ist der Sohn des Schöpfers Himmels und der Erden; und daß er Mensch wurde, bestätigt, daß wir schon an und für sich göttlichen Geschlechtes sind. Sein „Herrsein“ ist aber doch nicht einfach Ausfluß seines Wesens, ich möchte sagen, Sache der Metaphysik, oder wie es bei den Herrschertiteln der Götter war, der Mythologie – sondern die Frucht seiner Arbeit, einer geschichtlichen Tat, die dadurch das Zentrum aller Menschengeschichte wird. Er ist durch Kampf, durch furchtbaren – für ihn nach seiner Naturseite zuerst verderblichen Kampf, infolge einer mächtigen Hilfe seines Vaters, des Schöpfers, einer tatsächlichen Anerkennung durch Ihn zugunsten aller Menschen, zum Sieg gelangt.

In solcher Betonung des Herrschertitels Jesu treten uns hier zwei Begriffe in Sicht, denen wir im Kolosserbrief wiederbegegnen werden: einerseits das Königreich des Sohnes Gottes und andererseits der Machtbereich der Finsternis. „Gott hat uns“, sagt Paulus daselbst, „aus dem letzteren befreit und in das erstere versetzt.“ Der Kampf Jesu war darum so unerläßlich und so furchtbar, weil wir alle mit jenem Plural von Gott abgewendeter Wollungen, die den Machtbereich der Finsternis bilden, mittaten und es daher schwerfiel, in uns den zu Erlösenden von dem zu Besiegenden zu unterscheiden. Darum wurde Jesus der Herr durch Gericht, als ein Gerichteter, und ist er nun als Herr und als Erlöser Richter. Sein richtend erlösendes Herrschertum ist es, wodurch uns Gott aus jenem Machtbereich befreit und in Sein Königreich versetzt. So wurde Jesu Geburt, Kreuzestod, Auferstehung, himmlisches Herrschen und sein Wiederkommen dem Heiden als die große Kampfes- und Siegesgeschichte klar, in der es sich um die ganze Menschheit handelt.

Dürfen wir nicht in diesen Gedanken, die sich aus dem Begriff „Jesus, der Herr“ eigentlich notwendig ergeben, einen Fortschritt in der Entwicklung der Gedanken des Apostels, wenigstens betreffs Verkündigung an die Heidenwelt, erblicken? Jetzt, möchten wir fast sagen, wehrt ihm der Heilige Geist nicht mehr, nach Ephesus zu gehen. Er hat in Athen und Korinth das wahre Wechselverhältnis zwischen Gott und der Weisheit dieser Welt kennengelernt, und seit er sich nicht mehr nur für sein persönliches Bedürfnis, sondern angesichts seiner ganzen Aufgabe für die Welt immer tiefer in das Kreuz Christi mit der ganzen Torheit und Schwachheit Gottes, die darin liegt, versenkt hat, hat er in königlich freier Herrscherstellung den festen Punkt gefunden, von welchem aus er sich der ganzen Not der heidnischen Bildung erfolgreich annehmen kann. Das tat er denn zwei Jahre hindurch (19, 10), so daß „alle Einwohner der Provinz Asien das Wort vom Herrn hörten, Juden sowohl wie Griechen."

Davon, daß der Apostel Predigtreisen in die Umgebung gemacht, ist uns nichts berichtet; im Gegenteil, aus dem Gesamteindruck, den uns die Schilderung seines Wirkens macht, geht hervor, daß es ihm dazu schon an Zeit gebrochen hatte. Die Kunde von der neuen Predigt drang, vereint mit der Kunde der wunderbaren Bestätigung derselben, vom Zentrum des Landes aus in die Städte und Dörfer der Provinz, und die Art der Bestätigung war eben eine so äußerst praktische. Wieviel Jammer und Elend ist doch unter den Dächern der Menschen verborgen! Die Geschäfte führen den Bauern in die Hauptstadt, und das war wohl der erste Anlaß, die Stätte dieses merkwürdigen, volkstümlichen Weberphilosophen aufzusuchen, welcher von dem sonst seiner Zunft anhaftenden Eigendünkel sowie auch von der Gewinnsucht derselben gänzlich frei war und welcher von Gott so ganz anders redete, so gar nicht kalt theoretisch, sondern als ein vertrautes Kind desselben zu solchen, die es ebenfalls werden können, als einer, der Auftrag und Macht hat – und wenn man kam, fühlte man sich von einer Tatsachenluft umgeben, man sah und erlebte Gottes Tun, man vernahm in sich eine Stimme des Geistes Gottes, man war mit einem Mal im Geistesgebiet auf einem ungeahnten Boden der Wirklichkeit angelangt. Da lauschten sie seinem Wort und klagten ihm bald auch die Not des Lebens, des Hauses, des Gewissens – und die erfahrene Hilfe, das empfangene Licht, das ein jeder heimtrug, bewirkte einen immer reicheren Verkehr der Einwohner des Landes mit dem Apostel, so daß man, wie einst die Sunamitin zu Elisa, aus weiter Ferne, und immer zahlreicher, zu ihm pilgerte.

„Und Gott wirkte durch die Hände des Paulus Wunder – nicht die gewöhnlichen" (19, 11). So erzählt uns nun Lukas, der, namentlich in bezug auf göttliches Tun, so sorgfältig jedes Wort abwägt. Er erzählt uns hier etwas völlig Neues. Bisher sahen wir oft bei neuen Wendungen im Gang der Dinge die Hand des Herrn oder den Herrn Jesum selbst helfend oder ermutigend eingreifen; jetzt ist es Gott selbst, der diesen außerordentlichen Schritt des Paulus bestätigt. Von einer Offenbarung Gottes sehen wir in der Apostelzeit nie etwas; Er wird nur offenbar durchs Tun; aber er tat Außerordentliches zur Bestätigung dieser Predigt. Jesus sollte sich nicht als Herrn bestätigen, sondern er sollte von Gott als Herr bestätigt werden.

Der Religionsunterricht, den Israel durch Jahrtausende hindurch von Gott zur Vorbereitung auf Christum empfangen, der wurde nun auf abgekürzteste Weise den Heiden erteilt. „Man brachte auf die Kranken des Paulus Koller und Schweißtücher (der Koller war wohl der Arbeitsschurz, und der Schweißtücher bedurfte der Weber, damit der Webstoff nicht durch den Schweiß beschädigt werde), und die Krankheiten wichen von ihnen, und die bösen Geister fuhren aus."

Befremdet standen schon manche vor diesen Worten still; ja es fehlt nicht immer an solchen, welche in denselben abergläubisches Tun finden, teils um des Apostels Weise zu verurteilen, teils, was noch schlimmer ist, um damit wirklich abergläubisches Tun zu rechtfertigen.

Versetzen wir uns in die Lage des Apostels, wie er am Webstuhl sitzt, um im Schweiße des Angesichts sich sein Brot zu erwerben. Kann er sich nicht sagen: „Weben kann jedermann, dazu bin ich nun zu gut; ich bin unentbehrlich; Timotheus, verdiene du uns das Brot," oder: „ihr Christen da und dort, unterstützt mich, damit ich ganz allein dem Werke Gottes leben kann"? Zu letzterem konnte er sich von vornherein nicht entschließen; das galt ihm als Ehrengeschenk von Gott her, daß er das Evangelium rein umsonst verkündigen durfte, und gerade in solchen Handelsstädten war es angezeigt, auch den leisesten Verdacht zu vermeiden, als bringe er es vermittelst seiner Predigt des Evangeliums auf bequeme Weise zu einem guten Auskommen.

Aber auch das andere wollte er nicht. Welch hohen Wert hat doch vor Gott die hausbackene, unangenehme, trockene Arbeit! Er frug sich: Ist denn eigentlich meine Anwesenheit bei den Kranken wirklich nötig? Und die Antwort fiel verneinend aus; und zwar wieder auf völlig andere Weise, als manche heute meinen könnten. Vielleicht hätten ihm manche heute gesagt: Verweise du die Kranken auf ihr Gebet; der Herr hört alle gleich, und es ist gerade wohltätig, wenn die Hilfe sich nicht an einen Menschennamen knüpft, sondern sie unmittelbar nur auf ihre Bitte oder auch auf ihre gemeinsame Bitte die Freundlichkeit des Herrn erfahren. Diese Antwort kam ihm nicht in den Sinn. Nicht einmal damit half er sich, daß er an seiner Statt den Timotheus oder einen anderen Gehilfen den Kranken sandte; er war der Apostel, der Gesandte Jesu Christi an die Heidenwelt; seinen Heroldsruf als einen nicht von den Menschen erdachten, sondern von Gott beglaubigten zu erweisen, dazu geschahen die Wunder – keineswegs etwa, um den Heiland als einen Gesundmacher darzustellen, durch welchen sich nun in der Welt angenehmer leben lasse; sie dienten einem höheren Zweck. War doch gerade dieses neue Verfahren des Apostels und in demselben die neue Auffassung des Evangeliums in hohem Grade einer göttlichen Bestätigung bedürftig; denn es kann ein jeder – aus Dilettantismus oder Unbotmäßigkeit oder Sucht, zu glänzen – Neues bringen. Das Neue in göttlichen Dingen ist von vornherein verwerflich, wenn ihm die göttliche Bestätigung fehlt. Es war also bei weitem nicht Sache der Eitelkeit des Apostels, sondern es war ihm eine Lebensfrage für sein Evangelium, daß ihm, dem Verkündiger desselben, in dieser Form und Weise eine göttliche Bestätigung werde. Es blieb also dabei, daß die Hilfe Gottes mit seinem Namen als des Apostels Jesu in Verbindung sei, das heißt, daß Gott dann für solches außerordentliche Tun zugänglich sei. Aber das sagt er sich: es genügt Gott, ja, es ist ihm angenehm, wenn ich nur die Zeugen meiner Arbeit hinsende. So sehen wir den Apostel äußerlich wunderbar klein, und in dieser Kleinheit wunderbar groß. Wie so gar nicht abergläubisch diese Hilfe zu verstehen war, wie fern sie war von allem mechanischen Formelwesen, das trat denn auch sofort an einem anderen Ereignis zutage.

Sieben Söhne eines Hohenpriesters, Skevas, waren in Ephesus. Wir haben keine Vorstellung mehr von dem Hochgefühl, das den Sohn eines Hohenpriesters beseelen mochte, in welch hoch über alle Menschen emporragender Stellung zu Gott ihr Haus steht; und darum können wir uns wohl auch die neidische Geringschätzung solcher Männer gegen einen Paulus und den Verdruß darüber, daß er im Namen desselben Gottes so große Dinge ausrichte, kaum groß genug vorstellen. Diese Männer scheinen im Geiste ähnlichen, wenn auch nicht gleichen Schlages gewesen zu sein wie Bar-Jesus oder auch wie Simon in Samaria. Die ahnungsvolle Ehrfurcht vor dem Gott Abrahams, die sich über das römische Gebiet verbreitete, die unbestimmte Kunde von allerlei großen Wundern, deren Israel in seiner Geschichte sich rühmte, hob den einigermaßen anständigen Juden in den Augen der Heiden als den Vertreter dieses großen Gottes und brachte manchen unlauteren und ehrgeizigen Juden in die Versuchung, ein wenig den Propheten zu spielen, und legte ihm die heiße Sehnsucht nahe, Gott möge ihm dazu verhelfen, ein wenig Wunder zu tun; und es kam, wie es oft heute auch geht: Wenn Gott nicht hörte, so half man mit allerlei abergläubischen Mitteln nach, um ein Surrogat zu erzielen, das einem Wunder Gottes gleichsähe, das heißt, man ging insgeheim beim Heidentum in die Schule. Schon bei Simon und den Samaritern sahen wir es, wie verwirrend und zerrüttend eine solche Richtung des Geistes auf das Denken wirkt.

So verfielen denn auch die Skevas-Söhne auf eine sonderbare, krankhafte Art, das Christentum aufzufassen und zu verwenden. Sie erinnert uns fast an eine ähnliche Weise eines Späteren, nämlich Konstantins des Großen, der sich ebenfalls zu Jesu bekannte, keineswegs bloß aus schlauer Berechnung, aber freilich ebensowenig aus wirklichem geistigem Glauben, sondern gewissermaßen aus Aberglauben, aus der Überzeugung, daß hinter dem Namen Jesu eine Göttermacht verborgen sei, die nun einmal sichtlich den anderen Göttern überlegen sei. Ähnlich sah es offenbar im Kopfe dieser Männer aus. Sie sahen die großen Machtwirkungen Jesu, sie sahen auch, wie genau dieselben an den Namen des Apostels Paulus gebunden waren, und sie glaubten nun, eine kräftige Formel zusammensetzen zu können von unfehlbarer Wirkung. So sagten sie denn zu einem unsauberen Geist: „Wir gebieten dir im Namen Jesu, den Paulus predigt, auszufahren." War dies nicht korrekt? Der Satz war so rechtgläubig und so sorgfältig präzisiert. Hat nicht die göttliche Wahrheit, abgesehen von der Würdigkeit dessen, der ihre Kraft in Anspruch nimmt oder sie verkündigt, ihre Gültigkeit und Kraft?

Die Antwort, die ihnen widerfuhr, war schauerlich lehrreich, so lehrreich, wie wir es sonst aus der Hölle selten zu vernehmen gewohnt sind: „Jesum kenne ich wohl, und Paulus kenne ich auch, wer aber bist du?", als wollte die Stimme sagen: Du bist ja unseresgleichen. Wie furchtbar sind wir hier plötzlich ganz im allgemeinen daran erinnert, daß die Religion, wo sie praktisch wird, in ein Gebiet reicht, wo Allwissenheit herrscht, wo man uns ganz kennt und wo die heiligen Rechte Gottes unerbittlich walten. Vorderhand tritt das nach göttlicher Ordnung in unserem Menschenverkehr noch nicht so zutage; da kann einer noch getrost mitschwatzen; aber wo er es mit jenem Nachtgebiet aufnehmen möchte, da wäre ihm zu gönnen, daß sein Gewissen vorher völlig durch Christi Blut gereinigt würde. Der rasende Mann stürzte sich offenbar mit wahrer Wonne, nun einmal an einem Verkündiger Jesu seine Wut auslassen zu d ü r f e n, auf die sieben. Nackt und verwundet entflohen sie. Wie manches Ähnliche aus späteren Tagen, namentlich aus unseren, ließe sich zur Warnung erzählen, wie es solchen ergehe, welche sofort, was etwa ein Knecht Gottes wirklich in Christi Kraft und Auftrag tut, nachmachen zu dürfen meinen und nachzumachen versuchen.

Die Kunde von diesem Ereignis verbreitete neue Furcht über die Einwohner von Ephesus, und der Name Jesu, „des Herrn", wurde groß. Wir sehen in dieser Geschichte ungefähr, wie konkret die Bezeichnung „Herr" für Jesum in der Verkündigung des Paulus hervortrat und in welcher Weise sie von Gott tatsächlich beglaubigt wurde. Der Herr, der im Unsichtbaren waltet und mit der Allwissenheit verbunden ist, der Richter oder Fürst der Lebendigen und der Toten, sandte die Strahlen seines Gerichtes in alle Gewissen hinein und erleuchtete sie namentlich auch über ihre verborgenen Zaubereisünden, die merkwürdigerweise denen, die in denselben befangen sind, lange als völlig harmlos oder fast als gar nicht vorhanden im Gewissen schlummern. Es kam durch die Furcht Gottes an den Tag, wieviele Zaubersprüche, ja Bücher, in denen sie gesammelt waren, im verborgenen vorhanden waren. Man brachte sie zusammen auf einen Haufen und zündete sie an, und fast im Triumph über die getane Tat berechnete man noch den Kaufwert des Verbrannten: 50.000 Silber*, wie ja zu allen Zeiten für diese Bücher und Schriften ungeheuerliche Preise bezahlt wurden. So (V. 20) „wuchs und trat in Kraft das Wort des Herrn (oder die Lehre vom Herrn)."

Zwei Jahre und den kaum bestimmbaren Bruchteil eines dritten durfte Paulus in Ephesus wirken. Es ist dies der zweite große Ausnahmefall in der Weise, wie Paulus sonst von Gott geführt wurde. Das Gleichnis vom Sauerteig, den ein Weib nahm und knetete ihn unter drei Scheffel Mehl, bis daß das Ganze durchsäuert war – dieses Gleichnis erfüllte sich an Paulus in ganz besonderer Weise. Die drei Scheffel Mehl waren nichts Geringeres als jene Halbinseln der alten Kulturwelt; er war der Sauerteig – den Dienst des Weibes versahen die Juden. Hier aber in Ephesus hatte er vor ihnen fortan Ruhe, war er doch in ihrer Sprache zu einer rein heidnischen Erscheinung geworden. Das Heidentum dagegen ließ sich allerdings den großen Abbruch, der ihm durch ihn geschah, nicht so leicht gefallen. Wahrscheinlich schon vor dem Aufruhr am Schluß seines Aufenthaltes in Ephesus hatte er Schweres von seiten der Obrigkeit zu dulden, denn wenn er (1. Kor. 15, 32) erwähnt, er habe zu Ephesus „tiergefochten" [d.h. mit wilden Tieren gekämpft], so ist das wohl wörtlich zu verstehen und bezieht sich auf eines der Erlebnisse, welche Lukas kurzweg übergeht. Merkwürdig ist aber doch, daß gerade jener Aufruhr am Ende seiner Wirksamkeit nicht eigentlich religiösen Ursprungs war; er entstand eigentlich nicht aus Zorn über die Verkündigung des Namens Jesu an und für sich selbst, sondern nur die ökonomischen Folgen derselben hatten dem Paulus den Haß der Geschädigten zugezogen.

* Das als Einheit genommene Silberstück ist wahrscheinlich die Drachme, an Silbergewicht ungefähr unserem Schweizer Franken gleich. Der Wert des Edelmetalls an sich war aber damals ungleich höher als heute.

Das Christentum fing an, der Welt in Ephesus absichtslos äußerlich Schaden zuzufügen, und zwar in einer Weise, die uns weit erfreulicher ist, als man auf den ersten Blick vielleicht denkt. Ephesus war, wie gesagt, ein altberühmter, vielbesuchter Wallfahrtsort. Von allen Gegenden des Mittelmeeres brachten die Schiffe Verehrer der Göttin Diana, und damit mag auch die reiche Zauberliteratur zusammengehangen haben. Diese Schar der Verehrer, die zu Wasser und zu Lande herbeiströmten, pflegten sich zum Andenken silberne oder goldene Miniaturbilder des Tempels der Diana mit heimzunehmen, was offenbar eine blühende Industrie hervorgerufen hatte.

Diese Industrie begann zu siechen, es fehlte an Absatz. Warum? Die Großzahl der Besucher brachte etwas ganz anderes in die Heimat zurück: das Evangelium von Jesu. Das Überraschende, Erfreuliche an diesem Niedergang der Industrie ist also, daß sie uns von einer neuen Wirkung des Apostels Kunde gibt, einer Wirkung in die weite Ferne ringsum, denn d i e s e, und nicht der Anklang, den er in Ephesus fand, hatte ja jenen Absatz ins Stocken gebracht. Das war ja freilich andererseits etwas Peinliches, wie da und dort ganze Familien ihren Verdienst verloren und in Armut fielen. Es scheint übrigens, diese wußten sich zu trösten und wohl auch zu helfen.

Nicht von ihnen ging der erste Antrieb der Feindschaft gegen Paulus aus, sondern von einem der großen Chefs, von denen, die sich nicht ihr B r o t, sondern R e i c h t ü m e r erworben haben mögen, und diesen gelang es denn auch gleich, die von ihnen abhängigen Arbeiter für ihre neue Idee zu begeistern. Diese Idee bestand offenbar darin, in schlecht verhehltem Geldinteresse die erkaltete Verehrung der Göttin Diana zu neuer Begeisterung anzufachen, um kraft derselben eine Beseitigung ihres Feindes Paulus zu erzielen; und so entstand jener Aufstand, der uns von Lukas so malerisch geschildert wird und dessen Opfer Paulus, menschlich geredet, hätte werden können, wenn nicht die Höchstgestellten sich seiner freundlich angenommen hätten.

Der staatskluge römische Kanzler war ihm offenbar wohlgesinnt; aber auch – und das ist bemerkenswert – die Glieder der Priesteraristokratie, die Asiarchen, nahmen sich seiner an. Diese

Männer hätten durch ihre Bekehrung ihren ganzen irdischen Glücks- und Ehrenstand eingebüßt, und daß sie dieses Opfer zu bringen nicht über sich gewannen, das war wohl das einzige Hindernis bei ihnen gewesen, Christen zu werden. So waren sie nun Generäle ohne Armee, ohne jedoch, wie es scheint, darüber sehr betrübt zu sein. Die malerische Schilderung des Aufstandes (19, 23-40) enthebt uns einer weiteren Beleuchtung; der Kanzler tat das Beste, was er tun konnte. Er ließ der Begeisterung des Volkes seinen Lauf, bis sie derselben satt waren – erinnerte sie dann daran, daß das einzige, was sie mit ihrem Ruf: „Groß ist die Diana der Epheser!" reichlich bewiesen hätten, auch sonst sattsam bekannt sei, nämlich daß sie eben große Verehrer der Diana seien – machte sie auf die Gefahr bedenklicher Folgen ihres Tuns aufmerksam und tat ihnen noch die Ehre an, die Sitzung der Versammlung, als wäre es eine solche gewesen, zu schließen, wodurch er wohl dem Volk selbst aus der Verlegenheit half, das ohne solche Hilfe keinen abschließenden Punkt seines Tuns gefunden hätte.

Von der Gemeinde zu Ephesus besitzen wir kein so ins einzelne gezeichnetes Bild wie von derjenigen zu Korinth, da der Brief an die Epheser – wahrscheinlich nicht an diese allein geschrieben, sondern ein Kreisschreiben, dessen letzte Adresse Ephesus war – in keinerlei Weise auf Einzelheiten des Gemeindelebens eingeht. Dagegen bietet uns Paulus in jener Abschiedsrede, die er später an die Ältesten oder Aufseher dieser Gemeinde gerichtet hat (Apg. 20, 18-35), von seiner seelsorgerlichen Tätigkeit ein rührendes und uns, seine Nachfolger, tief beschämendes Bild. Von seiner Verkündigung hebt er namentlich hervor (V. 20 und V. 27), daß er „ihnen nichts vorenthalten, was nützlich ist, sondern allen Rat Gottes ihnen verkündigt habe." Vielleicht sagt er dies in bewußtem Gegensatz zu jener anderen Behandlung des Wortes Gottes, über welche er in dem gerade damals geschriebenen zweiten Korintherbrief klagt (2. Kor. 2, 17), die darin bestand, daß man dasselbe gleichsam in Stücke zerteilte, die zugkräftigen, beliebten derselben auslas und wohlgefällig gruppierte, die mißliebigen aber liegenließ.

Aber wie betrieb er diese Verkündigung? Öffentlich predigte er, und „sonderlich in den einzelnen Häusern ermahnte er

(V. 31) Tag und Nacht einen jeglichen mit Tränen." Wir sind an jene Worte erinnert 2. Kor. 11, 28 und namentlich 29: „Wer ist schwach, und ich bin nicht schwach? Wer wird geärgert, und ich brenne nicht?"

Während er so jedes einzelne seiner Gemeindeglieder auf dem Herzen trug, blieb sein Geist nicht minder in Gemeinschaft mit all den Gemeinden weit umher, die er gegründet, und aus dieser seiner Sorge ist ihm denn auch gerade hier in Ephesus der Beruf geworden, durch seine Briefe auch ein Lehrer der künftigen Geschlechter zu werden. Zwar schon die beiden Briefe, die er von Griechenland her, durch die Not des Augenblicks gedrängt, den Thessalonichern geschrieben, sind uns äußerst wichtig für unsere Erbauung, auch als älteste geschichtliche Urkunde über die Heidenkirche. Sie malen uns das älteste Bild einer Heidengemeinde aus des Paulus eigener Hand, sie geben uns aber zugleich in äußerst lehrreicher Weise Einblick in frühere Zeiten jenes Gedankenlebens des Paulus, das wir nun noch Stufe für Stufe, bis zu der Entwicklung, die es in Ephesus erlangt hat, verfolgt haben.

Aber die großen Briefe, welche gerade für unsere evangelische Kirche von so grundlegender Bedeutung geworden sind, Galater, Korinther, Römer usf., entstanden erst von der Zeit an, da Paulus in Ephesus wirkte. In Ephesus schrieb er den ersten Brief an die Korinther und den Brief an die Galater.

So sind wir denn Stadt für Stadt dem merkwürdigen Welteroberer auf seinen Siegeszügen gefolgt. Es war ihm von Gott geschenkt gewesen, was er Röm. 15, 18, 19 erzählt: „die Heiden zum Gehorsam zu bringen durch Wort und Werk, durch Kraft der Zeichen und Wunder und durch Kraft des Geistes Gottes" und in den Gegenden, die wir mit ihm durchwandert, „alles mit dem Evangelium Christi zu erfüllen", und staunend betet auch Petrus die Vorsehung Gottes, des Vaters, an (1. Pet. 1, 1, 2) wegen „dieser Fremdlinge in Kleinasien, die durch die Heiligung des Geistes zum Gehorsam und zur Besprengung des Blutes Christi gelangt sind." „Gott hat ihn" (2. Kor. 2, 14), wie Paulus selbst dankend rühmt, „stets im Triumph umhergeführt und durch ihn den Duft Seiner Erkenntnis an jedem Ort geoffenbart."

Wie wird es weitergehen? Wüßten wir dies nicht schon längst, so hätten wir keine Ahnung davon, daß nun dieser so gesegneten Art seines Wirkens ein rasches, gewaltsames Ende bevorsteht. Die erste Ursache dieser Wendung liegt eigentlich tief im Herzen des Paulus, in einem unnennbaren Schmerz um sein Volk Israel (Röm. 9, 1, 2). Diesem hätte ja der alte Pharisäer am liebsten das Evangelium verkündigt, und ähnlich wie einst der Heiland den Vater bat: „Verkläre die Meinen, damit auch die Welt erkenne, daß du mich gesandt hast", so tröstet und ermuntert ihn bei seinem Wirken an den Heiden die Hoffnung, er könne damit vielleicht „sein Fleisch" (die Juden) zum Eifer reizen und etliche von ihnen retten. So groß war dieser sein Schmerz um Israel und sein Sehnen nach einer Rettung desselben, daß er (Röm. 9, 3) im Herzen das Anerbieten an Gott bewegte, ob nicht um den Preis, daß er ein Fluch würde von Christo hinweg, Israel gerettet werden könnte. Nie sonst ist einem Menschen ein so herzergreifender Wunsch entsprungen.

Als Gott einst gegen Moses die Drohung aussprach: „Ich will das Volk Israel vertilgen und dich zum großen Volke machen" (2. Mos. 32, 10), mit dir von vorn anfangen, da bat Mose für dasselbe (V. 32): „Vertilge es nicht; wo nicht, so tilge mich auch aus Deinem Buche, das Du geschrieben hast; ich will nicht ohne mein Volk in Gnaden sein." Der Apostel aber geht noch weiter: Tilge mich statt des Volkes aus Deinem Buche. Daß der Wunsch ein unmöglicher sei, wußte er wohl; er war ihm aber deshalb nicht minder ernst, und er war wohl doch nicht ohne Erfolg. Der Apostel darf in demselben Brief den Römern das Geheimnis mitteilen, daß noch ganz Israel gerettet werden wird (Röm. 11, 25, 26). Nicht die Sache selbst war der Erfolg seines Wunsches – sie stand fest, aber doch wohl das, daß ihm dieses Geheimnis offenbar wurde. Sein Wunsch wurde, wie gesagt, nicht erfüllt, sein Anerbieten nicht angenommen, aber wie große Opfer er seiner Liebe zu Israel hat bezahlen müssen, werden wir nun im weiteren sehen.

Vierter Abschnitt

Abschließende Schilderung der Apostelzeit

1. Weiterer Lebenslauf des Apostels Paulus

Der Siegeslauf des Apostels war eigentlich schon längere Zeit ein langsamerer, fast möchte man sagen, ein minder hastiger geworden, da er ja in Korinth, wie in Ephesus, förmlich ansässig wurde; aber es stellte sich demselben, abgesehen von dem jähen Ende, das ihm bevorstand, noch ein weiteres Hemmnis in Aussicht, die stetig wachsende Aufgabe nämlich, die bisher gegründeten Gemeinden zu besuchen.

Eine solche Besuchsreise unternimmt er nun, und gerade in den Briefen, welche auf derselben geschrieben wurden, muß er sich – wie früher an die Thessalonicher, so nun an die Römer und Korinther – dafür rechtfertigen, daß er sie noch nie oder noch nicht wieder besucht habe. Aber Hand in Hand mit dieser Rundreise beschäftigte ihn eine große Aufgabe, die er sich gesetzt und die mit seinem Kummer, den wir am Schluß des vorigen Abschnitts besprochen, in innigem Zusammenhang stand. Er organisierte eine große allgemeine Liebesgabe als Tatengruß der Heidenkirche an die Muttergemeine in Jerusalem. Es ist ihm das ein innerstes Herzensbedürfnis (vergleiche 2. Kor. 9, 12-15). Diese Gabe soll nicht nur den Mangel der armen Jerusalemschristen erfüllen, sondern dieselben sollen darin gleichsam kriegsgefangene Banner, die ihr Herr Jesus ihnen sendet, erblicken. Sie sollen aus der Sprache, die diese Gabe redet, vernehmen, daß in der Tat die Heiden unter den Gehorsam des gemeinsamen Bekenntnisses zu der Freudenbotschaft des Heilandes gekommen sind; sie sollen dadurch in der Existenz der Heidenkirche das Werk der überschwenglichen Gnade Gottes erblicken.

Diesem Herzensbedürfnis stand aber auch eine förmliche moralische Verpflichtung gegenüber den Aposteln in Jerusalem zur Seite. Der letzte Gedanke, welcher aus den Beratungen der Säulenapostel mit Paulus und Barnabas hervorging, war der Wunsch gewesen, diese Sendboten an die Heiden möchten der „Armen“, d. h. der Muttergemeinde, gedenken, eine Fassung des Wunsches, welche – nebenbei bemerkt – von äußerster Bescheidenheit der Apostel, ja fast von einer besonderen Absicht, sich gerade in diesem Fall über die Muttergemeinde bescheiden auszudrücken, Zeugnis gibt. Der Apostel akzeptiert deswegen diesen Ausdruck „die Armen“ nie, sondern nennt umgekehrt die Christen Jerusalems mit dem höchstmöglichen Ehrentitel: „die Heiligen“, das heißt solche, die in einem Sinn wie sonst niemand anders diesen Namen verdienen (vergleiche 1. Kor. 16, 1, u. 2. Kor. 9, 1 u. 12). Paulus fügt seinem Bericht über jenen Wunsch (Gal. 2, 10) noch hinzu: „Und dies (der Armen zu gedenken) bin ich auch fleißig gewesen zu tun.“

Wie sehr das der Fall war, davon legt die Apostelgeschichte – legen aber noch mehr die zwei Korintherbriefe – lautes Zeugnis ab. Schon im ersten Korintherbrief (16, 1-4) ordnet er für diese Gabe eine freiwillige wöchentliche Steuer an, wie er es auch in den Gemeinen in Galatien getan habe, und spricht die Hoffnung aus, wenn der Betrag danach ausfalle, wolle er sich den Überbringern der Gabe nach Jerusalem anschließen. Im zweiten Brief widmet er aber dieser Sache zwei Kapitel (8 u. 9), aus welchen nebenbei die geschäftliche Sorgfalt des Apostels in solchen Dingen erhellt. Drei Arbeiter werden von ihm damit betraut, die Angelegenheiten dieser Steuer in Korinth und wohl auch in Achaja überhaupt zu betreiben. An der Spitze steht Titus, ein, wie es scheint, immer freiwillig zu jedem Dienst bereiter Mann, den wir aber immer noch nicht im besonderen Dienst des Evangeliums tätig sehen. Ihm zur Seite steht ein erster Unbekannter, ein Diener des Evangeliums, der von den Gemeinden, wahrscheinlich Mazedoniens, zum Überbringer der Gabe nach Jerusalem gewählt war. Zu diesen gesellt sich noch (2. Kor. 8, 22) ein von Paulus gesandter zweiter Unbekannter als Gehilfe des Titus. Es ist dem Apostel darum zu tun (8, 20), „zu verhüten, daß uns nicht jemand übel nachreden möge solcher reichen Steuer halber“; er wacht also offenbar, weil es eine Geldsache von solchem Betrag und so zarter Bestimmung betrifft, sehr sorgfältig darüber, daß völlig ausreichende Rechnungsführung zu Kontrolle und Überwachung vorhanden sei.

Die Gemeinen in Mazedonien, Philippi, Thessalonich hatten zu dieser Gabe reichlich, ja überreichlich beigetragen, obwohl ihre Armut „der Tiefe zuging“ (2. Kor. 8, 2). In Apg. 20, 4 sehen wir dann eine förmliche Gesandtschaft mit Paulus auf der Reise nach Jerusalem, um diesen Gabengruß der Heidengemeinde Mazedoniens und Griechenlands an die Muttergemeinde zu überbringen. Es war offenbar dem Apostel eine Freude, die Erfüllung eines Herzenswunsches, daß dieser ganze Gruß, sowohl im Betrag der Gabe als im Bestand der Überbringer, so stattlich ausgefallen war, daß er gar wohl an der Spitze dieser Schar nach Jerusalem durfte. Überall unterwegs, wo er Gemeinden traf, stellten sich ihm Warnungen seitens des Heiligen Geistes entgegen, gleichsam des Sinnes, er solle sich nicht zuviel günstigen Erfolg versprechen, denn „Bande und Trübsal warten seiner daselbst.“ Aber er hatte keine Freiheit, diese Warnungen als einen Wink: „Gehe nicht!“ – zu deuten; er war (20, 22) „im Geist gebunden“. Wir dürfen vielleicht hierbei an jenen Schmerz und jene Sehnsucht denken, die wir am Schluß des vorigen Abschnittes besprochen.

Die Lage der Dinge, wie er sie in Jerusalem antraf, entsprach denn auch jenen Warnungen und ließ nichts Gutes ahnen, ja es scheint vielleicht auch, der Zustand der Muttergemeinde sei teilweise ein bemühender gewesen, und fast will mir scheinen, auch unser Erzähler fühle sich in Auswahl und Schilderung der Vorgänge jener Tage schmerzlich beengt. Die Apostel waren, so scheint es wohl, fort; wir finden an der Spitze der Gemeine nur Jakobus und die Ältesten. Paulus findet mit seiner Schar zuerst Unterkunft bei einem alten „zyprischen“ Christen, und des anderen Tages wird zwar zuerst mit Lob gegenüber dem Herrn vernommen, was Gott unter den Heiden getan habe durch den Dienst des Paulus; dann aber wird ängstliche Beratung bei Jakobus gepflogen, wie man sich der schwierigen Tatsache gegenüber, daß Paulus gekommen sei, zu benehmen habe. „Du weißt“, sagt Jakobus, „wieviele Myriaden, das heißt, wievielmal

10.000 von Juden sind gläubig geworden und sind alle Eiferer über dem Gesetz."

In bezug auf den äußeren Zuwachs hatte sich also die Sache Jesu in Jerusalem seither nicht zu beklagen gehabt, er war ein überaus großer, und wir dürfen dies nicht unterschätzen. Die Großzahl dieser christlichen Juden mischte sich vielleicht später nach der völligen Zersprengung des Judenvolks unter die Heiden mit der übrigen Christenheit und war dann vielleicht kraft ihrer angestammten schlichten israelitischen Gottesfurcht ein lange fortwirkendes Salz. Aber die innere Entwicklung hatte offenbar eine Richtung eingeschlagen, die wenigstens dazu hätte führen müssen, die Gemeine zu Jerusalem, wofern ihr nicht durch die Zerstörung der Stadt ein jähes Ende bereitet worden wäre, mehr und mehr von der großen Familie Christi aus den Heiden abzusondern. Diese Jerusalemschristen waren alle Eiferer über dem Gesetz; sie hatten keine Veranlassung, keine Pflicht und kein Recht, innerhalb Israels auf ihr Recht zu verzichten, eine gut israelitische Erscheinung zu sein; sie wollten nicht eine neue Religion sein, und wenn sie Eiferer über dem Gesetz waren, so war damit auch eine fortdauernde Gemeinschaft am Tempelkultus gegeben.

Wir haben heute Mühe, einer solchen Erscheinung des Christentums in der Weise, wie sie es verdient, gerecht zu werden. In einem Sendschreiben der Offenbarung redet der Heiland von solchen, „die sagen, sie seien Juden, und sind's nicht, sondern eine Synagoge Satans." Diese Rede setzt voraus: den Namen Jude in seiner religiösen Bedeutung verdient fortan nur noch der c h r i s t l i c h e Jude. Auch der Eiferer über dem Gesetz konnte etwas Wunderschönes, Hochedles, Heiliges, tief aus dem Geiste Christi Herausgehendes und mit ihm Harmonierendes sein. Aber wir begegnen hier wieder den Grenzen des Menschlichen, fast möchte man sagen, auch der Beschränkung, welche oft aus geographischen Gründen einem Menschen anhaftet; an solches sind wir wenigstens durch den folgenden Vers erinnert (21, 21): „Sie sind aber berichtet worden wider dich, Paulus, daß du lehrest die Juden, die unter den Heiden sind, vom Gesetz abfallen, daß sie die Kinder nicht beschneiden, auch nicht nach desselben Weise wandeln", und Vers 24: „daß nichts an dem sei, was ihnen über dich berichtet ist, sondern daß du ebenfalls als ein solcher wandelst, der das Gesetz beachtet."

Denken wir uns, um dies zu würdigen, in die Lage hinein, in welche ein Jerusalemschrist durch die unerhörten Erfolge des Apostels Paulus versetzt wurde. An allen Festen strömten fast von allen Küsten des Mittelmeeres, namentlich aber von denen Kleinasiens und Griechenlands, Juden nach Jerusalem, „zu schauen die schönen Gottesdienste" und sie mit den Jerusalemschristen als Brüder zu feiern. Was mochte es da für Gespräche geben! „Ihr Christen in Jerusalem seid uns ganz recht; aber was ist denn das für ein Mann, der unseren Synagogen überall die edelsten Glieder raubt und sie mit Scharen von Heiden zu einer Versammlung verbindet, die vom Gesetz völlig absieht?" Schon der Name des Mannes selbst brachte den Jerusalemschristen in Verlegenheit und verursachte oft unangenehme Erinnerungen: „Das ist derselbe, der meinen Vater getötet hat; fast sieht es aus, als sei er immer ein Wildfang. Er habe Jesum gesehen, sagt er: aber daß er nun gar ein Apostel sei, ist doch schwer zu fassen."

Noch schwieriger aber war es, seine Sache gegen nichtchristliche Juden zu verteidigen. Solchen mochten sie wohl antworten: Wir mußten den Christen unter den Heiden die Beschneidung erlassen, das geschah mit unserer Zustimmung. Aber dann konnten vielleicht in der Tat Fälle genannt werden, wo damals schon, wie es ja später bald der Fall war, auch Judenmitglieder der Gemeinde es unterließen, ihre Kinder zu beschneiden. Schwerlich hatte Paulus ihnen etwas darüber gesagt; sie hatten es gar nicht nötig, und es lag seiner Art völlig fern, irgendeine moralisch indifferente Handlung, und bestände sie auch in einem Unterlassen, aus religiösen Gründen zu empfehlen. Der Heide, das stand ihm fest, durfte sich nicht der Beschneidung unterwerfen, denn dieser hätte es nur aus religiösen Gründen getan, aus einem Grunde, der eine Verfälschung des Evangeliums in sich barg; aber in bezug auf den Juden stellte er sich (vergleiche 1. Kor. 7, 18 u. 19 und Gal. 5, 6 u. 6, 15) auf den Boden absoluter Gleichgültigkeit. Für den Jerusalemschristen erschwerte sich aber die Situation dadurch, daß auch an Paulus gewiß reichlich vollzogen wurde, was der Heiland seinen Jüngern vorausgesagt: „Man wird über euch lügen." So konnte sich der Jerusalemschristen eine Verstimmung gegen Paulus bemächtigen, um so eher, als ein Fallenlassen des Paulus ihrerseits die gefährdete und doch von ihnen immer noch ersehnte Gemeinschaft mit dem nichtchristlichen Israel der Zerstreuung außerordentlich erleichterte.

Was sollte nun Paulus tun? Wir können uns denken, mit welch innigem Vorsatz, den Juden ein Jude, den Schwachen ein Schwacher zu sein, er nach Jerusalem kam. Aber was hilft solche Kunst des individuellen Umgangs auch in weitherzigster Anwendung, wenn man es mit der Verstimmung von Massen zu tun hat, die nach Zehntausenden zählen? Was hilft da auch eine Widerlegung einzelner Lügen gegenüber einzelnen Berichterstattern? Das Auskunftsmittel, auf welches Paulus und Jakobus gerieten, war äußerst sinnig und praktisch, eine in die Augen fallende Tatensprache. Der Apostel wird sich im Tempel etliche Tage hindurch in gewissermaßen in die Augen fallender Weise an Opferhandlungen nach dem Gesetz beteiligen (21, 24-26).

Aber gerade dies brachte die Erbitterung – wir denken uns, weitaus zuerst des nichtchristlichen Israels und vornehmlich des Israels der Zerstreuung, das in Massen eingetroffen war – zur Explosion, zum Ausbruch. Wir verweisen den Leser auf die Schilderung (21, 27). Das Furchtbarste in den Augen Israels wurde von den Tempelbehörden vollzogen: Die Tür des Tempels wurde zugeschlossen, das heißt: der Tempel für entweiht erklärt; der Gottesdienst Israels, der als ein Tag und Nacht ununterbrochener galt, gleichsam der Wechselverkehr zwischen Israel und Gott, war aufgehoben. Wir sehen hier den ganzen Paulus, wie er uns in seinen Reisen entgegentrat, ein personifiziertes Senfkorn, klein, äußerlich verächtlich, aber voll Kraft und Können, wo man ihn anrührt – nie umzubringen (2. Kor, 4, 9: „Wir werden unterdrückt, aber wir kommen nicht um"); immer ist er wieder oben. Er wird vom Hauptmann als gefährlicher Bandit verhaftet, aber siehe, er kann Griechisch; dies erwirbt ihm die Erlaubnis, zum Volk zu reden, das Volk staunt über diese Verwegenheit – es ward eine große Stille. Aber siehe – dieser selbe Mann redet nun Hebräisch, da wurden sie (22, 1) noch stiller.

Es ist eine merkwürdige Parallele: Paulus auf den Stufen zum römischen Lager zu Jerusalem – und Paulus auf den Stufen des Areopags in Athen. Beide Male ist er am Ziel seiner Sehnsucht angelangt und beide Male plötzlich, gewissermaßen wider Willen. Hier ist es noch die brennendere Sehnsucht, die ihm gestillt ist, die ersehntere, willkommenere Zuhörerschaft. Er erzählt ihnen von seinem pharisäischen Fanatismus; wie mögen sie aufgehorcht haben bei dieser Lebensgeschichte. Dann erzählt er ihnen, wie ihm der Heiland erschienen sei, und seine Bekehrung – in berechtigter Hoffnung, diese ihm gewordene Erscheinung werde nun auf alle wirken. Immer noch horchen sie. Er erzählt ihnen weiter, gleichsam um ihnen klarzumachen, daß er gar nie aus eigenem Herzensantrieb unter den Heiden wirkte, wie angelegentlich er mit dem Heiland selbst darüber verhandelt habe, daß er es ihm schenke, in Jerusalem zu zeugen – alles wird noch stille angehört, bis er das Wort, das Jesus ihm als Antwort gab, sprach: „Gehe hin, denn ich will dich ferner unter die Völker, unter die Heiden senden." Da brach der Sturm der Entrüstung los: „Hinweg mit solchem von der Erde, denn es ist nicht recht, daß er leben soll!"

Eine förmliche Wut der Raserei spricht sich in V. 23 aus. Dies ist eigentlich der Abschluß der Geschichte Israels, soweit die Bibel sie uns erzählt. Eine Fortsetzung war ja auch nicht mehr denkbar. Der Atem war stillgestanden, der Tod eingetreten. Es zeigte sich, daß im Geist und in der Wahrheit der Tempel schon längst geschlossen, der Wechselverkehr zwischen Gott und Israel zerschnitten war. Wie war Israel so geistig lebendig, sooft und solange es von Gottes Herrlichkeit bestrahlt war; aber es war es immer nur dann, und nachdem diese Herrlichkeit sich zurückgezogen, sehen wir nur den Bodensatz häßlicher Beschränktheit – des Verstandes sowohl als des Herzens. Im Namen des Gottes Abrahams, der Abraham berufen hatte, um ihn zum Segen der Völker, der Heiden zu machen, geraten sie in Wut darüber, daß der auferstandene Heiland ein Herz für die Heiden hat. Da halten denn doch jene Heiden, die um den Areopag versammelt standen, den Vergleich mit diesem vermeintlichen Gottesvolke aus.

Es ist wahr, mehr, als wir heute fassen, lag das Ergebnis der Geschichte so, daß nach dem Wörterbuch Israels das Christentum in seiner größten Ausdehnung eine heidnische

Erscheinung und ihr Messias ein Heiland der Heiden geworden ist; aber war das denn so schlimm? War es nicht für den echten Israeliten ein Anlaß zum Jubel, und war es nicht andererseits die als so gerecht einleuchtende Strafe, die der Heiland den Juden so deutlich vorausgesagt? Wir fühlen: geistig beginnt hier eine merkwürdige Wendung einzutreten in der göttlichen Bedeutung der Nationen; „die nicht Volk waren, sind nun Gottes Volk", und die das Volk waren, das Volk Gottes, die zeigen nun eigentlich eine ausgesprochen heidnische Art der Gesinnung in ihrer ganzen Niedrigkeit in der Auffassung der göttlichen Dinge.

Wir übergehen die Verhandlungen im Hohen Rat,* in welchen uns die unfruchtbaren Debatten einer geistverlassenen Theologie entgegentreten, sowie die übrigen Schicksale des Apostels in Jerusalem. Einem Neffen hat es Paulus zu verdanken, daß er dem Tod durch Meuchelmord entrinnt, und indirekt, daß er überhaupt wieder aus Jerusalem hinauskommt, an einen sicheren Ort, nach Cäsarea. Mitten in der größten Not und Gefahr, als alle Anzeichen auf ein schnelles, gewaltsames Ende seines Lebens hinwiesen, ward ihm nun ein ähnlich großer Trost vom Herrn wie einst in Korinth. Er bedurfte dieses Trostes schwerlich deswegen, weil ihm der Gedanke an einen Zeugentod in Jerusalem schmerzlich gewesen wäre, vielleicht eher aus einem anderen Grunde. Hätte er, so konnte er sich fragen, nicht doch mehr auf jene Warnungen des Heiligen Geistes achten sollen? Ist er diesen Weg, dessen Nutzlosigkeit ihm jetzt klar ist, nicht eigenwillig gegangen?

Die Apostelgeschichte enthält sich jeden Urteils darüber, am allermeisten eines tadelnden. Ein Knecht Gottes wie Paulus ist denn auch nicht so despotisch regiert; „Gott", so heißt es in Jesaias, „vollführt auch den Rat Seiner Boten" und will auch unsere Wege, wenn wir dieselben redlich und ohne Eigensinn Ihm befehlen, segnen. Auch der Heiland tadelt den Paulus hier nicht; bemerkenswert ist aber, daß er eben wieder bei seinem Plan über Paulus bleibt und recht behält. Hat er ihm durch ein

* Die vom Hauptmann Claudius Lysius einberufene Verhandlung vor dem Hohen Rat (Apg. 22, 25ff.), den vereitelten Anschlag auf Paulus und seine Haft in Cäsarea schildert sehr lebendig z. B. Heinr. Lhotzky: „Religion oder Reich Gottes", Hinrichsche Buchhdlg., Leipzig 1912, S. 357-389. *Der Verlag*

Gesicht in demselben Jerusalem gesagt: „Ich will dich unter die Heiden senden“, so hat nun diesmal das Jerusalemsvolk selbst mit Wucht den Plan des Heilands unterstützt und ihm Nachdruck gegeben. So redet nun der große Heiland zu dem kleinen Paulus: „Sei getrost, Paulus; wie du die Dinge, die sich auf mich beziehen (τὰ περὶ ἐμοῦ), bis zum Äußersten an Jerusalem bezeugt hast, so mußt du auch an Rom zeugen.“

Zwei Jahre blieb Paulus in Cäsarea gefangen, in unerquicklichster Weise ein Opfer einerseits der Intrigen der Hohenpriester und andererseits der Spekulation, der Gewinnsucht der Landpfleger. Wie war es ihm da zumute, ihm, der so treulich Kleinasien, Mazedonien und Griechenland durchwandert hatte und der eine nach Zehntausenden zählende Familie gewonnen hatte, deren jedes einzelne Glied in seinem Herzen eine Stätte fand – ihm, vor dessen Auge die ganze Welt stand, um sie mit dem Evangelium zu erfüllen, und der sich hierfür als Schuldner vor Gott betrachtete (Röm. 1, 14) – wie war es ihm wohl zumute, wenn er Tag für Tag die engen Räume seines Kerkers durchmaß! Wir fühlen den Druck dieser seiner Not in seinen späteren Briefen; aber er sagt: „Gottes Wort ist nicht gebunden“, und er wußte: „Ich diene dennoch im Geist Gott an Seinem Evangelium Tag und Nacht“, das heißt: ich wirke für die ganze Welt.

Es ist uns fast zumute, wie wenn das Ventil eines Dampfkessels geöffnet wird, sooft er in dieser Kerkerzeit wieder Gelegenheit gewinnt, von Jesu zu zeugen. Am hellsten tritt das hervor in jener Rede des Apostels (Kap. 26), die ihm dadurch ermöglicht wurde, daß König Agrippa ihn zu hören wünschte und der Landpfleger Festus demselben gerne die Gefälligkeit erwies, ihm Gelegenheit hierzu zu verschaffen (25, 13-27). Paulus verdankte dies offenbar dem Umstand, daß er doch bei Männern wie Agrippa, welche dem Geistesleben Israels näherstanden, schon zu den Merkwürdigkeiten der Zeit gehörte. Wir sehen eine festliche Versammlung der höchsten Gesellschaft in großem Gepränge, auf den seltenen Genuß gespannt, der ihrer wartet, und um so eigentümlicher berührt uns der verstellte Ernst, mit welchem Festus den Paulus zitiert und vor seinen Ohren dem Agrippa die rechtliche Sachlage vorlegt, als handelte es sich um eine ernsthafte gerichtliche Verhandlung. Hier erzählt der Apostel wieder seine pharisäische Vorgeschichte und von der Wut, mit der er die Christen verfolgte, und mit ganz besonderer Wärme erzählt er dann dem König, wie ihm der Heiland erschien. Er legt hier – in freier Weise alles, was ihm der Heiland später kundgetan, in den Anfangsruf zusammenfassend – dem Heiland die Worte in den Mund (V. 17 u. 18): „Ich sende dich unter die Heiden, aufzutun ihre Augen, daß sie sich bekehren von der Finsternis zum Licht und von der Gewalt Satans zu Gott, zu empfangen Vergebung der Sünden und das Erbe samt denen, die geheiligt werden durch den Glauben an mich."

Die Lage der Dinge auf Erden ist in diesen Worten mit himmlischem Licht beleuchtet: die Völker unter der Gewalt Satans, weil sie in der Finsternis sind, aber sie haben keine Ahnung davon. „Du, Paulus, hast weiter nichts zu tun, als ihnen die Augen aufzutun, dann sehen sie das Licht, und wenn sie das Licht sehen, so kehren sie sich auch von der Finsternis zum Licht und dann auch von der Gewalt Satans zu Gott." So spiegeln sich denn auch in diesen Worten, die an Kolosser 1, 13 erinnern, die Siegeserfahrungen des Apostels wider. „Darum, lieber König, war ich der himmlischen Erscheinung nicht ungläubig, darum erlaubte ich mir, den Juden Buße zu predigen und auch den Heiden, daß sie sich bekehren zu Gott." Der Zusatz: „und täten rechtschaffene Werke der Buße" – sagt dem Agrippa, daß Paulus auch ihn meint. So waren diese Worte Verteidigung und Bußpredigt zugleich; Verteidigung – denn das ist des Paulus Doppelsünde in den Augen der Juden: er steht vor ihnen gleichsam als die Verkörperung der Wahrheit, daß auch die Juden Buße tun müssen, daß auch die Heiden Buße tun dürfen. „Diesen Auftrag Jesu auszuführen verwehren mir die Juden, aber erfolglos, denn Gott hilft mir, und bis auf diesen Tag stehe ich da und zeuge, beides, den Kleinen – und auch den Großen", ruft er in die glänzende Gesellschaft hinein, „und sage nichts, als was in der Bibel steht, daß es geschehen werde, ob [i. S. daß] Jesus gestorben, ob [daß] er der erste aus der Auferstehung der Toten,* ein Licht zu verkündigen bereit dem Volk und den Heiden."

---

* „Der Erstling aus der Auferstehung der Toten." Dieser Gedanke begegnet uns bei Paulus zuerst 1. Kor. 15, 20. Es gibt dies Gelegenheit, auf eine wunderbare schriftstellerische Eigenschaft des Lukas hinzuweisen. Die Worte,

Hier fuhr Festus auf; er hatte vorher in seiner vornehmen, abschätzigen Weise dem Agrippa gesagt: Die ganze Streitfrage, die er absolut nicht verstehe, bewege sich um einen gewissen verstorbenen Jesus, von welchem Paulus sage, er lebe. Es war ihm wohl wirklich unverständlich, wie eine solche Behauptung ein ganzes Volk – ja gerade seine klügsten Staatsmänner – so leidenschaftlich aufregen könne, und er hatte wohl um so gespannter aufgehorcht, als Paulus von diesem Leben des verstorbenen Jesus, von der Erscheinung des lebendigen, von den wunderbaren Aufträgen, die derselbe ihm für die Völker gab, redete. Es war soviel Zusammenhang in der Sache, aber es war alles so über alle Maßen groß, und als er nun vollends hörte, Jesus solle nur der Erstling einer allgemeinen Auferstehung sein, da rief er: „Paulus, du rasest!" – fast flehentlich: „Gib doch zu, daß es Raserei sei; das viele Wissen macht dich rasend."

„Ich rase nicht, edelster Festus", antwortet er, „sondern rede Worte der Wahrheit und der Besonnenheit", und wendet sich wieder, zuerst indirekt, dann in direktester Weise an Agrippa: „Glaubst du, König Agrippa, den Propheten?" und antwortet für ihn: „Ich weiß, du glaubst!" Agrippa aber: „In

welche er uns aus dem Munde der Männer wiedergibt, die er schildert, entsprechen vom ersten Kapitel seines Evangeliums bis zum Ende der Apostelgeschichte in überraschender Weise dem ganzen Geistesporträt dieser Männer. Sei es der Priester Zacharias oder der Alexandriner Stephanus oder Jakobus oder ein Unterhauptmann oder der Advokat Tertullus – jeder spricht aus seiner eigensten Art heraus, ein Grad von Kongruenz, der nie von bloßer Kunst, sondern von der Gewissenhaftigkeit erreicht wird. Besonders auffallend ist dies bei den Reden des Apostels Paulus. Heinrich Julius Holtzmann (1832 - 1910) hat mit seinem bekannten Sammelfleiß Stellen zusammengestellt, welche eine Verwandtschaft der Gedanken und der Ausdrucksweise zwischen der Apostelgeschichte und den Briefen an die Kolosser und die Epheser bezeugen, also jener später zu erwähnenden dritten Schicht der Briefliteratur des Apostels. Diese Stellen der Apostelgeschichte sind aber, mit Ausnahme der erwähnten (26, 18), alle dem 20. Kapitel, das heißt der Abschiedsrede des Paulus an die Ältesten von Ephesus entnommen, keine einer Schilderung aus früherer Zeit. Man sieht also in des Apostels Lebensgeschichte, wie sie uns Lukas schildert, diese neuen besonderen Gedanken erst kurz vor der Zeit in den Vordergrund seines Geistes treten, da er sie brieflich fixieren wird. Und ähnlich hat Lukas obigen Gedanken, daß Jesus der Erstgeborene aus der Auferstehung sei, früher nie aus dem Mund des Paulus erwähnt.

kurzem überredest du mich und machst mich zum Christen." Wie hat sich die Szene verwandelt! Die Hüllen sind gefallen; der einzige Glückliche ist der in Ketten gebundene Paulus, und die glänzende Versammlung war in Finsternis, ist in Gewalt des Satans, aber ihre Augen sind nun aufgetan. Werden sie sich bekehren? Es war eine Minute, in welcher die Engel für sie zitterten. Aber rasch ging der Moment vorbei; der Geist der Vornehmheit warf seine Dämmerhülle über die Seelen. „Dieser Mensch", sagen sie mit vornehmem Wohlwollen, „hat nichts der Bande Würdiges getan; man hätte ihn freilassen können."

Die Reise nach Rom wird uns von dem Erzähler, der sie offenbar mitgemacht hat, fast mit der Ausführlichkeit eines Tagebuches geschildert, und diese Schilderung hat deshalb schon einen allgemeinen literarischen Wert, da uns das Altertum keine andere Schilderung einer Seereise in solcher Ausführlichkeit überliefert hat. Die Ausführlichkeit hat aber sicherlich ihre höheren Gründe; es ist dem Lukas, den die Sage den Maler nennt, erwünscht, die Geschichte des Paulus mit einer Schilderung gleichsam seines Privatlebens zu beschließen, die uns ein besonders lebenswarmes Bild seiner geistigen Persönlichkeit gibt.

Wir finden manchmal bei reich angelegten Männern, welche ihr ganzes Leben mit Begeisterung, Ausdauer und Erfolg auf irgendein hohes Gebiet des Wissens oder Könnens verwendet haben, in ihren letzten Werken oder Leistungen eine überaus wohltuende Meisterschaft; man fühlt kaum mehr noch eine Anstrengung; mit hellem Blick und ruhiger Hand greifen sie in die reichen Schätze ihres Wissens oder Könnens, und alles gestaltet sich wie von selbst aus einem inneren Prinzip des Wachstums. Mich mutet das Bild des Apostels, das uns aus dieser Reise entgegentritt, immer ähnlich an; eine Meisterschaft tritt uns da entgegen in der höchsten Kunst, in der Kunst, ein Mensch, ein Christ, ein Bote Jesu zu sein. Es ist namentlich seine klare Stellung zu Gott und zu den Menschen, die uns entgegenleuchtet. Er hatte vor allem ein festes, keines Entschlusses mehr bedürftiges Vertrauen zu Gott.

Bezeichnend ist hierfür sein Benehmen gegenüber dem Biß der Natter. Wir sehen darin wohl auch sein heiliges Würdegefühl, das in ihm durch seinen beständigen Umgang mit Gott und seinen ununterbrochenen Dienst in der großen Aufgabe, die einem Menschen gegeben ist, gezeigt wurde. In der Siegesmacht Jesu stehend, mag es ihm sonderbar vorgekommen sein, daß versucht ward, ihn durch das Gift einer Natter, gleichsam durch bloßes Versehen des „Zufalls", aus dem Leben zu bringen. Er scheint sich auch nicht eine Sekunde darüber Sorgen gemacht zu haben.

Sein Vertrauen auf Gott ist eben nicht theoretisch, es erwuchs aus einem innigen Wechselverkehr mit Ihm. So ohne Veranlassung seitens des Paulus hat Gott ihm sicherlich nicht „alle Seelen" des Schiffs geschenkt. Es war sein Umgang mit ihnen und jedem einzelnen gewißlich von einem Gebet getragen: Schenke mir den, jenen – schenke sie mir alle! – und als die Gefahr aufs höchste stieg, da drang die Bitte für ihr Heil, wie auch für s e i n e Lebensrettung, damit er nach Rom könne, so angelegentlich hinauf zu Gott, daß Er ihm einen Engel sandte.

Der Engel hatte zu berichten: „Fürchte dich nicht, du m u ß t (ja) nach Rom" – als wollte ihm gesagt werden: „Wie kannst du dich für dich fürchten? Du kannst ja nicht ertrinken, nachdem der Heiland dir gesagt, du müssest in Rom zeugen – und siehe, Gott hat dir geschenkt alle, die mit dir sind"; und dies verstand er sofort bis aufs Äußerste, bis aufs letzte Haar jedes einzelnen (27, 34). Das war seine große Leistung als Missionar. Wir dürfen annehmen, daß sie ihm nicht geschenkt wurden in d e m Sinn: „Ertrinken sollen sie nicht, aber in die Hölle kommen sie später doch!" Die ganze Schiffbruchsgeschichte sowie auch, was dem Apostel in Malta widerfuhr (mit der Natter) und was er an dem Vater des dortigen Gouverneurs Publius tat, auch daß sie genötigt waren, in Malta, in der Atmosphäre des persönlichen Einflusses dieses wunderbaren Paulus zu überwintern, dies alles diente dazu, dies große Geschenk an Paulus zu realisieren.

Aber dieses Gottvertrauen, ferne davon, ihn in dumpfe Gedankenlosigkeit, sogenannte Vertrauensseligkeit einzuwiegen, machte seinen Geist hell und wach, seinen Blick scharf und umsichtig, sein Urteil wohlerwogen und bestimmt. Er rät davon ab, in der bösen Jahreszeit weiterzusegeln; er ist es, der mitten im Sturm den wachen Überblick nie verliert. Auch auf der Menschen Tun, wo sie Schlimmes im Schilde führen, hat er ein scharfes Auge; er wittert den schlimmen Plan der Matrosen und vereitelt dadurch rechtzeitig denselben. Ebenso klar und schlicht steht er zu den Menschen, einfach und bescheiden, so daß mancher geistliche Heißsporn unserer Tage ihn ein unnützes Werkzeug hätte schelten mögen. Davon, daß er seiner Gesellschaft gepredigt habe, merken wir nichts.

In der höchsten Todesgefahr darf er ihnen die Rettung aller, die ihm verheißen war, verkünden; aber er tut es in wunderbarer Beschränkung auf das Einfachste, in völligster Bescheidenheit und Unaufdringlichkeit. „Der Gott“, sagt er, „des ich bin und dem ich diene, hat Seinen Engel zu mir gesandt.“ Er versagt es sich, sie darauf aufmerksam zu machen, daß das der allein wahre Gott sei und daß dies sich jetzt bestätigen werde. Wie schade wäre es gewesen, hätte er zu der Tatensprache Gottes, die ihm sicher vor der Seele stand, solche Zusätze gemacht, welche die Wirkung jener Sprache Gottes nur abschwächen. Er erinnert hier an Elias, der offenbar auch nur Gott selbst in Taten zum Volk reden ließ und auch in seinem ersten Wort, wo er das Ausbleiben des Regens ankündigt, auf jede erklärende Nutzanwendung verzichtet.

So war Paulus gegen die Menschen nach der Seite, was er nicht tat; aber er liebte sie, er glaubte für sie, und so muß etwas von ihm ausgeströmt sein, das auf alle wirkte. Wer weiß, vielleicht kamen deshalb der Kaufherr, dem Schiff und Ladung gehörten, und der Schiffskapitän auf den tollkühnen Gedanken, in die Winterstürme hinauszusegeln, einerseits wohl auch, um doch noch die ausgelassenen Fastnachtszeiten Roms mitmachen zu können, andererseits aber vielleicht, um nicht an so kleinem Ort in der gefährlichen Atmosphäre dieses Mannes den Winter zubringen zu müssen.

Überwältigend tritt uns diese seine glaubende Liebe bei der oben erwähnten Krankheit des Vaters des Publius entgegen. Dieser Mensch wußte wohl fast noch nichts von Jesus; ein wenig mochte er vernommen haben, daß es etwas Wunderbares um diesen Paulus sei und daß er der Sendbote des allmächtigen Gottes sei, denn solche Dinge reden oft viel beredter, wenn sie an dem Vertreter derselben ohne sein Wort bemerkt werden, als wenn er durch seine Versicherung nachhilft. Zu diesem anscheinend doch allzu dürftig vorbereiteten Kranken geht er hinein, legt ihm die Hände auf und macht ihn gesund. „Was an dir noch fehlt, das nehme ich vorderhand vor Gott für dich auf mich", mag er gedacht haben, „und was in deinem Bewußtsein und Gewissen weiteres noch vorgehen soll, mag nachher nachgeholt werden." Wie natürlich, herzlich, lebendig wurde infolge dieser Wundertat der Name Jesu den Leutlein dieser Insel kund, so daß sie alle ihre Kranken brachten. Von einer Predigt wird zwar auch hier wieder bemerkenswerterweise nicht geredet, aber sie verstand sich doch von selbst.

Um so heller strahlt uns die Gestalt des Paulus, je dunkler der Hintergrund ist, von dem sie sich abhebt: das charakteristische Bild der Welt; wie denn auch des Menschen Innerstes nie klarer zutage tritt als angesichts der Todesgefahr. Die Bevölkerung des Schiffs und namentlich die Spitzen derselben, sie sind von Launen regiert; ein günstiges Lüftlein ist imstande, sie zu der gefährlichsten Torheit zu verleiten; sie helfen sich mit nutzloser List, trachten einer nach des anderen Leben, geraten in die äußerste lebensgefährliche Verzagtheit, und schließlich, nachdem sie noch mit Hilfe der Geisteskraft des Paulus alles Mögliche getan, bleibt ihnen nichts übrig, als „zu wünschen, daß es Tag würde". Und auch das Bild der Rettung ist von gewaltiger Symbolik. Das Schiff, das wir bewohnen, die Welt, das Erdenleben, geht – nachdem man schon vorher Schatz um Schatz aus demselben verloren hat – schließlich in Trümmer. Wir schwimmen, der eine mit – der andere ohne Hilfe, und schließlich kommen wir, gleichsam nackt und bloß, auf der Insel wieder zusammen.

In Rom angelangt, finden wir Paulus zuerst in Verhandlungen mit den Juden. Da während des Winters die Schiffahrt sonst stillstand und er schon nach Anbruch dieser Stillstandszeit vom Morgenland abgereist und fast vor Schluß derselben in Rom angelangt war, so war er – in heutiger Sprache zu reden – der morgenländischen Post nach Rom um einen weiten Vorsprung voran, woraus sich erklären mag, daß die Juden in Rom noch nicht im Besitz der Klageschriften der Hohenpriester über Paulus waren. Lukas schildert uns mit wehmütiger Ausführlichkeit die gründlichen, aber eben wieder erfolglosen Verhandlungen des Apostels mit den Juden über Jesus. Die Gefangenschaft wurde dem Apostel in Rom auf außerordentliche Weise erleichtert. Er hatte dies wohl der hohen Verehrung und Dankbarkeit des Offiziers zu verdanken, der ihn von Cäsarea nach Rom zu bringen und dort abzuliefern hatte und der aus dem Kaisergeschlecht der Julier war. Von der Art, wie er gefangengehalten wurde (28, 16 u. 30), ist uns, glaube ich, nur noch ein Fall bekannt: der eines herodischen Prinzen, eines der Lieblinge der Kaiserfamilie. Paulus konnte gehen, wohin er wollte, er war aber durch eine Kette mit einem Soldaten verbunden, der periodisch abgelöst wurde. So kam der Reihe nach ein großer Teil des Prätoriums oder der Prätorianer mit ihm unfreiwillig in Berührung. Wie mögen sie bald in feierlicher Spannung jeder der Stunde geharrt haben, da die Reihe an ihn kommt. Hiermit hängt vielleicht zusammen, was Paulus den Philippern schreibt (1, 13): „Meine Bande sind als Bande in Christo offenbar geworden in dem ganzen Prätorium."

Damit schließt die Apostelgeschichte und läßt uns merkwürdigerweise über den weiteren Verlauf des Lebens des Apostels völlig im Stich. Der Abschluß dieser Erzählung ist in gewissem Sinn harmonisch; der Apostel ist in der Hauptstadt der Welt angelangt. Aber die Harmonie dieses Abschlusses ist keine vollständige; sie ist providentiell. Durch die Vorsehung Gottes ist es geschehen, daß das Buch bis zu diesem unerläßlichen Abschluß gedieh; aber redaktionell, aus dem Geist des Verfassers heraus, sieht uns dieser Abschluß als ein rein einstweiliger an, dem noch eine Fortsetzung folgen solle. Wir können uns der Vermutung nicht erwehren, die Feder sei dem Verfasser, der sich vielleicht noch längere Zeit mit dem Gedanken an die Fortsetzung getragen, jählings – vielleicht durch Märtyrertod – aus der Hand genommen worden. Es ist dies für unsere Wißbegierde ein unersetzbarer Verlust, daß die einzige Quelle erzählender Art, die wir aus der Apostelzeit besitzen, hiermit versiegt. Ist der Apostel vom Gericht des Kaisers freigesprochen oder ist er zum Tode verurteilt worden?

Der Apostel hoffte nach dem Philipperbrief und dem Philemonbrief zuversichtlich auf eine Freisprechung, und auch Eusebius setzt voraus, daß eine solche geschehen sei, und wenn – wie ich es glaube – alle die im Neuen Testament dem Apostel

Paulus zugeschriebenen Briefe, namentlich diejenigen an Timotheus und Titus, echt sind, so wurde er freigesprochen und konnte noch einmal eine so hochnötige Rundreise im Gebiet seiner Gemeinden vollziehen.

Schon längst hatte er sich mit dem Plan getragen (Röm. 15, 24), noch nach Spanien zu gehen, und im ältesten Verzeichnis der Schriften des Neuen Testaments (Kanon Muratori) ist dieser Reise Erwähnung getan. Das weitaus gewichtigste Zeugnis aber ist das bekannte Wort des Clemens Romanus: „Paulus ist ein Herold geworden im Lande des Aufgangs wie des Untergangs der Sonne; er hat den edlen Ruhm seines Glaubens empfangen. Er lehrte die ganze Welt Gerechtigkeit und gelangte bis zum Wendepunkt des Untergangs, und den Märtyrertod erleidend – wurde er so aus der Welt erlöst." Die Sonne ist hier mit einem Wettrenner verglichen, der dem Zuschauer von einem Wendepunkt zum anderen sichtbar ist, dann verschwindet und wieder zurückkehrt, nicht da, wo er verschwunden ist, sondern am anderen Wendepunkt; und ebenso poetisch wird des Paulus Lebensgang, als der Sonne folgend vom Aufgang bis zum Untergang, bis zum Wendepunkt der letzteren, dargestellt.

Die große Frage ist nun: Wo denkt sich dieser Römer den Wendepunkt des Untergangs? In Rom oder jenseits von Rom im fernen Westen? Dem Bewohner einer entlegenen kleinen Stadt könnte es vielleicht einfallen, seinen Ort bescheidentlich an das Ende der Welt zu verlegen – einem Römer jener Zeit schwerlich; es wird also wissenschaftlich kaum erlaubt sein, sich der Verlegenheit der Annahme einer Reise des Paulus nach Spanien dadurch zu entziehen, daß man obigem Verfasser zutraut, er habe unter dem Endpunkt des Westens Rom verstanden. Es ist wahr, eine solche Annahme einer Reise des Apostels nach Spanien bringt uns in Verlegenheit, denn es fehlt uns hierfür jede Spur aus zeitgenössischen Quellen.

Was will dies aber heißen? Wir vergessen oft, wie dürftig wir überhaupt in dieser Beziehung gestellt sind. Gesetzt, wir besäßen nicht nur keine Apostelgeschichte, sondern auch keine Briefe des Paulus, was wüßten wir von seinem Wirken im Morgenland? Hätten wir nur das eine oder das andere, so wüßten wir hinlänglich viel, aber ohne beide nahezu nichts; und in dieser letzteren Lage befinden wir uns betreffs des Wirkens des Paulus in Spanien, auch sofern ein solches dort stattgefunden hat.

Schreiben konnte er wohl nicht mehr, seine Hinrichtung kam ihm zuvor, und auch die Feder, die uns sonst über sein Wirken erzählt, war zur Ruhe gelegt. Es bleibt also jedenfalls nicht sehr vorsichtig, von vornherein diese Spanienreise und sogar die Freisprechung des Apostels als nicht existierend anzunehmen. Die Spanienreise können wir unberührt lassen; aber die Freisprechung ist für den, der von der Echtheit der Pastoralbriefe des Apostels überzeugt ist, gewiß.

Die Frage, welche ihn zum zweiten Male vor das Kaisergericht brachte und ihm den Tod durch Enthauptung eintrug, ging nicht mehr, wie die erste, auf Entweihung des Heiligtums zu Jerusalem, sondern irgendwie auf ein Gebaren, das dem römischen Gesetz zuwiderlief. Daß das Leben des Paulus für uns gegen sein Ende hin sich so ins Dunkel verhüllt, hat wohl ernsthafte Gründe und ist ein Widerschein davon, wie es ihm gegen das Ende seines Lebens hin gegangen ist. Von der großen Zahl der Gehilfen, die um ihn waren, hat ja kein einziger eine kirchengeschichtliche Bedeutung erlangt, auch keiner uns irgendein schriftliches Denkmal eigenen Wirkens, einen Brief oder eine Lehrschrift noch auch – und dies ist doch fast bemühend – weitere Mitteilungen über Paulus und sein Wirken hinterlassen. Entweder fielen sie selbst ins Bedeutungslose zurück, sobald die persönliche Kraft, von der sie getragen waren, Paulus, ihnen fehlte, oder sie wurden nicht mehr verstanden, weil Paulus nicht mehr verstanden wurde. Das fünfjährige Gefangensein des Apostels hatte eben doch seine Folgen. „Du weißt", schreibt er an Timotheus (2. Tim. 1, 15), „daß sich alle, die in Asien sind, von mir abgewendet haben"; und in Rom stand es für ihn nicht besser. Er dankt es noch dem (wohl unterdessen verstorbenen) Onesiphorus (2. Tim. 1, 17), daß er, als er nach Rom kam, „fleißig nach ihm suchte" und ihn fand. In Rom war eine zahlreiche christliche Gemeinde, aber wo Paulus in Rom sich befinde, das wußte niemand – es interessierte niemand. Paulus ist am Abend seines Lebens schwer bewegt über diesen Rückgang auf der ganzen Linie; auch den Timotheus mahnt er eigentlich in allen

Tonarten, mehr voranzugehen und voranzustehen. Er wünscht auch, Timotheus könnte eine Schar von Schülern ausbilden, die das, was er von ihm gehört, vertreten; worin wir sichtlich wieder seine Sorge hindurchblicken sehen, das eigentliche Verständnis des Evangeliums möchte in raschen Verfall geraten. Wie und in welchem Zusammenhang wir diese bemühende Tatsache zu verstehen haben, wollen wir noch, wenigstens einigermaßen, im folgenden betrachten.

2. Stand der Dinge am Schluß der Apostelzeit

Im Jahre 60 kam Paulus zum ersten Mal als Gefangener nach Rom. Was war doch in den dreißig Jahren seit der Kreuzigung und Auferstehung Jesu geschehen! Weitaus das meiste davon war die Frucht des Wirkens des Paulus, und zwar nicht nur direkt. Bei dem lebendigen Verkehr zwischen den Küstenstädten des Mittelmeers, unter welchen ja vornehmlich die Herde des paulinischen Wirkens zu finden waren, verbreitete sich das Evangelium durch christliche Familien von selbst auch an solche Orte, wohin kein eigentlicher Sendbote gelangte. Röm. 16 gibt uns ein liebliches Bild, wie in der Weltstadt selbst solche einzelnen Familien ein Herd des Christentums auch für weitere Kreise wurden. Ja in Kreta, um ein merkwürdiges Beispiel anzuführen, traf Paulus fast mit Schreck ein sozusagen von selbst entstandenes Christentum von solcher Entartung, daß es ihn Mut gekostet zu haben scheint, es nur als solches zu erkennen, und er sofort seinen Titus beauftragte, in dieses Chaos Ordnung zu bringen.

Aber solche halbschönen Bilder dürfen unsere Freude nicht stören, sind sie doch in ihrer Art wieder ein neuer Beweis von dem gewaltigen Ausdehnungstrieb einerseits, der dem Evangelium innewohnte, und andererseits von der wunderbaren Empfänglichkeit, die ihm allerorts bei den Heiden entgegenkam; und ist doch das Gesamtbild ein Bild, wie es in der Geschichte einzig dasteht.

Es ist, wenn wir von der Person Jesu absehen, das größte Wunder in der Weltgeschichte, wie da zu Stadt und Land in der damaligen Kulturwelt überall Jesus, der Heiland, sein Volk hatte, das durch ihn umgewandelt, von den Göttern zu dem lebendigen

Gott gewendet und in ewiges Leben gestellt war. Man durfte nach solchem Siegeslauf des Herrn sich das Allergrößte versprechen. „Christus unter euch Heiden", schreibt Paulus den Kolossern (Kol. 1, 27), „ist die Hoffnung der Herrlichkeit", ist die Gewähr, daß noch das Allergrößte kommt. Wenn der Apostel in dem allgemeinen Verlorensein das Gesamtmaterial der Aufgabe Jesu vor Augen sah, so war ihm im Blick auf das höchste Ziel der Fortschritt noch viel zu langsam, und er mußte die Tage (Eph. 5, 16) „böse" nennen. Aber daß er sie so nennt, zeigt uns eben, wie hochgespannt seine Erwartungen von der Liebe und der Kraft Jesu und den Erfolgen derselben sind.

Aber allerdings, wenn wir nun den Gesamtstand des Christentums in der Mitte des ersten Jahrhunderts überblicken, sehen wir viel Schweres. Eine Dämmerung steigt empor, die eine baldige Nacht anzukünden scheint. Für die Untersuchung dieser Zustände sind wir auf dürftigstes Material angewiesen und können uns von vornherein nur Bruchstücke von Einsicht versprechen, und ich im besonderen muß völlig darauf verzichten, auch nur diese uns zugänglichen Bruchstücke in einiger Vollständigkeit zu bringen, zumal oft ein Streben nach einer uns nicht dargebotenen Vollständigkeit uns verführt, die wenigen Einzelergebnisse, über die wir verfügen, zu verfälschen. Ich gebe nur hingeworfene Skizzen, wie ich sie in meinem geistigen Haushalt vorfinde, als Ertrag meines Strebens, mir da Aufschluß darüber zu verschaffen, wo er entweder unerläßlich nötig ist oder aber wo er sich uns von selbst darbietet.

Die älteste, einflußreichste Mißbildung, deren Kenntnis darum auch am unerläßlichsten ist zum Verständnis der Briefe, ging von der am meisten noch dem Judentum zugewandten Seite des Judenchristentums aus. Ihre ältesten uns bekannten Vertreter sind jene „nebeneingeschlichenen Brüder" aus den Pharisäern, die den Anlaß zum Apostelkonzil gegeben – wohl keineswegs eine von Anfang an geschlossene Partei, sondern eine Gruppe, die, durch gemeinsame Geistesrichtung zusammengehalten, doch wieder mehr oder minder schroffe Gesinnungen in allen Schattierungen in sich beherbergte.

Der Einfachheit, Kürze und Klarheit zuliebe vergegenwärtigen wir uns die extremste Schattierung. Der ernstgesinnte Jude jener Zeit, namentlich also der Pharisäer, konnte sich auf die Dauer des Eindrucks nicht erwehren, daß Jesus einer der Größten, ja der Größte in der Reihe der Gottesmänner gewesen, die Gott Israel geschenkt hat, und daß er durch seine tiefe, geistige, allgemein einleuchtende Auffassung des Gesetzes dem Glauben Abrahams neue Bahnen von unberechenbarer Zukunft gebrochen. Blieb er aber äußerlich dabei stehen und verharrte er namentlich in seiner hohen Verehrung seiner geistlichen Obrigkeit, so war ihm die Art des Todes Jesu, seine Hinrichtung durch diese Obrigkeit, „ein Fels des Anstoßes", über den er nicht hinwegzukommen vermochte, dem er aber auch nicht auszuweichen imstande war. Die Hinrichtung Jesu war ein in das Meer des israelitischen Volkslebens hineingeworfener Stein, der die Ringe seiner Wellen immer weiter dahin trug, wo irgend nur Juden wohnten. Es ging damit, ähnlich wie Luther es von dem ersten Märtyrertod für den evangelischen Glauben besingt, von dem Tod der „zwei Knaben in dem Niederland": „Die Asche will nicht lassen ab, sie stäubt in allen Landen; hier hilft kein Loch, nicht Grub' noch Grab; des Abels Blut, vergossen – es muß den Kain melden."

Gerade auch durch das Wirken des Paulus geschah es, daß die Frage: Ist Jesu recht geschehen oder nicht? allmählich an jedes Juden Herz mit dem Anspruch auf Entscheidung gelangte. Das Volk draußen im großen hielt fast blindlings zu seinem abergläubisch verehrten Hohenpriester, aber das Volk der Heimat, das teilweise noch unter dem Einfluß persönlicher Erinnerungen an Jesus stand, war einem Zweifel an der Berechtigung dieser Hinrichtung weit zugänglicher.

Es entstand nun, so scheint es, eine – ich möchte sagen: patriotische Unionspartei, welche sich fragte: Kann man nicht diesen Anstoß des Kreuzes (1. Kor. 1, 18 und Gal. 5, 11) beseitigen? Der Art des Ausgangs, den das Leben so vieler Gottesmänner der heiligen Geschichte genommen hatte, eines Abraham, David, Jesaia usf., wurde keine große Bedeutung beigelegt; konnte man es nicht mit Jesus auch so halten, ihn den größten aller Knechte Gottes, ja den am unmittelbarsten von Ihm gesandten sein lassen, aber über die Art, wie er gestorben, als über ein unseliges, vielleicht gegenseitiges Mißverständnis um des

Friedens willen in Minne zur Tagesordnung schreiten? Es stand – so dachten sie – zu hoffen, daß die Großzahl der Juden, vielleicht sogar die Obersten nicht ausgeschlossen, sich zu solcher Anerkennung Jesu entschlössen, wenigstens angesichts einer großen Gegenleistung, die man zu erzielen hoffte. Diese Gegenleistung hätte darin bestehen können, daß die Kinder der Völker, die Heiden, in Scharen sich dem Israel einverleibt hätten durch die Beschneidung. Darauf aber mußte solcherseits bestanden werden, daß es keine rechtsgültigen Anhänger Jesu gebe, die nicht beschnitten wären; denn gäbe es solche und wären sie anerkannt, so hörte Jesus auf, eine rein israelitische Erscheinung zu sein; er wurde in ihren Augen gleichsam selbst ein Heide. Das war die notwendigste Folgerung,* sobald man die umwälzende Bedeutung des Todes Christi verkannte oder ablehnte. Mit solchen Gegnern hatte es Paulus namentlich in Galatien zu tun, obwohl diese galatischen Judentumschristen noch zu demjenigen Flügel jener Gruppe gehört zu haben scheinen, der noch recht hoch von Jesu dachte, ja ihn wohl als Sohn Gottes anerkannte.

Es gab aber auch extremere Schattierungen. Schon unter den pharisäischen Gegnern des Paulus auf dem Apostelkonzil war dieser äußerste Flügel offenbar nach Gal. 2, 4 stark vertreten. Der Apostel nennt sie dort falsche Brüder, nebeneingekommene oder neben hereingebrachte, also solche, denen es von vornherein mit dem Christentum gar nicht ernst war, die zu einem bestimmten, anderen Zweck in die Gemeinde eingetreten; und fast scheint er zu bedauern, daß man sie hereingelassen, d. h. getauft. Welchen Zweck hatten sie? Paulus, dessen menschenerfahrenen Scharfblick wir wiederholt, so z. B. gegenüber Bar-Jesus und wieder in der Schiffsnot den Matrosen gegenüber, kennengelernt, nennt als letzten: „uns zu knechten“, und als Mittelzweck: „unsere Freiheit, die wir in Christo haben, auszukundschaften.“ Daß die äußerliche Herrschaft des Gesetzes einer weit mächtigeren, wirksameren, einer inneren Herrschaft des Geistes weiche, davon verstanden und beherzigten sie nur die erste Hälfte. Und dieses Hinfallen des Gesetzes innerhalb des Christentums wollten sie verhüten. Ihr Ideal, das ihnen die

* Die von der „patriotischen Unionspartei“ erhoffte Folgerung – um den Preis der Verharmlosung der Kreuzigung und Auferstehung Christi. *Der Verlag*

Zwecke vorschrieb, war offenbar nicht das Christentum, sondern die Nation, Israel als das „Volk Gottes“. Sie fühlten Anerkennung für Jesum und namentlich für seine Erfolge, aber ein Bruch mit der überlieferten Frömmigkeit schien ihnen wohl Sünde.

Ihre Genossen nach außen, die gegen Jesus feindseligen Pharisäer, nannten – so vermute ich (nach Gal. 2, 17) – Jesus einen Diener der Sünde, weil er eine Gerechtigkeit bietet, die davon unabhängig ist, wie die Vergangenheit des Suchenden im Licht des Gesetzes aussieht. Diese Unionsmänner aber sagten: Die Gefahr ist vorhanden, daß die Sache diese Wendung nehme, aber unausweichlich ist sie nicht. Wenn die Sache Jesu dahin ausschlägt, die Autorität des Gesetzes zu vernichten, wenn in der Tat vor dem Forum Jesu die Gesetzesgerechtigkeit weder anerkannt noch auch gefordert wird, dann ist er ein Sündendiener. Wir müssen dahin wirken, daß im ganzen Bereich Jesu das Gesetz gelte – und auch dafür gibt es kein besseres Mittel als die Beschneidung. So strebten sie, die große Persönlichkeit Jesu, seine geistigen Leistungen sowie all die großen Erlebnisse des ersten Christentums, mit „besonnener Sichtung“ und ohne jeden Bruch mit der bisherigen Form der Frömmigkeit, der Geschichte, dem geistigen Nationalvermögen Israels einzuverleiben, und zu diesem Zweck – wurden sie Christen.

Weitere Spuren dieser Richtung finden wir in der Offenbarung Johannis. Verdächtig sind mir jene, an welche wir durch das Sendschreiben an Pergamon (Offb. 2, 12, 13) erinnert sind. Jesus gibt dem Engel der Gemeinde unter anderem folgendes Lob: „Du hältst an meinem Namen und hast meinen Glauben nicht verleugnet.“ Man kann von der Schwierigkeit und Wichtigkeit solchen Tuns schwerlich eine Vorstellung gewinnen, wenn man es sich Heiden gegenüber gerichtet denkt. Denken wir es aber jenen oben geschilderten Unionisten gegenüber gerichtet, so wird alles klar. Sie anerkennen die Bedeutung der Moral Jesu, auch den Glanz seiner Persönlichkeit, aber sie warnen vor übertreibendem Kultus dieser Persönlichkeit, vor einer Vergötterung seines Namens; es sei doch Gott gegenüber passender, nicht gar zu sehr dem Namen an und für sich Heilsbedeutung beizulegen. Ebenso verhalten sie sich kritisch gegenüber dem Glauben

Jesu, als habe er sich doch ein wenig überschätzt und zu kühne Hoffnungen an die Bedeutung seiner Person geknüpft.

Solchen gegenüber bedurfte es großer Tapferkeit, am Namen und am Glauben Jesu festzuhalten. Dem Engel der Gemeinde zu Philadelphia ferner schreibt Jesus (Offenb. 3, 9): „Siehe, ich werde geben aus der Synagoge Satans, die da sagen, sie seien Juden, und sind's nicht. Siehe, ich will machen, daß sie kommen und anbeten zu deinen Füßen und erkennen, daß ich dich geliebt habe." Diese Worte bedürfen, um geschichtlich verstanden zu werden, sorgfältiger Erwägung. Im ersten Moment denkt man sich hierbei einfach nichtchristliche Juden; aber auch jene christlichen Juden nannten sich die w a h r e n Juden (ähnlich, nicht gleich, wie sich heute die Glieder jeder Sekte die wahren Christen nennen), denn Jude (gleich echter Israelit, vergleiche auch Röm. 1, 16) war und blieb innerhalb Israels, auch des christlichen, der große religiöse Rechts- und Ehrentitel. Auch in der Rede Jesu selbst liegt die Voraussetzung, daß der C h r i s t der echte Jude sei. Sein Wort: Sie sind es n i c h t, setzt als Beweisgrund voraus: weil sie keine C h r i s t e n sind. Dies wäre nun auch völlig wahr von den nichtchristlichen Juden; aber was hätte es für diese für einen Sinn, was er ihnen voraussagt: „Sie werden erkennen, daß ich dich geliebt habe"? Ihnen gegenüber, die seine Autorität von vornherein verwerfen, würde man ein anderes Wort erwarten, etwa: „Sie werden erkennen, daß ich der Herr sei." Die Drohung gilt solchen, welche glauben, das Urteil Jesu für sich zu haben, bei welchen also Jesus in Ehren steht und sein Urteil somit als das entscheidende gilt. Es ist also das wahrscheinlichste, daß wir es hier wieder mit jenen Judentumschristen zu tun haben, aber freilich mit einer der schlimmsten Schattierungen. Begreiflicherweise befanden sich Geister dieser Richtung auf einer schiefen Ebene.

1. Joh. 2, 22, 23 klagt Johannes über schon viel weiter fortgeschrittene heimliche Gegner Jesu, über „Christen", welche leugnen, daß Jesus der Christus, der Messias sei, somit über Leute, denen der Messiasbegriff das Oberste ist, somit über Juden, aber über getaufte; und siehe, diese sind zu dem Gedanken fortgeschritten: Jesus war nicht der Messias, im Zusammenhang mit dem anderen: er war nicht der Sohn Gottes. Wurde einmal Jesus

in die Schar der Vorläufer erniedrigt und der wahre Messias erst noch erwartet, so war die Besorgnis aufs höchste begründet, es werde mit nächstem ein Gegenmessias, ein Antichristus sich geltend machen.

Spuren dieser Partei, und zwar uralte, finden wir wohl auch in der neuentdeckten Schrift: Die Lehre der zwölf Apostel,* welche, wenn auch später erschienen, doch offenbar sehr alte Bestandteile in sich birgt. Schon der erste, ältere Teil zeigt streng pharisäische Schulung und Überlieferung. Bezeichnenderes aber scheint mir der zweite Teil zu bieten, eine Art amtlich redigierter Kollektivschrift, welche offenbar Bestandteile enthält, die in weit frühere Zeit als die der letzten Redaktion zurückreichen, gleichsam dem Ganzen einverleibte Aktenstücke. Als solche kennzeichnen sich wohl namentlich jene liturgischen Fragmente über die Feier des Abendmahls, die ihrem Geist und ihrer Form nach sich wieder voneinander unterscheiden. Während die Danksagung nach dem Mahl warm, frisch und in heilig lapidarem Stile gehalten ist, scheint mir dies bei der Formel für die Feier selbst keineswegs der Fall zu sein. Sie ist, wie dies leider bei liturgischen Formeln sehr oft der Fall ist, das Ergebnis sorgfältiger, berechnender Kunst, in ihrer Art ein Meisterstück, aber – geradeheraus gesagt – ein Meisterstück von Schlauheit. Durch poetische Ausführung über die schöpferische Entstehung des Brotes, durch gewaltsame Herbeiziehung des Psalm 80, 9 erwähnten Weinstockes aus Ägypten ist es gelungen, der Abendmahlsfeier einen altisraelitischen Typus zu geben, als Verehrung des Schöpfers sowie auch des Regierers der heiligen Geschichte, aber ohne alle und jede Beziehung zum Tode Jesu. Die offenbar absichtlich häufige Verwendung des Wortes παῖς [Knecht] für Jesus und Herbeiziehung anderer παῖδες aus dem Alten Testament scheint mir ebenfalls nichts minder als naiv, sondern tendenziös. Die ganze Formel scheint geschaffen, um eine schon vorgefundene Christengemeinde, welche höhere Ideen über Jesus, über die Bedeutung seiner Person und seines Todes hat, unvermerkt zu gedämpfteren Anschauungen hinüberzuführen.**

* Genannt „Didache" (Apostellehre) – ein griechischer Text von wenigen Seiten Umfang, erst 1873 als Bestandteil des aus dem Jahre 1056 stammenden *Codex Hierosolymitanus* in Konstantinopel entdeckt. *Der Verlag*

Eine Mißbildung nach der anderen Seite hin entstand aus unverstandenem, geflissentlich verdrehtem und sozusagen übertriebenem Paulinismus, wie wir Ansätze dazu schon in Korinth fanden, ein Hochmut der Aufklärung, der es angeblich aus lauter Geist mit dem Kampf gegen fleischliche Gelüste leichtnahm. Diese Erscheinung trat namentlich auch in Kleinasien, gerade im Gebiet der sieben Sendschreiben auf. Sie wird in den letzteren so deutlich und so mannigfach gegeißelt, daß eine Erwähnung im einzelnen überflüssig ist. Auch des Johannes Kampf im ersten Brief gegen solche, die sagen: „Ich kenne den Herrn, ich habe Gemeinschaft mit ihm – und lieben den Bruder nicht“, kann gegen eine Erscheinung solcher Art gerichtet sein. Eine besondere Abart dieser Richtung waren Hymenäus und Philetus (2. Tim. 2, 17, 18), die Erfinder der Lehre: die Auferstehung der Toten sei schon geschehen, welche, wie früher erwähnt, die korinthische Bezweiflung systematisch weiterbildeten dadurch, daß sie das durch Paulus so oft betonte Auferstandensein des lebenden Christen für völlig hinreichend erklärten. Diese Lehre des Apostels ist wohl 2. Petr. 3, 16 gemeint, wo gesagt wird, in den Briefen Pauli seien etliche Dinge schwer zu verstehen und werden von den Ungelehrigen und Leichtfertigen (d. h. eben von den Irrlehrern oben erwähnter Art) „verwirrt“.

Gegen diese beiden großen Ausschreitungen kämpfte, wie wir sahen, nicht nur Paulus in s e i n e n Schriften, sondern auch Johannes, dessen Briefe schon gegen beide Front machen, ganz besonders energisch aber, wenn wir richtig sahen, die Offenbarung Johannis. In der Aufzählung der Mißbildungen müssen wir das Auftreten sittlicher Gebrechen, insofern als sie nicht grundsätzlich verteidigt wurden, übergehen, und so bleibt uns nur noch eine keineswegs großartige, aber gerade in ihrer Kleinlichkeit schwer anzugreifende und sich wie ein Unkraut verbreitende Mißbildung zu betrachten übrig, welche die Mitte hält zwischen theoretischen und sittlichen Gebrechen. Es ist, deutsch gesagt, die Faselei, der Dilettantismus, die Lehrsucht, sei es aus

** So z. B. in Didache, Kap. 9. 2, zur Abendmahlsfeier: „Zuerst den Kelch betreffend: Wir danken dir, unser Vater, für den heiligen Weinstock Davids, deines Knechtes, [δαυιδ του παῖδος] den du uns offenbart hast durch Jesus, deinen Knecht [Ιησου του παῖδος]. Dir sei die Herrlichkeit in Ewigkeit.“ *Der Verlag*

bloßer Eitelkeit, sei es auch aus Herrschsucht oder gar Gewinnsucht. Die Sache mag harmlos angefangen haben; es pulsierte eben ein so warmes, freudiges Leben, daß mancher gar schnell sich produktiv angelegt fühlte; kennen doch wir Theologen alle den Reiz, den es hat, dem wunderbaren Geistesgebiet, das vor uns liegt, eine neue Blumenlese von Ideen abzugewinnen, und muß doch Paulus sogar seinen Timotheus vor solchem Gelüste jüngerer Leute warnen (νεωτερικαὶ ἐπιθυμίαι), damit er lieber praktischen, sittlichen Zielen nachjage: „Der Gerechtigkeit, dem Glauben, der Liebe, dem Frieden mit allen, die den Herrn aus reinem Herzen anrufen."

Gegen diese Krankheit, deren Ansätze wir schon in Korinth fanden, hat Paulus, außer im Kolosserbrief, namentlich in den Pastoralbriefen zu kämpfen. Diese Dilettanten lehnten sich an beide obgenannten Richtungen an; die besseren unter ihnen am fruchtbarsten an die judenchristliche. Dies leitet uns zu einer anderen, ziemlich allgemeinen Erscheinung über, welche an und für sich unverfänglich war, wenn sie auch nicht ohne verhängnisvolle Folgen blieb. Das Alte Testament war vorderhand die einzige Vorratskammer, aus welcher die Gemeinden soliden Nahrungsstoff für den Geist beziehen konnten, und es war ja völlig sachgemäß, daß sie dies mit Eifer taten; andererseits aber begann für das christlich sich ausgestaltende Familien-, Gemeinde- und Volksleben das Vorhandensein von moralischen Vorschriften großen Wert zu gewinnen; mit anderen Worten: die erziehende Bedeutung des Gesetzes wurde immer mehr gewürdigt und dankbar angenommen. Das war wohltätig, aber gefährlich. Auf der festen Basis des Buchstabens ließ sich so leicht auch ohne Geist vorwärtsgehen, und diese ganz unbemerkt wirkende Macht war es wohl nicht zum mindesten, was so rasch zu einem Vergessen jener hellen Auffassung des Evangeliums, wie es Paulus verkündigte, führte, auch zu einem Vergessen des Paulus und seiner Schüler.

Namentlich der römische Gesetzesgeist fühlte sich dem israelitischen verwandt und begann, die Prinzipien beider Volksgeister unter dem Titel „Gesetz" ineinander zu verschmelzen. Das Losungswort: „Gesetz und Evangelium", das seither eine wert- und sinnvolle Bedeutung gewonnen, hat in dieser Entwicklungsgeschichte seinen Ursprung. So entwickelte sich ein hausbackener, scheinbar brauchbarer Niederschlag der Heilsgedanken der Apostelzeit.

Apostolisch war das Ganze als solches nicht mehr. Das Christentum wurde eine Einrichtung für den einzelnen, selig zu werden, immerhin noch keineswegs mit Ausschluß der Hoffnung auf die Wiederkunft Jesu. Die Apostel dachten anders. Ihnen war der Gedanke völlig fremd, die Bedeutung Jesu in seiner Beziehung zu jeder einzelnen Seele völlig aufgehen zu lassen. Er, Jesus, stand vor ihrem Geist mit seinen Errungenschaften, die er sich durch seinen Tod erworben für die ganze Welt; sie reichen aus für die ganze Welt, und für sie sind sie geplant. Die Sache Jesu war ihnen die Sache der Menschheit. Die Rettung der einzelnen, der eigenen Seele, hatte ihnen individuellen Wert, aber in Jesu gedachten sie an die Rettung der Welt, und auch die Zahl der schon Jesu Einverleibten zerfiel ihnen nicht in einzelne Individuen; sie waren der Leib Christi, die neu werdende Menschheit, die Gemeine, die nicht stirbt, sondern in der Wiederkunft ihres Herrn dem vollen Sieg, auch dem über den Tod, entgegenharrt. Darum konnte die Gegenwart sie nie befriedigen, als wäre jetzt schon durch die Errungenschaften Jesu eine vollständig befriedigende Einrichtung getroffen, daß es nun ruhig ins Undenkliche so weitergehen dürfe. Sie fühlten sich in der Nacht, aber als Kinder des Tages. Von Paulus, der noch weiter zu Wort kommen soll, erwähnen wir nur Röm. 13, 12: „Die Nacht ist vorgerückt, der Tag naht; darum laßt uns ablegen die Werke der Finsternis und anlegen die Waffen des Lichts.“ Und Johannes sagt (1. Joh. 2, 8): „Das neue Gebot, das ich euch schreibe, das wahrhaftig ist bei ihm und bei euch, heißt: Die Finsternis vergeht, und das wahre Licht scheint schon.“

Ihr Blick ist beständig hinaus in die Zukunft gerichtet auf das Kommen des Großen, und so verabschiedet sich auch Petrus von der Christengemeinde mit ernster Darlegung seines Kummers, man werde sagen: „Nachdem die Väter entschlafen sind, bleibt nun alles, wie es von Anfang der Kreatur gewesen ist.“ So sehen wir denn auch diese drei Apostel alle mit düsteren Ahnungen in die Zukunft blicken, mit mehr als nur Ahnungen – der Geist bezeugt es ihnen. Paulus (2. Tim. 3, 1 usf.) und

Petrus (2. Petr. 2) sehen ähnlich ein Christentum voraus mit fein ausgebildeter Form des Religiösen, Sittlichen, aber ohne Geist, ohne Kraft, ohne Ernst – lauter Schein, wenn nicht gar Lüge und Betrug. Wir könnten dieses wehmütige Bild reichlich vervollständigen – wir lassen es aber; es ist schmerzlich genug, mit solchem Bild schließen zu müssen. Wohl uns, daß die Gemeinde Christi allezeit das Recht, ja die Pflicht hat, wieder anzuknüpfen bei den Gedanken der Apostel, und daß, wenn auch die Menschen sich wandeln und sich als Fleisch erweisen, das heute blüht, bald aber verwelkt, doch *eines* bleibt: Jesus Christus, gestern und heute und in Ewigkeit derselbe!

Zweiter Teil

Lehre

Erster Abschnitt

Das Heil in Christo
nach der Auffassung des Paulus

Einleitung

Der Gehalt der Apostelzeit an Lehrgedanken ist so reich und mannigfach, daß wir uns bei Betrachtung derselben von vornherein der äußersten Beschränkung unterwerfen und, auf jede Allseitigkeit oder auch Gleichmäßigkeit verzichtend, unsere Auswahl treffen. Bei der Auswahl begünstige ich das geschichtlich Charakteristische, dann und wann nach freier Wahl das für uns heute Wichtige, aber auch mit großer Freiheit das mir am leichtesten Zugängliche und am vollständigsten Klare, und zwar gilt dies alles innerhalb der großen Hauptbeschränkung, die ich mir auferlege: der Beschränkung auf die Lehre und die Schriften des Apostels Paulus. Wir wollen zuerst seine Lehre, seine Auffassung des Christentums überhaupt betrachten, dann seine Briefe im allgemeinen, und endlich noch, gleichsam beispielsweise, zwei seiner Briefe im einzelnen.

Die Lehre des Apostels ist schon oft und mit großem Aufwand an Scharfblick, an spekulativer Tüchtigkeit und an Gelehrsamkeit dargestellt worden. Ich unterwinde mich nicht, diesen systematischen Darstellungen eine weitere hinzuzufügen. Ich beschränke mich darauf, einige charakteristische, auffallende Eigenschaften ins Auge zu fassen, solche, die sich uns unwillkürlich aufdrängen einerseits durch ihren Unterschied zu unserem heutigen Denken, andererseits durch jene Eigenart, mit der sie aus der Denkweise des ältesten Jerusalems-Christentums sich heraus- und emporheben; ich beschränke mich, mit anderen Worten, auf drei Gesichtspunkte, von welchen aus dem Apostel das Heil in besonderer Weise klargeworden ist, oder auf drei Fragen nach dem Heil in Christo, welche uns die Gesamtpredigt des Apostels in besonders bündiger Weise beantwortet. Wir fragen den Apostel nach der Ursache, der Herkunft des Heils in Christo – die Antwort des Apostels weist auf Gott (die Objektivität, die göttliche Ursächlichkeit des Heils); wir fragen nach der Adresse – der Apostel nennt uns die Menschheit (Universalität); wir fragen nach dem moralischen Prinzip – der Apostel nennt uns die Freiheit. In der Betrachtung der Predigt des Apostels nach diesen drei Gesichtspunkten verzichte ich auf erschöpfende Allseitigkeit und erlaube mir, auch andere Punkte in freier Weise in diesen dreien gelegentlich unterzubringen.

1. Die Objektivität

Wir stoßen hier zuerst auf einen großen Unterschied zwischen dem Denken des Paulus und dem heutigen. Es tritt derselbe schon darin klar zutage, daß Paulus gegen die Ausdrücke: Paulinisch, Paulinismus, Pauliner, Lehre des Paulus lebhaft protestieren würde, als hätte er an dem, was er verkündigt, irgendeinen Anteil durch eigene schöpferische Denktätigkeit. Er steht unter dem gewaltigen Eindruck der Objektivität. Das Wort ist leider im Deutschen nicht gut wiederzugeben. Subjektiv heißt ein Gedankenbild in mir, wenn es das Produkt meines eigenen Denkens ist; objektiv – wenn es das ausschließliche Resultat eines Gegenstandes außer mir ist. Das Wort „tatsächlich" gibt den größten und bedeutendsten Teil dessen wieder, was ich unter objektiv verstehe; da aber hier jener Gegenstand außer mir, um den es sich handelt, Gott ist, so können wir uns auch der Übersetzung bedienen: „göttliche Ursächlichkeit".

In unserem besonderen Fall ist es das, daß des Paulus ganzes Denken und Leben eine Abstrahlung göttlicher Tatsachen ist. Er ist ja als Paulus die Frucht von Gottestaten. Wir betrachten diese Objektivität zuerst nach der intellektuellen Seite, der Seite des Erkennens. Der Apostel zittert vor dem Gedanken, daß man glaube könnte, er habe irgend etwas in seiner Verkündigung sich selbst ausgedacht. Der ganze furchtbare Ernst, mit dem er den Galaterbrief beginnt, ist ja seinem Schrecken entflossen darüber, daß man in Galatien zu meinen begann, was sie von ihm gehört hätten, sei nicht nur Wort Gottes, sei teilweise Menschenwort, ja auch seine Stellung als Apostel sei eine wenigstens gewissermaßen willkürliche; und den Thessalonichern rechnet er es so hoch an, daß sie seine Predigt sofort als das aufgenommen, was sie sei: als Gotteswort, und nicht als Menschenwort. Wie ernst und sorgfältig rechtfertigt er sich darüber im Galaterbrief und weist nach, wie er in der Tat nicht von Menschen gelehrt worden sei; und so auch im Brief an die Korinther vergleicht er sich mit denen, die Gottes Wort nach eigener Willkür für den Kleinhandel zurechtmachen. „Wir tun es nicht so, sondern (2. Kor. 2, 17) aus Gott, der uns alles eingibt, und zugleich vor Gott, der uns alles abhört, reden wir in Lauterkeit"; und 3, 5 fügt er hinzu: „Nicht daß wir tüchtig wären, etwas aus uns zu denken, sondern unsere Tüchtigkeit kommt aus Gott, der uns auch tüchtig gemacht hat, Diener eines neuen Bundes zu sein", und im ersten Brief (15, 15) sagt er: „Wir würden ja erfunden als falsche Zeugen Gottes, die den Menschen angeben, Gott habe Jesum auferweckt, während Er ihn nicht auferweckte."

Zeuge soll und will er sein, dessen ganze Treue darin besteht, gut zu sehen und zu hören, aber nichts davon weg- und nichts dazuzutun. Damit hängt auch zusammen, nach seiner eigenen, wiederholten Betonung, wie objektiv göttlich seine Verwendung als Apostel geschah. Ähnlich wie Moses wider Willen der große Mann Gottes wurde und wie Elias einmal sagt: „Es ist genug, ich bin nicht besser als meine Väter alle", so ist Paulus „wider Willen mit dem Amte betraut". Dieses „wider Willen" ist eine unerläßliche Eigenschaft, weil es jener für eigenes Schaffen begeisterten Genialität, die nur allzu gerne mithelfen will, als schützende Schranke direkt entgegensteht. Es war ihm keine angenehme Sache, Apostel zu sein, aber er fühlte sich nach dem, was ihm gesagt worden war (Apg. 9, 16), dazu verpflichtet: „Ich will ihm zeigen, wieviel er leiden soll um meines Namens willen." „Wider Willen bin ich mit einem Haushalteramt betraut", sagt er in 1. Kor. 9, 17, wenn wir dort richtig übersetzt haben. Nicht nur etwa das Leiden, sondern die ganze Pflicht, beständig in der vollen Höhe der Aufgabe zu stehen, die ihm geworden, war etwas, woran bloß menschliche Freude am Großsein in kürzester Frist übersatt geworden wäre.

Der Schreck des Apostels über das Mißverstehen der Galater war nicht nur ein Schreck für Gott noch auch bloß für seine eigene Person, sondern auch für die Christen, denn eine große Gefahr für sie zeigte sich hier seinen Blicken. Ein Feind kam in Sicht, der dem Apostel wie kaum ein anderer das Leben verbitterte und das Wirken in den Gemeinen erschwerte. Dieser Feind war, in heutiger Sprache gesprochen, die Phrase, die bloße Redensart.

Es ist ja wahr, der Mensch kann ja auch innerhalb der Gemeinde menschlich reden, und es kostet ihn nicht viel, dafür auch göttliche Autorität in Anspruch zu nehmen. Es war die Art und Weise der alten falschen Propheten, die etwa dachten: „Mir ist es auch beinahe, als hätte mir das Gott gesagt; so ungefähr mag es auch dem Jesaia zumute sein, wenn er im Namen Gottes spricht.“ Wir Menschen sind eben in eine merkwürdige Not gestellt; die Unsichtbarkeit Gottes beruht nicht in seinem Wesen, sie ist eine Verborgenheit, und die Verborgenheit beruht auf seiner Heiligkeit und unserer Unheiligkeit. Wir müssen uns das sagen; denn so geistig wir zu sein beteuern, so ist uns doch immer das Sichtbare mehr dem Wirklichen und das Unsichtbare mehr dem nicht ganz Wirklichen verwandt, und wir reden mit viel hellerem Ton von einer Eisenbahn als von himmlischen Dingen, und diese Verborgenheit Gottes hat für uns doppelten Nachteil: Einmal ist uns nachteilig, daß uns das Annehmen von etwas so überaus Wirklichem noch künstliche Anstrengung kostet, die wir dann Glauben nennen; es fällt so schwer, in dieser Überzeugung zu derselben Unwillkürlichkeit zu gelangen wie in der Überzeugung vom Sichtbaren; und im ferneren ist das Unsichtbare nicht kontrollierbar, und da öffnet sich denn dem eigenen Belieben ein äußerst interessanter verlockender Spielraum; man kann das Spekulation* nennen.

---

* Ich kann mir nicht versagen, den ganzen Krankheitsprozeß, der uns hier als möglich sich auftut, an einem Beispiel aus der Sprachgeschichte zu beleuchten. *Speculatio* heiß ursprünglich das „Schauen Gottes“; es war freilich wohl von Anbeginn ein vermeintliches, das Gottesschauen der Mystiker; in seinem zweiten Stadium heiß es die Kraft, aus eigenen Mitteln sich den großen Zusammenhang der Dinge zu erklären, und heute, in seinem dritten Stadium, hat es eine

Mit dem Ausdruck „Objektivität", als Eigenschaft der Lehre des Paulus, sei auch das hiermit ausgesprochen, daß er hierin anders gestellt war. *Damit* begann ja sein Leben, daß er etwas *sah*; daraus wurde er geboren, und zwar sah er nicht, wie die Zwölf in Jesu Erdentagen, *Irdisches*, sondern *Himmlisches*, und fast möchte ich sagen, der liebe Gott darf gegen uns Kinder unserer Zeit überhaupt Nachsicht haben, weil wir – und wie lange schon – von all dem so gar nichts erfahren.

Dieses Sehen war bei dem Apostel nicht das letzte Sehen. In Korinth erschien ihm der Herr einmal, zweimal in Jerusalem; auf dem Schiff erschien ihm ein Engel Gottes, abgesehen von den vielen Wundern, in welchen Gottes Finger sich ihm immer wieder als tätig, als lebendig kundgab. Es liegt eine laut zeugende Kraft dem Umstand inne, wie er mit den Korinthern nur so ganz beiläufig die Erscheinung bespricht von der Gabe, gesundzumachen, und von der Gabe, Wunder zu tun, absolut nicht als von etwas Außerordentlichem, sondern eher umgekehrt als von etwas Selbstverständlichem. Das Größte, was innerhalb seines späteren Lebens ihm begegnete, erzählt er uns mit heiliger Schüchternheit (2. Kor. 12, 1-4): wie er in einen dritten Himmel erhoben worden sei, an den Ort hin, wo Gott wohnt und wo er Worte hörte, die er nicht wiedersagen darf (Luther: „unaussprechliche Worte", eigentlich in sich selbst ein Widerspruch); Worte, die nur ihm gesagt waren, die er aber nicht wiedersagen durfte.

Lassen wir uns doch durch das Gerede von der visionären Natur des Apostels nicht irremachen! Es gibt ja leider nur allzu viele krankhafte Visionen, aber solchen sind nur seelisch, intellektuell, ja fast auch moralisch kranke Leute unterworfen, und nicht ein Mann, der so durch und durch ins geistige Leben, das heißt ins völlig gesunde Geistesleben gestellt ist. Wir können uns kaum vorstellen, welch eine Wirkung es auf das ganze Geistesleben ausübt, wenn uns das Göttliche in solcher Tatsächlichkeit

---

sogenannte praktische Wendung genommen; es ist die Kraft geworden, aus dem Zusammenhang irdischer Dinge für sich Geldgewinn zu erzielen.

Ähnlich erging es dem Worte *theoria*, das ebenfalls ursprünglich hieß: Schauen Gottes; heute heißt es: selbsterfundene Erklärung von irgendeiner Wirklichkeit, und zwar oft mit dem Beigeschmack des Unfruchtbaren.

gegenwärtig wird; ist es doch schon mit den Erfahrungen wunderbarer Hilfe ähnlich der Fall. Sie geben uns, wenn sie der Zufälligkeit entzogen sind, wenn sie im Zusammenhang sind mit einem großen Trachten in uns nach dem Sieg des Gottesreiches, mit dem Überblicken des menschlichen Elends im Geist und in der Wahrheit – sie geben uns das, was uns so sehr vor intellektuellen und moralischen Irrgängen im Gebiet des Geistes bewahrt, die Kontrolle, ob unsere Gedanken auf Menschenwegen oder auf Gotteswegen sich befinden, ob Gott mit uns sei oder nicht. Sie geben einen Impuls zu dem, was dem Apostel ein so wichtiger Begriff ist: „uns immer und immer zu erneuern im Geist des Gemüts."

Je mehr wir des Apostels Leben im ganzen und im einzelnen durchschauen, desto mehr fühlen wir, daß er eigentlich den Schwerpunkt seines Wesens schon im Himmel hat; er lebt wirklich nicht mehr sich selbst, sondern dem, der für uns gestorben und auferstanden ist. Ob er es sinnlich gut habe oder böse, ist ihm nahezu gleichgültig. Er lebt aber nicht als Einsiedler, sondern er lebt und liebt sich in jeden Menschen mit allen seinen körperlichen und sittlichen Nöten hinein mit der vollen Kraft seines Herzens. In unerreichbarer Höhe steht er vor uns. Einer der Schlüssel zur Lösung dieses Rätsels ist gewiß auch der, daß er einer so lebendigen Fühlung mit dem Himmel gewürdigt war.

Dadurch, daß die Apostel (wie z. B. einst auch Abraham) mitten in einem großen Erleben mannigfacher Selbstbezeugungen Gottes standen, die von großem geschichtlichem Zusammenhang und von Bedeutung für die ganze Welt waren – dadurch waren sie in bezug auf das Glauben so viel günstiger gestellt als wir Kinder unserer Zeit, denen solche Gottesbezeugungen nur aus fernem Altertum erzählt sind, so daß ihr Glaube und der unsere in bezug auf Aufgabe und Leistung vielfach voneinander verschieden sind. Da, wo die unsrige oft aufhört, da fing die ihre oft erst recht an. Wenn der Apostel 2. Kor. 4, 18 sagt: „Wir sehen nicht auf das Sichtbare, sondern auf das Unsichtbare", so sagt er etwas scheinbar Unmögliches. Ihm war es leichter möglich, ihm war das Unsichtbare nicht ein seinem Wahrnehmen so völlig verschlossenes Gebiet. Unter das Sichtbare, auf das wir nicht sehen, rechnete er nicht die Wunder und Bezeugungen

Gottes – denn diese geben ihm gerade vom Unsichtbaren Kunde – sondern bloß die gemeine Wirklichkeit mit ihren Reizen der Furcht und Lust auf unser Seelenleben. Gerade daß ihm ein anderes als noch wirklicher nahegetreten, half ihm, auf das Sichtbare nicht zu sehen.

Sehen nicht auf das Sichtbare, sondern auf das Unsichtbare im obigen Sinne, das ist unsere wie der Apostel gemeinsame Aufgabe. Aber die Mittel, die ihnen hierzu zur Verfügung standen, gehören heute vielfach noch zur Aufgabe. Wir haben im Glauben ein Gottesgeschehen großer Art, wie es uns aus früheren Zeiten berichtet ist, unserem Geist einzuprägen und oft eine Kraft gegen unser eigenes Denken anzuwenden, das sich einem völlig anderen Geschehen gegenübersieht und aus demselben heraus sich entwickelt hat. Diejenige Geistesrichtung, die sich solchen Zwang nicht antut, sondern frei geradeaus denkt, nennen wir heute Unglaube. Der Unglaube im Sinne der Bibel ist dies aber eigentlich nicht, wenigstens nicht völlig. Der Unglaube im biblischen Sinne ist abwehrendes Verhalten gegenüber sichtbaren Selbstbezeugungen Gottes. Die Apostel waren hierin, wie gesagt, günstiger gestellt: jenes freie Geradeaus-Denken – sie hatten nicht nötig, es zu unterdrücken, nein: sie handhabten es.

Bei der Macht, welche sinnliche Wahrnehmung nun einmal nach unserer uns von Gott gesetzten Beschaffenheit auf uns ausübt, ist also die überzeugende Kraft der Offenbarungen des lebendigen Gottes, und nicht minder die Möglichkeit einer Kontrolle unseres sonst beliebigen Denkens, ein der Apostelzeit von Gott geschenkter Vorzug, den wir heute schmerzlich vermissen.

Aber diese äußerlichen Offenbarungen waren doch bei weitem nicht der einzige Kanal, durch welchen ihm göttliches Licht zukam; es war nur eine je und je eintretende Zugabe, gewissermaßen um ihm einen für den anderen Kanal beständig wachen Sinn zu erhalten. Es war ja eine wunderbare Aufgabe seines Lebens, daß in ihm, in seinem Geist, alle die großen Umwälzungen zwischen Himmel und Erde, die durch Jesum Christum stattgefunden, menschlicherseits die korrekte Form des ausgesprochenen Gedankens finden sollten, die Formel gleichsam, in der sie allen Geschlechtern überliefert werden konnten. Ja, was kann denn hier Staub und Asche tun, um diese Dinge wirklich zu verstehen? Staub und Asche vermag, zufolge göttlicher Einrichtung, weltlich, für das Zeitliche, sehr erfolgreich zu denken; aber heilig, göttlich, fürs Ewige? Hierzu bedarf es keiner geringeren Kraft als der des Göttlichen, des Heiligen Geistes. Ist so der Inhalt und Gegenstand seines christlichen Erkennens nicht nur an und für sich göttlich, sondern auch, was damit zusammenhängt, von Gott her und durch Gott in sein Erkennen getreten, so ergibt sich daraus erstens des Apostels schroffes Abweisen aller Willkürmeinungen; die Annahme einer Gleichwertigkeit der verschiedenen Ansichten wäre ihm entsetzlich. Wohl dringt er überall auf Einheit des Geistes, des Sinnes, der Rede, aber nicht im entferntesten in der Meinung, dies könnte durch eine gewisse verschwommene Gleichwertung der verschiedensten Ansichten erzielt werden, sondern – und dies ist das zweite, was sich aus dem Ursprung seiner Erkenntnis ergibt – er sieht Erkenntnis, Erkenntnis der Wahrheit, Erkenntnis Gottes gewissermaßen als eine Pflicht an oder auch als die unausbleibliche Frucht des wahren Friedens Gottes. Nur solange ihr fleischlich seid, denkt ihr verschieden, denn ihr denkt Irrtümliches; der Geist sagt allen das nämliche. Dieser hohe Wert der Erkenntnis scheint sich dem Apostel im Verlauf seines Wirkens je länger, desto mehr aufzudrängen, namentlich im Blick auf Gemeinden (wie Kolossä), die ohne sein persönliches Wirken entstanden.

Derselbe [Wert] ergibt sich von selbst aus der Objektivität des Heils, das heißt daraus, daß das Heil auf Tatsachen beruht, welche erkannt sein wollen. Der Apostel nannte den Korinthern als höchste der Gaben die Gabe, „zu reden von der Weisheit und zu reden von der Erkenntnis“, und dementsprechend, wenn auch mit lehrreicher Abwechslung, erbittet er sich für die Epheser, damit sie Gott erkennen, „den Geist der Weisheit und den Geist der Offenbarung.“ Beidemal gibt es eine Beziehung klar auf die zwei Seiten unseres Denkvermögens: auf die Kraft, selbständig zu schaffen, und auf die Kraft, fremde Gedanken zu empfangen.

Beide sind unerläßlich für das Erkennen göttlicher Dinge. Erstens der Geist der Weisheit; erst wenn ich selbständig denke, habe ich wirklich eigene Erkenntnis, und nur der Gedanke, [über] den ich selbständig nachdenke (reproduziere), wird mein Eigentum. Gedanken, die ich ohne selbständige Mittätigkeit mir aneigne, lagern sich in mir als Gedächtnisstoff ab und machen mich schließlich zu einer Kopie. Dem Geist werden sie immer fremder, er ist ja beständig Ursache seiner selbst und gestaltet sich deshalb sein Eigentum täglich neu. Ist das schon im weltlichen Denken ein wenig so – wieviel mehr erst im göttlichen. Ist der Geist der Weisheit der Baumeister, so liefert die Erkenntnis, das empfangende Tun, den Baustoff. Ohne solchen bleibt das beständige selbständige Schaffen und Verarbeiten eine ärmliche Sache.

Es ist schon für weltliches und göttliches Denken gefährlich und verderblich, sich kraft seines eigenen Geistreichseins nicht um die Masse des außerhalb von uns liegenden Materials zu bekümmern und die Frucht des Schweißes anderer zu verachten, im göttlichen in besonderer Weise, die reiche Vorratskammer der Heiligen Schrift zu verachten; aber dem Apostel reicht das für seine Epheser nicht. Er wünscht ihnen noch eine andere Quelle, ein Licht, das direkt von oben kommt. Ohne solches dürfte es schwerhalten, Gott wirklich zu erkennen. Hierzu bedarf es des Geistes der Offenbarung, des Geistes, der wach, nüchtern, kindlich hinauffragt und hinaufhorcht und der die Lichtblicke, die ihm von dorther werden, innezuwerden, zu würdigen und zu verwenden versteht. Das ist der Weg des Suchens und Findens, auf den uns der Heiland gewiesen hat, und auch heute noch sucht der Vater solche, die Ihn im Geist und in der Wahrheit anbeten, das heißt auch etwa fragen.

In welch hohem Grade dem Apostel beides eigen war, das tritt uns aus allen seinen Schriften entgegen, aber die Aufschlüsse hierüber kamen ihm nicht monologisch, nicht für müßige Wißbegierde, wie auch das Baumaterial an Erkenntnis ihm beständig durch die Gewalt des Lebens der Gegenwart zukam, man möchte sagen, durch die beständige Bewegung, in welcher sich damals die Beziehungen zwischen Himmel und Erde befanden; und sie kamen ihm eben deshalb nicht im einsamen Selbstgespräch des Forschers, sondern immer zu praktischen Zwecken, immer durch eine Gemeinschaft des Heiligen Geistes im Reden und im Schreiben. Im Reden: wenn er vor der

Gemeinde stand, redete er „als aus Gott vor Gott"; da kam ihm Licht, und da kam ihm helles, göttliches Quellwasser, und da konnte es ihm weh tun, wenn Hörer das nicht merkten und ihm, dem armen Staubgebilde, solche Dinge zutrauten. Und so war es ihm, wenn er schrieb: da schob ihm Gott in den Nöten und Verwirrungen der Gemeinden die Fragen in die Hand. Da gingen die Fragen empor zu Gott, und da kamen die Antworten. Es war providentiell, daß er jedesmal in der Meinung stand, nur für diesen Zweck zu arbeiten, daß er nicht im Hochgefühl, nun Bibel zu schreiben, an die Arbeit ging, sondern in schlichtester Weise, als Sklave des Augenblicks (Röm. 12, 11), brünstig im Geist, sich zum göttlichen Werkzeug des Augenblicks fast unbewußt hingab. Wäre es mir nur möglich, diese wunderbar väterliche, geistige, heilige Weise, in der da der Himmel mit den Menschen verkehrte, in gebührender Weise zum Ausdruck zu bringen!

Mit dem Wort Objektivität des Heils haben wir uns gesagt, daß das Heil auf Tatsachen beruht und daß unser Erkennen nur das Organ ist, durch welches wir derselben innewerden. Wir sind also sofort weitergedrängt zur Frage nach den Tatsachen.

Unser Heil, unser Gerettetwerden, ist nicht das Produkt einer eigenen Tat, die wir getan, sondern einer Tatsache, die für uns geschehen, einer Tat, die an uns geschah. Dafür ist Paulus nicht nur ein leuchtendes Beispiel, sondern eigentlich die personifizierte Predigt. Gerade wenn wir sein Leben überblicken, so staunen wir immer aufs neue über diesen Mann, wie er aus einem Augenblick heraus geboren wurde, eine Persönlichkeit, zu deren Wesen es untrennbar gehört, ein Ganzes zu sein; und zwar gehört es ebenfalls zu seinem Wesen, daß in moralischer Beziehung eine Entwicklung sich in ihm nicht zeigt; er ist sofort ein ganzer.

In intellektueller Beziehung ist Entwicklung etwas Unerläßliches; Denken ohne Entwicklung läßt sich nicht denken. In moralischer Beziehung ist es teilweise umgekehrt; es kann etwas an Stärke zunehmen, aber im Prinzip muß es sofort ganz sein. Ein Senfkorn ist noch klein, aber es ist nicht anfangs noch teilweise Rübensame, so daß es erst allmählich diesen Charakter verlöre. So sehen wir den Apostel, wie er 2. Kor. 5, 17 sagt: „eine neue Schöpfung", oder Epheser 2, 10: „ein Werk Gottes";

und er wird nie müde, dieses große Tun Gottes an allen, die an Jesum glauben, zu preisen.

Das Wesen seiner neuen Beschaffenheit übergehen wir, weil wir nachher diese neue Beschaffenheit eines Christen überhaupt betrachten werden, und verweilen nur bei dem für uns alle so überaus wichtigen Umstand, wie so gar sehr er dies alles ohne sein Zutun wurde. Der Apostel sagt von sich (2. Kor. 4, 6): Es war, als wiederholte sich in mir der Schöpferbefehl Gottes ins Dasein: „Es werde Licht!“, und den Kolossern sagt er (2, 12): Die Machtwirkung Gottes, durch die er den Glauben in uns wirkt, ist identisch mit der Machtwirkung der Auferstehung Jesu. Es scheint, der Apostel habe sich oft, gerade um dies Werden des Glaubens zu verstehen, jenen heiligen Moment zu vergegenwärtigen gesucht, als Gott Jesu den Ruf: Wache auf! Stehe auf! zusandte, sich gleichsam in den gestorbenen Heiland hineinzuversetzen versucht und da das Geheimnis des Werdens aller Christen zu erkennen gesucht. Das ist eigentlich das Vaterwirken Gottes. Wir waren die Toten, wir konnten nicht sagen: Wir wollen lebendig werden, sowenig wie man einem Toten sagen kann: Du mußt lebendig werden – es hat beides keinen Sinn –, sondern erst als Lebendiggewordene merken wir, daß wir tot waren. Dem ersten, wodurch wir irgend etwas darüber zu wollen oder zu wünschen beginnen, geht eine Tat Gottes an uns voraus.

Aber dieser Glaube, was ist er anderes als der subjektive Reflex der Objektivität? Er ist das zustimmende Innewerden einer Gotteswirkung. So könnten wir den Glauben nicht bezeichnen, wenn die Gotteswirkung etwas einzelnes, gleichsam zufällig zwischen Gott und irgendeinem einzelnen sich Begebendes wäre; da könntest du, dem ich sage: glaube! antworten: Ich würde der Empfindung einer solchen Gotteswirkung gerne zustimmen, aber ich empfinde keine, ich gehöre wenigstens jetzt nicht zu denen, an denen diese Wirkung geschieht. Die Gotteswirkung ist eine weltgeschichtliche im heiligen Sinn, eine allgemeine und kommt an dich durch die Nachricht von derselben.

Das allein heißt eigentlich Evangelium, das allein heißt auch Predigt in der Apostelzeit. „Der Glaube kommt aus der Verkündigung“, sagt der Apostel Röm. 10, 8 (nicht wie Luther sagt:

„aus der Predigt"). Es ist in schlichtester Weise zu verstehen; jede Erzählung glauben wir oder glauben wir nicht. Wo der Apostel nach Luthers Übersetzung „Predigt" sagt, da ist eigentlich jede zumutende Einwirkung auf das Gemüt zu eigenem Tun ausgeschlossen; er bringt nur seinen Bericht von Gottes großer Tat. Das ist die große Gotteswirkung, welcher wir zustimmend innewerden können.

Wessen wurde Paulus inne? Eine gewaltige Geschichte, die zwischen Himmel und Erde in seinen Tagen vorgegangen war, tat sich ihm gleichsam durch gewaltsamen Ausbruch kund, umschlang ihn mit ihrem Zusammenhang. Der ganze Inhalt dieser Geschichte ist Jesus, der Brennpunkt derselben der Tod Jesu. Es ist unerläßlich für das rechte Verständnis der Tatsache und für die rechte Würdigung ihrer Tatsächlichkeit, daß wir dieselbe mehr im Licht der Geschichte und minder im Licht der Dogmatik ansehen, als es heute uns, welchen jene Taten geschichtlich so ferngerückt sind, etwa begegnet. Die Apostel standen mitten im Erleben, und so war auch einem Paulus der Heiland eine Person der lebendigen Geschichte, und gerade auch seinen Tod betrachteten sie – ja ich möchte fast sagen: beweinten sie (wie wir es in ähnlichen Fällen tun) als ein geschichtliches Ereignis. Daß er gestorben war, das bekamen Paulus und die Zwölf nach einer Seite hin täglich schmerzlich zu fühlen, weil es noch die Jahre waren, in welchen Jesus als einfacher Mensch hätte leben und fortwirken können. „Er hätte eigentlich noch da sein sollen, und nicht wir." Der Verlust, den die Sache des Heils, ja die Erde durch seinen gewaltsamen Tod erlitten hatte, wurde im Glauben, durch Früchte, die dem Glauben gegenwärtig waren, überwunden, aber dem Sehen war er doch noch, trotz der sichtbaren Siege, vorhanden.

Es ist wohl am belehrendsten und beredtesten, wenn wir Paulus selbst darüber reden lassen. Er sagt (2. Kor. 5): „Ob ich außer mir sein – das heißt (wie 3, 1), mich selber loben – oder ob ich besonnen sein wolle, frage ich mich nicht; ich bin in Banden der Liebe Christi, mein Leben ist, sogar mit allen seinen Stimmungen, ihm verfallen; denn wenn er, einer für alle, gestorben ist, so sind sie ja alle gestorben (sie dürfen sich nichts mehr nachfragen [erbitten]). Und er ist darum für alle gestorben, damit die, welche leben (welche nun den Vorzug haben, auf den er für seine Person verzichtet hat), hinfort nicht mehr sich selbst leben, sondern dem, der für sie gestorben und auferstanden ist."

W i r müssen hervor in die Linie, aus der er uns zuliebe zurückgetreten ist; das heißt: auch das Auferstandensein ist nach einer Seite hin die Leistung eines Verzichts, denn diese Form seines jetzigen Daseins gab ihm die Möglichkeit, die ihm der Tod geraubt, nach wie vor unter uns zu wirken, nicht wieder zurück. „Darum (weil wir gestorben sind und nicht mehr uns selber leben) kennen wir niemand mehr nach dem Fleisch; auch wenn wir Christum fleischlicherweise gekannt, aber jetzt nicht mehr; und so ist einer – wenn in Christo – eine neue Schöpfung; das Alte verging – siehe, alles ist neu geworden. Das alles aber von Gott, der mich* mit sich selber versöhnt hat durch Christum und mir das Amt der Versöhnung anvertraut; daß Er aber mich so mit sich selber versöhnt hat und mich so hoch verwendet, das ist nicht zu verwundern, es sieht Ihm gleich; war Er doch ein Gott, der in Christo eine W e l t mit Sich versöhnte, indem Er ihnen ihre Sünden nicht zurechnete und unter uns das Wort von der Versöhnung eingesetzt. So tun wir nun Botendienst um des Heilands willen, als vermahnte Gott durch uns; so bitten wir um Christi willen: Lasset euch versöhnen! Er hat den, der Sünde nicht kannte, für uns zur Sünde gemacht, damit wir in ihm Gerechtigkeit Gottes werden."

Ich habe hier die Worte des Apostels in reicher Ausdehnung wiedergegeben, ein gerade in seiner Unwillkürlichkeit naturtreues Bild davon, wie innig verflochten ihm seine private Lebensgeschichte mit dem allergrößten Heilstun Gottes für die ganze Welt erscheint. Das überwältigende, versöhnende Verfahren Gottes gegen Paulus geschah durch Christum und stand also im Zusammenhang mit Gottes gleichem Verhalten durch Christum gegenüber der Welt. Daß dies besonders durch den Tod Christi geschehen sei, erwähnt hier der Apostel nicht, wohl absichtlich nicht. Daß es einen Christus, wie er war, gab und gibt, das war als Ganzes die Versöhnungssprache Gottes. Auch

---

* „Mich", eigentlich „uns", d.h. „uns, Schreiber dieses Briefes, Paulus und Timotheus."

daß er für uns zur Sünde gemacht wurde, das geschah zwar in seinem Tod, trat aber mit demselben nur erst völlig ins Licht.

Immerhin ist es merkwürdig, wie dem Apostel das ganze eigentliche Erdenleben Jesu völlig in den Hintergrund tritt. Ihn beherrscht der Eindruck des Auferstandenen, der ihm erschien; daß er Mensch war und daß er gestorben ist, das ist ihm die Tatsache, die alles Elend der Welt aufwiegt.

Wir haben das Gnaden- und Erlösungsgericht über die Welt, das im Tode Christi sich vollzog und vollzieht, der Betrachtung der Apostelzeit vorangestellt und hierin auch des Apostels Grundgedanken wiedergegeben, aber vielleicht nicht völlig. Dem Apostel war, wie wir in seinen obigen Worten sehen, namentlich das das Ergreifende – und darin lag ihm auch die Gewähr der Allgemeinheit der Bedeutung sowohl als der Wirkung – daß dies alles, was Jesus erlitt, von Gott gewollt war, daß Er in Christo die Welt mit Sich selbst versöhnte; das heißt nichts Geringeres als: Gott hat im Heiland Seine Stimmung gegen die Welt gewandelt. Dies nötigt uns, des Unterschieds innezuwerden zwischen dem Ewigen in Gott, Seiner Gesinnung, welche unwandelbar ist, der Liebe – und einem Wandelbaren in Ihm, das also nicht an sich ewiger Natur ist: wir nennen es Seine Stimmung oder, spezieller, Sein Zürnen. Dieses besteht in der tatsächlichen Antwort Seiner Gerechtigkeit auf alle Sünde der Welt; diese Tatantwort vom obersten Prinzip des Daseins her auf die Sünde ist eigentlich der Sünde an die Stirn geschrieben, darin, daß ihre Kehrseite, ihr Passiv, lauter Qual und Vernichtung ist (hassen ist Sünde – gehaßt werden Qual usf.). Wie die Tatantwort Gottes im groben Dasein uns zutage tritt, so werden wir im Gewissen, in der Stätte des Bewußtwerdens Gottes, des Beweggrunds Gottes inne: des Zürnens.

Das Geheimnis der Versöhnung beruht darauf, daß Gott Christum zur Sünde gemacht hat, nicht im Aktiv – „Sünde kannte er nicht“ – sondern im Passiv, daß Jesus passiv im Leiden die zentrale und damit abschließende Antwort der Gerechtigkeit Gottes auf die Sünde der Welt wurde. Er wurde bestraft als der Generalmensch, der Weltmensch,* der Menschheitsmensch, der Menschensohn. Dieser ist er, weil er der Sohn Gottes ist; ist er das eine nicht, so ist er auch das andere nicht.

Und er ist bestraft als Generalmensch, weil er zu Gott zurück will, indem dieser sein Wunsch nicht anders erfüllt werden kann. So ist er die Versöhnung für unsere Sünden, oder er ist (Röm. 3, 25) durch sein Blut von Gott zu einer Sühnemacht hingestellt, deren Wirkung wir teilhaftig werden durch den Glauben.

Dieser Glaube, war er bloß dogmatische Vermutung, etwa um das furchtbare Ereignis des Todes Jesu möglichst günstig zu deuten, oder auch, um dem nachherigen Erfolg der Sache Jesu gewissermaßen eine philosophische Basis zu geben? Diese Frage ist ernsthaft genug, denn wie fruchtbar hat sich doch das dogmatische und philosophische Denken schon erwiesen und wie sehr sind wir in Gefahr, den Schwerpunkt des Heils in gewissen Glaubenslehren statt in Tatsachen zu finden!

Die Antwort liegt in der zweiten großen Tatsprache Gottes: in der Auferstehung Jesu. Das erste Tatwort Gottes, die Antwort auf die Sünde, den Ausdruck Seiner nichtewigen Stimmung, ließ Er nicht einen direkten Eingriff von oben sein; sie sollte durch die Sünderwelt selbst vollzogen werden. Das einzige, aber Große, was daran göttliche Tat war, war das liebende, verzeihende Dulden des Sohnes. Aber die zweite Tat, die den großen Umschwung zugunsten der Welt bekundete, war ein Eingriff der Allmacht in den Gang des irdischen Geschehens, welchem nur die Sendung des Sohnes zur Seite zu stellen ist, ja welcher in der gleichsam richterlichen Feierlichkeit, mit der er sich den Erwählten kundgab, einzig dasteht. Der für die Gesamtheit der Menschheit einstehende Jesus, der das richtige Ende der Sünde erlitten hat, ist auferweckt, und in ihm ist der Mensch da und im Keim die Menschheit, die mit Gott in vollem Frieden lebt, die gerechtfertigte. So bleibt Gott gerecht, das heißt, Er verhält sich unabänderlich abwehrend gegen die Sünde, macht aber aus Gerechtigkeit gegen Jesum den gerecht, der an Jesus glaubt.

---

* Ich meine hier Welt nicht im schlimmen Sinn. Luther übersetzt zwei griechische Ausdrücke des Neuen Testaments mit Welt: einmal die (immerhin böse) Welt, welche der Heiland zu retten gekommen ist (Kosmos); ferner die Welt nach dem Zustand, aus welchem sie errettet werden soll, gewöhnlich: diese Welt, gleich: diese Welt-Zeit.

Die ablehnende, verdammende Gerechtigkeit bleibt gegenüber der Welt, soweit sie Jesum ablehnt; aber ein Neues, äußerst Zukunftsreiches ist in die Menschheitsgeschichte getreten: eine Gerechtigkeit Gottes, die gerecht macht in Jesu, ein Regiment der Gnade. Wie wir bei der Liebe Gottes die Ewigkeit derselben betonten, die nun zu ihrem Recht gelangt oder die nun ihren Sieg erfochten hat, so betonen wir bei dem Begriff der Gerechtigkeit Gottes ihren Zusammenhang mit Gottes Macht und, daß wir so sagen: Gottes Gottheit.

Schon ein Meister in irgendeiner Kunst wird seine Gerechtigkeit, das heißt die Anforderung, die seine Meisterschaft ihn zu stellen zwingt, nicht nur darin kundtun, daß er seinen Schülern alles irgendwie Unrichtige streicht, sondern er wird darauf aussein – und nicht ohne Erfolg – daß sie es recht machen. So liegt in Gottes Gerechtigkeit etwas, das – weil Er Gott ist – nicht befriedigt sein kann mit bloßer Abweisung des Unrechten und auch nicht befriedigt zu sein nötig hat.

Als gerecht erweist Er sich jetzt in Christo im höchsten Sinn, indem Er in ihm das Mittel gefunden hat, gerecht zu machen. Der Leser wird bemerkt haben, daß ich damit die Gedanken ausgeführt, in welchen der Apostel Röm. 3 sich über das große Tun Gottes Rechenschaft gibt. Sie sind auch gewissermaßen philosophischer oder dogmatischer Art, aber wir tun wohl daran, uns immer wieder daran zu erinnern, wie lebenswarm damals den Aposteln das große Heilstun Gottes als ein in die Geschichte eingetretenes Ereignis an ihr Gemüt kam, und ich kann mir deswegen nicht versagen, auch noch ein Wort des Paulus (Röm. 5, 5-10) anzuführen, in welchem diese geschichtliche Auffassung besonders lebhaft zutage tritt. Er begründet dort eigentlich unsere Liebe zu Gott mit einer Liebe Gottes zu uns, die in so überraschender und überwältigender Weise in dem Mut Jesu, sich für unsere Rettung zu opfern, zutage getreten. Er überblickt vom Standpunkt einer Zeit, in welcher es schon besser stand, den sittlichen Stand der Menschen in Jesu Tagen, gleichsam die Aussichten, die derselbe für einen Rettungsversuch versprach. „Wir Menschen waren damals noch schwach, noch der Zeit gemäß gottlose.“

Den Sinn und die Wahrheit dieses Satzes beleuchtet die

Leidensgeschichte. Alles, selbst bis auf Petrus, kam als schwach, als unzuverlässig an den Tag. Wird aus solchem Material sich je etwas machen lassen? Aber in dieser Kühnheit des Wagnisses, dieses anscheinend ungerechtfertigten Zutrauens zu den Menschen strahlt ein wunderbar Hohes, Unerwartetes: die Liebe Gottes zu den Sündern. Wird Jesus es tun? Nach menschlichen Erfahrungen ist es nicht zu erwarten. Es stirbt kaum jemand für einen Gerechten, für das Gute (etwa für ein Prinzip oder für das Vaterland) dürfte wohl jemand sterben. „Aber darin", so fährt Paulus fort, „preiset Gott seine Liebe gegen uns, daß Christus für uns gestorben ist, da wir noch Sünder waren."

Oft wird der Apostel veranlaßt, etwa um gegen einen besonderen Irrtum Front zu machen, die Bedeutung des Todes Jesu nicht in ihrer vollen Tragweite für die ganze Welt, sondern etwa im besonderen für Israel und die Stellung desselben in und zu der Geschichte Israels zu betrachten, so z. B. Gal. 3, 13. Auch bei solchen Betrachtungen, bei denen wir übrigens wohltun, ihre geschichtliche Beschränktheit durch ihren besonderen Zweck im Auge zu behalten – auch in ihnen gibt uns der Apostel nicht dogmatische Belehrungen, sondern erzählt uns das große Erlebnis seines Volkes. Diese geschichtliche Auffassung berührt uns heute vielleicht, wenn sie neu betont wird, anfangs ein wenig kühl, weil wir den Sinn für den Ernst aller Geschichte verloren haben; aber entraten können wir des geschichtlichen Moments nicht, und so zersplittert sich uns das große geschichtliche Ereignis der Weltversöhnung in tausend Einzelgeschichten von einzelnen Bekehrungen, wodurch sehr leicht die eine, große geschichtliche Gottestat, die im Tode Jesu sich vollzog, in den Hintergrund verdrängt wird und ihre Bedeutung an den Wert unserer Gefühle usf. abtreten muß, so daß dann wirklich ebenfalls wieder „Christus (Gal. 2, 21) vergeblich gestorben ist", was sich immer darin zeigt, daß man sich nicht mehr getraut, dem Sünder, wie er ist, sei es ich selbst oder ein anderer, die Gnade Gottes so rund und voll zuzusagen, wie sie durch den Tod Christi der Welt zugewendet ist. Wir müssen wieder ein klares Gefühl bekommen für den Umschwung, der sich in der Stimmung Gottes gegen die Welt durch den Tod Christi vollzogen hat.

An obige Erwähnung der besonderen Bedeutung des Todes Jesu für Israel und seine Geschichte wollen wir noch eine Nebenbetrachtung anknüpfen darüber, wie sich dem Apostel die zentrale Bedeutung der Person Jesu auch gerade aus der geschichtlichen Bedeutung seines Todes immer heller geoffenbart und damit auch der Begriff: Sohn Gottes – ihm immer reichlicher die Fülle seines Inhalts erschlossen haben mag.

Er war auch als der Bekehrte noch das pietätvolle Kind Israels, und alle seine heiligen Israelserinnerungen und Israelsbegriffe blieben vorderhand unverändert stehen. Das große Gottesereignis, das in sein Herz geleuchtet, stand vorderhand in ihrer Mitte, ohne Konflikt und ohne Zusammenhang mit ihnen. Aber wenn er dann, durch die innere Macht der Wahrheit vorwärtsgedrängt, anfing, das Neue und das Alte zueinander in Beziehung zu setzen, wie erhebend mag es ihm da gewesen sein, wenn ihm immer heller die große geschichtliche Stellung Jesu – auch durch Vergleichen mit der Vergangenheit – klarwurde: daß Jesus vor Moses – über Moses, vor Abraham – über Abraham, vor Adam – über Adam steht. Aber dies bezieht sich nur auf sein klares, in die einzelnen Beziehungen ausgeführtes Bewußtsein, durch welches alle jene Begriffe (ich denke mir darunter den Begriff eines Moses, Abraham, Adam) eine Umprägung erlitten.

Wir können eine geistige Tatsache in aller Fülle besitzen, noch bevor wir uns über dieselbe in obiger Weise bis ins einzelne hinein Rechenschaft zu geben vermögen. Wir haben z. B. auch von unserem Vater, von unserem Lehrer den vollen geistigen Gewinn, wenn wir auch erst nach Jahrzehnten in die Gedankengänge, gleichsam in die Bergwerke, aus welchen jene Männer das Gold gewonnen, Einblick gewinnen. So war dem Apostel mit dem ersten Anfang seines geistigen Werdens, seiner neuen Kreatur, das Ganze gegeben: Gott, der lebendige, der wirkliche, nicht das Produkt unserer Gedanken oder das bloße Objekt eines angestrengten Glaubens. „Und Er offenbarte mir Seinen Sohn, und zwar mir, dem Feinde desselben, und damit Seinem Feinde. Und er betraute mich mit dem Dienst der Versöhnung.“ In allem diesem war die Weltbedeutung der Versöhnung gegeben. Aber erst als er Jesu gewaltiges Wirken und

Gottes großes Tun an den Menschen, an den Heiden erfuhr und als er um der Juden und auch der Judenchristen willen genötigt war, die Heiligen Schriften unter ganz neuen Gesichtspunkten zu durchdenken, sie als Urkunden anzusehen, aus denen sich die Berechtigung des Heute ergeben müsse, als er sich die Aufgabe zufallen sah, den Gott, der da ist, und der da war, und der da kommt, in Seinem heutigen Handeln, im Zusammenhang desselben mit der Vergangenheit zu begreifen, da erst stellten sich ihm jene Begriffe in ihr helles, volles Licht und erkannte er – das dürfen wir beifügen – Gott in Seinem Gestern und in Seinem Heute, derart, daß ihm auch Sein Morgen, das heißt Seine Pläne für die Zukunft immer klarer – weniger mit dem Blick des Propheten als mit dem Blick des Vertrauten – vor der Seele standen. Solche Blicke seines Geistes münden Röm. 11 in jenen Jubelruf ein (der durch Vergleichung mit 1. Kor. 16 noch bezeichnender für Paulus wird): „Oh, welch eine Tiefe des Reichtums Gottes an Weisheit und an Erkenntnis ... denn aus Ihm und durch Ihn und zu Ihm sind alle Dinge. Ihm Ehre in die Ewigkeit! Amen."

Wie ist nun diese große Tatsache unseres Heils beschaffen? Wie werden wir ihrer inne? Es liegt im Wesen der Objektivität, daß das Heil uns durch den Glauben, das heißt durch zustimmendes Innewerden jener Tatsachen zuteil wird. Das Heil ist die Gerechtigkeit Gottes, durch die wir mit Gott, der nur mit Gerechten Gemeinschaft haben kann, in volle Gemeinschaft treten; es gehört nun aber zu den Wundern der durch Jesum schöpferisch gewordenen Gerechtigkeit Gottes, daß diese Gerechtigkeit, wie sie uns einerseits rein geschenksweise zuteil wird, doch andererseits sofort unseres eigenen sittlichen Wesens Ausdruck ist. Das ist das Wunderbare der in Christo vollzogenen Erlösung. Wenn Gott uns unseren Glauben zu Gerechtigkeit anrechnet, so kann Er mein Wesen doch nicht wohl etwa für etwas anderes ansehen, als es ist. Aber Glaube an und für sich ist ja eine an sich sittlich leere Form, die ihren ganzen Inhalt, je nachdem auch ihren sittlichen Wert, nur durch seinen Gegenstand und Inhalt gewinnt.

Nun ist der Heiland nach zwei Seiten hin das große Gut der Menschheit geworden: Erstens durch sein ganzes Lebensbild, von der Krippe bis zur Rechten des Thrones Gottes; das ganze Bild ist ein klarer, zu Ende geführter Gegensatz und Kampf gegen die Welt und ihre Sünde bis zum vollen Sieg, und wer im Glauben dieses Bild in sich aufnimmt, der hat damit die Wendung von der Sünde der Welt zurück zum Vater voll und ganz – wenn auch senfkornartig – vollzogen. Es liegt etwas Gerechtes im höchsten Sinn in diesem Glauben, und es ist nun nicht mehr so, daß Gott in Seinem Bemühen, meinen Glauben mir zu Gerechtigkeit anzurechnen, gestört würde, sondern umgekehrt: er sagt Ihm gleichsam, daß alles noch Unvollzogene an mir fortan wurzellos und darum vorübergehend ist. Das zweite Gut, das die Menschheit am Heiland besitzt, ist Er selbst und ist Seine geschichtliche Leistung für uns in diesem Kampf. Der Glaube ist nicht die Annahme irgendeiner Wahrheit, sondern das Ergreifen einer lebendigen Macht oder das Ergriffenwerden von ihr; es ist Glaube an die alles Erkennen übersteigende Liebe Christi (Eph. 3, 19), d.h. Offensein für die unerschöpfliche Macht und Tätigkeit dieser Liebe.

Durch den Glauben an ihn bin ich „in ihm", und Gott sieht in mir einen individualisierten Abglanz Seines Sohnes, der Ihm seinen besonderen Wert hat, und ich meinerseits werde mir in Christo des großen Umschwunges bewußt, der in Gottes Stimmung zur Welt im allgemeinen eingetreten ist und der allen gegenüber, die in Christo sind, sich tatsächlich kundgibt. Ich fühle eine neue Zeit im Verborgenen über die Menschheit anbrechen und mich in dieser Zeit befindlich: die Zeit der Gnade. Damit aber, daß der Glaube nichts anderes ist als der Widerhall einer geschichtlichen Kunde in unseren Herzen, ist schon gegeben, daß er allein nicht hinreicht, uns in geschichtlichen Zusammenhang mit dem Inhalt der Kunde, mit dem großen geschichtlichen Ereignis, das sie erzählt, zu bringen.

Damit, daß das Heil das Endresultat einer Geschichte Gottes auf Erden ist, hängt unzertrennlich zusammen, daß auch das Eingepflanztwerden des einzelnen in den Zusammenhang dieses Ereignisses ein äußerlich geschichtlicher Vorgang sein muß. Ein Minimum dieses Äußerlichen ist mein Bekennen Jesu als des Herrn. In Röm. 10, 10 unterscheidet Paulus in dieser Beziehung merkwürdigerweise die innere Umwandlung in die Gerechtigkeit durch das innere Tun des Glaubens von der äußeren des Gerettetwerdens durch das äußere Tun des Bekennens. „Mit dem Herzen bekennt man Christus zur Gerechtigkeit, und mit dem Mund bekennt man ihn zur Rettung."

Aber diesem Bekenntnis Jesu als des Herrn hat Jesus selbst eine bestimmte Form angewiesen in Wiederaufnahme der Bußtaufe des Johannes, und der Apostel betont schon Gal. 3, 27 die entscheidende Wichtigkeit dieses Aktes in ihrem Zusammenhang mit Jesu; in Röm. 6, 3, 4 und Kol. 2, 12 aber, wie durch denselben der Täufling in den vollen Zusammenhang jenes Hergangs des Todes und der Auferstehung Christi eingesetzt wird.* Er redet hierbei nicht von Gefühlen und Empfindungen, die uns zugemutet werden; diese Gefühle ergeben sich nicht von selbst, sondern ein V o r g a n g an unserem Wesen steht vor seiner Seele. Es ist etwas, das an uns geschieht.

Die Taufe bildete damals allerdings schon deswegen, weil sie gewöhnlich an Erwachsenen geschah, sowie auch um der oft furchtbar erschwerenden Umstände willen, die zu überwinden waren, schon als bloßer Akt des Übertritts einen bedeutsamen Wendepunkt im Leben des Täuflings, und diese Nebenumstände sind bei u n s e r e r Taufe dahingefallen. Es sind aber N e b e n - u m s t ä n d e, und die Taufe bleibt eine Königstat Jesu, und deshalb behält sie auch für uns jenen vollen biblischen Wert. Es mag allerdings sein, daß da, wo ihr Wert völlig verkannt und vernachlässigt worden, ein bloß innerer Hergang nicht immer genügt, das alles wiedergutzumachen, sondern auch das äußere Geschehen in dem Sinn der Worte 1. Joh. 1, 3 in seine Rechte tritt: „Auf daß ihr Gemeinschaft mit uns habt, unsere Gemeinschaft aber ist mit dem Vater", das heißt: daß die äußere tatsächliche Gemeinschaft mit den Kindern Gottes irgendwie auf seelsorgerliche Weise vermittelt wird.

Durch die Taufe werden wir in die Gemeinschaft des Todes

---

* Wenn der Apostel 1. Kor. 1, 17 sagt: „Christus hat mich nicht gesandt, zu taufen", so ist es angesichts des Zusammenhangs sowie jener obigen Stelle eine unglaubliche Oberflächlichkeit, wenn man daraus auf eine Geringschätzung der Taufe seitens des Apostels hat schließen wollen. Gerade je höher der Wert eines Briefes ist, desto mehr tritt dagegen die individuelle Bedeutung des Briefträgers in den Hintergrund.

und der Auferstehung Jesu Christi versetzt. Zuerst in die Gemeinschaft des Todes; mein Anteil an der Weltsünde wird hier durch Christi Blut bereinigt. „Stellvertretung“ ist schwerlich die genaue Wiedergabe dessen, was der Tod Christi nach der Auffassung des Paulus uns leistet. „Christus ist für uns (ὑπὲρ) gestorben“, schreibt er beständig – nie (auch die anderen Briefsteller des Neuen Testaments nicht) anstatt (ἀντί) uns. Allerdings ist das, was ich für einen leiste, meist auch eine Leistung an seiner Statt; und dies trifft auch für den Tod Christi zu.

Der Sinn der Leistung ist aber doch in ihrer Beziehung sowohl zu Gott als zu uns nicht ganz derjenige der Stellvertretung. Christus hat das Zornesgericht Gottes über die Sünde, das im Tode sich vollzieht, in einer Weise auf sich genommen, daß es einen Ausgang findet zum Heil und so ein Gnadengericht wird. In dieses Gnadengericht stelle ich mich mit der Taufe. Meine Weltherrlichkeit, die so lange besteht, wie ich es auf ein endliches Zornesgericht Gottes mutwillig ankommen lasse, verlasse ich, indem ich mich dem im Tode Jesu sich vollziehenden Urteil unterstelle und mit meinem Fleisch in dieser Welt – als Christo mitgekreuzigt, als der das Fleisch mit seinen Lüsten an das Kreuz geschlagen hat, als der der Welt und dem die Welt gekreuzigt ist – fortan in die Menschenlage gesetzt bin, in der Jesus, der Gekreuzigte, der Welt gegenüber als Naturganzem und als Gesamtheit der Menschen war und in seinen Gliedern noch ist. So hoffe ich, durch sein Blut gerecht geworden, (Röm. 5, 9) „behalten zu werden vor dem Zornesgericht Gottes“ und (V. 10) „als ein durch den Tod Seines Sohnes versöhnter Feind gerettet zu werden durch sein Leben.“

Es ist damit nicht gesagt, daß sich die ganze Kreuzeslage Jesu auch an mir wiederhole, aber im Prinzip, im System meiner Ansprüche an die Welt bin ich mit ihm gekreuzigt. Aus dieser hochernsten Beziehung des Todes Christi zu dem einzelnen leuchtet die selige Wahrheit wunderbar hell und klar hervor, daß die Eingangstür zum Reiche Christi jedem Sünder und nur dem Sünder offensteht.

So befindet sich die Gemeinde Christi einerseits, das heißt weltlich beurteilt, im Tode Christi; andererseits aber ihrem innersten Wesen nach befindet sie sich in einem ganz anderen Zustand:

im Zustand des Lebens und der Hoffnung der Herrlichkeit, denn der Herr ist auferstanden. Der auferstandene Heiland ist nicht nur eine Tatsache, sondern diejenige Tatsache, die an Tatsächlichkeit alles Sein der Erde überbietet, weil überdauert; sie ist das erste Sein der künftigen Zeit, und seine Auferstehung war und ist die für alle Zeiten ausgesprochene Gerechterklärung des in seinem Tode gerichteten Menschen; wir sind mit ihm mitauferstanden. Können wir des Mitgekreuzigtseins uns gar wohl bewußt werden, so ist dagegen unser Mitauferstandensein etwas, das Glauben beansprucht, dem Glauben aber sich auch bestätigt. Der Charakter des sittlichen Zustandes, in den uns dieser unser Zusammenhang mit der Auferstehung Christi und mit dem Auferstandenen versetzt, ist nach allen Seiten hin durch das Wort L e b e n bezeichnet. „Wir dienen (Röm. 6, 13) als die Lebendigen einem lebendigen Gott." Wir glauben ferner an einen lebendigen Heiland, der sich als solchen auf zweierlei Weise kundgibt: Er ist unser Vertreter; meine Unarten nimmt er auf sich vor Gott, sie sind s e i n e Schmerzen, er ist aber auch unser Herr, dem wir zur Verfügung stehen. Er ist nicht das bloße Spiegelbild unserer willkürlichen Vermutungen über ihn, eine bloße Namensunterschrift unter die Friedenswünsche unseres bösen Gewissens – er ist ein L e b e n d i g e r und ein H e r r, unser B e s i t z e r, wie Paulus oft betont; und er will uns, ähnlich wie das Haupt seine Glieder, verwenden, wodurch unser Tun ewigen Sinn erhält und auch ewige Frucht bringt. Wie gewaltig haben wir das an Paulus gesehen!

2. Die Universalität

Die Universalität des Heils, die Bestimmung desselben für alle, ist das, was am allerinnigsten mit der Bedeutung der Person des Paulus verwachsen ist. Seinen jubelnden Dank darüber (Eph. 3, 1-11) würde ich am liebsten wörtlich wiedergeben. Er war – und dies wußte er – das von Gott zur Vertretung und ersten Verwirklichung dieser Idee erwählte, ausgerüstete, man möchte sagen g e s c h a f f e n e Organ. Er war d e r Bote Jesu (nicht einer unter vielen) an die Völkerwelt. „Mir, dem Allergeringsten unter allen Heiligen", sagt er, „ist gegeben diese Gnade, das Geheimnis Christi oder das Geheimnis des Willens Gottes zu verkünden, nämlich: daß die Heiden, die Völker, Miterben seien."

Heute leuchtet uns diese Idee als selbstverständlich ein, folgt sie doch eigentlich notwendig, wie wir oben sagten, schon daraus, daß Jesus Gottes Sohn sei, und die Worte des Apostels Röm. 3, 29, mit denen er, in damals überraschender Weise, diesen Gedanken begründete: „Ist Gott nur der Juden Gott? Ist Er nicht auch der Heiden Gott?" klingen uns heute fast wie überflüssig, und kaum anders geht es uns mit jenen Worten, mit welchen der Apostel später beweist, daß Gott will, daß alle Menschen selig werden. „Es ist ja", sagt er, „e i n Gott (also gibt es auch nicht zwei Klassen von Menschen, die einen verschiedenen Gott haben) und nur e i n Mittler, der Mensch Jesus Christus, der sich selbst gegeben hat für a l l e zur Erlösung."

Aber die Idee dieser Tatsache, ja die Tatsache selbst, ist das letzte Produkt einer großen Geschichte, eines gewaltigen Ringens. Daß wir Gott als Schöpfer Himmels und der Erde kennen, ist nicht das Resultat der Philosophie, sondern der Geschichte, das heißt einer Gottesgeschichte auf Erden. Gott hat sich einem Abraham und Mose in bescheidenster Weise geoffenbart, um in der abgefallenen Menschheit allmählich wieder Boden zu gewinnen und als der e r l ö s e n d e Gott die Menschheit zu erobern; nur das ist der allein wahre Gott. Der allein wahre Gott steht zu uns Menschen in Beziehung auf dem strikten Wege der Offenbarung als der Gott Abrahams, und ein Gott, den wir Menschen – abgesehen von diesem Kanal der Offenbarungen – uns vorstellen und anerkennen würden, ein Gott u n s e r e r Wahl, u n s e r e r Geistesarbeit, würde der festen Grundlage der Wirklichkeit doch entbehren und würde es kaum viel höher bringen als zum Rang einer psychologischen Tatsache. Die Familie, die Gott sich großzog, das Volk Israel, konnte vorderhand die übrigen Völker ringsum nur als M a s s e* ansehen (es hat deshalb auch für das Wort Heide keinen Singular), als eine

* Solche „Masse", die zu Gott vorderhand in gar keiner Beziehung mehr steht, blieb die Völkerwelt noch inmitten der Siege Jesu. „Ihr Galater, Kappadozier, Kleinasiaten", sagt Petrus, „seid durch die Vorsehung Gottes, des Vaters, in der Heiligung des Geistes zum Gehorsam und zur Besprengung des Blutes

dem emporkeimenden Heil *feindselige* Masse, anfangs mehr Gegenstand der Furcht; Wunsch und Hoffnung ging auf Beseitigung derselben. Die Zuversicht dieser Hoffnung steigerte sich im Zusammenhang mit der geistigen Verklärung derselben, mit einer tieferen, geistigeren Auffassung des Besiegens; aber immer war Israel als der Sieger gedacht und ein Glanzstand Israels erforderlich als erste Bedingung für ein solches Herübergenommenwerden der Heiden in Gottes Heil.

Jenen gehofften Sieg sah der Apostel in wunderbar geistiger und großer Weise über die Völker fluten, aber der rechtliche Zusammenhang dieses Sieges mit Israel und seiner Geschichte oder sein organisches Herauswachsen aus derselben war ein Geheimnis, das sich nicht jedem und nicht auf den ersten Anblick enthüllte. Ein steifer pharisäischer Schriftgelehrter konnte sagen: Das ist unbiblisch (das heißt: nicht nach dem Alten Testament), dieses Ziel schwebte weder der heiligen Geschichte noch der Verheißung vor; und so gar leichtwiegend war solche Einrede nicht. Jener sachlich rechtliche Zusammenhang dieses Sieges mit dem bisherigen Gang der heiligen Geschichte war ein hochernster; es mußten sachliche Hindernisse überwunden werden, um solchem schönen Gang der Dinge freien Lauf zu eröffnen; der Heiland selbst hatte gleichsam in eine in der Tat heilige Mauer, durch welche die Heidenwelt abgewehrt war, ein Loch gebrochen, und durch nichts Geringeres als durch seinen Tod. Er war als Erdenmensch ein Eigentum Israels und als solches an Israel gebunden, und nur durch seinen Tod wurde er eine allgemeine Welterscheinung, ein Eigentum der Menschheit, und als Auferstandener ein Universalmensch, der in der Menschheit wirkt.

Paulus in seiner Spezialmission ist eigentlich das Produkt des Todes und der Auferstehung Jesu nach dieser Seite hin. Das große sachliche Hindernis, das der Allgemeinheit des Heils entgegenstand nach der göttlichen Seite hin, war also durch Jesus behoben, aber nun zeigt sich auf menschlicher Seite, gleichsam in praktischer Beziehung, ein sachliches Hindernis. So schön diese Idee ist – wird sie ausführbar sein? Wird dem gleichsam wildwachsenden,

Christi gelangt.“ Hier ist auch die Völkerwelt als ein Urwald angesehen, der niemand gehört und innerhalb dessen erst jetzt ein Tun des lebendigen Gottes bemerkbar wird.

aller moralischen und religiösen Vorkenntnisse baren Menschen Neigung zur Sache – ja nur Verständnis für dieselbe beizubringen sein? Hier wird es sich zeigen, ob die ganze Sache eine bloße Menschengeschichte und das, was daran Göttliches erzählt wird, nur Spiel menschlicher Phantasie sei oder ob in der Tat und Wahrheit Gott vom Himmel her, der Schöpfer der Menschenkinder, mitwirkt. Die Wunderhand Gottes, die dies durchführte, zeigt sich uns an beiden Faktoren, um die es sich handelt: an dem Sendboten und an denen, zu denen er gesendet ist.

Der Apostel ist sich, wie wir sagten, der vollen göttlichen Höhe seiner Aufgabe bewußt und zeigt sich uns in dieser Beziehung als das äußerst lehrreiche Ideal eines Missionars. Daß wir tiefer in die Weise seines Denkens in dieser Beziehung hineinblicken können, verdanken wir dem Verdacht der Römer gegen ihn, er komme darum so lange nicht nach Rom, weil er sich schäme, in diesem Mittelpunkt der Welt mit seinem Evangelium aufzutreten. Das entlockt ihm die Mitteilung seiner Gedanken über das Wesen des Heiden, das heißt über die Wechselbeziehung zwischen Gott und ihm. Diese seine Gedanken, die er uns in Römer 1 mitteilt, versetzen uns in seine Geistesarbeit als Missionar. Wird es ihm genügen, seine Gedanken der Denkweise der Heiden anzubequemen, sie in dieselbe zu übersetzen? Nein! Ein Mensch, der sich mir anbequemt, ist mir von vornherein durch seine Überlegenheit, die er sich offenbar zuschreibt, unangenehm; er versteht mich nicht, er glaubt nicht, daß ich selber etwas Denkenswertes denke und etwas Fühlenswertes fühle. Der Apostel „läßt sein Leben für die Brüder", er denkt mit ihnen, aus ihnen heraus, unwissend aller göttlichen Vorgeschichte; er gräbt nach dem Urgestein der allgemein menschlichen Begriffe, die sich jedem von selbst darbieten; er versagt es sich aufs entschiedenste, mit anderen Begriffen zu arbeiten; er lernt gewissermaßen allgemein menschlich denken, frei auch von der Bibel. Als der Feldherr oder Minister hat er zwar immer wieder die ganze Offenbarung zu studieren und kann nachher seinen zu Schülern gewordenen Christen auch daraus Licht geben. So überblickt er (Röm. 5, 11-21) im weitesten Blick den Gang des Verderbens und des Heils von Anfang bis Ende nach der Schrift; aber daneben hat er ein Denken, das sich von der Vergangenheit und von allem Schriftwort über sie emanzipiert hat und ganz nur den heutigen Menschen, wie er ist, zu Worte kommen läßt. Das Fleisch, auch die Sünde, sind allgemein verständliche Begriffe; von Satan hat der Heiland soviel geredet – er schweigt davon im Galater- und Römerbrief, mit einziger Ausnahme von Röm. 16, 20. In Römer 7 fühlt man ihm an, wie er sich beständig an den Sündenfall erinnert weiß, aber er bringt ihn nicht. Paulus wurde hierzu praktisch erzogen; aber das Resultat hatte nicht bloß praktischen Wert, sondern die Heilsgedanken konnten dadurch ihr echtes, allgemein menschliches Gepräge erlangen; das Christentum fand den seiner zentralen Bedeutung entsprechenden Ausdruck. So wurde der Apostel den Heiden ein Heide – wohlgemerkt: nicht Nicht-Christ, sondern Nicht-Israelit – und dachte von Herzen heidnisch.

Hatte er damit genug getan? Wir könnten eher sagen: Hiermit fing erst seine Arbeit an. Als Heide für die ihm anvertraute Völkerwelt stand er vor Gott, und vor sie trat er im Geist im Namen Gottes. Er sah sich in eine Mittelstellung zwischen diesen beiden großen Parteien versetzt; er mußte im Geist und in der Wahrheit die Geistessituation der Menschheit überblicken. Sie sah ja mißlich genug aus: Anlage zu Höherem, Anlage zu einer lebendigen Gemeinschaft mit Gott, Bedürfnisse des Gewissens – und allem dem gegenüber: an Anleitung, an lichtvollem Trost oder auch lichtvoller Bestrafung, kurz an irgendeiner Weisung der Wahrheit – an alledem nahezu nichts. Das ist auf den ersten Blick das Ergebnis der religiösen Bilanz der wildwachsenden Menschheit nach der menschlichen und nach der göttlichen Seite hin. Aber der Apostel blickte tiefer; er muß weiter denken, denn so kann es doch nicht sein! Er hat als Heide ein Recht, auf jenen Schöpfer-Gott zurückzugreifen und sich über sein karges Verhalten gegenüber der Menschheit Gedanken zu machen. Er sieht in demselben etwas von jenem Wandelbaren – weil von den Menschen veranlaßten – in Gott, mit anderen Worten: ein Zürnen, und infolgedessen auch im Menschen etwas, was dieses Zürnen veranlaßt hat: also eine gute Veranlagung, die sich ungut gegen Gott benimmt. Letzteres, die Annahme einer guten Anlage, ist ein bezeichnender Bestandteil seines allgemein menschlichen Denkens. Am Schluß von Röm. 1 schildert er einen stufenweisen Zerfall des Menschen, der also einen naturgemäß vorher vorhandenen besseren Zustand voraussetzt; er gerät natürlich damit nicht in Konflikt mit der Bibel, denn auch die böse Anlage ist ein Bestandteil seines heidnischen Denkens, das Fleisch, wie es den verlockenden Einflüssen der Natur fast wie durch eine allgemeine Anziehungskraft unterworfen ist.

Der Apostel sieht also eine Schuld im Heiden. Das war ein Licht, dessen er nicht entraten konnte, das er aber auch sich selber nicht verschaffen konnte, das ihm von Gott her hat kommen müssen, so daß er den Heiden gegenüber zu sagen wagt: Du kannst aus deinen dir noch zur Verfügung stehenden Mitteln erkennen, daß ein Gott sei. Deine Entschuldigung: Deine Eltern, Voreltern und dein ganzes Volk hätten schon lange nichts mehr davon gewußt – ist Ausrede. Dieses Licht wurde ihm wohl gerade erst dann, als es ihm gelungen war, ganz Heide zu sein. So steht er als Sachwalter Gottes den einzelnen Menschen sowohl als den Völkern im allgemeinen gegenüber und läßt ihnen keine Entschuldigung gelten dafür, daß sie es ablehnen, sich Gottes, des Schöpfers, dankbar zu freuen. Er steht aber auch gleichsam als Sachwalter der Völkerwelt vor Gott und sieht in der sittlich unhaltbaren Lage, in welche die Menschheit gestellt ist, eine Verkürzung der Menschheit durch Gott, die Seinem Wesen, Seiner Gesinnung eigentlich nicht entspricht, deren Beweggrund also ein Zürnen Gottes ist. Dieses Wechselverhältnis des beständigen Ineinandergreifens eines Erzürnens von seiten der Menschen und eines Zürnens von seiten Gottes schildert uns der Apostel mit ergreifender Gedankenschärfe. Es beginnt dasselbe schon damit, daß die Menschheit für ihr Erkennen Gottes nur auf Seine Offenbarung in der Schöpfung angewiesen ist. Es ist ihr gerade soviel Möglichkeit gelassen, Gott zu erkennen, daß sie für ihr Vergessen Gottes keine Entschuldigung hat, und sie wird für dieses ihr Vergessen beständig dadurch gestraft, daß diese Gottvergessenheit in furchtbarer Logik ihre letzte, vernichtende Wirkung gegen den Menschen selbst und seine Würde ausführen kann und muß.

Nun arbeitet aber in diesem fortwährend dieselbe Tendenz, dieselbe Unlust, sich dieser hereinwaltenden ewigen Macht, des Schöpfers, dankbar zu freuen, Ihn seinem Geiste alles sein zu lassen. Alle haben einen Eindruck der Wahrheit, drücken sie aber in Ungerechtigkeit danieder, das heißt opfern die Wahrheit, um in einem Zustand bleiben zu dürfen, von dem sie doch wissen, daß er nicht der richtige ist. Es wäre gedankenlos, eigentlich gottlos, anzunehmen, daß solches Tun keine anderen Folgen habe als die sich aus ihm selbst ergebenden. Gott ist eben doch, und das enthüllt dem Apostel das Geheimnis des tragischen Verlaufes der menschlichen Geistesgeschichte. Gott antwortet auf solch böses Tun; es hängt aber mit dem innersten Wesens Gottes zusammen, daß dieses Tun Gottes doch wieder gar nicht willkürlich ist, sondern so auftritt, daß es wieder einfach als natürliche, eigene Konsequenz des menschlichen Tuns sich ergibt.

Drei Stufen des Verfalls sehen wir: Zuerst eine Anbetung Gottes, aber unter Bildern (Sünde gegen das zweite Gebot), die man sich selbst beliebig von Ihm macht und die darum der Kreatur entnommen sind. Ich habe gleichsam eine durchscheinende Hülle zwischen mich und Gott gesetzt. Als Antwort Gottes erfolgt eine Hingabe in die Unreinigkeit, „damit ihre eigenen Leiber an ihnen selbst verunehrt würden." Die Verzerrung des göttlichen Bildes muß sich an ihrem eigenen Leibe widerspiegeln. Zweitens: Ein lügnerisches Verwandeln der Wahrheit Gottes, das heißt: Gottes, des Wahrhaftigen, in solches, was bloßes Geschöpf Gottes ist (Sünde gegen das erste Gebot), wo ungescheut das Geschöpf (sagen wir z. B. die Natur, die Kunst, das Geld, die Genußmittel) mehr geehrt wird als der Schöpfer; als Antwort Gottes erkennt der Apostel jene Erscheinungen, die sich überall zeigen in stolzem, frivolem Unglauben und Heidentum, wenngleich nicht in jedem einzelnen Fall: krankhafte Triebe, welche den Schöpferkräften, die Gott in alles Lebendige gelegt hat, eine gänzlich verrückte, zwecklose Richtung geben – eine Krankheitserscheinung, welche nebenbei geeignet wäre, jene Männer, welche uns Menschen für Tiere halten, in ihrer Ansicht stutzig zu machen, denn die übrigen „Tiere" wissen doch von solcher Entartung nichts. Der Apostel sieht in diesen abscheulichen Erscheinungen nicht so sehr ihre empörende Verwerflichkeit, er betrachtet sie als ein Unglück, als Ausfluß eines Zornes Gottes. Schauerlich malerisch zeichnet uns der Apostel die dritte Stufe; die Untat gegen Gott und die Antwort darauf fällt hier in eins zusammen; wir sehen hier den Menschen in konsequentem Absehen von dem, was wir vom Sündenfall wissen, als ursprünglich natürlich, seiner eigenen Norm entsprechend, wie er im Verlauf dieses Abfallsprozesses zugrunde geht (Röm. 1, 28 - 32). Erst füllt sich derselbe mit verkehrtem Stoff, mit aller Ungerechtigkeit, Bosheit, Schlechtigkeit, Habsucht; voll ist er dann von Neid, Mord, Zank, List, Tücke – Dinge, die der Mensch dann mit dem Raubtier gemein hat, worin die Raubtiernatur ihre höchstmögliche Entwicklung erreicht. So wandelt er als ein Zerrbild umher, wie er Röm. 1, 31 in lauter Wortepaaren gemalt ist: „Ein flüsternder Verleumder (boshaft und feige zugleich), ein Gott verhaßter Gewaltüber, ein hoffärtiger Prahler, ein Erfinder von Qualen"; so hat er sich zu einer hohlen, sich selbst und anderen verächtlichen Figur, zu einem Unglück der Gesellschaft ausgebildet. Heilung ist nicht möglich (1, 32), denn für gute Einflüsse, welche innerhalb der Menschheit auf den Menschen wirken, verschließen sich ihm gleichsam alle Poren seines Wesens. Er horcht auf die Eltern nicht mehr, läßt sich überhaupt nichts mehr sagen, nicht mit sich reden. Auch die natürliche Liebe, die eheliche oder Geschwisterliebe ist erstorben; ja sogar der letzte Nerv, der noch Eindrücke von außen in sich aufnimmt, das Mitleid, ist abgestumpft. So steht er als Ruine vor uns; er weiß selbst wohl, daß solch einem Treiben aller sittliche Wert, alle Berechtigung zu existieren, abgeht oder daß, die solches treiben, des Todes würdig sind; aber er ist berauscht, er treibt es nicht nur etwa mit Scham, sondern er hat noch Wohlgefallen an anderen, die es ebenfalls treiben.

„So", sagt der Apostel sich und den Römern, „steht es mit den Menschen in ihrer Beziehung zu Gott, und ich bin ihr Schuldner, ihnen die Freudenbotschaft zu bringen von Christo, einer Kraft Gottes, zu retten jeden, der an sie glaubt, weil in ihr eine Gerechtigkeit Gottes offenbar wird an jedem und für jeden, der glaubt." Die Wandlung ist eingetreten. Der Apostel hat so gleichsam auf seiten Gottes wie auf der der Menschen einem beiderseitigen Anknüpfungspunkt nachgespürt, und mit Erfolg. Die Urbeziehung Gottes zum Menschen hat er gerade dadurch herausgefunden, daß er das jetzige Verhalten Gottes zu ihm als ein Zürnen erkannte, und in dem Menschen hat er durch den Schutt des späteren Verfalls hindurch die gute Veranlagung, die einem Gottesruf gegenüber wieder lebendig werden kann, gefunden; z.B. auch darin, daß er in allerlei gutem Tun der Heiden die Identität ihres Schöpfers mit dem Gesetzgeber Israels entdeckte (Röm. 2, 14: „Sie sind ihnen selbst ein Gesetz.“).

Fragt man sich nun aber: Wird die Ausführung dieser großen Idee gelingen? so möchte man dennoch angesichts der furchtbaren Hindernisse, die am Rohstoff zu bewältigen sind, zittern; aber wir haben in dem ersten Teil unseres Buches die volle herrliche Antwort genossen, und ich füge nur noch einige bezeichnende Äußerungen des Apostels bei, welche gewissermaßen als Aktenstücke an Wert die Erzählungen der Apostelgeschichte übertreffen. Es ist z.B. doch bemerkenswert, wenn der Apostel den Korinthern (2. Kor. 5, 17) nur so nebenbei, und ohne auf Widerspruch zu stoßen, sagt: „Ist jemand in Christo, so ist er eine neue Schöpfung; das Alte ist vergangen, siehe, es ist alles neu geworden.“ Ja, alle die Zumutungen an ihre Bruder- und Nächstenliebe, die er als selbstverständlich an sie stellt, sind eigentlich ein lebendiges Zeugnis der gänzlichen Umwandlung, die mit ihnen vorgegangen. Den Ephesern „sagt (Eph. 4, 17) und bezeugt er im Herrn, daß sie nicht mehr wandeln, wie sonst die übrigen Heiden wandeln,* in der Hohlheit ihres Sinnes, verfinstert in ihrem Denken, entfremdet dem Leben Gottes durch die Unwissenheit, die in ihnen ist, durch die Verhärtung ihres Herzens; sie sind für alles Gefühl abgestumpft und haben sich der Liederlichkeit und der Ausübung aller Unsauberkeit und aller Habsucht übergeben. Ihr nicht also! Ihr habt den Heiland gelernt (ὑμεῖς δὲ οὐχ οὕτως · ἐμάθετε τὸν Χριστόν), wenn ihr ihn wenigstens gehört habt und in ihm gelehrt seid (wie in Jesu Wahrheit ist), daß ihr, bezüglich des früheren Wandels, den alten Menschen abgelegt habt, der durch die betrüglichen Lüste sich verderbt, aber im Geiste eures Gemütes erneuert werdet und angezogen habt den neuen Menschen, den nach Gott

* „Die übrigen Heiden.“ Dieser Ausdruck stellt es schlagend ins Licht, daß dem Apostel die Heidenchristen nachher wie vorher Heiden waren. καὶ τ. λ. ε. will sagen: Es steht nicht mehr so mit euch, daß ihr sagen müßtet: Die anderen machen's auch so.

geschaffenen, in Gerechtigkeit und Heiligkeit der Wahrheit."* Die Idee hat also ihre Probe, ob sie göttlichen Ursprungs sei, bestanden.

Wir haben des Apostels Arbeitsanteil an der Ausführung derselben betrachtet, aber erst nach der einen Seite. Es erwuchs ihm nun noch gerade durch seine Erfolge eine ganz andere Arbeit, diejenige nämlich, zu erkennen, wie diese Idee der Allgemeinheit des Heils sich voll und ganz, unbeschadet ihrer Klarheit und ihrer selbständigen Bedeutung, in den Organismus der bisherigen Heilsentwicklung als einer an Israel gebundenen eingliedere. Es war dies nach zwei Seiten hin erforderlich. Einerseits mußte dem christlichen Israel wie auch dem ängstlichen Heidenchristen das heilige göttliche Recht des Heiden auf Vollbürgertum im Reiche Gottes klargemacht werden. Andererseits mußte gegenüber heidnischer Freigeisterei jeder Schein abgewiesen werden, als wäre diese Idee Produkt bloßer spekulativer Willkür, gleichsam eines religiösen Radikalismus, ja als hätte sie – wäre sie dies – irgendeinen tatsächlichen Wert.

Wir müssen den ganzen Ernst der Objektivität verstehen, um den ganzen Ernst dieser Aufgabe zu würdigen. Den Faden eines wirklichen Zusammenhangs mit dem lebendigen Gott, dem Gott der Geschichte, dem Gott Abrahams, durfte der Apostel nicht einen Augenblick verlieren, sonst war es um alles geschehen, sonst war er ein Schwätzer. Hier war der Apostel genötigt, sich stets in die volle göttliche Höhe seiner Sendung zu schicken und sich wohl oder übel mit der unermeßlichen Aufgabe vertraut zu machen, die ihm hier zu lösen gegeben war. Er muß eigentlich auf seine Vorgänger oder nach anderer Seite auf des Heilands Vorgänger zurück, um sich in sie und ihre damalige Stellung zu Gott hineinzuversetzen, um zu sehen, wie von jenem Punkt aus organisch weitergearbeitet werden könnte. Es mag ihm wunderbar gewesen sein, als ihm klarzuwerden begann, daß Moses nur eine Zwischenerscheinung von hoher, aber vorübergehender Bedeutung war, was er schon darin versinnbildlicht

* Luther setzt dies alles im Geist der Ermahnung; aber wörtlich sagt der Apostel doch: „Ich bezeuge, daß ihr nicht mehr wandelt." Luther hat sich hier wohl vornehmlich durch praktische Rücksichten auf die Bedürfnisse der Gegenwart leiten lassen.

sah, daß der Glanz, der von seinem jeweiligen Umgang mit Gott her von seinem Angesicht strahlte (2. Mos. 34, 29ff.), kein bleibender war und er, um den jedesmal verkündeten Gottesworten den vollen Nachdruck zu bewahren, jedesmal nach Verkündung derselben eine Hülle auf sein Angesicht legte, damit das Ende, das Verbleichen dieses Glanzes, nicht bemerkt werde. Die dem Moses gegebene Aufgabe war unerläßlich, um der Geistesgeschichte Gottes auf Erden die für ihre geschichtliche Wirklichkeit unentbehrliche Naturfassung zu geben. Würde aber diese Naturfassung als solche, getrennt von dem Geist Gottes, der sie ins Dasein rief, gleichsam als Surrogat des Göttlichen festgehalten, wie es die Juden der Apostelzeit zu tun begannen, so sänke sie auf die Stufe einer einfachen Erdenerscheinung, wenn auch der schönsten einer, herab.

Er ging auf Abraham zurück. Abraham aber war kein Jude, kein Israelit, er war ein Mensch, der eine Weltbedeutung hatte, und für seine Religion, seinen Glauben ist die einzige geschichtliche Bezeichnung die, daß sie die seinige war. Dieser Abraham sollte ein Segen der Völker – der Segen, mit dem er gesegnet ist, sollte das Eigentum der Menschheit werden. Nach dem Geist (ich meine nicht im leeren griechischen, sondern im göttlichen Sinn) sind sie dann alle seine Kinder, mehr als die, welche es nur nach dem Fleisch sind; sein Segen war sowohl Ursache wie auch Wirkung seines gläubigen Eingehens auf die großen Heilspläne Gottes, und zwar ehe er beschnitten war. Auf ihn weisen also beide Arme der Geistesströmung zurück; jener Strömung, die unter dem Segen von Offenbarungen des lebendigen Gottes steht, und der anderen, die einer heiligen Vergangenheit entbehrt und – wie einst Abraham – von sich aus, auf eigene Rechnung, an Gott zu glauben hatte.

Dies ist der eine Anknüpfungspunkt, bei welchem der Apostel seine Heidenwelt in den Zusammenhang mit der heiligen Geschichte einhängen kann. Er steht gewissermaßen am Anfang der Heilsgeschichte. Nach dieser Seite geht der Apostel allerdings noch über Abraham hinaus auf Adam (Röm. 5, 14) und auch über Adam hinaus mit dem Wort: „Adam ist nur Typus dessen, der kommen sollte; d.h. der eigentliche Stammvater der Menschen im Geist ist Jesus.“ Hiermit haben wir aber auch den anderen Anknüpfungspunkt, am Ziel der heiligen Geschichte Israels, gefunden: Es ist Jesus. Es ist ihm wichtig, auch am Zielpunkt einen solchen rechtlichen Anknüpfungspunkt zu finden, um der großen Verheißung willen, welche Gott durch die Propheten dem Volk Israel gegeben. Es ist ihm Herzenssache für die Menschheit und Ehrensache für Jesum, daß diesen Verheißungen nicht eine Sonderrechtbedeutung für das Israel nach dem Fleisch gegeben werde, wodurch dieser natürlichen Abstammung noch ein religiöser, göttlicher Wert bliebe, der gleichsam stärker wäre als die ganze Erscheinung Jesu, indem er einerseits durch ein feindliches Verhalten gegen Jesum nicht beeinträchtigt und andererseits der Glaube an Jesum zu Mitbesitz desselben nicht hinreichen würde. „Ihr, die ihr in Christo seid, seid die Erben", sagt er den Heiden, „denn Christus ist Israelit, und ihr seid alle nur einer, Christus."

Diese Idee der Universalität oder der Bestimmung des Heils für alle Menschen stellte dem Evangelium und der Gemeinde Jesu ein klares Ziel und eine gewaltige Aufgabe, die in eigentümlicher, wechselseitig sich ergänzender Beziehung stand zu der Hoffnung des Wiederkommens Jesu, welches die Lösung dieser Aufgabe herrlich besiegeln wird. Dadurch erhält dasselbe seine volle Bedeutung, wird aber durch die Größe der Aufgabe in weitere Ferne gerückt.

Die Universalität haben wir aufgefaßt als ein Angebot des Evangeliums, natürlich ein ehrliches, an alle Menschen. Was wird das Resultat sein? Nur eine Minderheit nahm dieses Angebot an. Es scheint dies aber dem Wesen der Objektivität zu widersprechen. Wenn die Menschen unterschiedslos verloren und hilflos sind und Gott allen unterschiedslos entgegenkommt und wenn das Gerettetwerden bis auf seine letzten Wurzeln Gottes Tat ist – warum kommen denn nicht alle? Ist noch ein Rest von Freiheit in uns, welcher, gleichviel ob annehmend oder ablehnend verwendet, ewige Folgen hat? Oder muß man, vermutlich zu Ehren der Objektivität, das Verwerfen seitens des einzelnen in letzter Linie auf eine Wirkung – also auf einen Beschluß Gottes zurückführen? Die Meinung, man müsse vor allem Gott als einzige Ursache unseres Heils hinstellen und auch die leiseste Mitwirkung unsererseits verneinen, hat viele scharfe

Denker zur Annahme des Gedankens geführt, Gott habe von Anfang an nicht nur eine Minderheit von Geistwesen zur Seligkeit vorherbestimmt und erwählt, sondern auch die übrigen von Sich aus zur Verdammnis bestimmt, d. h. verworfen. Man nennt diese Lehre, die ursprünglich zur Verherrlichung der Gnade dienen sollte, die aber den Begriff der Gnade geradezu vernichtet, Prädestination. Diese Lehre ist gleichsam eine Religion für sich, eine neue, in sich selbständige Auffassung des religiösen Zusammenhanges der Dinge; aber sie ist – verhehlen wir uns dies nicht – vom Christentum, von der Religion der Bibel völlig verschieden, ja demselben fast entgegengesetzt.

Wir dürfen von vornherein überzeugt sein, daß diese Ansicht auf Täuschung beruht. Wäre diese Annahme Wahrheit, so wäre alles, bis zum Los jedes einzelnen, von Ewigkeit her beschlossen, die Geschichte der Menschheit mit ihrem Ringen wäre leerer Schein; ja nicht nur sie – auch die Sendung Jesu, das ganze Ringen Jesu, wäre unnützer und darum schmerzlicher Schein. Auf des Apostels Wirken selber wäre der Druck gelegen: „Ich verkündige allen, aber nur für eine Minderheit ist's seitens Gottes aufrichtig gemeint."

Wir müssen das andere annehmen: Es ist in jedem Geistwesen dies das wesentlichste Gottähnliche, daß es Freiheit besitzt, Wahlfreiheit, und diese Wahlfreiheit konzentriert sich schließlich nur auf einen Punkt: „für Gott, gegen Gott." Die ganze Heilsgeschichte aber gipfelt in der Leistung, die Entscheidung für Gott auch dem gegen Gott gestimmten Ich durch das äußerste Entgegenkommen einer überwältigenden Liebe bis zu einem Punkt zu erleichtern, ja ihm die Ablehnung bis zu einem Grade zu erschweren, daß die Eigenbewegung des Züngleins der Wahlfreiheit vollends auf ein Minimum reduziert ist. Die Entscheidung für Gott oder wider Gott verwandelt sich nun in die Frage, ob ich mich Jesu unterwerfen, in Jesu aufgehen oder separat, für mich, bleiben wolle. Dieser in Christo eröffnete Kampf der großen Gnade ist fortan die Geschichte des Heils in die Ewigkeit, der Kampf der Gerechtigkeitstendenz Gottes gegen den Eigensinn; und in diesem Kampf ist vielleicht eines der wunderbarsten, geheimnisvollsten Mittel Gottes gerade das, was die Prädestinationslehre die Gnadenwahl nennt: Gott überblickt eines Geistwesens Geschichte ganz. Wenn man hier in das unseren Verstand übersteigende Geheimnis der Allwissenheit, namentlich das Vorauswissen hineinblicken will, so möchte man sagen: Er überschaut meine ewige Lebensgeschichte nicht nur, weil vor Ihm keine Zeit, kein Gestern, kein Heute, kein Morgen ist, oder vielmehr, weil dies alles vor Ihm gegenwärtig liegt – sondern Er überschaut sie in ähnlicher Weise, wie es uns in kleineren Dingen möglich ist; Er sieht in jeder Einzelrichtung, die wir unserem Geist geben, sofort die letzten Folgerungen, die sich daraus ergeben werden. Er sieht in des einzelnen Geistesgeschichte den Moment oder auch die Momente, wo das Anerbieten der Gnade in Christo die meiste Aussicht auf Erfolg hat, und so auch die Momente, in welchen dasselbe für den Betreffenden nur unglücklichen Erfolg haben würde.

Ich getraue mich nicht zu sagen, daß damit das Geheimnis ergründet sei; es ist gar nicht nötig, daß wir Menschen alle Geheimnisse sollen ergründen können; aber mir scheint doch, es erleichtere dies wesentlich, das Rätsel zu begreifen, wie wir aus Gnade gerettet wurden, zwar durch einen Glauben unsererseits, aber durch einen Glauben, der uns ebenfalls geschenkt wurde, während anderen dies versagt blieb. Das Verdienst unsererseits bleibt ja ausgeschlossen. Man möchte fast sagen: Vielleicht liegt es oft in der großen Anlage eines Geistes, auch soweit dieselbe sein eigenes Werk ist, daß er vorderhand dieser wunderbaren Gabe des Glaubens unzugänglich ist, d.h., daß er sich nicht entschließen kann, fortan den wesentlichen Inhalt seines Seins von einem anderen zu nehmen und einem anderen zu verdanken.

Dies gilt aber in weiterem Sinne auch von Gruppen, ja von Völkern; wie überhaupt meine Stellung zu diesem Wahlentscheid sowie auch der Entscheid Gottes über mich beeinflußt sein kann von anderen, mit denen ich irgendwie zusammengehöre, seien es solche, die vor mir waren, oder solche, die mit mir leben. Es bleibt der Satz Röm. 9, 16: „So ist es nicht Sache des Wollenden oder des Laufenden, sondern des Erbarmenden, Gottes." Dieser Satz will nicht ausschließen, daß Sich Gott nicht aller erbarme (was ja Röm. 11, 32 ausdrücklich geschrieben steht). Ein Geheimnis bleibt natürlich übrig. Röm. 9, 18 stellt Gottes geistige Allmacht allerdings in voller Grenzenlosigkeit dar: „Gott erbarmet Sich, wessen Er will, und verstockt, wen Er will.“ Es ist eine Aussage über Gottes Können, nicht aber insofern über Sein Wollen, als würde demselben eine Grenze gesetzt (gleichsam jene Grenze, die Seinem Können abgesprochen wurde) oder als oberster Ausgangspunkt desselben neben der großen allgemeinen Gnadentendenz noch etwas anderes, dem Entgegengesetztes angenommen. Wer weiß, wenn wir die Geschichte Pharaos heute kennten, ob wir nicht sagen müßten, daß auch die Verstockung, die über ihn verhängt wurde, zu Gottes erziehendem Erbarmen gehört hat, um diesen starken, stolzen Geist womöglich für das Erbarmen zu gewinnen.

Daraus ergibt sich nun zunächst als Forderung des Gemüts die Hoffnung auf eine Universalität in höherem Sinne, eine Hoffnung, die sich nur darauf gründen kann, daß das ewige Geschick des einzelnen nicht immer schon mit seinem Tode abgeschlossen ist. Es erfordert das eine sorgfältige Betrachtung, da die Bibel aus begreiflichen Gründen über diese Dinge den Schleier des Geheimnisses geworfen hat. Wir wollen nicht mehr zu wissen begehren, als sie uns sagt; davor dürfen wir uns hüten. Vielleicht meinen aber manche, und zwar vermeintlich aus der Bibel selbst, mehr zu wissen, als sie uns sagt. Was sagt uns die Heilige Schrift darüber, was für ein Los des Menschen harre unmittelbar nach seinem Sterben, des Menschen, der nicht zu den durch Jesum Geretteten gehört? Sie sagt uns eigentlich nichts darüber; der Tod als Fortexistenz der Seele ist der Bibel letztes Wort über sie, und zwar allerdings ohne jegliche Aussicht auf einen anderen Zustand als den, den der Tod erwarten läßt. Beispielsweise hat uns der Heiland vom reichen Mann gesagt, daß er im Hades, am Ort der Toten, Pein gelitten; eine Folgerung auf alle läßt dies Beispiel nicht zu, zumal damals der Heiland noch nicht gestorben und auferstanden war. Nur nebenbei, nur um etwas anderes ins Licht zu stellen, bemerkt der Hebräerbrief einmal: „wie es dem Menschen gesetzt ist, einmal zu sterben, danach aber Gericht“; er zitiert es als einen allgemein bekannten Gedanken, den er voraussetzen kann, und in der Tat sagt dieser Satz nichts anderes aus, als was in jedes Menschen Gemüt schlummert: daß seiner Fähigkeit, durch sein Tun Gott günstiger für sich zu stimmen, durch den Tod ein Ziel gesetzt ist und darum dann die Akten über ihn geschlossen und für das Gericht reif sind. Über den Zeitpunkt, wann dieses Gericht eintreten wird, sagt auch jener Satz nichts. Die Vorstellung, welche z. B. in Ägypten so sorgfältig ausgearbeitet war, eines Gerichtsforums, das beständig in Tätigkeit sei, die jeweils sterbenden Menschen zu erwarten und zu behandeln, um ihnen sofort ihr Los nach Maßgabe des Befundes zu bestimmen, finden wir – genaugenommen – in der Schrift nicht. Auch an den Reichen, zu dem gesagt wurde: Diese Nacht werden sie deine Seele von dir fordern (Luk. 12, 20), wird nur die Frage gestellt: „Und wes wird dann sein, was du geerntet hast?“ In der Schrift herrscht vielmehr durchgängig der Gedanke an ein Endgericht vor, an welchem erst die ganze Menschheit zumal gerichtet werden wird.

Daß die Christen nicht in der Weise wie die anderen Menschen dem Tode verfallen – darin besteht allerdings ein Gericht, eine Krisis, eine Scheidung über alle Menschen sofort nach ihrem Tode, und in diesem Sinne heißt es: „Wer an Ihn glaubt, wird nicht gerichtet, wer nicht glaubt, ist schon gerichtet.“ Wer an Ihn glaubt, gelangt ins Leben, jedoch nicht, ohne an jenem Tage noch vom Richterstuhl Christi her Gutes oder Böses zu empfangen, was er bei Leibesleben gehandelt hat. Wer nicht glaubt, ist schon gerichtet, das heißt, er verfällt dem Tode; aber das eigentliche Gericht ist auch bei ihm, wie bei dem ersteren, dem großen Tag vorbehalten; 1. Kor. 3: „Der Tag wird es klarmachen.“ Im Tode nun liegen alle, die nicht durch Jesum Christum gerettet wurden, auch die, welche vor Christo gelebt haben, auch die Heiden alle bis auf unsere Zeit. Nachdem wir nun sorgfältig das, was wir nicht wissen, ausgesondert haben, dürfen wir doch auch vielleicht ein wenig den Schleier lüften, soweit unser durch den Geist Gottes belebtes Gemüt es gebieterisch erheischt. Wir begreifen die Notwendigkeit des Schleiers, die heiligen, ewigen Rechte der Majestät Gottes, auch die Rücksicht auf unsere jämmerliche Schwäche, die immer des Schrecks und der Angst bedarf; aber es ist doch wohl niemand, der nicht die Hoffnung wagt, daß auch in jenes Gebiet hinein Christi Blut noch ein Wort zu sprechen haben werde.

Ein dem biblischen Denken widersprechender, vor Gott unangemessener und unwürdiger Ausweg wäre es, wollte man ohne weiteres die Theorie von der sogenannten Wiederbringung aller Dinge aufbringen, als eine vermeintliche Forderung der Vernunft den Satz aufstellen: es müssen alle Geistwesen schließlich selig werden. Dieser Satz verrät schon durch sein schroffes philosophisches Gepräge seinen fremdartigen Ursprung, das heißt seinen Ursprung außerhalb der Bibel. Er ist eine Art Mythologie oder Kosmogonie der Zukunft. Es wäre in hohem Grade unwürdig gegen Gott, wollten wir in Seinem Namen, und gewissermaßen als zwingende Notwendigkeit, Sein endgültiges Urteil über uns von uns aus beschließen, und weil unwürdig, so wäre es auch in hohem Grade müßig und nutzlos, weil ohne alle Zustimmung der Wirklichkeit. Das Heil eines jeden von uns ist Rettung, das heißt: ist etwas, das sich nicht aus der Vernunft ergibt, sondern eher gegen und über dieselbe hinaus geschieht, es ist die Frucht der Arbeit Jesu, es ist das Ergebnis einer großen, zusammenhängenden Heilsgeschichte.

In der Geschichte bleibt aber stets, bis sie eine geschehene ist, der Faktor der Freiheit, der sich unserer Berechnung völlig entzieht; und hier sei noch eine Erwägung erlaubt, in welche wir alle unsere diesbezüglichen Betrachtungen eingeschlossen wissen möchten, obwohl wir nicht imstande sind, die Art und Weise zu präzisieren, in welcher dies stattfindet. Für eine Heilsgeschichte, die ohne Zusammenhang mit der Geschichte Jesu verliefe, bietet die Bibel keinen Anhaltspunkt. Wie dieselbe die Erde nie anders als im Licht des Himmels betrachtet, so auch den Himmel und das ganze Jenseits nie anders als in Beziehung zur Erde. Hier ist der Herd des göttlichen Heilsgeschehens; die Gemeine Christi ist es, die Christi Werk zum Siege führen soll, und alles, was noch an Heil wird, tritt uns nur so aus dem Apokryphischen heraus, wenn es in Zusammenhang ist mit Jesu Christo, als dem Haupt der Gemeinde.

Wir kehren nach dieser Nebenbetrachtung wieder zu Paulus zurück. Diese ganze Frage war für den Apostel durchaus keine leer theoretische. Mit blutendem Herzen ging er gewiß, sooft er von einem Ort plötzlich verjagt war, weiter, im Gedanken an die vielen, die seinem Evangelium noch unzugänglich geblieben waren. Verfolgen wir nun die Gedanken, die den Apostel über den voraussichtlichen schließlichen Umfang des Heils bewegten, und die Aufschlüsse, die ihm darüber wurden, so begegnen wir, wie nach Obigem zu erwarten, zwei großen Gottesgedanken, die einander ergänzen. Der erste, gleichsam zu den Grundrechten der Heiligkeit Gottes gehörig und dem Gesetz der Vergeltung entsprechend, ist der Gedanke eines Gerichts, welches den für – und den wider Gott sich bestimmt habenden Menschen für ewig das ihrer Entscheidung entsprechende Los zuweist. Es ist dies das unerschütterliche Grundgesetz, auf das alles andere sich aufbaut und nach dem alles andere sich zu richten hat. Wir dürfen übrigens hierbei bedenken, daß schon der Ausdruck: „von Ewigkeit zu Ewigkeit" es uns verwehrt, den biblischen Begriff von „ewig" uns so mathematisch als absolut endlose Zeit zu denken, wie wir es oft gewohnt sind. „Ewig" im heiligen, göttlichen Sinn will uns eine Zeitdauer aussagen, die für uns unausdenklich ist, weil sie in Gott und Seinen unerforschlichen, freien Ratschluß hineinverläuft.

Wir dürfen hier noch eine andere Schwierigkeit besprechen, deren sich kein Mensch, der Herz hat und denken muß, entziehen kann. Kann Gott, so fragt man, eine in der kurzen Frist des Menschenlebens verlaufende, wenn auch noch so entsetzliche Rebellion gegen Ihn ewig – das heißt ohne Aufhören – bestrafen wollen? Es wäre fehlerhaft und anmaßend, wollten wir dies ohne weiteres verneinen, obwohl uns eine Bejahung nicht minder schwerfällt. Einen Anhaltspunkt zur Beantwortung bietet vielleicht der Gedanke, daß die Strafe mit der bestraften Gesinnung innig verwandt ist, ja in hohem Grade in derselben besteht, je mehr dem Menschen all das Göttliche, das ihm nur geliehen war, genommen wird. Die Ewigkeit (darf ich sagen: „Der Grad der Ewigkeit?") der Strafe liegt in der Ewigkeit der Gesinnung, in der Wandlungsmöglichkeit oder der Wandlungswilligkeit der Gesinnung, und auch dieser letzteren kann eine Tendenz zum Abnehmen, statt zum Zunehmen, innewohnen.

Jenes oberste Grundgesetz tritt uns bei Paulus in seinen zwei ältesten Briefen – und eigentlich mit solcher Bestimmtheit nur in denselben – nämlich in den Thessalonicherbriefen entgegen. Dort sehen wir den Kämpfer, den um seine neuen Brüder bekümmerten Bruder; sie sind in Bedrängnis und Verfolgung, und die Verfolgung wird zur Anfechtung. So fröhlich erwarteten sie den Sohn Gottes aus den Himmeln, der uns vom bevorstehenden Zorn herausrettet, und statt dessen kam der Zorn ihrer früheren Genossen, namentlich der Juden, und Gott schien sie im Stich zu lassen, weshalb sie auch darüber so betrübt waren, daß nicht einmal Paulus durch einen Besuch sich ihrer annehme. Da tröstet sie Paulus, wie sich gerade darin das gerechte Gericht Gottes anbahne, wo endlich diejenigen, die dem Evangelium unseres Herrn Jesu nicht gehorchen, ihre Strafe werden bezahlen müssen, „ewiges Verderben vom Angesichte des Herrn her und von der Herrlichkeit Seiner Kraft her", wo Er solle „verherrlicht werden in Seinen Heiligen und bewundert in allen denen, die Ihm geglaubt haben" (2. Thess. 1, 4 - 10). Angesichts der Strafe, welche auf die Ungläubigen fällt, sei es um der Gerechtigkeit und der Herrlichkeit Gottes willen nötig, daß die Gläubigen in eine Beschaffenheit geraten, die dem Heiland an seinem Tage zur Ehre und nicht zum Vorwurf der Ungerechtigkeit gereiche.

Die über die Ungläubigen verhängte Strafe ist also auch hier nicht das Herzensbedürfnis des Apostels, sondern eine Notwendigkeit, aus welcher als Gegengewicht sich die Trübsal der Gläubigen ergebe; aber das Wort über die Ungläubigen läßt doch seinen ersten Grundgedanken zum vollen Ausdruck kommen. Doch bei dem bloßen Schema dieses Grundgedankens, das ja noch Raum läßt für den weitesten Umfang des Heils, beruhigte er sich – wenigstens im weiteren Verlaufe seines Wirkens – nicht. Zwar findet sich im Galaterbrief keine Gelegenheit, dieses Gebiet zu berühren, aber im Römerbrief finden wir sein Gemüt von dieser Frage bedrückt und gepreßt. Er bringt sie, wie aus unseren obigen Betrachtungen selbstverständlich, in Zusammenhang mit der Gemeinde Christi. Schwer liegt auf ihm (Röm. 8, 18 - 25) der Jammer, das Seufzen der Kreatur, der Schöpfung. Wir haben bei dem Wort an die ganze Schöpfung zu denken, wie sie sich dem Menschen vergegenwärtigt, und es ist wunderbar, in dem Apostel den Geist Christi auf diesem Wege zu finden, daß er den ganzen Schmerz der Kreatur auf sich nimmt. Bei dieser „ganzen Schöpfung" dürfen wir aber über dem sichtbaren nicht den wesentlichsten Bestandteil vergessen, den unsichtbaren, der am meisten Gefühl hat, also auch am meisten leidet, jene Milliarden, die in den Kammern des Todes gefangen sind. Sie harren – nicht auf eine Wiederbringung aller Dinge, sondern – auf den Tag der Freiheit der Kinder Gottes; sie hängen sich gleichsam an uns, die wir des Geistes Erstlinge haben; sie sehnen sich, und wir sehnen uns mit. Wie billig, löst sich diese Frage völlig von dem munteren Spiel der Theorie ab und wird zu einem allgemeinen Weinen; das ist die Sprache der Wirklichkeit, wo man nicht darüber grübelt, wie es sich am schönsten ausnähme, sondern wo man den Ernst der Lage mutvoll und hoffnungsvoll trägt, was ja nur, aber auch ganz, im Namen Jesu möglich ist.

Auf der weiteren Stufe seiner Briefe sehen wir heller. Im Philipperbrief sieht er aus den Worten in Jesaja 45, 22 („aller Welt Ende“) dem Herrn Jesu die Anbeter von allen Gebieten des Daseins herzukommen, vom Himmel, von der Erde, von unter der Erde, und zwar vollzählig. Im Kolosserbrief nimmt er eine endliche Versöhnung aller im Himmel und auf Erden durch Jesum zu Jesu in Aussicht. Im Epheserbrief verkündet uns im Prinzip schon fast der Anfang die Größe seiner Hoffnung. Wenn er sagt: „Gott hat uns in Christo erwählt, ehe der Welt Grund gelegt war“, was will er damit sagen? Gott steht vor seinem Auge als der große Baumeister. Wird Er den Bau beginnen, ohne vorher die Kosten zu überschlagen? Wird Er – mit anderen Worten – freie Geistwesen ins Dasein rufen, denen die Fähigkeit innewohnt, sich auch gegen Gott, und zwar zu ihrem ewigen Unglück, zu bestimmen, wenn Er nicht auch für den Fall, daß dies einträte, eine Hilfe sieht? Wird Er Sich nicht die Frage eines solchen Wesens: „Warum hast Du mich eigentlich erschaffen?“ vergegenwärtigen? Er legte den Bau an im Blick auf die Kosten; die Kosten, welche jene Möglichkeit erfordern wird, wird Jesus übernehmen. Es ist wahr, hier sind nur wir genannt als die in Christo Jesu Erwählten. Hier kommen die heiligen Rechte der Heiligkeit Gottes zur Geltung. Es soll nie verbrieft werden, daß die Strafe des Eigensinns irgendeinmal aufhöre, und von selbst wird sie nie aufhören. Aber es ist doch ein großes, helles Prinzip ausgesprochen, das uns denken und hoffen macht, und noch deutlicher tritt dies hervor im weiteren Verlauf des ersten Kapitels: „Es hat Gott gefallen, daß in Jesu alle Dinge zusammensummiert werden." Griechen und Römer setzten das Ergebnis einer Addition obenhin als Hauptstück (κεφάλαιον) an den Kopf, *capitale* oder *summa*; es soll also die Summe aller Lebensgeschichten ihn ergeben, und wir sollen dann zum Lob der Gnade Gottes diejenigen sein, welche vorher auf Christum gehofft haben – (Luther unrichtig: „Daß wir etwas seien zum Lobe Seiner Gnade") – nicht nur geglaubt für uns, sondern gehofft auf ein mehreres. Sie, die Nachträglichen, werden uns einmal zum Lobe Seiner Gnade sagen: Ihr seid die Klugen und Weisen gewesen, ihr habt weit gesehen, und ihr habt uns heraushoffen helfen.

Wollen wir uns die Erfüllung solcher Hoffnung vorstellig machen, so gelangen wir zu der Voraussetzung einer endlichen Ausdehnung der Sache Christi vorerst in die größte Breite (Eph. 3, 18), daß eine Generation, ein Menschengeschlecht komme, in welchem sich die alttestamentliche Hoffnung: „alle Geschlechter sollen gesegnet werden", sichtlich erfüllt. Zu dieser Breite gehört auch Röm. 11, 26, daß „die Fülle der Völker eingehen soll und dann schließlich ganz Israel gerettet werde." Aber wir müssen auch eine Rückwirkung auf frühere Geschlechter oder nach ihrer dannzumaligen Lage einen Rückschlag in die Tiefe hoffen, in dem Sinn, daß auch alle jene Geistesrichtungen, die durch ihre letzten Vertreter in jenem Geschlecht des Abschlusses repräsentiert sind, Gelegenheit erlangen, in den Bereich der Erlösung zu kommen. Wir dürfen uns ja freilich solche Gedanken nur mit allem Vorbehalt machen, aber sie scheinen für eine Verwirklichung der Hoffnung des Apostels unerläßlich. So gestaltet sich also im Geiste des Apostels innerhalb jenes unentwegt festen Rahmens des ersten Grundgedankens eine Hoffnung voll schrankenloser Möglichkeit, eine Hoffnung, deren allergrößte Erfüllung er später als den Wunsch Gottes bezeichnet mit den Worten: „Gott will, daß alle Menschen gerettet werden und alle zur Erkenntnis der Wahrheit kommen (1. Timoth. 2, 4)", in Einklang mit den Worten des Petrus (2. Petr. 3, 9): „Gott will nicht, daß jemand verloren werde, sondern daß sich jedermann zur Buße kehre" – eine Tendenz Gottes, die, wenn man Seine Allmacht, Seine Liebe und die Begreiflichkeit Seines Wunsches allen Seinen Werken gegenüber bedenkt, wahrlich nicht nur so als nebensächlich unterschätzt werden darf.

Es will viel heißen, wenn Gott auf das, was Er will, verzichten soll. Der große Vorbehalt Gottes, jeden, der Ihm widerstrebt – und wären dies fast alle – dem Verderben, das er sich mutwillig zugezogen, zu überlassen, bleibt, aber es bleibt auch das andere: die Macht des Erbarmens Gottes. Wir dürfen nie einen der beiden Gedanken ohne den Vorbehalt des andern denken. Diese Universalität im größten Sinn tritt auch bei Paulus nur schüchtern zutage als die unaufhaltsame Ausstrahlung eines Prinzips, und zwar nicht eines kalten, sondern eines dem Geiste des Gottes entsprungenen, der „die Welt also geliebt hat, daß Er Seinen Sohn für sie gab“, und „der da will, daß alle Menschen selig werden.“ Es ist die Heilandsliebe Christi. Und im Licht dieser Gedanken entfaltet sich dem Apostel, wie wir namentlich im Kolosserbrief sehen werden, immer heller der Sinn, den das Fortbestehen der Weltgeschichte noch hat, das große Ziel, die große Aufgabe, die der kleinen Herde zugunsten der ganzen Menschheit obliegt. Wir sehen diesen großen Feldzugsplan schon 1. Kor. 15, 20-28, und zwar in einem besonderen Licht, das eigentlich auch in jener schon betrachteten Stelle Röm. 8 bemerkbar ist: Die Menschheit ist von Gott als Ganzes betrachtet, und wie der Heiland das Lamm Gottes heißt, das die Sünde der Welt trägt, so ist auch die Rettung der Welt das Ziel seiner Sendung (Joh. 3, 17) und das Ziel der Heilsgeschichte. Die Erreichung dieses Ziels ist immerhin unbeschadet jenes großen Vorbehalts der Rechte des von uns so genannten ersten Grundgedankens gedacht; aber dies schließt nicht aus, daß das volle Heil des einzelnen mit der Gesamtlösung der Aufgabe der Heilsgeschichte so innig verflochten ist, daß es ohne dieselbe nicht gesondert in Kraft treten kann.

Daß Paulus uns jenen Feldzugsplan mitteilt, dazu ist er durch eine Unart der Korinther veranlaßt, die uns schon bei der Schilderung Korinths entgegentrat, eine Irrlehre, deren Aufkommen ihm später den Abend seines Lebens verdunkeln wird: den Versuch, die Hoffnung auf eine Auferstehung der Toten als etwas Überflüssiges, als eine unnötige Zwangsbelastung der sogenannten Vernunft aus dem Gesamtorganismus des Glaubensinhaltes auszuscheiden. Die Korinther begannen wohl einfach mit der Hoffnung sich zu trösten, im Namen Jesu selig zu sterben und das übrige – wie sie sich sagen mochten – getrost dem lieben Gott zu überlassen.

Damit begann einerseits jene unselige Zerfällung dessen, was man Christentum nennt, in den Individualismus und andererseits jene dem Heidentum entlehnte Lüge, kraft deren unsere tatsächliche Lage nicht mehr nach dem Zeugnis der groben Wirklichkeit beurteilt würde, sondern nach einem vermeintlichen Glauben, das heißt einem mutwilligen Spiel der Phantasie in bezug auf das Unsichtbare. Die heidnische Lüge, die zugrunde liegt, ist die Verachtung der sichtbaren Wirklichkeit und die Weise, dem Göttlichen nur die Sphäre des Unsichtbaren zuzuschreiben und sich dort gleichsam auf eigene Faust einen angenehmen Platz zu bestellen. Wie heilig stolz verwahrt sich der Apostel demgegenüber nebenbei d a v o r, daß er solchen Wahngebilden zuliebe ein so hartes Leben führe, und mit welchem Siegestrotz legt er über die ganze greifbare Wirklichkeit im Namen seines Herrn Jesu Beschlag, und im Verlaufe bringt er eben jene großen Siegespläne. „Die Auferstehung wird geschehen, die Menschen werden auferstehen. Der Tod ist uns nicht anerschaffen; der Anfangsadam war allerdings s o erschaffen, daß er sterben k o n n t e – denn sonst wäre er ja nie gestorben – aber nicht so, daß er sterben m u ß t e; es lag in ihm die Anlage zu einem Endeadam, der nicht stirbt (1. Kor. 15, 45-47).“ Der Anfangsadam w a r nicht – sondern w a r d zu einer lebendigen Seele; er kann also noch anders werden und s o l l es: er soll ein lebendigmachender Geist werden. Da kam durch Adam, durch einen Menschen, die Sünde in die Welt (Röm. 5, 12) und durch die Sünde der Tod, und so ist zu allen Menschen der Tod hindurchgedrungen, und ihm gemäß (d. h. seiner Königsherrschaft gemäß, unter dem Druck derselben) haben sie alle gesündigt. Mithin ist (1. Kor. 15, 21) der Tod ‚durch einen Menschen‘ (adverbial, durch menschliche Wirkung) in die Welt gekommen; daher ist klar, daß eine Möglichkeit da ist, daß er auch durch einen Menschen (wieder adverbial, durch menschliche Wirkung) wieder beseitigt oder, mit anderen Worten: die Auferstehung der

Toten erreicht werde. Der Anfangsadam war zugleich der erste Mensch, ihm folgte kein Mensch mehr im vollen Sinn des Wortes, der dieser Aufgabe gewachsen gewesen wäre, bis auf Jesum; er ist der zweite Mensch (von einem zweiten Adam redet Paulus nie). Er führt die Menschheit dem Ziele, dem Ideal des Endeadams entgegen, durch ihn kommt die Auferstehung der Toten. „Jeder aber in seiner Ordnung: der Erstling (ἀπαρχή, der Anschnitt) der Heiland, danach die des Heilands sind bei seiner Erscheinung, dann zuletzt (τὸ τέλος adverbial, wie 1. Petr. 3, 8), wenn er das Königreich Gott, dem Vater, überantworten wird, wenn er abtun wird alle Herrschaft, alle Gewalt und Macht – er muß aber herrschen, bis er alle Feinde unter seine Füße gelegt hat –, wird als letzter Feind abgetan der Tod. Denn alles unterwarf er seinen Füßen; wenn er aber sprechen wird: Alles ist unterworfen – klarerweise (δηλονότι in einem Wort) mit Ausnahme dessen, der ihm alles unterwarf – wenn Er ihm alles unterworfen haben wird, dann wird auch er, der Sohn, sich dem unterwerfen, der ihm alles unterwarf, damit Gott sei alles in allen."

Man spürt dem Apostel gerade in V. 27 an, wie er als Offizier für seinen Feldherrn fühlt und wie der große Kampf ihn hebt und begeistert. Es liegen im Keim diesem Plan schon die Gedanken zugrunde, die wir im Kolosserbrief weiter ausgeführt finden werden, nur hier kriegerischer. Alles, was nicht ist, wie es sein sollte, man möchte sagen, alles, was sittlich oder körperlich nicht aufs schönste ist, der Allmacht und der Seligkeit Gottes entsprechend, ist – so haben wir's uns wohl zu denken – irgendwie auf ein gottfeindliches Wollen, auf Mächte persönlicher Art, auf Feinde zurückzuführen, und es ist ja unermeßlich viel nicht aufs schönste geordnet, sondern lauter Jammer, lauter Verzerrung und Verkrüppelung. Diese Feinde wird der Heiland, wenn er kommt, vollends zum Schemel seiner Füße legen. Es ist dies als eine Herrschaftszeit Jesu, des Wiedergekommenen, gedacht. Die Wiederkunft Jesu ist hier also nur mittelbar mit dem Endgericht zusammengestellt, ein sukzessives Gericht über die Feinde, eine Befreiung der Menschenkinder. Der letzte aller dieser Feinde ist der Tod. Wir können uns aus der Beschaffenheit dieses Feindes Gedanken machen über die anderen.

Es ist nun merkwürdig, wie der Apostel sich diesen Feind vorstellt. Wir denken uns heute den Tod überhaupt nicht mehr als eine Macht, sondern nur als ein immer wiederkehrendes, für jedes körperliche Lebewesen einmal eintretendes Ereignis. Wir nehmen, wenigstens unvermerkt, den Menschen als natürlicherweise sterblich; der Tod, sagt man, ist der Zoll, den man der Natur bezahlt; der Apostel denkt von vornherein anders. Wir nehmen an, es sei ein Unsterbliches in uns und ein Sterbliches, und fast, als wäre die Vermählung beider eine unnatürliche, kommt uns die endliche Trennung als etwas Natürliches vor. Ich glaube nicht, daß wir in diese unsere Vorstellungen überhaupt Klarheit zu bringen vermögen; weit klarer wäre der Materialismus, natürlich abgesehen von dem Widersinn, den er mir zumutet, meine eigene Seele zu leugnen. Oder denken wir etwa, das körperliche Leben, das uns gegeben sei, bestehe in einer begrenzten Summe sogenannter Lebenskraft, die wie ein brennendes Licht durchs Leben sich verzehrt und endlich auf Null gelangt? Der Tod ist dann diese Null des Lebens. Dann wäre es schwer, sich eine Auferstehung zu vergegenwärtigen. Der Apostel denkt, wie gesagt, anders. Ihm ist das Leben, das heißt die Verbindung von Leib und Seele, oder – im weiteren Sinn gesagt – unser Ich, mitsamt einem ihm entsprechenden Organ, das Natürliche und in gewissem Sinne Ewige, das nicht ganz vernichtet werden kann. Der Tod aber ist eine Macht, die diesen Zustand niederdrückt, in einem Grad, daß das Ich nahezu organlos wird. Es ist nur äußerlich, den äußeren Blicken, eine völlige Vernichtung des Organs. Der Apostel denkt sich offenbar in diesem Organ etwas den äußeren Blicken sich Entziehendes von ewigem Bestand. Der Tod drückt das Organ also nieder, daß es all das Äußere, wodurch es gerade Organ ist, verliert und bis zum Schein des Nichts zusammengepreßt wird. So bedarf es nur der Aufhebung des Todes, dieser das Leben niederdrückenden Macht, und alsobald ist das Leben wieder da. Damit ist die Auferstehung gegeben; darum schließt der Apostel seine Schilderung so, wie er es tut; er sagt nicht: „Und zuletzt kommt die allgemeine Auferstehung der Toten", sondern: „und zuletzt wird der Tod aufgehoben", aber offenbar in der Meinung, es sei das selbstverständlich.

Bevor wir dem Apostel weiter folgen, wollen wir diesen schwierigen Punkt, das Verhältnis des Todes zum Leben und zur Auferstehung, noch von einer anderen Seite beleuchten. In obiger Erörterung schwebt uns das Leben gleichsam als etwas Elastisches vor und der Tod als eine Last, die dasselbe niederdrückt; wird die Last entfernt, so ist sofort dem Leben wieder seine ursprüngliche Gestalt zurückgegeben; das ist, ähnlich wie Joh. 6, „eine harte Rede", etwas für unser Denken schwer Verdauliches; es ist nur die eine Seite der Sache, gleichsam ihr Angesicht, wie es sich unseren Augen darbietet; in letzter Linie ist alles Sichtbare nur Abspiegelung eines Unsichtbaren (Hebr. 11, 1-3), und so auch hier. Die Macht des Todes über die Menschen beruht auf dem Urteil Gottes über den Menschen: „Du sollst des Todes sterben", das heißt: „Dein Leib soll einem Zustand verfallen, wo er nicht mehr Wohnung und Organ der Seele sein kann." Aufhebung dieses Urteilsspruches aber darf nicht nur die Folge haben, daß von dem Moment an niemand mehr stirbt, sondern der Urteilsspruch muß für alle Gestorbenen aufgehoben sein, also müssen sie wieder im gewöhnlichen Sinne des Wortes lebendig werden. Dies ist die innere Wahrheit jenes Bildes. Dieser letzte Feind vertritt also einen Strafgedanken, einen Urteilsspruch Gottes; nur Gottesgedanken geben eigentlich Macht, und auch ein Feind kann seine Macht haben als einseitige Vertretung eines Gottesgedankens. Ist dieser Gottesgedanke ein vorübergehender (der Wandelbarkeit angehöriger), so ist damit auch der Berechtigung einer einseitigen Vertretung die Möglichkeit eines Zieles gesetzt. Rücknahme dieses Gedankens, nämlich des Urteilsspruchs des Todes, ist die letzte praktische Schlußfolgerung, die aus dem Tode Christi gezogen werden muß und gezogen werden wird, und hiermit wird dann auch jener Umschwung der Gesinnung Gottes zur Welt seine abschließende Vollziehung gefunden haben. Dann ist alles unterworfen.

Man kann sich die Unterwerfung auf zweierlei Weise vorstellen, nach den beiden Ausläufern des Gerichts, die wir oben betrachtet haben: als eine freiwillige, freundliche Selbstunterwerfung, ein Strecken der Waffen, oder als eine unfreiwillige des Gerichts. Diese Frage muß eine offene bleiben; die

Unterwerfung aber steht außer Frage. Das wird dann des Heilands Feierabend sein; die Menschheit hat dann ihr Werk getan, ihr Ziel erreicht. Der 8. Psalm bezieht sich zurück auf die Schöpfung, auf die Bedeutung Adams. Wenn der 8. Psalm sagt: „Alles hast Du seinen Füßen unterworfen" (nämlich dem Menschen), so bezieht sich dies auf das Wort Gottes an Adam, worin Er demselben über sein Wesen und seinen Beruf Aufschluß gibt: „Du bist der Herrscher der Schöpfung, du sollst sie mir untertänig machen, wie ich sie dir untertan machte." Dann ist also der Mensch wieder vom Sklaven zum Herrscher geworden. Wir sehen hier von Anfang bis Ende den Heiland von Paulus nur als den Menschen hingestellt, der die Menschenrechte und Menschenpflichten vertritt im höchsten Grade. Sein zürnender Stolz gegen die Korinther geht daraufhin, daß sie die vergilbten Urkunden der Menschenrechte vergessen, daß sie wieder in den alten Sklavensinn zurücksinken, daß man sich wieder in das Sterben schickt als in eine Naturmacht, als gäbe es in der Tat etwas über dem Menschen außer Gott, das heißt eigentlich, daß man wieder auf den Sehnsuchtsblick nach dem endlichen Sieg Jesu in seinem Wiederkommen verzichtet (Psalm 8 im Hebräerbrief, 2, 7-9).

Damit die Menschheit sich so wieder zu der ihr bestimmten Herrscherstellung emporarbeiten könne, dazu ist der Sohn Gottes Mensch geworden und hat sich mit der Menschheit zu einem Ganzen verschmolzen und sich dadurch in eine gewisse, seinem innersten Wesen nicht eignende Selbständigkeit Gott gegenüber stellen müssen. Diese Stellung wird er aufgeben, sobald das Ziel erreicht ist. Wenn dann alles unterworfen, die ganze Aufgabe somit vollendet ist, dann wird auch der Sohn untertan sein dem, der ihm alles unterworfen hat, dann wird Gott sein alles in allen.

Der Apostel betrachtet hier die endliche Auferstehung aller Toten offenbar in einem freundlichen Licht; er mag jenen oben erwähnten Vorbehalt im stillen gemacht haben, aber er läßt sich durch denselben das Gesamtbild nicht trüben. Das liegt außerhalb des Feldzugsplans; was schließlich etwa nicht gelänge, das geht den Kämpfer nichts an. Vor ihm steht als Aufgabe seines Herzens Gottes große Tendenz. Hat er hier im Korintherbrief diesen Plan, wie wir sagten, in kriegerischem Licht geschaut, so erscheint er ihm im Verlauf seines weiteren Lebens immer mehr auch in friedlichem, was wir im Kolosserbrief bald ausführlicher sehen werden. Dort bespricht er den Ratschluß des Heilands, daß alles wieder in ihm zu wohnen kommen und durch ihn zu ihm versöhnt werden solle. Die Throne, die Herrschaften usw., sie sind eben jene Feinde, sie sollen sich unterwerfen; aber die erste Tendenz geht auf Versöhnung. So verliert für den Apostel das Ende der irdisch-menschlichen Dinge immer mehr seinen Charakter des Unvermittelten, der dem Bild desselben früher etwa anhaftete. Das Endgericht wird – wie der Heiland in dem Gleichnis vom Samen sagt, den ein Bauer auf seinen Acker wirft – ein organischer Abschluß sein, eine Ernte. Man erntet nicht Unreifes. Und die ganze Weltgeschichte erscheint, wie gesagt, in wunderbar hellem Licht. Die Welt bleibt in ihrem Bestand und ihren Rechten, aber sie wird vom Heiland unterhöhlt. Die gottfeindlichen Geistesmächte, die sie hindern, werden allmählich in möglichst freundlicher Weise beseitigt, und Hand in Hand damit arbeitet unter den Menschen das Wort und arbeitet die kleine Herde, der Leib Christi, indem durch dieselbe der Heiland, der große Baumeister, immer mehr Bausteine der Welt entnimmt und sie dem großen Vaterhaus einverleibt. Immer hängt das Damoklesschwert eines plötzlichen, unvermittelten Abschlusses über der Welt; dies ist immer der eine Vorbehalt, aber der Knecht, der im Dienst der Erlösung steht, behält beständig das andere im Auge. „Wir sehnen uns", sagt der Apostel (Röm. 8, 22, 25), „aber wir warten mit Geduld." Das, was einem Mann Eifer im Streben, Befriedigung über sein Los, Freude über die Verwendung seiner Kräfte gibt – was ist es? Ein erstrebenswertes Ziel und ein klares Bewußtsein desselben. In der Universalität ist der Lebensgeschichte der Menschheit ihr Ziel – der kleinen Herde ihre Aufgabe gestellt: Die Hoffnung ist es, die als Grundstimmung den ganzen Leib Christi beseelt und ihn beständig in geistigen Besitz des zu erreichenden Zieles stellt.

3. Die Freiheit

Eine sich von selbst ergebende Frucht der Objektivität und ein unerläßliches Erfordernis der Universalität ist die Freiheit. Die Freiheit ist von allen Begriffen des Apostels der kühnste und auch das gewaltigste Proberesultat seines Wirkens. Ohne Freiheit hätte er sein Werk nicht einen Monat betreiben können, und wiederum: ohne seine Erlebnisse, in denen all sein Glauben bestätigt wurde, hätte er den Begriff der Freiheit nicht ein Jahr aufrechterhalten können. Aber er konnte es; sahen wir doch, wie er den Gemeinden, ohne alle Hilfsmittel irgendeiner Vorschrift, es überlassen mußte, ihre durch Jahrtausende zerrüttete Sitte rein aus dem ihnen innewohnenden Heiligen Geist heraus neu zu gestalten, und diese Erscheinung ist ja der gewaltigste Beweis, wie sehr der Apostel nur das Werkzeug göttlicher Tatsachen war. Der Apostel ist in Wahrung der Freiheit bis aufs äußerste ängstlich. Wo er seine Leser vor groben Sünden warnt, fällt uns unwillkürlich eines der Zehn Gebote ein – er zitiert es nicht; ja, es fallen uns eindringliche Worte Jesu ein – auch diese zitiert er nicht, sondern er arbeitet mit Definitionen, d. h. er erinnert uns etwa daran, wer w i r sind oder was wir eigentlich mit dem oder jenem, das wir verüben, t u n . Er sagt z. B.: Besinnt euch doch, daß eure Leiber Glieder Christi sind und daß Männlich und Weiblich in ehelicher Verbindung e i n Fleisch werden.

Ängstlich vermeidet er jede zwangsweise Einmischung eines andern Willens. In bezug auf die Götzenopfer z. B. geht er eigentlich in seinen Anforderungen an den Verzicht dem Schwachen zuliebe noch über die Anforderungen des Apostelkonzils hinaus; aber er will nicht, daß seine Leser irgend etwas aus einem anderen Grund tun als aus der diesem Etwas selbst innewohnenden inneren Berechtigung und vermeidet deshalb auch hier jede Berufung auf jenes Dekret.

Woher diese Ängstlichkeit? Es kann schließlich eine wahre Gerechtigkeit gar nicht gedacht werden, die von außen mittels äußerer Vorschriften und Befolgung derselben allmählich ins Innere dränge; sie muß etwas sein, das aus dem innersten Wollen, ja schließlich aus der Unwillkürlichkeit hervorgeht. Der

Begriff der Freiheit steht in direktem Gegensatz zu jener Gerechtigkeit aus eines Gesetzes Werken, mit der sich der Apostel immer auseinanderzusetzen hat. Die Vorschrift kann schon um ihres äußerlich gebietenden Wesens willen kaum mehr als einen negativen Einfluß auf die Gerechtigkeit ausüben. Gebietet sie mir, etwas zu tun, was ich sonst nicht täte, so veranlaßt sie mich im günstigsten Fall zu Taten, die mit meiner Gesinnung doch nur in losem Zusammenhang stehen, und ein Wachstum in der Übereinstimmung meines Tuns mit der Vorschrift ist nur dann denkbar, wenn ich sie anfangs unvollständig erfülle; dann bleibt aber für alle Zeit in der Summe der Leistungen eine ewig unausfüllbare Lücke, auch abgesehen von der Relativität des Werts einer solchen bloßen Gehorsamsleistung. Aber damit ist die Schwäche in der Vorschrift noch nicht erschöpfend ausgedrückt; es liegt in ihrem Wesen, daß die Summe des Tuns, welches sie mir vorschreibt, meinen Kräften entsprechend eine sehr bescheidene ist* und daß ihre Kraft vielmehr darin besteht, mir eine Summe von Tun, zu dem ich aufgelegt wäre, zu verbieten. Bewegt sich doch auch das Zehngebot in der zweiten Tafel nach höchster schöpferischer Weisheit und Weitherzigkeit insofern möglichst auf dem Boden der Freiheit, als es dem Menschen überläßt, in seinem Verhältnis zu den Gütern der Erde, Ehe, guter Name, Eigentum, in Aneignung derselben sich frei zu bewegen, und ihm nur die Grenzen steckt, die durch das Recht und das Wohl des Nächsten gefordert sind. Dann besteht aber die Gerechtigkeit in einer Summe von Dingen, die man nicht

* Diese hier ausgeführten Zusammenhänge wurden bei Johannes Müller, der Zündels Schriften sowie auch Blumhardt (Sohn) persönlich kannte, ein tragender Gedanke, der sich wie ein Roter Faden durch sein Lebenswerk zieht, insbesondere in seinem Kommentar der Bergpredigt und den Erläuterungen der Reden Jesu. Zur Verdeutlichung hier als ein Beispiel die Stelle „Wer ein Weib ansieht, sie zu begehren, treibt schon Ehebruch mit ihr in seinem Herzen“: Müller: „Deshalb ist unkeusches Empfinden so gut wie Ehebruch, denn beides ist Auswirkung desselben unsittlichen Wesens und nur gradweise voneinander verschieden. Wenn sich jemand mit fester Hand von allem zurückhält, was unmoralisch ist, und die sittlichen Forderungen die Richtschnur seines Handelns sind, so lebt er sittlich. Aber nur wer aus innerem Drang nicht anders kann als das sittliche Ideal zu verwirklichen, nur der ist sittlich.“ Joh. Müller: *Die Bergpredigt*, neue Ausg. Reichl Verlag, St. Goar 2002, S. 143f. *Der Verlag*

getan; sie ist eigentlich noch inhaltsleer; ja noch mehr: naturgemäß wird der beherrschende Begriff einer solchen Naturmoral, der Begriff, um den sich alles dreht: die Sünde, so daß dieses ganze System sein Angesicht dem zugewendet hat, wie es nicht sein soll. Nicht sündigen aber ist nur eine Leerheit der Tafel des Herzens, die der Apostel nur als die Grundlage des wahren Richtigstehens vor Gott erkennen kann; es handelt sich jetzt erst darum, daß diese Tafel beschrieben werde. Daß wir nicht sündigen, ist die Entledigung von einer Last, um frei und lebendig einem lebendigen Gott zu dienen.

Hier gelangen wir aber zu dem Punkt, wo das Freiheitsprinzip aus der Objektivität hervorwächst. Das Vorschriftsprinzip ist göttlichen Rechts und verdammt uns, und es ist uns nicht möglich, bloß mittels eines Kunstgriffs der Intelligenz uns des Prinzips der Freiheit zu bemächtigen. Unser schlechtes Ich, welches dasselbe bliebe, würde diese Freiheit als eine Freiheit zum Sündigen auffassen und gebrauchen (vergleiche Röm. 6, 1 und 15). Aus der Heilsgeschichte heraus, aus dem Tode und der Auferstehung Christi heraus, aus der Taufe heraus kommt diese Befreiung, und die Befreiung von der Vorschrift ist in organischem Zusammenhang mit der Befreiung von der Notwendigkeit des Sündigens (vergleiche Röm. 6, 1 - 7, 6). Wir dürfen hier auf eine Gefahr bei der Verwendung des Begriffs Freiheit aufmerksam machen. Da es sonst allerdings angezeigt ist, Begriffe alles ihnen fremdartigen oder entbehrlichen Inhalts zu entleeren, um dieselben reinlich für sich zu besitzen, so geschieht es leicht, daß man mit dem Begriff „Freiheit" darin weiter geht, als er zu ertragen vermag. Man nimmt die Freiheit gleichsam neutral, gleichsam vorderhand ohne sittlichen Charakter, und überläßt es ihr dann, sich beliebig mit Inhalt zu füllen; das ist falsch, gerade um des hohen Ursprungs der Freiheit willen. Frei ist nur der Herrscher, also nur Gott, und darum gibt es wahre Freiheit nur in der Sphäre des Göttlichen, des Heiligen.

Alles Wollen, bei dem dem Ziel keine ewige Berechtigung, keine vollendete Wünschbarkeit innewohnt, ist als ein knechtisches gestempelt; es ist von fremdartigen Beweggründen beeinflußt. Die Freiheit ist darum auch nie ein Nullpunkt des Wollens, sondern im Gegenteil die Fülle des Wollens, ein starkes, freies

Wollen; das gibt dem Ich allein jene eigene Ursprünglichkeit, in welcher allein das Wesen wahrer Persönlichkeit besteht, und hierin enthüllt sich uns eine überraschende Kehrseite. Im allgemeinen Menschenleben schon ist weniger die Intelligenz und Klugheit die siegende Macht als die Stärke des Wollens. Worin aber besteht die Stärke des Wollens? Sie besteht in einer Not inneren Müssens. In Gott ist dieses Müssen, dieses Gebundensein an sich selbst, ein heiliges Geheimnis, aber darum ist heilsgeschichtlich ein großes, starkes Ich in die Mitte der Dinge gestellt, mit starkem Wollen, mit unendlichem Müssen: es ist der Heiland. Der Ausgangspunkt seines unwillkürlichen Müssens ist nicht ein Prinzip, sondern Gott, und sein Gebundensein an Gott in seligem, unwillkürlichem Müssen – wenn wir so reden dürfen – ist die Liebe. Er ist aber in freier Liebe auch der Welt zugewandt, soweit Liebe überhaupt frei ist. (Die Liebe ist auch Ursache ihrer selbst, also ist sie nicht frei.) Aus der Not des Zwiespalts dieser beiden Pole seiner Liebe ist seine Geschichte geboren, die Rettungsgeschichte der Menschheit. So das Schöpfungsgebiet liebend als seine Aufgabe umfassend, Gott in Liebe zugewandt, ist er zugleich das ideale Urbild aller Geistwesen und im besonderen das realisierte Ideal des Menschen (Kol. 1, 15-20). Die Vorschrift, ebenfalls eine vom Schöpfer her in bescheidenster Beschränkung entworfene Zeichnung des Ideals des Menschen, ist ein weissagender Schattenriß, den gleichsam der herannahende Körper, Christus, in die Vorzeiten warf und der einstweilen notdürftig das lebendige Bild des Kommenden ersetzen sollte (Kol. 2, 17). Wir nun werden mittels der Taufe seinem Tode eingepflanzt, und damit ist rechtlich jenes rebellische Ich erledigt und die Vorschrift – sei es als befehlende, sei es als verklagende – gegenstandslos geworden.

Wir sind aber auch mit seiner Auferstehung in einen neuen Lebenszustand versetzt, und zwar eigentlich nicht jeder in einen eigenen, für ihn besonders gewordenen, sondern in die Gemeinschaft des auferstandenen Jesus, in Jesum, den Auferstandenen. So sind wir frei als die Lebendigen und so auch heilig; nur das Lebendige ist heilig, und nur das Freie ist lebendig. Wir sind, in der Freiheit, gebunden in der Liebe zu Jesu und in seiner Liebe zu Gott; aber in dieser Gebundenheit sind wir selbständig auch innerhalb der Gemeinschaft und haben wieder eine Ursprünglichkeit erlangt; denn alle diese Vorgänge vollziehen sich weder mechanisch ohne unser Bewußtsein, ohne unsere Zustimmung, noch auch infolge eines auf uns ausgeübten Drucks, sondern frei. Mit dieser unserer individuellen Selbständigkeit hängt zusammen, daß wir noch nicht in jene volle, ideale Fülle der Freiheit gelangen, die der Heiland hat und die der Apostel Röm. 5, 18 als unser königliches Herrschen bezeichnet. Wir sind noch nicht Herrscher; wir liegen im Kampf gegen widersprechende Einflüsse, die sich noch in unserem eigenen Organ, in unserem Körper geltend machen wollen. Unsere Freiheit wird eine volle, ganze werden durch die Erlösung unseres Leibes vom Tode, das heißt: am Tage der Freiheit der Kinder Gottes (Röm. 8, 21). Die geistige Art, wie wir unter dem gewaltigen Einfluß Gottes durch eigenes freies Tun zur Freiheit gelangen, verdeutlicht sich uns hell in der Weise, wie unser Heil durch die Verkündigung des Evangeliums gewirkt wurde. Der Apostel weiß sich immer zuerst als Herold, der eine große Kunde zu überbringen hat. Zusprechen, zumuten ist vorderhand seine Sache nicht. Er verkündigt, und die Kunde von der Liebe Gottes (Röm. 5, 5-11) und von den seligen Leistungen, die sie zu unseren Gunsten gewirkt, öffnet dieser Liebe das Herz, und schließlich ist auch in unser Herz ein Strom der Liebe zu Gott durch den Heiligen Geist ausgegossen.

So tritt uns hier überall die Freiheit entgegen in einer Weise, welche über unser Beschreiben geht. Wir fühlen überall bei dieser heiligen Freiheit uns in unserem Heiligen heimatlich angeweht: es ist die selige, friedliche, weil sieghafte Gottesluft, es ist das, „was von Anfang war", es ist das Selbstverständliche; daher rührt auch ihre Verwandtschaft mit der Wahrheit, denn alles Erzwungene ist unwahr, und alles Wahre ist frei. Statt Wahrheit könnten wir oft setzen: Natürlichkeit. Aus der Seligkeit im Heiland heraus und aus der Liebe zu ihm heraus, der Begeisterung für ihn, ergab sich alles von selbst, die Würdigung des Weibes, die Würdigung der Kinder, die Nächstenliebe in ihrem reichen Farbenspiel; es war gleichsam schon darum nichts geboten, weil alles, was vom Himmel her erwartet wurde, so natürlich war in diesem Sinne. Es erwies sich Jesus darin als der Sohn des Schöpfers, daß alles wieder seinen ursprünglichen, schöpferischen Glanz erhielt.

Gerne füge ich mehr gesprächsweise losere Ausführungen an, die sich mehr oder minder an solche des Paulus anlehnen. Gewaltig groß erscheint dem Apostel sein eigenes Amt im Licht dieses Gutes (2. Kor. 3, 2 - 18), wo er sich selber beglückwünscht zu dem schönen Dienst, der ihm gegeben ist, gegenüber dem, der dem Moses anbefohlen war: „Ich darf Gerechtigkeit verkündigen, und mein Amt gibt den Geist, der lebendig macht." „Moses", sagt Paulus, „mußte Verdammnis verkündigen", einen Buchstaben, der tötet, weil er ein Gebot gibt und dessen Übertretung mit dem Tode bedroht. Auf ihm strahlte ein äußerer Glanz, aber eben deswegen, und weil Verdammnis nicht das letzte Wort ist, ein vergänglicher, so daß er, wenn er frisch von der Hütte kam nach Ausrichtung der Offenbarung, eine Hülle über sein Angesicht legte, damit die Kinder Israels das Ende dessen, das da aufhört, nicht sehen, das heißt: ein Abnehmen des Glanzes nicht bemerken, noch auch, daß auch das, was er verherrlichen soll, das Gesetz, einmal abgetan wird. „Diese Hülle", sagt er, „liegt noch auf dem Angesicht Israels, sooft Moses gelesen wird. Sie bemerken nicht, daß der Glanz erloschen, das heißt, daß das Gesetz in Christo abgetan ist; sie bemerken nicht, daß die Predigt der Verdammnis in Christo durch eine Predigt der Gerechtigkeit abgelöst ist." „Wir aber sehen mit unverhülltem Angesicht in das Angesicht des Herrn hinein und erhalten von dorther Glanz als von einem Geiste, der eines Herrn Geist ist." Dies ist der Kernpunkt der Freiheit in des Apostels Denken: Jesus Christus ist frei, denn er ist der Herr. Gott ist der Quell der Gesetze, und in Christo rühmen wir uns Gottes.

Die Freiheit wurzelt merkwürdigerweise in unserem Unvermögen; es tritt dies auch in der Kirchengeschichte zutage. Die katholische Kirche, welche dem Menschen noch ein größeres Selbstvermögen zuschreibt, kennt die Freiheit nicht, und in der evangelischen stand der Begriff der Freiheit immer im umgekehrten Verhältnis zum Begriff des Selbstvermögens. Dieses Rätsel ist leicht zu lösen. Wer etwas vermag, dem kann, ja dem muß unter Umständen etwas vorgeschrieben werden; wer nichts vermag, bei dem hilft das Vorschreiben nichts. Unsere Freiheit beruht auf unserer Nullität, darauf, daß der Heiland in uns alles ist. So sind wir sein Sklave, seiner Liebe Organ, und in seiner Liebe des Nächsten Sklave (Gal. 5, 13). In Christo, im Heiland sein (Röm. 8, 1 u.a.), das ist für den Unvermögenden der Kraftquell seines Tuns, und für den Gebundenen der Ursprung seiner Freiheit. „Das Gesetz des Geistes (Röm. 8, 2), des Lebens in Christo Jesu hat mich frei gemacht vom Gesetz der Sünde und des Todes."

Im Geist leben oder wandeln wäre für uns etwas rein Abstraktes, Ungreifbares, Unmögliches; dem Geist würde in der Person unseres Ichs kein genügender Gegenstand gegeben. Im Geist leben heißt, aus Geist heraus in Christo Jesu leben, kraft des Geistes den Mut haben und die Freudigkeit haben, sich beständig in Jesu, dem Heiland, zu befinden. Christus Jesus ist gottlob kein bloßes mystisches Element, keine bloße geistige Anschauung, in der wir uns bewegen sollen, sondern die lebensvollste Persönlichkeit, die sich auch in unserem Erdenleben lebendiger als irgend jemand bewegt hat – man möchte gern hinzufügen: sich auch da als durch und durch praktische, auf praktische Ergebnisse zielende Natur, um alles Menschliche, das heißt, was den Menschen selbst betrifft, sich kümmernde Person gezeigt hat, ein Weltmensch in dieses Wortes heilig schönem Sinn, und zwar im größten Stil, ja der Weltmensch. In dem leben heißt im Zentrum der Menschheit leben, von wo aus alle Telegraphen nach den letzten Gliedern gehen – sich für alles interessieren, was irgend am Menschen ewige Bedeutung hat, mit dem Ewigen in Zusammenhang gebracht werden kann.

Ein Leben in Christo hebt nach einer Seite aus der Welt hinaus, insofern als wir rein naturgeschichtlich, wie ein Naturwesen, von ihren Naturkräften abhängig, von ihnen hin- und hergetrieben wurden. Es verflicht aber wieder in die Welt königlich als vom Herrscher her, der die Welt geliebt hat, in die selige Aufgabe der Regeneration derselben mitten hineingestellt. Das ist das größte Ziel, das unser Herz hebt, das ist eigentlich jene Freude (Joh. 15, 11), die auch uns zuteil werden soll und die uns in natürlichster Weise nun zuteil wird, insofern als nun das Haupt seine Arbeit durch seine Glieder vollzieht. Dieses Leben in

Christo ist – ich weiß kein anderes Wort – nicht ein magisches, gleichsam eine Betäubung, sondern lebendig, persönlich vermittelt, weshalb es auch ein Leben Christi in uns genannt werden kann. Es ist nicht so, daß unser Ich dadurch völlig erlischt; der Heiland will unsere Unzulänglichkeit völlig auf sich nehmen und will nur, daß wir uns derselben beständig bewußt sind. Es geht nach Psalm 18, 36: „Indem du dich demütigst (Luther: mich demütigst), machst du mich groß." Es hat alles, was ich in Jesu tue, das Aussehen, als hätte ich es getan; er verschwindet, weshalb es auch heißt: „Tut es im Namen Jesu." So bin ich wie ein Angestellter in einem großen Geschäft, der für ein besonderes Fach die Freiheit erlangt hat, mit den Mitteln des Hauses im Namen des Hauses zu handeln. So sehen wir unter anderem auch, wie die Freiheit für wirklich gute Werke in dem letztgenannten Sinn, die für die Regeneration der Welt Wert haben, absolutes Bedürfnis ist. Es bedarf den Aufgaben des Augenblicks gegenüber* einer Beweglichkeit, erstens intellektuell: um immer wieder den Augenblick zu verstehen, was er lehrt und was er fordert, immer wieder die Welt im Lichte Jesu anzuschauen; und dann auch praktisch, damit wir nie bloß die Drahtpuppe eines Systems sind, sondern eine lebensvolle Persönlichkeit, und so kommt durch uns, und zwar gerade, wenn wir frei im Namen Jesu handeln, die gewaltige Persönlichkeit zu ihrem Recht, das wunderschöne Geheimnis, daß die Menschheit in ihm ein solch warmes, liebevolles und lebensvolles Ich besitzt, das seine Pulse durch alle Glieder und alle Zeiten treiben will. Wir sind hier wieder auf den Satz gelangt: „Er das Haupt und wir die Glieder."

Das zwölfte Kapitel des Römerbriefes, welches soeben genannt wurde, ist eine höchst bezeichnende Ausführung der sittlichen Gedanken auf dem Boden der Freiheit. Der Apostel ist dort mit der Heilslehre, und man könnte eigentlich sagen: auch mit der Sittenlehre, zu Ende. Wir sind gerecht geworden durch

---

* Vergleiche Röm. 12, 11, wo es heißt: „Seid Sklaven des Augenblicks", was Luther erklärend wiedergibt: „Schicket euch in die Zeit."

Eine andere Lesart von 12, 11 lautet: „Seid nicht träge in euren Aufgaben", [lt. Vulgata: *Solicitudine non pigri*]. Man sehe hierzu auch den Beitrag von Heinrich Lhotzky: „Was sollen wir tun?" in „Blätter zur Pflege persönlichen Lebens", Reichl Verlag, St. Goar 2010, S. 18-26. *Der Verlag*

den Glauben, wir sind mit Christo gekreuzigt und auferstanden, wir wandeln im Geist in Christo, frei vom Gesetz der Sünde und des Todes – was haben wir denn noch zu tun? Gerade diesem Sonntagsgefühl der Freiheit entströmt die Ermahnung, jetzt der Barmherzigkeit Gottes zuliebe Ihm unsere Leiber zu einem lebendigen, heiligen und Ihm wohlgefälligen Opfer zu bringen. Wir verzichten darauf, dem Apostel in der reichen Ausführung dieses Gedankens zu folgen, und verweilen nur noch bei dem Gesamteindruck: wie nämlich durch die Freiheit oder in der Freiheit eine Fülle von lebendiger Kraft entbunden und verfügbar wird.

Wenn der Vorschriftenmensch einer Maschine gleicht, etwa einer Uhr, die alle ihre Kraft darin erschöpft, sich selbst in Bewegung zu erhalten, so gleicht der Freiheitsmensch einer anderen Maschine, deren Kraft nach außen wirkt. So begreifen wir nun, wie äußerst fruchtbar dieses Prinzip wurde für eine Regeneration der menschlichen Verhältnisse, für die sogenannten guten Werke, worunter wir ebensowohl edle Taten als auch allerlei nützliche Schöpfungen, allerlei, was zum Wohle des Nächsten oder auch des Allgemeinen dient, zu verstehen haben, deren Erwähnung wir in den Schriften des Apostels späterer und spätester Zeit begegnen, z. B. Eph. 2, 10: „Wir sind Gottes Werk, in Christo Jesu geschaffen zu guten Taten oder Werken, welche (οἷς ist hier Attraktion) Gott uns vorher bereitgemacht, zurechtgelegt hat, damit wir darinnen wandeln sollen." Wie etwa unsere Großindustrie eine Maschine baut, welche einen ihr zweckmäßig zubereiteten Rohstoff wiederum zweckmäßig zu verwandeln vermag, so stellt sich auch darin der Zusammenhang unseres Heils mit dem Schöpfer heraus, daß den Anlagen, die durch das Heil in uns erwachen, entsprechende Aufgaben begegnen, die von Gott für uns zubereitet sind; ein Doppelgeschenk von Gott her: das der Anlage und der Aufgabe, aus welchem sich dann das Werk ergibt.

In den Pastoralbriefen begegnen wir der Aufforderung an die Hirten besonders häufig, sie möchten darauf achten, daß sich ihre Anbefohlenen im Stande guter Werke befinden. Die Gemeine Jesu, die sich in der Welt einbürgern will, soll dadurch leuchten, daß sie, zu allen guten Werken aufgelegt, sich bereit findet zu allerlei gemeinnützigem (wir würden heute sagen: humanem)

Werk, das etwa auch von außerhalb der Gemeinde her mit der Bitte um ihren Beistand an sie herankommt, wie man andererseits auch an eines Christen Privatsphäre sehen soll, daß er alles wohl bestellt, daß alles bei ihm und durch ihn versorgt ist und daß er auch darin ein fruchtbarer Baum ist. Es hängt ihnen dort bei weitem kein Schein an, als wohnte ihnen ein verdienstlicher Wert vor Gott inne, sondern sie sind zuhanden der Welt, sie sind das natürliche Produkt der gesunden Pflanze; fehlen sie, so ist die Pflanze krank. So ist die Freiheit das natürliche Wachstumsgesetz in den Menschen, der klassische Ort für die guten Werke als Produkt der Freiheit.

Wir nannten in der Einleitung zu diesen Lehrbetrachtungen die Freiheit das moralische Prinzip; genaugenommen ist sie es nur nach der Seite der Form; nach der Seite des Inhalts ist es die Liebe. Wie sehr Liebe und Freiheit im christlichen Sinn einander bedingen und sozusagen unzertrennlich miteinander verschmolzen sind, haben wir in obigen Erörterungen gesehen.

In diesem Überblick über die Art, wie Paulus das Heil in Christo auffaßt, habe ich den objektiven Begriffen, das heißt Begriffen von solchen Dingen, die außer uns sind, von außen her auf uns wirken oder uns zuteil werden, den Vorrang gelassen vor den subjektiven, vor Beschaffenheiten unseres Inneren. Wäre ich den umgekehrten Weg gegangen, so hätte sich uns jene Dreiheit sittlicher Begriffe in den Vordergrund gedrängt, die Paulus mit sichtlicher Vorliebe und auffälliger Beständigkeit uns bringt (1. Thess. 1, 3; 1. Kor. 13, 13; Kol. 1, 4, 5), nämlich die Begriffe: Glaube, Hoffnung, Liebe. Der Glaube, sagten wir, ist der subjektive Reflex der Objektivität – die Universalität erzählte uns das Ziel und den Gegenstand unserer Hoffnung und erklärte uns auch, warum Hoffnung zu den ersten Pflichten und Gesinnungen des Christen gehört, und das letzte Wort unserer Betrachtung beleuchtete uns die innige Beziehung der Liebe zur Freiheit. So mündet die Predigt des Paulus in die dreifache Mahnung an uns:

Glaube! Hoffe! Liebe!

Zweiter Abschnitt

Die Briefe des Apostels Paulus

1. Allgemeine Übersicht

Genaugenommen verteilen sich die Briefe des Apostels auf vier Perioden. Erste Periode: Thessalonicherbriefe, auf seiner zweiten Reise geschrieben. Zweite Periode: Galater, beide Korinther, Römer, in der Ephesuszeit geschrieben. Dritte Periode: Kolosser, Philemon, Epheser, Philipper, Hebräer, in der ersten Gefangenschaft geschrieben. Vierte Periode: Die sogenannten Pastoralbriefe, von denen der an Titus und der erste an Timotheus nach der Befreiung aus der ersten Gefangenschaft, der zweite an Timotheus in der zweiten Gefangenschaft geschrieben ist.

Der Fortschritt, die Entwicklung, der Szenenwechsel in des Apostels Lebensgeschichte wie auch in der Geschichte der Gemeinde Jesu ist in diesen Perioden so rasch und gewaltig, daß es uns eigentlich nicht verwundern sollte, wenn dies auch in den Briefgruppen, die diesen Perioden entsprangen, sich widerspiegelt. Dennoch darf es auch nicht allzusehr überraschen, wenn neuerdings, das heißt seit fünfzig Jahren, die Verschiedenheit dieser einzelnen Gruppen voneinander so groß gefunden wurde, daß die sogenannte Tübinger Schule sich für genötigt hielt, nur die Briefe der zweiten Periode als von Paulus geschrieben anzuerkennen. Es ist eben nicht nur ein Unterschied in den Gedanken, sondern auch in der Sprache, in dem Vorrat an Ausdrücken, die den neuen Aufgaben und den neuen Begriffen entsprachen, ja teilweise auch im Stil, in welchem doch eines Menschen Denkweise, sein Gesinnt- und Gestimmtsein und die Art und Weise, wie er dies nach außen kundgibt, sich am bezeichnendsten ausprägt, so daß dem aufmerksamen Beobachter in der Tat mit jeder Periode wieder ein überraschend neues

Bild entgegentritt. Um diese Verschiedenheit zu erklären, dürfen wir uns mancherlei vergegenwärtigen, vor allem in bezug auf die Verschiedenheit in der Sprache: Jede neue, große Geistesbewegung wirkt umbildend, gewissermaßen zerstörend und wiederum schöpferisch auf die Sprache.* In so hohem Grad aber wie das Christentum hat das noch keine andere Erscheinung gewirkt; ein ganz schwacher Vergleich ist die Einwirkung Luthers auf die deutsche Sprache. Weit größer war die Umwälzung in allen Begriffen und Anschauungen der Betreffenden in den Anfangszeiten des Christentums.

Es läßt sich vom allgemein menschlichen Gesichtspunkt aus sagen: Es wurden durch das Evangelium hin und her im Römerreich die untersten, vernachlässigtesten Schichten der Gesellschaft mit einem Mal geistig an die Spitze einer neuen Zeit gestellt, auf eine den weltlichen Philosophen förmlich verblüffende Höhe. Jene Korrespondenzen, die in diesen Kreisen damals kursierten, sind heute die höchste geistige Nahrung des Erdballs. In dem üppigen Wachstum und raschlebenden Fortschritt sprossen immer neue Begriffe empor, teils als Ausdruck der Lehre, teils als Abdruck neuentstandener Sitten, die sich ebensorasch in Kunstausdrücken gleichsam als Münzen ausprägten. Hierzu kommt nun noch die wunderbare Vielseitigkeit, Bildsamkeit, Elastizität des Mannes, welcher der Brenn- und Quellpunkt der ganzen Umwälzung war, des Apostels Paulus. Den Juden ein Jude zu werden, den Heiden ein Heide – war ihm

---

* In solcher Umbildung der Sprache sind obendrein die unteren Schichten des Volkes, sobald sie einmal die Sprache zu handhaben gewohnt sind, weit kühner und ungebundener als die Gebildeten. Dies träfe allerdings mehr auf die Zwölfe zu als auf den höhergebildeten Paulus; aber auch er hat sich durch seinen Umgang mit dem niederen Volke geistig verschmolzen. Und nun vollends der Jude, dessen Herzen die Sprache, die kristallisierte Ausdrucksweise der Gedanken des Volks, in dem er sich jeweils befindet, eigentlich fremd bleibt, oder der gar, wie die Apostel – Paulus mit eingeschlossen –, hebräisch denkt, modelt oft mit vollendeter Rücksichtslosigkeit die andere Sprache nach seinem Zweck, wie das mit Beispielen aus unserer Neuzeit reichlich zu belegen wäre. So ist z. B. die kühne Fassung Off. 1, 4: Gnade mit euch und Friede von dem „seiend", dem „war" und dem „kommend" – sichtlich nichts weniger als Unbeholfenheit des Anfängers, sondern souveränes Verfügen über die Sprache, um den majestätischen Eindruck zu erzielen, den es uns im Griechischen unwillkürlich erweckt.

voller Ernst, und dazu war er auch von Gott förmlich wunderbar ausgerüstet, durch die merkwürdig verschiedenen Phasen seiner Lebensgeschichte immer neu umgebildet; und ebenso hat ihn seine Tätigkeit im Werben für Jesum und in seiner seelsorgerlichen Pflege der Gewonnenen, seine Herrscherpflicht und Herrschergabe bei der Ordnung der neuen, großen Verhältnisse in eine gewaltige Schule geführt, sich in die verschiedensten Aufgaben immer voll und ganz hineinzuleben. Ferner haben die immer auftauchenden Gegner und neidischen Konkurrenten ihn fort und fort genötigt, mit Waffen zur Rechten und zur Linken (zum Angriff und zur Verteidigung) über die jeweiligen Punkte, wo sein Evangelium auf widerstrebende Gedankensysteme stieß, volle Klarheit zu gewinnen. Wir können im großen ihn in diesen vier Perioden in folgenden Phasen sehen, wenn wir nun kurz seine Briefe der Reihenfolge nach überblicken.

Erste Periode: Der Bruder. Die Thessalonicherbriefe sind schlichteste Korrespondenz. Der erste Thessalonicherbrief versetzt uns ins volle Leben; er soll eigentlich nur schnell des Paulus Abwesenheit entschuldigen und möglichst ersetzen und gibt zugleich seiner Glückseligkeit über seine Erfolge in Thessalonich warmen Ausdruck. Recht aus dem Leben ist auch der Umstand, daß sich an diese erste Korrespondenzleistung des Apostels, die ohne alle Ahnung der reichen späteren Fortsetzung erfolgte, dem äußeren Anschein nach teilweise ungünstige Folgen hefteten. Sein Brief wurde bei der Hochglut der Stimmung in Thessalonich teilweise mißverstanden, ja auch mißdeutet, so daß er ihm sofort einen zweiten nachzusenden hatte, um den Mißverstand zu berichtigen, ja sogar auch, um vor Äußerungen, die mündlich oder schriftlich – als von ihm stammend – herumgeboten wurden, zu warnen. Dementsprechend steht auch das Ganze der Heilstatsache, der Gang der Heilsgeschichte, noch frei von allem Lehrcharakter als lauter Leben vor uns. Namentlich die Zukunft des Herrn ist nicht eine Sache der Lehre, sondern der gespanntesten Erwartung, so daß der Apostel auch z.B. die Thessalonicher über solche trösten muß, die unterdessen gestorben sind und die von ihnen bedauert wurden, als seien sie um ein Großes verkürzt, eine Anschauung, die vielleicht im Kern richtiger denkt als wir heute. Ebenso sind auch die heidnischen Unarten der Vergangenheit der Thessalonicher und andererseits die sittlichen Gefahren, in die sie durch ihr gespanntes Hoffen geraten könnten, in kurzen mächtigen Zügen geschildert.

Zweite Periode: Der Seelsorger, der Kämpfer und Lehrer, der nach allen Seiten, wo es nötig ist, sowohl auf dem Gebiet der Lehre als auch auf dem Gebiet des Tuns, des Lebens, seinen Standpunkt präzisiert und sicherstellt. Die Briefe dieser Periode sind, wie wir oben sahen, mitten im Gedränge des öffentlichen Wirkens ihm durch die Not des jeweiligen Bedürfnisses abgerungen und atmen jene wunderbare frische Luft des allgemeinen Menschenlebens, die uns an den ersten Teil des Jesaia erinnert und die so charakteristisch ist, daß – wie gesagt – eine ganze Schule es für nicht möglich hielt, daß die übrigen Briefe von demselben Verfasser seien. Die Korintherbriefe tragen vorwiegend seelsorgerliches Gepräge und erinnern in ihrem Gesprächsstil, der sich hier aufs höchste vollendet, an die Thessalonicherbriefe. Schwerlich besitzen wir aus dem Altertum ein in Prosa verfaßtes Schriftstück, das den traulichen Gesprächsstil, und zwar des Volkes, in seiner flüssigen Weise so wiedergibt wie der zweite Brief an die Korinther. Der Galaterbrief und der Römerbrief sind die eigentlichen Lehrbriefe, die großen Urkunden der Heilsauffassung des Apostels; der erstere, den wir näher betrachten werden, mehr im Streitgewand, der letztere mehr im Lehrgewand. Nur mit Schmerzen versage ich mir eine möglichst volle Zeichnung dieses gewaltigen Gedankendoms. Diese Briefe sind übrigens schon unter sich verschieden, denn die obige Bezeichnung: frisch, ja schneidig, trifft mehr auf den Galaterbrief zu; der Römerbrief zeichnet sich aus durch ruhigen, königlichen Weitblick, der das Größte wie das Kleinste mit gleicher Sorgfalt und Sicherheit überschaut und erwägt und seinem Denken nirgends eine Lücke erlaubt.

Dritte Periode: Derselbe Kämpfer und Lehrer; aber während er sich in der ersten Periode für etwas Werdendes wehrt, überwacht er in dieser ein Gewordenes. Diese Briefe sind aus der Stille des Gefängnisses geschrieben; ihre Haltung, obwohl nicht minder frisch und schneidig, ist von feierlicher Stimmung getragen und erinnert an den zweiten Teil des Jesaia.

Der Philipperbrief ist ein Dankschreiben voll warmer, seelsorgerlicher Liebe und von Freude getragen, an Leute zu schreiben, bei denen er volles Verständnis und selbständiges Denken in Christo und Gesinntsein in ihm voraussetzen kann. Der Philemonbrief, gleichsam ein Anhängsel zum Kolosserbrief, gibt uns ein lebendiges Genrebild von den Familienverhältnissen – die des Sklaven mit eingeschlossen – der ältesten christlichen Zeit und von dem zarten Verhältnis des Apostels zu seinen Pfleglingen, niedrigen wie höheren Standes. Die Briefe an die Epheser und Kolosser gestalten sich zu Lehrbriefen; ihre Front ist nicht mehr gegen die Einwürfe des extremen Judenchristentums gerichtet, sondern gegen die Gefahr, das Christentum möchte die Fühlung mit den großen Tatsachen verlieren und zu einer Sache subjektiver Stimmung und subjektiven Erlebens herabsinken. Den Kolosserbrief werden wir noch näher betrachten. Der Epheserbrief ist, wie einerseits aus seiner Beschaffenheit und andererseits aus dem Fehlen dieser Adresse in ältesten Handschriften zu vermuten ist, ein Kreisschreiben, dessen Hauptbestimmungsort immerhin Ephesus gewesen sein mag. Den „Brief Christi“ (2. Kor. 3, 3), wenn wir so sagen dürfen, das heißt die Gestaltung der Heidenkirche ihrem eigenen Wesen gemäß und ihre rechtmäßige Eingliederung in das Volk Gottes, legt er uns hier frei von Kampfesrücksichten gegen judenchristliche Zweifel in voller Schönheit dar. Über den Hebräerbrief will ich mir nachher ausführlichere Andeutungen erlauben.

Vierte Periode: Paulus, das Ganze der Heidenkirche überwaltend, in spezieller Beziehung auf die Anleitung seiner obersten Gehilfen. Diese Briefe verdanken wir einer neuen Not des Apostels, derjenigen nämlich, daß er auch mit seinen nächsten Gehilfen nicht mehr nach Bedürfnis persönlich verkehren konnte. Es sind teils – wie an Timotheus – ernste, antreibende Ermahnungen, den Mann zu stellen, und andererseits hauptsächlich Ratschläge über die Verwaltung der Gemeinden. Sie sind am Schluß der ersten Gefangenschaft und später geschrieben. Man wird sich nicht wundern, wenn man in denselben wieder einer völlig neuen Begriffswelt, wenn man in ihnen namentlich auch einer größeren Zahl von Kunstausdrücken, die aus dem neuen Geistesgebilde erwachsen sind, begegnet; aber neben

Anschauungen, welche den bisherigen verwandt sind, begegnen wir auch neuen. An die bisherigen erinnert uns, daß er mit hohem Ernst die Universalität des Heils und die Rechte der Freiheit gegenüber einer hereindämmernden Beschränktheit des Geistes und des Herzens verficht und gegenüber einer Kleinkrämerei von gelehrten Absonderlichkeiten auf das Zentrum des Evangeliums dringt; aber andererseits gibt uns die besondere Aufgabe des Apostels, sich hier in die Einzelverhältnisse der Stände und der Familien usw. hineinzudenken, einen hellen Einblick in seine reiche und keineswegs immer liebliche Lebenserfahrung und Menschenkenntnis, was diesen Briefen teilweise den Charakter des echt Hausbackenen, das heißt des minder Schönen als des Nützlichen gibt; und wehmütig wohltuend berührt es uns schließlich, wie er – wohl infolge von viel Erfahrung – ausruht an der Frömmigkeit der alten Großmutter Lois und ihrer Tochter Eunike aufgrund der Heiligen Schrift, also einer vorchristlichen Frömmigkeit. Daß ihm das Solide einer auf gründlicher Kenntnis der Heiligen Schrift und solider schlichter Gottesfurcht aufgebauten Frömmigkeit manchmal in dem üppigen Aufwuchern von allerlei geistlichen Sonderbarkeiten wohltuend war, können wir eigentlich begreifen.

Ein besonderes Wort erlaube ich mir über den Hebräerbrief. Man hat es fast allgemein aufgegeben, den Paulus für den Verfasser desselben zu halten, was ja auch dadurch, daß der Brief keine Unterschrift besitzt, wesentlich erleichtert ist. Eine solche Entscheidung ist aber, nebenbei bemerkt, doch folgenschwer; denn der Hebräerbrief ist sprachlich eine wichtige, fast unerläßliche Zwischenstation zwischen den übrigen Briefen des Apostels und den Pastoralbriefen. Ich bekenne, daß mich der Brief selbst immer wieder nötigt, ihn dem Apostel Paulus zuzuschreiben. Es geht diesem Brief wundersam. Verstanden wird er fast von niemandem, weil die Gedankenwelt, in der er sich bewegt, uns so gar fernliegt; aber während er in manchen Partien den Laien so wunderbar feierlich anmutet, scheint er den Gelehrten – je nach der Richtung – ein Aktenstück von Wunderlichkeit oder aber ein Gegenstand von Verlegenheit zu sein. Es ist eine der schönsten Leistungen Johann C. K. Hofmanns (1810 - 1877), daß er uns diesen Brief wieder in seiner vollen Schönheit (vielleicht noch nicht ganz in seiner vollen) gezeigt hat. Es gelang ihm dies, weil er eine Eigenschaft besaß, die zum Verständnis dieses Briefes unerläßlich ist: ein durch und durch biblisch aus dem Alten und Neuen Testament getränktes und von manchen vermeintlich christlichen, aber minder echt biblischen Anschauungen, welche in der heutigen Zeit sich finden, unabhängiges Denken sowie eine durch Erfahrung geübte Erwartung, daß der Brief bei genauerem Zusehen anderes sage, als was man schon wisse.

Ich bespreche den Brief in der Voraussetzung seiner Abfassung durch Paulus. Der Brief ist seinem Inhalt nach den Schriften der zweiten – seiner Form nach mehr mit mit den Schriften der dritten Periode, der er angehört, parallel. Es ist nicht ein Brief, sondern ein kunstvoll ausgearbeiteter Vortrag, der an Feierlichkeit noch den Epheser- und den Kolosserbrief überbietet. Sein Inhalt aber hat ähnliche Fragen zum Gegenstand wie der Galater- und Römerbrief, indem er ebenfalls die Einflüsse des Pharisäismus auf das Christentum bekämpft. Hatte er denselben gegenüber in jenen Briefen den Heiden die Berechtigung der selbständigen Form ihres Christentums nachgewiesen, so bekämpft er hier bei Judenchristen eine noch weit größere Gefahr des pharisäischen Einflusses. Sie stehen in Gefahr, Christum wieder einfach als ein Glied der alttestamentlichen Geschichte anzusehen, ja – weil er dann doch wieder nicht paßte – an ihm völlig irre zu werden. Das ist die mutwillige Sünde, vor welcher der Brief wiederholt warnt.* Durch den ganzen Brief zieht sich der Grundgedanke, wieviel wir heute gerade an dem unsichtbaren, d. h. an dem zur Rechten Gottes erhöhten Heiland besitzen; aber es ist ihm eine sichtliche Freude, für solche Schilderung sich einmal nicht mit den primitiven, armen Begriffen behelfen zu müssen, die das allgemeine menschliche Denken liefert, sondern hierfür die heiligen, feinen, reich und hoch ausgebildeten

* Es ist nicht unwahrscheinlich, daß die Gemeine, für welche der Brief oder die Rede im besonderen bestimmt war, jene Gemeine des syrischen Antiochiens ist, an welcher der Apostel längere Zeit in bescheidener Stellung gewirkt hatte. Wir sahen einst an ihrer Spitze fast lauter jüdische Namen sowie auch andererseits einen lebhaften Zug in der Jerusalemsgemeine, die Tochtergemeine in Antiochien zu besuchen; so können auch pharisäische Christen diesem Zug aus minder lauteren Beweggründen gefolgt sein.

Anschauungen verwenden zu dürfen, welche die heilige Geschichte ausgestaltet hat. Behufs Hervorhebung dieses Grundgedankens geht immer nebenher die Frage: Was hat die heilige Geschichte erzielt? Eine Frage, die von selbst auch nach der Hoffnung auf das ruft, was der Heiland noch erzielen wird.

Zur Minderung unserer Verlegenheit dem Brief gegenüber und zur Entfernung von manchem, was den Genuß und das Verständnis desselben stört, dient uns unter anderem auch die Einsicht, daß der Brief hin und wieder – namentlich Kapitel 1 – die Aussprüche aus dem Alten Testament nicht als Beweisstellen zitiert, sondern sie in hymnisch freier Weise als Ausdruck der Gedanken der Gemeinde verwendet. Natürlich erfordert er auch im übrigen ein richtiges Verständnis, auch eine richtige Übersetzung.

Ich erlaube mir nur beispielsweise eine der mißverständlichsten und doch wichtigsten Partien der Gedanken des Apostels näher zu beleuchten. Diese Gedankenpartie knüpft, namentlich 2, 5-10, an den 8. Psalm an, in weiterer Ausführung der Gedanken, die dem Apostel 1. Kor. 15, 24-28 ebenfalls in Anlehnung an diesen Psalm vorgeschwebt sind. Luther hat die von diesen Psalmstellen handelnde Stelle des Hebräerbriefs, namentlich 2, 7, falsch verstanden, falsch übersetzt und sich infolgedessen genötigt gesehen, auch Psalm 8 der Übereinstimmung zuliebe falsch zu übersetzen. Die betreffende Stelle Psalm 8 (V. 6) sagt vom Menschenkind: „Du hast ihn um ein weniges unter Gott oder unter die Götter (das heißt unter die Geister) gestellt", was der Hebräerbrief sinngemäß wiedergibt: „Du hast ihn um ein weniges unter die Engel erniedrigt." Der Psalm, den der Brief so ausdrücklich zitiert, zeichnet von Anfang bis Ende die hohe Würde des Menschen. Diese Schilderung gipfelt in den Worten: „Alles hast du unter seine Füße getan." Der Apostel hat ihnen im Anfang den großen Unterschied ans Herz gelegt zwischen dem, daß Gott heute im Sohn uns nahe geworden sei, und dem, daß er es bisher nur durch Wunder und Offenbarung, also durch eine Vermittlung der Engel, gewesen; und hieraus ergab sich auch die hohe Würde des Menschen, die durch die Erscheinung Jesu Christi zutage getreten und mit der die letztere auch zusammenhängt.

Nun zitiert er im Verlauf diesen Psalm, als wollte er sagen: Was hat eigentlich die heilige Geschichte bis heute erzielt? Da steht's, dem Menschen solle alles unterworfen werden, aber – so fährt er V. 8 fort – das ist ja noch nicht geschehen! Es ist dieselbe scharfe kritische Art, die Hoffnungen der Väter darauf anzusehen, ob sie eigentlich erfüllt seien oder nicht, der wir in seiner Rede im pisidischen Antiochien wie auch in der Pfingstrede des Petrus begegnen. Was hilft, so möchte ich die weiteren Ausführungen des Apostels frei wiedergeben, alle Befreiung von den Philistern und dergleichen, solange die Schöpfung nach Psalm 8 uns nicht untertan ist und solange wir vom Tod nicht befreit sind? Und hier kommt er wieder auf die Spur jener Gedanken über das Königreich Gottes, die uns bei seinem ersten Predigen in Ephesus nahetraten: den schmachvollen Tod Jesu durch die Größe des zu erreichenden Zieles zu erklären. „Gott hat viele Söhne (einen Joseph, David, Daniel) zur Herrlichkeit geführt; aber Seinen Sohn ließ Er – um den zu vernichten, der des Todes Macht hatte, den Teufel – den Tod schmecken." Jene Frage: Was hat die heilige Geschichte erzielt? bricht immer wieder in den weiteren Verlauf der Erörterungen, die wir nicht besprechen können, hinein. „Hat Josua uns zur Ruhe gebracht, oder ist es später geschehen?" Noch in späterer Zeit erscholl der Ruf an ein weiteres Geschlecht: „Oh, daß ihr heute Gottes Stimme hörtet! Verstockt eure Herzen nicht, wie eure Väter in der Wüste taten, daß Gott schwur: Sie sollen nicht zu meiner Ruhe kommen." Dreimal hören wir eigentlich dieses „heute" an ein jeweiliges Geschlecht Gottes treten: in der Wüste, in der Davidszeit und jetzt – aus dem Munde des Apostels; heute vielleicht ein viertes Mal. Das erste Mal (Kap. 4, V. 2) erstarb die Freudenkunde von der Nähe der Gottesruhe der Menschen darum, weil das Wort der Kunde nicht im Glauben zusammenwuchs mit denen, die es hörten. Die ganze Bedeutung eines Wortes Gottes ist Erdenbedeutung; für die Erde ist es gesagt; findet es da keinen Boden, wächst es da nicht mit Menschenherzen zusammen, so ist es vorderhand unverwirklicht, leblos – ganz wie der Heiland uns selbst als aus dem Samen des Wortes vom Reich erwachsend darstellt. Es kam in der kleinen Herde noch nie eine Generation, die in einiger Gesamtheit mit diesem

Ruf zusammenwuchs. Der Apostel verschweigt – und verschweigt doch nicht seine letzten Gedanken, sein fast mütterliches Flehen an die Generation seiner Zeit: Oh, daß ihr heute seine Stimme hörtet!

Ich muß mich mit diesem Bruchstück begnügen, einem Nebenbestandteil aus einem Bau von ebenso strengem, folgerichtigem Zusammenhang wie der Römerbrief, uns nur weniger verständlich, auch weit weniger ein Bedürfnis, weil er sein Angesicht einer vergangenen Richtung zuwendet.

Wir haben nun auf zweierlei Weise Einblick genommen in die reichen Geistesschätze, die Paulus uns hinterlassen hat: Zuerst in einem Überblick über die Gesamtheit seiner Gedanken, der uns eine Blumenlese von einzelnen seiner Aussprüche zur Hand bot, und dann in einer höchst auszugsweise erfolgten Überschau seiner Briefe; allein aus bloßen Blumenlesen und Auszügen gewinnen wir nie ein richtiges Bild des Denkens des Apostels. Wir wollen daher noch zwei seiner Briefe im einzelnen betrachten, wenn auch mit Übergehung oder doch nur flüchtiger Berührung alles minder Wichtigen. Meine Wahl fiel auf den Galaterbrief, den Kampfesbrief der zweiten Periode, der uns am lebendigsten wieder die Geistesgeschichte jener Zeit, die wir zu betrachten versucht, vergegenwärtigt und der auch durch seine scharfe Ausprägung der Prinzipien für die Folgezeit, namentlich in der Reformation, von hoher Bedeutung geworden; und dann den Kolosserbrief, der für uns ein einigermaßen abschließendes Bild der Gedankengeschichte des Apostels ist und auch darum so mächtig an uns spricht, weil er unter den allgemeinen Lehrbriefen uns zeitlich am nächsten steht, so daß, wenn wir im Geiste uns zurückbewegen zum Elternhaus der Apostelzeit, aus dem wir entsprungen sind, dieser Brief mit seinem Gedankeninhalt das erste ist, was uns begrüßt.

Bevor wir in diese unsere letzte Aufgabe eintreten, möchte ich mich noch einmal dem Leser gegenüber rechtfertigen über meine Weise, ihn mit der Zumutung zu behelligen, sich auch an den Aufgaben einer mehr wissenschaftlichen Behandlung der Bibel zu beteiligen. Die Heilige Schrift kann auf zweierlei Weise gelesen werden und wird auf zweierlei Weise gelesen: einerseits in einfacher, schlicht erbaulicher Weise und andererseits in streng wissenschaftlicher Weise, zwecks der Erforschung des Wortsinns; letztere Weise hat offenbar einen großen Vorteil vor der anderen: Sie kann hoffen, das, was die betreffenden Schriftsteller wirklich gesagt haben, genau und vollständig zu erfahren, während der ersteren Weise die Grenzen ihrer Erkenntnis in diesem Sinne durch die Grenzen der Erkenntnis des Übersetzers, auf den sie angewiesen ist, gesteckt sind. Fragt man mich nun: Welcher Weise zu lesen enthüllt sich eher und reichlicher der Geist und Sinn der Heiligen Schrift? so sage ich getrost: der ersteren, der einfachen, schlicht e r b a u l i c h e n. Der christgläubige, bibelfeste Bauer steht in ununterbrochenem Zusammenhang mit jenem Gottesvolk, aus dem jene Schriften hervorwuchsen, und was ihm an Worterkenntnis abgeht, das kann ihm derselbe Geist, dem die Schriften entsprangen, ersetzen. Dem gelehrten Leser aber verschließt sich dieser Geist, sobald er, der Gelehrte, nicht nur mit der Gewissenhaftigkeit, auch der r i c h t e r l i c h e n Gewissenhaftigkeit des Forschers, sondern mit dem Übermut des Richtergefühls an sie herantritt oder wohl gar die Briefe eines Paulus wie mit Blicken eines Zollgardisten nach eingeschmuggelten Artikeln durchmustert; denn Gott weiß Sein Geheimnis zu wahren und vor profanen Händen zu schützen.

Aber die gelehrte Weise schließt die erbauliche nicht aus, und selbstverständlich ist dem, der es kann, ein einigermaßen wissenschaftliches Untersuchen Pflicht und großer Gewinn. Sobald wir nur ein wenig den uns so unermeßlich überlegenen Reichtum des Heiligen Geistes geahnt haben, ist es unsere Sehnsucht, g e n a u zu wissen, was er eigentlich gesagt hat, weil uns die Erfahrung hierin immer neue und immer schönere Überraschungen bereitet, während hinter der – oft nur so genannten – schlichten Erbaulichkeit sich oft ein großartig selbstzufriedenes Genügen an dem bisherigen Vorrat eigener Gedanken verbirgt, ja oft fast eine Besorgnis, eine weitere Untersuchung möchte zu ungelegenen Resultaten führen. Es ist aber ferner von Wert, daß diese beiden Weisen der Betrachtung Fühlung miteinander behalten. Wie es einem Land gut ist, daß Gerechtigkeit, die strenge, und Friede, der gute, sich küssen (Ps. 85, 11), so ist es für das Geistesleben der Kirche Jesu von Wert, wenn diese beiden Betrachtungsweisen dann und wann miteinander verkehren und ihre Ergebnisse austauschen. Damit sei mein etwas kühnes Unterfangen gerechtfertigt, in einer Schrift, die auch auf Leser rechnet, denen nur die erbauliche Betrachtungsweise zugänglich ist, auch in etwas gelehrterer Weise die Bibelworte zu besprechen.*

---

* An diese allgemeine, rechtfertigende Beleuchtung des wissenschaftlichen Bibellesens muß ich eine individuelle knüpfen in bezug auf die spezielle Schule, welcher ich mein exegetisches Wissen verdanke. Dies zu tun befriedigt in erster Linie bei mir ein Herzensbedürfnis, das Bedürfnis, meinen Dank auszusprechen für das, was Gott unserer Kirche durch Hofmann geschenkt. Es sei mir ein Geständnis erlaubt. Nachdem mein Versuch, meinen väterlichen Freund Johann C. Blumhardt [1805 - 1880] durch Zeichnung seines Lebensbildes ins Licht zu stellen, mit so außerordentlichem Erfolg gesegnet war, gelüstete es mich, eine Ehrenrettung des Schriftgelehrten Johann C. v. Hofmann [1810 - 1877] zu versuchen und durch Übersetzung eines oder mehrerer seiner Kommentare ins Allgemeinverständliche die Aufmerksamkeit meiner Berufsgenossen in höherem Grade, als es bis jetzt der Fall zu sein scheint, auf seine Schriften zu lenken.

Drei Dinge dürften es sein, die einer weiteren Anerkennung der Leistungen Hofmanns hindernd im Wege standen: 1. Sein rücksichtslos harter und verwickelter Stil, der erst nach langer Arbeit durch die Schärfe seiner Präzision entschädigt. 2. Die peinliche Gewissenhaftigkeit, mit welcher er jede von ihm abweichende Erklärung oder Übersetzung mit dem Leser in sorgfältige Erwägung zieht; und 3. die fast einsiedlerische Freiheit seines Erforschens von allem, was nicht Bibel, und zwar Bibel im Urtext, ist. Er denkt in der Sprache des Urtextes, wie er ja die letzten Tage seines Lebens in den Fieberphantasien nur noch Hebräisch geredet hat. Manches scheint gezwungen zu sein, meist aber mehr für den, der deutsch denkt und dann ins Griechische übersetzt, als für den, der griechisch denkt – manches auch bloß darum, weil es neu ist. Aber selten finden wir diese mikroskopische Untersuchung und Abwägung der Partikeln, der lexikalischen Begriffe, der grammatischen Feinheiten usw. wie bei ihm und namentlich diese unerbittliche Abweisung aller bloß halben Lösungen. Durch diese Treue büßt er oft den Glanz der Resultate ein; vergleicht man z. B. Holstens schlanken, eleganten, klaren Plan des Römerbriefs mit dem prosaischen, teilweise unharmonischen Hofmanns, dessen völlige Richtigkeit immerhin fraglich sein mag, so steht der letztere im Schatten. Mir fielen dabei schon die Molekulargewichte der Grundstoffe ein, für die man uns in unserer Jugend so prächtig einfache Verhältnisse: 1, 2, 3, 4 usw. gab; da war alles so luzid, so philosophisch klar. Seither aber haben sich – so scheint es – an die meisten dieser einfachen Zahlen häßliche, winzige Dezimalbrüche angeheftet; sie zerstören unbarmherzig die Eleganz, aber sie haben einen zähen Rechtstitel: sie sind wahr, und – was auch nicht geringzuschätzen ist – sie versprechen unermeßliche Einblicke in weitere Tiefen der Wahrheit. Aber etwas bedauere ich – wohl mit allen anderen – eine Grenze der Leistungen, ja vielleicht des Könnens Hofmanns: Wenn er das einzelne mit peinlicher Sorgfalt erforscht, es in kleinere Gruppen zusammengefügt und unermüdlich wieder den Zusammenhang der Gruppen untereinander uns klargemacht hat, dann ist er fertig. Den Genuß einer fruchtbaren Folgerung aus den Einzelgedanken oder den Genuß eines Überblicks über die ganze Landschaft – ich weiß nicht, versagt er ihn nur dem Leser, oder versagt er ihn sich selbst? Daraus ist die sonderbare Meinung entsprungen, er sei nicht erbaulich. Es ist dies nur insofern wahr, als die Resultate seines Forschens in fest in sich geschlossenem Zusammenhang ein System der biblischen Gedanken bilden, das einer Großzahl heutiger vermeintlich christlicher Gedanken in einer Weise gegenübersteht, daß diese beiden Parteien sich fremdartig anschauen, so daß es manchem Leser Hofmanns schwer, ja fast unmöglich sein mag, einen neu gewonnenen Einzelgedanken friedlich in die Summe seiner bisherigen Gedanken einzugliedern. Meine Versuche, auch bei anderen Exegeten, ähnlich wie bei Hofmann, in die Schule zu gehen, endeten – ich gestehe es – meist mit der Rückkehr zu dem letzteren; dies sage ich in vollem Bewußtsein, etwas sehr Unmaßgebliches zu sagen, aber aus Pflicht des Dankes und nicht ohne den Wunsch, etwas dazu beizutragen, daß der eine oder andere sich an die schwere, aber lohnende Arbeit mache, Hofmanns Werke zu studieren. Den meisten der von Luther abweichenden Übersetzungen, sowohl die, die ich gebracht habe, als die, die ich noch bringen werde, liegt die Arbeit Hofmanns zugrunde.*

* Das Hauptwerk Johann C. von Hofmanns „Die heilige Schrift Neuen Testaments zusammenhängend erklärt", 10 Bände, C. H. Beck Verlag, Nördlingen 1862-1878, ist als PDF-CD beim Leibniz Verlag wieder erhältlich.

2. Der Galaterbrief

Der Galaterbrief ist, wie wir oben sagten, ein Kind der Not. Er ist eine Antwort auf Berichte, welche dem Apostel mündlich oder wohl eher schriftlich von Galatien her zugingen, Berichte, die doch zugleich eine Bitte um seinen Rat oder doch um seine Gegenmeinung enthielten. Der Hauptpunkt der Not ergibt sich uns aus des Apostels Antwort von selbst. Jüdische Christen muteten den Galatern eindringlich zu, sich beschneiden zu lassen; milde aufgefaßt: damit sie nicht nur Christen, sondern auch Kinder Abrahams und Erben der Verheißung seien. Schwer aber ist es, die weiteren Gedanken, mit denen sie diese Zumutung unterstützten und bekräftigten, im einzelnen aus des Apostels Antwort zu erschließen. Einen großen Bestandteil bildeten geringschätzige Urteile über Paulus. Es scheint, die Antwort des Galaterbriefes ergebe zunächst die Vermutung (die auch Hofmann annimmt), sie hätten ihn als einen einfachen Schüler der Zwölf hingestellt und ihm um so mehr die „unbescheidene Art", mit welcher er in Antiochia einem Petrus entgegengetreten, zum Vorwurf gemacht. Diese Vermutung wäre in der Tat das genaueste Gegenbild der Antworten des Briefes; aber mir entbehren sie doch zu sehr der geschichtlichen Wahrscheinlichkeit, und ich vermute ein anderes, womit wenigstens die Antworten des Apostels sich ebenfalls erklären lassen. Sie sagten den Galatern, und natürlich nicht, ohne es sehr wahrscheinlich machen zu können, der Mann, der zu ihnen gekommen, sei nicht von so selbständiger Bedeutung, wie sie gemeint; alles, was er von Jesu wisse, müsse er von den Zwölfen her wissen. Selbstverständlich gehöre er nicht zu der bestimmten Zahl der Sendboten Jesu, denen Jesus die Verwaltung seiner Sache anvertraut; dies habe sich auch darin gezeigt, daß er sich seinerzeit selbst in Jerusalem gestellt habe, um über sein Evangelium Weisung zu empfangen, eine Sache, worüber sich die Irrlehrer aber offenbar und aus guten Gründen nur in dunkelster Allgemeinheit aussprachen. Mit seiner freien Weise habe er aber den Heiden die Annahme des Christentums leichter gemacht, als es sich mit dem Charakter Jesu und dem Gesetz Mosis, das Jesus zu „erfüllen gekommen", vertrage.

Wenn sie, die Heiden, nicht durch das Christentum auch aus ihrer Zügellosigkeit unter die Schranken eines Gesetzes kämen, so wäre Jesus ein Sündendiener. Diese Weise könne nur eine Privatansicht des Paulus sein, zu der er keine Berechtigung habe. Dafür, daß die Zwölf diese Ansicht verurteilten und die ihrige teilten, gebrach es ihnen offenbar an jeglichem Beweismittel, sonst hätten sie sich desselben bedient; sie drückten sich darüber offenbar diplomatisch in vorsichtiger Unbestimmtheit aus und hatten nur ein Bruchstück von Beweis, das sie um so reichlicher ausbeuteten: das zweite Verhalten des Petrus in Antiochien, nämlich, daß er sich von der Tischgemeinschaft mit den Heidenchristen zurückzog.

Dieses Schreiben der Galater verursachte große Bewegung, ja Bestürzung bei Paulus und dem Kreis, in welchem er sich befand, wahrscheinlich in Ephesus. Auch bei jenem Kreis, denn im Namen seiner ganzen christlichen Umgebung läßt er die Antwort ausgehen: „Paulus und alle Brüder, die um mich sind" (V. 2), und wie ein Gewittersturm braust der Galaterbrief in seinem Anfang daher. Der Schreck geängstigter Liebe zu seinen Galatern durchzittert den ganzen Brief, aber im Anfang tritt er vor einem anderen Schrecken zurück, vor dem Schrecken über die Entehrung Gottes. Um ihn in den Worten, in denen er diesem Schrecken Ausdruck gibt, nicht gänzlich mißzuverstehen, müssen wir uns einerseits vergegenwärtigen, welch ein himmelweiter Unterschied, ja ein Gegensatz es ist, wenn ein Mensch irgendwie aus eigenem Antrieb oder eigenem Studium heraus spricht oder wenn Gott selbst zu ihm geredet und ihn zu reden angetrieben hat – wenn ein Mensch Eigenes oder wenn er nur solches spricht, das ihm Gott selbst gegeben; und andererseits wieder, wie heilig hell und unwiderstehlich klar sich Paulus dessen bewußt war, ganz nur als Werkzeug Gottes, das er auch nicht einmal nach eigenem Entschluß geworden, zu handeln.

Zuerst erschrickt er vor dem Gedanken, daß man meinen könnte, er hätte sich die Apostelwürde mutwillig angemaßt. Es ist keinesfalls verletzte Eitelkeit, sondern Schreck vor der Sünde, und es ist eine Entrüstung im Namen seines Gottes. „Paulus, Christi Apostel, nicht von Menschen noch durch einen Menschen", so beginnt er, „sondern durch Jesum Christum und

Gott, den Vater, der ihn aus den Toten auferweckt hat (V. 1), und alle Brüder, die um mich sind." „Gnade sei mit euch", fährt er fort, „und Friede von Gott, dem Vater, und von unserem Herrn Jesus Christus, der sich selbst betreffs unserer Sünden gab, damit er uns herausreiße aus dieser gegenwärtigen argen Weltzeit, nach dem Willen unseres Gottes und Vaters, welchem sei Ehre in die Ewigkeiten der Ewigkeiten, Amen" (V. 3 - 5). So lautet der Gruß des Beginns, und man sieht ihm an, wie er mit heiligem Scharfblick, fast mütterlicher Liebe sofort sieht, was durch das Gebaren jener Judenchristen bei den Galatern in Frage gestellt wird. Es ist die Objektivität. An die Stelle der großen Herzens- und Lebenstat Jesu, in der er einen ebensogroßen Willen Gottes vollzog, sollen theologische Ansichten treten und kümmerliche Leistungen religiöser Sitten, das heißt etwas, das gänzlich dieser gegenwärtigen argen Weltzeit angehört, aus welcher uns allein die Selbsthingabe Jesu erretten kann. „Ich wundere mich", fährt er fort, „daß ihr euch dergestalt schnell versetzen ließet von dem Weg, der euch in der Gnade Christi rief, zu einer anderen Freudenbotschaft; und eine andere gibt es nicht, außer daß es etliche gibt, die euch verwirren und die Freudenbotschaft des Heilands verkehren wollen. Aber auch wenn wir oder ein Engel aus dem Himmel euch freudige Nachricht verkündigte neben dem hinaus, was wir euch Freudiges verkündigt haben, der sei ein Fluch. Wie wir früher gesagt, so sage ich auch jetzt wieder: Wenn einer an euch Freudenbotschaft bringt neben dem hinaus, was ihr empfangen habt, der sei ein Fluch" (V. 6 - 9).

Es hat dem Verständnis dieser Worte geschadet, daß man das Wort „Evangelium" als einen Kunstausdruck, der er allerdings in der Folge geworden ist, etwa für Lehrbegriff oder dergleichen genommen hat. Neben einem Lehrbegriff hat ja möglicherweise ein anderer Platz; aber das Wort „Evangelium" behält hier, an einem seiner ersten Fundorte (dem ersten außer dem Thessalonicherbrief), die volle Frische seines Wertes bei, eine Nachricht zu sein, und Nachrichten kann man, ohne zu lügen, nicht in beliebiger Auswahl verkündigen, das Berichtete muß vorher geschehen sein.

Wir sehen hier wieder jenen Paulus in Paphos auf Zypern, als er plötzlich aus dem schüchtern in zweiter Linie stehenden

Saulus emporleuchtete, um fortan an der Spitze der Heidenpredigt zu stehen. Wir sehen denselben Zorn über geflissentliche Verdrehung göttlicher Wahrheit, dieselbe „Taktlosigkeit" in den Augen der Kinder dieser Welt. Die Majestät, die Autorität Gottes mag in solcher Leute Augen viel ertragen, aber der Mensch muß – das verlangt die Höflichkeit, das verlangt die gegenseitige Rücksicht, das verlangt die eigene Vorsicht – geschont werden, und so wird Schritt für Schritt die Wahrheit Gottes durch zuversichtlich ausgesprochene, wohl auch – wie hier – ins Gewand der Frömmigkeit gehüllte menschliche Ansichten verdrängt. Das Scheingewand der Frömmigkeit macht am allermeisten Anspruch auf ehrerbietige Rücksicht und verdient sie am allerwenigsten. Deshalb ist der Apostel hier so erschreckend schroff und hart, und im Bewußtsein, die Galater damit verletzt zu haben, fährt er fort: „Suche ich denn jetzt (etwa neuerdings – es wäre an ihm etwas Ungewohntes), Menschen gefällig zu sein (etwa euch)? Wollte ich das, so wäre ich Christi Sklave nicht" (V. 10). Das ist nicht Liebe zu den Menschen, ihre Gunst zu wollen und sich danach einzurichten. Das kann ein Sklave Christi, den die Liebe Christi gefangenhält (2. Kor. 5, 14), nicht. Der Heiland liebt anders; er will retten, und sollte es auch harte Mittel erfordern. Sofort nun beginnt der Apostel den Galatern den Standpunkt klarzumachen, und zwar zuerst über sich als den Boten, der ihnen die Heilskunde überbracht hatte, über sich in seiner Beziehung zu Gott, zu den Menschen überhaupt und im besonderen namentlich zu der Mutterkirche in Jerusalem mit ihren Spitzen sowohl als zu ihren Tochtergemeinden in Judäa, offenbar, um nach allen Seiten hin entstellende Mitteilungen darüber zu berichtigen. „Ich tue euch kund, ihr Brüder, die euch von mir verkündete Botschaft, daß sie nicht menschlicherweise (d. h. mir und also auch euch) zukam. Ich habe sie ja auch nicht von einem Menschen empfangen, noch bin ich darin von einem Menschen gelehrt worden, sondern durch eine Offenbarung Jesu Christi" (11 und 12). Also nicht so sehr d a s bewegt ihn, daß ein Zweifel entstanden war, ob nicht eine andere Ansicht als die seinige die richtigere sei, sondern das, daß man ihm eine eigene Ansicht zutraute, als wäre seine Botschaft nur seine Ansicht; darüber erschrak er.

Dafür, daß seine Botschaft Gottes Sprache sei, und nicht die seine, bringt er dann zuerst den Beweis, den er immer brachte, den er von den Stufen des Lagers in Jerusalem herab den Juden und im Festsaal des Festus dem Agrippa vorlegte und den doch wohl heute diejenigen ihm wenigstens glauben dürften, welche so scharfsinnig die Wurzeln der Gedanken des bekehrten Paulus sämtlich im unbekehrten entdeckt zu haben meinen. Es ist doch beherzigenswert, daß er selbst darüber so völlig anderer Ansicht ist. Sein extremes Pharisäertum und seine über alle Maßen gehende Verfolgung der Gemeinde bringt er ihnen in Erinnerung (V. 13, 14): Sieht das meiner jetzigen weitherzigen Verkündigung des Evangeliums an die Heiden gleich? Wir staunen hier immer neu über die Weisheit Christi; wollte er jemanden finden, von dem es klar war, daß das, was er verkündigt, nicht seine eigenen Gedanken sind, so konnte in der Tat keine günstigere Wahl getroffen werden. Es folgen nun jene großen Worte des Apostels Vers 15 und 16, die wir bei Gelegenheit seiner Bekehrung weitläufig besprochen haben. Nicht nur (V. 12) „Jesus Christus hat mir das Evangelium", sondern (V. 15) „Gott hat durch Seine Gnade Seinen Sohn in mir geoffenbart." „Da", sagt er, „besprach ich mich nicht mit Fleisch und Blut", oder „da erstattete ich niemandem Bericht darüber, ging auch nicht fort nach Jerusalem zu denen, die vor mir Apostel waren, sondern als ich fortging – nach Arabien, und kehrte wieder nach Damaskus zurück" (16 und 17). Er erstattete niemandem Bericht. Seines Herzens Zug hätte ihn sofort, das deutet er an, nach Jerusalem getrieben, um dieses wunderbare Erlebnis an maßgebender Stelle zu erzählen; aber nicht nur ging er vorderhand nicht fort, sondern er erzählte es auch in Damaskus niemandem, wie denn auch der Jünger Ananias drei Tage nachher noch keine Ahnung hat von der Umwandlung des Verfolgers, vor dessen bekannter Anwesenheit in der Stadt alle Christen zitterten. Ein Bericht über das Vorgegangene hätte sich ja wie ein Lauffeuer durch die zitternde Herde verbreitet. Warum er so heilig keusch schwieg, haben wir früher betrachtet. „Ich ging auch nicht weg nach Jerusalem, sondern ging nach Arabien", sagt der Apostel in seiner kurzen – man möchte sagen: schleunigen – Weise, die man kennenlernen muß. Es zog ihn nach Jerusalem, und darum allein zog es ihn, wegzugehen; er ging [dennoch] nicht weg. Aber einmal geht man aus einer Stadt, die man nur zu vorübergehenden Zwecken besucht hat, eben doch weg. „Sondern", so meint er es, „mein selbstverständliches endliches Weggehen ging nicht nach Jerusalem, sondern nach Arabien, das heißt: Als ich denn d o c h wegging, ging ich erst nicht nach Jerusalem." Es erklärt uns dies, warum Lukas diesen Abstecher nach Arabien übergeht. „Danach", fährt er fort, „über drei Jahre kam ich wieder nach Jerusalem, Petrum zu schauen, und blieb an fünfzehn Tagen bei ihm" (V. 18).

Wir haben früher besprochen, welche Ehrfurcht vor Petrus und welche Freude über den hohen Genuß des Umgangs mit ihm in diesen Worten liegt; sie haben aber noch eine andere Seite, denn die Worte sind abgewogen. Er kommt nicht, um durch Petrus Christum kennenzulernen; er kommt nur, um diese für ihn, der selbst Christum kennt, so hochinteressante, immerhin lehrreiche Persönlichkeit – ich möchte fast sagen, diesen Begriff: Petrus – kennenzulernen. Es war schwerlich ein Umgang wie zwischen gleich und gleich; dazu war die ganze Situation des bekehrten Verfolgers noch nicht angetan. Die folgenden zwei Verse 19 und 20 sind in ihrer geschichtlichen Bedeutung schwer zu verstehen. Merkwürdigerweise beteuert er nun nämlich, daß er – außer Petrus – keinen der anderen Apostel als nur den Jakobus gesehen habe. Es scheint, die Tatsache, daß er zu Petrus oder Jakobus in keinem Schülerverhältnis gestanden, sei zu bekannt gewesen, als daß es jene Judenchristen auch nur andeutungsweise zu behaupten versucht hätten. Dieselben hätten also irgendwie in ihrer dunklen Art auf die anderen Apostel hingewiesen. Aber letzteres war ja an sich auch unwahrscheinlich, denn wenn er in jenen fünfzehn Tagen bei einem Apostel hätte in die Schule gehen wollen, so hätte er ja wahrlich keine besseren Lehrmeister unter denselben finden können als gerade Petrus und Jakobus, ja keine, deren Namen für rechtgläubige Anschauung, auch in den Augen des Judenchristen, bessere Gewähr geboten hätten. Mit alledem ist natürlich nicht ausgeschlossen, daß in jenem Umgang „das Wort Christi (Kol. 3, 16) reichlich unter ihnen wohnte", das heißt: immer vom Heiland die Rede war und er sich gewiß viel erzählen ließ; aber über die Bedeutung der ihm gewordenen Offenbarung holte er weder Belehrung noch Rat ein.

Die Apostelgeschichte und diese Notizen des Paulus gehen in einer etwas befremdlichen Selbständigkeit nebeneinander her, indem jene von öfteren Besuchen des Saulus in Jerusalem weiß und auch seine Anwesenheit daselbst von anderem Gesichtspunkt aus, fast in anderem Licht, darstellt. Aber in einer Hauptsache stimmt sie mit des Apostels Schilderung überein: Sosehr ihn sein Herz an Jerusalem fesselte, war das, was ihn fesselte, nicht die Begierde zu lernen, sondern die Begierde zu bezeugen. Wir haben natürlich gar keinen Grund, von Paulus zu erwarten, daß er hier den Galatern seine Lebensgeschichte vollständig erzähle. Der Apostel erwähnt nun seine Rückkehr in seine Heimat, und wir erfahren hier von ihm, daß er auch dort nicht müßig gewesen für das Evangelium. Wir dürfen übrigens in Vers 21 namentlich auch seinen Aufenthalt in Antiochien mit hineinrechnen. Dasjenige Resultat seines damaligen Wirkens, das für die Galater zu wissen wichtig ist, war das, daß die Kunde von seinem Wirken nach Jerusalem kam und von Jerusalem aus sich über die Gemeinden Judäas verbreitete: „Unser ehemaliger Verfolger verkündet jetzt den Glauben, den er ehemals verwüstete", sagten sie jetzt mit Lobpreisung Gottes über ihn. Daß es ein Wirken auch unter Heiden war und daß eine Beschneidung derselben von Anfang an nicht verlangt wurde, und zwar nicht ohne Mitwissen Jerusalems, das wußten die Galater, und das wird ihnen zum Überfluß durch die weitere Mitteilung des Apostels klar. Dennoch pries man in Judäa Gott über ihn (V. 21-24). Auch nach weiteren vollen vierzehn Jahren (Kap. 2, V. 1) traf er in Jerusalem zwar immerhin auf schwierige Verhandlungen, die sich aus dem unerwarteten großen Gang der Dinge von selbst ergaben, aber nichtsdestoweniger auch auf eine starke, herzliche Gemeinschaft des Heiligen Geistes. Er ging aber aufgrund einer Offenbarung, das heißt nicht aus Botmäßigkeit unter eine andere menschliche Autorität. Er traf, wie wir früher betrachteten, auf eine gewisse Verlegenheit, vielleicht auch im Anfang auf mehr oder minder deutlich ausgesprochene Wünsche, vorübergehend, im Einzelfall (Titus) ein wenig nachzugeben; aber er traf im ganzen bei den Leitenden auf jene

Einheit des Geistes, welche ihm wohl auch jene Offenbarung vorhergesagt hatte und die sich namentlich in ihrer Offenheit dem Eindruck gegenüber kundgab, daß dieser Verfolger Paulus von Gott her mit einer Sendung betraut sei, der gegenüber die ihrige (die der Zwölf), wenigstens dem äußeren Umfang nach, weit weit in den Hintergrund trete.

Wir lassen hier den Apostel zuerst so wörtlich wie möglich selbst reden von Vers 2 an. „Ich berichtete ihnen zuerst die Freudenbotschaft, die ich den Heiden verkündige, im besondern aber den Geltenden, ob ich ins Leere laufe oder lief." Hören wir den Apostel wörtlich (Gal. 2, 3-9): 3. „Aber nicht einmal ward Titus bei mir, der ein Grieche war, genötigt, sich zu beschneiden; 4. um der nebeneingebrachten falschen Brüder willen aber, die hereingekommen waren, unsere Freiheit, die wir hatten in Christo Jesu, auszukundschaften, damit sie uns knechteten; 5. (ihnen wichen wir auch nicht vorübergehend, damit die Wahrheit des Evangeliums hindurchbleibe auf euch); 6. aber von denen, die etwas zu sein galten (welcherlei sie einst waren, ist mir gleichgültig, eines Menschen Person nimmt Gott nicht an), mir haben ja, die da gelten, nichts vorgelegt; 7. sondern im Gegenteil, sehend, daß ich betraut sei mit dem Evangelium der Vorhaut, wie Petrus der Beschneidung; 8. (hat doch, der in Petrus wirkte zum Apostolat der Beschneidung, auch in mir an die Heiden gewirkt); 9. und erkennend die Gnade Gottes, die mir gegeben wurde, gaben Jakobus und Kephas und Johannes, die für Säulen gelten, mir und Barnabas die Rechte der Gemeinschaft, daß wir an die Heiden, sie an die Beschneidung; 10. allein daß wir der Armen gedächten, und gerade dies bin ich auch fleißig gewesen zu tun."

Man sieht es dieser Stelle an, daß er sie selbst geschrieben hat. In seinen diktierten Briefen kommen Perioden vor, welche völlig anders verlaufen, als er sie bei Beginn derselben geplant zu haben scheint; aber es ist Schritt für Schritt leicht, ihnen zu folgen, weil er sich hört. (Man hört diktierend den Gedanken des Augenblicks; man überblickt schreibend die ganze Gruppe der Gedanken.) Hier ist es eigentlich umgekehrt; die Periode behält ihren Gang in einer Weise bei, daß der Leser kaum mehr folgen kann; aber das Schiff ist mit so vielen Zwischensätzen belastet, daß es fast versinkt. Die Darstellung ist vielleicht dadurch ein malerisches Abbild der bewegten, abwechslungsvollen Verhandlungen. Zuerst treten die Gegner auf, die nebeneingebrachten falschen Brüder, die wir früher besprochen; ihnen stellt der Apostel diejenigen gegenüber, welche etwas zu sein galten, womit er dies zugleich den letzteren abspricht. Er verzichtet aber heftig auf dieses zu seinen Gunsten sprechende Moment; denn es war ja eine Sache, in der nur Gottes Urteil maßgebend war; dieses Gelten aber ist menschliches Urteil. Diese für etwas Geltenden oder nachher kürzer die Geltenden Genannten „legten ihm nichts hinzu“, etwa von einer Offenbarung Gottes in Wort oder Tat, die er noch nicht wüßte oder die er übersehen hätte und die seinem Verfahren eine andere Richtung zu geben hätte – sondern im Gegenteil (und nun kommt eine dritte Gruppe): die für Säulen galten, nämlich Jakobus und Kephas und Johannes, sahen, so könnten wir fortfahren, sich hier einer neuen Gottesoffenbarung gegenüber: sie erkannten meine Kompetenz. Nicht nur sagten sie mir nichts, sondern sie sahen auch ein und erklärten es auch feierlich, daß sie mir nichts zu sagen haben, daß ich in diesem Gebiete fortan die von Gott beglaubigte Autorität sei.

Wir können diese geschichtlich hochbedeutende Stelle verlassen, da wir sie früher schon weitläufig betrachtet, und wenden uns mit dem Apostel zu einem uns ebenfalls schon bekannten Hergang, der sogenannten Antiochiaszene (V. 11).

„Da aber Petrus nach Antiochia kam, widerstand ich ihm ins Angesicht; denn er war überwiesen oder in nachteiligem, tadelhaftem Sinne erkannt“ (so wörtlich). Hofmann faßt dies, wie gesagt, und mit starker sprachlicher Berechtigung, als eine Rechtfertigung des Paulus darüber, daß er dem Petrus ins Angesicht widerstanden. Eine Notwendigkeit für diese Auffassung scheint mir aber nicht vorhanden zu sein; ich fasse es als gedrängten Generalbericht über seine Stellung zu des Petrus Benehmen in Antiochien, allerdings in organischem Zusammenhang mit dem bisher Berichteten. Hat er vorher Petrum besucht, bloß um ihn kennenzulernen, hat ihm Petrus später gesagt: Dir ist ein selbständiges Amt unter den Heiden gegeben –, so stellt er sich auch jetzt auf dem Heidengebiet dem Petrus selbständig gegenüber darum, weil derselbe einer folgenschweren, unrichtigen Handlung überführt war. Sie bestand, wie wir wissen, darin, daß er erst mit den Heiden aß und nachher, durch die Ankunft „etlicher von Jakobus“ irgendwie veranlaßt, sich zurückzog und absonderte, „aus Furcht vor denen von der Beschneidung; und (V. 13) heuchelten mit ihm die anderen Juden, also daß auch Barnabas mit ihnen verführt ward zu derselben Heuchelei.“ „Da ich aber sah“, fährt er fort, „daß sie nicht richtig wandelten (gerade marschierten) nach der Wahrheit des Evangeliums, sprach ich zu Petrus vor allen öffentlich: Wenn du, der du ein Jude bist, heidnisch lebst und nicht jüdisch, warum nötigst du denn die Heiden, jüdisch zu leben?“ Hatte Petrus, denen aus der Beschneidung Rechnung tragend, sich zurückgezogen, so erinnerte ihn Paulus hier in bündigster Weise an die Macht seines Ansehens, das er bei den Heiden genießt, und an die ihm daraus erwachsende Pflicht, auch ihnen Rechnung zu tragen, um so mehr, als sie kein anderes Tun verlangten als gerade das, was seiner Überzeugung entspreche. Den Galatern aber teilte er dies mit, um ihnen klarzumachen, daß jenem ihnen über Petrus mitgeteilten Verfahren (Nichtessen) ein anderes mit der Weise des Paulus sowie auch mit der Überzeugung des Petrus übereinstimmendes Verfahren vorangegangen war.

Hiermit ist des Apostels Klarlegung seiner persönlichen Stellung, welche mit Kap. 1, 11 begann, geschlossen. Der Apostel verfährt überhaupt im Anfang seines Briefes geschichtlich. Wir dürfen bei seinen Briefen nicht annehmen, sie seien, so wie eine Predigt oder eine andere Kunstrede, nach einem vorher vollständig bis ins einzelne ausgedachten Plan gearbeitet, sowenig, wie dies etwa bei unseren Briefen der Fall ist. Das Planmäßige ergibt sich von selbst aus dem geordneten Denken des Apostels. Geschichtlich, wie er angefangen, fährt er also auch fort. Besprach er s e i n e Geschichte, so bespricht er nun Kap. 2, 15-21 die Geschichte des echten Israelschristen; Kap. 3, 1-5 die Geschichte der Galater; Kap. 3, 6ff. die Geschichte Abrahams und Israels, überall, um nachzusehen, was für ein Prinzip des Heils in solcher Geschichte regiert habe, ob das des Gesetzes oder das des Glaubens. Der Apostel schlägt diesen Weg bei weitem nicht aus Berechnung ein, sondern aus innerstem

Herzensdrang, als ein beständig im Erleben Stehender, der auch das Vergangene wie ein Miterlebender versteht.

„Als der Herr Zion erlöste, da waren wir wie die Träumenden; da war unser Mund voll Lachens und unsere Zunge voll Rühmens, und sogar die Heiden sagten: Der Herr hat Großes an ihnen getan“; so besingt Psalm 126 die Rettung der Juden aus Babel, und in ähnlicher Stimmung finden wir bei aller Not des logischen Kampfes in der nun folgenden Partie des Briefes den Apostel Paulus. Es ist wunderbar, wie er, die Paradiesesluft seiner neuen Zeit atmend, sich gerade aus Anlaß der Kämpfe immer heller und klarer der Größe des Neuen bewußt wird und sie nach allen Seiten, in allen Beziehungen zur Vergangenheit, zu allen Stadien der Entwicklung richtigzustellen lernt. So läßt er die eigene Lebens- und Herzensgeschichte, die der Galater, ja Abrahams vor seinem Geist vorüberziehen, und überall findet er den nämlichen Glanz des Heils, und hieraus muß den Galatern klarwerden, warum ihm eigentlich nicht nur nichts daran liege, daß sie sich mit dem Gesetz Mosis befreunden, sondern warum er solche Angst davor habe.

Machen wir uns vorher noch einmal die geistige Situation der Galater klar, in welche sie durch die Wanderlehrer gelangt waren. Der Apostel hatte wohl kaum viel Zeit gehabt, sie über das Alte Testament zu unterrichten, vielleicht vorderhand nicht einmal das Bedürfnis. Da kamen hinter ihm diese Wanderlehrer mit dem stattlichen sittlichen Gepräge des wohlerzogenen Juden. Sie erzählten von Abraham und dem Bund der Beschneidung, von Moses und dem Gesetz; wie großartig entrollte sich dieses vor ihnen, wie imponierend, ja wie wohltuend erschien diese sichere Burg geordneter Schranken; was der Apostel ihnen als völlig Neues verkündigt, schien teilweise wunderschön alt, und das wirklich Neue schien gerade mit dem, was am Alten das schönste war, in Widerspruch. Hiermit hatte der Apostel zu rechnen. Wenn ich bei Verschiedenheit der Ansichten den anderen von der Richtigkeit der meinigen überzeugen will, so ist mein erstes Erfordernis und mein erfolgreichstes Mittel dies, daß ich mich der Gerechtigkeit befleißige und dasjenige, was an des anderen Ansicht richtig ist, zu ermitteln suche und als Zugeständnis voranstelle. So macht es hier auch Paulus. So sagt er sich: Es ist etwas daran; wir fühlten uns dankbar lebenslang in einer günstigeren Stellung der Sünde gegenüber als die Heiden, und nicht ohne Grund. Wie greulich es bei den Heiden stand, die in der Tat durch ihre Geburt wehrlos der Sünde preisgegeben waren, hatte der Apostel sattsam erfahren. „Wissend aber", so fährt er fort (16), „daß ein Mensch aus Werken eines Gesetzes nicht gerecht wird, außer vermittelst des Glaubens an Jesus, den Messias."

Auf dieses Zugeständnis hin folgen in raschen Zügen die entscheidenden Wendungen in der Herzensgeschichte des frommen Juden Jesu gegenüber. Der fromme Jude will gerecht werden, das heißt: er strebt, Gott wohlzugefallen; und das erste Mittel, das sich ihm anbietet, sind Werke des Gesetzes. Aber als eines Gesetzes Werke, als Vorgeschriebenes, erweckten sie die Ahnung, daß ihre Wirkung sich nicht bis auf die innerste Beschaffenheit unseres Seins erstreckt. Der echte Israelit fühlte sich, wenn auch ohne bestimmtes Bewußtsein, im geistigen Zusammenhang mit seinen Vorbildern, den Propheten usf., am meisten mit dem Abraham. Sie waren alle sittlich rechtschaffen; dies war erstes Erfordernis; aber es war doch nicht dasjenige, was sie – insbesondere Abraham – vor Gott so hochstellte, ja für ihn so wichtig machte. Abraham traute Gott die Erfüllung der großen, auf ein allgemeines Heil sich beziehenden Verheißung zu; er hoffte auf ein großes Heil, und diese Heilshoffnung gipfelte im Laufe der heiligen Geschichte in der Messiashoffnung; ohne diese wäre der rechtschaffenste Israelit noch kein echter Israelit. Wieviel wichtiger gar wurde dieser Moment, als der Messias in der Person Jesu kam. Da mußte jeder echte Israelit (bescheidener kann sich der Apostel nicht ausrücken) einsehen, daß er nur dann aus Gesetzes Werken gerecht werde, wenn er dies vermittelst des Glaubens an Jesum, den Messias, tue. Damit war zugleich Gott ein Dienst geleistet, ähnlich wie ihn einst Abraham leistete, denn es *war* anfangs gewissermaßen eine Leistung, Jesum, den Verkannten, als den Messias, als den Heiland anzuerkennen. „So wurden sie denn", fährt der Apostel fort, „an den Heiland Jesus gläubig." Es ist bemerkenswert, daß der Personenname, der vorher voranstand, schon in den Hintergrund tritt, das heißt: Die Leistung, die Er *ihnen* zuwendet, tritt vor derjenigen, die sie

Ihm bringen, in den Hintergrund. Aber es geht rasch weiter. Sie tun es, um „gerecht zu werden aus Heilandsglaube (der Name, welcher an ihre Leistung der Anerkennung erinnert, ist verschwunden), und nicht vermittelst Werken eines Gesetzes.“ Sie dachten sich vorher den Glauben an Jesus als ein Mittel, um aus Gesetzes Werken gerecht zu werden, aber als sie im Glauben des Heilands ansichtig werden und seiner Wirkung ausgesetzt sind, verschwindet im Nu die Formel „aus des Gesetzes Werken“, und der Glaube an den Heiland tritt in seine vollen Herrschaftsrechte ein. „Denn“, fügt er hinzu, „Fleisch wird aus eines Gesetzes Werken nicht gerecht.“ „So“, sagt der Apostel, „ist's gegangen.“

Aber nun schreien die Pharisäer, damit werde der Wert der Rechtschaffenheit vernichtet und die Sünde begünstigt; „denn indem wir suchten, durch Christum gerecht zu werden, sind wir ebenfalls (fast als wären wir Heiden) als Sünder erfunden worden“ (17).* Es geschah dies bei dem Ernst der Bußtaufe in einer sehr beschämenden Weise, und fast könnte es dahin verdreht werden, als müsse man zuerst recht als Sünder dastehen, um bei Jesu etwas zu gelten. Das Wort „erfunden werden“ bezeichnet die Sinnesweise der Pharisäer. „Sünder s e i n“, darüber reden sie nicht; aber nur soll man nicht „als Sünder e r f u n d e n werden.“ „Ist nun (bei solcher Sachlage) Christus am Ende gar ein Sündendiener? Das sei fern. Denn wenn ich, was ich aufgelöst habe (es ist dasselbe Wort wie Matth. 5, 17), wieder baue, so stelle ich als Übertreter mich s e l b s t hin“ (18). Mit der Sünde, die ich eingestand, habe ich das Gesetz und namentlich meine Gerechtigkeit vor demselben aufgelöst (dem Apostel scheint das Bild eines Zeltes vorzuschweben), und wäre ich der Radikale, der nur sagen würde: So ist es recht!, dann wäre, wer mich dies gelehrt hat, ein Sündendiener. Aber daß ich sie eingestand, das war kein auflösendes Tun, das tat ich, um an Stelle der niedergerissenen Hütte ein Haus zu bauen; damit bekannte i c h mich als ein Missetäter. Es ist nicht genau wie bei Zachäus; Paulus sagt eigentlich: Indem ich suche gerecht zu

* Luther hat durch leise Veränderung des Wortsinns dem V. 17 große erbauliche Kraft zu geben verstanden, indem er ihn zu einer Warnung vor Sündigem umgestaltet hat.

werden, bekenne ich, daß ich zerbrochen habe; durch dieses Bekennen kommt mein Zerbrechen an den Tag; aber es ist schon ein Bauen.

Zur Verdeutlichung dient uns das Beispiel des Zachäus. Indem Jesus den Zachäus, diesen bekannten Sünder, für seinen Freund erklärt, hat er den Verdacht sich zugezogen, ein Begünstiger der Sünde zu sein. Zachäus hatte das Gesetz aufgelöst, und indem Jesus darüber hinwegsieht, sieht es aus, als sei nun er der Übertreter. Indem aber nun Zachäus, was er aufgelöst hat, wiederum baut, seine Sünde bekennt, und zwar tatsächlich, indem er sie gutmachen will, stellt er „sich selbst als Übertreter dar", und Jesus ist nun zwar der Sünderheiland, aber nicht der Sündendiener.

Damit ist denn auch etwas für die Galater sehr Wichtiges getan: Es ist der ganze scheinheilige und darum so wahrscheinliche Einwand des Pharisäismus gegen den Gnadenheiland durchlöchert, und zwar in einer ernstsittlichen Weise durchlöchert. Daß du deine Sünden bekannt hast, das laß dir nie als Sünde anrechnen. Meine Missetat ist eine Verneinung des Gesetzes, mein Bekennen derselben im Suchen, gerecht zu werden, ist eine Bejahung desselben. Der Apostel verfolgt nun das weitere Schicksal des Übertreters, und zwar bezeichnet er nun, nachdem er schon vorher von der Mehrzahl der ersten Person („wir") auf die Einzahl („ich") gekommen ist, mit Betonung sich selbst als denjenigen Übertreter, dessen weitere Geschichte er schildert. Bestand ja die bis jetzt geschilderte Geschichte desselben immer noch gewissermaßen aus einem Ansichtenwechsel, wenn auch einem sehr begründeten; sie ist aber nun an dem Punkt angelangt, wo nicht mehr bloß etwas in seiner Ansicht, sondern an seinem ganzen Wesen vorgeht. „Ich starb (oder entstarb) ja dem Gesetz durch Gesetz, damit ich Gott leben dürfe" (19). Es ist mir geworden, was mir von Gesetzes wegen gebührt hat; aber diese zweite Seite des Gesetzes, die sich an mir vollzog, gereichte mir zum Heile. Wie? Das erklärt sich aus der Weise, auf welche Paulus gestorben ist. „Christus, der Weltheiland, wurde gekreuzigt, und in ihm bin ich mitgekreuzigt." Es ist eigentlich nicht eine Gefühlssache, von der er redet, sondern eine Tatsache; ich bin in meine richtige Rechtslage vor Gott und vor der Welt in Christi Kreuz hineingepflanzt, und dadurch hat sich an mir das Klagerecht des Gesetzes erschöpft, und ich darf Gott leben. Der Apostel hat nun eigentlich hochnötig, sich vor uns zu rechtfertigen für seine Behauptung, er sei gestorben, um dem Einwurf zu begegnen: Das ist ja nicht wahr! Er erklärt sich, indem er das Leben des Mitgekreuzigten schildert: „Ich lebe, aber, nicht mehr ich, es lebt aber in mir der Heiland“ (20).

Wir fühlen, wie sehr er aus seinen Erfahrungen redet seit seiner Bekehrung, und wenn wir sein Leben mit seiner Aussage vergleichen, so müssen wir ihm recht geben. Wir geben nicht *ihm* recht, der dies *sagt*, sondern dem *Heiland*, der dies *getan* hat, und das Leben des Apostels tritt uns in ein neues aufhellendes Licht. „Was ich aber jetzt im Fleische lebe, lebe ich in dem Glauben: Der Sohn Gottes hat mich geliebt und sich selbst für mich dahingegeben.“ Wie etwa der Gang durchs Rote Meer oder des Petrus Wandeln auf dem Wasser eine Glaubenstat war, die allem Anschein der Wirklichkeit Trotz bot, so ist mein – des mit meinem Heiland mitgekreuzigten Missetäters – Leben, und zwar Leben für *Gott*, ein Wunder, ein Gegenstand des Glaubens und insofern auch eine *Leistung* des Glaubens. Ich habe der ganzen Nichtberechtigung meines seligen Standes entgegen nur *ein* Wort: „Gottes Sohn hat mich geliebt und sich selbst für mich dargegeben“, und daraus beziehe ich stündlich das Wagnis und die Kraft, zu leben und so zu leben, wie ich lebe. Daß Christus in mir lebt, das ist die selige Tatsache der Gnade Gottes, und diese Gnade lasse ich nicht nichts sein. „Denn wenn eine Gerechtigkeit durch Gesetz – dann ist ja Christus vergeblich gestorben“ (21). So stellt er die anmaßende Torheit dessen ins Licht, der die gewaltige Leistung, welche von Gott her für alle Welt geschehen ist, beiseite setzt und sich durch eigene Privatleistung helfen will.

Nachdem der Apostel so die Herzensgeschichte des Judenchristen derart geschildert hat, daß sie immer inniger in Schilderung seiner eigenen Herzensgeschichte auslief, in welcher gewiß der Leser auch die seine wiedererkannte, hält er nun den Galatern die ihrige vor (Kap. 3, 1 und 2): „O ihr unvernünftigen Galater“ (die Galater standen im Ruf scharfen Verstandes), so wendet er sich nun an sie mit Namen, „wer hat euch bezaubert, der Wahrheit nicht zu gehorchen?“ (Das heißt: eine gute Macht konnte es nicht sein, die diesen Einfluß auf euch ausübte.) „Euch stand ja Jesus Christus vor Augen, als Gekreuzigter war er euch vorgemalt. Das allein will ich von euch lernen: habt ihr den Geist aus Werken eines Gesetzes erlangt oder aus Glauben einer Kunde (einer Nachricht)?“ Hiermit schon hält er den Galatern die ganze Gewalt der Objektivität als den Spiegel ihrer Lebensgeschichte vor, indem er als Bezeichnung für ihre Leistungen einen Ausdruck wählt, der dieselben auf ein möglichst winziges Maß reduziert: „Einer Kunde, einer Nachricht habt ihr geglaubt.“ Der Inhalt dieser Nachricht, die berichtete Tatsache, war allein schuld, daß ihr, sobald ihr sie glaubtet, den Heiligen Geist empfingt. 3. „So unverständig seid ihr; nachdem ihr angefangen habt in Geist, wollt ihr in Fleisch zur Vollendung führen?“ 4. „So große Dinge“ (wie den Empfang des Heiligen Geistes und die V. 5 erwähnten Wunder usf.), habt ihr sie umsonst erlebt? Wenn anders umsonst! 5. Der euch nun den Geist zureicht und Wunder in euch wirkt – aus Werken eines Gesetzes oder aus Glauben einer Kunde? 6. Ganz wie Abraham Gott glaubte, und es wurde ihm zu Gerechtigkeit angerechnet. 7. So erkennt ihr ja nun, daß die aus dem Glauben, d i e sind Söhne Abrahams.“ Hiermit hat der Apostel ein weiteres Geschichtsbild in den Kreis seiner Untersuchung gezogen, die Geschichte Abrahams, an welche sich die Geschichte Israels bis auf Christum unzertrennlich anknüpfen wird. Abraham war insofern auch eine Art Heide, als auch er von vorn anzufangen hatte, und so seid ihr nun ihm gleichartig, und der wunderschöne Anfang der Israelsgeschichte spiegelt sich in eurem Erleben wider. Der Apostel bleibt nicht in allgemeiner Unbestimmtheit, sondern zeichnet in voller Genauigkeit in den nun folgenden Worten den Zusammenhang zwischen dem, was dem Abraham, und dem, was in Christo nun den Heiden widerfuhr. Die Worte lauten: 8. „Die Schrift aber, indem sie voraussah, daß Gott aus Glauben die Völker gerecht macht, verkündigte dem Abraham voraus Evangelium: in dir drin sollen alle Völker gesegnet werden; 9. und so werden die aus Glauben gesegnet zusamt dem glaubenden Abraham.“ Der Apostel faßt die Schrift als eine Person, gleichsam den Biographen des Volkes Gottes; er denkt an die ewige, alle Zeiten überblickende heilige Geistesmacht, welche das Zustandekommen der Heiligen Schrift überwaltet; aber in heiliger Zartheit, um diese Macht nicht näher, als ihm zusteht, bezeichnen zu müssen, nennt er nur die Schrift. Gott, der Urheber der Geschichte, und die Schrift, die Verzeichnerin derselben, sind hier in ihren Beziehungen zu dem, was Abraham geschah, unterschieden.

Als Gott dem Abraham Seinen Plan, Seinen Wunsch, alle Völker zu segnen, kundgab und ihm anbot, sich dafür als Werkzeug verwenden zu lassen, da geschah dies völlig auf dem Boden des damaligen Heute. Über das „Wie" der endlichen Ausführung dieses Planes wurde dem Abraham nichts gesagt; aber die Beobachterin, die Schrift in ihrem Voraussehen, durchschaute die wunderbare Einfachheit der Mittel, durch welche dieser Plan einmal verwirklicht werden soll. Abraham glaubte Gott die Kunde von einer großen Zukunft, und Gott rechnete es ihm zu Gerechtigkeit an. Dieses Glauben, das ist es, was den verkommenen Menschen noch zu tun möglich ist; wenn diesem Glauben eine entsprechende Freudenbotschaft geboten wird, so sind sie alle wie Abraham und mit Abraham gesegnet. Mit den letzten Worten (V. 9) ist der Tatbestand der Gegenwart, und zwar in seiner innigen Beziehung zu Abraham, bezeichnet. Diesem gegenüber hat sich den Galatern eine andere Tatsache in den Weg gestellt, die sich ebenfalls auf ihre Beziehung zu Abraham beruft, eine Abrahamsnachkommenschaft, deren ganze Eigenart das Gesetz ist und die ihnen kraft dieses Gesetzes ihren Segen bestreiten will. Aber diese Leute sind, wie sie sind, ein Anachronismus, ein Überrest aus einer vergangenen Zeit, der nur aus Mißverstand noch stehenblieb. Der Apostel hält dieser Tatsache den Gedanken entgegen, daß solche Gesetzesreligion unter Fluch stellt (V. 10) (der Fluch trifft zwar bloß den, der nicht alles tut, aber wer tut alles?) und darum das Volk Israel oder den Samen Abrahams unfähig macht, ein Segensquell für die Völker zu werden, und daß deshalb Christus es vom Fluch des Gesetzes erlöst hat, damit der Segen Abrahams unter die Völker komme. Der erste Teil dieses Gedankens (V. 10) ist an sich verständlich; den zweiten bringt der Apostel uns folgendermaßen: 11. „Weil aber in einem Gesetz niemand gerecht wird vor Gott (klar ist, daß der Gerechte aus Glauben lebt, 12. das Gesetz aber ist nicht aus Glauben, sondern wer seine Vorschriften tut, wird aus ihnen leben), 13. so hat uns Christus vom Fluch des Gesetzes erlöst." Den ersten Satz: „aus Gesetzes Werken wird niemand gerecht" muß er nicht mehr beweisen, er beleuchtet ihn aber doch mittels eines Zwischensatzes unter freier Verwendung von Schriftworten. Der Gerechte lebt aus Glauben; das Gesetz findet oder weist aber den Weg zu diesem Glaubensboden nicht, da es einen anderen Weg zum Leben weist, den Weg des Tuns, und weil es so mit dem Glauben nicht zusammenkommt, so wird unter seinem alleinigen Einfluß niemand gerecht. Weil es aber so ist und Israel dadurch ohne seine Schuld unter Fluch kam, der zwar bloß bedingungsweise über ihm schwebte, dem aber doch niemand entgehen konnte, hat sich der Heiland, der Heiland der Welt, diesem Gesamtfluch unterzogen, „da er für sie ein Fluch ward" (das rechtmäßige Sinnbild des vom Gesetz über den Missetäter verhängten Fluches, der Leichnam eines Hingerichteten).

Hier, wo der Apostel mit solcher Betonung den Tod Jesu in Beziehung setzt zu dem sowohl Israel als den Heiden verheißenen Segen Abrahams, dürfen wir uns einmal in die Gedanken des Apostels über den Segen Abrahams oder die dem Abraham gegebene Verheißung versenken. Womit ist ein Mensch gesegnet? Die erste Antwort ist: Mit der Gerechtigkeit, ohne welche Segen weder Sinn noch Möglichkeit hat. Die zweite ist: Der Segen besteht im Leben. Neben diese können wir eine dritte stellen, die mehr auf Israel sich bezog. Dem Samen Abrahams soll Kanaan, das Land, in dem es ein Fremdling ist, zum Eigentum gegeben werden. Dies alles aber überblickt der Apostel im Geiste; Röm. 4, 13 nennt er Abraham den Erben der Welt; seinem Samen im größten Sinn, den Völkern, soll, was sie jetzt als Fremdlinge besitzen, zum Eigentum gegeben werden. Es ist hier eine sittliche Bedeutung des Eigentums vorausgesetzt. So ist jene Verheißung Kanaans parallel zu der in Psalm 8 verheißenen Herrschaft über die ganze Welt; aber heute ohne den echten Segen Abrahams hat die Welt uns, und nicht wir sie; das ist die sittliche Bedeutung des Eigentums, des Besitzens. Hierin liegt auch die Bedeutung des Lebens (Röm. 5, 17). Leben heißt:

„nicht beherrscht werden von der Natur, sondern sie beherrschen." So werden wir gerade durch die äußerlichsten Bezeichnungen des Segens am tiefsten seiner innersten Bedeutung zugeführt; mit anderen Worten: der einzige denkenswerte Segen für den Menschen ist der Heilige Geist, der zugleich den Menschen zum Herrschen befähigt. Im Heiligen Geist, der sich über die Heiden ergoß, sah Paulus (nach 3, 14) den Segen Abrahams sich erfüllen. So mußte nun, damit der Segen Abrahams auf die Völker komme und damit Israel des Kerns der Herrschaftsverheißung, des Heiligen Geistes, teilhaftig werde, Israel vorher vom Fluch des Gesetzes losgekauft werden dadurch, daß sein Heiland ein Fluch für dasselbe ward.

Aus der mit V. 14 abgeschlossenen Auseinandersetzung erhebt sich aber eine schwierige Frage. Wenn das Gesetz ein absolutes Hindernis gewesen für die Erfüllung der Abrahamsverheißung, sowohl an die Heiden als auch an die Juden, sofern nicht Christus mit seinem Leben für Israel eingetreten wäre, so war es also an und für sich eine neue Gottesverfügung, welche die erste aufhöbe, wäre nicht der Tod Jesu von vornherein geplant gewesen. Um diesen dunklen Punkt aufzuhellen, beginnt der Apostel (V. 15) von neuem, um zu zeigen, wie hier zwei große Gottesverfügungen, eine bleibende und eine vorübergehende, so aufeinander abgestimmt sind, daß sie beide, trotz ihres einander widersprechenden Wesens, doch nebeneinander bestehen können. Den Gedanken eines wirklichen Widerspruchs des Gesetzes gegen die Verheißung weist er als einen – schon menschlich gedacht – unmöglichen nach, und zwar so, daß dadurch das Gesetz, als zu vorübergehenden Zwecken gegeben, ins Licht tritt. „Liebe Brüder", so beginnt diese seine neue Erörterung, „es geschieht durchaus nicht, daß eines Menschen Verfügung verändert werde oder Zusatz erhalte, nachdem dieselbe in Rechtskraft erwachsen ist." Diesen Gedanken wendet er V. 17 und 18 in einer keiner Erklärung bedürftigen Weise an. Dazwischen schiebt sich aber in V. 16 jene oben erwähnte Untersuchung des Charakters der Verheißungsverfügung. Er betont dort, die Abrahamsverheißung laute: „durch d e i n e n, und nicht durch d e i n e Samen" sollen alle Völker gesegnet werden. Der Apostel bringt das Wesen dieser Eigenschaft auf die kürzeste, gedrängteste Form unseres Denkens, welche allerdings auch deswegen dem Denken des anderen ein rasches Verständnis zumutet: auf die Zahl.* Einheit, Einzahl ist das Merkmal der Verheißung – Mehrzahl das des Gesetzes. Wir haben schon bei Besprechung der Vielgötterei uns erinnert, wie in der Mehrzahl oft die Willkür, der Zufall, das Vereinzelte liegt, in der Einzahl die Ganzheit und Beständigkeit. Bei der Verheißung betont er diesen Charakter zweimal: bei der Verheißung an und für sich und bei der Erfüllung derselben. „Die Verheißung", sagt er, „ist nicht den Samen (in der Mehrzahl) gegeben, sondern dem Samen", das heißt, sie wird sich nicht sofort durch jeden Samen Abrahams fortwährend zu erfüllen beginnen. Neben einer Erfüllung hätte allerdings das Gesetz keinen Platz; aber es ist dem Samen als Ganzem gegeben; das wird das Endergebnis der Lebensgeschichte dieses Gesamtsegens sein. Nun aber redet der Apostel aus der Erfüllung heraus, sieht in Christo dieses Ergebnis und sagt kurz: „Er ist der Same", der einheitliche Abschluß der Verheißungsperiode des Samens Abrahams. So selbstverständlich, wie es uns heute seit der Erfüllung und namentlich infolge der für immer durchschlagenden Erklärungen des Paulus vorkommt, war die Beziehung der Abrahamsverheißung auf Christus oder auf das Christentum keineswegs. Es bedurfte nur einiger Aufgeblasenheit oder Einbildung, so konnte jeder Israelit denken: Ich bin auch ein Same Abrahams, auch durch mich sollen

* Man nennt diese Art des Denkens des Apostels nicht ganz ohne Grund die rabbinische, insofern als es die Art des jüdisch-philosophischen Gedankenverkehrs hat, welche zu der Art des griechisch-philosophischen in einem interessanten Gegensatz steht. Der griechisch-philosophische Gedankenverkehr ist ein Kampfspiel, bei welchem ich es mit einem Gegner zu tun habe, der alle Kraft anwendet, sich nicht überzeugen zu lassen; überzeugt werden heißt bei ihm, besiegt werden. Der jüdische Verkehr ist der zwischen Lehrer und Schüler; ich darf einen lernbegierigen Hörer mir vorstellen, der alle Bereitwilligkeit hat und alle Kraft aufwendet, mich zu verstehen. Diese letztere Art setzt voraus, daß der Lehrende die Wahrheit weiß; dann ist sie für den Lehrenden leichter, abkürzend, für den Lernenden oft schwerer, wenn auch ergiebiger. Denkt aber der Lehrer selbst willkürlich, so ist allerdings allen Ungeheuerlichkeiten der Phantasie Tür und Tor geöffnet (wie der Talmud reichlich zeigt); weil der Lehrer nicht – wie in der griechischen Dialektik – sich mit einem zweifelnden Gegner auseinandersetzen muß.

die Heiden gesegnet werden. Es konnte so aufgefaßt werden, als sei das etwas, das so da und dort, bald mehr, bald minder, sich erfüllen werde.

Dieser pluralischen Auffassung einer in zufällige Einzelheiten zersplitterten Erfüllung tritt der Apostel entgegen, und zwar ist ihm wohl selbst erst durch die Erfüllung klar geworden: Nicht so ist es gemeint, nicht dem Samen Abrahams in seinen einzelnen Teilchen; und das sagt er kurz so: „nicht den Samen, sondern dem Samen" als einem ganzen, einheitlichen, und damit ist sofort gesagt, daß auch die Erfüllung nicht so durch alle Zeiten sich hinauserstrecken werde, sondern daß der Same Abrahams wie eine Pflanze ist, die heranreift, bis sie die reife Frucht, Christus, bringt. Wie der Verheißungsverfügung auch nach der Seite der Erfüllung hin der Charakter der Einzahl eignet, das beleuchtet er durch Vergleich mit der Gesetzesverfügung, welcher der Stempel der Mehrzahl, des Plurals, aufgeprägt ist. „Das Gesetz ist gegeben durch Engel aus der Wolke der Herrlichkeit heraus in eines Mittlers Hand" (19); die Geber sind also Mehrzahl, die Empfänger offenbar auch, weil sie durch einen Mittler empfangen, denn der Mittler existiert für einen einzelnen nicht (derselbe bedarf eines solchen nicht, er nimmt eigenhändig).* Aber diese Hinweisung auf die Mehrzahlseigenschaft der Gebenden und Empfangenden tritt doch nur andeutungsweise auf; stärker betont der Apostel, daß das Geben sowohl als das Nehmen auf indirekte Weise geschah. Der Geber war ja allerdings Gott, aber indem Er es durch Engel gab, drückte er der Gabe das Siegel des bloß Menschengeschichtlichen auf.** Und in dem

* Der Gedanke, daß ein Mittler zwei voraussetze, zwischen denen er zu vermitteln habe, ist doch allzu verständlich, als daß Paulus einen solchen noch hätte aussprechen wollen.

** Uns erscheint die Gesetzgebung in höchstem Grade direkt von Gott gegeben zu sein; aber im Vergleich zur Offenbarung Gottes in Seinem Sohn Jesus treten alle jene Bezeugungen Gottes in den Hintergrund, indem sie gerade dadurch, daß sie so sehr in die äußeren Sinne fallen, kundgeben, daß sie etwas Gott Äußerliches, das heißt etwas durch Engel Vermitteltes sind. Der Apostel hat aber wohl nicht so sehr an das Zehngebot gedacht als an die Fülle der übrigen Vorschriften, welche dem Volk nur durch die Hand des Mittlers zukamen, und somit auch mehr an die Wolke der Herrlichkeit, durch welche sich diese Offenbarungen vermittelten.

vollends, daß der Plural des Volkes sie nicht einmal direkt von den Engeln, sondern indirekt durch die Hand des Mittlers Moses erhielt, also eigentlich erst in dritter Linie von Gott, war diese Vorschriftensumme noch mehr in die Sphäre des Menschlich-Geschichtlichen niedergesenkt. Den Unterschied zwischen dem Rang des direkten und des indirekten Gottesgebotes können uns schon die Vorgänge im Paradies verdeutlichen. Adam übertrat ein ihm unmittelbar gegebenes Gottesgebot, Eva aber nur ein ihr durch Adam vermitteltes. Diese ganze Zeichnung des Gesetzes als eines zwischen zwei Pluralen stattfindenden Vorganges ist eingerahmt durch zwei starke Singulare: „Es wurde gegeben, bis der Same käme" steht voran und am Schluß als Gegensatz zu der Engelschar: „Gott aber ist Einer" (20). Im Heiland sind eigentlich sogar diese beiden Einheiten des Gebers und Empfängers in eins zusammengewachsen. Er ist an Stelle der Engelschar die volle und unmittelbare Offenbarung Gottes an uns, Gottes Wort an uns – er ist es aber als der Same Abrahams. So ist er im Keim die ganze, volle, entscheidende Erfüllung der Verheißung Abrahams, und deswegen war dem Gesetz eine Möglichkeit gegeben, einstweilen, bis er kam, zwischenhineinzukommen zwischen Abraham und Christus. Aber wozu denn? Paulus antwortet (19) kühn: „Den Übertretungen zuliebe wurde es hinzugefügt, bis daß der Same käme, welchem verheißen ist." Das Gesetz sollte in der Weise jenem Samen vorarbeiten, daß es den Stand der Dinge, den er vorfinden wird, klarstellt. Gesündigt wurde immer, aber ohne Gesetz war dieses Sündigen keine Übertretung. Dem Gesetz wohnte nicht die falsche Hoffnung inne, das Sündigen mit durchschlagendem Erfolg zu verwehren; aber es legte den Stand der Dinge klar, indem nun infolge desselben Übertretungen vorlagen. Gerade kraft solcher ihm innewohnenden Armut war das Gesetz nicht wider die Verheißungen Gottes (21). Wäre es als etwas gegeben worden, das imstande sei, lebendig zu machen, so stände es ebenbürtig neben den Verheißungen Gottes; aber das war sein Amt nicht, sondern „es beschloß alles unter Sünde" (22), und dies tat eigentlich nicht das Gesetz allein, sondern die ganze Schrift. Was sie von uns Menschen erzählt, ja auch die Sehnsuchts- und Hoffnungsgedanken der Propheten – alles sagt uns: es steht nicht oder es stand nicht, wie es sollte. „Damit die Verheißung aus

Glauben Jesu Christi (als Erfüllung) gegeben werde dem Glaubenden."

„Ehe denn aber der Glaube kam", fährt der Apostel fort (23). Wir werden durch dieses Wort überrascht; immer und immer hat er uns auf den Glauben Abrahams gewiesen, und jetzt setzt er als selbstverständlich voraus, daß die Ära des Glaubens erst mit Christo gekommen sei. Dies nötigt uns, über den Unterschied klarzuwerden zwischen dem Glauben, den die Verheißung in Abraham weckte, und dem Glauben, den die Erfüllung in Christo in uns hervorruft. Gott rechnete dem Abraham seinen Glauben zu Gerechtigkeit an, aber Er sagte ihm dies nicht. Der Inhalt des Glaubens Abrahams war bei weitem nicht der, daß er durch den Glauben gerecht werde. Er wünschte wohl und bestrebte sich, gerecht zu sein vor Gott, aber so viele Gedanken machte er sich wohl kaum darüber. Er war ein Mann des Sehnens für das Große; mitten in dem Durcheinander des allgemeinen Abfalls hielt er sich an Gottes Zusage, daß es einmal im großen und völlig anders werden solle, und brachte gern sein ganzes Privatleben und Privatglück diesem großen Zweck zum Opfer; das war Abrahams Glaube. Der richtige Stand der Dinge und so namentlich auch der Menschen, also auch sein eigener, war ihm Gegenstand des Hoffens, und nicht des Glaubens; diese Gerechtigkeit des Menschen vor Gott, wie sie in der Erfüllung unser wird, konnte also weder als etwas Dargebotenes noch als etwas Gefordertes in sein Bewußtsein treten. Er besaß es vor Gott, und dies glänzte wohl als Friedensstimmung auf ihn zurück, aber ohne daß er sich über die Ursache Rechenschaft gegeben hätte. Der Glaube, den er hatte, fand also seinen ihm völlig entsprechenden Inhalt – und in einer demselben völlig entsprechenden Weise – erst in der Erfüllung und wurde erst so in vollem Sinn der Glaube (23). „Ehe aber der Glaube kam, wurden wir zusammengeschlossen (unter Sünde beschlossen, immer im bösen Gewissen behalten, verwahrt) auf den Glauben hin, der bevorstand, geoffenbart zu werden; und so ist das Gesetz ein Kinderführer für uns gewesen auf Christum hin, damit wir aus Glauben gerecht würden." Wir konnten noch nicht glauben in dem zuletzt besprochenen Sinn, weil die Berechtigung dazu, der erforderliche göttliche Tatbestand, noch fehlte; aber das Gesetz, indem es uns immer unsere Sünde bewußtmachte, bewahrte uns auf den Glauben hin, verwehrte uns jede andere künstliche, göttlich unberechtigte Befriedigung, so daß der Glaube gleichsam als Hunger des Hoffens wach blieb, und so war das Gesetz unser Kinderführer auf Christum hin. Bekanntlich war der Pädagogos ein Sklave sehr untergeordneter Art, bei weitem nicht ein Erzieher. Für so hohe Dinge hatte die geringschätzige Beurteilung der Knaben in der Sitte des griechischen Hauses keinen Platz, sondern er war nur mit dem Dienst betraut, die Knaben jeweils dahin zu bringen, wo man sie haben wollte, nötigenfalls auch mit Zwang. Diesen Dienst hat das Gesetz in der Geschichte Israels geleistet, indem es durch obgenannten Hunger Israel beständig zwang, seinen Geistesblick auf Christum hin zu richten.

Damit ist der Apostel nun auch mit der Geschichte des geistigen Lebensganges Israels am Ende und hat Hand in Hand damit die göttliche Bedeutung des Gesetzes nach allen Seiten sorgfältig ins Licht gestellt, sowohl danach, was es n i c h t zu leisten, als danach, was es zu l e i s t e n bestimmt und imstande sei; und das Ergebnis war, daß der Glaube, den einst Abraham der Verheißung entgegenbrachte, heute durch die Erfüllung in Christo das allein rechtmäßig herrschende Prinzip sei. Er führt die Geschichte Israels vollends bis heute fort, mit den Worten: „Nun aber der Glaube kam, sind wir (Juden) nicht mehr unter dem Kinderführer, denn ihr (Heiden) seid ja alle durch den Glauben im Heiland Jesus Kinder Gottes (25 und 26)." Söhne Gottes sind aber die Heiden, weil sie durch den Glauben im Heiland Jesus, das heißt im Sohne Gottes sind. Das ginge doch nicht an, daß dem Volk Israel eine Gotteskindschaft noch vorenthalten wäre, welche die Heiden schon besitzen. Statt daß ihr Heiden euch von den Juden zumuten laßt, das Gesetz über euch zu nehmen, sollten umgekehrt sie an e u c h sehen, daß auch für sie eine völlig neue Stunde der Kindschaft geschlagen hat. Dieses Sein in Jesu in seiner Wirklichkeit und seiner Wirkung führt Paulus weiter aus. 27-29: „Ihr alle, wer ihr auch seid, die ihr in den Heiland getauft wurdet, habt ja den Heiland angezogen (also seid ihr in ihm drin)." „Hier ist es nicht Jude noch Grieche, nicht Sklave noch Freier" (der Sklave steht hier an bevorzugter Stelle), „nicht männlich und weiblich – allzumal seid ihr ja e i n e r im Heiland Jesus." Es wirft dies nebenbei ein Licht auf die Grenze des Begriffs „in Christo Jesu gestorben sein". Ich bin nicht mehr Mann oder Weib; natürlich bin ich es doch noch, aber es lebt etwas in mir, das es nicht mehr ist. Dieses Neue ist nicht in jedem einzelnen etwas Besonderes, so daß das Christentum bildlich mit lauter senkrechten Linien vom Himmel auf die einzelnen Herzen herab zu vergleichen wäre, sondern es ist in allen derselbe Heiland. „Seid ihr aber des Heilands, so seid ihr ja Same Abrahams, verheißungsmäßig Erben." Christus und wir alle in ihm einer, nämlich er, ist jener Gesamtsame oder Einzahlssame Abrahams, dem die Verheißung gilt, neben dem Mehrzahlssamen, dem nur das Gesetz gegeben werden konnte. Er, der Gesamtsame, ist der Erbe aller Verheißung Israels, und statt daß der Heidenchrist, um noch in das Vollrecht dieses Erbes einzutreten, noch speziell ein Jude werden müßte, ist es eigentlich umgekehrt. Auch der Jude ist fortan nur Erbe als Bestandteil dieses Gesamtsamens, in welchem der Unterschied zwischen Jude und Heide aufgehoben ist. In dieser vollen Gleichheit von Israel und Heiden verschwindet nun auch der ursprüngliche Unterschied zwischen dem Abrahamsvolk als Ursprung – und der übrigen Menschheit als Empfänger des Heilssegens, der noch in 3, 14 ein wenig durchzitterte. Wir sind alle in gleicher Weise Empfänger geworden.

Der Apostel beleuchtet nun im weiteren die Art und Weise, wie Israel den Knabenführer losgeworden, indem er das Bild dieses Knaben weiter ausführt. Er denkt sich im Bild einen reichen Waisenknaben; der Vater ist gestorben, die einzig mögliche Weise, um in einem Erdenbild das Verhältnis des unsichtbaren Vaters Gott zu seinem Kind auf Erden abzumalen; er hat in seinem Testament etwa die Zeit, das Alter des Knaben festgesetzt, in welchem er für mündig erklärt werden soll. Solange er nun unmündig ist (4, 1), ist er wohl der Erbe, ja der Besitzer aller Güter, aber er ist dem Gesinde gleichgestellt, ja es gibt Sklaven, die ihm zu befehlen haben (2), und so ist er unter Vormündern und Verwaltern bis auf die vom Vater festgesetzte Zeit. 3: „So waren auch wir, solange wir unmündig waren, unter die Kräfte der Natur geknechtet." Im Bild ist dies um der Unreife des Knaben willen nötig und bemißt sich die festgesetzte Zeit nach der

Hoffnung, daß der Knabe sich geistig zu voller Reife entwickeln werde. Diese Seite des Gleichnisses verwendet der Apostel nicht. Er redet nicht davon, daß Israel gescheiter geworden sei, kann es auch nicht; er läßt die Gründe für die Festsetzung der Stunde hinter dem Schleier des Geheimnisses. 4: „Da die Zeit erfüllet ward", da der Zeiger der Zeituhr zu dem Punkt, den Gott vorher ins Auge gefaßt, angelangt war – was geschah da? „Da entsandte Gott aus Seinem Inneren heraus (ἐξαπέστειλεν) Seinen Sohn, aus einem Weibe kommend, unter Gesetz kommend, damit Er (5) die unter Gesetz loskaufte, damit wir die Einsetzung in die Kindschaft herausbekämen." Wie hoch und wie tief ist doch das: Aus Gott heraus – und in diese Tiefe gekommen! Dadurch ist er dem Apostel der Sohn Gottes, daß er aus Gott heraus von einem Weibe geboren war. Darüber, was er vorher in Gottes Innerem gewesen, macht sich Paulus hier keine Gedanken (im Unterschied zum Kolosserbrief); aber was will doch ein durch Engel vermitteltes Gesetz sagen gegenüber dieser Tat und Gabe Gottes! Mensch wurde er, um uns alle von der Sünde und ihrer Schuld zu erlösen – das dürfen wir als vorausgesetzt hinzudenken; unter einem Gesetz aber wurde er geboren, um Israel vom Gesetz loszukaufen. Mit „Vormündern und Verwaltern" (4, 2) vergleicht Paulus hier das Gesetz, im Verlauf (V. 9) die „schwachen und ärmlichen Elemente (d. h. Satzungen, Gesetze, Kräfte der Natur)". Er denkt bei letzteren z. B. an die Eigenschaft von rein und unrein bei den Tieren, bei den Speisen, auch (siehe V. 10) an den durch Sonne und Mond verursachten Unterschied der Zeiten, aber auch sonst an die ganze Art, wie Gott die Schöpfung in eine gewisse Selbständigkeit entlassen hat, indem Er die von Ihm in sie gesetzten Prinzipien selbständig arbeiten läßt. Der Apostel vergleicht dieselben mit dem gesamten Sklavenstand eines großen, geordneten Hauswesens, dessen Besitzer abwesend ist. Dem Israeliten sind alle diese herrschenden Faktoren durch das Gesetz nach ihrem sittlichen Recht und nach dem Ort, den sie in Gottes Ordnung einnehmen, bezeichnet und dadurch geheiligt. Der Heide aber, der sie nicht kennt, dichtet sich an ihrer Statt Götter, wodurch sich seine wirkliche Abhängigkeit noch durch eine vermeintliche vergrößert und verschlimmert. Aber abhängig, im Sklavenstand, sind eigentlich beide: Jude und Heide. In Christo sind wir aber nicht mehr die Sklaven, sondern die Söhne, die Herrscher, und wenn wir auch jetzt noch teilweise der äußeren Natur nach passiv zu diesen Kräften gestellt sind, so gehört das zum Einstweiligen, zur Kreuzesnatur unserer Lage bis zum vollen Sieg Jesu, und im Auferstandenen wissen wir uns doch schon als die Herren (vergl. Kol. 2, 10 u. 3, 1-4). Dasselbe sagt auch das Wort 1. Joh. 5, 4: „Unser Glaube ist der Sieg, der die Welt, die Natur, überwunden hat."

So schließt die Geschichte jenes Waisenknaben – frei vom Bild – damit ab, daß er nun nicht etwa bloß für mündig erklärt, noch weniger etwa, daß er als Sohn angenommen werde, was ja ebenfalls zu dem Bild nicht passen würde, sondern daß er nun Sohn, und zwar im höchsten Sinne, wird (ein Sohn Gottes ist nie unmündig). Der Apostel hatte 3, 25 u. 26 von Israels Geschichte aus auf das Heil unter den Heiden geblickt, um sich durch dasselbe über den Stand der Israelsgeschichte zu orientieren, indem er daraus, daß Heiden Kinder Gottes sind, nachwies, daß die Zeit der Herrschaft des Knabenführers für Israel vorüber sei; und was er dort als etwas, das geschehen sein müsse, geschlußfolgert hat, das hat er jetzt in seinem geschichtlichen Werden aus Ursache der Sendung des Sohnes nachgewiesen. Mir scheint, er wende sich nun wieder auf jenen Ausgangspunkt zurück und bringe nun mit kurzen Worten auch jene Tatsache, daß Heiden Kinder Gottes sind, in ursächlichen Zusammenhang mit der großen Heilsgeschichte, die durch die Sendung Jesu begann. „Daß ihr", so wendet er sich an die Galater (6), „wirklich Kinder seid" (mit „wirklich" möchte ich die Voranstellung des ἐστέ wiedergeben) – „Gott hat den Geist Seines Sohnes herausentsandt in unsere Herzen." Der Apostel schildert die Sendung des Heiligen Geistes ausdrücklich ganz wie die Sendung des Sohnes als aus dem Inneren Gottes heraus geschehend. Er denkt offenbar nicht an die Regungen des Heiligen Geistes im einzelnen, sondern an die große Gottestat am Pfingstfest, aber doch in ihrer allgemeinen Bedeutung, gleichsam mit Einschluß ihrer Fortsetzung bei der Taufe des einzelnen Christen; denn er rechnet sich auch unter die „wir", in deren Herzen derselbe entsandt wurde, obwohl er ja ebenfalls nicht am Pfingstfest gegenwärtig gewesen. Eine Art Gottesdasein auf Erden ist eingetreten: das Dasein des Heiligen Geistes in unseren Herzen, und es ist eingetreten durch eine große Gottestat. Daß ihr wirklich Kinder seid, das sagt euch diese Gottestat.* „Dieser Geist des Sohnes Gottes in unseren Herzen schreit: Abba, der Vater." „Abba" schreibt der Apostel aramäisch, das heißt in der Sprache, die er als Kind zu seinem Vater sprach und in der auch der Heiland redet. Er bedient sich dieses Wortes hier, obwohl es den Galatern völlig fremd ist; er kann nicht anders als hier das Allertrauteste, dessen er sich aus seiner Kindheit erinnert, wörtlich wiedergeben, wie wir etwa sagen: Papa; und zwar sagt er nicht „ruft", sondern „schreit", wie die kleinen Kindlein schreien. Dieser Geist tut es nicht infolge einer gläubigen Aneignung, sondern mit völligster Unwillkürlichkeit; er ist ja nicht *unser* Geist, sondern der Geist des Sohnes Gottes; unsererseits ist nur das möglich, daß wir dieses Rufen eines anderen Geistes in uns zum Vater oder auch über den Vater (diesen Sinn hat der Nominativ: der Vater, nicht nur herauf zum Vater, sondern auch zu uns über den Vater) in so traulicher Weise recht hören. Wenn wir diesen Ruf überhören, dann kann es uns allerdings entgehen oder in den Hintergrund treten, daß wir ja *Kinder* sind. Dem Apostel war es, die Galater seien in Gefahr oder im Begriff, sich eben dessen nicht mehr bewußt zu sein, desselben, was er ihnen schon 3, 26 in Erinnerung gebracht: „Ihr seid Kinder Gottes in Christo Jesu." Gott hat das Seine getan, uns nicht nur zu Kindern zu *machen*, sondern uns dies auch ins *Bewußtsein* zu rufen. Um uns zu Kindern zu machen, hat Er Seinen Sohn herausentsandt; um es uns ins Bewußtsein zu rufen, hat Er in

* Diese Stelle ist wohl im Galaterbrief und vielleicht in der ganzen paulinischen Literatur die schwerste, und ich bekenne, daß ich meine Erklärung nur mit halbgutem Gewissen aufstelle, und nur aus Not, weil keiner der anderen Erklärungsversuche mir sprachlich erlaubt zu sein scheint. Am ehesten noch könnte ich unter Hofmanns kühnes Auskunftsmittel mich beugen. Er nimmt ὅτι δέ, ähnlich wie εἰ δὲ oder ὁπότε oder εἰ καί u. a. vorkommt, für einen abgekürzten selbständigen Satz und übersetzt also: „Weil aber (Gott seinen Sohn gesandt und wir durch ihn die Kindschaft empfangen haben), so seid ihr Kinder, so hat Gott den Geist Seines Sohnes in unsere Herzen gesandt." Jedes Auskunftsmittel, das über den Gegensatz von „ihr" und „unser" in diesem Vers hinwegschlüpft, führt zu selbstverschuldetem Irrtum.

der Pfingsttat den Geist Seines Sohnes herausentsandt in unsere Herzen. In scharfer, schroffer Weise stellt er ihnen ihrer Unsicherheit gegenüber die Pfingsttat vor Augen, wenn er sagt: „Daß ihr aber Kinder seid – Gott hat den Geist Seines Sohnes herausentsandt“, usw. Daß ihr aber Kinder seid, das könnt ihr ja wissen, das ist es, was in uns Christen allen der Geist des Sohnes sagt, und zwar auf Veranstaltung des Vaters. Und „so bist du“ – so packt er nun den einzelnen Galater, der in Gefahr ist, in Fleisch abzuschließen, was er in Geist begann – (7) „nicht mehr Sklave, sondern Sohn; wenn aber Sohn, auch Erbe, durch Gott.“ „Durch Gott“, sagt er ausdrücklich noch. Lies noch einmal V. 4 - 6 und siehe, mit wie großen Mitteln es erzielt worden ist, daß du Sohn und Erbe bist. Es ist ein befremdliches Wort: „durch Gott“. Es kommt nahezu nie vor. Fast möchte man meinen, das Wörtlein „durch“ passe für Gott nicht, nur das Wörtlein „von“. Aber gerade der Anschein von Selbsterniedrigung, der für Gott in diesem Wörtlein liegt, gibt demselben hier das große Gewicht.

So hat der Apostel in raschem, hohem Flug durch die Lebensgeschichte sowohl der damaligen Christen (einmal seiner selbst und seiner Gesinnungsgenossen und der Galater) als auch Abrahams und Israels und in Schilderung der Geschichte Gottes in letzter Zeit nochmals die Heilsbotschaft, wie er sie den Galatern verkündet hat und die nun in Frage gestellt war, neu verkündet und hält ihnen nun den früheren Zustand entgegen, aus dem sie gerettet sind, aber auch den kaum minder kläglichen Zustand, in den sie durch die Verstümmelung des Evangeliums wieder zu verfallen im Begriff stehen. 8. „Gar anders war es damals, als ihr Gott nicht kanntet; ihr wart Sklaven solcher Götter, die es von Natur nicht sind.“ „Du bist nicht mehr Sklave“, hatte er gesagt; Israel nennt er nie Sklaven, sondern nur einen unmündigen Erben, aber der H e i d e war Sklave; 9: „jetzt aber, nachdem ihr Gott erkannt habt, ja vielmehr von Gott erkannt wurdet, wie wendet ihr euch wieder zu den schwachen und ärmlichen Elementen (oder Kräften), um euch ihnen wieder von neuem freiwillig (ϑέλετε) zu Sklaven zu geben?“ 10. „Tage beobachtet ihr und Monate und Festzeiten und Jahre?“ (Zeiten, welche sämtlich nur von den Bewegungen der Gestirne bestimmt werden.) 11. „Ich fürchte für euch, ich habe meine Arbeit umsonst an euch verwendet." „Von Gott erkannt"; Gott weiß ja allerdings alles, aber von solchen Heiden, die Ihn nicht kannten und sich darum, und zwar ohne persönliche Schuld, nicht um Ihn bemühten, nahm Er gleichsam keine Notiz, weder zum Guten noch zum Bösen. Erst wenn wir durch Jesum zu Gott kommen wollen, treten wir gleichsam in Seinen Gesichtskreis, das heißt eigentlich: ins Gericht, in ein Gnadengericht in Jesu. Ihr solltet beides mehr würdigen: daß ihr Gott kennt und daß ihr fortan von Gott erkannt seid, daß Gott über all euer Denken und Tun urteilt. In zarter Kürze, aber deswegen nicht minder bestimmt, stellt Paulus jene Sonderbedeutung, die das Gesetz gewissen Tagen, Monaten, Jahren zuschreibt, dem neuen Stand der Dinge gegenüber, jenen vermeintlichen Göttern parallel; für euch aber ist es, wenn ihr euch denselben unterstellt, nur ein Tausch des unrechtmäßigen Gebieters, ein Rückfall, durch welchen im Fleisch vollendet wird, was im Geist begonnen wurde.

Das ist aus den Galatern geworden, mehr hat er ihnen darüber nicht zu sagen nötig. Er wendet sich nun an sie mit herzlicher Bitte: 12. „Werdet doch wie ich, wie ich es für euch geworden bin", oder „seid doch wie ich, wie ich es für euch bin; für euch habe ich Jude unter euch als Nichtjude gelebt"; man könnte in seinem Mund fortfahren: Hätte ich das, was mir eure jetzigen Lehrer zur Sünde machen, nie getan, so hätten jene nie Gelegenheit gefunden, euch zu verwirren. Nun seid ihr in Gefahr, Juden zu werden, und ich Jude, der ich für euch Nichtjude war, muß jetzt euch Heiden bitten, mit mir wieder ein Nichtjude zu sein. „Beleidigt habt ihr mich nicht." 13. „Ihr wißt aber, daß ich das erste Mal aus Ursache einer Krankheit des Fleisches euch die Heilsbotschaft brachte, und (14) eure Versuchung an meinem Fleisch habt ihr nicht verachtet oder ausgespieen", eine Kürze und Gedrängtheit des Ausdrucks, deren fast nur ein Paulus fähig ist. Meine Krankheit warf auf mich ein so demütigendes Licht und war zugleich für den Anblick so widerlich, abstoßend, daß die Versuchung, meine Erscheinung darob zu verachten oder sich von derselben mit Abscheu wegzuwenden, im höchsten Grad nahelag. Ihr konntet veranlaßt sein, nicht nur meine fleischliche Unansehnlichkeit zu verachten und auszuspeien, sondern schon die bloße Versuchung dazu. Es läßt uns dies einen tiefen Einblick tun in die so äußerst demutsvolle Lebensbahn des Apostels, auch einen Einblick in seine Demut. Aber die Galater haben, wie gesagt, dieser Versuchung sich unterzogen und sie besiegt. „Sondern als einen Boten Gottes nahmt ihr mich auf, ja als den Heiland Jesus." 15. „Wo ist nun eure Glückseligkeit (eigentlich eure ‚Selbstseligpreisung') hingekommen? Denn ich gebe euch das Zeugnis, ihr hättet auch womöglich eure Augen ausgerissen und mir gegeben." 16. „So (mit dem Erfolg), daß ich euch ein Feind geworden bin, indem ich euch die Wahrheit sage, eifern sie um euch; nicht auf rechte Weise, sondern sie wollen euch abschließen, damit ihr um sie eifert" (oder sie umwerbt). 18. „Schön ist das Umworbenwerden im Guten, und wenn es lange Zeit geschieht, und nicht bloß, wenn ich bei euch bin." 19. „Meine lieben Kinder, welche ich nochmals mit Schmerzen gebäre, bis Christus in euch eine Gestalt gewinne (wie ein werdendes Kind)." 20. „Ich möchte aber, ich wäre bei euch gegenwärtig und könnte meine Stimme unter euch wechseln (umwandeln), denn ich bin in Not über euch." Der Apostel wünscht sich die warme Lebendigkeit des persönlichen Verkehrs, es ist ihm schmerzlich, nur schreiben zu können. Die Stimme, die er jetzt so gerne an ihre Ohren tönen ließe, ist aber nicht das Pathos rednerischer Begeisterung, sondern umgekehrt die ruhige Herzlichkeit brüderlicher Belehrung. Der Apostel wandelt nun seine Stimme, als wäre er bei ihnen gegenwärtig und säße auf dem Lehrstuhl der Versammlung. 21. „Sagt mir, die ihr unter dem Gesetz sein wollt, lernt ihr eigentlich das Gesetz kennen?" 22. „Denn es steht geschrieben, daß Abraham zwei Söhne hatte, einen von der Sklavin und einen von der Freien"; 23. „aber der von der Sklavin ist nach dem Fleisch geboren, der von der Freien durch die Verheißung." 24. „Das hat einen tieferen, weiteren Sinn. Denn das sind zwei Gottesverfügungen (göttlich begründete Religionsweisen), eine vom Berg Sinai stammend, in Sklaverei gebärend, das ist die Hagar"; 25. „Denn der Berg Sinai ist in Arabien, ist aber parallel (sinnverwandt) mit dem jetzigen Jerusalem, denn dieses ist ja Sklavin mitsamt ihren Kindern." 26. „Das obere Jerusalem aber ist frei, als die unser aller Mutter ist." 27. „Denn es steht geschrieben: Sei fröhlich, du Verschlossene und nicht Gebärende; brich aus und rufe, du nicht Kreißende; denn viel sind der Kinder der Verlassenen, mehr als derer, die den Mann hat.“ 28. „Ihr, liebe Brüder, seid nun Isaak, Kinder einer Verheißung, aber wie damals der nach dem Fleisch Geborene verfolgte den nach dem Geist, so auch jetzt.“ 30. „Aber was sagt die Schrift? Stoße die Sklavin und ihren Sohn hinaus, denn nie soll der Sohn der Sklavin erben mit dem Sohn der Freien.“ 31. „Darum, liebe Brüder, sind wir nicht einer Sklavin Kinder, sondern der Freien.“

Man hat diese Ausführung des Apostels schon oft mit Achselzucken oder doch mit entschuldigender Verlegenheit behandelt; wir dürfen uns aber wohl besinnen, bevor wir diesen Gedankengang des Apostels geringschätzig beurteilen. Wir befinden uns sonst schon an und für sich oft in Gefahr, auf eines anderen Gedankengang hochmütig herabzusehen, vermeintlich, weil derselbe nicht an unser Denken heranreiche, in der Tat aber, weil wir demselben nicht gewachsen sind. Aber wie sehr droht uns diese Gefahr einem Paulus gegenüber! Wie teuer und wichtig dem Apostel die Heilige Schrift war, das ersehen wir daraus, daß er sie nach allem, was wir aus seinen Schriften sehen, wörtlich im Gedächtnis hatte; er sann über sie zu seiner Erbauung im Geist und in der Wahrheit, in der Vollkraft eines hellen hohen Geistes der Weisheit und der Offenbarung. So durchlebte er auch im Geist wieder jene Ursprungszeit der Geschichte des Heils und des Glaubens, die Geschichte Abrahams. Er lebte gleichsam mit ihm, seinem Berufsverwandten in bezug auf das Heil der Völker, und sah in Abrahams Leben, in seinen Nöten, in seinen Glaubensaufgaben, in seinen göttlichen Führungen Gesetze, Geistesströmungen, entsprechende göttliche Führungen zutage treten, welche in der Geschichte des Volkes Gottes allzeit wiederkehren können. Der Apostel Paulus hat für manchen Leser seine Gefahr seiner Kürze wegen; er erwartet, auf halbem Wege verstanden zu werden, weil er eine Mitarbeit des Geistes voraussetzt. Nun ist auch einem minder feinen Blick die ganze Not Abrahams, deren Resultat schließlich Ismael war, ein äußerst lehrreiches Bild für die Geschichte des Geistes und speziell des Glaubens. Sara konnte glauben, sie sei die Ursache, warum der Verheißung die so unentbehrliche und doch immer unmöglicher werdende Erfüllung nicht werde; auf ihr ruhe aus irgendeinem Grund der Zorn Gottes – ob mit Recht oder Unrecht, steht uns nicht an zu untersuchen – und die Verheißung war ja vorerst nur an ihren Mann, nicht an sie geknüpft. Durfte nicht zu einem für damalige Sitte minder befremdlichen Mittel gegriffen werden, um die Erfüllung der Verheißung künstlich zu befördern? Diese verfängliche Frage trat als Versuchung auf, sich durch menschliche Mittel aus der Mißlage herauszuhelfen, die doch Gott angeordnet hatte und Gott allein beheben konnte. Man nahm die Zuflucht zu einer Sklavin, zu einer Heidin. Wir wissen alle, in welch unsägliche Herzensnot Abraham, Sara, Hagar, Ismael durch diesen scheinbar gelungenen Versuch versetzt wurden, Gott in der Erfüllung Seiner Verheißungen künstlich nachzuhelfen. Wir bemerken noch, daß in Israel der Sohn des Hauses oft neben seiner Frau eine Sklavin zum Weibe hatte, daß aber der Sklavin Kinder nicht nur nicht erbten, sondern Sklaven blieben: „sie gebiert in die Sklaverei." Der Apostel sieht diese Keimanfänge zweimal sich wiederholen, einmal auf dem Berg Sinai;* er betont von demselben, daß es ein Berg in Arabien sei, das heißt nicht im Land der Verheißung liegend. Gott war damals mit Seinem Volk ebenfalls noch ein Fremdling, heimatlos auf Erden, und der Apostel findet es bezeichnend für die bloß relative und vorübergehende Bedeutung der Gesetzgebung, daß Gott sie nicht im Land der Verheißung geben ließ. Der Apostel sagt nun von diesem Sinai, er sei parallel, gleichlaufend mit dem jetzigen Jerusalem, denn wie jener in die Sklaverei gebar, so ist dieses mit seinen Kindern sklavisch gesinnt. Sogar der Sinai konnte nur künstlich eine äußere Form der Rechtbeschaffenheit herstellen, aber es war doch ein göttlicher Ratschluß darin, und deshalb betont dies der Apostel nicht, sondern verweilt bei dem Bild des jetzigen Jerusalems. Der Pharisäismus und die dem Judentum zugeneigten Unions-Judenchristen, sie sind es, in welchen auf überraschende Weise jener Versuch sich wiederholt, durch ein Kunstprodukt menschlicher Willkür der Verheißung zu ihrer so

* V. 25 hat ein Schreiber, um dem Paulus nachzuhelfen, das Wort „Hagar" eingeschmuggelt: „denn Hagar ist ein Berg in Arabien", und dadurch die Erklärung der an sich nicht leichten Stelle unnötig verwirrt.

lange ausbleibenden Erfüllung zu verhelfen. An Stelle der großen Hoffnungen der Propheten setzen sie das kümmerliche Surrogat einer möglichst ausgedehnten, auch reichlich mit Menschensatzung ausgeschmückten Gesetzeserfüllung. Dies alles tun sie, weil sie vom oberen Jerusalem keinen Begriff, mit dem oberen Jerusalem keine Fühlung haben. Wer die heilige Geschichte nur nach dem Fleisch betrachtete, dessen Blick ging gleichsam horizontal und traf den Sinai; wer sie aber im Geist betrachtete, der blickte empor, und indem sein Blick im Umweg über den Himmel auf die Väter traf, verstand er sie erst recht und erkannte sich ihnen verwandt.

Der Apostel sah die ganze heilige Geschichte von oben herab geschehen. So redet er hier von einem oberen Jerusalem, fast wie er im Hebräerbrief die Vorfahren im Geist als ein Volk von Zeugen, von Zuschauern (Hebr. 12, 1) erkennt, welche auf ihre Genossen auf Erden, die noch im Kampf sind, herabblicken. Dieses Jerusalem ist droben, wo Gott ist, am Ursprung der Gesetze, und darum die Freie, und sie ist ja unser aller Mutter, das heißt eigentlich all der geistgeborenen Glieder der heiligen Geschichte. Aber dieses obere Jerusalem war lange vom Los der Sara gedrückt, wie uns Paulus durch Anführung des Wortes Jes. 54, 1 in Erinnerung bringt. Sie war gleichsam von ihrem Mann, von Gott, verstoßen und kinderlos, und eben gerade dies war ja die menschliche Veranlassung zu dem neuen Ismael, dem Pharisäismus. Aber sie hat nun geboren und, wie der Prophet verhieß, in reicher Zahl, und dieser tausendfältige Isaak, diese reiche Kinderschar Zions oder der Sara sind w i r; die Pharisäerjuden aber sind I s m a e l. Die Sache verhält sich also nach dem Geist der Schrift gerade umgekehrt, als eure Verführer euch angeben. Auch darin kennzeichnet sich der Ismael wieder, daß er den jüngeren Sohn, den Sohn der Freien, verfolgt. Aber was sagt die Schrift? Ach, sie sagt ein schmerzliches Wort, das dem Abraham gewiß schier das Herz brach: Stoße die Sklavin aus und ihren Sohn, denn nie wird der Sohn der Sklavin erben mit dem Sohn der Freien. Es blieb ja leider gar nichts anderes übrig, sollte nicht Isaak, das heißt der Sohn, auf dem die ganze Hoffnung des Heils ruhte, verderbt werden. Heute, so will offenbar der Apostel sagen, gilt es wieder. Sie glauben auszustoßen, und s i e werden ausgestoßen; sie wurden es auch, das wissen wir ja wohl, und sind es bis heute. Es ist diese Geschichte doppelt lehrreich, weil auch heute wieder Sara des Momentes harrt, da das Kind der Erfüllung geboren wird, und es auch heute wieder nicht an zahlreichen künstlichen Versuchen fehlt, menschlicherweise der Erfüllung nachzuhelfen, wie auch heute wieder alle diese Versuche das Gepräge der Knechtschaft und des Fleisches, nicht das der Freiheit und des Geistes tragen.

Der Apostel schließt diesen Teil des Briefes mit den Worten, mit denen er zugleich einen weiteren Teil des Briefes, den der Ermahnung, einführt, den er in einer ebenso verwandelten, ruhigen, ja liebevollen Stimme folgen läßt (4, 31). „Darum, liebe Brüder, sind wir nicht einer Sklavin Kinder, sondern der Freien." (Einer Sklavin – der Freien. Die Freie, das obere Jerusalem, ist nur eine, aber Sklavinnen, menschliche Unterfangen, Göttliches in irdischer Weise fördern zu wollen, kann es hunderterlei geben.) Hiermit ist der große Zentralgedanke, der die ganze Ermahnung durchziehen wird, vorangestellt; das Schlußergebnis der Betrachtung ist: die Freiheit (5, 1). Zuerst warnt er vor der Sklaverei. „Lasset euch nicht wieder in das Joch der Sklaverei eintun. 2. Siehe, ich, Paulus, sage euch, daß, wenn ihr euch beschneiden lasset, Christus euch nichts nützen wird." 3. „Ich bezeuge abermals jedem Menschen, der sich beschneiden läßt, daß er ein Schuldner ist, das ganze Gesetz zu tun." 4. „Ihr seid von Christo abgetan, wer irgend im Gesetz gerecht werden will; ihr seid aus der Gnade herausgefallen", 5. „denn wir warten im Geist aus Glauben einer Hoffnung von Gerechtigkeit." 6. „Denn in Christo Jesu hat weder Beschneidung noch Vorhaut Kraft, sondern Glaube, der durch Liebe tätig ist." Hütet euch vor der Sklaverei; es ist mit der Beschneidung (wie auch heute mit allerlei christlich-religiösen Mehr- oder Sonderleistungen, mit besonderen Versprechen und dergleichen) keine geringe Sache. Die Beschneidung ist eine Selbstverpflichtung, die dann gültig ist, und wer neben dem Heiland eine Sonderhilfe anspannen will, der hat den Heiland nicht verstanden und hat ihm dies damit auch zu erkennen gegeben und täuscht sich einfach, wenn er meint, daß der Heiland in solchem Zwiegespann mittätig sein wolle. Alle diese Dinge gehen gegen das Prinzip der Gnade, sind wie ein Faustschlag in ihr Angesicht oder sind doch ein bewußtes Verlassen des herrlichen Gnadengebiets. „Ihr seid aus der Gnade herausgefallen.“

Warum ist der Mensch – nein, der Christ – immer wieder dazu versucht? Weil er eine Gerechtigkeit hat, welche Gegenstand des Glaubens ist und noch nicht eine solche des Schauens sein kann. Gerecht gesprochen werden wir erst am Tage des Gerichts, wie auch dem Apostel 2. Tim. 4, 8 „die Krone der Gerechtigkeit erst beigelegt ist; an jenem Tage wird sie ihm der Herr, der gerechte Richter, geben“; und wie er Röm. 5, 9 sagt: „Wir werden behalten werden vor dem Zorn.“ Unsere Gerechtigkeit ist also allerdings nach einer Seite Glaubensbesitz, nach der anderen Seite aber in ihrem vollen Offenbarwerden eine Sache der Hoffnung, und der Mensch hätte so gern eine Bestätigung dem Fleische nach; es hilft aber nichts; hierzu haben wir Geist, und im Geist warten wir der Hoffnung. „Die Beschneidung hilft nichts, auch die Vorhaut“, sagt hier V. 6 der Apostel in heiliger Unparteilichkeit, „hilft nichts“; es hilft auch einem bloßen Parteipauliner nichts, sich auf sein Nichtbeschnittensein etwas einzubilden, „sondern allein Glaube, wie er in Liebe sich tätig kundgibt.“ Man fühlt sofort, wieviel mehr Wert diese geistige Eigenschaft hat als jene körperliche. So ist es in Christo Jesu; der Glaube ist hier nicht erwähnt gleichsam als ein Hilfs- oder Zahlungsmittel, als welches die Beschneidung aufgefaßt wurde, sondern als ein freier innerer Wert, der sich in den Früchten kundgibt und der in den Augen Jesu gilt. Um so heller leuchtet der Unwert sowohl von Beschneidung als von Nichtbeschneidung ein. Dieser Warnung gibt der Apostel eine persönliche Wendung, indem er in scharfen Strichen die beiden Führer vergleicht: Die Irrlehrer, die nach links zur Sklaverei, und sich selbst, der nach rechts zur Freiheit lockt. 7. „Ihr liefet richtig; wer hat euch angehalten, der Wahrheit nicht zu gehorchen?“ „Solcher Gehorsam (ἥπ, nicht ἡπ) ist nicht von dem, der euch rief (Gott).“ Es ist ein strafendes Wortspiel: „Gehorsam, der Wahrheit nicht zu gehorchen.“ Jeder Gehorsam hat einen frommen Schein, aber mancher Gehorsam gegen Menschen ist Ungehorsam gegen Gott, der uns rief. 9. „Ein kleiner Sauerteig (er denkt an die Irrlehrer) versäuert den ganzen Teig.“

10. „Ich aber habe das Vertrauen zu euch im Herrn, daß ihr nichts anderes denkt (als was ich hier geschrieben). Wer aber euch verwirrt, der wird das Gerichtsurteil tragen müssen, er sei, wer er wolle.“ 11. „Ich aber, liebe Brüder, wenn ich noch (wie es vor meinem Evangelium war) Beschneidung predigte, weshalb würde ich noch verfolgt? Der Anstoß oder das Ärgernis des Kreuzes wäre ja beseitigt.“ 12. „Wenn nur die, welche euch unsicher machen, sich noch gar verschnitten (damit ihre sich selbst beschädigende Torheit jedermann offenbar würde)!“ „Denn ihr“, so fährt er nun mit der positiven Ermahnung zur Freiheit fort, 13. „ihr seid zur Freiheit berufen, liebe Brüder (Freiheit ist die wunderbare Forderung, die an euch gestellt ist – oder die Bedingung, die von euch für ein Sein in Jesu verlangt wird; sie ist aber auch nach einer Seite hin die höchste und anspruchsvollste Forderung, die gestellt werden kann); nur daß die Freiheit nicht zu einem Stützpunkt dem Fleische sei; sondern durch die Liebe sei einer des anderen Knecht, 14. denn das Gesamtgesetz ist in euch erfüllt: Liebe deinen Nächsten wie dich selbst. 15. Wenn ihr euch aber beißt und aufesset, so seht zu, daß ihr nicht voneinander vernichtet werdet.“ In Vers 14 ist die Lesart „in euch“ – statt in „einem Wort“ – zwar weniger beglaubigt, aber gerade deswegen wahrscheinlicher, weil das „in einem Wort“ in freier Weise aus Römer 11, 9 entlehnt sein dürfte. Darauf beruht das Alleinrecht der Freiheit, daß alles, was irgendwie göttlich rechtlicherweise in Gesetz verfaßt werden konnte, in Christo in Fülle vorhanden ist, und zwar l e b e n d i g, als Liebe, als d i e Liebe, die vom anderen geradeso günstig denkt, für ihn geradeso zart fühlt wie von sich selbst und für sich selbst. Und mit den folgenden Worten (V. 15) macht er sie – wir können uns vorstellen, mit Recht und weil er darüber tatsächlich unterrichtet ist – darauf aufmerksam, wie wenig ihnen ihre neue Begeisterung für das Gesetz zu einer wirklichen Erfüllung desselben im Geist und in der Wahrheit gedient hat, wie sehr sie in Beziehung auf das Wesentlichste, die L i e b e, zurückgefallen sind. Wir wundern uns darüber nicht. Alles Zurücksinken ins Fleisch wird diese Folge haben; man würde es heute den Kampf ums Dasein nennen, wenn man demselben auch höheren geistigen Sinn unterlegen darf – s e i n e Meinung geltend machen,

seine Person in den Vordergrund stellen, ja auch im stillen sein Interesse verfolgen; mehr kann das Fleisch nicht, und keine Vorschrift ist imstande, dies dem Fleisch zu verwehren, und da beißen wir einander und essen einander auf. Er sagt es nicht im Humor, sondern im bitteren Ernst: Sehet zu, was eigentlich dann noch von euch übrigbleibt, wie ihr einer des anderen nicht nur irdisches Wohl – sondern geistliches Leben an Demut, an Liebe, ja an Glaubensfreudigkeit aufzehrt! Auch wenn zwei in inniger Freundschaft einander gegenseitig beweihräuchern oder auch wenn dies von kleineren oder größeren Gruppen geschieht, so sollen sie zusehen, ob sie nicht endlich voneinander verspeist werden.

Der Apostel hat die Galater in V. 14 an die ganze Fülle dessen, was sie empfangen haben, erinnert, eigentlich an 3, 2 erinnernd: „Ihr habt durch den Glauben einer Kunde den Geist empfangen, und in ihm besitzt ihr etwas, was das Gesetz in Fülle zur Tat bringt." Dies führt er nun im weiteren aus: 16. „Ich sage: wandelt im Geist, aus Geist heraus (der Artikel fehlt), so werdet ihr Fleischesgelüste durchaus nicht vollbringen. 17. Denn das Fleisch gelüstet wider den Geist und den Geist wider das Fleisch, denn diese sind einander zuwider, damit ihr nicht etwa das tut, was ihr wollt." Das ist einer der kühnsten, konsequentesten Aussprüche des Apostels. Es ist dies ein Punkt, in welchem des Apostels heidnisches, allgemein menschliches Denken und sein Denken aus der Schrift sich gefunden haben und dadurch zu einem besonders hellen Resultat gelangt sind. Die Zusammensetzung des menschlichen Ichs sieht er zuerst einfach menschlich, wie sie sich jedem darbietet, in ihren zwei einander widerstrebenden Bestandteilen: Fleisch und Geist, aber sie stimmt ihm mit der Geschichte des Sündenfalls und erklärt sich ihm aus demselben. Der Sündenfall, der Genuß der verbotenen Frucht, brachte dem Fleisch eine Tendenz von Gott weg, eine Feindschaft wider Gott bei; es war aber durch fremden Einfluß geschehen, nicht von des Menschen Ich erfunden, und so erlaubt sich nun Gott auch einen fremden Einfluß und setzt in den Menschen eine Feindschaft wider diesen ersten fremden Einfluß, wider die Schlange. Das ist Geist, das Zurückstreben zu Gott, der echte Freiheitsmut, der die letzte Erinnerung einer

Herrscherwürde und einer Heimat in Gott nicht vergißt, was dem Menschen nie ganz verlorengeht. Nun ist der Mensch zwischen diese beiden magnetischen Pole gestellt; folgt er dem einen, so tut er, was dieser eine – folgt er dem anderen, so tut er, was dieser andere will. Zu einem Tun eines eigenen Wollens kommt er nicht. Das ist die Lage des Menschen, wie sie empirisch sich vorfindet, und das Kühne am Apostel ist, daß er nun sagt: Es liegt Zweck darin. Dazu soll es mit uns nicht reichen, daß wir aus eigener Verfügung, originell aus unserem Ich heraus, das Gute tun, zu Gott uns halten. Es wäre dies seitens Gottes eine Umschaffung des Menschen gewesen, der sich bös entschieden hat, und wäre dies heute noch bei dem einzelnen; und daß das Gottes Weise nicht ist, leuchtet ein. Es liegt doch etwas ungemein Tröstliches in dieser wunderbaren Klarheit des Apostels und hat gerade hier den Galatern gegenüber Bedeutung. Bemüht euch nicht um Vergebliches in der Meinung, Gott mute euch im Gesetz wirklich zu, selber göttlich zu werden, und verliert nicht den Mut, wenn dies nicht gelingt; es wird von uns nichts erwartet, als daß wir uns stetsfort in den Geist flüchten, gleichsam aus dem Erdgeschoß unseres Naturlebens immer wieder in das obere Stockwerk des Geistes emporsteigen und nicht wieder daraus herabkommen.

Es bezieht sich das, nebenbei bemerkt, nicht bloß auf das Wollen, sondern auf das Erkennen; das ist jedesmal der Fall, wenn vom Geist die Rede ist. Du mußt alles im Geist anschauen, in Himmelszusammenhang, vom Standpunkt der Erlösung, ja des Erlöstseins aus. „Wenn ihr aber vom Geist geführt werdet, so seid ihr unter keinem Gesetz oder: nicht unter Gesetz“ (der Artikel fehlt wieder). Der Apostel will die Gültigkeit dieses Satzes aufs Allgemeinste ausdehnen, noch über die Grenze des Gesetzes Mosis hinaus. Um diesen Satz zu beweisen, vergleicht er nun (19-21 u. 22-23) die Ergebnisse des Fleischeslebens und des Geisteslebens. Das Fleisch arbeitet wie eine Maschine und wirkt so seine verschiedenen Produkte aus; der Geist wirkt wie ein Baum, der seine Frucht bringt. Die Werke des Fleisches, die der Apostel schildert, teilen sich deutlich in vier Gruppen. Die erste Gruppe: Ehebruch, Hurerei, Unsauberkeit, Liederlichkeit, schildert – vom schwersten Einzelfall ausgehend bis in die

Verzweigungen eines allgemeinen Zustandes – die dem Fleisch als solchem wesentlichste Verderbtheit. Jene Schöpfer- und Vaterkraft, die Gott in die lebende Natur gelegt und die bei dem Menschen, Seinem Ebenbild, unter der Herrschaft des vollen Bewußtseins der Würde desselben stehen sollte, verwildert und artet aus zu einem blinden, rücksichtslos alles verderbenden Trieb. Mit ihr ist innig verwandt die zweite Gruppe, welche das ebenbildliche Band des Schöpfers mit dem Geschöpf, des Kindes mit dem Vater, vollends zerreißt, mit Füßen tritt; zuerst in Götzendienst, in einem allgemeinen Hilfesuchen bei anderen gottähnlichen, aber – weil selbständig – unserem Gewissen als Gott feindselig klaren Mächten; und Zauberei, die sich, um Hilfe zu erlangen, mit mehr oder minder Bewußtsein in jene Gottfeindlichkeit mitverflicht. In der dritten Gruppe schildert uns der Apostel in lauter Pluralen, wie das Fleisch in allem sich in Gegensatz zur Liebe stellt: „Feindschaften (allgemeine feindselige Stimmungen gegen andere), Zänke (praktische Ausübungen dieser Stimmung), Eifer (der einzige Singular) und Zornesstimmungen“ (beides Erhitzungen darüber, wenn andere jenem Zank sich nicht fügen, brutales Verfolgen der Selbstsucht); „Entzweiungen (Zerreißungen der Gemeinschaftsbande) und Absonderungen (Bildung eigener Gruppen)“, beides um seine brutalen Eigengedanken in möglichst großen Kreisen zur Geltung zu bringen; „Parteiungen“ könnte man die Absonderungen nennen, und hierher gehört wohl auch, wenn man sich einer bürgerlichen oder religiösen Partei mit einer Begeisterung zu eigen gibt, welche dem nicht ziemt, der Eigentum Jesu und Kind des heiligen Gottes ist; „Neid (im Neid herrscht im verborgenen die Wahnvorstellung, als sollte alles Glück uns allein gehören, er ist das stärkste Symptom jener krankhaften Selbstsucht), Morde“ (sind hier gedacht als vollzogener Neid, denn die letzte Konsequenz desselben wäre – rücksichtslos gedacht –, daß alles andere tot sein solle). Das ist doch in der Tat eine düstere Seelenlage und Seelenstimmung. Dafür bedarf das Fleisch notwendig einer Erquickung, und es findet dieselbe in der vierten Gruppe: „Betrunkenheiten und Lasterhaftigkeiten“. „Ich sage euch voraus“, fügt der Apostel hinzu 21., „und habe euch vorausgesagt, daß, die solches tun, werden das Königreich

Gottes nicht ererben." Es liegt eine gewaltige Beredsamkeit in dem auffallenden Worte: „Ich sage euch voraus"; er traut manchen nicht, ob es nicht bei ihnen eintreffen werde, und will im Falle des Eintreffens sagen können: Ich habe es dir vorausgesagt. Diese Wahrheit zu hören haben wir leider immer nötig, obwohl sie selbstverständlich ist, denn was wäre das für ein Himmel, wenn solche Leute wieder darin wären, oder wie kann ein Mensch vernünftigerweise hoffen, durch den Tod umgewandelt zu werden? Diesem Bild der Werke des Fleisches (die natürlich auch alle vom Gesetz verboten sind) stellt er nun das andere Bild entgegen: 22. „Die Frucht aber des Geistes ist die Liebe" – weiter nichts. Das wächst unwillkürlich aus diesem Baum des Geistes heraus, daß mir alle Leute lieb sind. Es ist etwas Unwillkürliches, es ist keine Leistung, es liegt im Wesen des Geistes. Was ist aber alles mit der Liebe gegeben! Zuallererst Freude am anderen; ist es doch das unverkennbare Zeichen davon, daß einer mich liebhat, wenn er Freude hat, mich zu sehen. Friede, d.h. Zusammenhangsbedürfnis; Langmut auch gegenüber Schwächen und Unarten, Freudigkeit, Gütigkeit, Glaube, d.h. Glaube an den anderen, Zutrauen im Gegensatz zum Mißtrauen; Sanftmut, Keuschheit, eigentlich ein Ansichhalten, Enthaltsamkeit, Reserviertheit, das Gegenteil von jenem an den anderen lästig oder unheilig sich-Anhängen; was eigentlich ein liebloses Ausbeuten desselben ist. Auch dies zu lassen ist die Liebe dem anderen schuldig. 23: „Wider solche Dinge gibt es kein Gesetz."

Gerade aus der Kürze und Einfachheit dieses Satzes leuchtet uns die sieghafte Schlußkraft entgegen, mit der sich aus obiger Zeichnung der Frucht des Geistes im Unterschied zu den Werken des Fleisches die heilige, königliche Freiheit des Geistes ergibt. Seine Überlegenheit über jedes Gesetz ist der jedem offensichtliche Schluß.

Ist aber nun nicht das „Wandelt im Geiste!" selbst ein Gesetz? Das wäre es, wenn ihm in uns ein widerwilliges Ich entgegenstünde, das Fleisch. Dem ist aber eigentlich nicht mehr so. 24: „Die aber des Heilands sind, haben ihr Fleisch samt seinen Lüsten und Begierden gekreuzigt." Das, was sich der Heiland um unseretwillen hat gefallen lassen am Kreuz, haben wir unserem

Fleisch zuerkannt als das, was ihm von Rechts wegen gebührt, und darum hängt das Fleisch mit seinen Lüsten und Begierden als der schuldige Missetäter am Kreuz. Dann ist uns die Wahl, ob wir nach dem Geist oder nach dem Fleische wandeln wollen, erspart. 25: „Wenn wir also nun im Geiste leben, so lasset uns auch im Geiste vorwärtsschreiten (oder wandeln)!" Das Schwerste, die Kreuzigung des Fleisches, ist geschehen, und der Geist ist in uns – lassen wir ihn zu seinem Recht kommen; wagen wir es, ihn ans Tageslicht treten zu lassen in unserem Wandel!

Der Apostel führt nun das tatkräftige Leben im Geist nach der Seite aus, auf welcher es bei den Galatern mag gelitten haben. Wo man geistlich Begonnenes im Fleisch fortsetzen und vollenden will, da werden Erinnerungen aus dem früheren Geistesleben die äußere Hülle bieten oder auch das Wörterbuch, aus dem man seine Begriffe nimmt; aber der Inhalt ist ein anderer geworden. So warnt er zuallererst vor Freude an eitlem Schein, vor Einbildung, Freude nicht am Haben, sondern am Bewußtsein des (natürlich nur noch vermeintlichen) Habens. Weil aber diesem Wahn, zu haben, die Wirklichkeit nicht zustimmt, so sucht derselbe die ihm fehlende Befriedigung in dem günstigen Urteil der anderen, d. h. er verwandelt sich in den Wunsch, zu gelten oder gar zu scheinen. Daraus entsteht dann natürlich allerlei gegenseitige Aufreizung und gegenseitiger Neid, daraus auch jene sonderbare Schadenfreude, wenn wir einen Menschen bei einem Fehler betreffen. 6, 1: „Ihr, liebe Brüder, wenn ein Mensch betroffen wird in irgendeinem Fehltritt (noch bevor es ihm selbst klar und leid wird), so stellet ihr, die ihr geistlich seid, einen solchen im Geist der Sanftmut wieder zurecht, und sieh auf dich selbst, damit du nicht auch versucht werdest"; nimm dich vor der ansteckenden Macht des bösen Beispiels wie auch vor der Versuchung zur Selbstüberschätzung in acht. 2. „Tragt einander die Lasten, und erfüllt so das Gesetz des Heilands." „Das Gesetz erfüllen" war das Lösungswort, mit dem sich die Verführer brüsteten. Darum bringt hier der Apostel das Wort: „Das Gesetz Christi erfüllen". Einer des anderen Sündenlast auf sich nehmen – davon hatten jene Gesetzeserfüller keine Ahnung. Hochfeierlich und ernst führt der Apostel Röm. 15, 1ff. diese Mahnung aus. Mit „tragen" ist hier nicht etwa bloß „dulden" gemeint oder gar „sich nichts daraus machen“; eher: die Sünden vor Gott auf sich nehmen, ähnlich wie Jesus die Sünden der Welt trägt. Wenn du den anderen sündigen siehst, so schlüpfe du mit ihm unter seine Last! Das ist „das Gesetz des Heilands“ (5, 14): „Liebe deinen Nächsten wie dich selbst!“, d. h. wie ich dich liebte und deine Sünden trug und büßte. 3. „Wenn aber einer meint, etwas zu sein, während er doch (gerade deswegen) nichts ist, der betrügt sich selbst.“ 4. „Ein jeder aber prüfe seine eigene Tat, und dann wird er allein in bezug auf sich (daß er sich selbst bessert) Ruhm haben und nicht in bezug auf den anderen; denn das ist das Bestreben des geistlosen Geisttreibens, daß man sich mehr um die Besserung des anderen als um die eigene bekümmert und daß man hierin auf Ruhm aus ist.“ 5. „Dann, wenn es so geht, wird ein jeder sein eigenes Bürdelein zu tragen haben.“

Noch etwas hat der Apostel mit den Galatern zu besprechen, wozu er wohl im besonderen Anlaß bei ihnen fand und was einen gar eigentümlichen Prüfstein abgibt, ob im verborgenen Geist oder Fleisch regiert. 6. „Der aber, welcher unterrichtet wird in der Lehre, lasse den, der ihn unterrichtet, an allerlei Gutem oder an allerlei Gütern teilhaben.“ Es kann zu allen Zeiten bei solchen, die vermeintlich hochgeistlich sind, vorkommen, daß sie es sehr erbaulich finden, wenn derjenige, der nur dem Wort lebt, recht einfach gestellt ist, während sie es für sich selbst ganz in der Ordnung finden, es ganz anders zu haben; oft nicht ohne darüber froh zu sein, daß *sie* im Falle sind, ihre Zeit lohnender zu verwenden. Es tritt hier die eigentliche Wertschätzung zutage, was im Innersten des Herzens mehr gilt, ob Geist oder Fleisch; und es ist auch ein Wertmesser des Geistestriebs der Liebe, ob wirklich die Frucht der Liebe gewachsen sei oder ob die Liebe nur als Vorschrift befolgt werde. Der Apostel hatte gewiß reichlich Gelegenheit, diese Stimmung zu beobachten. Er war derselben gegenüber unbefangen, weil er selbst für seine Person sich alles verbat, was irgendwie an Entschädigung oder Belohnung streifte. Aber daß er allerlei darüber erlebt hat, sieht man Apg. 20, 36, wo er in dieser Beziehung uns noch ein gelegentliches Wort Jesu bringt, das wir sonst nicht besäßen; es ist neben den Einsetzungsworten des Abendmahls das einzige Wort Jesu, das wir als von Paulus verwendet kennen, das Wort: „Geben ist seliger denn nehmen." Er sagt es dort den Ältesten, sie sollen mit den Schwachen, die in obiger Weise gesinnt seien, Geduld haben, und wenn sie durch dieselben verkürzt werden, sich dieses Wortes getrösten, das der Heiland bei ähnlicher Gelegenheit gesagt zu haben scheint. Hier aber wendet Paulus seinen Blick bekümmert auf die Gebenden oder vielmehr Nichtgebenden, auf den sittlichen Notstand, den ihr Nichtgeben verrät, und auf die furchtbaren Folgen, die solchem Notstand drohen. So begreifen wir den uns sonst überraschenden Ernst, mit dem er fortfährt: 7. „Irret nicht, Gott läßt sich nicht spotten." Euer Benehmen gegen die Knechte Gottes ist vor Gottes Augen – und ist auch an und für sich – ein Benehmen gegen Gott, und das versteht Gott gar wohl. Der Vorteil, den ihr damit zu erzielen meint, wird euch nicht zuteil. Ihr habt im Säen gespart; was ein Mensch säet, das wird er auch ernten. Der nächstliegende Gedanke wäre: Wer wenig säet, der wird auch wenig ernten; dem Apostel kommt dieser nicht in den Sinn; dieses W e n i g ist ihm nicht nur ein Wenig, sondern etwas S c h l i m m e s; wer B ö s e s säet, wird auch Böses ernten. Aber er verläßt diesen Gedanken, um das Bild des Säens und Erntens noch mehr auszubeuten und die verborgenen Beweggründe solchen Handelns heller ins Licht zu stellen und zu strafen. Wir können es hier noch allgemeiner nehmen, abgesehen von der besonderen Beziehung, welche die Warnung hier hat. Daran wird man sehen, ob G e i s t dein Denken und Wollen und Fühlen regiert oder F l e i s c h, an d e m nämlich, auf welchen der beiden Äcker, ob Geist oder Fleisch, du das säest, was dir an übrigem zur Verfügung steht, an Geld in erster Linie oder etwa auch an Zeit. Was ist deine Erholung? Wofür gibst du aus? Jede Ausgabe an Geld oder Zeit ist eine Saat. Man möchte es den Jünglingen sagen: Auf sein Fleisch säen heißt: es nur für sich, für den Augenblick, für das sinnliche Behagen verwenden; auf den Geist säen heißt: Schätze im Himmel anlegen, es anderen geben, es für die eigene Bereicherung am Geist und fruchtbar für die Zukunft anwenden, daß uns Dank vom Himmel entgegenkommt. 8. „Wer für sich auf sein (der Apostel betont das „sein") Fleisch säet, wird vom Fleisch Verderben ernten; wer aber auf den Geist säet, der wird vom Geist ewiges Leben ernten. 9. Laßt uns aber nicht ermüden, das Gute zu tun, denn zur entsprechenden Zeit (wenn die Stunde der Ernte schlägt) werden wir auch ernten. 10. Ohne uns auszuspannen, laßt uns also nun, wie wir Gelegenheit haben, das Gute schaffen gegen jedermann, aber am allermeisten gegen die Hausgenossen des Glaubens."

Mit letzterem Wort erinnert er wieder an die spezielle Beziehung. Die Bedürfnisse für die Lehre waren gewiß in den kleinen und armen Gemeindlein groß, und die bald eintretende Verfolgung vermehrte die Ansprüche an die Opferfreudigkeit der Glieder. Ich meine hier nicht die später von den Kaisern verhängten Verfolgungen, sondern die mancherlei willkürlichen Bedrückungen, die von einer der Mehrheit nach über den Umschwung der Sitten erbitterten Bevölkerung an allen Orten wohl mehr oder minder ausbrachen (vergleiche 1. Petri 4, 5). Da galt es nun, sich einerseits besonders der Lehrer, im allgemeinen aber auch der Hausgenossen des Glaubens überhaupt anzunehmen.

Hiermit ist der Apostel mit seinen Ermahnungen und eigentlich auch mit seinem Brief zu Ende, und er bringt noch zum Schluß persönliche Bemerkungen im gemütlichen Briefstil. „Seht", so fährt er fort, 11. „in wie großem Brief habe ich euch geschrieben mit eigener Hand"; eigentlich: „Seht, zu welch stattlicher Größe die Zeilen, die ich euch eigenhändig schrieb, herangewachsen sind." Er freut sich selbst darüber, wie das Kind seiner Gedanken so rasch gleichsam zu einem schlanken Jüngling emporgewachsen. An Größe verhält er sich zum 1. Thessalonicher wie dreizehn zu sieben. Der 1. Korinther, den er wohl ebenfalls schon geschrieben, ist allerdings bedeutend größer; es lag dies aber an der Menge einzelner Punkte, die derselbe zu behandeln hatte; und überdies waren wohl die beiden Briefe diktiert. Daß er noch größere Briefe schreiben werde (z.B. an die Römer), das ahnte er noch nicht. Offenbar war es auch in seinen Augen eine Leistung gewesen, den Brief mit eigener Hand zu schreiben, das heißt ein Opfer an Zeit, das er sich sonst nicht erlaubte. Warum hat er ihnen wohl dieses Opfer gebracht? Er schrieb den Brief den Gemeiden Galatiens. Damit er nun voll und ganz an diese Bestimmung gelange, war eine Vervielfältigung unerläßlich, und ich meinerseits halte es für wahrscheinlich, daß auch Paulus den Brief während des Schreibens anderen diktiert hat; aber um dieser nötigen Vervielfältigung willen und wegen der äußerst diffizilen und streitbaren Punkte, welche in demselben behandelt waren, war eine gewisse Urkundlichkeit unerläßlich; es war von Wert, daß der Brief nicht nur in einem mit seiner Unterschrift versehenen Diktat existierte, sondern daß er auch Satz für Satz handschriftlich beglaubigt war.

Was der Apostel nun V. 12 und 13 über die Verführer sagt, geschieht in leiser Anlehnung an seine eigene persönliche Unansehnlichkeit, an die schlichte Demutsgestalt seiner ganzen Erscheinung, sowohl im körperlichen als im geistigen. „Solche, welche vergnügt, heiter aussehen wollen im Fleisch – lauter solche sind's, die euch nötigen, euch zu beschneiden, allein, damit sie im Kreuze Christi nicht verfolgt werden." Sie wollen gut aussehen, sie legen's im stillen darauf an: sie vermeiden, solches zu predigen, was irgendwie Verfolgung bringt. Wie das Kreuz Christi mit der Beschneidung zusammenhängt und wie ein Judenchrist dadurch, daß er Heiden zur Beschneidung bringt, der Verfolgung entgeht, welcher die anderen Christen um des Kreuzes Christi willen ausgesetzt sind, haben wir früher besprochen. Der Apostel hat es aber zu beweisen, daß dies ihr Beweggrund sei. „Um euch Galatern ein wesentliches Heil zu bringen, können sie es nicht tun" – so fährt er fort – „auch die Beschnittenen selbst beobachten das Gesetz nicht", und, darauf gestützt, wiederholt Paulus noch einmal den egoistischen Beweggrund mit den Worten: sondern sie wollen euch beschneiden, damit sie sich eures Fleisches rühmen; sie wollen sich durch diesen an euch erzielten Erfolg also nicht nur den Juden gegenüber als solche Christen ausweisen, die nicht die heutige jüdische Religion als durch das Kreuz Christi verurteilt und beseitigt ansehen wollen, nicht nur das – sondern sie wollen überhaupt als religiös bedeutende Männer, als Säulen im Reich Gottes dastehen; Ruhm des Erfolgs – das ist der Beweggrund ihres Tuns. Damit deutet der Apostel an, warum er vorher so schroff hausbacken gesagt hat: „Sie wollen gut aussehen." 14. „Mir aber sei fern Rühmen ohne im Kreuz unseres Herrn Jesu, des Heilandes, durch welches mir eine Welt gekreuzigt ist und ich der Welt." In Christo Jesu ist mir alles, was Welt ist, verurteilt, als Gefahr angezeigt, aber auch als etwas, das überwunden ist und das mich nichts mehr angeht, und ebenso bin ich der Welt gekreuzigt, so daß ich auf jeden Ruhm von ihrer Seite her zum voraus zu verzichten habe. Ruhm ist mir also außerhalb der Sphäre des Kreuzes Christi überhaupt gänzlich vergangen. Von dieser Tendenz nach Ruhm bin ich frei, aber im Kreuze Jesu rühme ich, denn in ihm ist der Sieg über die Welt und die Erlösung derselben. 15. „Denn in Christo Jesu ist weder Beschneidung noch Vorhaut etwas, sondern eine neue Schöpfung." Mit diesen Worten hat er Gelegenheit gefunden, noch einmal, gerade im Licht des Kreuzes Christi, den Standpunkt, von dem aus er den ganzen Brief verstanden wissen will, klarzustellen, daß man ja nicht meine, es handle sich hier um einen rechthaberischen Streit über Beschneidung oder Vorhaut; er wache etwa ebenso eifersüchtig über den Ruhm, ein Volk von unbeschnittenen Christen ins Dasein gerufen zu haben, wie jene sich einer möglichst großen Zahl von Heiden rühmen möchten, die sie zur Beschneidung gebracht hätten. Er läßt es gelten, daß in diesem Unterschied, der so nahe ans Religiöse streift, noch am ehesten ein Gegenstand des Rühmens gefunden werden könnte; dieses Zugeständnis liegt in dem Worte „denn", womit gesagt ist: „Darum, weil es auch damit nichts ist, sei ferne von mir rühmen" usw. Es ist aber damit nichts, denn in Christo Jesu handelt es sich um eine neue Schöpfung, und bei einer solchen ist an solche Unterschiede nicht mehr zu denken. 16. „Und welche nach dieser Regel einhergehen – Friede über sie, und Erbarmen, und über den Israel Gottes." 17. „Um den übrigen (Israel), den Nicht-Gottes-Israel (der behauptet, der echte Israel zu sein, er ist es aber nicht; wir sind der Israel Gottes), mache mir niemand Mühen, ich trage ja die Narben des Jesus an meinem Leibe." So schließt der Apostel den Brief mit einem abschließenden Gedanken, der die Summe aus seinen Erwägungen zieht. Die Verführer behaupteten, Israel zu sein und sich für Israel zu wehren – wir sind aber der Israel Gottes, und sie sind ein Abfallsrest, dessen fernere Berücksichtigung sich nicht lohnt. Niemand mache mir Mühen um sie; ich trage die Narben des Jesus an meinem Leib, die mich von solcher nutzlosen Arbeit freisprechen, denn sie sind mir – wie Jesu – von ihrer Hand eingegraben.* Der Schlußwunsch: 18. „Die Gnade unseres Herrn

Jesu Christi sei mit euch, ihr Brüder", ist gewiß aus innerstem Herzen hervorgegangen, denn ihr Geist und auch der unsrige bedarf solcher Gnade Jesu, um diesen Brief zu verstehen und zu würdigen.

3. Der Kolosserbrief

Aus der scharfen Luft anstrengender Gedankenarbeit, die uns in dem Kampfbrief an die Galater anwehte, werden wir durch die Betrachtung dieses Briefs auf wohltätige Weise in die warme Atmosphäre herzlicher Freude über eine neu entstandene Gemeinde versetzt. Ein Kolosser, Epaphroditus oder abgekürzt Epaphras, ist, wahrscheinlich durch Paulus, Christ geworden und hat seinen Mitbürgern daheim das Evangelium verkündet, und mit Erfolg; und er ist zu Paulus gekommen, nicht nur, um ihm diese freudige Nachricht zu überbringen, sondern auch, um ihm ihre Liebe zu ihm im Geist (1, 8) zu eröffnen, ja, um ihm für sie am Evangelium mitzudienen (1, 7). Darüber entstand natürlich in dem kleinen Generalstab des Evangeliums, der Paulus umgab (wahrscheinlich in Rom), große Freude. Die Hoffnung, die jedem Christen beigelegt ist im Himmel (1, 5), gibt den reichsten Anlaß, für jeden zu danken, der Christ geworden ist, und rief also auch dort in jenem Lager freudigen Dank gegen „Gott, den Vater unseres Herrn Jesu Christi", hervor, nachdem man „gehört hatte von ihrem Glauben an Jesum Christum und von ihrer Liebe zu allen Heiligen" (1, 3 u. 4). Es war nicht nur dieser spezielle Dank, es war die neugehobene Siegesstimmung darüber, wie das Wort der Wahrheit im Evangelium in alle Welt ausgeht (1, 6) und überall sofort innerlich wächst und nach außen Früchte spendet.

Aber Freude war es doch nicht allein, was den Apostel zum Schreiben dieses Briefes antrieb, sondern ein sehr ernstes, wichtiges Anliegen, das er uns 1, 28 bis 2, 3 kundgibt. Er verkündigt

* Der Gedanke vollends aber, der sich ergibt, nämlich daß er sich überhaupt im allgemeinen alle weitere Mühe verbitte, sieht dem Apostel nicht gleich.

(Vgl. auch Johann C. v. Hofmann, Galaterbrief, Leibniz Verlag, St. Goar, Ausgabe als PDF-CD, S. 221ff.)

Christum in solcher Weise, „daß er jeden Menschen zurechtsetzt und jeden Menschen lehrt in aller Weisheit, damit er jeden Menschen in Christo vollkommen darstelle, und gerade daraufhin ringt er bis zur Ermüdung nach seiner (Christi) Machtwirkung, welche in ihm in Kraft wirksam ist." So schildert er sein persönliches Arbeiten an den Menschen im Dienst des Evangeliums, 1, 28, 29, völlig im Einklang mit der Schilderung seiner Seelsorge in Ephesus (Apg. 20, 27). Eine Machtwirkung Christi geht von ihm aus und gibt seinem unermüdlichen Streben Kraft. Nun erlaubt er sich nicht, diese volle Segenswirkung jedem anderen zuzutrauen, weiß er doch nicht, ob Christus ebenso mächtiglich durch ihn wirkt; denn Paulus ist doch der Sendbote Christi an die Völkerwelt, nicht bloß einer von vielen. Die unermeßliche Geistesgeschichte, die hierzu von Gott im Apostel gewirkt war – konnte sie sich in beliebig vielen in gleicher Weise wiederholen, und war dies nötig? Es gehört zur Organisation des Leibes Christi, daß die Glieder besondere, verschiedene Aufgaben haben, und einzelne derselben hervorragende, und solche von allgemeiner Bedeutung. Darum hat er „einen Kampf um alle, die seine Person im Fleisch nicht gesehen haben", und so auch um die Kolosser, wie er 2, 1 unumwunden gesteht. Er fürchtet offenbar, es könnte ihrem Christentum noch an etwas Wesentlichem gebrechen, und dies ist es nun, was diesem Brief noch eine besondere Bedeutung für uns gibt. Die anderen Briefe setzen seine vorangegangene persönliche Belehrung und die ganze Bildung durch seinen persönlichen Einfluß voraus, bringen uns also auch nicht die Fundamente seiner Predigt, sondern gleichsam die darauf gebauten Stockwerke. Etwas davon, wie er den Galatern bei seiner ersten Predigt Christum, und zwar den Gekreuzigten, vor die Augen gemalt, werden wir hier zu erwarten haben: Jesus Christus und die Bedeutung seiner Person sowohl als auch seiner Leistungen wird der Schwerpunkt des Briefes sein; er ist es auch.

Aber welchen Kampf hat er eigentlich um alle diejenigen, welche seinen Leib nicht gesehen haben, also – so könnten wir ja sagen – auch um uns, die Nachkommen? Er sagt es uns namentlich 2, 2. Ihre Herzen sollen so ermahnt werden – worin auch Belehrung nicht ausgeschlossen –, daß sie in Liebe noch zu allem

Reichtum der Vollgewißheit einer ganzen Erkenntnis zusammengefaßt werden, „zu erkennen das Geheimnis Gottes, Christum." Mit dem Wörtlein „noch" oder „auch" deutet er zum Überfluß an, daß, was er hier wünscht, eben dasjenige sei, was ihnen vielleicht ein anderer als er nicht so hat geben können. Sie glauben an Christum, sie wissen auch ziemlich viel von ihm, aber die Vollgewißheit eines ganzen Verständnisses und diese in allem ihrem Reichtum – das ist es, was er ihnen und uns wünscht. Er fürchtet also zuerst einen Mangel im Verstand, denn erst, was sich des Verstandes bemächtigt hat, macht den Mann aus. Dort sitzt die Quelle seines eigentlichen Wollens und Wünschens; was dort sitzt, das ist sein Glaube. Ein Glaube, der sich dieses Sitzes nicht bemächtigt hat, glaubt vielleicht aus Pflicht, aber nicht wirklich und eigentlich, und erst von jenem Zentrum aus kann sich auch eine Harmonie über das ganze Sein des Menschen ergießen, vorausgesetzt, daß der Verstand mit seinem richtigen Inhalt erfüllt ist. Geringschätzung der Erkenntnis im Christentum, sagten wir früher, ist Geringschätzung der Tatsachen, und diese Gefahr, die Paulus namentlich im Epheserbrief bekämpft, bekämpft er auch hier.

Ein Hauptgegenstand seines Ringens ist die Angst, die Christen möchten all das Neue und Große, was ihnen geworden, mehr vermeintlich Gott – unvermerkt aber sich selbst zuschreiben, das heißt es für eine unbestimmte Summe von Umwandlungen der Ansichten, der Gesinnungen, der Stimmungen und dergleichen ansehen, und nicht ganz und allein für das Werk einer großen Gottesgeschichte. Jenen zentralen Sitz im Verstand erobert nur dasjenige, was als äußere feste Wirklichkeit sich unser bemächtigt; dies tut aber die große, allgemeine Heilstatsache Gottes, sobald ich durch den Glauben in ihren Zusammenhang gestellt bin, während dies einem bloß inneren, nur in unseren Gefühlen verlaufenden Erleben nie gelingt. Der eine ganze, volle Inhalt unserer Heilserkenntnis ist „Jesus, das Geheimnis Gottes", 2, 2.* Jesus ist die eine, große, gewaltige

* Der griechische Text, wie ihn Luther nach jüngeren Handschriften las, heißt auf deutsch wörtlich: „Die Erkenntnis des Geheimnisses Gottes, des Vaters, und Christi"; die richtige Lesart der aus Verlegenheit viel verbesserten und verderbten Stelle lautet wohl: „Erkenntnis des Geheimnisses Gottes: Christi."

Tatsache; er ist das Christentum, er ist heute nächst Gott das Seiendste im Sein; er, das Geheimnis Gottes, ist der Schlüssel zu allen anderen Geheimnissen: wer Gott ist, wer wir sind, wer wir sein werden, wird uns erst an ihm klar. Wir ahnen, welchen Kampf der Apostel hatte, wie ernst er sich der Notwendigkeit desselben bewußt war, wie angst es ihm war, es möchte an Stelle des klaren Verständnisses dieser Tatsachen das Surrogat beliebiger Ansichten, unbestimmter Gefühle, kleinlicher Vorschriftsleistungen usf. treten und dadurch das große Werk Gottes unter frömmstem Schein verfälscht werden. Daß der Zustand der Kolossergemeinde ihm noch besonderen Anlaß zu solcher Besorgnis gab und welchen, werden wir später sehen.

Gehen wir nun an die Betrachtung des Briefes, so fühlen wir uns wieder in jenes „eigene Gedinge“ (Apg. 28, 30) versetzt, in welchem Paulus zu Rom gefangen war. Dort stellten ab und zu die leitenden Brüder sich ein, dort liefen die Berichte aus den Gemeinden zusammen, dort vereinte man sich zu Dank und Fürbitte, wie ja auch Paulus dem Epaphras 4, 12 und 13 das Zeugnis gibt, „daß er großen Fleiß um euch hat und allezeit mit Gebeten für euch ringt“ usf. Kam so ein Siegesbericht, wie der über die Gemeinde zu Kolossä, so fragte man sich mit Verstand und Sorgfalt: Wessen bedürfen diese Leute? und demgemäß bestimmte man die Bitten und brachte sie vor Gott. Aber nicht nur das – die Kolosser wurden auch in Kenntnis gesetzt davon, was man sich für sie von Gott erbitte, damit sie wissen, wessen sie bedürfen und wessen sie vom Himmel her gewärtig sein dürfen. Mit einer solchen Mitteilung beginnt denn auch der Apostel nach der von uns schon behandelten Einleitung seinen Brief, 1, 9ff. Auch im Epheserbrief hat er seiner Belehrung und Ermahnung die Mitteilung einer solchen Fürbitte vorangesandt, in früheren Briefen nicht. Wir erkennen hierin die Erfahrung des Seelsorgers und Predigers. Lehren und Ermahnen liegt uns immer zuvorderst – fordern doch gewöhnlich die vorliegenden Mängel und Bedürfnisse unwillkürlich dazu auf; aber wenn dieses Tun, auch wenn es unter Gottes vollem Segen erging, verhältnismäßig fruchtlos bleibt – ist es immer und ganz die Schuld der Angeredeten? Was ihnen oft in erster Linie fehlt, das ist nicht Erkenntnis oder Antrieb, sondern Kraft, Kraftzuschuß und

Hilfe jeglicher Art von oben; und darum tritt der Apostel zuerst als ein Fürbittender, das heißt als ein Gebender vor sie. Er erbittet für sie (9): „Daß ihr erfüllt werdet mit der Erkenntnis des Willens Gottes." Hierin traf er den sittlichen Mißstand bei den Kolossern, wie wir nachher sehen werden, mitten ins Herz. Sie waren überaus eifrig und freudig, dem lieben Gott mit allerlei außerordentlichen Leistungen Freude zu machen, ja vielleicht nicht ohne Selbstgefühl, es darin zu etwas gebracht zu haben; aber wer mir Freude machen will, sollte sich doch darüber erkundigen, woran ich Freude habe. Wie viele solche Leute muß der liebe Gott dulden, die übereifrig sind, vermeintlich „Seinen Willen" zu erfüllen; genau betrachtet aber, ist es der ihrige oder der anderer Menschen. Wie wichtig ist es doch, daß wir auf die Frage klare Antwort besitzen: Was will Gott von uns? – Was will Er? „Daß ihr in aller geistlichen Weisheit und Einsicht würdiglich wandelt zu allem Wohlgefallen des Herrn, in allem guten Werk fruchtbar und wachsend zu der Vollerkenntnis Gottes" 1, 9 - 11.

Was uns in diesen Versen, sowie noch im folgenden, zuerst entgegentritt, ist das immer wiederkehrende Wort „alle", welchem eigentlich noch das sinnverwandte „erfüllt" sich zugesellt. Schon bei solchen irdischen Dingen, auf welche große Geistesarbeit verwendet ist oder namentlich die darauf eingerichtet sind, eine wichtige Arbeit zu leisten, kann das Fehlen eines einzigen Bestandteiles das Ganze nicht nur entwerten, sondern oft geradezu gefährlich machen, und ist also auch bei ihnen Ganzheit gewissermaßen erstes Erfordernis. Darum will Gott in diesem Allerhöchsten, wo wir etwas Seinen Zwecken Dienliches sein sollen, Ganzheit. Will er Unmögliches? Menschliche Kraft bringt es immer nur zu Bruchstücken – Gottes Gabe ist vollkommen. Er will es, weil Er geben will. Das erste, was in solcher Fülle von uns erwartet wird, betrifft wieder die Erkenntnis. „Wandelt in aller Weisheit und Verstand", und zwar beides geistlich, vom Geiste beeinflußt und geleitet; das wäre ein würdiges Wandeln, dem Herrn zu allem Wohlgefallen. Wir sind wieder an die fast vorsätzliche Beschränktheit und Engherzigkeit erinnert, die den Kolossern zugemutet werden wollte. Das zweite geht wieder auf das Wissen, aber auf das Wissen im höchsten Sinn. „Daß ihr in allem guten Werk fruchtbringend werdet und wachset zur Erkenntnis Gottes.“ An Erkenntnis Gottes können wir immer nur Wachsende sein, sind wir aber nicht wachsend darin, so erkennen wir Gott überhaupt nicht und haben ihn noch nie erkannt. Jene getroste Zuversicht, über Gott sei man schon gehörig unterrichtet, man kenne Ihn, ist der bare Tod des Erkennens, ist das sicherste Zeichen, daß man noch nichts von Gott weiß. Auf theoretischem Weg aber lernen wir Gott nie erkennen, sondern durchs Tun. Durch solches kommen wir in einen merkwürdig schlichten, herzlichen, engen Zusammenhang mit Gott; die Aufgaben lehren uns fragen, und die Hilfen geben uns Antworten. Diese beiden Dinge also will Gott, und das erste, was sich der Apostel für uns erbittet, ist, daß wir solchen Willen ganz und voll erkennen. Das zweite, was er sich für uns erbittet, ist, daß wir auch die Kraft fürs Tun empfangen, und mit einer herrlichen Zuversichtlichkeit erbittet er sich für uns, daß wir „gestärkt werden nach der Macht Seiner Herrlichkeit zu aller Ausdauer und Langmut“ (V. 11), daß wir also gleichsam nicht nur bei günstigem Wind segeln, sondern mit Kraft Wind und Wogen entgegenzuarbeiten imstande seien.

Hiermit ist der Apostel zu einem Übergangspunkt angelangt zwischen der Mitteilung seiner Fürbitte und der Verkündigung des Heils. Die großen Tatsachen Gottes, in die sie gestellt sind, ihnen vor die Seele zu malen, namentlich, um die Leser aus dem Kleinlichen und Schwächlichen empor in die volle Höhe des Glaubens und der Zuversicht zu Christo zu heben, das ist seines Herzens Bedürfnis; und hier entwirft er ein Bild der Tatsachen, in die sie gestellt sind, in größter Umspannung. Später wird er diesem Bild noch eine eingehendere Beleuchtung der geschichtlichen Bedeutung des Todes und der Auferstehung Jesu einfügen. „Ich bitte für euch“, sagt er weiter (12 und 13), „daß ihr mit Freuden dem Vater danksaget, der euch tüchtig gemacht hat zum Anteil der Heiligen im Lichte, der uns errettet hat aus dem Machtbereich der Finsternis und hinübergestellt in das Königreich des Sohnes Seiner Liebe.“ Alles bloß Wünschende (etwa: bittet den Vater, daß Er euch usf.), das unsere Gewißheit darüber von dem jeweiligen Pulsschlag unseres Herzens abhängig machen würde, schließt er absichtlich aus; Gott hat uns tüchtig gemacht. Luthers nicht ganz zutreffende Übersetzung „Erbteil" könnte den Anschein erwecken, als wäre ein Los gemeint, das uns erst nach dem Sterben zufiele, und als wäre also unter dem Licht der Himmel als Aufenthalt der selig Verstorbenen gedacht; beides liegt dem Apostel fern. Wir waren unter dem Machtbereich der Finsternis, und sind jetzt nicht mehr darin; also sind wir schon im Licht, wenn auch noch nicht in der Völligkeit, die noch werden soll. In der Finsternis hat man den Vorteil, nicht gesehen zu werden, also alles seinem eigenen Urteil unterstellen zu können. Die Finsternis ist eine Hülle, die uns vor anderen, vermeintlich auch vor Gott, verbirgt und die uns Gott, auch Seinem Zorn, verbirgt. Eigentlich „liebten die Menschen die Finsternis mehr als das Licht"; Gnade w o l l e n sie – aber Licht? Nein. Im Licht zu wandeln wäre für den, der dazu nicht tüchtig gemacht ist, eine Qual. Aber schwer ist es, sich unter dem Machtbereich der Finsternis zu befinden; glauben, lieben, hoffen ist unmöglich in derselben, weil man nichts sieht. Und die Finsternis ist nicht nur ein Naturzustand; es herrscht in ihr eine Macht, die blind, gefühllos, gedankenlos macht und welche uns das uns Heilsame künstlich verbirgt und uns gegen dasselbe verstimmt sowie auch überhaupt durch unsere Gelüste an unsichtbaren Fäden uns gängelt. D a ß sie uns gängelt, werden wir nie sagen, nur daß sie uns gegängelt h a t; wir merken's erst, wie es mit uns stand, wenn wir aus diesem Machtbereich gerettet sind. Wie ist diese Errettung geschehen? Auf dieser Erde, in diesem Machtbereich der Finsternis, ist J e s u s gewandelt, der Sohn der Liebe Gottes, der, welcher mit Gott in hellem, vollem Wechselverkehr ungetrübter Liebe stand; ein solcher war von selbst ein König und mußte ein Königreich, eine Machtsphäre um sich herum gewinnen, und Gott hat uns aus jenem bösen Machtbereich in dieses Königreich Seines Sohnes versetzt. Wie dies zuging, ist hier nur in gedrängtester Kürze ausgesprochen; Paulus wird in der weiteren Ausführung der Heilsgeschichte noch mehr davon sagen. „An ihm (14), dem Sohne, haben wir die Erlösung, die Vergebung der Sünden." („Durch sein Blut" ist vielleicht von einem späteren Schreiber aus Epheser 1, 7 hereingesetzt; in dieser kurzen Zeichnung kann es auch als an sich selbstverständlich vom Apostel übergangen worden sein). Wer möchte ohne Vergebung der Sünden im Licht wandeln? Und andererseits ist doch das Licht unsere einzige wahre Heimat, unsere Seligkeit. Das ist die erste große Tatsache, die der Apostel vor unsere Seele stellt, die subjektive, nämlich, wie es mit uns heute steht. Er ist aber schon fortgeschritten zu der zweiten, der Hauptsache, der objektiven: sie ist Christus, der Heiland.

In dem Bild, das er uns nun vor die Augen stellt, sehen wir vor allem, wie wunderbar reich dem Apostel das geschenkt worden, was er als Willen Gottes über uns alle erkennt, nämlich daß wir in der Erkenntnis Gottes und Seines Geheimnisses, Christi, wachsen. Seine große Aufgabe nötigte ihn beständig dazu und gab ihm auch beständig neues Licht. Nirgends haben wir ein so vollständiges majestätisches Bild des Heilandes in seiner ganzen Bedeutung von Ewigkeit zu Ewigkeit wie hier. Die Schilderung Phil. 2 erinnert daran, ist aber minder reich ausgeführt. Die Person Jesu schildert er uns, aber auch die Pläne Jesu bewegen sein Herz in einer Weise, daß er fast mehr darüber verlauten zu lassen scheint, als er gerade den Kolossern zu sagen besonderen Anlaß hätte. „Du bist Christus, der Sohn des lebendigen Gottes", hatte Petrus zu Jesus gesagt (Matth. 16, 16). Damit war das Höchste, ja im Keime alles über Jesum gesagt, was über ihn gesagt werden kann, und in der heiligen Geschichte, wie auch in der Weissagung, war der Begriff so vorbereitet, daß er einem Petrus gewiß bald den zusammenfassenden Schlußstein seiner ganzen heiligen Anschauung bildete; aber vorderhand stand dieser Begriff – allgemein menschlich gedacht – einsam, unvermittelt in die Summe der Begriffe hineingestellt, die zusammen unsere sogenannte Weltanschauung bilden, während er doch seinem Wesen nach der organische Mittelpunkt aller derselben sein soll. Es galt, diesen Begriff zu vollziehen, ihn zu all den übrigen Hauptbegriffen in die richtige Wechselbeziehung zu setzen, und zwar nicht auf dem sicher irreführenden Wege bloßer philosophischer Spekulation, sondern in echt geistiger Weise im Geist der Weisheit und der Offenbarung; und auch auf solchem Wege gelingt der bloßen müßigen Wißbegierde ein Fortschritt schwerlich.

Der Apostel bekam, wie gesagt, durch seine Aufgabe und durch seine Arbeit immer helleres Licht; es war ein erfahrungsmäßiges Licht aus dem Umgang mit Christo und mit Gott, aus seinem Wechselverkehr mit ihm in seiner Aufgabe für die Welt. Wir sahen, wie seine Heidenpredigt ihn trieb, schließlich Christus einfach, aber um so größer als den Herrn anzusehen, und auf dieser Spur sehen wir ihn nun fortgeschritten. Natürlich ist es nicht nur Neues, sondern Altes und Neues, was uns in diesem Bild wieder entgegentritt. Seine Schilderung ist auch nicht trockene Lehrausführung, sondern ein begeisterter Lobgesang, wenn auch nach seiner Art in lauter scharf gezeichneten Gedanken. 15. „Christus ist ein Bild Gottes, des Unsichtbaren, ein Erstgeborener vor aller Schöpfung, und er ist (wir überspringen zuerst den beweisenden Zwischensatz V. 16) vor allen, und alles hat seinen Bestand in ihm erhalten." In der ganzen Holdseligkeit, Zartheit der Liebe, Reinheit und Seligkeit des Wesens Jesu wird uns des Vaters Art offenbar. Er ist ein Ersatz für die Unsichtbarkeit Gottes, eine Aufhebung derselben, soweit es jetzt möglich ist. Als solches Bild entspricht er einem gebieterischen Bedürfnis des Gemütes, man möchte sagen: nicht nur für den Menschen, sondern auch für Gott; denn wenn noch so heilige Gründe vorhanden sind für Gott, sich uns zu verbergen – welcher Vater, der aus anderen Gründen seinen Kindern ferne zu sein genötigt ist, möchte ihnen nicht wenigstens ein möglichst lebendiges Bild von sich gönnen? Im Heiland erkennen wir erst Gott, aber in ihm erkennen wir auch erst uns selbst; wie er Gottes Abbild ist, so ist er unser Urbild, als der Erstgeborene aller Schöpfung. Wir erkennen uns in ihm also in ungeahnt seliger Weise als etwas ursprünglich ihm Verwandtes, nach seinem Bild gebildet; und in ihm wird sich der Christ auch über sich als Menschen in einer Weise klar, wie es dem Menschen an und für sich ohne Christum nicht möglich ist; er entdeckt eine unermeßlich höhere Würde in sich, als er geahnt hat; aber diese „wir" sind nicht nur wir Christen, denn es handelt sich um das Ursprüngliche, sondern alle Menschen, ja die ganze Schöpfung.

Paulus denkt hier offenbar ähnlich wie Röm. 8, 19ff. in erster Linie an die beseelte, die denkende und wollende Schöpfung, an die Geistwesen. Dies geht denn auch aus der Art hervor, womit er diesen Satz begründet oder gegen Einwürfe verwahrt, wenn er fortfährt: 16. „Denn in ihm wurde alles erschaffen in den Himmeln und auf der Erde, das Sichtbare und das Unsichtbare“, oder: „was man sieht, und was man nicht sieht“; unsichtbar heißt hier nicht, was seinem Wesen nach nicht gesehen werden k a n n, sondern was von uns nicht gesehen wird, was wir nicht sehen, weil es uns verborgen wird. „Seien es Throne, seien es Herrschaften, seien es Mächte, seien es Gewalten – alles ist durch ihn und auf ihn hin oder zu ihm erschaffen.“ Er hat offenbar einen Einspruch erwartet gegen eine so innige Verwandtschaft Jesu mit der Gesamtschöpfung, weil sich in derselben soviel Gottfeindliches zeigt. Wir denken z. B. an Satan, dessen Begriff in ähnlicher Weise einsam, unvermittelt neben dem einsamen Begriff „Sohn Gottes“ stand. Es ist merkwürdig, daß dieser Name in der ganzen dritten Schicht der Briefe Pauli verschwunden und durch den allgemeineren Pluralbegriff „Reich oder Obrigkeit der Finsternis“ ersetzt ist. Auch der Umstand, daß der Name hebräisch ist, mag mit ein Grund sein, denn in 1. Petr. 5, 8 steht statt dessen der griechische Name „Teufel“; aber auch d i e s e r Name erscheint in der erwähnten Briefgruppe meines Wissens nicht. Die Namen, welche der Apostel hier an dessen Stelle setzt, haben merkwürdigerweise alle einen ehrenden Klang und atmen etwas wie Rücksicht. Hier blickt die merkwürdige Bedeutung der Gedanken dieses Verses hervor und ihre Stellung in der Geistesgeschichte des Apostels.

Der Apostel hatte seine Aufgabe zuerst als Kämpfer angetreten. Ein Kämpfer, sei’s im Feld, sei’s auf friedlicherem Gebiet als Führer einer Minderheit bei bürgerlichen Beratungen, ist schroff, einseitig, rücksichtslos, fühlt auch die Aufgabe nicht in sich, nebenbei auch im Interesse seiner Gegner zu denken. Wird er aber Sieger, gelangt er zur Herrschaft, so tritt an die Stelle der Kampfespflicht die Herrscherpflicht. Er hat alles von höherem, weiterem, vollständigerem Gesichtspunkt aus zu erblicken, alles gerecht, ja so milde wie möglich zu beurteilen.

Einen ähnlichen Fortschritt merken wir in des Paulus Lebensgeschichte. Jesum in seine wohlerworbenen Herrschaftsrechte über die Menschheit zum Heil der Menschen einsetzen zu helfen, dazu hat ihn Jesus berufen, und mehr und mehr wird er sich durch seine Erfolge der verantwortlichen Höhe seiner Aufgabe bewußt und verpflichtet, mit königlichem Hellblick die Sachlage nach all ihren Richtungen, wie er Phil. 2, 10 sagt: „im

Himmel, auf Erden und unter der Erde", zu überschauen. Gegen wen hat er zu kämpfen? Wen will der Heiland in der Herrschaft über die Menschen ablösen? Das mit klarem Blick zu erkennen ist der Apostel genötigt. Wenn wir Gott bitten: Dein Reich komme! – wer herrscht denn jetzt? Ein anderer, so antwortet uns dieser Vers 16, aber dieser andere, im Plural gezeichnet, überrascht uns durch seine nicht unschöne Gestalt.

Um dies zu verstehen, wollen wir dem Apostel nachzugehen suchen, wie er zu solchen Resultaten kam. Christian K. von Bunsen [1791-1860] erließ einmal das Losungswort, die Bibel müsse aus der Sprache oder Denkweise Sems (Israels) in diejenige Japhets (Europas) übersetzt werden.* Versuchen wir es vorderhand damit! Um das Geistesgebiet zu verstehen, untersucht Japhet das Produkt oder das Objekt des Denkens, die Gedanken, und kommt damit, weil dieselben gegeben sind, zu einer erheblichen Summe ziemlich sicherer Resultate, nie aber zu einer entsprechenden Erkenntnis des inneren höheren Zusammenhangs. Sem wendet sich vom Objekt zum Subjekt des Denkens, von den Produkten zu ihren Schöpfern, vom Gedanken zum Geist als Quelle desselben. Er hat damit ein weit unzugänglicheres Gebiet ins Auge gefaßt; gelänge es ihm aber, in Wahrheit hinzugelangen, so hätte er offenbar den Schlüssel zur Erklärung der Dinge. Arbeiten wir zuerst – und zwar, als wären wir Paulus – mit den Mitteln Japhets! Paulus sieht die Menschheit von allerlei mächtigen Ideen und Prinzipien beherrscht; denken wir an den Kunstenthusiasmus und das Kunstgenie der Griechen, an ihre Freude für die theoretische Weisheit und an ihre Meisterschaft in Behandlung derselben, denken wir an das Rechtsgefühl der Römer – um jene dunkleren Ideen zu übergehen, die in der Religion irgendwie Gestalt gewannen – denken wir an die philosophisch-religiösen Richtungen, wie den Stoizismus, und weiterblickend an den ihm verwandten Buddhismus, denken wir weiter an den zu allen Zeiten so machtvollen und berechtigten Patriotismus, der sich oft auch auf die Religion erstreckt und die Gedanken und Gesinnungen in größeren oder kleineren oder

* Diesen Ansatz verfolgt Johannes Müller mit „Die Bergpredigt" und „Die Reden Jesu". *Der Verlag*

kleinsten Umkreisen unbarmherzig nach den geographischen Grenzen bestimmt – das alles mußte ein Paulus, wollte er nicht schlafend sein, mit wachem Blick ansehen. Mit diesen Ideen hat er irgendwie zu rechnen; sie nehmen den Platz in den Herzen ein, der von Gott her für Jesum bestimmt ist. Er hat sich mit richterlicher Gerechtigkeit darüber Rechenschaft zu geben: Warum haben diese Ideen vom Herrschersitz zu weichen? Welcher Bedeutung verdankt Jesus diese Alleinberechtigung? Und – wenn er sich darüber im klaren ist – wie soll das werden? Gerne schweife ich von Paulus noch ab in unsere Gegenwart, um auch da die zeitbeherrschenden Ideen aller Art im Fluge zu überschauen. Denken wir an die religiösen, ja an all die vielen Sonderauffassungen des Evangeliums, die eine gruppenbildende Macht gewonnen haben – denken wir an die so edle und begreifliche, aber so verhängnisvoll von einer geradezu unwillkürlichen Unglaubenstendenz beherrschte Wissenschaftsbegeisterung unserer Tage, auch an die politischen und sozialen Glanzgedanken nach allen Richtungen, welche die Geister fesseln –, so sehen wir überall die Menschen wie Jagdgebiete schon längst an eine ganze Menge von Herrschaften vergeben. Wir wären ebenfalls kindisch mit unserer Predigt des Evangeliums, wollten wir uns nicht Rechenschaft darüber ablegen: inwiefern hat der Heiland zum Heil aller das Recht auf Alleinherrschaft? Wie ist diese Alleinherrschaft zu denken, und wie ist sie zu gewinnen?

Auf japhetitischem Weg allein, das heißt auf dem Weg der Überzeugung durch das Wort der Aufklärung im besten Sinne, würde es nie. Der Heiligen Schrift und dem Evangelium ist dieses japhetitische Denken nicht fremd; es ist eigentlich gerade des Paulus Art, welche Heilsgedanken von Sem in Japhet übersetzt, von Sem zu Japhet hinübergetragen zu haben. Aber er – oder sagen wir der Heiland – denkt auch semitisch. Der Apostel schließt von den Objekten auf Subjekte, von den Ideen auf persönliche Quellpunkte, und zwar sieht er diese im Sichtbaren und im Unsichtbaren. Wie viele, welche im Sichtbaren eine neue Ideenherrschaft über die Menschen begründet haben, sind nun schon längst im Unsichtbaren, und Scharen solcher, die durch die Gewalt ihrer Persönlichkeit gleichsam ein Bestandteil von ihnen geworden, sind ihnen gefolgt. Wir wissen nicht und ahnen nicht, was Paulus wußte und ahnte; also auch nicht, ob für den letzteren Gedanken eine Verwendung zu denken sei; aber merken könnten wir doch, daß wir Menschen sehr mannigfach mächtig und gewissermaßen sorgfältig beeinflußt sind. Der Apostel sieht Throne (eine organisierte Oberleitung, wie unsere Ministerien oder Büros), Herrschaften (die in ähnlicher, aber verzerrter Weise wie Jesus in der Geistesgeschichte einen Herrschertitel sich errungen haben), Mächte (eigentlich Anfänge, Originalitäten, Prinzipien, die durch das Schöpferische, Geniale eines zentralen Gedankens Macht ausüben), Gewalten (die sonstirgendwie und -irgendwodurch eine Macht haben). Der Apostel will nicht erschöpfen, nicht ein vollständiges Ganzes bieten, will auch nicht scharf zwischen Sichtbarem und Unsichtbarem unterscheiden; er stellt vor sich hin die bunte Mannigfaltigkeit von absichtlicher Berechnung oder genialer Unwillkürlichkeit, von Begeisterung für das Herrschen an und für sich oder aber für eine Idee usw. Wir begreifen nun schon besser, warum das Bild so ein wenig unschön aussieht; es ist ein uns allen so wohlbekanntes Bild, wir sehen unsere Wirklichkeit. Es mag ein merkwürdiger Entwicklungsgang im Geist des Apostels gewesen sein, bis er die Dinge immer heller in diesem Lichte sah. Wir dürfen uns allerdings wohl sagen: Er redet über diese Gegner Jesu mehr aus Rücksicht so als aus Achtung; er redet so friedlich, so ehrerbietig, weil er die Absicht seines Herrn, friedlich zu siegen, durchschaut hat. Die erste große und fruchtbare Klarheit, die er über sie gewinnt, ist eine Klarheit über das Wesen des Heilands, ist ein Aufschluß über die Beziehung dieser Wesen zu ihm. „In ihm sind sie alle geschaffen, 16. durch ihn und auf ihn hin." Es ist das ganze Dasein auf einen Grundcharakter, auf einen göttlichen, angelegt, und darum nicht ein unbestimmter Plural einzelner Gebilde, sondern alles in einem Erstgeborenen, durch ihn und auf ihn hin, so daß alles wieder denselben Charakter gewinnen soll; und dieser Erstgeborene ist der Heiland, „und er", sagt er noch einmal (V. 17), „ist vor allen". Alle diese heutigen Sonderwollungen sind sekundären Ursprungs; und weiter: „Alles hat seinen Bestand in ihm" (17); alle diese Sonderwollungen und Sonderwünsche, auch die mächtigsten, auch die feindseligsten, haben ihren Bestand jede Minute seinem Wollen zu verdanken. Was ihnen so lange Bestand läßt, das ist nur der Sinn Gottes und Jesu, alles friedlich, durch freie Entwicklung, durch den Sieg des Geistes sich entfalten zu lassen. Hiermit ist aber auch jener früher besprochene große Vorbehalt Gottes ausgesprochen, nach freiem Ermessen plötzlich für den einzelnen oder für alle die Zeit der Geduld abzuschließen, Gericht zu vollziehen und Strafmacht auszuüben.

Wie sieht nun vor Jesu Augen die sittliche Beschaffenheit dieser Wesen aus? Sie sind alle aus ihm; gerade das Edle in ihnen, das wirklich Überzeugende, das Begeisternde sind verirrte Überreste aus ihm, und nach Maß dieser Überreste bemißt sich vielleicht auch ihre Macht – ihre Macht, aber keineswegs ihr sittlicher Wert. Je edler, desto mächtiger – je mächtiger, desto gefährlicher, wenn sie unbotmäßig sind, und das ist es, was der Heiland wider sie hat. Gerade die Ehrentitel, die ihnen gegeben werden, sind ihre Sündentitel. Die Gottesgeister im Himmel und auf Erden wollen Knechte sein, Werkzeuge, in gewissem Sinn Nullen; aber jene wollen ein eigenes Sonnensystem um sich herum aus der Menschenwelt an sich raffen; sie wollen vielleicht vermeintlich oder doch angeblich Gott dienen, ja dem Herrn Jesu helfen, aber nach eigenem Ermessen und teilweise für eigene Ehre.

Bevor der Apostel auf die Pläne des Heilands eingeht, schildert er ihn, dieses Zentrum des geschöpflichen Daseins; oder vielmehr uns, die seinen, in unserem Zusammenhang mit ihm. Wir stehen noch weit enger zu ihm als das übrige geschöpfliche Dasein; „wir sind sein Leib, sein Organ, sein Werkzeug, und er ist das Haupt des Leibes." 18. So hat er fortwährend eine Geschichte unter den Menschen, in der ganzen schlichten Demutslage, welche menschliche Geschichte mit sich bringt, und im verborgenen in der ganzen Gottesmacht, die ihm eignet. So ist er eine große, die große geschichtliche Erscheinung und steht damit auch zu der Menschheit in anderem Verhältnis als jene im Dunkeln arbeitenden Throne usw. Als solche geschichtliche Erscheinung ist er getötet, aber durch den Tod hindurch ein Auferstandener, um eine neue Zeit, die aus dem Tode des Gerichtes herausgeboren ist, deren Anfang er wieder ist, zu beginnen. Dies führt den Apostel auf die Pläne Jesu. 19. „In ihm, so hat es ihm wohlgefallen, so hat er beschlossen, soll die ganze Fülle wohnen." Das entspricht dem „zu ihm, auf ihn hin" am Schluß von V. 16. Das hat er gleichsam sich als Aufgabe seines Lebens gesetzt, es zu erstreben, daß alle diese hinauszerstreuten Wollungen wieder in ihn zurückkehren, in ihm sich frei bewegen, aber in ihm wohnen, und er hat sich die Schwierigkeiten nicht verborgen, denn sie wollen das nicht, sie wollen ihn nicht; aber 20. „er beschloß, daß alles durch ihn zu ihm versöhnt werde, indem er Frieden machte durch das Blut seines Kreuzes („durch ihn", wiederholt der Apostel noch einmal), sei es das auf Erden, sei es das in den Himmeln." Die Umstimmung, die in ihnen vorgehen soll, ist nicht nur eine Umstimmung zum Frieden, zum Gehorsam, sondern auch eine Umstimmung zur Buße, zur Selbstverurteilung, zum Anerkennen und Annehmen eines über ihr Tun vollzogenen Gerichts, einer Verdammnis; und dieses Gerichtsurteil über alle Sünde ist im Kreuz Christi ausgesprochen. Wir müssen noch das auffallende Wort „in den Himmeln" besprechen. Also in den Himmeln sind Wesen, die versöhnt werden müssen, und dadurch bestätigt sich uns wieder, daß er unter jenen Thronen usw., obwohl sie ebenfalls teilweise in den Himmeln sind, solche Wesen versteht, die der Versöhnung bedürfen, die also eine mehr oder minder bewußt feindselige Stellung einnehmen. Der Ausdruck „in den Himmeln" ist nicht nur auf die rücksichtsvolle Milde der Sprache zurückzuführen, sondern auf die helle, ernste Auffassung der Lage. Es ist natürlich nicht der Himmel, wie wir ihn uns denken, sondern jener Himmel, der eben auch neu werden muß. Aber es ist damit doch gesagt, daß gerade halb wohlmeinende und vermeintlich edle Wesen oder Prinzipien den allerzähesten Widerstand leisten können. Vielleicht ist darum von der Hölle und von der Art, wie sie behandelt und ihre Feindschaft beseitigt werden soll, nicht die Rede, weil ihre Kraft, mit der sie dem Heiland widersteht, mit jenem falsch Himmlischen zusammenhängt. Die grobe Sünde ist durch Christi Blut gesühnt und lehnt sich in ihrer Nacktheit an und für sich, sobald das Evangelium an sie herandringt, kaum mehr gegen Jesum auf, sich gegen die Buße sperrend, wenn sie nicht von jenem falsch Himmlischen her einen trügerischen Lichtglanz als Hülle um sich hätte. Im Beispiel geredet: Der eigentliche Missetäter in uns, der grobe Sünder, ist schnell mürbe, sobald er aller Ausreden entledigt, gleichsam von allen Hüllen entschält ist; aber der entlehnte Glanz halbedler Ideen verbirgt mir mich selbst, so daß der Missetäter nie ins eigentliche Bußgericht gelangt.

Stellen wir uns im Geist einmal mit Jesu vor die Wahl, wie er seine Herrschaft zum Sieg führen wolle. Soll er all jene halbedlen Mächte mit allen denen, die an sie gekettet sind, in den Abgrund werfen, etwa indem er ohne Rücksicht auf sie den Entwicklungsprozeß beschleunigt und sie dadurch dazu bringt, mit Wegwerfung jenes Halbedlen ihre innerste Gottes- und Christusfeindschaft herauszukehren? Und soll er dann mit dem vielleicht verschwindend kleinen Rest von Menschen, die sich von keiner derselben beeinflussen ließen oder sich ihnen nie irgendwie gefangen gaben, sein Reichlein beginnen? Wenn wir an die tausendfache Verkettung der Menschen denken, so macht uns der Gedanke schaudern, wie winzig die Ernte Jesu ausfallen würde. Das wollte er nicht. Er wollte von der Höhe seines Ranges und seiner Macht den allergrößten Gebrauch machen, eine sittliche Wirkung ausüben auf diese Separatthrone und -thrönchen im Himmel und auf Erden; er gibt sich in die Schmach und die Schmerzen des Kreuzes und büßt den Hochmut des Thronseinwollens aller dieser Thrönchen, in der Hoffnung, auch denselben zu zerschmelzen. So tritt diese tiefste Tiefe der Schmach und der Schmerzen des gekreuzigten Heilandes ins hellste Licht als die Angel, um welche sich das ganze Dasein vom Verderben zum Heil wenden kann. Weil er der Höchste war, weil er der A war, auf den alles angelegt, in dem alles geplant, weil er der war, durch den alle Dinge sind, gab er sich durch solche Opferung hin als der Allerunterste, als aller Knecht, um sich für alle hinzugeben, um alle umzustimmen und zu versöhnen und so das O zu werden, welches voll und ganz dem A entspricht. Hierin tritt uns in den Gedanken des Apostels oder der Apostelzeit eine wunderbar schöne Umwandlung oder Fortentwicklung der sogenannten Eschatologie, der Gedanken über die Wiederkunft des Herrn, entgegen. Der Gedanke an einen plötzlichen, unvermittelt eintretenden, jähen Abschluß der Dinge durch die Wiederkunft des Herrn bleibt als Vorbehalt, aber im Hintergrund; und im Vordergrund sehen wir eine wunderbare geistige Geschichte ins Auge gefaßt, voll des Glaubens, Hoffens und Liebens, die mit einem organischen, friedlichen Sieg enden kann.

Nach dieser gewaltigen Schilderung des Lebensbildes Jesu von seinem A bis zu seinem O greift nun der Apostel den Punkt heraus, wo dieselbe auf die Kolosser eingemündet ist, um ihnen so aufs Eindrücklichste zu vergegenwärtigen, welch gewaltigen Tuns Werk ihre Bekehrung ist. „Auch euch (21 und 22), die ihr einst entfremdet wart und Feinde in der Gesinnung in den bösen Werken, hat er jetzt aber versöhnt in seinem Fleischesleibe (das heißt in Übernahme all der Schwachheit, Entbehrung und Niedrigkeit des gewöhnlichen Menschen) durch den Tod (den ihr verdient habt und den er deshalb für euch vorangestorben, damit ihr in seinem Tode ersterbend zum Leben gelanget), um euch darzustellen heilig und tadellos und unklagbar vor seinem Angesicht, wenn ihr anders bleibt im Glauben, eingegründet und fest, V. 23 (fest sitzend), und euch nicht wegbewegen laßt von der Hoffnung der Freudenbotschaft, die ihr gehört habt, welche verkündet ist in aller Schöpfung, die unter dem Himmel ist, deren ich, Paulus, ein Diener geworden bin." Der Grund, das Fundament, auf dem sie so fest ruhen sollen, ist nicht ihr Glaube, sondern die geschichtliche Tatsache des Heils, der Heiland. Der leere Glaube ohne diese, ein bloßes Gewurzeltsein im eigenen Glauben, wäre ein Bau auf Sumpf; ein solcher Glaube wäre vom christlichen nahezu das Gegenteil.

Jener zeitgeschichtlichen Einmündung der Heilsgeschichte auf die Kolosser hat er nun mit scharfer Betonung eine zweite Einmündung beigefügt, diejenige auf sich, um ihnen, die ihn noch nicht persönlich kennen, seine göttliche Bedeutung für sie einzuschärfen. Wir fühlen, daß er damit seinen ersten einleitenden Teil zum Schluß bringt und das, was er den Kolossern im besonderen zu sagen hat, zu sagen beginnen wird. Das Schlußbild seiner Einleitung ist *sein* Bild, das Bild des Sendboten Jesu an die Völker, der nun zu ihnen redet. Was er für den Heiland und die Gemeinde, was er für die Welt und im besonderen für die Kolosser tut, schildert er ihnen in der kindlich demütigen Aufrichtigkeit, die nur seinem sich selbst verleugnenden

Aufgehen in Jesu möglich ist. 24. „Ich freue mich jetzt in meinem Leiden für euch" (denn sein Gefängnis ist ein Leiden für die Heiden) „und mache, was noch fehlt an Trübsalen Christi, voll" (indem der Heiland an mir dafür gebüßt wird, daß die Heidenpredigt ins Leben gerufen ist, wie er gebüßt wurde dafür, daß er Israel zum Heil rief), „ich mache sie voll an meinem Fleisch für seinen Leib, welcher die Gemeinde ist (ich opfere gerne mein Fleisch für seinen Leib); 25. ihr bin ich ein Diener worden nach der Anordnung Gottes, durch die mir aufgegeben ward, an euch (Heiden) das Wort (das Gott heute ergehen läßt) zu erfüllen", 26. nämlich „das Geheimnis, welches von Ewigkeit her und von Geschlechtern her verborgen war, jetzt aber offenbar wurde Seinen Heiligen, 27. welchen hat Gott wollen kundtun, welches da sei der Reichtum der Herrlichkeit dieses Geheimnisses an den Völkern, welches ist Christus in euch (Heiden), die Hoffnung der Herrlichkeit." Die ganze hehre Freude über den unerwarteten Umschwung, den der Gang der Heilsgeschichte genommen, da Jesus sich den Heiden zuwandte, leuchtet hier hervor und ebenso eigentlich das offene Geständnis, daß dieser Umschwung etwas Unerwartetes war.

Um solche Freude zu verstehen, müssen wir uns in das Israelskind versetzen, das, in den Hoffnungen Abrahams und in den Erwartungen seines Volkes von dem kommenden Messias aufgewachsen, ihn nun in jenen Halbinseln des Mittelmeeres, jenen Sitzen heidnischer Kulturströmungen, angebetet sieht. Von Gott herab, aus den Tiefen Gottes heraus, ist dieses Wort gekommen, und jetzt steht es als ein Tatenwort auf Erden: Christus in den Völkern, in den Heiden, in euch. Das ist erstens der Reichtum der Herrlichkeit dieses Geheimnisses, wie der Heiland nun aller Menschen ist und unter den Menschen sein Walten hat. Es ist aber zweitens auch die Hoffnung der Herrlichkeit, die Gewähr, daß auch das Allergrößte, die Herrlichkeit (vergleiche Röm. 5, 2) nun erwartet werden kann. „Ihn, den Heiland, verkündigen wir", sagt er nun (28) in Worten, die wir im Anfang betrachtet haben, um zu sagen, wie sehr ihm daran liegt, diese große Aufgabe Gottes würdig im einzelnen auszuführen, und dies führt ihn, wie wir schon betrachtet, dazu, den Kolossern auch von seinem Ringen für sie zu erzählen.

Damit hat er so weit vorgearbeitet, daß sie diesen Wunsch nicht mißverstehen, wenn er auf Gewißheit und Vollständigkeit der Erkenntnis dringt. Hätte er dies von Anfang an gesagt, so hätten sie ihn dahin mißverstehen können, als dringe er ebenso auf ein nutzloses theoretisches Gescheitsein, nur mit Richtung auf einen anderen Gegenstand, wie ihre falschen Brüder; nun aber, nachdem er ihnen die großen Tatsachen oder die große Tatsache Christus vor die Augen gemalt hat, und gewißlich mit dem Erfolg, daß sie alle über ihre kleinen Gedanken über Jesus beschämt wurden, fühlten sie gewiß alle sich getroffen, wenn er ihnen sagt: Da fehlt es, das müßt ihr noch haben: „eine volle Erkenntnis des Geheimnisses Gottes, Christi." „In ihm", fährt er fort, 2, 3. „liegen alle Schätze der Weisheit und der Erkenntnis verborgen." Es ist verhängnisvoll töricht, des Heilands nur fürs Seligsein zu bedürfen und bei ihm sich wenig Ausbeute für den Verstand und die Weisheit zu versprechen, und doch kommt es immer wieder vor. Er sieht eben nicht danach aus, als wäre gerade dies bei ihm so reichlich zu finden, denn alle diese Schätze sind in ihm „verborgen",* 3. nicht im Schaufenster, daß ich so sage; sie müssen sich unheiligen Blicken, denen sie nur zum Verderben gereichen würden, entziehen. Sie wollen gesucht sein und liegen so, daß sie gesucht sein müssen. „Dies aber", so fährt er, eigentlich immer noch von sich und seinem Ringen über sie redend, fort, 4. „sage ich euch, damit euch niemand betrüge mit Rede nach bloßer Wahrscheinlichkeit"; 5. „denn ob ich gleich dem Fleische nach abwesend bin, so bin ich doch dem Geiste nach mit euch, mich freuend und anschauend eure Schlachtordnung und die Geschlossenheit eures Glaubens an Christum." Es scheint also, man hat sie über ihn irreführen wollen, etwa als kümmere er sich nicht sehr um sie; dem tritt er entgegen und gibt seine Freude kund.

* Vielleicht sollte ich mich Holtzmann gegenüber rechtfertigen, daß ich gerade diese Stelle (2, 2 u. 3) und noch einige andere, welche er dem Paulus abzusprechen sucht (z.B. 1, 15-18; 1, 19; 1, 21 u. 27; 2, 9), zu den Brennpunkten des Briefes rechne. Die Grenzen, die ich meiner Aufgabe stecken mußte, verbieten mir leider eine solche Rechtfertigung; und so kann ich nur eines für mich reden lassen: den strengen Zusammenhang der Gedanken des Briefes und die wenig paulinische Lehre des Holtzmannschen Auszugs.

Bis jetzt hat er noch kein Wörtlein von Tadel verlauten lassen, und gewiß aufrichtigerweise. Er verfährt überhaupt gerne so: lieber gebend als kritisierend, lieber ermutigend als tadelnd. „Wie ihr nun“, so fährt er fort, 6. „den Heiland, Jesus, den Herrn, ergriffen habt, so wandelt in ihm“; 7. „eingewurzelt und aufgebaut in ihm und befestigt; seid reich im Glauben, wie ihr gelehret seid, in Dankbarkeit.“ Jenes Bild vom Bau, das uns in der Petruszeit begegnete, wird ergänzt durch das Bild des wachstümlichen Baues des Baumes: Euer Fundament habt ihr im Heiland und auch eure Wurzeln. Es ist gleichsam ein nahrunggebendes Fundament, und so seid in ihm (das große Wort, das namentlich Röm. 8, 1 an hervorragender Stelle steht); ob auch noch an eurer Kenntnis Christi etwas fehlt – ihm selbst, in welchem ihr seid, fehlt ja deshalb nichts; seid nur fest in ihm, wie ihr ihn habt, so wird alles kommen.

Jetzt erst beginnen die Warnungen: 8. „Schaut darauf, daß euch nicht jemand als Beute wegführe (das Wort heißt nie: jemanden berauben, nur: etwas rauben; sie sind die Geraubten, nicht die Beraubten) durch die Wissenssucht und durch leeren Betrug, nach der Überlieferung der Menschen und nach den Elementen oder Gesetzen der Natur und nicht nach Christus.“ Des Wortes „Philosophie“ bedient er sich hier nicht als eines Eigennamens für eine bestimmte Wissenschaft, sondern in seiner ursprünglichen Bedeutung als Weisheitsliebe, jedoch in tadelndem Sinne.* Wir müssen hierbei nicht etwa an den heutigen Klang des Namens, namentlich nicht geradezu an eine Tendenz zum Unglauben denken; die Philosophie, die er bekämpft, könnte ebensogut einer abergläubischen Färbung bezichtigt werden; es ist alles natürliche, nicht gerade sündliche, aber auch nicht direkt heilige Denken gemeint, das sich ins Religiöse mischen will; alles, was ein System des Daseins zusammensetzen oder die Rätsel des Daseins in einer Weise lösen will, in der nicht Jesus

* Den Unterschied, der zwischen einer unnützen Liebe zum Erkennen und der heiligen, ernsthaften Weisheit besteht, hat Lessing, ohne es zu wollen, deutlich illustriert mit jenem Wort, das er hoffentlich nicht so gar ernst gemeint hat: „Wenn man mir die Wahl ließe zwischen der Wahrheit selbst und dem Suchen derselben, so würde ich das letztere vorziehen.“ Er sucht also nicht, um zu finden, nicht aus Wahrheitshunger, sondern um zu suchen, als reiner Spieler.

Christus der einzige Schlüssel ist. Gerade um unsere Beziehung zum sichtbaren Dasein in das helle Licht, das uns durch Christum geworden ist, zu stellen, spricht nun der Apostel den großen Satz aus: 9. „Denn in ihm, in Christo, wohnt die ganze Fülle der Gottheit körperlich." Das Körperliche, der Stoff, macht uns den Eindruck des „Nicht-Gott", andererseits aber des vorzugsweise Festen und des eigenen Kräften Gehorchenden. Wir schreiben ihm deshalb gerne irgendwie eine selbständige Macht zu, als wäre es ein Gott neben Gott. In Jesu ist mit einem Mal das Körperliche gewürdigt; in Jesu ist Körperliches, das von Gott erfüllt ist. Es scheint paradox, aber Jesus ist die einzige ewige körperliche Realität, eine neue Seinsweise des Körperlichen, an der wir teilhaben, eine solche, in welcher die ganze Fülle der Gottheit wohnt. Dieser Satz ist dem Apostel auch die Grundlage für seine Bekämpfung der unten auftretenden Irrtümer. Weil in Jesu die ganze Fülle der Gottheit körperlich wohnt, darum haben wir nach den Naturkräften nicht mehr zu fragen, nämlich religiös nicht, weder mystisch-religiös noch auch – um die Sache für heute verständlicher zu machen – gewissermaßen medizinisch-religiös. Den Nahrungs- und Genußmitteln, dem, was wir essen und trinken, wohnt natürlich ein Einfluß auf uns inne, sei's ein positiver, nützlicher, sei's ein negativer, schädlicher, sei's eine Mischung von beidem. Das dürfen wir schlicht hinnehmen, auch nach unserem Verstand verwenden, auch medizinisch; aber auf keine Weise dürfen wir solchen Einflüssen, wäre es auch nur insgeheim, eine religiöse oder geheimnisvolle Bedeutung zuschreiben, keiner Sorte von Erde eine abgöttische Verehrung, ein ans Religiöse grenzendes Vertrauen, eine halbreligiöse Begeisterung weihen, Wunder von ihr erwarten. Wunder sind die Domäne Jesu allein. Eigentliches Wunder am Menschenkörper, das heißt Heilung, ist Teilhabe an jener Körperlichkeit Jesu, in welcher die Fülle der Gottheit wohnt, und ich gestehe es, ich glaube, kein Mensch ist oder wird körperlich eigentlich gesund als nur durch Jesus. Das ist ein bescheidener Teil des Wortes Jesu: „Wer an mich glaubt, hat ewiges Leben." So stark wie ich berührt allerdings der Apostel dieses Gebiet hier nicht; er hat es eben nicht nötig. Der Zeitirrtum, den er zu bekämpfen hatte, lag nach einer anderen Seite hin, nach der Seite einer seelisch-sittlichen Bedeutung, die den Speisen innewohne; man betonte mehr als heute einen Unterschied von rein und unrein in den Speisen und schrieb vielleicht jenen unbestreitbaren Wirkungen mancher Genußmittel auf unser Nervenleben, unsere Seelenstimmungen eine mystische Ursache zu. An die mehr physischen Wirkungen auf unser Körperleben dachte man allerdings damals vielleicht weniger als heute, denn kaum hat man damals so naiv der Natur allmächtige Gottheitskräfte zugeschrieben, wie es heute geschieht. 10. „Und in ihm seid ihr erfüllt (mit jener Gottesfülle), in ihm, der das Haupt ist aller Herrschaft und Gewalt"; in ihm steht ihr nicht mehr im Passiv, im Beeinflußtwerden, sondern im Aktiv, im Herrschen; ihr seid über allem, nicht unter allem.

Soviel gegenüber den nachteiligen Einflüssen der Natur, die man fürchtete. Hierauf kommt er auf eine Maßnahme äußerlicher Art, die an unserem Leib vollzogen wurde, zu sprechen, und von der man sich einen heilsamen Einfluß religiöser Natur versprach, auf nichts Geringeres als die uns wohlbekannte Beschneidung. 11. „In ihm wurdet ihr auch beschnitten, mit einer nicht von Händen vollzogenen Beschneidung, in der Ausziehung des Leibes des Fleisches, der Beschneidung Christi." Der Apostel beschreibt hier in massiver Weise wie sonst kaum wo die entscheidende Tat, die der Christ durch die Taufe in den Tod Christi an sich vollzogen hat, jenes Anheften (Gal. 5, 24) seines Fleisches mit seinen Lüsten und Begierden an das Kreuz Jesu Christi. Wir haben den Leib des Fleisches ausgezogen, jenes Fleisches, das, im Bild geredet, der Leitungsdraht der Einflüsse der Natur auf unser Ich ist, und durch die Taufe in den Tod Christi wurde dieser Draht zerschnitten, sofern wir uns dieses Mitgekreuzigtseins und Mitauferstandenseins bewußt bleiben. Wir bleiben im Fleisch, aber dem beherrschenden Einfluß des Fleischesleibes ist unser Ich enthoben; es ist ein Riß geschehen, und der ganze Mensch, Leib und Seele, ist schon von jener Körperlichkeit Christi durchwaltet, in welcher die ganze Fülle der Gottheit wohnt. 12. „Mit ihm seid ihr begraben in der Taufe, in ihm auch mitauferweckt durch den Glauben, diese Wirkung des Gottes, welcher ihn von den Toten auferweckt hat." Der Glaube, der in uns aufblitzte, entfloß derselben

Machtwirkung Gottes, durch die Er Jesum auferweckt hat, einer Machtwirkung, die mit der Auferstehung Jesu als eine fortwirkende in die Menschheitsgeschichte gesetzt wurde. Es scheint fast, die Zumutung, sich beschneiden zu lassen, sei in der Tat den Kolossern nicht aus so hoch kirchenpolitischen Gründen wie den Galatern zugemutet worden, sondern mehr angeraten als ein wirksames geistiges Arzneimittel, wie ja in der Christenheit oft wieder allerlei sakramentähnliche Beförderungsmittel des Heils aufkommen und empfohlen werden. Der Apostel hat für diese Frage die durchschlagendste Antwort gefunden. Wie kann man einen Gestorbenen und Auferstandenen beschneiden wollen?

Im weiteren verfolgt der Apostel die große geschichtliche Wirkung des sterbenden und auferstandenen Heilands über beide Gebiete: Juden und Heiden, indem er nun im größten Maßstab die Wandlung schildert, die sich in der Geistesgeschichte beider vollzog. „Euch (Heiden), die ihr tot wart in Übertretungen und in der Vorhaut eures Fleisches, hat Gott mit ihm lebendig gemacht, nachdem Er uns (Juden) alle Sünde geschenkt hatte, indem Er die Handschrift, die in ihren Sätzen gegen uns sprach, auslöschte, sie aus der Mitte tat und am Kreuze anschlug“ (13 u. 14). Er hat mit dem Kreuzestod Jesu Israels Geschichte in wunderbarer Berechnung abgeschlossen und gänzlich neu gewendet durch die einfache Forderung, den Gekreuzigten als seinen Heiland anzuerkennen. Indem Israel seinen Messias, Gottes Sohn, gekreuzigt, hat es sich selbst verdammt, Gottes Verdammungsurteil über sich selbst ausgesprochen und bestätigt und ist damit vor Gott in die rechte Missetäterlage gekommen. Jenem Israel, das dies anerkennt und den Heiland für seine Sünden gekreuzigt sein läßt, hat Gott alle Übertretungen geschenkt. So ersteht im Kreuze Christi, aus dem Grabe des alten Israel und seiner Geschichte, eine neue mit ganz anderer Devise, anderem Wahlspruch: nicht des Gebotes, sondern des Glaubens an den gekreuzigten Messias. Er hat uns geschenkt alle Sünden; und alle Forderung der Gottes- und Nächstenliebe, welche vorher drohend von des Gesetzes Handschrift ausging, geht nun ergreifend vom Kreuz Christi aus. Die Forderung Gottes hängt nun am Kreuz Christi; sie ist aber nur, soweit sie eine

Schuldforderung ist und an alte Schuld erinnert, ausgelöscht, aber ihrem göttlichen Sinn nach eigentlich nicht vernichtet, sondern in voller Feuersglut der Liebe dringt sie nun vom Kreuz Christi aus auf uns ein. (Eine bedeutsame Bestätigung dieser Wahrheit ist der Umstand, daß wir in der kirchlichen Poesie nur in den Passionsliedern die Nächstenliebe warm und herzlich besungen sehen.) Dadurch war aber auch die rechtliche Möglichkeit erschlossen, auch die Heiden in und mit dem Auferstandenen lebendig zu machen, denn wenn bewußte Übertretungen verziehen wurden, wie sollten nicht unbewußte Sünden verziehen werden?

Noch ein anderes war der Lebendigmachung der Heiden vorangegangen, 15. „Gott hat ausgezogen die Mächte und Gewalten und sie Schau getragen öffentlich und sie am Kreuz im Triumph aufgeführt." Der Grieche unterscheidet in seiner Sprache mindestens so genau wie wir, ob ich einen Rock mir ausziehe oder einem anderen, und hier bedient sich der Apostel des Ausdrucks, der dem ersten Fall entspricht. Gott hat Sich der Mächte und Gewalten als einer Ihn umgebenden Hülle entledigt. Der Apostel denkt offenbar an die Verheißung Jes. 25, 7, an deren Erfüllung er so herrlich als Werkzeug beteiligt sein durfte: „Gott wird auf diesem Berge die Hülle hinwegtun, womit alle Völker verhüllt sind." Die Hülle ist eigentlich das, was uns Gott unsichtbar macht; wir könnten aber von Graden solcher Unsichtbarkeit reden, im Bild einer Mehrzahl von Hüllen. Auch dem Volk Israel, ja auch der Gemeinde Jesu blieb Gott noch unsichtbar, aber doch in einem weit minderen Grade als den Heiden, denen fast jede Ahnung von einem Dasein Gottes verlorengegangen war. Diese verbergende Scheidewand kann als Hülle vor Gott oder als Hülle vor unseren Augen betrachtet werden; dem Wesen nach ist es dasselbe. Worin besteht denn diese Hülle? Sie ist, wie wir ja leider nur allzu gut wissen, nicht bloß Produkt der Phantasie eines Dichters, sondern schauerliche Wirklichkeit. Was ist sie denn? Der erfahrene Heidenapostel erkennt in ihr wieder jene Throne und Herrschaften; sie stellen sich zwischen uns und Gott. Sie sind gleichsam transparente, durchscheinende Hüllen; ein Glanz von Gott her leuchtet von ihnen uns entgegen und gibt ihnen das Hinreißende, Begeisternde.

Diese Hüllen haben oft ein Antlitz, das sich für Gottesantlitz ausgibt, als Zeus oder Moloch; jedoch nicht immer. Aber was immer sie uns bieten, es ist eine Mischung von eigenem Schein und erborgtem Gottesglanz und unterbricht unsere unmittelbare Beziehung zum Vater. Als Hülle über uns betrachtet, könnten wir sie auch mit einem Bilde der Neuzeit Brillen nennen, politische, religiöse, wissenschaftliche Parteibrillen, ja Familienbrillen und dergleichen. Diese Hüllen oder Brillen haben alle einen objektiven Hintergrund, und so ist denn auch, was der Apostel über das Verfahren Gottes mit ihnen erzählt, objektiv gemeint. Gott hat sich dieser Hüllen tatsächlich durch den Kreuzestod und die Auferweckung Jesu entledigt und sich der Menschheit als der allein wahre Gott kundgetan. Durch die Kreuzigung des Menschen Jesu Christi, des Sohnes Gottes, haben diese Mächte das ihnen aus dem Abfall der Menschen, welcher eigentlich ihr Meisterwerk war, erwachsene Recht, sie zu betrügen, verwirkt. Jene Mittelschicht, welche im Polytheismus in naiver Massivität, heute in aufgeklärter Verschwommenheit sich in unserem Geist zwischen uns und Gott gestellt, ist durch den wunderbaren Feuersglanz des Kreuzestodes Jesu durchbrochen. In ihm hat der heilige Gott Seine ganze Heiligkeit, aber auch Sein volles väterliches Vergeben so überwältigend an jeden Menschen geredet, daß gerade durch diese Gemütstat all die Medien halbheiliger Vermittlungen durchbrochen werden und der Missetäter Mut hat, Gott ins Angesicht zu sehen. 15. „Er hat sie ausgezogen und sie Schau getragen öffentlich und einen Triumph aus ihnen gemacht." Auch dies redet Paulus aus der Fülle seiner Erfahrungen heraus, z. B. seines Wirkens in Ephesus, wo es bald landauf landab hieß: „es ist nichts mit der Diana"; und aus dem Herzen aller seiner Heidenchristen, die nun über jene Götter lächelten, vor denen sie einst gezittert.

Auf diese im Donnerton des Triumphes abschließende Schilderung der großen Gottesgeschichte geht der Apostel unmittelbar in souveräner Überlegenheit auf die kleinlichen Mittelchen ein, mittels welcher allerlei geistliche Glücksritter den Kolossern ihre geistliche Lage um ein Weiteres aufzubessern versprachen. 16. „Niemand soll euch also richten in Speisen oder in Getränken oder in Sachen von Festen, Neumonden und Sabbaten, was alles nur Schattenriß ist der Dinge, die kommen sollen; 17. der Körper aber (die Sache) ist (der Körper) des Heilands. 18. Niemand soll euch niedermeistern, beflissen einer Bescheidenheit und eines Gottesdienstes der Engel, Dinge, die er nie gesehen hat." Diese Worte sind aus Vers 21 zu verstehen. Der Mensch ißt und trinkt, der Engel vermutlich nicht, und wer sich Essen und Trinken versagt, strebt eine Weise, Gott zu dienen, an, welche gewißlich der Engel Art sein wird, die aber uns in unserer Sphäre nicht obliegt und von der wir gar nicht einmal eine Vorstellung haben. Ein solcher 18. „forscht eitel, ins Fruchtlose, Unbestimmte, aufgeblasen von dem Verstand seines Fleisches, 19. ergreift nicht" (fast möchte man sagen: packt nicht) „das Haupt, aus welchem der ganze Leib mittelst der Zusammenhänge und Bänder, einander dienstleistend und zusammenschreitend, wächst – das Wachstum Gottes." Hiermit hat der Apostel mit der Sicherheit des Heiligen Geistes den Mittelpunkt des Irrtums getroffen. Es hilft nichts, nur die Produkte eines irrigen Denkens im einzelnen zu bekämpfen, noch auch nur den falschen Ausgangspunkt der Gedanken. Es muß das Kranke an der persönlichen Stellungnahme des betreffenden Geistes aufgefunden werden. (Der Apostel denkt wieder an die Hüllen, die Throne und Herrschaften.) Sowie wir uns in unserem Denken uns selbst überlassen oder uns auch menschlich auf andere Menschen verlassen, sind wir mehr oder weniger der Spielball jener Mächte; es gilt, sich von aller beherrschenden Macht jener Ideen und Prinzipien zu befreien, achtzuhaben, ob nicht anderes geistiges Gottartiges durch den Glanz der Ideen auf mich wirken will; es gilt, solchem innerlich unvermerkt begeisternden Einfluß gegenüber unbedingt kühl zu sein und mit fester Energie, fast wie ein Ertrinkender, sich des Hauptes zu bemächtigen, direkt nur vom Allerhöchsten, nur vom Heiland selbst, erleuchtet und beeinflußt sein zu wollen. Das ist eine Pflicht der Freiheit und eine Pflicht des Gehorsams und bedarf einer Energie gegenüber den einschmeichelnden Einflüssen der Hüllenbegeisterung, einer Kraft der Demut und Selbstverleugnung, gleichsam der Nullität, und eines Mutes des Glaubens. Der Apostel redet aus seiner eigenen Erfahrung. Auch Luther hat auf solche Weise seinen ersten befreienden Lichtblick von oben empfangen. Damit ist bei weitem nicht gesagt, daß echte Christen auch voneinander nichts annehmen dürfen; es folgt das gerade Gegenteil, denn wer das Haupt erfaßt, der erhält und erkennt seinen Ort, an welchen er im Leibe Christi gesetzt ist; er wird Organ, anderen zu Dienst und Nutzen, und sieht auch in anderen Organe für sich. Wo es so steht, da ist Organismus. Das Reich Jesu ist nicht eine Republik (ich sage dies als in bürgerlicher Beziehung guter Republikaner), sondern eine Monarchie. Bei den Pflanzen höherer Ordnung werden Partien von Zellen massenhaft zu speziellen Zwecken bereitet, fast geopfert, und dienen dem großen Ganzen; aber durch diese Einschränkungen der Dienstleistungen für den Zweck und durch die Mannigfaltigkeit der Zwecke entsteht ein harmonischer Bau. Bei den niederen Pflanzen, Flechten und Algen, bedeutet und leistet jede Zelle ungefähr soviel wie die andere, das heißt nahezu nichts. Bei dem geistlichen Anarchismus vollends oder Separatismus zerfallen die Bestandteile in Atome. Eines jeden Erkenntnis bewegt sich in der vollen Unsicherheit der Willkür, und das Ganze bietet das Bild der Verwesung. Es ist noch nicht geholfen, wenn solche Atome sich zu Gruppen konstituieren, zu einem gemeinsamen System, zu einem gemeinsamen Bekenntnis, immer noch können sie unter dem Einfluß eines Thrones stehen; es hilft nichts als das direkte, persönliche Erfassen des Hauptes. Es berühren uns heute solche Ausführungen, wie auch die ähnliche in Eph. 4, 16, wehmütig. Die Kirche bedürfte einer von oben herab gewirkten, vom Heiligen Geist unterstützten, von Jesu angeordneten Organisation um so mehr, als sie eine Menge besonderer Aufgaben hat, die nicht von allen einzelnen in beliebiger Mehrzahl gelöst werden können. Die bei den Gläubigen unserer Tage vielfach zu findende Geringschätzung der Erkenntnis und Betonung des Gefühls stammt aus dieser Zerfahrenheit und der daraus hervorgehenden Ratlosigkeit, ja Unsicherheit über viele hochwichtige Elemente der Wahrheit und ist einer Geringschätzung der Tatsachen nur allzu verwandt. Eine menschlich feste Organisation hat der Apostel weniger im Sinn; es ging durch Gaben des Geistes, die sich von selbst beglaubigten, wie auch noch durch besondere äußere göttliche Beglaubigung. Aber die Gemeinde Jesu war eine Gesamtperson, mit mehr oder minder deutlich erkennbarer Gliederung.

20. „Wenn ihr", so fährt der Apostel nun fort, „mit Christo den Gesetzen oder Kräften der Welt entstorben seid, was laßt ihr euch bevorschriften, als lebtet ihr noch in der Welt? 21. Rühr's nicht an, koste es nicht, lange nicht danach (der Apostel erweist diesen Dingen, vor deren Genuß gewarnt wird, die Ehre nicht, sie zu nennen), 22. was doch alles Dinge sind zur Verzehrung durch den Gebrauch, nach den Geboten und Lehren der Menschen; 23. das alles hat einen Namen von Weisheit und besteht in eifriger Gottesdienstlichkeit und Demütigung und Peinigung (oder Nichtschonung) des Leibes, nicht in irgendeiner Ehre, zur Befriedigung des Fleisches." Diese vermeintliche Engelsfrömmigkeit trägt dadurch das untrügliche Kennzeichen des geringen menschlichen Willens gegenüber dem Göttlichen an sich, daß alles aufs Kleinliche und Kleinlichste hinausläuft; der Schwerpunkt der Religion wird nach der Seite des Magens hin verschoben, recht im Gegensatz zu Röm. 14, 17: „Das Reich Gottes ist nicht Essen und Trinken (das heißt: was du ißt oder trinkst, ist für das Reich Gottes gleichgültig), sondern Gerechtigkeit, Friede und Freude im Heiligen Geist"; auf eine besondere Weise sich zu nähren, darauf läuft die große Heilsgeschichte Gottes [dabei] hinaus. Die Leistungen anerkennt der Apostel als redliche, energische, aber er sagt: in irgendeiner Ehre sind sie nicht; der Apostel denkt vor allem an die Ehre vor Gott; Gott hat nichts davon – und legt darum auch nichts darauf. Aber es liegt auch vor den vernünftigen Menschen – es liegt überhaupt keine Ehre darin, dazu fehlt es zu sehr an innerem sittlichem Wert und an einem ersichtlichen Nutzen der Leistung. Aber nachdem der Apostel gesagt, was diese Leistung dem Betreffenden nicht erzielt, nennt er nun noch in überraschender Weise das, was sie ihm erzielt: eine sinnliche Befriedigung. Ganz ähnlich wie der Heiland den Pharisäern sagte: „Euer alter Wein dünkt euch milder", „euer Fasten greift minder tief in die inneren Burgen der Menschennatur als mein neuer Wein der Wiedergeburt", so sagt der Apostel diesen künstlich Enthaltsamen: Diese eure künstliche Lebensweise, vermeintlich nur Frommes zu essen und zu trinken, gereicht euch dazu, ein

scheinbares Frömmigkeitsbewußtsein zu haben, das weiter gar nichts ist als Beruhigung oder Befriedigung des Fleisches.

Die religiöse Krankheitserscheinung, welche der Apostel hier bekämpft, ist offenbar sehr allgemeiner Natur und hat mit jenen großen Parteien, denen wir begegnet sind, etwa der judenchristlichen, nichts zu tun. Dem spekulierenden Denken und dem Eifer für allerlei besondere sittliche Leistung war durch das Christentum, besonders wo es mehr verschwommen bekannt wurde, sicherlich ein Impuls gegeben, und gerade jene Westküste Kleinasiens war ja immer durch geistige Regsamkeit ausgezeichnet. Da sehen wir Leute, welche in die Geheimnisse der Natur, in die sittlichen oder unsittlichen Kräfte, die sie wirklich oder vermeintlich durchwalten, einzudringen versuchten und auch eingedrungen zu sein meinten, und aufgrund solchen vermeintlich höheren Wissens warnten sie vor manchen Speisen. Es tritt uns hier in begrenzter Weise eine großartige, edle Geistesmacht in der Heidenwelt entgegen; ich denke an jene Throne und Herrschaften, eine Macht, die wohl ihren klarsten und schönsten Ausdruck im Buddhismus gefunden hat. Der Buddhismus erdreistet sich eigentlich in seiner ursprünglich reinen Erscheinung (Buddha) nicht, religiös schöpferisch aufzutreten, was ja nur durch Offenbarung oder durch Lüge möglich wäre. Er nimmt die jeweilig vorgefundene Religion als ein Gegebenes, befaßt sich nicht mit Mythologie, behelligt auch seine Götter nicht, kann sich deshalb jedem Religionssystem, wenigstens anfänglich, anschmiegen und steigt völlig auf das Gebiet hinab, das in des Menschen Bereich ist, auf das sittliche. Hier hat er seine Religion; hier versenkt er sich nicht ohne hohen Ernst in die ganze sittliche Mißlage, in welche die erbarmungs- und erlösungslose Menschheit gestellt ist, mit ihrer Ewigkeitsanlage und ihrem Ewigkeitsbedürfnis neben einem gänzlichen Mangel an jeder Anweisung, wie sie dasselbe befriedigen könne. Und hier findet der Buddhismus als lösende Antwort sein furchtbar düsteres Losungswort: es ist die Parole des Todes. Er wählt den Tod; und damit ist er gewissermaßen aller Widersprüche entledigt. Verzichte auf das Leben, in das auch du hineingeboren bist! Dieser Verzicht tröstet sich in der Regel mit einer unklaren Seligkeitshoffnung im Jenseits, einer Entschädigung oder

Belohnung für den Verzicht aufs Diesseits. Auch hierin ist der Buddhismus am klarsten und konsequentesten; seine Hoffnung entspricht seinem Moralprinzip; er hofft, und zwar mit glühender Sehnsucht, auf das Nichts. Er wählt den Tod, und damit ist er gewissermaßen des Widerspruchs entledigt. Liegt im Genießen eine sinnliche Befriedigung, so liegt im Entbehren auch eine Befriedigung höherer, scheinbar geistiger Art, und der ganze Weltzusammenhang scheint dem edleren Menschen zuzuflüstern: Das ist der einzig sittliche Weg. Er wäre es, wenn es ohne die Erlösung einen Weg gäbe. Der Heiland ist denselben Weg gegangen; er hat den Tod gewählt, aber er hatte bei weitem nicht im Sinn, im Tod zu bleiben; er hat gesiegt. Wie sonderbar nun, wenn in die Herrschaftsgebiete Jesu hinein diese Todesbestrebungen sich einmischen wollen, um Jesu nachzuhelfen; und welch verderbliche Wirkung muß es haben, wenn diese Tendenzen Anerkennung und Befolgung finden, denn durch sie wird sofort die ganze große Tatsache in ihrer Majestät und Realität als etwas Nebensächliches in den Hintergrund gedrückt. Es kann geradezu eine heilige Schönheit und Wahrheit darin liegen, wenn wir einzeln oder gemeinsam jeweils unserer ernsten Stimmung vor Gott durch Verzicht auf gewisse Genußmittel Ausdruck geben, sogar wenn es von ganzen Kirchen und zu regelmäßig wiederkehrenden Zeiten geschieht, ähnlich wie wir unserer Trauer bürgerlich Ausdruck geben durch Verzicht auf die Farbe an unseren Stoffen; und ebenso kann, wenn ein gefährliches Genußmittel, wie der Branntwein, zu einer sozial sittlichen Kalamität herangewachsen ist, ein allgemeiner Verzicht darauf als großes sozialpolitisches Kampfmittel gerechtfertigt sein. Aber verhängnisvoll können diese Bestrebungen werden, sobald ihnen irgendwie religiöser Charakter zugeschrieben wird, sei es, daß man unter den Genußmitteln, unter den verschiedenen Sorten Erde einen Unterschied feststellt nach dem Grad der ihnen innewohnenden Religiosität, wie z.B. ja die Quäker sogar in den Farben etwas Sündliches finden und nur schwarz, weiß und grau für ihre Kleidung sich erlauben, oder sei es, daß man, vielleicht um den Zweck um so mächtiger zu erreichen, das Christentum zu einem Mittel erniedrigt, irdisch sittliche Zwecke zu erzielen. Es geschieht immer auf Kosten der

Majestät Christi und der Tatsachen des Heils, erweckt auch immer die Illusion, als ob mit solchem Enthalten schon eine Gewähr für das Seligwerden geboten wäre, oder die Gefahr, den Erfolg einer löblichen Seelenanstrengung mit der Wirkung Gottes und Christi zur Wiedergeburt zu verwechseln.

Der Apostel hat, wie wir sahen, den geistigen Schein der Sache vernichtet, den sittlichen Wert, die sittliche Ehre bestritten und wird immer mehr der kleinlichen Auffassung durch die Menschen in ihren Satzungen die große Auffassung des Menschen durch Gott entgegenhalten. Wie er dem Eintreten für diese kleinlichen Zumutungen die großen Taten Gottes vorangestellt, so stellt er nun denselben die volle Höhe des Lebensstandes gegenüber, in welche wir durch Jesum gestellt sind, und die große Zumutung, mit dieser Höhe Ernst zu machen. Kap. 3, 1. „Seid ihr nun mit Christo auferstanden, so suchet, was droben ist, wo Christus ist, sitzend zur Rechten Gottes; 2. sinnet das, was droben ist, nicht das, was auf Erden ist." Es ist ihm ein großes Anliegen, daß wir dieses unseres Auferstandenseins in vollem Ernst innewerden, darum fährt er fort: 3. „Ihr starbet ja, und euer Leben ist mit Christo in Gott verborgen." 4. „Wenn aber Christus, euer Leben, offenbar werden wird, dann werdet auch ihr mit ihm offenbar werden in Herrlichkeit." Ihr starbet, das ist euch wohl in Erinnerung, ihr starbet in Buße und Vergebung der Sünden; euer Leben dagegen, euer Auferstandensein, entzieht sich immer wieder der Wahrnehmung, so daß ihr in Gefahr seid, diese Tatsache zu unterschätzen. Euer Leben ist ein Leben im Heiland; weil er aber durch die Himmelfahrt in die Verborgenheit Gottes zurücktrat, so ist auch euer Leben mit ihm in Gott verborgen, und euer Größtes, das heißt, das Größte, was ihr erlebt und erfahrt oder leistet, perlt immer sofort in die Himmel hinauf, in die Verborgenheit Gottes, so daß es für Augen fast aussieht, als wäre es alles nichts. Da gilt es, sich dadurch nicht irremachen zu lassen und die Größe der Realität freudig im Auge zu behalten. D o r t, in G o t t, ist das Wirkliche und häuft sich ein Wirkliches von künftiger Welt, ein Schatz von Herrlichkeit: d o r t ist euer L e b e n. Daß ihr mit Christo auferstanden seid, das ist also nicht Schein, sondern lauter Schein ist das, was euch diese Wahrheit verbergen will. Eure unerläßlichste, ausgiebigste Glaubensaufgabe ist nun erstens: Das Auferstandensein Jesu, ihn, den Auferstandenen, festzuhalten, und zweitens: zu glauben, daß ihr mit ihm auferstanden seid (vergleiche Röm. 6, 8 und 11).

Ich kann die große Antwort, die der Apostel hierin jenen kleinlichen Leistungen entgegenstellt, wohl am besten beleuchten, wenn ich ihn fragen lasse: Welches sind die praktischen Ziele? Was will Gott, daß es geschehe und durch uns geschehe? Er will die Erlösung, die Regeneration, die Wiedergeburt der Welt, ihre Einverleibung in den Leib Christi. Das ist das große Ziel, und dieses Ziel entfaltet sich einem jeden von uns durch die Mannigfaltigkeit seiner Lebensverhältnisse in einer Fülle von Einzelzielen. Alles bloß irdische Tun, mit bloß irdischen, menschlichen Mitteln – so eifrig, so opferfreudig es sein mag – hat irdischen, zeitgeschichtlichen, menschlichen Wert und darum etwelche Geltung vor Gott; aber eine christliche Tat im eigentlichen Sinn des Wortes, ein Tun Christi durch uns ist es noch nicht; denn in allem diesem sind wir die Reichen und arbeiten für ihn, den Armen. Wäre des Apostels Leben nur mit solchem Tun erfüllt gewesen, wir wüßten nichts von demselben. Darum ruft er als ein erfahrener Praktiker: „Suchet, was droben ist!“ Droben sind die Kräfte, welche der Erde helfen, und diese auf die Erde herabzubekommen, das ist unsere Aufgabe. Droben sind die Kräfte der Weisheit und der Erkenntnis, und nicht auf Erden; droben sind auch die Hilfskräfte für alle körperliche und Seelennot; droben ist das ewige Erbarmen gegenüber jedem Menschen, die Vergebung der Sünden, die des Bußfertigen harrt; droben ist der Heiland, und zwar sitzend zur Rechten Gottes, ausgerüstet mit aller und jeder Macht zu helfen. Er will aber gesucht sein, oft auch mit Anklopfen. Und damit, daß wir von dorther die Hilfe suchen – damit allein dienen wir der armen Welt, und dienen wir somit auch Gott. Und wenn ihr einmal suchet, was droben ist, so geschieht es von selbst, daß ihr auch sinnet, was droben ist. Die Engel im Himmel interessieren sich für alles auf Erden, aber gewissermaßen in äußerst beschränkter Weise. Dinge, die uns allen äußerst wichtig und interessant erscheinen, sind ihnen gleichgültig; ein Sünder, der Buße tut, der ist ihnen eine Erquickung in ihrem Kummer, der erweckt ihren Jubel. Des Heilands großes Werk zur Erlösung der Welt, das sei es, was euch als die Anteilhaber daran interessiere, das sinnet! Und zwar nicht als euren Sieg, als irdischen Sieg; das ist Schein. Jene Gottessiege des Heilands, jene Versöhnungssiege im großen, wie er sie plant, die sollen euer Herz beschäftigen. Es ist ein Sinn des Glaubens, Hoffens und Liebens, durch welchen wir zwischen Himmel und Erde gestellt sind.

Dies sind die großen, die positiven Ziele und Aufgaben. Es bleiben ihm allerdings auch negative sehr ernster Art, weit ernsterer als jene ebenfalls sämtlich negativen, aber fruchtlosen Aufgaben; und hier sehen wir den hohen Ernst des Apostels nach einer zweiten Seite hin gewendet: „Nicht Mücken seihen!" das hat er bis jetzt zugerufen; „nicht Kamele verschlucken!" ruft er nun. Ihr seid gestorben, aber eure Glieder sind nun einmal noch auf Erden. Hütet euch vor ihnen, führt Krieg wider sie bis aufs Messer: „Tötet eure Glieder, die auf Erden sind"; (5.) und nun folgen wieder jene schauerlichen Verwilderungen der Schöpferkräfte Gottes in uns, wo sie sich zu unserem und anderer Verderben kehren, die uns schon Gal. 5 begegnet sind: „Hurerei, Unreinigkeit, Leidenschaft, böse Begierde", und hierzu gesellt er noch die „Habsucht", mittelst welcher der Mensch sich eine kleine Gottheitsstellung auf Erden zu verschaffen sucht; 6. „um beider willen kommt der Zorn Gottes." Wie sehr oft das letztere, die Habsucht, dem ersteren die Hand reicht und umgekehrt, paßt sich leider nicht wohl zu sagen. Diese Glieder tötet! Weniger tief sitzen andere sittliche Gebrechen, nicht wie Glieder mit uns verbunden, sondern wie Kleider. 8. „Leget ab Zorn, Hitze, Bosheit, Schmähen, Schimpfen, das aus eurem Munde geht." 9. „Lüget einander nicht an." Jene eigentümliche Gärung des Mißmuts in Haß und Verstimmung, die sich sofort in sonderbarer Lebhaftigkeit kundgibt – legt es ab, es ist ein schmutziges Kleid!

Stehen wir noch einmal vor diesen ernsten Zurufen still. Also solcher Art, daß man ihnen noch solches zurufen muß, sind diejenigen, denen er soeben mit solchem Nachdruck gesagt hat: „Ihr seid mit Christus gestorben und auferstanden"; so wenig engelsgleich denkt er sich dieselben, so nüchtern und hausbacken will er die Folgen des Heils Christi für uns aufgefaßt und geglaubt wissen, wenn wir ihn einmal erfaßt haben; auch wenn noch allerlei Schlimmes an uns haftet – es ist ja sehr schwer, aber es darf uns den Glauben an unser Auferstandensein nicht stören. Wir bleiben die Nichtswürdigen und haben als solche gegen unsere Nichtswürdigkeit bis aufs Blut zu kämpfen, aber wir sollen uns wohl hüten, deswegen das, was Christus für uns ist, von uns zu werfen; wir sollen es nur um so heftiger festhalten. Unser Sieg gegen unsere Nichtswürdigkeit besteht nur im Siege Jesu und also nur in unserem Gestorben- und Auferstandensein. Ein anderes Streben wäre das Spiel einer bloß so genannten Frömmigkeit ohne Glauben, wobei Jesus nichts zu tun hätte, mit keinem anderen Resultat als etwa einem uns oder andere beruhigenden Schein. Diesen Gedanken entsprechend ist denn auch die Anleitung, die ihnen der Apostel für siegreichen Kampf gibt. Wir denken uns als Waffe zum Sieg immer zunächst Festigkeit des Willens, die uns aber plötzlich im Stich lassen kann. Der Apostel weist uns auf etwas Ursprünglicheres hin, woraus die Festigkeit erfolgen kann: auf die Klarheit des Bewußtseins. Wisse, wer du nun geworden bist, was du schon getan hast und was an dir geschehen ist! „Ihr habt ja", so fährt er fort, 10. „ihr Kolosser, in der Taufe den alten Menschen mitsamt seinen Taten ausgezogen (er redet als von etwas Geschehenem) und den neuen angezogen, der erneuert wird zu Erkenntnis nach dem Bild dessen, der ihn erschaffen hat." Das wunderbare Geheimnis des Werdens des Wiedergeborenen wird uns hier in besonderer Helle und Lieblichkeit erschlossen; der Christ *wird* unter der Hand eines Schöpfers, des Vaters Jesu Christi, aber er wird nicht als tote Masse – er hilft mit, erkennend, anerkennend, zustimmend; er sieht das Bild seines Schöpfers und wird durch dieses Sehen Ihm ähnlich; man ist an 2. Kor. 3, 18 erinnert. Es ist dieselbe Mitbeteiligung am eigenen Werden, die der Heiland so kurz und schlicht in den Worten ausgesprochen hat: „*auf daß* ihr Kinder seid eures Vaters im Himmel." Und in dieser Neuschöpfung 11. V. ist in dir, in mir, in allen der Heiland alles, und deshalb hat aller Unterschied der Nation (Grieche und Jude), der geschichtlichen Religion oder Konfession (Beschneidung oder Vorhaut), der Bildung oder Sitte (Barbare, Skythe – im Gegensatz zum Griechen) und des Standes (Sklave, Freier) aufgehört.

Das Bild vom Ausziehen des Kleides ist doch fast mehr als nur Bild. Jene Unarten sind in der Tat eine Hülle um uns, welche auch dem Nächsten das Edlere in uns verdunkeln, und so darf der Apostel in diesem lieblichen Bild fortfahren; denn wer vertauscht nicht gerne ein altes schmutziges Kleid mit einem neuen, glänzenden? Er sagt nun: So zieht nun die eurem Stand gebührende Kleidung an. Wir sind hier auf die volle Höhe des Begriffs der Freiheit versetzt und sehen wieder, wie durch dieselbe das Sittliche einen so himmlischen Friedens- und Freudenglanz gewinnt, daß uns dadurch vollends jenes kleinliche Vorschriftentum, das der Apostel bekämpft, in seiner ganzen Ärmlichkeit zutage tritt. 12. „Ihr seid Auserwählte Gottes, also Heilige und Geliebte; kleidet euch würdig! Ziehet an Herzlichkeit (wörtlich mit einem israelitischen Ausdruck: ‚Eingeweide des Erbarmens', das heißt: eine Lebendigkeit des Gefühls und Mitgefühls, die sich auch körperlich, namentlich im Herzen, fühlbar macht), Gütigkeit, Demut, Sanftmut, Langmut; indem ihr einander ertragt und einander vergebt, wo einer wider den anderen eine Klage hat, wie auch Christus euch vergab, also auch ihr." 14. „Über alles dies aber die Liebe, welche ist das zusammenschließende Band (das Band der Vollkommenheit)." Alle jene oben erwähnten Eigenschaften können gewissermaßen aus Pflichtgefühl nachgeahmt werden und sind auch dann nicht wertlos; aber völlig lebenswahr werden sie erst, wenn sie wirklich unwillkürlicher Ausfluß der Liebe sind. 15. „Und der Friede des Heilands sei in euren Herzen der entscheidende Richter", das heißt derjenige, der auszumachen hat, was ihr zu tun oder zu lassen habt. Dies ist im Gegensatz gesagt zu jenen Richtern mit ihren ebenso beschränkten wie anmaßenden Zumutungen. Nicht der Heiland selbst, sondern etwas in euch, der Friede des Heilands, der eine Klarheit gibt, eine königliche Klarheit über das, was fruchtbar und dienlich ist oder was unfruchtbar ist. Bequem ist dieser Richter nicht; aber „Seine Befehle sind richtig und erfreuen das Herz."

Nachdem der Apostel unser Einzelleben uns vorgemalt hat, malt er noch das Leben der geistlichen und der natürlichen Familie. „Zu solchem Frieden", fährt er fort, „seid ihr berufen in einem Leibe; seid dankbar." Das Dankgefühl soll diesen einen Leib beseelen, und zwar in der Weise, wie er es nun beschreibt. (Vers 16) 1. „Das Wort Christi wohne reichlich unter euch." Natürlich ist hier nicht von geschriebenem Wort, das noch nicht existierte, die Rede. Wes das Herz voll ist, des gehet der Mund über. Schon aus der Dankbarkeit ergibt es sich, daß die Gedanken immer wieder fast unvermerkt und unwillkürlich ihre Richtung zu diesem Brennpunkt nehmen. 2. „In aller Weisheit lehret und ermahnet einander", und 3. „in Psalmen, Hymnen, Oden geistlicher Art singt in euren Herzen Gott Lieder von der Gnade." Der Dank darf euren Geist schöpferisch fruchtbar machen zu allerlei dichterischen und auch musikalischen Schöpfungen; es soll ein lautes, frisches, schönes Lob aus eurer Mitte ertönen. Eine vierte Ermahnung, die er anfügt, ist in die Mitte zwischen die Anweisungen über das geistliche und das natürliche Familienleben hineingestellt. (V. 14 und noch einmal 4, 2) „Alles, was ihr etwa tut in Wort oder in Tat, das tut alles im Namen Jesu, des Herrn, indem ihr durch ihn dem Vater-Gott danket." Ihr seid immer nur des Heilands Sklave, Werkzeug, und unter euer Tun will er seinen Namen schreiben können, und solches Tun kommt in ihm vor den Vater als Dank für die große, allgemeine Erlösung. Damit hat der Apostel eigentlich den Kreislauf seiner großen Schilderung der Tatsachen vollendet, indem er wieder zu dem Wort 1, 12 zurückkehrt: „mit Freuden danksaget dem Vater", und deshalb wiederholt er dieses Wort auch 17. noch einmal für den einzelnen; denn Dank ist keineswegs etwa eine bloße tugendhafte Gesinnung, die Leistung einer schuldigen Pflicht, sondern er ist das Symptom oder Kennzeichen des vollen Erlebnisses, das heißt auch der vollen Gewißheit des Verstandes, des in den Verstand übergegangenen Glaubens.

Der Apostel kommt von selbst nun auf den natürlichen Familienkreis. Da soll die Königsherrschaft Gottes in Jesu Fuß fassen, dadurch, daß alle die Verhältnisse wieder zu den Rechten und der Bedeutung gelangen, zu welcher sie schöpferisch angelegt sind. Die Schöpfung im größten Sinn, in ihrer Krone, dem Menschen, im Verhältnis von Mann und Weib und Kind, erholt sich nun durch Jesum von ihrer Verkümmerung und blüht wieder auf; darin erkennt sie in Jesu den Sohn ihres Schöpfers und ihren Erlöser. Natürlich ist dies von selbst noch der vernichtendste Beweis der Nichtigkeit und Bedeutungslosigkeit jener kleinlichen Leistungen. Der Apostel läßt gleichsam den Heiland Hausbesuch machen und uns über unser Verhalten befragen. Er fragt nicht: Ißt du dies? Trinkst du das? Er fragt: Wie hat es dein Weib bei dir? Was sagt dein Mann von dir? Wie haben es deine Kinder? Wie bist du gegen den Vater? Was sagt die Herrschaft über dich?, oder: was sagt dein Knecht, deine Magd? Es ist etwas Wunderbares um diese sogenannte Haustafel, die sich noch im Epheserbrief und im 1. Petribrief findet. Wenn man sich fragt: Welcher dieser drei Fundorte derselben ist wohl der erste?, so ist man in Verlegenheit. Wie sehr sie hier paßt, sahen wir; wir möchten sagen: hier ist sie zuerst entstanden. Aber im Epheserbrief, wo der Apostel so heil und heilig über den Hort menschlicher Sitte, über die Ehe spricht, erscheint sie ebenso ursprünglich; nicht minder im 1. Petribrief, wo die verschiedenen Arten von Unterwerfung unter göttlich genehmigte Menschenordnungen geschildert werden. Am längsten verweilt der Apostel bei dem Sklaven, um ihm sowohl Treue in seinem schweren Dienst einzuflößen als auch Mut zu machen im Blick auf das, was er empfangen darf, und um ihn eigentlich davor zu warnen, daß er nicht meine, er gelte deswegen, weil er Sklave sei, mehr vor Gott als sein Herr. Den Herren aber sagt er einfach: Beweiset den Knechten „das gleiche“; ihr sollt ja die Herren sein und befehlen, aber in allem bedenkt, daß die Menschen eigentlich vor Gott gleich sind.

Nun eilt der Apostel zum Schluß seines Briefes, wenigstens soweit wir ihn betrachten, denn die Betrachtung jener Mitteilungen persönlicher Natur von V. 7 bis zum Schluß betrachte ich als außerhalb meiner Aufgabe. „Verharrt im Gebet“, sagt er (4, 2), „und wachet darin mit Danksagung“ – hiermit noch einmal das Suchen, was droben ist, das Hinaufgesinntsein, das hell bewußte Leben von Gott her und durch Gott für die Menschen uns ans Herz legend; und wie er die Bedeutung seiner Person inmitten dieser großen Tatsache ihnen ohne Rückhalt klargelegt, so weist er sie nun an, ihrem Bitten namentlich auch das Ziel auf ihn und seine Mitarbeiter zu geben. Auf uns kommt es an, wenn etwas werden soll, will er sagen, etwa wie in einer Feuersbrunst die Hauptbemühung aller dem Mann zugewendet ist, der das Wendrohr führt. 3. „Betet für uns, daß Gott uns die Tür des Wortes auftue, zu reden das Geheimnis Christi.“ Das letzte Schlußwort bezieht sich wohl noch leise auf das, wogegen er hat kämpfen müssen. 5. „Wandelt weislich gegen die, die draußen sind“; hütet euch davor, daß ihr nicht durch Kleinlichkeiten und Beschränktheiten eures Gebarens und Gesinntseins vor ihnen kindisch und töricht erscheint. Die Helle des Urteils, der wache, gesammelte Sinn der Weisheit regiere auch euer Benehmen nach außen; „und kauft die Gelegenheit aus“, wo sich in allerlei geschäftlichem, geselligem, freundschaftlichem Verkehr mit anderen eine Lebensgemeinschaft ergibt, auf die der Heiland einen Segen legen kann, so daß ihr gar keinerlei Anlaß, mit anderen zu tun zu haben, unwichtig nehmt; und dabei „seid in eurer Rede allzeit weder zu bitter, etwa stichelnd, splitterrichtend – noch zu süß, zu salzlos; 6. immer mehr in Verteidigungsstellung, wissend, wie es euch gebührt, einem jeden zu antworten.“

Hiermit schließt sich für uns dieser Brief, in welchem fast Vers für Vers der große, eine, helle Grundgedanke widerglänzt: Christus, das Geheimnis Gottes, der durch seinen Kreuzestod und seine Auferstehung alles in weitester Ausdehnung zum Guten wendet und der auch unser ganzes, gewisses, ewiges Heil ist.

Anhang

DIE WUNDER

Von Johann Christoph Blumhardt*

„Frage: 1) Ist es schriftgemäß, daß Wunder nur in neuen Offenbarungsepochen auftreten, in den Entwicklungsperioden der gegebenen Offenbarungen dagegen zurücktreten oder ganz aufhören? – Oder, wenn sie auch jetzt noch geschehen: 2) Ist es nur dem herrschenden Unglauben und Kleinglauben, oder welchen Umständen sonst zugeschrieben, daß Wunder nur noch in engeren Kreisen vorkommen, dagegen nicht, wie in der apostolischen Zeit, vor aller Welt Augen? – Die zweite Frage kann etwa auch so formuliert werden: Würden wir, wenn wir mehr und zuversichtlicher glaubten, zur Stärkung unseres Glaubens gewürdigt werden, mehr zu sehen als Joh. 11, 40? Um die Beantwortung dieser Fragen in Ihrem Blatte bitten

einige Studenten.“

Besehe ich die erste Frage, so muß ich sagen, daß der darin ausgesprochene Hauptsatz, daß „Wunder nur in neuen Offenbarungsepochen auftreten“, immerhin mit Maß verstanden, mir gefällt und mich belehrt. So etwa wird es sein, muß ich mir sagen. Auch das Weitere vom Zurücktreten oder Aufhören der Wunder hat einige Berechtigung, obwohl das nähere Besprechung erfordern mag. Wenn gefragt wird, ob es schriftgemäß sei,

---

* Blumhardt erbat sich für seine „Blätter aus Bad Boll“ Fragen aus dem Kreis seiner Leser in Glaubenssachen, auf die er in den Blättern dann öffentlich Antwort gab. Es ist ein Glücksfall für uns, daß das jedem aufmerksamem Leser ins Auge springende offenkundige Ausbleiben göttlicher Bekundungen in unserer Zeit von einigen Studenten Blumhardt als Frage vorgelegt wurde. Er wurde hierdurch zu einer umfassenden Besprechung veranlaßt, die für das heutige Verständnis des Zündelschen Werkes „Aus der Apostelzeit“ von wesentlicher Bedeutung ist.

Der hier abgedruckte Text mußte auf die wesentlichen Teile gekürzt werden, der vollständige Text, veröffentlicht 1874 in den „Blättern aus Bad Boll“, Heft 6-15, wird wieder erscheinen in J. C. Blumhardt: „Besprechung wichtiger Glaubensfragen“, Leibniz Verlag, St. Goar 2012.

so kann man wohl keine Stelle auffinden, die den Hauptsatz förmlich ausspräche; aber schriftgemäß ist dieser wenigstens in dem Sinn, daß man's der Tat nach in der Schrift so findet, doch mehr nur bezüglich der Offenbarung durch Mose, worüber aber näher zu reden wäre. Neue Offenbarungsepochen – soviel ist klar nach der Schrift – sind auch Wunderzeiten oder Zeiten, in welchen große und allen auffallende Wunder geschehen, mit welchen Gott nicht bloß redend, sondern auch handelnd sich kundgibt. Beides mußte in solchen Zeiten beieinander sein. Denn wie kann man Offenbarungen, die Gott gibt, mit Vertrauen hinnehmen, wenn man nicht auch zugleich Gottes Hand zu sehen bekommt? Worte kann jeder ersinnen und für göttlich ausgeben; aber Wunder, wenn sie handgreiflich durch ihre Art schon als Gottes Werke erscheinen, geben Zeugnis von der Göttlichkeit der Worte, weswegen auch der Heiland sagt: „Wenn ihr meinen Worten nicht glaubet, so glaubet mir doch um meiner Werke willen; denn die zeugen von mir." So konnte auch das Volk Israel einem Mose, der ihnen Befreiung und Auszug aus Ägypten versprach, als von Gott ihm zugesichert, unmöglich vollen und zuversichtlichen Glauben schenken, wenn ihnen Gott nicht gleichsam sichtbar wurde durch Zeichen, die er gab (2. Mos. 4, 1ff. 30, 31). Den Propheten der neuen Epochen offenbart sich Gott durch Wort, denen, welche den Propheten glauben sollen, durch Gottestaten, welche die Propheten verrichten. Die Offenbarungen geschehen also doppelt, teils an die Propheten, teils an das Volk selbst.

Grundlegende Offenbarungen lassen sich also gar nicht denken ohne Wunder. Denn Gott muß für Seine Offenbarungen mit Seiner Person, Seiner Allmacht einstehen. Offenbarungsepochen, um von diesen zu reden, hat es im Grunde nur zwei gegeben, die durch Mose und die durch Christum.

Moses sollte ein ganzes Volk für sich gewinnen, sollte auch die Ägypter überzeugen, daß Gott mit ihm rede, um sie, wenn möglich, willfährig gegen seine Forderungen zu machen. Da mußten Wunder geschehen, welche die persönliche Kundgebung Gottes oder Sein persönliches Interesse für das Volk zu erkennen geben sollten, und zwar so, daß die Wunder allen in Sicht kamen. Ohne auffallende Wunder hätte Mose unmöglich das große Werk des Auszugs aus Ägypten ausführen können. So wurde denn auch die Zeit Mosis, als eine Offenbarungsepoche, eine große Wunderzeit. Weil aber die Wunder auf ein ganzes Volk zumal wirken sollten, so geschahen keine Wunder an einzelnen Personen, sondern nur Wunder im großen, welche zugleich von dem allmächtigen Gott Eindruck machen sollten, wie es die Strafwunder in Ägypten waren, ferner der Durchgang durchs Rote Meer, wiederum das Manna vom Himmel, das Wasser vom Felsen und dann auch der Übergang über den Jordan und die Eroberung des Landes mit der Zerstörung Jerichos und dem Stillstand der Sonne und des Mondes. Nur Wunder, die das ganze Volk angingen, tat Gott; und das war insofern wichtig, als dem ganzen Volk Eindruck davon für alle Zukunft bleiben sollte. Wunder, wie sie Jesus tat, konnten einen ähnlichen Eindruck nicht auf das Volk machen, denselben in ihm auch nicht auf ewige Zeiten zurücklassen, während die Wunder unter Moses selbst den Nachbarvölkern bis in die späteste Zeit im Gedächtnis verblieben. Auch später setzte sich das Wunder mit der Wolken- und Feuersäule, gleichsam als Beweis für die früheren Wunder, lange fort; und wenn dieses je und je, weil es weniger geschätzt wurde, aufhörte, so erneuerte sich's doch wieder unter Salomo und noch etliche Male. Damit sollte das Volk fort und fort seinen Wundergott persönlich vor sich haben. Es kam nämlich alles darauf an, ein ganzes Volk beim festen Glauben an den lebendigen Gott zu erhalten, und nicht etwa nur einzelne völlig zu Gott zu bekehren. Das ganze Volk mußte etwas haben und sehen oder glauben, damit es ein Gottesvolk würde, weil nur auf dem Bestand eines Gottesvolkes die spätere Offenbarung durch Christum ruhen konnte.

Die zweite Offenbarungsepoche ist mit Christus eingetreten. Auf Christum war auch die erste Offenbarung vorbereitend. Denn wenn durch Christum die Erlösung kommen sollte, so war es notwendig, daß durch eine vorausgehende Offenbarung das Gewissen der Menschen geschärft, die Erlösungsbedürftigkeit überhaupt geweckt wurde. Nur so konnte Christus nach Seiner wahren Bedeutung erfaßt werden. Deswegen brachte die neue Offenbarung, d. h. die neue Kundgebung Gottes, nicht so sehr neue Lehren und Unterweisungen, als eine tatsächliche Hilfe für den Menschen, der wieder in die Gemeinschaft mit Gott kommen sollte. Der Mensch galt als unter die Sünde und die Knechtschaft der Finsternis verkauft, für verloren. Sich selbst konnte er nicht aus den Schlingen der Sünde und Finsternis herausreißen, weil er bei seiner natürlichen Verdorbenheit und Ohnmacht nicht imstande war, auch das Gesetz zu halten, also stets der Verworfene blieb vor Gott, wenn nicht fremde Hilfe ihm entgegenkam. Diese Hilfe kam mit Christus, der eben die Offenbarung der Hilfe und des Heils vorstellte. In Ihm und durch Ihn offenbarte sich Gott; oder eigentlich Gott selbst kam durch Ihn, insofern als Er das ewige Wort bei Gott, ja Gott war, und Fleisch wurde, als Menschensohn die ganze Menschheit an Seine Person heranzuziehen, und durch sich für die Aufnahme bei Gott tüchtig zu machen. Da wurden denn ganz neue Dinge verkündigt, die in keines Menschen Herz vorher kommen konnten, die also auch kein Mensch ohne weiteres annehmen konnte, wenn sie ihm nicht durch ein sichtbar werdendes Hervortreten Gottes selbst gewiß wurden. Verkündigt wurde, daß Jesus Gottes Sohn sei, Seinem Wesen nach eins mit Gott, also höherstehend als alle Menschen. „Ist Er's", mußte jeder denken, „bloß darum, weil Er sagt, daß Er's sei?" Wie kann man einem Menschen es doch zumuten, es zu glauben, daß Er's sei, wenn er's nur Ihn sagen hört? Geglaubt mußte auch werden, daß Er der Heilige und Unschuldige sei, dessen Opfertod für die Unheiligen, damit diesen Vergebung ihrer Sünden zukäme, vor Gott eine Geltung habe.

Die Wunder Jesu mußten ganz anderer Art sein, als wir sie bei Mose finden. Schon das macht einen großen Unterschied, daß Jesu eigenste Person dabei beteiligt war, wie bei Mose nicht. Bei Mose geschahen die Wunder alle außerhalb von ihm, ohne seine Person, die wenigen abgerechnet, die er vor dem Pharao mit dem Stab und sonst tat. Jedenfalls tat er sie, wenn er sie tat, auf besonderes Geheiß Gottes. Eine über und außer ihm stehende Macht tat sich da kund, während bei Jesu alles als aus Ihm und durch Ihn gehend geschah. Jesus selbst war der Wundertäter, während es bei Mose der unsichtbare Gott war. – Sodann hatte Jesus nicht auf ein ganzes Volk, wie es dieses war, zu einer Volkstat zu wirken, wie Mose, weswegen äußerlich auffallende

Wunder, wie sie die Pharisäer etwa am Himmel gerne gesehen hätten, nicht der Würde Jesu entsprochen hätten. Bei Ihm kam es darauf an, daß tiefergehende göttliche Empfindungen unter den Leuten entstünden und rege würden, weswegen auch eine innere Vorbereitung bei dem Volke vorhanden sein mußte, wie diese durch Johannes den Täufer bewirkt wurde. Eben darum hatte es auch der Herr nicht gerne, wenn viel Wesens von jedermann mit Seinen Wundern gemacht wurde, weil darunter viel Unverstand sein konnte. Hierin liegt auch ein Hauptgrund, warum Er je und je das weitere Aussagen dessen, was Er getan hatte, geradezu verbot.

Der Mensch sollte durch Jesum innerlich angefaßt und zu einer wirklichen göttlichen Stimmung gebracht werden. So mußte neben der frappanten Gotteskraft auch eine gewisse Unscheinbarkeit bei Seinen Wundern sein, weil eben diese viel mehr in die Tiefe des Gemüts führen konnte, als erschütternde äußere Erscheinungen das vermochten. Die Unscheinbarkeit lag aber darin, daß das Wunder geschehen war, ehe man sich recht umsah und ohne daß man Besonderes vorgehen sah. Ferner mußte der Herr Herz und Gemüt für einzelne zeigen, wie das bei den Heilungswundern geschah, um es klarzumachen, wie Er gekommen sei, den Menschen von allem Übel loszumachen. Dabei mußte Er jedem, auch dem Geringsten und Ärmsten, eine gewisse Achtung und Wertschätzung, Berücksichtigung und Teilnahme bezeigen, um Liebe zu wecken, wie Er Liebe zeigte. Alles, wie Seine Worte, so auch Seine Werke, mußte bei Ihm vom Herzen zum Herzen kommen. Auch wenn Er Seine Macht über die Natur offenbarte, geschah es nicht auf eine schreckende und erschütternde, sondern auf eine wohltuende, den Menschen nach innen ergreifende Art, wie das bei der Verwandlung des Wassers in Wein geschah, bei der Beschwichtigung der Stürme, bei der wunderbaren Brotausteilung, auch beim Wandeln auf dem Meere, da Er durch persönliches Herkommen auf den wogenden Wellen nur Empfindungen des Zutrauens wirken konnte.

Übrigens war in dieser zweiten Offenbarungsperiode die Offenbarung Gottes eine gedoppelte, einmal durch Christum, das fleischgewordene Wort bei Gott, sodann durch die Person des Heiligen Geistes aus Gott. Letzterer war, wie das Wort, in

Jesu, und wird auch bei Ihm als dasjenige genannt, durch welches Jesus Wunder tat. So sagt Er, daß Er „durch den Geist Gottes die Teufel austreibe“ (Matth. 12, 28), weswegen auch die Rede der Pharisäer, daß Er durch Beelzebub es tue, als eine Lästerung des Heiligen Geistes galt, verschieden von der Gotteslästerung. Der Heilige Geist sollte aber auch auf die Apostel und die Jünger überhaupt fallen, weil auch sie Wunder zu tun befähigt werden mußten. Sie mußten nämlich, wie Christus selber, als Wundertäter dastehen, um das Große, zu dem man durch den Glauben an Jesum gelange, wie Vergebung der Sünden, Kindschaft mit Gott, Hoffnung des ewigen Lebens, als vermittelt durch Christum, annehmbar zu machen. Wie konnte solches, und was sonst von der Person Jesus, namentlich Seine Auferstehung, durch welche die geistlichen Güter verbürgt wurden, von der Welt angenommen werden, wenn man's nur als Lehre vortrug, ohne Mitbezeugungen Gottes selbst, als Zeugnisse Gottes, geben zu können? Die Verkündiger mußten ihre Predigt annehmlich machen durch Taten, die sie im Namen Gottes und des Auferstandenen durch den Heiligen Geist vollbrachten.

So setzte sich also die Wunderzeit nach Christus fort, vermittelst des Heiligen Geistes. Schon daß jemand den heiligen Geist aus Gott habe, mithin Lehren ausspreche, denen man als göttlichen trauen dürfe, konnte an ihm nur bemerklich werden, wenn auch ein göttliches Tun dabei hervortrat. Die Wunder bezeugen, daß, wer sie tut, Gott in sich habe. So kam es, daß die Apostel wirklich überall durch Zeichen und Wunder sich hervortaten; und nur dadurch konnten sie den überraschenden Eingang unter allerlei Völkern finden, den sie fanden. Ohne Wunder, welche durch Apostel und Jünger geschahen, wäre das Evangelium wohl gar nicht aufgekommen und zu einer Weltreligion geworden; oder es wäre in kurzer Zeit wieder vergessen gewesen, weil die Wunder Jesu selbst nicht, wie die Mosis, durch ihre Art oder Großartigkeit vor dem Publikum, sondern nur durch die Predigt weltkundig werden konnten, da man sie bald nicht mehr geglaubt hätte, wenn sie sich nicht immer wieder gleichsam erneuerten im Namen Jesu, durch die, welche unter Leuten, die noch ganz in der Finsternis waren, Jesum zur Geltung zu bringen berufen waren. Wir sehen es ja, wie sehr in unserer Zeit, weil keine Wunder mehr geschehen, das Evangelium mit allen seinen Wundern in Mißkredit kommen will, obwohl wir alles durch schriftliche Zeugnisse verbürgt besitzen, welche in der ersten Zeit nicht gleich da waren.

Die zweite Offenbarungsperiode haben wir also nicht auf die Zeit Jesu zu beschränken, sondern auch auf die der Apostel auszudehnen, insofern als diese fortwährend unter den Offenbarungen Gottes standen, teils in ihrem Geist, teils durch Wunder, die sie taten. Wer dergleichen Wunder leugnen mag, steht eigentlich ganz außer dem Bereiche der Offenbarungen Gottes, und hat nichts an Jesu und den Aposteln, als natürlich redende und handelnde Menschen, über deren Wort und Predigt er dann auch glaubt denken zu dürfen, was er will.

*

Nun wäre die weitere Frage die, ob nach der Schrift die Wunder *nur* in solchen Zeiten auftreten, und sodann in den Entwicklungsperioden der gegebenen Offenbarungen *zurücktreten* oder ganz *aufhören*. Dieser Hauptsatz, als Regel aufgestellt, hatte mir im Anfang* etwas Annehmliches, wenn, wie ich oben sagte, mit Maß genommen. Je mehr ich aber jetzt über das Thema der an mich gerichteten Frage nachdenke, desto weniger kann ich mich mit dem obigen Hauptsatze zurechtfinden. Jedenfalls muß ich für mich das Wörtlein „nur“ im Vordersatze streichen; und bezüglich des Nachsatzes komme ich doch mehr darauf, anzunehmen, daß es nach dem Sinne Gottes, der einmal persönlich vorgetreten ist, eigentlich nicht so sein sollte, daß *Wunder* – d.h. Tatsachen, die unmittelbar von Gott ausgehen und nicht, oder nicht ganz, natürlich sich erklären lassen – wieder *zurückträten*, d.h. kaum mehr zu haben wären oder gar ganz *aufhörten*. Vielmehr hängt es, wie ich finde, nach der Schrift, nur von der Haltung des Volkes zu seinem Bundesgott ab, ob man von Ihm etwas sehen und erfahren dürfte, das man, weil von Ihm allein kommend, Wunder nennen

* Die Ausführungen Blumhardts zur eingangs gestellten Frage einiger Studenten wurden wöchentlich in 10 Teilstücken gegeben, und zwar in den Heften vom 7. Febr. 1874 bis zum 11. April 1874; hierbei schrieb Blumhardt den Text für gewöhnlich erst 10 Tage vor Erscheinen des jeweiligen Heftes. *Der Verlag*

muß. Man kann solches klar und deutlich, wenn auch einfach und mit unscheinbaren Worten, in dem finden, was einst der Prophet Asaria, auf den der Geist Gottes kam, predigte, 2. Chron. 15, 2:

> *„Der Herr ist mit euch, weil ihr mit Ihm seid; und wenn ihr Ihn suchet, wird Er sich von euch finden lassen. Werdet ihr aber Ihn verlassen, so wird Er euch auch verlassen."*

Wir hätten nun die weitere Frage zu beantworten, ob etwa die Wunder nach der zweiten Offenbarungsepoche durch Christum, innerhalb welcher die Wunder eine so große Rolle spielten, in der nachfolgenden Entwicklungsperiode, bis zur Wiederkunft des Herrn, zurückgetreten seien oder aufgehört haben. Hier müssen wir aber zunächst die Frage besprechen, ob sie nach der Anlage des Evangeliums haben zurücktreten und aufhören müssen, oder ob ihr Zurücktreten und Aufhören, wie das geworden scheint, wirklich nach dem Plan des Herrn war, oder nur als eine Folge von eingetretenem unrichtigem Verhalten zu Christus und seiner Offenbarung erscheint.

Auffallend ist nun da schon, daß der Herr Seinen Jüngern, selbst als Er noch lebte, wenn Er sie statt Seiner in den Städten umhergehen ließ, den Auftrag gab, nicht nur das kommende Heil zu predigen, sondern auch Wunder zu tun, da Er ihnen selbst Tote aufzuerwecken befahl (Matth. 10, 8). Man könnte nun freilich sagen, das habe so sein müssen, weil sie den Herrn selbst repräsentierten und den Leuten es nicht nur sagen, sondern auch mit der Tat vor Augen stellen sollten, was es Großes sei um Jesum. Aber von Jesu konnten und durften sie noch nicht sagen, daß Er Christus oder der Messias sei, sondern nur, daß Er predigen heiße, „das Himmelreich sei nahe herbeigekommen" (10, 7). Somit priesen sie mit den Wundern weniger die Person Jesu an als die Wichtigkeit und Größe des Himmelreichs, das anbreche. Wie es im Himmelreich zugehe und was man da zu erwarten habe, mußten sie den Leuten in etwa mit der Tat zeigen. Wenn aber das, so konnte es kaum darauf angelegt sein, ein Himmelreich anzubieten, in welchem wohl jetzt –

an Elenden aller Art – zur Hilfe Wunder geschehen, diese aber später nicht mehr vorkommen sollten. Offenbar sollte ein Stück des Himmelreichs mit solchen Wundern, die lauter Wunderhilfen waren, gegeben werden; und daß mit dem Wachsen des Himmelreichs dieses weniger himmlisch werde, insofern als weniger, zuletzt gar nicht mehr, der lebendige Gott in ihm sich erweise, möchte an sich schon kaum denkbar sein.

Gehen wir weiter. Wenn der Herr später von dem Glauben an Ihn sagt, daß man durch ihn, auch wenn er nur so klein wie ein Senfkorn wäre, die größten Dinge zu tun, selbst Berge ins Meer zu versetzen fähig werden sollen, und wenn Er überhaupt sagt, daß dem, der Glauben habe, alles möglich sein würde, so wird dem Glauben, den doch alle Christen haben sollen, etwas beigelegt, das man nicht ohne weiteres wieder von ihm wegzudenken das Recht hat. Man würde offenbar den Worten Jesu zu nahetreten, wenn man dem Glauben nur auf eine gewisse Zeit hin die große Bedeutung und Macht ließe, ohne daß hierfür vom Herrn selbst ein Wink gegeben wäre. Auch der allgemeine Spruch: „Alles, was ihr bittet im Gebet, so ihr glaubet, so werdet ihr's empfangen", nur auf die Zeit Jesu und der Apostel bezogen, wäre für uns ein völlig wertloses Wort und eher schmerzlich als tröstlich, wenn es später nichts mehr gelten soll. Am letzten Abend ferner befiehlt es der Herr Seinen Jüngern an, wie sie sich's sollten angelegen sein lassen, Ihm und an Ihn zu glauben. Da setzt er hinzu (14, 12): „Wahrlich, wahrlich, ich sage euch: Wer an mich glaubet, der wird die Werke auch tun, die ich tue, und wird größere denn diese tun; denn ich gehe zum Vater." Diese Worte kann man unmöglich bloß auf den größeren geistlichen Erfolg beziehen, den die Jünger nach Seinem Hingang haben würden; denn Er redet von Werken, wie Er sie tue. Wer denkt dabei an anderes denn an die großen Zeichen und Wunder, die Jesus tat? Daß es so zu nehmen sei, zeigt das letzte Wort des Herrn an Seine Jünger, da er von den Zeichen redet, die folgen würden dem, der glaubte (Mark. 16, 17). Wie hier, so weisen alle Reden des Herrn nur darauf hin, daß Zeichen und Wunder etwas Bleibendes sein sollten, nicht etwas Vorübergehendes, das in der Folge wieder nachlassen oder verschwinden würde. Denn die Wunder sollten ja nicht bloß, wie man gewöhnlich annimmt, Beweise für die Wahrheit des Evangeliums sein und bei den Leuten dem Glauben darin eine Bahn brechen, sondern zugleich eine äußere Darstellung des Heils darbieten, das mit Christo für Leib und Seele in Zeit und Ewigkeit gekommen sei.

Nicht den leisesten Wink kann man im Neuen Testament finden, daß es mit den Wundern wieder anders werden sollte. Von den Wundergaben und Wunderkräften, wie sie die Korinther ohne den Apostel unter sich pflegten, wissen wir. „In einem jeglichen erzeigten sich da die Gaben des Geistes zum gemeinen Nutz" (1. Kor. 12, 7), also wie es unter dem Gedränge des menschlichen Lebens Bedürfnis wurde. Besonders auffallend ist Jakobi Wort (5, 14-18), der kein Bedenken trägt, zu sagen oder anzudeuten: was einst einem Propheten Elia, der auch nur ein Mensch war, heißt es, gleichwie wir, möglich war, könnten auch Christen untereinander tun, wenn sie glaubten. Sie sollten, je nachdem sie glaubten, alle Eliaswunder zu tun imstande sein. Wohl nimmt man für gewöhnlich an, die Wunder seien im Anfang etwa nötig gewesen, weil ohne sie der Glaube an das Evangelium nicht aufgekommen wäre. Aber seltsam wäre es schon an und für sich, daß ein Apostel etwa als Wundertäter sich hinstellt und sagt: „An diesen Wundern, die ich tue, könnet ihr erkennen, daß die Lehre, die ich bringe, von Gott sei", zugleich aber, obwohl er sagt, vermöge seines Glaubens an Jesum tue er solche Wunder, zu erkennen gibt: „Nur mein Glaube vermag solches; euer Glaube wird's nicht auch machen können." Es wäre das um so seltsamer, da ja allen Gläubigen derselbe Heilige Geist zugesagt wurde, den die Apostel hatten. Jedenfalls verlören die Wunder selbst alle höhere Bedeutung, selbst alle Glaubwürdigkeit, wenn die Wunderkräfte ausschließlich bei denen verbleiben sollten, die erstmals das Evangelium verkündigten, und nicht auch in etwa auf alle übergehen, die glaubten. Nur wenn alle Gläubige vermittelst ihres Glaubens etwas vermögen, wenn auch nur nach besonderen Gaben, die der einzelne empfängt, hat das, was die Apostel tun, volle Bedeutung.

Aber auch abgesehen davon ist es abermals seltsam, daß Wunderhilfen nur unter den ersten Heiden, denen gepredigt wurde, nötig gewesen sein sollten, und unter anderen, deren so viele übriggeblieben, nicht mehr. Nicht minder seltsam ferner erscheint es, wenn man sich den Vollbesitz des Heiligen Geistes nur bei den Aposteln und in der apostolischen Zeit als mit Gottes Absicht und Plan gegeben denkt, während doch derselbe in den folgenden Jahrhunderten überall von Bedeutung war, wo völlig blinde und umnachtete Heiden noch sind. Genaugenommen hätte die gebildetere römische Welt eher der Wunder, sofern sie zum Glauben helfen sollten, weniger allerdings der Wunderhilfen, die überall Bedürfnis sind, entbehren können, wenn einmal keine Wunder mehr sein sollten, als alle übrigen Völker der Erde. Wenn demnach in der Schrift selbst nirgends etwas voraussteht von einem Nachlassen oder Aufhören der Wunder, das mit der Zeit eintreten werde, so wäre das zu begreifen, weil es eben einfach, auch wenn es tatsächlich anders geworden ist, nicht so hätte gehen sollen. Man hätte also stutzig darüber werden müssen, daß nach dem Vorsatz Gottes auf einmal alle Erweise der göttlichen Kraft und Barmherzigkeit, welche zu Mut und Freudigkeit erheben, auch Befreiung von allerlei Übeln geben konnten, verschwinden sollten.

Wie man es auch besehen mag, so kann man unmöglich das, was allerdings später geworden ist, im voraus schon in der Anlage des Evangeliums sich denken; und es erfordert eine besondere Erwägung, warum etwas, was seiner Anlage nach nicht hätte nachlassen oder aufhören sollen, doch nachgelassen und aufgehört habe. Wenn auch Jesus bei seinem Abschiede zu Seinen Jüngern sagte: „Siehe, ich bin bei euch alle Tage, bis an der Welt Ende", so kann doch damit nicht gesagt sein: „Von nun an bin ich der Vorsehungsgott, wie es bisher mein Vater gewesen ist, so verborgen und rätselhaft und so selten zu unmittelbarer Hilfe zu haben, wie es Gott immer gewesen ist." Wie stimmte doch das zur Versöhnung, welche durch Christum eingetreten sein sollte! Damit wäre gerade Jesus ganz weggegangen von der Erde, als ob nichts gewesen wäre, einfach verschwunden, wie alle, die von der Zeit in die Ewigkeit gehen, wie wir's allerdings fast jetzt haben, da man jetzt häufig auch viel hat gegen eine Anrufung des Sohnes statt oder neben der des Vaters. Aber wahrlich, so sollte es nicht sein. Jesus will u n s e r bleiben, obwohl erhöht zu seinem Vater, auch unser mit besonderen Bezeigungen, die in

Ihm den auf Erden gewesenen, in allem, zur Wunderhilfe sich erbietenden Jesum kenntlich und anschaulich machen. So, und nicht anders, müssen wir's nehmen.

Die nächste Frage wäre: „Sind die Wunder geblieben, oder sind sie zurückgetreten? Haben sie nicht gar ganz aufgehört?" Hier muß Geschichte und Erfahrung sprechen. Beide aber sprechen nicht zugunsten des Fortbestandes der Wunder. Daß im stillen und vereinzelt der Herr manches tut und zu allen Zeiten getan hat, das man wunderbar nennen zu dürfen berechtigt ist, kann zwar nicht geleugnet werden. Aber den Begriff des Wunders muß man dann sehr erweitern und auf jede verborgene Mitwirkung Gottes ausdehnen, die in allem möglich ist und oft sehr stark hervortreten kann, daß man wohl den Herrn drob preisen darf. Solche Wunder indessen sind nur Bezeigungen der göttlichen Vorsehung und Freundlichkeit, keineswegs das, was man unter den Wundern versteht, die der Herr verheißen hat. Denn ein Wunder ist doch nur das, was jede natürliche Erklärung ausschließt und rein nur als unmittelbares Gotteswerk erscheint. Daß wir nun nach der apostolischen Zeit je einmal Wunderzeiten gehabt hätten, d. h. Zeiten, in welchen Gott allseitig wunderbar hervorgetreten wäre, wie in den Offenbarungsepochen, das kann niemand behaupten. Denn zu welcher Zeit sind Blinde, Taube, Lahme, Aussätzige, Besessene, Fallsüchtige, abgesehen von natürlichen Mitwirkungen, für gewöhnlich, und so im Nu, wie bei dem Herrn und den Aposteln, etwa durch das Wort eines Mannes Gottes, geheilt worden? Ehe aber dergleichen nicht geschieht, sind die Wunderkräfte nicht da, wie wir sie in der Schrift lesen.

Wenn denn auch zu allen Zeiten Gebetserhörungen vorgekommen sind, besonders zu Krankenheilungen, wenn ferner besondere und schnelle Gottesbewahrungen, auch Errettungen, die man füglich als durch den Dienst der Engel geschehen nehmen darf, sich zu erkennen gegeben haben, so zeigt das nur, daß der Herr nicht gar gewichen ist von Seinem Volk, daß Er im verborgenen, wie hinter der Wand, ein Auge namentlich auf kindliche und lautere Christen hat, auch zeigen will, daß Er, wenn's Zeit ist, wieder zu haben wäre, wohl auch wieder einmal werde zu haben sein. Aber andernteils erfahren wir auch, wie oft, auch wenn der Herr ernstlichst angerufen wurde, nicht einmal auffallende Gebetserhörungen gemacht worden sind, Gottesbewahrungen und wunderbare Errettungen nicht eingetreten sind, erfahren es auch, wie über die Maßen groß oft die Bedürfnisse nach einer wunderbaren Gotteshilfe wären, wobei die Leute sagen, ein Stein möchte sich erbarmen, ohne daß aus der Unsichtbarkeit eine helfende Hand vorträte. Mitunter mag's freilich auch seine eigentümlichen Ursachen haben, warum sich der Herr so gar ferne stellt. Aber bei solchen Erfahrungen kann man doch sicher sagen, die Wunder seien zurückgetreten, wenn man es auch gelten lassen darf, daß sie nicht ganz aufgehört haben, sondern in Einzelfällen sich zeigten. So ist's bis in die neueste Zeit geblieben; und wenn in dieser auch wieder mancherlei geschieht, das an die Wunder der ersten Zeit erinnern kann, so ist es immer noch nur vereinzelt; oder man hat es als einen Übergang zu einer erst kommenden Zeit zu nehmen, in welcher vielleicht doch die Wunder wieder eintreten dürfen. Aber in vollem Sinne erwarten kann man bis jetzt noch nirgends Wunder, auch wenn noch so viel Glauben vorhanden ist, einfach darum, weil die Zeit der Wunder aufgehört hat und noch keineswegs zurückgekehrt ist.

Begreifen aber können wir obiges alles wohl. Denn das größte Wunder, die besondere Gabe des Heiligen Geistes, mit welcher nach der Schrift ein Persönliches aus Gott gegeben war, erscheint schon bald nach dem Beginn des zweiten Jahrhunderts als gewichen. Sie ist von dieser Zeit an in nichts mehr so, wie zu der Apostel Zeiten erkennbar gewesen, wie auch ihrer nicht mehr in der Art gedacht wird, bis auf uns herab. Man redet zwar von einem Heiligen Geiste, den der getaufte Christ empfange und den jeder Christ habe, aber nur, weil nach der Schrift Ihn jeder haben sollte. Da muß man Ihn haben, auch wenn man Ihn nicht hat, und wenn Sein Dasein eigentlich nirgends gefühlt wird. Man macht an Pfingstfesten viel Wesens damit und betet und singt inbrünstig: „O Heil'ger Geist, kehr bei uns ein“, und was ist's für ein Geist, der im Grunde die meisten beseelt? Wie wenig Empfindung von der Person des Heiligen Geistes in sich haben auch die besten Christen!

Daß der wirkliche Heilige Geist frühzeitig aus der Christenheit wieder gewichen ist, kann man schon in dem schriftlichen

Nachlaß der ersten Christen nach der Apostel Zeit finden. Da erstaunt man in allem, was man zur Hand nimmt, wiewohl nicht viel auf uns gekommen ist, wie groß, neben manchem Guten, das man liest, der Unterschied ist zwischen diesem und den Schriften der Apostel. Selbst die ganze Anschauung des Christentums wird im allgemeinen eine flache, mit wenig tiefer Erkenntnis und mit wenig Gewürz und Kraft. Mitunter kommen sehr geringe, bis ans Kindische und Abenteuerliche streifende Sachen vor, später auch je und je angrenzend an unnüchternen Glauben, fast an Aberglauben. Daß übrigens der Geist Gottes an und für sich doch noch einen Einfluß behielt, so gut es ging, kann man an vielem sehen, namentlich auch an dem allmählich, freilich unter viel Streit und Hader, werdenden wunderbaren Gebäude der Glaubenslehre, wie es sich bis zur Reformation und durch diese vollends ausgebildet hatte, das mit seiner gewaltig großen und tiefen Unterlage, wenn auch häufig innerlich nicht genug erfaßt, und mit seinem kühnen Glauben, sowenig es im allgemeinen eigentlich lebendiges Christentum schuf, doch ein unverkennbares Zeichen ist, wie mächtig auf einzelne Männer der Geist Gottes noch einwirkte, freilich nur an Hand des von den Evangelisten und Aposteln Hinterlassenen, so daß es nicht als eine freie und eigentliche Offenbarung erscheint. Das Gebäude hat offenbar der Herr auf Hoffnung eines endlich Durchschlagenden werden lassen. Aber schon der starre Formalismus, der mit dem Glaubensgebäude in aller Herzen kam, ist ein Beweis, daß der lebendige, oder, wie Ihn der Herr verheißt, persönliche Heilige Geist nicht als vorhanden sich zeigte. So ist's bis heute geblieben; und wer hat in unserer Zeit Mut, an das Dasein des vollen Heiligen Geistes zu glauben, bei der entsetzlichen Zerrissenheit der christlichen Gemeine, da es jeder auf die leichte Achsel nimmt, mit seinen Fündleins brutal und alleingeltenwollend sich aufzupflanzen?

Erwägen wir das, so ist ja der heilige Geist nach der Schrift der Träger der göttlichen Gaben und Kräfte, wie schon bei dem Herrn selbst, so auch bei den Aposteln und allen denen, durch welche Wunder geschahen, wie in Korinth und sonstwo. Wich dieser persönliche Gottesgeist aus der Mitte der christlichen Gemeine, so war auch den Wundern die Spitze abgebrochen; und auch die etwa vorkommenden vereinzelten Wunder, wenn man sie so nennen kann, geschahen nicht als aus einer Kraft kommend, die ein Mann Gottes bleibend in sich gehabt hätte, wenn sie auch ausnahmsweise durch sein Glauben und Bitten geschahen. Solange der Heilige Geist nicht in der Art, wie Er verheißen ist, wiedergekehrt ist, können wir von eigentlichen Wundern, die noch geschehen, nicht reden, es sei denn je und je nach Gottes unabhängigem Wohlgefallen, und weniger an der Person eines Menschen hängend. Wenn auch bisweilen ein etwaiger Gottesmann durch Gebet etwas vermochte, so war's nur ein vereinzeltes Geschenk vom Herrn; und Männer, die, wenn ihnen einmal etwas gelang, nun gleich sich zu vielem und Großem befähigt glaubten und gar Wundertäter zu sein sich schmeichelten, sind schon gar oft in traurige Verkehrtheiten, zuletzt gar in dämonisches Treiben, hineingeraten, wenn sie nun meinten, Wunder erzwingen zu müssen. Man denke an Gaßner und Hohenlohe.*

Vergessen wir also nicht, daß alle Verheißungen der Schrift, die auf Wunder zielen, nur unter der Voraussetzung des Vorhandenseins des Heiligen Geistes gegeben sind; und man muß sich sehr in acht nehmen, jene Verheißungen gerade so, wie sie lauten, auf eine Zeit gelten zu lassen, da die Kraft, welche Wunder tut, nicht irgendwo auf Erden Wurzel hat. Bedeutungslos sind freilich dergleichen Verheißungen auch für uns nicht, insofern als sie uns ermutigen, wenigstens durch Bitten viel vom Herrn zu erlangen, obwohl es da stets dem freien Erbarmen Gottes überlassen werden muß, ob und wie Er erhören wolle. Ein pochender Glaube verrät in unserer Zeit nur eine schwache Erkenntnis der Heiligen Schrift, und noch mehr ein gänzliches Übersehen dessen, wovon wir gefallen sind. Auch verrät es eine schmerzliche Geringschätzung der Majestät Gottes und der Wunder selbst, wenn man dem bloß menschlichen Glauben, also mehr nur aus sich heraus, ohne sich in wesenhafter Gemeinschaft mit dem Herrn durch den Geist zu fühlen, alles für möglich halten will. Wie sollten wir's doch uns angelegen sein lassen, um

* Gemeint sind offensichtlich der damals bekannte „Teufelsbanner" und Wunderheiler Johann Joseph Gaßner (1727 - 1779) sowie der Wunderheiler Alexander Fürst von Hohenlohe Waldenburg-Schillingsfürst (1794 - 1849).

die Wiedererlangung der Gabe und Kraft des Heiligen Geistes zu bitten! Denn wir stecken tief unten und kommen zu keiner Höhe hinauf, ehe das durch Christi Blut uns Erworbene, die Verheißung des Geistes (Gal. 3, 13, 14), nicht wieder in vollem Maße geworden ist.*

Im vorigen Abschnitt habe ich ausgeführt, wie nach der Apostel Zeit in der Christenheit die Wunder zurückgetreten seien, beziehungsweise ganz aufgehört haben, und zwar mit dem Verschwinden des persönlichen Heiligen Geistes von der Erde. Weil aber vorher aus der Schrift nachgewiesen wurde, daß der Heilige Geist und die Wunder bleibende Zeichen des Vorhandenseins eines Heilands sein sollten, so wäre noch ein Erklärungsversuch zu machen, wie es kam, daß es anders wurde, als es in der Anlage des Evangeliums angezeigt erscheint. Daß man, weil in der Schrift selbst von einem Aufhören der Wunder und des Heiligen Geistes nicht die Rede ist, nur Vermutungen geben kann, wird jeder begreiflich finden; und ganz leicht ist eine überzeugende Darstellung nicht zu machen, zumal ein gewisser Hauptpunkt, der da zur Sprache kommt, meines Wissens von niemand je bedeutungsvoll genug genommen worden ist. Ich berühre zuerst anderes, worin jedermann leicht mit mir eins werden kann. Ich muß aber dabei weniger über das Zurücktreten der Wunder als über das Verschwinden des Heiligen Geistes, des Trägers der Wunder, reden; und die heute und das nächste Mal zu betrachtende Frage wäre: „Wie kam's etwa, daß der Heilige Geist wieder hinweggenommen worden ist von dem Herrn?"

Grundregel hätte bei den Christen das Wort Pauli (Gal. 5, 25) sein sollen: „So wir im Geist leben", d.h. den Geist haben, „so lasset uns im Geist wandeln." Im Geist wandeln aber heißt, die Lüste des Fleisches nicht vollbringen (5, 17): „Denn das Fleisch gelüstet wider den Geist und den Geist wider das Fleisch. Dieselbigen sind wider einander." Durch den Besitz des Heiligen Geistes wurde den Christen der Kampf mit dem Fleisch nicht genommen. Das Fleisch machte immer noch nach allen Beziehungen Anforderungen an die Christen, namentlich wenn

---

* Siehe auch die Fußnote F. Zündels auf S. 96.

diese nicht wach genug waren; und Aufgabe war, „durch den Geist des Fleisches Geschäfte zu töten". Darum sagt Paulus (Gal. 6, 7): „Irret euch nicht, Gott läßt sich nicht spotten. Wer auf sein Fleisch säet, der wird von dem Fleisch das Verderben ernten." Könnten wir nicht sagen, Gott lasse sich auch insofern nicht spotten, als Er den Heiligen Geist da nicht ohne weiteres belassen kann, wo man neben Ihm alle Werke des Fleisches tut, wenigstens nicht durch den Geist gegen sie sich wehrt? Wenn ferner Paulus die Korinther von aller Befleckung des Fleisches und des Geistes sich reinigen heißt (2. Kor. 7, 1), wird sich der Heilige Geist unausgesetzt beflecken lassen? Wenn wiederum Paulus sagt (Ephes. 4, 30ff.): „Betrübet nicht den heiligen Geist Gottes, und lasset alle Bitterkeit und Grimm und Zorn und Geschrei und Lästerung ferne von euch sein, samt aller Bosheit"; wird der Heilige Geist bleiben können, wenn Er sieht, daß die meisten, die Ihn haben, es sich gar nicht angelegen sein lassen wollen, Ihn nicht zu betrüben? Wir brauchen es nicht weiter auseinanderzusetzen, wie mit der Zunahme der sittlichen Verderbnis und mit der Abnahme höherer sittlicher Gesinnung und Art auch Abnahme des Heiligen Geistes eintreten mußte, bis dieser zuletzt gar wich, weil so gut wie niemand mehr allem dem entsprach, was beim Besitz des Heiligen Geistes von ihm erwartet wurde. Wenn auch einzelne höchst achtenswerte Persönlichkeiten in der Kirchengeschichte vorkommen, so zeugte wohl in diesen mächtig der Heilige Geist, aber ohne bei ihnen zu bleiben und Gaben und Kräfte zu Zeichen und Wundern ihnen mitzuteilen.

Es ist auch ausgeführt worden, wie mit dem Verschwinden des Heiligen Geistes, worunter, um es wiederholt zu sagen, nicht ein Aufhören des Einflusses des Heiligen Geistes, sondern das Aufhören der persönlichen Innewohnung desselben in den Christen verstanden ist, auch die Wunder aufgehört haben. Viele meiner Freunde werden sich verwundert haben, daß ich mit so großer Bestimmtheit die Erfahrung, welche die Christenheit gemacht hat und macht, dargelegt habe. Aber es ist gut, wenn man sich den Standpunkt klarmacht, von dem aus die wichtigen Sachen zu behandeln und zu beurteilen sind. Mit dem Erwachen einer klaren Erkenntnis von allem wird auch alle Täuschung, der man sich so gerne hingibt, wegfallen, auch der ganze Ernst verstanden werden, welcher in allem liegt.

Die Frucht nämlich von dem eingetretenen Mangel liegt offen zutage und scheint in unserer Zeit immer empfindlicher hervorzutreten. Von dem Überhandnehmen des Unglaubens, das unsere Zeit charakterisiert, brauche ich kaum zu reden; und wie ist das anders möglich, wenn nirgends die volle Kraft des Evangeliums wahrgenommen wird, schon im Wort nicht, das gepredigt wird; noch mehr tritt's hervor dadurch, daß man im allgemeinen mit seinem Glauben nur auch gar nichts vermag, um in überzeugender Weise auf die Christenheit zu etwas Besserem zu wirken. Wer einmal, sich losreißend von den kindlichen Eindrücken, welche doch noch viele in der Jugend bekommen, anfängt, in die Kritik zu kommen und von Zweifeln sich einnehmen zu lassen, wie kann er wieder davon loskommen, wenn er nichts den Zweifel mit der Tat Niederschlagendes vor sich sieht! Wie viele kommen darum an eine äußerste Grenze des Unglaubens! Die Wunder der Schrift schon, wie selten werden sie auf eine das Gemüt erhebende Weise geglaubt! Sie liegen auch in dem, der sie noch glaubt, als ein totes Kapital. Daß an dem Glauben der Gläubigen vielfach nicht viel ist, erkennt man schon daran, daß auch sie gerne über die Möglichkeit neuer Wunder die Achseln zucken und über etwa geschehene Wunder lächeln und spötteln, nicht bedenkend, daß sie damit den Stab über alle Wunder brechen und denen entgegenkommen, die nun offen sagen, es sei einmal Zeit, das einmal Geschehene, worunter die Gesamtheit alles Wunderbaren in der Schrift verstanden ist, von sich abzuschütteln. Auch das Wunder der Person Jesu, Seiner Menschwerdung, Seiner Auferstehung, Seiner Himmelfahrt, wird von den meisten mit so schwachem Gefühl und so wenig ganz und mit voller Entschiedenheit geglaubt, daß man sie kaum für berechtigt halten kann, so sehr über die, welche nichts glauben, zu eifern; denn die sogenannte Wissenschaft zeigt ihnen allerlei Hintertüren. Wie arm und unwissend steht vollends die große Menge da, nicht überall gleich, aber doch in gar vielen Gegenden fast jammervoll, namentlich in der anderen Kirche, da sie doch auch zu den Christen gehören! Schon der Zug zum Wort Gottes, soviel man auch Bibeln verbreitet, und zu den

Kirchen und Gottesdiensten, wie gering ist er geworden! Sonst geht alles seinen Weg natürlich, fleischlich, sündlich, oft wohl ehrbar, aber wie ungöttlich durch alles hindurch! Wenn nur auch die, die geistlich sein wollen, alle geistlicher wären! Aber man sage selbst, wie wenig man überall aneinander hat zu geistlicher Erbauung und Aufrichtung, selbst da, wo es noch einigen Schein hat. Solches alles sage ich nicht, um zu tadeln, zu schelten oder zu richten; denn ich fühle mich selbst auch zu sehr als ein Kind unserer Zeit und unterscheide mich von anderen nur etwa darin, daß ich darunter seufze, sie vielleicht nicht, oder nicht genug. Nein, schelten und richten kann ich nicht mehr, kann ich niemand mehr; dennoch denke ich mir immer, wer wohl die oder jene wären, wenn wir die großen Güter des Evangeliums noch hätten.

Überlegen wir, wie alles so geworden ist, so können wir nicht anders denn sagen, daß die List und Macht der Finsternis, gegen welche keine entschiedenen Angriffe gemacht worden sind, an allem Schuld ist. Satan mit seinen Künsten hat alles einzunehmen gewußt und die Zahl echter und lebenzeigender Bekenner des Evangeliums auf ein Kleinstes heruntergedrückt, wie man jetzt häufig nur von einem kleinen Häuflein redet, das selig werde, gegenüber den unzähligen Massen, die alle verloren gehen sollen.* Hiergegen aber sträubt sich mein Gemüt aufs äußerste. Soll der Herr Jesus, das Lamm Gottes, das der Welt Sünde trug, so wenig Frucht von Seinem bitteren Leiden und

* Nur die wenigsten Leser werden sich unter dem Begriff „Satan“ etwas Rechtes vorstellen können oder gar, im 21. Jahrhundert, noch an die Existenz solcher Mächte glauben wollen – die Ausführungen Blumhardts aus dem Jahre 1874 werden aber hier unverändert so gegeben, wie er sie gesetzt hat, nicht zuletzt auch deshalb, weil sie immer noch w a h r sind; der Bauplan dieser Welt ändert sich eben nicht von heute auf morgen.

Wer Schwierigkeiten mit dem Verständnis des „Begriffes“ Satan, Luzifer hat, einer leider durchaus realen Kraft in unserer Welt, mit der ja bekanntlich auch schon Jesus zur Genüge zu tun bekam und mit der unser lieber Blumhardt eine regelrecht „handgreifliche“ (so B.) Auseinandersetzung durchzustehen hatte, der verschaffe sich doch Blumhardts nüchternen Bericht an seine vorgesetzte Kirchenbehörde über die Krankheits- und Heilungsgeschichte der Gottliebin Dittus. Ein ähnlicher Fall wie bei der G. Dittus trug sich übrigens gut 100 Jahre später zu – man sehe den Bericht über den (so Dr. P. R.) „zum Verwechseln

Sterben haben? Soll der Teufel mächtiger und stärker sein als der Herr Jesus und dieser außerstande sein, dem Hohnlachen der Finsternis zu steuern? Soll Jesus, dem doch alle Macht gegeben ist im Himmel und auf Erden, so zu einem Nichts heruntergedrückt werden, wie es jetzt den Schein hat? Sollen die recht behalten, welche bereits triumphieren, daß man nun bald mit dem Christentum auf Erden werde fertig werden? Gott hat die Welt geliebt, daß Er Seinen eingeborenen Sohn gab; und wer sind sie nun, die Gott mit dieser Hingabe Seines Sohnes gewinnt? Gott versöhnte die Welt mit Ihm selber und rechnete ihr die Sünden nicht zu (2. Kor. 5, 19); und wer sind sie nun, die als die Versöhnten erscheinen? Christus ist die Versöhnung für der ganzen Welt Sünde geworden (1. Joh. 2, 1); und nun soll's bei einem geringen Häuflein zur Wirklichkeit kommen? Das letzte öffentliche Wort Jesu, auf Griechen hinweisend, die Ihn zu sehen begehrten, war (Joh. 12, 32): „Und ich, wenn ich erhöhet werde von der Erde, so will ich sie alle zu mir ziehen." Macht man aus diesen Worten Jesu nicht geradezu einen Spott, wenn man unter allen nur das versteht, was man jetzt vor Augen hat, und wie es viele sich denken? Stelle ich mir die

---

ähnlichen" Besessenheitsfall der 37jährigen Frau P. aus dem Jahr 1952 (Dr. Peter Ringger: „Ein neuer Fall von Besessenheit". Neue Wissenschaft, 3. Jg. 1952/53, S. 191-199, 231-240, 285-296).

Der Begriff des „Teufels", „Satans", ist aus dem Lehr- und Überlieferungsgut der Kirche des 20. und erst recht des 21. Jahrhunderts sang- und klanglos verschwunden – auf der „anderen Seite" lacht man darüber, weil man so natürlich erst recht ein „Heimspiel" hat, wenn der Mensch nicht einmal seinen Gegner kennt, ja, sogar noch nicht einmal weiß, daß er überhaupt einen Gegner hat!

Was sehen wir heute? Eine weitgehend saturierte, und – da ja Kirchensteuer zahlend! – vermeintlich „erlöste" Christenheit, die doch, in geistiger Hinsicht, bestenfalls dem Tiefschlaf verfallen ist. Wie werden wir alle eines Tages erwachen? Zündels Worte im Jesus-Buch (S. 251) kann man getrost in Marmor meißeln:

Wir beschließen, Gottes Wohlgefallen zu besitzen, und nennen das Glauben. Wie soll Gott uns in diesem Irrtum stören ?

Es gibt Berichte – von „lebenslänglichen" Gefängnisinsassen – daß sie nach im sog. „Affekt" vollbrachter Gewalttat ein Gelächter von Dämonen hörten – wer oder was lachte da? *Der Verlag*

großen Verheißungen der Schrift vor, wenn Gott bei Jesaias sagt (45, 22-24): „Wendet euch zu mir, so werdet ihr selig, aller Welt Ende. Ich schwöre bei mir selbst, und ein Wort der Gerechtigkeit geht aus meinem Munde, da soll es bleiben: ,Mir sollen sich alle Kniee beugen und alle Zungen schwören und sagen: Im Herrn habe ich Gerechtigkeit und Stärke'" –, ferner wenn Paulus sagt (Phil. 2, 10, 11): „Gott hat Ihm einen Namen gegeben, der über alle Namen ist, daß in dem Namen Jesu sich beugen sollen all derer Kniee, die im Himmel und auf Erden und unter der Erde sind, und alle Zungen bekennen sollen, daß Jesus Christus der Herr sei zur Ehre Gottes, des Vaters", was doch nicht heißen kann, daß sie dann mit nur wenigen Ausnahmen werden in den Abgrund geworfen werden –, ferner wenn in der Offenbarung (7, 9) von „einer Schar die Rede ist, die niemand zählen kann, aus allen Heiden und Völkern und Sprachen, vor dem Stuhl Gottes stehend" –, denke ich an diese und viele andere Verheißungen der Schrift, so bleibt mir's unumstößlich gewiß, daß die jetzt allerwärts bestehende Armut und der so grell sich darstellende Abfall nichts anderes ist als die Folge eines wunderbaren Zusehens Gottes und unseres Heilandes, um desto gewisser „sich zuletzt aller erbarmen" zu können (vergl. Röm. 11, 32ff.). Er siehet zu auf eine Zeit, da Er plötzlich erwachen, das Licht wieder hervorbrechen lassen und mit wunderbarer Übermacht aller Herzen noch an sich ziehen wird. Entweder ist's nahezu nichts mit allem Evangelium und seinen großen Hoffnungen, wie wir's bisher ohne innere Bewegung, nur nach dem System, geglaubt haben; oder eine große wunderbare Sieges- und Triumphzeit muß noch kommen, welche aller Welt beweisen soll, daß Jesus doch Der ist, der einen Namen hat, der über alle Namen ist. Die Herrlichkeit des Herrn, wie schon Jesaias gesagt hat, muß sich noch allem Fleisch offenbaren.

Eine andere Zeit freilich kann nicht langsam, mit allmählicher Entwicklung, aus dem heraus, was da ist, eintreten. Nur eine Allmachtstat Gottes, die schnell durch alles hindurch eine neue Bewegung und ein neues Erwachen schafft, kann der durch die feinsten Fugen hineingedrungenen Verderbnis eine andere Wendung geben. Er muß lösen den Bann, der auf allem liegt, und statt dessen sich selbst geben nach Seiner Freundlichkeit und

Liebe. Insofern bin ich mutig genug, nach den Propheten, die mir's in unzähligen Stellen gleichsam aufdrängen, noch eine dritte Offenbarungsepoche zu erwarten, nicht in dem Sinn, daß neue Offenbarungen in Aufschlüssen kommen sollen, wie sie mit Mose und Christo kamen – denn an diesen muß es genügen – sondern in dem Sinn, daß das durch Mose eingeleitete und durch Christum zur Möglichkeit einer Verwirklichung gekommene Heil durch neues, unzweideutig von oben kommendes Wirken über die ganze Kreatur hin wirklich vollbracht werde. Solche Epoche fände ihren Abschluß in der Zukunft des Herrn und müßte eben hieraufhin gewaltige Vorbereitungen von seiten Gottes in sich schließen, unter welchen Gottes wunderbare Hand allen Völkern der Erde fühlbar wird.

Fest ist, daß die Kräfte der Finsternis nicht ewig zum Verderben des Menschen und zum Aufhalten seines Heils ihr Spiel werden treiben dürfen. Endlich wird doch der Eifer des Herrn erwachen; und je mehr – wie bereits, wenn auch mehr im verborgenen, geschieht – der Herr von den Seinen angerufen wird wider die Finsternis, je mehr Kämpfe dagegen gekämpft werden, da doch in unseren Tagen vieler Aufmerksamkeit darauf stark angeregt worden ist, je mehr auch die Auserwählten überhaupt schreien lernen: „Rette uns vor unserem Widersacher" – desto gewisser läßt sich erwarten, daß es zuletzt bis auf einen Punkt gekommen sein wird, da mit einem Male der Herr durchbrechen und die Kräfte der Hölle wie mit einem Schlag so niederschmettern wird, daß sie aufhören müssen, so geheim auf das ganze Wesen des Menschen zu wirken, wie das bisher gewesen ist, daß auch alle Wirkungen der vorwitzigen Kunst gänzlich versagen werden. – Breschen sind bereits in das Bollwerk der Finsternis geschossen, wie man daran sehen kann, daß mehr als früher Fürbitten gerade in dämonischen Angegriffenheiten starke Wirkungen haben, nicht so, daß man offen davon reden und zeugen kann, weil die Wirkungen zunächst doch mehr ausnahmsweise erscheinen, aber so, daß, wer will, da und dort stille Beweise davon finden kann. Auch andere Gebetserhörungen wider harte Krankheiten und sonstiges sind um vieles häufiger und mitunter auch frappanter geworden, als das in früheren Zeiten der Fall war.

Wenn namentlich der Verfasser dieser Blätter manches und vieles erfährt, so steht das im Zusammenhang mit einem vor 30 Jahren, wenigstens teilweise, glücklich vollendeten Kampfe, den er mit der Finsternis hatte. Die nächste Folge des erlangten Sieges war sichtbar eine verhältnismäßige Befreiung von finsterer Macht in ziemlichem Umkreise, da auch die Greuel, die im Aberglauben liegen, zu allgemeinerer Kenntnis kamen; und so zeigten sich auch gleich, und ganz ungesucht, ja überraschend, auffallende Heilungen, die damals ziemlich Aufsehen machten. Noch wichtiger aber war die damals plötzliche und allgemeine Erweckung, in einer ganzen Gemeinde und weit umher, zu Buße, Sündenerkenntnis und Vergebung der Sünden, welche an Realität viele andere, von denen man sonst hört, übertroffen haben mag, zum Beweis, wie schnell Herzen empfänglich werden für das Heil in Christo, wenn nur die über ihnen gelagerten Kräfte der Finsternis beseitigt oder nur auch gelockert sind. Wer jene Zeit miterlebt hat, wird mir's verzeihen können, wenn ich zu der Überzeugung gekommen bin, daß sie mir ein Vorbild ist von dem, was einmal in der ganzen Welt vorgehen wird, da der Sieg Christi über Seine verborgenen Feinde völlig geworden und dann auch die Bahn zur eigentlichen Wiederkehr des Heiligen Geistes gebrochen sein wird. Solche plötzlich, gleichsam über Nacht, eintretende Heilszeit – denn anders ist es nicht denkbar – stelle ich mir so bedeutend vor, daß ich sie eben darum eine dritte Offenbarungsepoche zu nennen geneigt bin, in welcher alle Kräfte des heiligen Geistes und demgemäß alle Wunder der Vorzeit, selbst nach Erfordernis die großen mosaischen Wunder, kurz alles, was je Wunderbares geschah, wie in einer neuen Auflage wieder zutag kommen wird, weil Gott, der nicht will, daß jemand verlorengehe, sein Äußerstes tun wird, um möglichst jedermann zur Buße zu bringen (2. Petr. 3, 9). Eine Vorstellung darüber freilich, wie sich's machen werde, wage ich nicht bei mir festzusetzen; auch darüber, wie sich's zum nachfolgenden Antichristlichen gestalten werde, mache ich mir noch keine Gedanken. Erst, wenn das erste kommt, wird man im zweiten sich zurechtfinden können. Des Herrn Hand aber ist nicht verkürzt, um alles in vollkommenster Weise zum siegreichen Ziele zu führen, was irgend je in den Propheten und sonst verheißen ist. Aus allem aber mag man ersehen, daß ich mir nicht denken kann, wie große Wunder, wenn der Herr nicht Ausnahmen machen will, möglich sein sollen, ehe nicht die angeführte Heilszeit angebrochen ist.

Stellenregister

Römer

Epheser

Philipper

Kolosser

Friedrich Zündel

JESUS

in Bildern aus seinem Leben

Glauben an Gott, gewissermaßen das Für-wahr-Halten der Botschaft des Neuen Testaments, ist das wirklich ausreichend für unser Leben? „*Wir beschließen*“, sagt Zündel, „*Gottes Wohlgefallen zu besitzen, und nennen das Glauben. Wie sollte Gott uns in diesem Irrtum stören?*“

Zündels Jesusbuch ist alles andere als ein Erbauungsbuch. Der Verfasser zeichnet vielmehr das Leben Jesu in einer Detailtreue, daß man Zeit und Raum vergißt: Man meint, dabeigewesen zu sein, das Geschehen von damals wird plötzlich zur Gegenwart, je weiter man vordringt, desto mehr nimmt alles Gestalt an, und dem Leser offenbart sich mehr und mehr der lebendige Christus.

Der Verfasser wurde durch glücklichste Umstände auf die Abfassung seiner Schriften in gewisser Weise zubereitet: Durch die kirchengeschichtlich einmalige Buß- und Erweckungsbewegung zweier Dörfer, die ab 1844 J. C. Blumhardts Gemeinde Möttlingen und das benachbarte Filial erfaßt, darf Zündel als junger Student vieles von dem erleben, und dann mit Blumhardt besprechen, was in unserem Neuen Testament als Folge des Wirkens Johannes' des Täufers und Jesu überliefert ist; seine Darstellung fußt also nicht nur auf Glauben, sondern eigenem Erleben menschlicher Schicksale bei deren Entwicklung im göttlichen Licht.

Johannes Müller berichtet in seinen „Erinnerungen“ über seine erste Begegnung mit dem Jesus-Buch (GB 1936, S. 136): „*Lhotzky verwies mich auch auf die Bücher des Schweizer Theologen Zündel ‚Bilder aus dem Leben Jesu‘ und ‚Aus der Apostelzeit‘, die das Neue Testament im Geiste Blumhardts darstellen, so daß einem hier alles in eindrucksvoller Lebendigkeit vor Augen tritt, was damals geschah.*“

452 Seiten, Stellenreg., Hln. ISBN 978-3-931155-31-5
Kart. ISBN 978-3-931155-41-4

LEIBNIZ VERLAG · ST. GOAR

Friedrich Zündel

JOHANN CHRISTOPH BLUMHARDT

Ein Lebensbild

Johann Christoph Blumhardt wurde 1805 als Sohn armer, aber frommer Handwerksleute geboren. Nach theologischem Examen begann er als Vikar in der württembergischen Pfarrei Dürrmenz, war dann sechs Jahre lang als Lehrer am Missionshaus in Basel tätig, hierauf Pfarrgehilfe in Iptingen und wurde 1838 Pfarrer in Möttlingen. Hier macht er die drei großen Lebenserfahrungen, die nicht nur für seine gesamte spätere Wirksamkeit, sondern – dessen war er sich sicher – für das Reich Gottes von Bedeutung werden sollten. Die erste Erfahrung bezeichnete er als „den Kampf", die zweite war eine sich 1844 daran anschließende Buß- und Erweckungsbewegung, die dritte, mit den beiden anderen verbunden, das fortgesetzte Wunder der Gebetserhörung und Krankenheilung, der Beginn einer Zeit, die für ihn nichts weniger bedeutet als „die Erfahrung des tatsächlichen Naheseins des Herrn Jesu".

Blumhardt versucht, die Distanz zwischen dem modernen Leben und der biblischen Welt zu überbrücken, indem er das Leben und das Wort Christi und der Apostel nicht als erbauliche Literatur, sondern als gültige, praktische Lebensanweisung nimmt. *„Er faßte das Leben klar ins Auge"*, berichtet sein Sohn Christoph von ihm, *„er kannte die Bedürfnisse und forschte in der Schrift, wie sie erfüllt werden könnten, und bat kindlich und einfältig seinen himmlischen Vater, überzeugt, daß diese Bitten niemals der Wahrheit widersprechen können."*

Dieter Ising, nach Zündel (1880) und Paul Ernst (1979), selbst Verfasser einer dritten wertvollen Blumhardt-Biographie, sagt in seinem Vorwort über Zündel: *„Als Augen- und Ohrenzeuge seit Möttlingen schildert er die Ereignisse auf eine heute nicht mehr mögliche unmittelbare Weise. Das gibt seiner Darstellung eine seltene Lebendigkeit und Eindrücklichkeit; nicht umsonst hat Zündel das Blumhardt-Bild seit Generationen bestimmt."*

ca. 500 Seiten, Hln. ISBN 978-3-931155-33-9

LEIBNIZ VERLAG · ST. GOAR

Johann Christoph Blumhardt

BESPRECHUNG WICHTIGER GLAUBENSFRAGEN

Die Besprechung wichtiger Glaubensfragen erschienen in den Blättern aus Bad Boll (1873-1877); diese Texte zentraler Bedeutung werden hier erstmals als Ganzes vorgestellt. Sie entstanden jeweils als Antwort auf Blumhardt vorgelegte Fragen, über „das Reich Gottes, christliche Wahrheiten, Bibelstellen, inneres Leben, etc."

Da der Zustrom von Hilfesuchenden in Möttlingen bald jedes Maß überstieg, erwarb Blumhardt 1852 das Kurheim Bad Boll, um sich hier ihrer besser annehmen zu können; er war bereits Jahrzehnte als Seelsorger tätig, als er die „Blätter" schrieb und in die Welt gehen ließ. Durch seinen bisherigen Lebensweg, seinen Kampf um die Befreiung der G. Dittus und die nachfolgende Erweckung seiner Gemeinde, hatte Blumhardt tiefe Einblicke in alle Bereiche des christlichen Lebens gewonnen, hatte das Wirken des Himmels unmittelbar erfahren, wie auch Einblicke in die Not armer Seelen Verstorbener erhalten. Damit ist er prädestiniert, Glaubensfragen zu beantworten und Suchenden, Fragenden, Rat zu geben.

Sein Sohn Christoph sagt über ihn: „*Angesichts der vielen inneren und äußeren Schäden der Christenheit wachte in ihm der Seelsorger auf, welcher mit der ganzen Kraft eines priesterlichen Sinnes vor Gott Hilfe suchte. Und wenn er in dieser seiner Haltung auch Bestätigung fand in Wohltaten Gottes durch die Hand Jesu Christi, an sich durch stetig fortschreitende Erleuchtung zur Kraft in dem Herrn Jesu, und an anderen durch auffallende Lösung von Sündenbanden und Krankheitserscheinungen des Leibes und der Seele, so wurde dadurch eben der Seelsorger immer mehr in den Vordergrund getrieben, so daß zuletzt von ihm alle Glaubensfragen bezüglich ihres Wertes für die Christenheit nur noch von dem Standpunkt aus beurteilt wurden, den er als Seelsorger einnahm. Was hat für die Verlorenen Wert? Was dient den Seelen? Was fördert die Gemeinschaft der Heiligen? Was macht uns zu einem wahrhaftigen Volk Gottes?*"

2 Bände; ca. 800 Seiten, Hln. ISBN 978-3-931155-34-6

LEIBNIZ VERLAG · ST. GOAR

Johann Christoph Blumhardt

KOMMENTAR DES EVANGELIUM MATTHÄI

Blumhardt erläutert das Matthäus-Evangelium mit feiner Beobachtungsgabe und großer Einfühlungsgabe – hier zeichnet sich jene Treue zum Detail ab, die sein Weggefährte Zündel einige Jahre später in seinen Schriften über Jesus und die Apostelzeit fortführen und vertiefen sollte. Das auf den ersten Blick fast kindlich erscheinende Vertrauen in die Echtheit der Überlieferung, der Takt bei der Behandlung des jeweiligen Stoffes, das Einfühlungsvermögen in die praktischen Lebensbedingungen der Menschen zur Zeit Jesu und der Apostel sind dabei das geistige Rüstzeug, das Blumhardt und Zündel verbindet und uns das Verständnis des Neuen Testamentes sehr erleichtert, ja, dieses gleichsam lebendig werden läßt. Wie es in dieser Hinsicht um Blumhardt bestellt ist, erhellt aus einem seiner Möttlinger Briefe (1851): *„Gottes Name ist darum in der Welt entheiligt, weil man Ihn sich so ferne stellt, wie wenn Er nicht wäre. Man glaubt nicht, daß Er höre, man traut Ihm keine unmittelbare Einwirkung und Hilfe zu, und selbst Gläubige machen oft den Namen Gottes vor der Welt spöttisch, weil sie im Grunde doch auch ihrem Gott nichts zutrauen, davon die Welt merken könnte, daß sie einem wirklichem Gott dienen.“*

Während die Schriften Zündels das Leben Jesu und das Wirken der Apostel in zeitlicher Reihenfolge geben, bringt Blumhardt eine vollständige Erläuterung des Matthäus-Evangeliums, so daß sowohl die ersteren mit ihren Stellenregister als auch der hier vorliegende Kommentar mit großem Gewinn zur Vertiefung des Verständnisses des Neuen Testaments herangezogen werden können. Blumhardts Kommentar des Matthäus-Evangeliums, der stellenweise die anderen Evangelien mit einschließt, sie im Wortlaut gelegentlich zitiert und zur Besprechung hinzuzieht, gibt eine gut verständliche Einführung in das Neue Testament, er läßt das Menschliche wie das Göttliche im Leben Jesu und seiner Zeitgenossen in hellem Licht erscheinen

2 Bände, ca. 800 Seiten, Hln. ISBN 978-3-931155-35-3

LEIBNIZ VERLAG · ST. GOAR

Johann Christoph Blumhardt

EVANGELIEN-PREDIGTEN

auf alle Sonn- und Festtage des Kirchenjahres

J. C. Blumhardt selbst hat zu Lebzeiten keine größeren Sammlungen von Predigten herausgegeben – und hierfür hatte er seine Gründe. Sein Sohn Christoph sagt hierzu „Er hatte eine tiefe Empfindung von dem merkwürdigen Eindruck, den seine Predigten machten, die sich gegen andere, von anderen gehaltene Predigten durch eine große Freiheit bezüglich der Form und des Inhaltes unterschieden. Nicht so war es ihm, wenn er Predigten und Vorträge, hinter dem Pult geschrieben, im Druck vor sich sah. Die kindliche Freude aber an dem ihm unmittelbar gegebenen, auf der Kanzel gesprochenen Worte, die er selbst äußerte, rechtfertigt uns gewiß auch vor ihm, wenn wir nun diese [nachgeschriebenen] Predigten herausgeben."

Blumhardt (Vater) gewährt uns, anläßlich des Themas „Kirchenschlaf" (B. a. B. B. 1876, Nr. 6), Einblick in ein Erlebnis als Prediger: *„Als ich (1838) in meine frühere Pfarrei kam, hatte ich anfangs die vollsten Kirchen mit andächtigen Zuhörern. Nach und nach wurde ich den Leuten gewohnt; und das Schlafen riß so sehr ein, daß sie zuletzt in ganzen Reihen, wie dazu exerziert, schlafend dasaßen. Mir wurde fast das Predigen entleidet. Besonders seufzte ich einmal (1842) an Karfreitag noch in der Sakristei. Da fiel's auf einmal wunderbar und fühlbar auf mich. Ich betrat die Kanzel, eigentümlich gehoben, und predigte von der fortdauernden Liebe des Gekreuzigten (...) Es war mir etwas gegeben; denn noch steht jene Predigt in mancher Erinnerung. Zum ersten Mal blieb alles wach; und wie ein Strom fiel, was gepredigt wurde, in die Herzen. (...) Und nach anderthalb Jahren, nachdem auch manches andere inzwischen vorgefallen war, brach's durch zu der bekannten großen Erweckung."*

Bei den von Christoph Blumhardt zusammengestellten Predigten für ein ganzes Kirchenjahr handelt es sich um Nachschriften aus den Jahren 1846-1879, zeitlich geordnet gemäß den Württembergischen Perikopen.

ca. 600 Seiten, Hln. ISBN 978-3-931155-36-0

LEIBNIZ VERLAG · ST. GOAR